V&R Academic

Studien zur Kirchengeschichte Niedersachsens

Band 50

In Verbindung mit
Birgit Hoffmann, Thomas Kück, Inge Mager und Mareike Rake
herausgegeben von Hans Otte

Julia Zech

Reformation als Herausforderung

Konflikte und Alltag des Superintendenten Jacob Jovius im Fürstentum Braunschweig-Wolfenbüttel 1569–1585

Mit 20 Abbildungen

V&R unipress

MIX
Papier aus verantwortungsvollen Quellen
FSC® C083411

Bibliografische Information der Deutschen Nationalbibliothek

Die Deutsche Nationalbibliothek verzeichnet diese Publikation in der Deutschen Nationalbibliografie; detaillierte bibliografische Daten sind im Internet über http://dnb.d-nb.de abrufbar.

ISSN 0938-5924
ISBN 978-3-8471-0821-4

Weitere Ausgaben und Online-Angebote sind erhältlich unter: www.v-r.de

Gefördert aus Mitteln des Niedersächsischen Ministeriums für Wissenschaft und Kultur und mit freundlicher Unterstützung der Gesellschaft für niedersächsische Kirchengeschichte.

Zugl. Göttingen, Georg-August-Universität, Dissertation 2016

Printed in Germany.
Titelbild: © Kirchenkreis Holzminden-Bodenwerder, Foto: Julia Zech
Druck und Bindung: CPI books GmbH, Birkstraße 10, D-25917 Leck

Gedruckt auf alterungsbeständigem Papier.

Inhalt

Auf der beiliegenden CD sowie unter dem folgenden Link sind die Biogramme der Hauptakteure des sozialen Netzwerks des Superintendenten Jacob Jovius (Kapitel 11.8.) und die Regesten der Handschriften HS 2 und HS 3 sowie ein Register der Empfänger (Kapitel 11.9.) einzusehen.

http://www.v-r.de/zech_reformation
Passwort: ruL2UN9R

Danksagung

Die vorliegende Arbeit wurde im April 2016 von der Philosophischen Fakultät der Georg-August Universität Göttingen als Dissertation angenommen. Für die Drucklegung wurde sie geringfügig überarbeitet und durch neu erschienene Literatur ergänzt.

Mein besonderer Dank gilt meinem Doktorvater Professor Dr. Arnd Reitemeier vom Institut für Historische Landesforschung der Georg-August-Universität Göttingen, der die Arbeit mit großem Interesse, Zuspruch und hilfreichen Anregungen betreute. PD. Dr. Dr. Jörg Bölling und Professor Dr. Hans Otte danke ich gleichsam für Ihre Gutachtertätigkeit.

Zu Dank verpflichtet bin ich dem Niedersächsischen Ministerium für Wissenschaft und Kultur, das durch eine zweijährige Förderung die Durchführung des Dissertationsprojekts gewährleistete. Bei der Gesellschaft für Niedersächsische Kirchengeschichte bedanke ich mich für die Aufnahme meiner Dissertation in ihre Schriftenreihe »Studien zur Kirchengeschichte Niedersachsens« und den großzügigen Druckkostenzuschuss.

Für diese Arbeit wurden Bestände des Niedersächsischen Landesarchivs, an den Standorten Hannover und Wolfenbüttel, des Landeskirchlichen Archivs Wolfenbüttel, des Landesarchivs Nordrhein-Westfalen, Abteilung Westfalen, sowie des Haller Pfarrarchivs der ev. luth. Petrus-Gemeinde eingesehen. Dank gebührt allen Mitarbeitern und Mitarbeiterinnen, die mich bei der Recherche unterstützt haben.

Des Weiteren bedanke ich mich herzlich bei den Mitarbeitern und Mitarbeiterinnern am Institut für Historische Landesforschung, insbesondere Dr. Maike Gauger-Lange und Dr. Arne Butt, sowie den Kollegen und Kolleginnen der Inschriftenkommission der Akademie der Wissenschaften zu Göttingen. Sie alle haben mich während der gesamten Zeit unterstützt und zum Gelingen der Arbeit beigetragen. Mein besonderer Dank gilt Dr. Christine Wulf, die mir »ihren« Jacob Jovius überlassen hat und somit die Arbeit überhaupt erst ermöglichte. Sie stand mir während der gesamten Zeit unermüdlich und stets hilfsbereit zur Seite.

Zum Schluss danke ich meinen Eltern und besonders meinem Ehemann für ihre liebevolle Unterstützung und unentwegte Zuversicht.

Sarstedt, im Herbst 2017 Julia Zech

1. Einleitung

Der Haller Pfarrer und Superintendent Jacob Jovius konnte am 4. Dezember 1571 in einem Schreiben an die herzoglichen Räte des Fürstentums Braunschweig-Wolfenbüttel

> *clagende nicht bergen, wie das sich ein Ir und Zweiunge zwischen Mir und Meinem Meier Herman Spörler erhaben.* [...] *Dieweil aber die Iniuria des Meiers gegen mich zu gross, unnd mir hinfurder untreglich, den Ich stets in leibs und lebens gefahr muss gehen unnd stehenn, Bitte derowegen* [...] *Sie wollen wegen unsers g(nedigen) f(ürsten) und hern ein fleisigs und ernstes einsehen thun, damit genannter Spörler in gnugsamme geburliche straffe genommen werde*[1].

Der Superintendent Jovius hatte nicht nur mit seinem Pfarrmeier eine Auseinandersetzung, sondern seine gesamte Amtszeit von 1569 bis zu seinem Tod am 26. Februar 1585 wurde von vielen Konflikten und alltäglichen Schwierigkeiten geprägt.

Jovius wurde ein Jahr nach der Einführung des lutherischen Bekenntnisses im Fürstentum Braunschweig-Wolfenbüttel durch Herzog Julius[2] im Jahr 1568 als Geistlicher der mittleren Leitungsebene in das Amt des Superintendenten im niedersächsischen Halle im Weserbergland berufen. Mit der Umsetzung der reformatorischen Maßnahmen hatte der Herzog den Württemberger Theologen Jakob Andreae[3] und den Braunschweiger Stadtsuperintendenten Martin Chemnitz[4] beauftragt. Nachdem sie 1568 eine Generalvisitation durchgeführt hatten, um die Situation der Pfarrer und Kirchen im Fürstentum grundlegend

1 HS 2, fol. 25r f. [Reg.-Nr. 39].

2 Vgl. grundlegend zu den biografischen Angaben zu Herzog Julius Algermann, Herzog Julius; Bodemann, Herzog Julius, S. 193–239; Merkel, Julius, S. 20–44; Kraschewski, Julius, Herzog von Braunschweig-Lüneburg-Wolfenbüttel, S. 654f.; Ders., Julius, S. 386; Reitemeier, Herzog Julius, S. 43–63; Uppenkamp, Pentagon, S. 14–16.

3 Vgl. Henke, Jacob Andreae, S. 436–441; Meinhold, Jakob Andreae, S. 277; Wiesner, Jakob Andreae, S. 43f.

4 Vgl. Brecher, Martin Chemnitz, S. 116–118; Wolf, Martin Chemnitz, S. 201f.; s. a. Klinge, Christologie des Martin Chemnitz.

einzuschätzen[5], verfassten Chemnitz und Andreae eine Kirchenordnung[6]. Neben einem kirchenrechtlichen wie liturgischen Teil beinhaltete diese Ordnung die Kurzbeschreibung der einzelnen normativen Bekenntnisschriften des Corpus Doctrinae[7], einen *Kurtzen Bericht*[8] sowie eine Kloster- und Schulordnung. Sie trat am 1. Januar 1569 in Kraft, bildete die normative Grundlage für die Struktur des landesherrlichen Kirchenregiments im Fürstentum[9] und hielt die neuen kirchlichen Normen fest.[10] Als landesherrliche Zentralbehörde wurde ein Konsistorium eingerichtet, das für alle kirchlichen Angelegenheiten zuständig war. Auf der Ebene der lokalen Amtsträger[11] wurden mit der Kirchenordnung, neben den Pastoren und Küstern sowie den Amtmännern, die Ämter des Generalsuperintendenten und des Superintendenten geschaffen.[12]

Das Superintendentenamt wurde nach württembergischen Vorbild als mittlere Instanz zwischen kirchenleitendem Konsistorium und der lokalen Ebene der Pfarrer resp. Küster eingerichtet. Die Superintendenten sollten die Kirchenordnung, das neue Kirchenrecht sowie die vom Herzog verfügten Hierar-

---

5 Das Ergebnis der Generalvisitation war, dass 59 Stellen gar nicht oder widerrechtlich besetzt waren, 27 Pfarrer wurden geduldet, bei 96 bestand Hoffnung auf Verbesserung der Amtsführung, 77 mussten abgesetzt werden und 11 waren zu alt, vgl. OHAINSKI, Klosterordnung, S. 56; RELLER, Kirchenverfassung, S. 119–122; KRUMWIEDE, Entstehung, S. 199–222.

6 Titel der Kirchenordnung: *Kirchenordnung unser, von Gottes genade Julii, herzogen zu Braunschweig und Lüneburg*. Vgl. zur Edition SEHLING, Ev. KO, Bd. VI/1, dort auch die Einleitung, S. 5ff. Vgl. zu Vorbildern und Quellen der Kirchenordnung von 1569 AREND, Entstehung des württembergischen Kirchenrats, S. 125–153; RITTER, Calenberger Kirchenordnung, S. 79–102.

7 Vgl. SEHLING, Ev. KO, Bd. VI/1, S. 89–92. Das Corpus Doctrinae war eine Sammlung von Bekenntnisschriften, die der Normierung der Glaubenslehre im Fürstentum Braunschweig-Wolfenbüttel dienen sollte. Das Corpus vereinigte die drei altkirchlichen Glaubensbekenntnisse, die Confessio Augustana, Melanchthons Apologie, die Schmalkaldischen Artikeln sowie Luthers Katechismus und einen Bericht von Chemnitz. Die einzelnen Bekenntnisschriften im Wortlaut samt dem *Kurtzem Bericht* wurden erst in der Buchausgabe des Corpus Doctrinae Julium 1576 abgedruckt, vgl. MAGER, Einführung, S. 26; DIES., Corpus Doctrinae, S. 111–122, 139–143; KRUMWIEDE, Entstehung, S. 251–256.

8 Vgl. SEHLING, Ev. KO, Bd. VI/1, S. 92–139. Der *Kurtzer, einfeltiger und nothwendiger bericht von ettlichen fürnemen artickeln der lehr* [im Folgenden *Kurtzer Bericht*] stammt aus der Feder von Martin Chemnitz und war in der Kirchenordnung als komprimierte dogmatische »Lektion« für die Pfarrer gedacht, vgl. MAGER, Corpus Doctrinae, S. 111–122, 139–143.

9 Vgl. BUTT, Herrschaft über Kirche, S. 58–64, 69–72; KRUMWIEDE, Entstehung, S. 146–260.

10 Vgl. MAGER, Einführung, S. 25–29; BOCKISCH, Landeskirche, S. 55; RELLER, Kirchenverfassung, S. 133ff.; KRUMWIEDE, Kirchengeschichte Niedersachsens I, S. 139f.; MAGER, Konkordienformel, S. 33ff.

11 Mit dem Sammelbegriff »Amtsträger« werden neben den weltlichen Amtsinhabern auch diejenigen subsumiert, die in kirchlichen Dienstverhältnissen standen, vgl. SCHINDLING, Verwaltung, Amt und Beamter, S. 47–69; KLINGEBIEL, Lokale Amtsträger, S. 13, Anm. 8. S. a. SCHORN-SCHÜTTE, Geistliche Amtsträger und regionale Identität, S. 11–22.

12 BOCKISCH, Landeskirche, S. 58; RELLER, Kirchenverfassung, S. 140–146; BUTT, Herrschaft über Kirche, S. 58–64.

chien durchsetzen und waren gemäß der neuen Ordnung für die Visitation, die Dienstaufsicht über die Pfarrer, die Kirchen- und Ehegerichtsbarkeit sowie für die Kontrolle von Sitten- und Kirchenzuchtangelegenheiten verantwortlich.[13] Sie ermöglichten dem Landesherrn auf das lokale Geschehen einzuwirken, da sie zugleich die Adressaten und die Vermittler der Normen waren. Theoretisch sollten sie als Kontrollinstanz fungieren und dafür sorgen, dass die neue kirchliche Ordnung zusammen mit dem neuen Verständnis des christlichen Glaubens die Untertanten erreichte. Die tatsächliche Umsetzung dieser Neuerungen und die dabei entstehenden Konflikte auf dieser Ebene sind nur sehr selten zu erfassen. Einen Einblick, mit welchen alltäglichen Schwierigkeiten ein Superintendent im 16. Jahrhundert konfrontiert wurde, bietet beispielsweise der eingangs erwähnte Konflikt mit dem Pfarrmeier. Mit Hilfe der überlieferten Konzeptbücher[14] können die Fragen beantwortet werden, wie Jovius die Herausforderungen bewältigte, seine neue Stellung als erster evangelischer Superintendent in Halle zu etablieren sowie die reformatorischen Neuerungen auf zahlreichen Feldern zu vermitteln, und wie er mit neu entstehenden Konflikten umging.

Jacob Jovius verfasste während seiner 16-jährigen Dienstzeit als Superintendent in Halle insgesamt drei Handschriften mit den Signaturen HS 1, HS 2 und HS 3[15]. Während HS 1 einige Rechnungen, einzelne Verzeichnisse der Ländereien und Schuldner der Haller Pfarrei beinhaltet, handelt es sich bei den Handschriften HS 2 und HS 3 um zwei Konzeptbücher, die 668 Entwürfe privater und geschäftlicher Schreiben umfassen. Gegenstand der vorliegenden Arbeit ist die Untersuchung und Auswertung dieser Handschriften, die einen einmaligen wie detaillierten Einblick in die familiären, geistlichen, politischen sowie ökonomischen Aufgaben und Konflikte des Superintendentenamtes auf dem Land in der zweiten Hälfte des 16. Jahrhunderts bieten.

1.1. Forschungsmethode

Die beiden Konzeptbücher[16] umfassen 668 Schriftstücke, die sowohl an Jovius' Familie bzw. Freunde als auch an die Pastoren der Inspektion oder an weltliche

13 Vgl. zu den normativen Vorgaben für dieses Amt im Fürstentum Kapitel 3.6.

14 Vgl. zur Forschung und Beschreibung der Quelle sowie der Quellengattung Kapitel 2 sowie Anhang 11.2.

15 Die drei Handschriften befinden sich im Pfarrarchiv der ev.-luth. St. Petrus Gemeinde in Halle im Landkreis Holzminden.

16 Die Konzeptbücher entstanden in einem Zeitraum, in dem noch keine einheitliche (amtliche) Schreibung der Vornamen und Nachnamen existierte. Eine Person konnte daher unter verschiedenen Namensformen erwähnt werden. Wenn möglich wurden Vornamen verein-

und geistliche Amtsträger gerichtet waren. In einem ersten methodischen Schritt wurden die beiden Konzeptbücher durch Regesten[17] inhaltlich erschlossen. Diese Aufbereitung zeigte deutlich, dass Konflikte und alltägliche Auseinandersetzungen während der gesamten Amtszeit des Superintendenten omnipräsent waren und einen regen, intensiven brieflichen Austausch mit allen Personen seines Umfeldes erforderlich machten. Der Superintendent dokumentierte neben Problemen mit der Familie oder mit Freunden vor allem Kontroversen mit seiner Gemeinde, der er gleichzeitig als Pfarrer vorstand. Einerseits war er in diverse Streitigkeiten involviert, wie z. B. mit seiner Familie oder dem bereits erwähnten Pfarrmeier. Andererseits gab es auch Konflikte, für die er in seiner Funktion als übergeordneter Superintendent zuständig war, wie u. a. Probleme bei der Visitation, Ehebruch, Klärung von Besitzverhältnissen sowie Beschwerden über die Amtsführung von geistlichen oder weltlichen Amtsträgern. Die Konzeptbücher zeigen auch die Schwierigkeiten, die der Superintendent mit der Vermittlung der von Herzog Julius erlassenen Kirchenordnung, von Instruktionen und Mandaten oder bei der Realisierung seiner ihm zugesprochenen Freiheiten hatte. Jede Konfliktsituation zwang ihn dazu, einen Standpunkt einzunehmen oder zu vertreten und gemäß seiner normativen Vorgaben zu handeln oder sich ihnen zu widersetzen.

1.1.1. Konflikt und Alltag – Forschungsstand

Die Erschließung der Konzeptbücher verdeutlichte, dass für die vorliegende Untersuchung der Begriff des Konflikts von wesentlicher Bedeutung ist. Um die Kontroversen und Veränderungen in Folge der Realisierung der reformatorischen Neuerungen detailliert aufzuzeigen, werden nicht nur die Form der Konflikte, sondern vielmehr deren Inhalte und die involvierten Personen bzw.

heitlicht und auch bei gleichlautenden Nachnamen eine einheitliche Schreibweise gewählt (z. B. Meier für Meier, Meyer oder Mayer). In der Frühen Neuzeit war es unter Geistlichen bzw. gebildeten Kreisen eine weit verbreitete Mode, einen deutschen Namen zu latinisieren oder zu gräzisieren. In den Konzeptbüchern treten einige Personen sowohl unter deutschem als auch unter lateinischem Namen auf. Dieser lateinische Name wurde beibehalten (z. B. Jovius statt Götze, Corvinus statt Rabe), da eine zweifelsfreie Zuordnung von hochdeutschen zu latinisierten Namensformen nicht immer möglich war.

17 Die Regesten bestehen aus der Angabe von Ort, Datum und allen weiteren Namens- und Sachinformationen sowie einer kurzen Wiedergabe des Inhalts oder der Rechtssache. Die Regesten der Handschriften HS 2 und HS 3 befinden sich im Anhang 11.9. In der folgenden Untersuchung werden die Verweise auf die Handschriften folgendermaßen angegeben: z. B. HS 3, fol. 21r [Reg.-Nr. 507]. Es folgt zuerst die Signatur (HS 1, HS 2, HS 3) mit der entsprechenden Folio-Angabe, dahinter wird bei den beiden Konzeptbüchern in einer eckigen Klammer auf die jeweilige Nummer des erstellten Regests verwiesen.

Institutionen in den Blick genommen.[18] Mit den unterschiedlichen Formen der Konfliktaustragung beschäftigt sich insbesondere die historische Kriminalitätsforschung[19]. Der Schwerpunkt wurde gerade hier neben den städtischen Gesellschaften auch auf die Konfliktkultur der ländlichen Bevölkerung gelegt[20], wozu vor allem KRUG-RICHTER mit ihren Arbeiten über die westfälische Gerichtsherrschaft Canstein wichtige Beiträge geleistet hat.[21] Zudem stellt der von ihr mit herausgegebene Sammelband ›Streitkulturen‹ die verschiedenen Formen und Kontexte von Gewalt, Konflikt und Kommunikation vorrangig in der ländlichen Gesellschaft heraus.[22]

Neben den Handlungsmotiven des Superintendenten werden in dieser Untersuchung auch die sozialen, ökonomischen, religiösen und rechtlichen Dimensionen der Konflikte berücksichtigt, die den jeweiligen »spezifischen gesellschaftlichen Rahmenbedingungen unterworfen«[23] sind. Im Einzelnen werden nicht nur die Konfliktinhalte und die beteiligten Akteure analysiert, sondern auch die Ursache, der Verlauf, die Lösung und eventuelle Folgen, sofern sich zu den einzelnen Kategorien in den Konzeptbüchern Angaben finden lassen[24]. Daher werden Konflikte

> »als soziale Tatbestände, an denen mindestens zwei Parteien (Einzelpersonen, Gruppen etc.) beteiligt sind, die auf Unterschieden in der sozialen Lage und/oder auf Unterschieden in der Interessenskonstellation der Konfliktparteien beruhen«[25],

---

18 Vgl. zur Konfliktforschung in den Sozialwissenschaften ausführlich BONACKER, Einleitung und Überblick, S. 9–29; IMBUSCH, Überblick, S. 143–178. Konflikte in Gesellschaften des Mittelalters und der Frühen Neuzeit stehen im Zentrum folgender Arbeiten: JÜRGENS, WELLER, Streitkultur und Öffentlichkeit; SCHEDENSACK, Nachbarn im Konflikt; DIERKES, Streitbar und ehrenfest; HÄBERLEIN, Devianz; ERIKSSON, KRUG-RICHTER, Streitkulturen; LENTZ, Konflikt, Ehre Ordnung; PATZOLD, Konflikt im Kloster; LUTZ, Ehepaare; ESDERS, Mittelalterlicher Konfliktaustrag; BECHER, PLASSMANN, Streit am Hof. Vgl. auch GIESE, Kompetitive Aspekte, S. 265f., Anm. 6. Zur älteren Konfliktforschung vgl. COSER, Theorie sozialer Konflikte, S. 14–30.

19 Vgl. zu diesem Forschungsgebiet SCHWERHOFF, Historische Kriminalitätsforschung; BLAUERT, SCHWERHOFF, Kriminalitätsgeschichte. Die Historische Kriminalitätsforschung definiert ihr Forschungsfeld als »abweichendes Verhalten in der Vergangenheit im Spannungsfeld von Normen, Instanzen und Medien sozialer Kontrolle einerseits, von gesellschaftlichen Handlungsdeterminanten andererseits«, vgl. SCHWERHOFF, Historische Kriminalitätsforschung, S. 12.

20 Vgl. KRUG-RICHTER, Streitkulturen, S. 331–351.

21 Vgl. KRUG-RICHTER, Konflikte um Gut und (Haus-)Herrschaft; DIES., Unter Verschluss; DIES., Konfliktregulierung, S. 212–228.

22 Vgl. ERIKSSON, KRUG-RICHTER, Streitkulturen. S. a. GEBHARD, GEISLER, SCHRÖTER, Streitkulturen, darin: GEBHARD, GEISLER, SCHRÖTER, Einleitung, S. 11–33.

23 FÜSSEL, RÜTHER, Einleitung, S. 14.

24 Vgl. BONACKER, IMBUSCH, Sozialwissenschaftliche Konfliktforschung, S. 197; PATZOLD, Konflikte im Kloster, S. 61.

25 IMBUSCH, ZOLL, Friedens- und Konfliktforschung, S. 69. Olaf MÖRKE bemühte sich als einer der ersten um eine Definition des Konflikt-Begriffs. MÖRKES Definition zu Folge sind

definiert. Unter dem Begriff ›Konflikt‹ werden im Folgenden alle Formen von Auseinandersetzungen gefasst, wie z. B. Streit, Kampf, Ausnutzung, Meinungsverschiedenheiten, Interessenkonflikte, Feindseligkeit, Krieg und Konkurrenz.[26]

Neben ›Konflikt‹ ist außerdem der Begriff ›Alltag‹ von zentraler Bedeutung für die vorliegende Arbeit. Im Forschungskontext der Alltagsgeschichte wurden in den 1980er Jahren verschiedene Ansätze verfolgt, um den Begriff des Alltags zu definieren; eines davon ist das Konzept der ›Lebenswelt‹.[27] Bereits HUSSERL verwendete in seiner Phänomenologie zur Bezeichnung des Alltags den Begriff ›Lebenswelt‹.[28] SCHÜTZ und LUCKMANN übernahmen diesen ›Lebenswelt‹-Begriff und definierten ihn als »Wirklichkeitsregion, in die der Mensch eingreifen und die er verändern kann, indem er in ihr durch Vermittlung seines Leibes wirkt«[29]. VIERHAUS übernahm diese Vorstellung von ›Lebenswelten‹ und führte sie schließlich in die Geschichtswissenschaft ein.[30]

Neben MEDICK[31] definierte GOETZ den von ihm weiterhin verwendeten Begriff ›Alltag‹ als

> »das Handeln und Gestalten des Menschen in seiner Lebenswelt und gleichzeitig die Prägung, die der Mensch durch seine Lebenswelt erfährt; Alltag steht demnach für die Wechselbeziehung des Menschen und seiner Lebensumwelt«[32].

Konflikte »jede Form von öffentlich bewusstem, interessierendem und in soziale Handlung umzusetzendem Interessengegensatz zwischen Individuen oder Gruppen«, vgl. MÖRKE, Rat und Bürger, S. 61.

26 Vgl. SIMMEL, Streit, S. 247ff. Zur Differenzierung zwischen Konflikt und Streit vgl. GEBHARD, GEISLER, SCHRÖTER, Einleitung, S. 14ff.

27 Vgl. zur Entwicklung der Alltagsgeschichte LIPP, Alltagsgeschichte, S. 871–877; BERLINER GESCHICHTSWERKSTATT, Alltagskultur. Vgl. zur Anwendung des ›Lebenswelt‹-Konzepts FÄTKENHEUER, Lebenswelt und Religion, S. 14–17, 38–45.

28 Vgl. HUSSERL, Krisis der europäischen Wissenschaften, S. 52–57.

29 SCHÜTZ, LUCKMANN, Strukturen der Lebenswelt, S. 29.

30 Vgl. VIERHAUS, Rekonstruktion historischer Lebenswelten, S. 5–28, bes. S. 13f.: »Mit dem Begriff »Lebenswelt« ist die – mehr oder weniger deutlich – wahrgenommene Wirklichkeit gemeint, in der soziale Gruppen und Individuen sich verhalten und durch ihr Denken und Handeln wiederum Wirklichkeit produzieren. Dazu gehört alles, was Sinnzusammenhänge erstellt und Kontinuität stiftet: die Objektivationen des Geistes in Sprache und Symbolen, in Werken und Institutionen, aber auch die Weisen und Formen des Schaffens, die Verhaltensweisen und Lebensstile, die Weltdeutungen und Leitvorstellungen. Anders formuliert: Lebenswelt ist raum- und zeitbedingte soziale Wirklichkeit, in der tradierte und sich weiter entwickelnde Normen gelten und Institutionen bestehen und neue geschaffen werden. Der Mensch steht ihr nicht gegenüber, sondern in ihr als einer immer schon symbolisch gedeuteten Welt«.

31 Vgl. MEDICK, »Missionare im Ruderboot?«. MEDICK definierte den Alltag als Spannungsfeld, in dem »Handeln, Erfahrung, Struktur und Geschichte geschieht, und zwar in schichten- und klassenspezifisch geprägten, regional und lokal bestimmten kulturellen Lebensweisen«; vgl. ebd., S. 62.

32 GOETZ, Geschichte des mittelalterlichen Alltags, S. 73. Vgl. zu dem Begriff ›Alltagskultur‹ wiederum WEIß, Alltagskultur, S. 23–32.

Der Alltag ist GOETZ zufolge aber nicht mit der Lebens(um)welt gleichzusetzen, sondern findet in ihr statt. Diesem Ansatz folgend stehen im Mittelpunkt der Betrachtung des Alltags das Handeln, die Wahrnehmung und die Selbstdarstellung eines Individuums, nämlich die des Superintendenten Jacob Jovius. In der folgenden Untersuchung werden daher das Handeln, Denken, Fühlen und Leiden dieses einzelnen, realen Menschen in den Blickpunkt gestellt, womit die Alltagsgeschichte einen Übergang zur Mikrogeschichte ermöglicht.[33]

Bei der Analyse der Konflikte des Superintendenten einschließlich der wichtigsten Personen seines Umfeldes können durch die Begrenzung auf die zugrunde gelegten Konzeptbücher, weiterer archivalischer Quellen sowie die durch Jovius' Amtszeit bedingte zeitliche Eingrenzung von 1569 bis 1585 neue Erkenntnisse gewonnen werden.[34] Es ist so möglich, »ein und dasselbe Individuum in unterschiedlichen sozialen Kontexten«[35] und Konflikten wiederzufinden, um die komplizierten Beziehungen und Probleme dieser Person darzustellen. Bei dieser Untersuchung werden nicht nur Jovius' Wahrnehmungen, Entscheidungen und Handlungen als Geistlicher der mittleren Leitungsebene in alltäglichen Kontroversen, sondern auch in unproblematischen Angelegenheiten im lokalen Kontext berücksichtigt. Mit den Begrenzungen auf Jovius' Amtszeit, seine Person, seinen geografischen Wirkungsraum sowie auf sein soziales Netzwerk werden neben mikrohistorischen Ansätzen auch die der »dichten Beschreibung«[36], wie sie besonders von der historischen Anthropologie verfolgt wurden, sowie der Selbstzeugnisforschung[37] berücksichtigt.

---

33 Vgl. zu dem Verhältnis zwischen Alltagsgeschichte und Mikrogeschichte TEUTEBERG, Alltägliche Daseinsformen, S. 45–65; DÜLMEN, Historische Anthropologie, S. 10f., 23ff. Vgl. ausführlich zur Mikrogeschichte ULBRICHT, Mikrogeschichte, S. 7–68, 337–369.

34 ULBRICHT, Mikrogeschichte, S. 14f. Vgl. zur Mikrogeschichte und ihrer Diskussion HIEBL, LANGTHALER, Mikrogeschichte in Theorie und Praxis; SCHULZ, Sozialgeschichte, Alltagsgeschichte, Mikro-Historie. Vgl. zu den wegweisenden Studien: GINZBURG, Käse und Würmer; DAVIS, Martin Guerre; LE ROY LADURIE, Montaillou.

35 GINZBURG, PONI, Was ist Mikrogeschichte?, S. 48–52, hier S. 49.

36 ULBRICHT, Mikrogeschichte, S. 65. Vgl. zur dichten Beschreibung GEERTZ, Dichte Beschreibung, S. 7–43. In dieser Untersuchung wird die »dichte Beschreibung« im Sinne einer quellennahen Beschreibung der Person sowie ihrer Konflikte und ihres Alltags verstanden.

37 Vgl. zum Begriff »Selbstzeugnis« KRUSENSTJERN, Selbstzeugnisse, S. 462–471; RUTZ, Ego-Dokument oder Ich-Konstruktion; SCHMOLINSKY, Sich schreiben, S. 85ff.; ANTENHOFER, MÜLLER, Briefe in politischer Kommunikation, S. 21ff.; SCHMID, Schreiben für Status und Herrschaft, S. 15ff. Vgl. zum konkurrierenden Begriff der Ego-Dokumente SCHULZE, Ego-Dokumente, S. 21. Vgl. zur Forschung HEILIGENSETZER, Getreue Kirchendiener – gefährdete Pfarrherren, S. 4ff.; HENNY, Vom Leib geschrieben, S. 29–47; BRÄNDLE, VON GREYERZ, HEILIGENSETZER, LEUTERT, PILLER, Selbstzeugnisforschung, S. 3f.; VON GREYERZ, Selbstzeugnisse; ULBRICH, MEDICK, SCHASER, Selbstzeugnis.

1.1.2. Das soziale Netzwerk

Bei der Analyse der sozialen Kontakte und der Beziehungen des Haller Superintendenten Jacob Jovius wird auf die in den letzten Jahren gängigen Ansätze zu Netzwerktheorien und -methoden der Sozialwissenschaften, Ethnologie und der Wissenschaftssoziologie zurückgegriffen.[38] Der Soziologe Barnes prägte bereits 1954 unter Einbeziehung des Soziologen Simmels den Begriff des »sozialen Netzwerks« mit seiner Untersuchung über ein norwegisches Fischerdorf.[39] In der sozialwissenschaftlichen Forschung wird seit den 1970ern Jahren auf das Netzwerk als ein analytisches Instrument zurückgegriffen.[40] Auf der Studie der Ethnologin Bott[41] aufbauend haben besonders Wellmanns[42] Anregungen 1982 die Forschung zur Entwicklung von Netzwerken vorangetrieben. Er war einer der ersten, der mit Historikern zusammengearbeitet hat und zugleich die Erforschung historischer Gesellschaften anregte. Daneben wies auch Bourdieu im Zusammenhang mit dem Ansatz des »sozialen Kapitals« auf die Netzstruktur der zwischenmenschlichen Verbindungen hin. Das Ausmaß des Sozialkapitals jedes Einzelnen hängt demnach sowohl von der Ausdehnung des Netzwerkes der Beziehungen ab, als auch von dem Umfang des jeweiligen Kapitals der Bezugsperson oder -gruppe.[43]

Die Netzwerkperspektive und -analyse historischer Beziehungszusammenhänge fand in einigen Untersuchungen der Unternehmens- und Wirtschaftsgeschichte Beachtung.[44] In der deutschsprachigen Geschichtswissenschaft setzte schon 1979 Reinhard das Konzept des sozialen Netzwerks um und er hob besonders die hohe Relevanz der Netzwerkperspektive hervor. Mit dem Wechsel

---

38 Vgl. zu den Sozialwissenschaften Stegbauer, Häußling, Handbuch Netzwerkforschung. Vgl. zur Wissenschaftssoziologie Weingart, Wissenschaftssoziologie. Vgl. zu Netzwerken allgemein Fangerau, Halling, Netzwerke; Bommes, Tacke, Netzwerke in der Gesellschaft; Böhme, Barkhoff, Riou, Netzwerke. Eine Kulturtechnik.

39 Barnes, Social Networks; Simmel, Untersuchungen. Vgl. zur Einführungen der sozialen Netzwerkanalyse Trappmann, Hummell, Sodeur, Strukturanalyse sozialer Netzwerke; Hollstein, Straus, Qualitative Netzwerkanalyse.

40 Vgl. Mitchell, Social networks in urban situations; Kapferer, Norms and the manipulation of relationship, S. 181–244. Mitchell definierte das soziale Netzwerk als »a specific set of linkages among a defined set of persons, with the additional property that the characteristics of these linkage as a whole may be used to interpret the social behavior of the persons involved«, vgl. Mitchell, Social networks in urban situations, S. 2.

41 Vgl. Bott, Family and social network. Bott analysierte englische Familien zu unterschiedlichen Formen der Arbeitseinteilung und des Rollenverständnisses von Männern und Frauen; sie gilt als Begründerin der egozentrierten sozialen Netzwerkanalyse.

42 Vgl. Wellmann, Studying Personal Communities, S. 61–80.

43 Vgl. Bourdieu, Kapital, S. 190f.

44 Z. B. Kreditnetzwerke 1300 bis 1900 (Clemens, Schuldenlast und Schuldenwert), das Florenz der Medici im 15. Jahrhundert (Padgett, Ansell, Robust Action) oder die Kaufmannsnetzwerke (Kalus, Pfeffer – Kupfer – Nachrichten).

des Fokus von der Makro- auf die Mikroebene wird deutlich, dass sich Netzwerkanalysen als geeignetes Instrument für Forschungen der Mikroebene erweisen.[45] Mit Recht aber hat die Geschichtswissenschaft die rein soziologischen Ansätze für die historische Netzwerkforschung[46] als lediglich eingeschränkt nutzbar charakterisiert, da nur diejenigen Personen in einer Netzwerkanalyse berücksichtigt werden können, mit denen überhaupt schriftlicher Kontakt überliefert ist. Alle historischen Netzwerke können nämlich nur *ex post* rekonstruiert werden und zudem ist die Quellengrundlage meist nur fragmentarisch erhalten, so dass kein Anspruch auf Vollständigkeit erhoben werden kann.[47]

In der vorliegenden Arbeit werden die Personen berücksichtigt, mit denen der Superintendent überhaupt schriftlichen Kontakt unterhielt, bzw. deren Schreiben oder Namen tatsächlich mehrmals überliefert sind. Diese Kontaktintensität ist das Hauptkriterium für die Auswahl der Hauptakteure, die im Anhang mit weiteren biografischen Informationen alphabetisch aufgeführt werden.[48] Jovius' soziale Kontakte und Beziehungen im Dorf, in der Nachbarschaft oder noch mehr die Beziehung zu seiner Ehefrau, seinen Kindern sind meistens nur mit Hilfe einzelner Hinweise überhaupt zu rekonstruieren. Die Untersuchung zielt daher auf die qualitative Analyse seines sozialen Netzwerks, d. h. auf sein unmittelbares Umfeld, also das Herausstellen der wichtigen und kontaktintensivsten Beziehungen.[49] Im Gegensatz dazu werden einmalig erwähnte Personen nicht berücksichtigt, da solch eine quantitative Analyse die Aussagekraft des Netzwerks wegen zu vieler Einzelnennungen stark verzerren würde.

Es wird also weder ein vollständiger, kollektivbiografischer[50] noch ein an einem Gesamtnetzwerk orientierter Ansatz verfolgt. Jovius' Netzwerk ist ein egozentriertes, also ein Netzwerk einer einzelnen Person »Ego«, die als einzige Informationsquelle über ihr persönliches »Netzwerk« Auskunft geben kann. Gelegentlich lassen sich Hinweise finden, in welcher Beziehung einzelne Netzwerkmitglieder zueinander stehen, also auch unabhängig von der Beziehung zu dem Ego, z. B. erteilt Jovius Auskünfte über das Verhältnis von seinem Bruder zu

45 Reinhard, Freunde und Kreaturen.

46 Vgl. Düring, Eumann, Historische Netzwerkforschung, S. 369–390.

47 Vgl. zu den Ansätzen Hertner, Netzwerkkonzept, S. 69f.

48 Die Personenverweise erfolgen stets bei der ersten Nennung im Kapitel. Nachweise oder ggf. andere Belege für einzelne Personen, die nicht im Anhang aufgeführt sind, erfolgen ebenfalls bei ihrer ersten Nennung.

49 Vgl. Hertner, Netzwerkkonzept, S. 69ff. Vgl. allgemein zu Netzwerken Fangerau, Halling, Netzwerke; Stegbauer, Häußling, Handbuch Netzwerkforschung; Neurath, Krempel, Geschichtswissenschaft und Netzwerkanalyse, S. 59–79.

50 Vgl. zur Kollektivbiografie Schröder, Kollektivbiographie, S. 74–152; Harders, Lipphardt, Kollektivbiografie in der Wissenschaftsgeschichte, S. 81–91.

ihrer gemeinsamen Mutter, ohne sich als Ego mit in dieser Beziehung zu berücksichtigen.[51]

Diese Methode der qualitativen Analyse passt sich erstens den unvollständigen Informationen und Fragestellungen zu einzelnen Personen flexibler an. Zweitens bietet dieser Ansatz den Vorteil, die unterschiedlichen Bedeutungen von Netzwerkbeziehungen zu berücksichtigen und vorhandene Informationen zueinander in Beziehung zu setzen, um das Netzwerk so exakt wie möglich zu rekonstruieren, und drittens können so einzelne historische Akteure erfasst werden.[52]

Zusammengefasst strebt die Untersuchung eine qualitative, egozentrierte, soziale Netzwerkanalyse an. Die Auswertung konzentriert sich auf Jovius' unmittelbares Umfeld und zeigt die Konturen des sozialen Netzwerkes bzw. Wirkungskreises eines lutherischen Superintendenten im Fürstentum Braunschweig-Wolfenbüttel in der zweiten Hälfte des 16. Jahrhunderts.

1.2. Forschungsfragen

Diese methodischen Ansätze nimmt sich die Untersuchung zur Grundlage, um differenzierte Rückschlüsse auf die Inhalte und die Hintergründe der alltäglichen Konflikte zu ziehen, die der Superintendent mit den privaten wie geschäftlichen Kontaktpartnern hatte. Bereits Häberlein machte in Anlehnung an die Rechtsethnologen Robert und Simmel auf den »konstruktiven und »alltäglichen« Charakter von Konflikten»[53] aufmerksam. Diese Herangehensweise gibt einen Einblick in die Machtverhältnisse am Ort und zeigt, welche sozialen Beziehungen, welches Verhalten des Superintendenten oder welche Normen die einzelnen Konflikte tatsächlich hervorriefen und mit welchen Mitteln deren Beilegung verfolgt wurde. Zu beachten ist, dass durch die Einführung der Reformation der Superintendent neuen Konfliktsituationen ausgesetzt war, die in dieser Form zuvor noch nicht aufgetreten waren, wie z. B. die entstehenden Probleme mit einer eigenen Pfarrfamilie in einem fremden Dorf.

Daher verfolgt die vorliegende Untersuchung folgende Ziele: Zuerst werden anhand der zuvor eingeordneten drei Handschriften die Lebens- und Arbeitsbedingungen des Superintendenten Jacob Jovius sowie die konkreten normativen Voraussetzungen für sein neu geschaffenes Amt herausgestellt. Vor diesem Hintergrund werden zweitens die privaten und beruflichen Konflikte und alltäglichen Schwierigkeiten des ersten lutherischen Geistlichen der mittleren

51 Vgl. Hollstein, Qualitative Methoden, S. 14ff.
52 Vgl. Hertner, Netzwerkkonzept, S. 69ff.
53 Häberlein, Brüder, Freunde und Betrüger, S. 32.

Leitungsebene in Halle im Fürstentum Braunschweig-Wolfenbüttel am Ende des 16. Jahrhunderts detailliert dargestellt, wobei gleichzeitig sein soziales Netzwerk aufgezeigt wird. Drittens wird überprüft, ob der Superintendent mit Amtsantritt 1569 die Herausforderung bewältigen konnte, während seiner 16-jährigen Dienstzeit die reformatorischen Neuerungen zu implementieren, seine Position gegenüber den verschiedenen Akteuren zu etablieren und die obrigkeitlichen Normen innerhalb dieser neu geschaffenen kirchenhierarchischen Strukturen auf dem Land zu vermitteln.

Für die Umsetzung

> »reformatorischer Veränderungsimpulse sowohl auf Seiten der Inhaber obrigkeitlicher Herrschaft als auch auf Seiten der beherrschten Untertanen (des ›gemeinen‹ Volks) [war] die sogenannte »Reformation der Mitte« entscheidend [...], d. h. die Aktivität der Gelehrten»[54],

in diesem Fall, die Amtshandlungen des Haller Superintendenten Jacob Jovius. Bereits Droste weist darauf hin, dass lokale Amtsträger als Mitunternehmer[55] an der Herrschaft ausgewählt wurden, um die Herrschaft zu sichern und die damit verbundenen Normen in der Fläche umzusetzen[56]. Landwehr versteht diese »Normdurchsetzung« als eine wechselseitige Beziehung von obrigkeitlichen Normgebern und untergeordneten Normadressaten. Diese Akteure verfügten als Normgeber, -vermittler, -adressaten oder eine Kombination aus diesen über verschiedene Handlungsmöglichkeiten innerhalb ihrer Felder und konnten einzelne Normen beeinflussen, z. B. mittels Supplikationen, Aushandlung oder Verweigerung. Da eine Norm auf bereits bestehende politische, gesellschaftliche, religiöse und kulturelle Strukturen traf, rief sie verschiedene Handlungen hervor. Landwehr plädiert dafür, von einer Implementierung der Norm zu sprechen[57], die zu einem allmählichen Bestandteil des alltäglichen Lebens wurde. Die Implementationsforschung nimmt gerade diesen Prozess zwischen Normbefehl und Ergebnis in den Blick und verwendet zur Beschreibung die zentralen Begriffe Normimplementation und Normwirkung.[58]

54 Hamm, Abschied vom Epochendenken, S. 396, Anm. 91. Hamm, Abschied vom Epochendenken, S. 391, begreift ›Reformation‹ im pragmatischen und nicht emphatisch-konfessorischen Sinn als »Geschehens-, Kommunikations-, Konflikt- und Sinnzusammenhang [...], der in der ersten Hälfte des 16. Jahrhunderts im Abendland zu einer antirömischen Umgestaltung des Kirchenwesens führte, zugleich aber auch bei den Altgläubigen eine andersartige, nicht revolutionäre, sondern evolutionäre Umgestaltung ihres nun dezidiert katholischen Kirchenwesens bewirkte.«. S. a. Hamm, Reformation ›von unten‹, S. 267–270.

55 Der Begriff ist auf Moraw, Entfaltung, S. 82, zurückzuführen.

56 Droste, Kommentar, S. 222. Besonders die Funktion von den Geistlichen als wichtige Amtsträger für Herrschaften betonen auch Landwehr, Normdurchsetzung, S. 155; Schorn-Schütte, Evangelische Geistlichkeit, S. 32, 45; Dies., Amtsverständnis, S. 51.

57 Vgl. Landwehr, Normdurchsetzung, S. 153.

58 Vgl. Landwehr, Normdurchsetzung, S. 146–152; Ders., Policey im Alltag, S. 29–38. S. a.

Diesem Konzept der Normimplementation folgend, wird in dieser Arbeit die Norm der Praxis vergleichend gegenübergestellt. Die normativen Vorgaben für das Amt des Superintendenten lassen sich aus der Kirchenordnung und weiteren Instruktionen rekonstruieren und werden mit den in der Quelle ermittelten, tatsächlichen Handlungen des Amtsträgers konfrontiert. Dabei zeigt sich, wie der Superintendent seine Amtspflichten konkret realisierte und ob er den normativen Handlungsanweisungen folgte oder sich ihnen widersetzte.

Um einen strukturierten, mikroperspektivischen und differenzierten Einblick in das Amt eines Superintendenten zu erlangen und darzulegen, mit welchen alltäglichen Konflikten und Akteuren Jovius bei der Normimplementation in einzelnen Bereichen konfrontiert wurde, ist BOURDIEUS Feldkonzept[59] eine geeignete Methode.

Jovius selbst und alle Akteure[60] seines Umfeldes führten mit ihrem jeweiligen Habitus[61] Auseinandersetzungen um Anerkennung, Macht und um materielle resp. immaterielle Ressourcen, insbesondere um ihr eigenes soziales, symbolisches, ökonomisches oder kulturelles Kapital[62] zu verbessern.[63] Die Auseinan-

---

STAUDENMAIER, Implementation, S. 49–55; BRAKENSIEK, Akzeptanzorientierte Herrschaft, S. 403f. Vgl. den Sammelband mit dem Schwerpunkt ›Policey‹ HÄRTER, Policey; darin HOLENSTEIN, Umstände der Normen, S. 1–46, hier bes. S. 42ff.; LANDWEHR, Policey vor Ort, S. 47–70.

59 Vgl. zum Begriff ›Feld‹ BOURDIEU, Praktische Vernunft, S. 49; FRÖHLICH, REHBEIN, Bourdieu Handbuch, S. 99ff., Lemma: Feld. BARLÖSIUS, Bourdieu, S. 90: Als Feld bezeichnet Bourdieu »die spezifischen sozialen Einheiten und Einrichtungen, aus denen sich die Gesellschaft zusammensetzt«. Ein soziales Feld definiert »sich unter anderem darüber, daß die spezifischen Interessen und Interessenobjekte definiert werden, die nicht auf für die für andere Felder charakteristischen Interessen und Interessensobjekte reduzierbar sind [...] und von jemandem, der für den Eintritt in dieses Feld nicht konstruiert ist, nicht wahrgenommen werden«, vgl. BOURDIEU, Eigenschaften von Feldern, S. 107f. S. a. zum Feldkonzept GRAF, Wissenschaftselite, S. 28–33; LANDWEHR, Policey im Alltag, S. 23ff.

60 Der Begriff ›Akteur‹ als Handelnder im sozialen Feld zielt bei BOURDIEU »darauf ab, das Gegensatzpaar von Individuum und Gesellschaft zu überwinden. Es drückt aus, dass das Individuum immer ein gesellschaftliches ist und die Gesellschaft stets aus Individuen besteht«, BARLÖSIUS, Bourdieu, S. 187, Lemma: Akteur.

61 Der Habitus wird verstanden als die »Gesamtheit der relativ festgelegten Einstellungen und Gewohnheiten einer Person oder einer sozialen Gruppe«, BARLÖSIUS, Bourdieu, S. 54. »Das Habituskonzept beginnt mit den Akteuren und soll die Generierung der sozialen Praxis erklären, während das Feldkonzept bei den sozialen Strukturen ansetzt und die Positionierung der Akteure im sozialen Raum erklären soll. [...] Das Habituskonzept soll die Vermittlung von Struktur und Handlung veranschaulichen, das Feldkonzept die Macht- und Positionskämpfe sichtbar machen.«, BARLÖSIUS, Bourdieu, S. 92. S. a. FRÖHLICH, REHBEIN, Bourdieu Handbuch, S. 110ff., Lemma: Habitus.

62 Vgl. zum Kapital BOURDIEU, Kapital. S. a. FRÖHLICH, REHBEIN, Bourdieu Handbuch, S. 134ff., Lemma: Kapital. Zu den Konkurrenzkämpfen vgl. SCHWINGEL, Analytik der Kämpfe, S. 85ff.

63 Vgl. BOURDIEU, Praktische Vernunft, S. 84; FRÖHLICH, REHBEIN, Bourdieu Handbuch, S. 131, Lemma: Konflikt/Kampf; BARLÖSIUS, Bourdieu, S. 90: » [...] das Feldkonzept [macht] die

dersetzungen werden in verschiedenen Feldern ausgetragen, die im Folgenden als Konfliktfelder bezeichnet werden. Jeder Akteur gehört auf Grund seiner Beziehung oder Position zu dem Superintendenten unterschiedlichen sozialen Feldern mit den jeweiligen feldspezifischen Normen an. Die Zuordnung eines Akteurs zu einem bestimmten Konfliktfeld erfolgt durch Jovius' Betitelung[64], aus der häufig das Verhältnis zu dem Akteur ersichtlich wird, und dem Hinweis auf dessen Position bzw. Beruf, mit welchem das feldspezifische Kapital einhergeht. Um die Konflikte und die involvierten Akteure in den jeweiligen Feldern bei der Etablierung der lutherischen Lehre und der Kirchenordnung differenziert zu betrachten, ergibt sich für die Arbeit die folgende Konfliktfeld-Aufteilung: Familie (A), Freunde (B), Gemeinde (C)[65], geistliche (D) und weltliche Amtsträger (E). Falls eine Feldzuordnung eines Akteurs oder eines Konflikts nicht eindeutig ist, werden weitere Angaben im Konzeptbuch, der Inhalt des Schreibens, der jeweilige Kontext, Jovius' Funktion in der jeweiligen Auseinandersetzung und die verschiedenen Positionen der Akteure bei der Entscheidungsfindung herangezogen. Mit Hilfe dieses methodischen Zugriffs lassen sich auch einzelne Rahmenbedingungen und persönliche Situationen der Akteure erkennen, womit eventuelle Motivationen oder Strategien der Involvierten nachvollzogen werden können.

Das Konfliktfeld A ›Familie‹ umfasst diejenigen Akteure, die auf Grund ihrer sozialen Beziehung zu Jovius oder ihrer Betitelung, z. B. als Mutter oder Schwiegervater, diesem Feld zuzuordnen oder mittels des Konzeptinhalts als eindeutiges Familienmitglied[66] zu identifizieren sind. Jovius agierte vorrangig als Familienangehöriger und hauptsächlich in seiner privaten Funktion in familiären Konflikten. Die Untersuchung fokussiert die in der Quelle belegten Auseinandersetzungen um das ökonomische Kapitel der Familie, das Erbe, da Jovius als protestantischer Geistlicher, anders als die Pfarrergenerationen vor ihm und zum Nachteil seiner Geschwister, erbberechtigt blieb. Zum Konfliktfeld gehören auch die Schwierigkeiten, die er bei der Förderung einzelner Familienmitglieder oder mit seinen Bücherbestellungen als kulturellem Kapital hatte.

Macht und Positionskämpfe sichtbar«. S. a. Schwingel, Analytik der Kämpfe, S. 85ff., bes. S. 109f.

64 Vgl. zur Betitelung Kapitel 2.2.1.

65 Auch wenn Bourdieu Familie (Freunde und Gemeinde) nicht als autonomes Feld, sondern nur als Sinnsphäre ansieht, funktioniert eine Familie dennoch wie ein Feld, mit »all seinen physischen, ökonomischen und vor allem symbolischen Kräfteverhältnissen […] und mit seinen Kämpfen um Erhalt oder Veränderungen dieser Kräfteverhältnisse«, weshalb die Familie (Freunde und Gemeinde) im Folgenden zu den Konfliktfeldern gezählt wird, vgl. Bourdieu, Praktische Vernunft, S. 131; s. a. Bongaerts, Grenzsicherung, S. 117, Anm. 5.

66 Unter dem verwendeten Begriff ›Familie‹ wird die sog. Großfamilie (joint family) subsumiert, eine erweiterte verwandtschaftliche Struktur mehrerer Generationen, vgl. Hill, Kopp, Familiensoziologie, S. 13f. Vgl. zum Begriff ›Familie‹ Kapitel 4.

Ebenso geben die Konzeptbücher dezidiert darüber Aufschluss, mit welchen Problemen die protestantische Pfarrfamilie in der Gemeinde Halle konfrontiert wurde und welche Fürsorge Jovius seiner Familie entgegenbrachte.

Das Konfliktfeld B ›Freunde‹ stellt die schwierigen, privaten Verhältnisse zwischen Jovius und seinen Freunden[67] dar. In erster Linie bezeichnete er nichtverwandte Akteure als Freund oder konkretisiert ihre Beziehung durch dementsprechende Inhalte, wie z.B. mit einem Verweis auf eine langjährige Freundschaft. Die Konzeptbücher ermöglichen den Rückschluss darauf, wie sich Jovius' Freundeskreis zusammensetzte und welche Ämter einige Freunde ausübten, um gezielt beispielsweise eine Patenschaft zu übernehmen, bei der beruflichen Weiterentwicklung von Jovius unterstützt oder für dessen Anliegen beansprucht zu werden. Besondere Beachtung wird einem außergewöhnlichen Fall freundschaftlicher Fürsorge und theologischer Seelsorge geschenkt, der in den Konzeptbüchern als retrospektiver Bericht die Sterbebegleitung eines Freundes dokumentiert.[68]

Das Konfliktfeld C ›Gemeinde‹ umfasst die Akteure, die in Jovius' Konzeptbüchern als *Gemeinde, Caspel*, Alterleute[69] betitelt wurden oder einzelne Akteure, die sowohl der kirchlichen Pfarrgemeinde als auch der Dorfgemeinde angehörten, neben Halle auch die Filialdörfer Wegensen, Linse, Tuchtfeld, Dohnsen und Kreipke. Die Untersuchungen zu diesem Konfliktfeld fokussieren die Rolle von Jovius in seiner beruflichen Doppel-Amtsfunktion als Superintendent und Pfarrer. Die Konzeptbücher zeigen in eindrucksvoller Weise, welche Konflikte sich zwischen dem Geistlichen und seiner Gemeinde bei der Implementierung der reformatorischen Neuerungen entwickelten. Die Gemeinde nahm die neuen Kirchenhierarchien und die Veränderungen nicht ohne Widerstand an, so dass in diesem Konfliktfeld die fehlende Bereitschaft der Gemeindemitglieder zum Gottesdienst zu gehen oder die Sakramente zu empfangen, die ökonomische Versorgung des Ortsgeistlichen zu gewähren oder die Errichtung einer Dorfschule zu unterstützen, dargestellt werden kann. Mit Hilfe der nicht in erster Linie normativ geprägten Konzeptbücher können insbesondere die Auseinandersetzungen um die Instandhaltung der Pfarrgebäude bzw. das Pfarrhaus im Sinne des symbolischen Kapitals sowie die Probleme mit dem

67 Vgl. zum Problem des Begriffs und der Bedeutung von ›Freund/Freundschaft‹ Kapitel 5.
68 Vgl. zu der Sterbebegleitung Kapitel 5.2.
69 Zu dem Begriff ›Alterleute bzw. Älterleute‹ und ihrer Funktion als Verwalter des Kirchenvermögens vgl. Prietzel, Alterleute und Kastenherren, S. 61ff. Hilfreich für die Zuordnung einzelner Akteure, die nur mit Vornamen genannt werden, ist die von Jovius' benutzte Nennung des Wohnorts als zusätzliche Identifizierung, z. B. Curd aus Kreipke, vgl. HS 2, fol. 65r [Reg.-Nr. 90], fol. 231r–237r [Reg.-Nr. 293].

Pfarrmeierhof als ökonomisches Kapital über die gesamte 16-jährige Amtszeit verfolgt werden.[70]

In der Funktion als Superintendent agierte Jovius vorrangig in den beruflich geprägten Konfliktfeldern der geistlichen (D) und weltlichen (E) Amtsträger. Ein Akteur wird diesem Konfliktfeld zugeordnet, wenn er mit dem entsprechenden Beruf als Pastor, Küster, Lehrer, Generalsuperintendent, Patron oder Amtmann betitelt wird und er das feldspezifische notwendige Kapital besaß, also ein geistliches resp. weltliches Amt bekleidete oder eine entsprechende Ausbildung hatte.

Im Konfliktfeld D ›geistliche Amtsträger‹ wird dezidiert die Zusammenarbeit bei der Amtsausübung zwischen dem Superintendenten und den einzelnen über- sowie untergeordneten geistlichen Instanzen und der daraus resultierenden Konflikte in den Vordergrund gestellt. Gezielt werden die Kooperation und das Verhältnis zwischen Jovius und den Pastoren sowie Küstern betrachtet, um aufzuzeigen, ob und wie der Haller Superintendent seine höherrangige Position als ausführender Akteur, die normativen Vorgaben sowie die reformatorischen Neuerungen gegenüber den unterstellten Kirchendienern implementieren konnte. Bereits SCHORN-SCHÜTTE hob hervor, dass in der Untersuchung »verschiedener Konflikte um die Amtsführung der Geistlichen immer auch Normkonflikte der vormodernen Gesellschaft zur Diskussion standen. Und Normvermittlung war ein wichtiger Inhalt des geistlichen Amtsverständnisses«[71]. Die Konzeptbücher ermöglichen darüber hinaus, das konfliktgeladene Verhältnis zwischen dem Superintendenten als Informationsvermittler sowie Normempfänger und seinen Vorgesetzten, dem Alfelder Generalsuperintendenten resp. dem kirchenleitenden Konsistorium, differenziert darzustellen.

Im Konfliktfeld E ›weltliche Amtsträger‹ werden die Konflikte bei der von Herzog Julius verlangten Kooperation zwischen der Geistlichkeit und den Vertretern der weltlichen Administration in den Blick genommen. Wie die Quelle zeigt, war die Zusammenarbeit mit den Amtmännern oder Patronen alles andere als spannungsfrei und routiniert. Herzogliche Anordnungen wurden offenbar längst nicht immer umgesetzt, so dass nun mit Hilfe der Konzeptbücher erstmals die Frage verfolgt wird, wie die herzoglichen Mandate vom Superintendenten in den alltäglichen administrativen Abläufen rezipiert wurden.

Jovius' Handlungen waren in allen Konfliktfeldern unterschiedlich begrenzt, sozial konditioniert und sowohl an institutionelle, soziale als auch an rechtliche Rahmenbedingungen und Normen gebunden. Er nahm als sozialer Akteur gegenüber anderen Feld-Akteuren unterschiedliche Rollen bzw. Funktionen ein, wie z. B. als Vorgesetzter, Untergebener, Pastor, Gemeindemitglied, Vermittler,

70 Vgl. zu diesen Konflikten Kapitel 6.2. und 6.3.
71 SCHORN-SCHÜTTE, Evangelische Geistlichkeit, S. 45.

Verwalter, Ehemann, Sohn, Bruder, Schwager oder Freund. Die Konfliktfeldanalyse zielt daher darauf ab, den Superintendenten in diesen unterschiedlichen Funktionen zu untersuchen und konkrete Erkenntnisse über seinen Konflikt- und Arbeitsalltag zu gewinnen, um ihn als Vertreter der mittleren Ebene der Kirchenhierarchie und als Normadressat, -empfänger bzw. -vermittler einer sich herausbildenden und verfestigenden Landeskirche im ausgehenden 16. Jahrhundert zu bewerten.

1.3. Forschungsstand zu Reformation und Landesgeschichte

In dieser Arbeit werden neben den konflikttheoretischen, alltags- und netzwerkgeschichtlichen bzw. kulturhistorischen und mikrogeschichtlichen Methoden besonders reformations- sowie frühneuzeithistorische und landeshistorische Fragestellungen und Ansätze miteinander kombiniert, die zudem Themen aus der Konfessionalisierungs- sowie der Selbstzeugnisforschung aufgreifen.

Die ›Reformation‹[72] ist in vielen Forschungsfeldern ein sehr intensiv diskutiertes Thema.[73] Insbesondere wird der Begriff ›Reformation‹[74] vor dem Hintergrund der verschiedenen Forschungsrichtungen unterschiedlich definiert. Die vorliegende Arbeit orientiert sich an KAUFMANNS Verständnis von Reformation als »einem Konzept der in sich pluralen, gleichwohl einen spezifischen und einheitlichen historischen Zusammenhang bildenden, untereinander mannigfach vernetzten territorialen, lokalen, regionalen und nationalen Veränderungsprozesse«[75]. Er führt weiter aus, dass sich »zwischen den einzelnen städtischen, territorialen, nationalen und milieu- bzw. richtungstheologischen

72 Vgl. zu der gegenwärtigen Auseinandersetzung zum Themenkomplex »Reformation« grundlegend POHLIG, Reformation, S. 7–34. S. a. REITEMEIER, Reformation in Norddeutschland. Der Begriff ›Reformation‹ leitet sich vom lateinischen Wort *reformare* ab und bedeutet wörtlich zurückformen, vgl. JUNG, Reformation, S. 10; WOLGAST, Reform, S. 313ff. WOLGAST führt aus, dass innerhalb des 17. Jahrhunderts der Begriff ›Reformation‹ für Luthers Taten und als Begriff für die kirchlichen Ereignisse des 16. Jahrhunderts stand, vgl. ebd., S. 329.

73 LEOPOLD VON RANKE veröffentlichte erstmals in den Jahren 1839 bis 1847 sein sechsbändiges Werk »Deutsche Geschichte im Zeitalter der Reformation«, das für die Deutung der Reformationsgeschichte im Kontext der protestantischen Kirchengeschichtswissenschaft bis ins 21. Jahrhundert wirkte und von einer Martin Luther geprägten Reformation ausgeht, die soziale und religiöse Verhältnisse veränderte, vgl. RANKE, Deutsche Geschichte im Zeitalter der Reformation. Vgl. dazu auch KAUFMANN, Anfang der Reformation, S. 2f.; EHRENPREIS, LOTZ-HEUMANN, Reformation, S. 3f.; MÖRKE, Reformation, S. 70f.

74 Vgl. zu der Diskussion um die Definition von »Reformation« POHLIG, Reformation, S. 9.

75 KAUFMANN, Anfang der Reformation, S. 3.

Reformationsprozessen höchst unterschiedliche und komplexe Interaktionen abspielten«[76].

Innerhalb der Reformationsforschung verlagerte sich in den letzten Jahren der Schwerpunkt.[77] Die Konzentration insbesondere auf die Person Luthers sowie anderer Reformatoren ließ nach. Stattdessen steht inzwischen die Betrachtung der Reformation in allen zeitlichen und räumlichen Kontexten im Vordergrund. MÖRKE erachtet es daher als wichtig, die »Voraussetzungen und Durchsetzung der Reformation auf ein Erklärungsmodell zuzuführen, das sowohl den langfristigen Wandlungsprozessen als auch den ereignishaft greifenden Impulsen um 1520 Rechnung trägt«[78] und nicht ausschließlich aus theologischen Inhalten definiert wird.[79]

Neben den aktuellen Forschungsdebatten und -diskussionen um das Verhältnis von Kontinuität und Diskontinuität im Übergang vom Spätmittelalter zur Frühen Neuzeit[80] und um den Begriff Reformation sowie dessen Pluralisierung[81] wird auch speziell der Epochencharakter[82] diskutiert.

Die Reformation förderte die Herausbildung unterschiedlicher Konfessionen, die ZEEDEN mit dem Begriff ›Konfessionsbildung‹[83] umschrieb. SCHILLING und

76 KAUFMANN, Anfang der Reformation, S. 3.

77 KAUFMANN hat einen ausführlichen Überblick über die Reformationsforschung in Deutschland seit 1945 gegeben, vgl. KAUFMANN, Reformationsforschung, S. 15–47. S. a. POHLIG, Reformation. POHLIG wählt klassische und einflussreiche Texte der allgemein- und kirchenhistorischen Reformationsforschung der letzten 50 Jahre aus und gibt damit einen Überblick über die Forschungsgeschichte. Vgl. zu den ausgewählten Aufsätzen und ihre Einordnung in die Reformationsforschung POHLIG, Reformation, S. 17–34.

78 MÖRKE, Reformation, S. 137.

79 Vgl. zur aktuellen Forschungskontroversen und Perspektiven der Reformations- und Konfessionalisierungsforschung EHRENPREIS, LOTZ-HEUMANN, Reformation; MÖRKE Reformation; HOLZEM, Erfolgsgeschichte der »Konfessionalisierung«, S. 127–164. Zur geistes- und theologiegeschichtlichen Einordnung der Reformation vgl. KAUFMANN, Einordnung der Reformation.

80 Bernd MOELLER prägte in der zweiten Hälfte des 20. Jahrhunderts nachhaltig besonders die geschichtswissenschaftliche Diskussion um die Diskontinuitäten zwischen der Reformation und dem Mittelalter und die Konzentration auf Martin Luther, vgl. MOELLER, Reichsstadt und Reformation. S. a. HAMM, Abschied vom Epochendenken, S. 378 f.; KAUFMANN (Hrsg.), Moeller, Reichsstadt und Reformation, S. 1–39.

81 Vgl. zur Pluralisierung KAUFMANN, Anfang der Reformation, S. 2 f., Anm. 3.

82 Vgl. zu der Diskussion u. a. HAMM, Abschied vom Epochendenken; SEEBAß, Reformation als Epoche, S. 21–32; EHRENPREIS, LOTZ-HEUMANN, Reformation, S. 17–28; MÖRKE, Reformation, S. 67 ff.

83 ZEEDEN, Konfessionsbildung, S. 251 f., definierte Konfessionsbildung 1958 folgendermaßen: »Unter Konfessionsbildung sei also verstanden: die geistige und organisatorische Verfestigung der seit der Glaubensspaltung auseinanderstrebenden christlichen Bekenntnisse zu einem halbwegs stabilen Kirchentum nach Dogma, Verfassung und religiös sittlicher Lebensform. Zugleich ihr Ausgreifen in die christliche Welt des frühneuzeitlichen Europa; ihre Abschirmung gegen Einbrüche und Gefährdungen und ihre Mitgestaltung durch außerkirchliche Kräfte, insonderheit durch die Staatsgewalt.«.

Reinhard richteten sich stärker auf außerkirchliche, gesellschaftliche und staatsbildende Prozesse sowie deren gegenseitige Beeinflussung mit der Konfessionsbildung aus und verwendeten dafür den Begriff ›Konfessionalisierung‹.[84] Hamm ergänzte, dass neben der Einführung der ›Reformation‹, gerade »die ›Konfessionalisierung‹, die mit der Bekenntnisbildung der Reformation einsetzte, den lang gestreckten, Jahrhunderte währenden Vorgang einer gesamtkulturellen Prägung und Ausdifferenzierung«[85] bedeutete. Aus diesen Gründen konstatierte bereits Kaufmann, dass es sinnlos sei, beides voneinander zu trennen, sondern plädierte für eine gemeinsame Betrachtung von Reformation und Konfessionalisierung.[86]

Dieser Ansatz trifft besonders auf das Fürstentum Braunschweig-Wolfenbüttel zu, da dort erst Herzog Julius mit seinem Regierungsantritt 1568 vergleichsweise spät das lutherische Bekenntnis einführte und damit seinem Territorium gleichzeitig eine neue konfessionelle Ausrichtung gab.[87] Den Landesherren wurde im Augsburger Religionsfrieden 1555 das *ius reformandi*[88] bestätigt; es stärkte sie in ihrem Recht, die religiöse Lehre in ihren jeweiligen Territorien zu bestimmen.[89] Durch die Bestimmungen des Friedenvertrags setzten sich der Ausbau des spätmittelalterlichen landesherrlichen Kirchenre-

84 Vgl. zur Konfessionalisierung Schilling, Konfessionalisierung als gesellschaftlicher Umbruch, S. 35–51; Reinhard, Zwang zur Konfessionalisierung?, S. 257–277. S. a. Brockmann, Weiß, Einleitung, S. 2ff.; Schulze, Konfessionalisierung als Paradigma, S. 15–30. Vgl. zur Konfessionalisierungsforschung, ihrer Bedeutung, ihrem Nutzen und ihren Grenzen von Greyerz, Jakubowski-Tiessen, Kaufmann, Lehmann, Interkonfessionalität. Vgl. zum aktuellen Stand der Konfessionalisierungsforschung Holzem, Christentum in Deutschland 1550–1850, Bd. 1; Ders., Erfolgsgeschichte der »Konfessionalisierung«, S. 127–164; Brockmann, Weiß, Einleitung, S. 1–22; Klueting, Glaubensspaltung, S. 45–65; Ehrenpreis, Mischkonfessionalität, S. 117–126; Hamm, Abschied vom Epochendenken, S. 391.

85 Hamm, Abschied vom Epochendenken, S. 391.

86 Vgl. Kaufmann, Konfession und Kultur, S. 7: Es sei sinnlos »die »Reformation« und das »konfessionelle Zeitalter« als zwei historische Epochen voneinander zu scheiden [...] Denn die Reformation lebt ja in Gestalt der Tradierung und Aktualisierung prägender Vor- und Feindbilder, verbindlicher Texte, autoritativer Symbole und eingeübter Rechtsnormen und ritueller Praktiken im »konfessionellen Zeitalter« fort. [...] »Reformation« und »konfessionelles Zeitalter« sollten deshalb historiographisch als zwei zwar zu unterscheidende, aber untrennbar miteinander verbundene historische Etappen innerhalb einer *Epoche der Frühen Neuzeit* behandelt werden«.

87 Krumwiede, Kirchengeschichte Niedersachsens I, S. 130–141; Ziegler, Braunschweig-Lüneburg, S. 18–33. In den angrenzenden welfischen Städten und Gebieten z. B. in Braunschweig (1521/22 bzw. 1528), Goslar (1528), Hildesheim (1543), Grubenhagen (1526) und Calenberg-Göttingen (1540) hatte sich die Reformation bereits früher durchgesetzt.

88 Vgl. Schneider, Ius Reformandi.

89 Vgl. Krumwiede, Entstehung, S. 120ff.; Ders., Kirchengeschichte Niedersachsens I, S. 115f.; Bahlcke, Landesherrschaft, S. 7–12; Klueting, Konfessionelles Zeitalter, S. 196–208; Reller, Kirchenverfassung, S. 134; Ohainski, Klosterordnung, S. 55f.

giments[90] und der Prozess der Herrschaftsverdichtung[91] fort, bei dem kirchliche und obrigkeitliche Strukturen im Sinne des (späteren) Konfessionalisierungsparadigmas ineinandergreifen. Auch im Fürstentum Braunschweig-Wolfenbüttel sind diese Tendenzen bereits unter Herzog Heinrich d. J.[92] und eine erhebliche Intensivierung des Ausbaus der Landesherrschaft unter seinem Sohn Julius zu beobachten.

Die allgemeine Reformationsforschung beschäftigte sich nur in einem geringen Umfang mit den welfischen Territorien.[93] Vielmehr sind für diese Gebiete landeshistorische Arbeiten zur Geschichte Niedersachsens[94], zur Geschichte der Braunschweigischen Landeskirche[95] oder zur Entstehung des landesherrlichen Kirchenregiments bzw. der Kirchenverfassung im Fürstentum Braunschweig-Wolfenbüttel[96] heranzuziehen. Hervorzuheben ist besonders RELLERS Studie zur Kirchenverfassung vor und nach Einführung der Reformation im Fürstentum Braunschweig-Wolfenbüttel, die auch für diese Untersuchung grundlegend ist.[97]

---

90 Vgl. zum Begriff ›landesherrliches Kirchenregiment‹ KRUMWIEDE, Entstehung; DERS., Kirchenregiment, S. 61. Vgl. zu der Verwendung des Begriffs in der Forschungsgeschichte VOLKMAR, Reform statt Reformation, S. 24–36. Vgl. zum landesherrlichen Kirchenregiment im Herzogtum Braunschweig-Lüneburg BUTT, Herrschaft über Kirche, S. 23–72, REITEMEIER, Reformation in Norddeutschland, S. 261–291. Vgl. zur Bedeutung des landesherrlichen Kirchenregiments in Verbindung mit der Entstehung des Superintendentenamtes GOLDENSTEIN, Entstehung des Superintendentenamtes, S. 195–198.

91 Der Begriff der ›Herrschaftsverdichtung‹ beschreibt gemäß neuerer Forschungen den Prozess zur frühneuzeitlichen ›Staatswerdung‹ oder ›Staatsbildung‹, vgl. BRAKENSIEK, Akzeptanzorientierte Herrschaft, S. 405; DERS., Herrschaft Einleitung, S. 11; HOCHEDLINGER, Verfassungs-, Verwaltungs- und Behördengeschichte, S. 26; HOLENSTEIN, Introdcution: Empowering interactions, S. 25–28. S. a. MORAW, Verfassung zu gestalteter Verdichtung, S. 25ff., 389–392; DERS., Organisation und Funktion, S. 21–65; WILLOWEIT, Entwicklung und Verwaltung, S. 109–114; BLOCKMANS, HOLENSTEIN, MATHIEU, SCHLÄPPI, Empowering interactions.

92 Vgl. LIPPELT, Heinrich d. J., S. 322f.; SCHMIDT, Heinrich der Jüngere, S. 351f.

93 Vgl. zur Reformation in Norddeutschland REITEMEIER, Reformation in Norddeutschland; BEI DER WIEDEN, Ausstrahlung der Reformation; REITEMEIER, Reformation.

94 Vgl. PATZE, Geschichte Niedersachsens 3.2.; VON BOETTICHER, Niedersachsen im 16. Jahrhundert.

95 Vgl. BESTE, Landeskirche; KRUMWIEDE, Kirchengeschichte Niedersachsens I; WEBER, HOFFMANN, ENGELKING, Taufe.

96 Vgl. KRUMWIEDE, Entstehung; BUTT, Herrschaft über Kirche. Vgl. zur braunschweigischen Landesgeschichte JARCK, SCHILDT, Landesgeschichte; LIPPELT, SCHILDT, Braunschweig-Wolfenbüttel. S. a. zu den administrativen und wirtschaftlichen Aspekten des Fürstentums Braunschweig-Wolfenbüttel OHAINSKI, REITEMEIER, Gottfried Mascop; ZIEGLER, Braunschweig-Lüneburg. Vgl. zur Einführung der Reformation in den norddeutschen Städten MÖRKE, Rat und Bürger; HOHEISEL, Reform; BRÄUER, Beginn; PATZE, Bürgertum und Frömmigkeit; RAHN, Bruderschaften; TSCHIPKE, Lebensformen; JÜRGENS, Um Gottes Ehre; JÜNKE, Bugenhagens Einwirken; DERS., Luther und Braunschweig; JÜRGENS, Reformation Braunschweig; MAGER, Corpus Doctrinae; DIES., Einführung; DIES., Konkordienformel.

97 RELLER, Kirchenverfassung.

Neben zunehmend sozial- und wirtschaftshistorischen Aspekten traten in der Reformationsforschung[98] auch vergleichende Betrachtungen von Stadt- und Landgemeinden in den Vordergrund, um die sich in der Folgezeit vor allem Blickle bemühte. In seinem »Kommunalismus«-Konzept wies er auf vergleichbare Verfassungsstrukturen, soziale Träger (den »gemeinen Mann«) und kulturelle Werte (den »Gemeinnutz«) hin und identifizierte Oberdeutschland sowie die Eidgenossenschaft als Hochburgen dieser kommunalen Bewegung. Die Reformation der Kirche und der Gesellschaft auf gemeindlicher Ebene fasste er unter dem Begriff »Gemeindereformation« zusammen.[99] Wurden damit während der letzten beiden Jahrzehnte zahlreiche Arbeiten zum Niederkirchenwesen des Mittelalters vorgelegt, wie Bünz[100] hervorheben konnte, so bleibt die Erforschung gerade der ländlichen Pfarreien und Gemeinden sowie deren Wandel in der Reformationszeit, ausgehend von den insbesondere von Kümin geleisteten Anstößen, unverändert eine zentrale Forschungsaufgabe.[101]

In den vergangenen zwei Jahrzehnten haben sich gerade zu der Frage, wie sich Herrschaft und Staatswerdung in der Frühen Neuzeit vollzogen, neue Forschungsansätze entwickelt. Im Mittelpunkt steht die Herrschaftsverdichtung unter dem Gesichtspunkt der Verwaltung. Die Landesherren konnten ihre Herrschaft nicht allein, von oben durchsetzen, sondern griffen bei der Normimplementation auf die lokalen Amtsträger zurück bzw. waren auf diese angewiesen. Das Konzept der Herrschaftsvermittlung nahm vor allem die frühneuzeitliche Verwaltung in den Blick und konzentrierte sich auf die administrativen Akteure und Institutionen der Vermittlung zwischen Herrschaft und Untertanen. Besonders wurden die Formen der Dreiecks-Kommunikation zwischen Obrigkeit, regionalen bzw. lokalen Amtsträgern und Untertanen beachtet, durch die der Herzog bzw. Fürst die Amtsträger kontrollieren konnte.[102] Die Untertanen bzw. die Gemeinden sowie insbesondere die Amtsträger der mittleren Ebene eröffnen als eigenständige Akteure im Verhältnis zur Obrigkeit und zum Konsistorium eine neue Perspektive und rücken daher in den Fokus dieser Untersuchung.[103]

---

98 Moeller, Reichsstadt und Reformation.

99 Blickle, Kommunalismus; Ders., Das Alte Europa; Ders., Bauernkrieg. S. a. Gleba, Ordnungsmodell.

100 Vgl. Bünz, Pfarrei, S. 27–66; Ders., »Die Kirche im Dorf lassen …«, S. 81f., Anm. 11.

101 Kümin, Shaping of a Community; Ders., Entscheidungsfindung; Ders., Voluntary religion; Ders., Englische Kirchgemeinde; Ders., Parish finance. S. a. Jadatz, Reformation im Leipziger Land.

102 Vgl. Brakensiek, Akzeptanzorientierte Herrschaft, S. 395–406; Landwehr, Normdurchsetzung, S. 152–158; Schorn-Schütte, Evangelische Geistlichkeit, S. 32; Dies., Amtsverständnis, S. 51; Droste, Kommentar, S. 222.

103 Vgl. Hochedlinger, Winkelbauer, Herrschaftsverdichtung; Brakensiek, von Bredow, Näther, Herrschaft und Verwaltung; Landwehr, Normdurchsetzung, S. 152–158; Bra-

Schorn-Schütte hat mit ihrer Habilitationsschrift die protestantische Geistlichkeit, vorrangig lutherische Pfarrer in der Landgrafschaft Hessen-Kassel, der Stadt Braunschweig und dem Fürstentum Braunschweig-Wolfenbüttel, in den Blick genommen. Ihr ging es um

> »die Charakterisierung der Einbindung der neuen Sozialgruppe evangelischer Geistlichkeit in die Teile der frühmodernen Ständegesellschaft, die als Bürgertum bezeichnet werden, einerseits, um eine Analyse ihres Anteils an den sozialen und politischen Wandlungen jener stets als statisch charakterisierten Sozial- und Politikordnung andererseits«[104].

Neben Krusch, der über den Aufbau der Zentralbehörden unter den Herzögen Heinrich d. J., Julius und Heinrich Julius im Fürstentum Braunschweig-Wolfenbüttel forschte, haben besonders Samse, Graefe, Klingebiel und Lippelt zur Sozial- und Bildungsgeschichte landesherrlicher Amtsträger gearbeitet.[105]

Explizit die Entstehung des Superintendentenamtes in der Reformationszeit und dessen Ausgestaltung hat jüngst Goldenstein untersucht und den bisherigen Forschungsstand detailliert und theologisch/historisch differenziert aufgearbeitet.[106] Er hebt die Bedeutung der Monografie Streiters hervor, der sich als erster in den 1970er Jahren allgemein mit dem Superintendentenamt und dessen Aufgaben auseinandersetzte.[107] Neben dieser kirchenrechtlichen Arbeit befasste sich außerdem Thomas mit der Umgestaltung des Superintendentialsystems in der sächsischen Landeskirche.[108] Auf der Basis der Kirchenordnungen des 16. Jahrhunderts untersuchte Nobbe das Superintendentenamt im

---

kensiek, Akzeptanzorientierte Herrschaft, S. 395–406; Ders., Herrschaft Einleitung, S. 9–24; Asch, Freist, Staatsbildung als kultureller Prozess.

104 Schorn-Schütte, Evangelische Geistlichkeit, S. 19. Die von Schorn-Schütte (Evangelische Geistlichkeit, S. 20–31, 390–406) entwickelte These des »geistlichen Sonderbewusstseins« ist Grundlage der Studie von Berndorff, Prediger der Grafschaft Mansfeld.

105 Vgl. Krusch, Centralbehörden I und II; Samse, Zentralverwaltung; Graefe, Forstleute; Klingebiel, Lokale Amtsträger; Lippelt, Hoheitsträger.

106 Vgl. Goldenstein, Entstehung des Superintendentenamtes, S. 40–83. Vgl. allgemein zum Superintendentenamt auch Junghans, Superintendent, S. 463–467; Schoß, Stellung, Struktur und Funktion der Konsistorien, S. 23–27; Reller, Kirchenverfassung, S. 61–94. Vgl. zum Begriff ›Superintendent‹ und ›Superattendent‹ Goldenstein, Entstehung des Superintendentenamtes, S. 363ff.; Streiter, Superintendentenamt, S. 15ff. Vgl. zur knappen Ausführung der Entwicklung des Superintendentenamtes im Herzogtum Braunschweig-Lüneburg vor dem 30-jährigen Krieg, geordnet nach den jeweiligen Territorien, Butt, Herrschaft über Kirche.

107 Vgl. Streiter, Superintendentenamt. S. a. Goldenstein, Entstehung des Superintendentenamtes, S. 37–39.

108 Vgl. Thomas, Ausbau und Umgestaltung des Superintendentialsystems, S. 156–203. Vgl. zur Entwicklung und Stellung des kirchenleitenden Amtes in den lutherischen Kirchen innerhalb und außerhalb Europas Asheim, Gold, Kirchenpräsident oder Bischof? Vgl. zur Installation evangelischer Superintendenten in Skandinavien Oelsen, Kirchenleitung in den lutherischen Kirchen Skandinaviens, S. 211–224.

16. Jahrhundert.[109] Neben der Stellung und den Aufgaben der Superintendenten erörterte er auch kurz das Verhältnis zu den geistlichen und weltlichen Amtsträgern. Das angespannte Verhältnis zwischen den geistlichen Amtsträgern der mittleren Leitungsfunktion, genauer zwischen Superintendent und Generalsuperintendent, in der zweiten Hälfte des 16. Jahrhunderts untersuchte PTASZYNSKI und zeigte, dass die Konfessionsbildung in Pommern einen langen und prozessualen Charakter hatte.[110] Für das frühe 17. Jahrhundert wurde 2009 das Diensttagebuch des hessischen Superintendenten Johannes Hütterodt (1599–1672)[111] ediert, der jedoch zwei Generationen später als Jacob Jovius lebte. Im Gegensatz zu den der Arbeit zugrunde gelegten Konzeptbüchern des Haller Superintendenten ist das Diensttagebuch allerdings von wesentlich geringerem Umfang, enthält nur wenige Hinweise auf Familie oder Freunde und spiegelt überdies die Zustände einer bereits gefestigten Landeskirche.

Explizit mit dem Superintendentenamt im Fürstentum Braunschweig-Wolfenbüttel haben sich vornehmlich RELLER und für das 18./19. Jahrhundert SICHELSCHMIDT beschäftigt.[112] Zuletzt hat BUTT mit seinem Aufsatz zu Norm und Praxis im frühneuzeitlichen Kirchenwesen die Superintendenten des Fürstentums in den Blick genommen.[113] Neben den Aufgaben der Geistlichen der mittleren Leitungsebene analysierte er mit Hilfe der Konsistorialprotokolle ihre Amtsführung in ihren verschiedenen Aufgabenbereichen.

Wenige Aufsätze bzw. kleinere Beiträge beschäftigen sich mit den Konzeptbüchern und der Person des Jacob Jovius, mit seiner Biografie und seiner Amtsausübung als Superintendent. Besonders hervorzuheben ist BREITHAUPT[114], der in seinem Aufsatz aus dem Jahre 1936 in den Northeimer Heimatblättern vorrangig Jovius' Familien- und Freundeskreise in Northeim und Moringen thematisiert und nur am Anfang des Aufsatzes eine knappe Biografie aus den Konzeptbüchern und wenigen Akten rekonstruiert. BREITHAUPT ediert nur einige Konzepte[115] und bringt kurz die individuellen Interessen des Superintendenten zur Sprache. Bereits im Jahr 1762 erschien in den Gelehrten Bey-

109 Vgl. NOBBE, Superintendentenamt I und II. S. a. GOLDENSTEIN, Entstehung des Superintendentenamtes, S. 60 f.

110 Vgl. PTASZYNSKI, Lutherisches Kirchenregiment im Kreuzfeuer, S. 155–192.

111 Vgl. ARNOLD, Hütterodt. Dieses Tagebuch ist u. a. Gegenstand der Dissertation von André Junghänel an der Goethe-Universität Frankfurt a. M., die den Arbeitstitel »Kirchenverwaltung und Landesherrschaft. Kirchenordnendes Handeln in der Landgrafschaft Hessen-Kassel im 17. Jahrhundert« trägt.

112 Vgl. RELLER, Kirchenverfassung, S. 133–196; SICHELSCHMIDT, Entwicklung des Superintendentenamtes, S. 625–649.

113 Vgl. BUTT, Norm und Praxis, S. 357–392. Vgl. a. DERS., Herrschaft über Kirche, S. 60.

114 BREITHAUPT, Gestalten des 16. Jahrhunderts, S. 65–90.

115 BREITHAUPT, Gestalten des 16. Jahrhunderts, ediert folgende Briefe: HS 2, fol. 27r [Reg.-Nr. 41], fol. 95v [Reg.-Nr. 141], fol. 138v ff. [Reg.-Nr. 200], fol. 253r f. [Reg.-Nr. 322], fol. 341r f. [Reg.-Nr. 454].

trägen zu den Braunschweigischen Anzeigen von GUTHE[116], dem damaligen Pastor in Dielmissen und Hunzen, eine Folge von fünf kurzen Aufsätzen zu Jacob Jovius. GUTHE beschäftigt sich nur in geringem Umfang mit der Biografie und der Amtsführung des Haller Geistlichen. Zu einzelnen Amtsangelegenheiten gibt GUTHE einen knappen Einblick und ediert ausgewählte Konzepte.[117] Die Konzeptbücher zog GUTHE schon 1752 für seine Beiträge zur Geschichte der Dörfer Hunzen und Dielmissen heran.[118] Der Heimatforscher HÖLSCHER benutzte für seinen Aufsatz in den heimatgeschichtlichen ›Gelben Heften‹[119] über die Familie Hake in Bodenwerder und für die Entwicklung der Kirchbraker Kirche sowie zu den Pastoren ebenfalls als Quelle Jovius' Konzeptbücher.[120] Der Aufsatz über die Familie Hake greift darüber hinaus kurz das Thema der Haller Schule unter Verwendung eines edierten Schreibens aus den Konzeptbüchern auf[121]. 1996 legte VOLQUARTS für den von 1625–1692 in Northeim tätigen Pastor Theodor (Dietrich) Schmidt eine Nachkommen- und Vorfahren-Datensammlung an. In dieser Sammlung wird Jovius' Leben und seine Familie lediglich mit biografischen Stichpunkten erwähnt, hauptsächlich Geburts- und Todesdaten sowie Vermerke über weitere Vermählungen der Pastorentöchter.[122]

1.4. Rahmenbedingungen

Jacob Jovius trat die Stelle als erster lutherischer Superintendent 1569 in Halle an. Das Dorf Halle befindet sich geografisch zwischen den Mittelgebirgen Vogler und Ith sowie zwischen dem Tönniesberg und dem Kruckberg. Durch Halle fließt die Helle und der Spüligbach, der nördliche Zufluss der Lenne. Zu Halle gehören die Filialdörfer Tuchtfeld[123], Dohnsen[124], Linse[125], Kreipke[126] und Weg-

116 GUTHE, Leben und die Amtsverrichtung des ersten Superintendenten, Stück 42–44, 46–47.
117 GUTHE edierte folgende Konzepte: HS 2, fol. 27v [Reg.-Nr. 42], fol. 25r ff. [Reg.-Nr. 39], fol. 278v [Reg.-Nr. 361], fol. 280r [Reg.-Nr. 362], fol. 271v [Reg.-Nr. 352], fol. 285v [Reg.-Nr. 374], fol. 303v [Reg.-Nr. 396]. HS 3, fol. 152r f. [Reg.-Nr. 215], fol. 15v ff. [Reg.-Nr. 505] [Auszug].
118 GUTHE, Nachrichten von einigen Dörfern, Stück 96–100, 102. Jovius wird erwähnt in den Stücken 99 und 100. GUTHE edierte hier folgende Konzepte: HS 2, fol. 250v [Reg.-Nr. 316], fol 291r [Reg.-Nr. 380]. HS 3, fol. 90v [Reg.-Nr. 595].
119 In den ›Gelben Hefte‹ des Heimatforschers Hans Hölscher erschienen heimatgeschichtliche Beiträge, vgl. www.kirchbrak.de/chronik/gelbehefte/gelbehefte.html (Eingesehen am 18.03.2017).
120 HÖLSCHER, Hakes in Bodenwerder, S. 42–48; HÖLSCHER, Kirche und ihre Pastoren.
121 HÖLSCHER edierte folgendes Konzept: HS 2, fol. 160v f. [Reg.-Nr. 227].
122 Vgl. VOLQUARTS, Daten-Sammlung zu Theodor (Dietrich) Schmidt, S. 350.
123 NLA WF 19 Alt Nr. 215, fol. 71r–72r: 5 Ackerleute, 1 Halbspänner, 5 Köter.
124 NLA WF 19 Alt Nr. 215, fol. 65v–68r: 25 Ackerleute.
125 NLA WF 19 Alt Nr. 215, fol. 37r–39r: 12 Ackerleute.

ensen[127].[128] Dem im Jahr 1580 angelegten Wickensener Erbregister zufolge verfügte Herzog Julius über die Gerichtshoheit. Die Güter in den Dörfern gehörten überwiegend den Herren von Grone, Heinrich von Halle sowie Hartung Hake. Für Halle wurden im Erbregister 14 Ackerleute und 17 Köther, hiervon 6 Halbspänner, verzeichnet.[129]

Die Haller Superintendentur lag im Amt Wickensen[130] im heutigen, 1832 entstandenen Landkreis Holzminden. Im 16. Jahrhundert wurde der Landkreis als Weserkreis (1539), Weserquartier oder -distrikt bezeichnet und ist das am weitesten westlich gelegene Amt des welfischen Fürstentums[131], das durch Ämter[132] als Bezirks- und Verwaltungseinheiten strukturiert wurde.[133] Das Amt Wickensen war unter verschiedenen Diözesen aufgeteilt[134], in deren Grenzregion im 12. Jahrhundert westlich und östlich von Amelungsborn die Burg Everstein und die Homburg entstanden. Die Grafen von Everstein versuchten ein Herrschaftsgebiet entlang der Weser bis Hameln aufzubauen. Ihre vorherrschende Machtstellung ging durch die sich ansiedelnden Edelherren von Homburg,

126 NLA WF 19 Alt Nr. 215, fol. 72v–73r: 2 Halbspänner, 5 Köter.

127 NLA WF 19 Alt Nr. 215, fol. 73v–74r: 3 Halbspänner, 2 Köter.

128 Vgl. Reuschel, Ithbörde, S. 195–214. S. a. Pfeifer, Alte Dorfkirchen und Kapellen, S. 110f.

129 NLA WF 19 Alt Nr. 215, fol. 43r–45v. Vgl. zu den Bauerklassen Oehr, Ländliche Verhältnisse, S. 48–57.

130 Vgl. die aus dem Jahr 1574 von Gottfried Mascop angefertigte Karte des Amts Wickensen im Anhang 11.1.2.

131 Vgl. allgemein zum Fürstentum Braunschweig-Wolfenbüttel von Boetticher, Niedersachsen im 16. Jahrhundert, S. 83–98; Krumwiede, Entstehung, S. 199–222; Pischke, Landesteilung der Welfen; Oehr, Ländliche Verhältnisse; Schubert, Geschichte Niedersachsens, S. 706–736 u. 791–801; Dolle, Entwicklung der Ämter, S. 65–82. Unter Herzog Julius' Sohn Heinrich Julius (vgl. Brüdermann, Heinrich Julius, S. 324f.; Eckhardt, Heinrich Julius, S. 352–354), der seit dem Säuglingsalter auch postulierter Bischof von Halberstadt war, wuchs das Territorium durch den Anfall der Grafschaft Hohnstein (1593), des welfischen Fürstentums Grubenhagen (1596) und der Grafschaft Blankenburg/Regenstein (1599) weiter an.

132 Für den Begriff »Amt« ist auch die Bezeichnung »Gericht« üblich, auf Grund der gerichtlichen Funktion, oder »Vogtei«, vgl. Dolle, Entwicklung der Ämter, S. 65, Anm. 13, S. 66, Anm. 19. Vgl. zum Amt Wickensen ebd., S. 77f. u. Tafel 28.

133 Vgl. Pischke, Von Gauen zum Landkreis, S. 1f. u. 23–28. S. a. Schnath, Herrschaft, S. 19–38, 44ff. Herzog Julius konnte ab 1568 seinen Machtbereich durch die Vereinigung mit der Grafschaft Hoya (1582/84), mit Diepholz (1585) und mit dem Tod Herzogs Erich II. (1584) [vgl. Friedland, Erich II. S. 584f.] durch das welfische Fürstentum Calenberg-Göttingen erheblich erweitern. Vgl. Zur Entwicklung der einzelnen Ämter im Fürstentum Braunschweig-Wolfenbüttel vgl. Dolle, Entwicklung der Ämter, S. 65ff.

134 Der Nordwesten bis einschließlich Warbsen, Golmbach, Kirchbrak und Dielmissen zählten zum Bistum Minden (Archidiakonat Kirchohsen), der Südwesten bis Stadtoldendorf, Holzminden und bis zur Homburg gehörte zum Bistum Paderborn (Archidiakonat Höxter). Der gesamte östliche Teil des Kreises, bis auf die dem Erzbistum Mainz unterstehende Gemeinde Vorwohle, unterstand dem Bischof von Hildesheim (Archidiakonat Wallensen); in diesem Gebiet lag auch das im 12. Jahrhundert gegründete Kloster Amelungsborn, vgl. Tacke, Holzminden, S. 15 u. Abb. 2.

Lehnsleute der Herzöge von Braunschweig-Lüneburg, und mit Übergang der Eversteiner Burg an die Herzöge von Braunschweig-Grubenhagen verloren. Die Edelherren von Homburg erweiterten ihr Herrschaftsgebiet um die von ihnen gegründeten Städte Bodenwerder und Stadtoldendorf und drängten die Bischöfe von Hildesheim bis zur Leine zurück. Die im 15. Jahrhundert von den Welfen beginnenden Erbteilungen führten zu einer langsamen Herausbildung des Wesergebiets, welche 1516/19 beendet werden konnten.[135] Die um 1400 ausgebildete Ämterstruktur von der Herrschaft Homburg wurde übernommen, anstelle der aufgegebenen Burgen Everstein und Homburg wurden Forst (1493) und Wickensen (1535) die neuen Amtssitze mit Wirtschaftshöfen und erhielten im 16. Jahrhundert zusätzlich zu ihren ökonomischen auch rechtliche Aufgaben.[136] Das Amt Wickensen teilt sich in die Ober- und Niederbörde mit den zwei Landgerichten in Halle und Eschershausen.[137] Die Nieder- und Oberbörde[138] umfassen folgende Orte:[139]

Niederbörde: Bessingen, Bisperode, Harderode, Bremke, Dohnsen, Wegensen, Kreipke, Halle, Tuchtfeld, Hunzen, Kirchbrak, Heinrichshagen, Breitenkamp, Westerbrak, Buchhagen, Linse, Kemnade (Dorf und Kloster), Brökeln, Hehlen, Heyen, Daspe, Frenke.

Oberbörde: Mainzholzen, Eimen, Vorwohle, Lenne, Wangelnstedt, Linnenkamp, Emmerborn, Denkiehausen, Heinade, Wickensen, Holzen, Stadtoldendorf, Scharfoldendorf, Eschershausen, Dielmissen, Lüerdissen, Ölkassen, Holenberg und Kloster Amelungsborn.[140]

Diese Aufteilung in Nieder- bzw. Oberbörde nutze auch Jacob Jovius für die Zuordnung seiner Pastoren. Er adressierte beispielsweise Schreiben gesondert an alle Pastoren der jeweiligen Börde.[141] Auf diese geltende Einteilung griff der Superintendent ebenfalls zurück, wenn er an den strategisch wichtigen Orten der Börden die jeweiligen Pastoren zu der Visitation oder der Kirchenrechnungsprüfung[142] einbestellte.

135 Vgl. SCHNATH, Herrschaften, S. 9–29. S. a. OEHR, Ländliche Verhältnisse, S. 89–91.

136 Vgl. DOLLE, Entwicklung der Ämter, S. 65f.; BRÜDERMANN, Glaubensspaltung, S. 441.

137 Vgl. SCHNATH, S. 45. S. a. DOLLE, Entwicklung der Ämter, S. 78.

138 Vgl. die Übersichtskarte im Anhang 11.1.1. und die Mascop Zeichnung des Amts Wickensen 1574 im Anhang 11.1.2.

139 Das Wickensener Erbregister von 1580 bietet ebenfalls eine vollständige Auflistung der Orte in der Nieder- und Oberbörde, vgl. NLA WF 19 Alt Nr. 215, fol. 5r–6v. SCHNATH, Herrschaft, S. 70 bietet nur eine unvollständige Auflistung der Orte und deren Aufteilung in die Nieder- und Oberbörde.

140 Wüstungen der Oberbörde: Osterhagen, Wigenrode, Ter Bone?, Sevene, Pferdebeke, Vinkenrode, Hillekenhagen, Holtensen, Krabberode, Bodenhagen. Vgl. zu den Angaben auch das Wickensener Erbregister NLA WF 19 Alt Nr. 215, fol. 6r–6v. Vgl. zu den Ortsnamen CASEMIR, OHAINSKI, Ortsnamen Holzminden.

141 Vgl. zu den Rundschreiben Kapitel 2.2.2.

142 Vgl. dazu Kapitel 7.1. und 8.2.

1.5. Aufbau der Arbeit

Zuerst wird die zugrunde liegende Quelle der Arbeit, die Konzeptbücher, beschrieben und eingeordnet. Die anschließende Analyse der Handschrift des Superintendenten Jovius als auch die der weiteren Schreiberhände geben Auskunft über die Benutzung. Die in der Quelle enthaltenen Texte werden in einem folgenden Schritt kategorisiert und hinsichtlich ihrer formalen Gestaltung untersucht, um so zwischen privater und geschäftlicher Korrespondenz zu differenzieren. Anschließend werden mit Hilfe der archivalischen Gegenüberlieferung die Konzeptbücher auf ihre Authentizität, Vollständigkeit und Kontinuität überprüft, um festzustellen, wie zuverlässig sie sind und wo gegebenenfalls Defizite auftreten.

Das dritte Kapitel widmet sich dem zentralen Akteur dieser Untersuchung: Jacob Jovius. Neben seiner Familie, seiner Karriere, seinen Interessen sowie seiner theologischen Ausrichtung werden vorrangig die grundlegenden normativen Vorgaben für das Superintendentenamt dargestellt, wofür die von SEHLING edierte Kirchenordnung des Fürstentums Braunschweig-Wolfenbüttel und weitere Instruktionen herangezogen werden.

Nachfolgend wird Jacob Jovius in die Analyse der einzelnen Konfliktfelder miteinbezogen und in seinen jeweiligen Funktionen differenziert betrachtet.

Die Konfliktfeldanalyse umfasst die Kapitel vier bis acht. Das vierte Kapitel, das Konfliktfeld ›Familie‹ (A), und das fünfte Kapitel, das Konfliktfeld ›Freunde‹ (B), beleuchten die privaten Konflikte im Alltag des Superintendenten im 16. Jahrhundert und geben Aufschluss über die Konfliktpotentiale innerhalb des privaten Netzwerks. Im nächsten Schritt folgt mit dem sechsten Kapitel, dem Konfliktfeld ›Gemeinde‹ (C), eine erste Analyse Jovius' beruflicher Funktion als Pastor der Haller Gemeinde. In diesem Kapitel liegt der Fokus auf den Konflikten, die sich zwischen dem Geistlichen und seiner Haller Gemeinde entwickelten. Im siebten und achten Kapitel, die Konfliktfelder der geistlichen (D) und weltlichen (E) Amtsträger, wird die Kooperation und die dabei entstehenden Konflikte zwischen dem Superintendenten und den geistlichen resp. weltlichen über- wie untergeordneten Amtsträgern analysiert.

In der Schlussfolgerung werden die wichtigsten Ergebnisse der Konfliktfeldanalyse noch einmal mit den bisherigen Forschungsergebnissen abgeglichen. Ziel ist es, die bisherigen Erkenntnisse über die alltäglichen Konflikte im privaten wie beruflichen Bereich eines Superintendenten in der Frühen Neuzeit im Fürstentum Braunschweig-Wolfenbüttel zusammenzufassen und herauszustellen, ob der Superintendent die Herausforderung bewältigen konnte, die lutherische Lehre und die damit einhergehenden neuen Normen zu implementieren.

2. Überlieferung der zentralen Quelle[1]

Die vorliegende Untersuchung basiert auf drei Handschriften[2] mit den Signaturen HS 1, HS 2 und HS 3, die im Pfarrarchiv der ev. luth. Petrus-Gemeinde in Halle (Landkreis Holzminden) liegen.

Die Handschrift HS 1 enthält hauptsächlich Rechnungen sowie ein Verzeichnis der Ländereien und Schuldner der Haller Pfarrei[3], weiterhin die unregelmäßig geführten Rechnungen der zugehörigen Kapellen Linse[4], Dohnsen[5], Tuchtfeld[6] und Wegensen[7]. Bei den Handschriften HS 2 und HS 3 handelt es sich um unikale Überlieferungen von insgesamt 668 amtlichen und privaten Schreiben aus der Amtszeit des Haller Superintendenten. Die Handschrift HS 2 umfasst 482 Schriftstücke aus den Jahren 1569–1581[8], HS 3 enthält 186 Schriftstücke, die in den Jahren 1581–1585 verfasst wurden.

Auf Grundlage der formalen Quellenbeschreibung[9] sowie der Beschreibung von Jovius' Schreiberhand[10] wird zunächst eine Händescheidung vorgenommen, um in der Quelle zwischen Jovius' Grundtext und den Fortsetzungen, Nachträgen sowie Ergänzungen zu unterscheiden. Daran anknüpfend wird die Quellengattung bestimmt, wofür die Korrespondenzen der Handschriften in die Kategorien »Brief« und »Aktenschriftstück« unterteilt und hinsichtlich ihrer formalen Gestaltung, insbesondere zur Überlieferungsform »Brief«, untersucht werden. Die daran anknüpfende Quellenanalyse soll aufzeigen, welchen Er-

1 Vgl. zur ausführlichen Beschreibung der Quelle sowie zu Jovius' Schreiberhand Anhang 11.2.
2 Die Handschriften wurden 2009 von Dr. Christine Wulf bei der Suche nach kopialer Inschriftenüberlieferung gefunden.
3 HS 1, fol. 1r–20v, 57r–66v (aus den Jahren 1585–1614).
4 HS 1, fol. 21r–34r, 84v, 86v, 88r–91r.
5 HS 1, fol. 35r–45r, 79–84r, 85v.
6 HS 1, fol. 46r–52r, 85r, 86r.
7 HS 1, fol. 58v, 63v.
8 In HS 2 auf fol. 1v [Reg.-Nr. 1] befinden sich zusätzlich zwei Nachträge aus den Jahren 1610 bzw. 1678–1734.
9 Vgl. zur Quellenbeschreibung Anhang 11.2.
10 Vgl. zu Jovius' Schreiberhandanalyse Anhang 11.2.3.

kenntniswert und welche Aussagekraft die Quelle in Bezug auf mögliche Fragestellungen besitzt. Anschließend werden die Handschriften auf ihre Vollständigkeit und Kontinuität überprüft, um festzustellen, wie zuverlässig und konsequent sie geführt wurden. Der abschließende Blick auf die archivalische Gegenüberlieferung beweist, dass die Schriftstücke des Superintendenten nicht nur der persönlichen Arbeitsdokumentation dienten, sondern ihrem jeweiligen Empfänger zugestellt wurden.

2.1. Die Schreiberhände der Fortsetzungen, Nachträge und Ergänzungen

Den Grundtext in HS 1, HS 2 und HS 3 schreibt Jacob Jovius, dessen Texte von verschiedenen Schreiberhänden durch Zusätze, Nachträge oder Fortsetzungen ergänzt wurden. Darüber hinaus finden sich zwischen dem geschriebenen Grundtext eingeheftete Originale eingehender Schreiben von anderen, fremden Schreiberhänden. Bei der folgenden Händescheidung werden in den jeweiligen Handschriften alle nicht Jovius zuzuordnenden Hände mit seiner Schreiberhand verglichen und die charakteristischen Unterschiede hervorgehoben. Die Zuordnung von Schreiberhänden zu namentlich bekannten Personen erfolgte durch den Vergleich mit entsprechendem archivalischen Aktenmaterial, weshalb auf eine ausführliche Schriftbeschreibung zu Gunsten eines Aktenverweises mit einer Schriftprobe der Person verzichtet wird.

Handschrift HS 1

In der Handschrift HS 1 wird Jovius' Grundtext häufig durch seine Amtsnachfolger ergänzt und fortgeführt:

1. Jovius' direkter Amtsnachfolger Johannes Corvinus[11] führt in der Handschrift HS 1[12] einzelne Abgabenverzeichnisse fort und ergänzt einige Einträge seines Vorgängers durch nachträgliche Anmerkungen. Wiederum spätere Zusätze und Ergänzungen an Corvinus' Einträgen in der Handschrift HS 1[13] von 1663 stammen von dem Schreiber Johann Conrad Sachs(e), der ebenfalls als Superintendenten in Halle von 1657 bis 1678 tätig war.[14]

11 Vgl. zu Johannes Corvinus' Handschrift: NLA WF 14 Alt Nr. 889, fol. 40r–45v, 47r–50v, 57r–60v. Vgl. zu Corvinus' Amtszeit Freist, Seebaß, Pastoren, Bd. 1, S. 101; Bd. 2, S. 57. Vgl. zu Johannes Corvinus Kapitel 5.1.3.2. und Anhang 11.8.

12 HS 1, fol. 56r–57r, 68v, 69r, 84v–86v.

13 HS 1, fol. 85v.

14 Vgl. Freist, Seebaß, Pastoren, Bd. 1, S. 101; Bd. 2, S. 264.

2. Der Schreiber Tilemann Lensius führt als Haller Superintendent von 1601 bis 1622 in der Handschrift HS 1[15] die Abgabenverzeichnisse weiter.[16]
3. Der Schreiber Georg Wichmann, der von 1629 bis 1652 in Halle als Superintendent tätig war[17], ergänzt Jovius' Text mit Änderungen und Zusätzen in HS 1[18] vom 11. Februar 1648.

Darüber hinaus finden sich zusätzlich zu den Ergänzungen in HS 1 zwei eingeheftete Originale: das erste ist das Schreiben[19] Henning Henneckes, Pastor in Hehlen[20], vom 30. November 1580; das zweite ein Schreiben[21] Johannes Lahoffs, der bis zu seinem Tod 1641 Küster in Bisperode war[22].

Handschrift HS 2

In der Handschrift HS 2 wird Jovius' Grundtext ebenfalls durch Anmerkungen, Nachträge und Zusätze fremder Schreiberhände ergänzt:

1. Der Schreiber Tilemann Lensius quittiert in HS 2[23] die erfolgte Rückgabe der Handschrift und unterzeichnet mit seiner Unterschrift. Außerdem ergänzte Lensius Jovius' Text in HS 2[24] durch zwei weitere Vermerke.
2. In HS 2[25] leitet der Schreiber Heinrich Berckelmann während seiner Amtszeit als Haller Superintendent von 1678 bis 1734 seine Verwandtschaftsbeziehung zu Jovius her.[26]
3. Eine unbekannte Schreiberhand N. N. 1 führt in der Handschrift HS 2 ab der dritten Zeile einen von Jovius begonnenen lateinischen Text fort[27]. Diese Schreiberhand notierte ebenfalls zwei weitere lateinische Texte in HS 2[28]. Im Gegensatz zu Jovius zeichnet sich der Schreiber N. N. 1 in seiner humanistischen Kursive durch eine stark rechtsgeneigte, im Mittelband zentrierte und klare, gleichmäßige Schrift mit wenigen Diagonalverbindungen aus. N. N. 1

15 HS 1, fol. 57r–67r, 87v.
16 Vgl. zu Tilemann Lensius FREIST, SEEBAß, Pastoren, Bd. 1, S. 101; Bd. 2, S. 180; MEYER, Pastoren, Bd. 1, S. 462. Vgl. auch DI 83 (Landkreis Holzminden), Nr. 218 (Jörg Lampe und Maike Willing).
17 Vgl. zu Georg Wichmann FREIST, SEEBAß, Pastoren, Bd. 1, S. 101; Bd. 2, S. 343.
18 HS 1, fol. 6r–11v.
19 HS 1, fol. 53r–55v.
20 Vgl. zu Henning Hennecke Anhang 11.8.
21 HS 1, fol. 76r f.
22 Vgl. zu Johannes Lahoffs MEYER, Pastoren, Bd. 1, S. 7; KAYSER, Hannoversche Pfarren und Pfarrer, S. 43f.
23 HS 2, fol. 1v [Reg.-Nr. 1].
24 HS 2, fol. 4r [Reg.-Nr. 5], fol. 53r [Reg.-Nr. 75].
25 HS 2, fol. 1v [Reg.-Nr. 1].
26 Vgl. zu Heinrich Berckelmann FREIST, SEEBAß, Pastoren, Bd. 1, S. 101; Bd. 2, S. 20.
27 HS 2, fol. 18v [Reg.-Nr. 31].
28 HS 2, fol. 19r [Reg.-Nr. 33], fol. 82v–83r [Reg.-Nr. 122].

verwendet feine und längere Ober- und Unterlängen von *f* und Schaft-*s*, bei der Dopplung von *s* fehlt, im Gegensatz zu Jovius' Hand, der Wechsel von rundem und Schaft-*s*. Die Cauda[29] des kapitalen *Q* ist kurz gestaltet und der geschlossene Bogen befindet sich im Mittelband, während Jovius' geschlossener Bogen des *Q* über das Mittelband hinausreicht[30] und die Cauda teilweise sehr lang ausgezogen wird[31].

4. Für den an Jovius gerichteten Text in HS 2[32] kommt auf Grund des Inhalts als möglicher Verfasser der Schreiber Caspar Hasenjäger, Pastor aus Kirchbrak[33], in Frage.
5. Einen weiteren Text in HS 2[34] verfasste die unbekannten Schreiberhand N. N. 2. Im Gegensatz zu Jovius' ist die Schrift dieses Schreibers rechtsgeneigt und das Schriftbild wird von Schleifen, sehr langen ausgezogenen und stark verschleiften Ober- bzw. Unterlängen bei *s*, *f* und *p* geprägt. Zudem zeigt *h* längere, schleifenförmige Oberlängen sowie einen ausgezogenen, verschleiften Bogen und Schaft-*s* ist mit einem rechts abgeknickten Haken versehen. Weiterhin benutzt diese Hand nur offene *d* mit ausgedehnter Schleife und weiter Öffnung des Bogens, während Jovius neben dem runden *d* die Form des offenen *d* ohne große Öffnung und gedehnter Schleife gebraucht.
6. Die anonyme Schreiberhand N. N. 3 verfasste eine Abschrift eines herzoglichen Mandats vom 5. Juni 1578 in HS 2[35]. Der Schreiber unterscheidet sich von Jovius durch eine besonders starke Rechtsneigung, eine im Mittelband enge und zentrierte Schrift und durch größere schleifenförmige Ober- und Unterlängen. Das Schaft-*s* des in deutscher Kursive bzw. Kurrent geschriebenen Texts hat oben einen nach rechts auslaufenden kleinen Haken. Im Gegensatz dazu benutzt Jovius teilweise ein Schaft-*s*, dass nur als einzelner Schaft oder oben mit einem kleinen Bogen, manchmal nach innen eingezogen, gestaltet wird.

29 Siehe u. a. HS 2, fol. 18v [Reg.-Nr. 31], Z. 16.
30 Siehe u. a. HS 2, fol. 11r [Reg.-Nr. 17], fol. 43r [Reg.-Nr. 62].
31 Siehe u. a. HS 2, fol. 6r [Reg.-Nr. 10], fol. 8r [Reg.-Nr. 13], fol. 19v r [[Reg.-Nr. 34], fol. 43r [Reg.-Nr. 62]. HS 3, fol. 6v [Reg.-Nr. 491].
32 HS 2, fol. 65v–66v [Reg.-Nr. 91].
33 Vgl. zu Caspar Hasenjäger Kapitel 8.3.2. und die Ausführungen im Anhang 11.8.
34 HS 2, fol. 257v [Reg.-Nr. 335].
35 HS 2, fol. 259v [Reg.-Nr. 339]. Vgl. zum Original der Verordnung: *Von Gottes gnaden Wir Julius Hertzog zu Braunschweig vnd Lüneburg, etc. Geben allen vnd jeden … hiemit zuwissen … Das wir hinfuro keine Contracte, Transactiones, vertrage vnd Ehestifftungen für Krefftig … halten wollen, es sei dann … in die ordentliche Ambts handelbücher Registriret vnd verzeichnet worden … Geben Heinrichsstadt … am 5. Junij Anno etc. 78.* Herzog August Bibliothek Wolfenbüttel, Signatur: H: L 272.4° Helmst. (5).

Darüber hinaus finden sich in der Handschrift HS 2 eingeheftete Originale der Alfelder Generalsuperintendenten:

1. Der Schreiber Nikolaus Erbenius, Alfelder Generalsuperintendent von 1568 bis 1574, ist für die Quittungen in der Handschrift HS 2[36] verantwortlich. Die Zuordnung wird nicht nur durch Erbenius' Unterschrift auf den eingehefteten Originalen bestätigt, sondern auch durch Vergleichsmaterial aus verschiedenen archivalischen Akten.[37]
2. Der Schreiber Esaias Krüger, Alfelder Generalsuperintendent von 1574 bis 1581, ist für die eingehefteten Originale in der Handschrift HS 2[38] verantwortlich. Ein zusätzlicher Vergleich mit Krügers eigenhändig verfassten und überlieferten Korrespondenzen in den Archiven bestätigt die Identifizierung.[39]

Handschrift HS 3

In HS 3[40] dominiert ebenfalls Jacob Jovius' Hand als Verfasser des Grundtexts. Der Schreiber Johannes Corvinus führt als Amtsnachfolger ab 1. Mai 1585 bis zu seinem Tod am 1. Februar 1601[41] die Handschrift HS 3 ab fol. 137r in der 11. Zeile bis fol. 248v sowie von fol. 274r bis zum Ende der Handschrift auf fol. 324r fort.[42]

Folgende Ergänzungen und Anmerkungen lassen sich darüber hinaus in HS 3 finden:

1. Erneut ergänzt Johannes Corvinus in HS 3[43] Jovius' Grundtext durch nachträgliche Anmerkungen.
2. In der Handschrift HS 3[44] verfasst die nicht näher bekannte Schreiberhand N. N. 4 sieben in deutscher Kursive bzw. Kurrent geschriebenen Texte. Die Schrift unterscheidet sich zu Jovius' besonders durch eine Rechtsneigung und die auffälligen *a* und *z* mit ihren oben beginnenden bogenförmigen Anschwüngen. Ein besonderes Merkmal von N. N. 4 ist die vermehrte Verwen-

36 HS 2, fol. 44r [Reg.-Nr. 64], fol. 59v [Reg.-Nr. 82], fol. 77r [Reg.-Nr. 114].

37 Vgl. zu Nicolaus Erbenius' Handschrift: NLA WF 14 Alt Fb. 4 Nr. 28, Bd. 1–4, z.B. Bd. 1: fol. 4f., 12f., 34r-37v. S. a. Kapitel 7.3.1. und die Ausführungen im Anhang 11.8.

38 HS 2, fol. 104r [Reg.-Nr. 154], fol. 115r [Reg.-Nr. 171], fol. 146v [Reg.-Nr. 209], fol. 182r f. [Reg.-Nr. 253], fol. 195r [Reg.- Nr. 270], fol. 230r [Reg.-Nr. 292], fol. 267r [Reg.-Nr. 348]. S. hierzu Anhang 11.2.3., Bild 2.

39 Vgl. zu Esaias Krügers Handschrift: NLA WF 2 Alt Nr. 15783; NLAH Cal. Br. 21 Nr. 275, fol. 6r, 23r ff.; Nr. 282; Nr. 284, fol. 18v–19r. S. a. Kapitel 7.3.2. und die Ausführungen im Anhang 11.8.

40 HS 3, fol. 1r–137r, fol. 264r–274r.

41 Vgl. Freist, Seebaß, Pastoren, Bd. 1, S. 101, 140; Bd. 2, S. 57; DI 83 (Landkreis Holzminden), Nr. 132 (Jörg Lampe, Meike Willing).

42 Vgl. zu Johannes Corvinus die vorigen Ausführungen in diesem Kapitel.

43 HS 3, fol. 267r [Reg.-Nr. 662].

44 HS 3, fol. 98v–102v [Reg.-Nr. 608], fol. 111r–113v [Reg.-Nr. 622–627].

dung der *ch*-Ligatur, bei der sich der untere Teil des *c*-Bogens mit dem *h* verbindet. Weiterhin benutzt der Schreiber N. N. 4 nur die Form des Schaft-*r* und in dem Wort *unndt* stellt die Schleife des *d* eine Verbindung zu dem mit einem Querbalken versehen *t* her. Jovius hingegen benutzt, ohne die verschleifte Verbindung, sehr selten die Schreibweise *unndt*, sondern bevorzugt *und* oder *unnd*.

3. Der einmalig in Erscheinung tretende Schreiber Johannes Köne[45] ergänzt Jovius' Text in HS 3[46]. Im Unterschied zu Jovius zeichnet sich Kӧnes rechtsgeneigte humanistische Kursive durch eine lange *p*-Unterlänge aus, die einen auffälligen nach rechts ausgezogenen Haken erhält. Weiterhin unterscheidet sich Köne durch verzierte *st*-Ligaturen und eine nach links geneigten Fahne am Ende des Schaft-*s*.

Weiterhin lassen sich in HS 3 weitere eingeheftete Originale finden:

1. Das erste eingeheftete Original in HS 3[47] vom 24. Juli 1581 wurde von dem Schreiber Daniel Hoffmann verfertigt und unterschrieben, wie der Vergleich mit sicher von Hoffmann geschriebenen archivalischen Akten belegt.[48]
2. Das zweite eingeheftete Original in HS 3[49] kann dem Schreiber Conrad Peine, Alfelder Diakon, zugeordnet werden, da er sich mit seinem Namen nennt. Die Identifizierung wird durch einen Vergleich mit weiteren Korrespondenzen Peines im Archiv bestätigt[50].
3. Der Schreiber Nikolaus Groscurdt, Alfelder Generalsuperintendent von 1581 bis 1596, fertigte die eingeheftete Abschrift und die Originale in HS 3[51] an. Die Zuordnung wird durch einen Vergleich mit weiteren Akten im Archiv belegt[52].

Die vorgenommene Händescheidung verdeutlicht die Verteilung der einzelnen Schreiberhände auf den verschiedenen Textebenen. Den Grundtext in HS 1, HS 2 und HS 3 verfasste Jacob Jovius, seine Texte wurden von verschiedenen

45 Vgl. zu Johannes Köne Kapitel 5.1.3.1.
46 HS 3, fol. 125r [Reg.-Nr. 640].
47 HS 3, fol. 20r [Reg.-Nr. 506].
48 Vgl. zu Daniel Hoffmanns Handschrift NLA WF 11 Alt Mart Nr. 502, fol. 20r–21v; LAW OA Eschershausen Nr. 21, fol. 16r. S. a. Kapitel 7.4., Abb. 5.
49 HS 3, fol. 58r [Reg.-Nr. 548].
50 Vgl. zu Conrad Peines Handschrift NLA WF 14 Alt Fb. 4 Nr. 28, Bd. 2, fol. 45r–46v. Peine war von 1569 bis zu seinem Tod am 5. August 1598 Diakon in Alfeld, vgl. Meyer, Pastoren, Bd. 1, S. 12.
51 HS 3, fol. 81v [Reg.-Nr. 577], fol. 2r [Reg.-Nr. 578], fol. 87r [Reg.-Nr. 588], fol. 128v [Reg.-Nr. 644].
52 Vgl. zu Nikolaus Groscurdts Handschrift: NLA WF 14 Alt Nr. 889, fol. 6r–7v, 14r–15v, 36r–37v. S. a. Kapitel 7.3.3. und die Ausführungen im Anhang 11.8.

Schreiberhänden durch unterschiedliche Anmerkungen, Fortführungen und Ergänzungen in verschiedenen Zeitebenen ergänzt. Zwischen dem geschriebenen Grundtext lassen sich darüber hinaus zusätzlich eingeheftete Originale eingehender Schreiben von fremden Schreiberhänden finden. Die Analyse der Hände von Johannes Corvinus und Tilmann Lensius sowie ihre Fortsetzungen und Zusätze in den Handschriften HS 1 und HS 3 belegen außerdem, dass die Amtsträger sich mit Jovius' Grundtext auseinandergesetzt und mit ihm in der jeweiligen Amtszeit gearbeitet haben. Selbst 68 Jahre später diente z. B. die Handschrift HS 1 noch als Arbeitsgrundlage und -instrument, wie die hinzugeschriebenen Ergänzungen über Landnutzungen vom 11. Februar 1648 des Superintendenten Georg Wichmann dokumentieren. Die Händescheidung belegt zum einen die Authentizität der Quelle und zum anderen, dass für Jovius kein Sekretär oder Schreiber tätig war, da er bis auf die aufgeführten Ausnahmen die Texte selbst entwarf.

2.2. Zur Frage der Quellengattung

Das überlieferte Corpus der Handschriften HS 2 und HS 3 beinhaltet 151 Briefe und 483 Aktenschriftstücke.[53] Obwohl der Brief als Quelle vielfach in der Forschung[54] diskutiert wird, fehlt ein methodischer Gesamtüberblick über diese Quellengattung. Die Bestimmung des Quellentyps »Brief« wird besonders durch seine ausgeprägte Vielfalt, seine Präsenz in allen Epochen und durch verschiedene methodische Zugriffe erschwert.[55] Briefe[56] beschleunigen die Kommunikation und ermöglichen soziale, wirtschaftliche und politische Konflikte auszutragen und beizulegen. Die wichtigste Funktion des Briefes ist Informationen

53 Neben 151 Briefen und 483 Aktenschriftstücken finden sich 34 Einträge, die keinen Empfänger bzw. Adressaten haben, keinem Formular folgen, sondern nur zu Dokumentationszwecken notiert oder kopiert wurden und daher als Notizen kategorisiert werden.

54 Auf Briefe als Quellengrundlage stützten sich u. a. folgende Arbeiten: Dauser, Informationskultur; Furger, Briefsteller; Hämmerle, Sauer, Briefkulturen; Beyrer, Täubrich, Der Brief; Maurer, Europa als Kommunikationsraum; Weide, Georg Spalatins Briefwechsel; Schmid, Schreiben für Status und Herrschaft; Helbig, Postvermerke; Schuster, Strobel, Briefkultur; Wiethölter, Bohnenkamp, Brief; Arnold, Briefe aus dem Mittelalter; Beer, Private Briefe; Beer, Eltern und Kinder. Hervorzuheben sei noch Svensson, Latin Letters from Clergymen, die sich der Edition, Transkription und dem Kommentar von Briefen eines Geistlichen in Skandinavien im 17. Jahrhundert widmet.

55 Vgl. Antenhofer, Müller, Briefe in politischer Kommunikation, S. 13ff. Als Standardwerke immer noch maßgebend: Steinhausen, Deutsche Privatbriefe; Nickisch, Stilprinzipien.

56 Zur Definition vgl. Schmid, Briefe, S. 111; Beer, Eltern und Kinder, S. 40f.; Rachoinig, Briefe, Urkunden und Akten, S. 95ff.

und Wissen schriftlich zu vermitteln und gleichzeitig Distanzen zu überwinden.[57]

Während Jovius die Begriffe *schreiben*, *litterae*, *schrieft* oder *brieff* synonym benutzt, wird im Folgenden hinsichtlich der Begriffsverwendung »Brief« und »Aktenschriftstück« differenziert, um zwischen seiner privaten und geschäftlichen Korrespondenz sowie zwischen seinen verschiedenen Positionen zu unterscheiden.

Nach SCHMID ist der der historischen Quellengattung angehörende »Brief«[58]

> »eine schriftliche Mitteilung persönlichen Inhalts, gewechselt zwischen Partnern, die in rein persönlicher, nicht amtlich oder geschäftlich bedingter Beziehung zueinander stehen – unabhängig davon, ob und welche Ämter oder Funktionen sie anderweitig bekleiden«[59].

Sobald entweder der Absender oder der Empfänger als Amtsträger agiert, schreibt SCHMID diese Texte der Gattung Urkunden bzw. Akten zu. SCHMIDS konsequenter Abgrenzung folgend werden auch Jovius' Schriftstücke dahingehend differenziert, dass Texte, die er als private Person verfasst, als »Brief« bezeichnet werden. Tritt er hingegen als Amtsperson, d.h. als Superintendent respektive Pfarrer, Seelsorger oder Verwalter etc. auf, so werden diese Texte als »Aktenschriftstücke« angesehen.[60]

Das erste Kriterium für die Zuordnung eines Textes zu einer der beiden Gruppen ist der Empfänger, der einen ersten Hinweis auf die entweder private oder geschäftliche Beziehung zwischen Absender und Adressat gibt. Neben den Empfängern werden sowohl Jovius' Schreibintentionen sowie die Inhalte, als auch die Umstände während des Schreibens berücksichtigt, um zu überprüfen, in welcher Funktion bzw. in welcher Rolle er agiert[61].

Für eine Klassifizierung der Texte in Aktenschriftstück oder Brief, auch im Hinblick auf die spätere Unterteilung in die Konfliktfelder[62], werden folgende Kriterien herangezogen: 1. Empfänger, 2. Intention und 3. Jovius' Funktion.

Ein Aktenschriftstück liegt vor, wenn es sich 1. bei den Empfängern der Aktenschriftstücke vorwiegend um Jovius' Vorgesetzte aller Hierarchien, ihm

57 Vgl. SCHMID, Briefe, S. 112; HEROLD, Empfangsorientierung, S. 266; DERS., Diskurswandel im mittelalterlichen Briefwesen, S. 87f.; DROSTE, Brief als Medium, S. 249ff.

58 Auf den von der älteren Forschung verwendeten Terminus »Privatbrief« wird hier verzichtet. Zur Problematik vgl. CAMARGO, Where's the Brief?, S. 1–17. Vgl. auch SCHMOLINSKY, Sich schreiben, S. 89ff.; NOLTE, Pey eytler finster, S. 185f.; ROGGE, Wettinische Familienkorrespondenz, S. 205f.

59 SCHMID, Briefe, S. 111.

60 Vgl. SCHMID, Was ist ein Brief?, S. 5; DIES., Briefe, S. 111. Vgl. zur Unterscheidung von Brief und Aktenschriftstück auch STEINHAUSEN, Deutsche Privatbriefe, S. VIIf.; BRANDT, Werkzeug des Historikers, S. 116ff.

61 Vgl. SCHMID, Schreiben für Status und Herrschaft, S. 16f.; METZLER, Privatbrief, S. 32ff.

62 Vgl. zur Zuordnung zu den einzelnen Konfliktfeldern Kapitel 1.2.

unterstellte Pastoren, die Gemeinde, Pächter von Kirchenland, Verwalter des Pfarrhofs, den Lehnsherrn der Pfarre, Ober- oder Amtmänner oder um andere Superintendenten handelt. Gewissermaßen alle diejenigen, die zu Jovius in einem geschäftlichen oder beruflichem Verhältnis stehen. Die Zuordnung zu der Gattung erfolgt auch, wenn 2. die Texte amtsbedingte und unmittelbar aus dem Amt hervorgerufenen Aufgaben, Themen und Konflikte thematisieren, wie z. B. Visitationen, Prüfung der Kirchenrechnungen, Verwaltungs- und Organisationsaufgaben, Meiergut- und Pachtlandverwaltung, Instandhaltung des Pfarrhofs sowie der Pfarr- und Kirchengebäude, Zahlungsverzeichnisse und -nachweise, kirchliche Abläufe, Stellenbesetzungen und -ausschreibungen für Pastoren oder amtliche Mitteilungen. Es handelt sich auch um Aktenschriftstücke, wenn 3. Jovius' in der Rolle des Superintendenten bzw. Pfarrers die Anforderungen, die aus den Funktionen und Aufgaben seines Amts erwachsen, erfüllt und ihnen gerecht wird. Dazu gehören z. B. die Weiterleitung und Vermittlung von herzoglichen Anordnungen, Zahlungsaufforderungen, Bitte um Direktiven in Konfliktfällen oder Amtsanweisungen.

Hingegen erfolgt die Zuordnung zur Gattung der Briefe, wenn 1. die Texte an Jovius' Familie bzw. an seine Verwandtschaft adressiert oder wenn die Empfänger Bekannte oder Freunde sind, z. B. aus seiner Heimat oder aus Studienzeiten. Eine Zuordnung erfolgt auch, wenn 2. die familieninternen Probleme und Angelegenheiten thematisiert werden, z. B. die in Familienbesitz befindliche Mühle, das Erbe und die Versorgung einzelner Familienmitglieder. Diese Themen sind keine durch das Amt hervorgerufenen Angelegenheiten, sondern betreffen Jovius als Mitglied seiner eigenen Familie und seiner Herkunftsfamilie. Die Briefe enthalten persönliche und private Informationen zu Familienzuwachs sowie zu Hochzeiten, Reiseplänen, Geburten oder zum Tod einzelner Familienmitglieder oder Freunde. Zudem geben sie Auskünfte zu beruflichen Veränderungen von Freunden oder zur wirtschaftlichen Situation der Familie. Ein Brief liegt weiterhin vor, wenn 3. Jovius im Moment des Absendens die Rolle einer Privatperson einnimmt, um Familienprobleme zu diskutieren oder zu lösen, Erbansprüche geltend zu machen, die Förderung der Schwager oder Freunde zu bitten, eine Patenschaft zu übernehmen.

In einigen Korrespondenzen sind private und amtliche Inhalte vermischt.[63] So finden sich z. B. Glückwünsche zur Geburt des Kindes[64] als Schlussformel in einem an sich amtlichen Schreiben. In diesem Fall lässt sich dieses Schreiben orientiert am inhaltlichen Hauptgegenstand eindeutig dem Typus Akten-

63 Schmolinsky, Sich schreiben, S. 90f., und Beer, Eltern und Kinder, S. 47ff., sehen die Vermischung von privaten und amtlichen Inhalten als Normalität bzw. Realität an.

64 HS 2, fol. 196v [Reg.-Nr. 272]. Nach Amtsangelegenheiten beglückwünscht Jovius in HS 2, fol. 112v f. [Reg.-Nr. 167] den Amelungsborner Abt Andreas Steinhauer ebenfalls zur Geburt seiner Tochter.

schriftstück zuordnen. Hingegen lässt sich ein anderes Schreiben eindeutig der Gattung Brief zuordnen, da der private Hauptinhalt, die Taufeinladung und die Bitte um die Übernahme des Patenamts, lediglich um eine nachgeordnete geschäftliche Information über ein herzogliches Mandat am Schluss ergänzt wird[65].

In allen Schriftstücken tritt Jovius als Person »handelnd oder leidend in Erscheinung und nimmt darin explizit auf sich selbst Bezug«[66] und verleiht ihnen durch seine eigenhändige Unterschrift Authentizität. Ebenso erlauben seine Kommentare zu Geschehnissen, wie z. B. der Pest[67], sowie Schilderungen von persönlichen Erfahrungen, z. B. von seinem Studium[68], einen Blick auf seine Persönlichkeit bzw. Biografie. Obwohl die in den Handschriften überlieferten Texte keine vollständige Rekonstruktion der Person Jacob Jovius erlauben, erfüllen sie nahezu sämtliche Kriterien, die die Forschung zu Selbstzeugnissen zusammengestellt hat.[69]

2.2.1. Formale Gestaltung

Hinsichtlich der formalen Gestaltung gibt es zwischen den Briefen und Aktenschriftstücken keine Unterschiede. Jovius orientiert sich beim strukturellen Aufbau der deutschen wie lateinischen Texte an der mittelalterlichen ars dictaminis[70] und folgt dem Formular aus Salutatio, mit Inscriptio und Intitulatio[71], Exordium mit Captatio Benevolentiae, Narratio, Petitio und Conclusio.[72]

Die Schriftstücke beginnen mit der zum übrigen Text abgesetzten Inscriptio, in der häufig der Name des Empfängers genannt wird, wie z. B. *An meinen Bruder Andreasen den uhrmacher und buchsenMeister zu Northausen*[73] oder *Reverendo Domino Nicolao Erbenio Magistro Generali Superintendenti Alvel-*

65 HS 2, fol. 29r [Reg.-Nr. 45].
66 Krusenstjern, Selbstzeugnisse, S. 463.
67 HS 2, fol. 354r–361v [Reg.-Nr. 469].
68 HS 2, fol. 41v f. [Reg.-Nr. 60].
69 Krusenstjern, Selbstzeugnisse, S. 463ff.; Schulze, Ego-Dokumente, S. 21; Rutz, Ego-Dokument oder Ich-Konstruktion, S. 5ff.; Schmolinsky, Sich schreiben, S. 85ff.; Antenhofer, Müller, Briefe in politischer Kommunikation, S. 21f.; Schmid, Schreiben für Status und Herrschaft, S. 15ff. Vgl. auch Brändle, von Greyerz, Heiligensetzer, Leutert, Piller, Selbstzeugnisforschung, S. 3f.
70 Vgl. zur Ars dictaminis Hartmann, Ars Dictaminis; Camargo, Ars Dictaminis.
71 Herold, Empfangsorientiert, S. 269. Im 14. Jahrhundert wurden die Inscriptio zur Außenadresse und die Intitulatio zur Unterschrift ausgestaltet.
72 Hartmann, Ars Dictaminis, S. 10–20; Schmid, Brief, S. 116; Nickisch, Stilprinzipien, S. 21–45.
73 HS 3, fol. 22r [Reg.-Nr. 509].

densi[74]. Jovius nennt hier neben den standesgemäßen Epitheta den Namen des Empfängers, dessen Amts- oder Standestitel sowie dessen Wohnort bzw. Ort der Amtsausübung. Er erweitert die Anrede oft mit einem Hinweis auf die jeweilige Freundschafts-, Amts- oder Verwandtschaftsbeziehung zum Empfänger und setzt vor den Namen häufig die Präpositionen *An* respektive *Ad*. Gelegentlich wird in der Inscriptio die ausgeschriebene Form *suo domino dentur*[75] oder die Abkürzung (*s.*)*s.d.* bzw. (*s.*)*s.p.d.* benutzt. Diese Kürzungen der Wörter (*s*)(*uo*) *s*(*alutem*) *d*(*icit*)[76] oder (*s*)(*uo*) *s*(*alutem*) *p*(*lurimam*) *d*(*icit*)[77] knüpfen an die klassisch-lateinische Epistolografie an.[78]

Die anschließende Salutatio, die einleitende Grußformel mit einer Ehrerbietung, orientiert sich bei Jovius an dem sozialen Stand des Empfängers mit den standesgemäßen Epitheta[79]. Die Grußformel für den Wickensener Amtmann[80] lautet häufig folgendermaßen: *Meinem bereitwilligen unnd gantz freundtlichen dienst nach meinem hoichstenn vormögen zuvornn. Ehr unnd Achtpar Herr Amptmann*[81]. Die Salutatio für Herzog Julius hingegen formuliert Jovius immer folgendermaßen: *Durchlauchtiger hoichgeborener Furst E*(*uer*) *F*(*ürstlich*) *G*(*naden*) *sein unser underthenige gehorsamme pflicht willige dienste in getrewen vleiß zuvor an bereit*[82]. Hingegen wählt er beispielsweise für die Anrede seiner Mutter, Margarethe Götze[83], immer die privaten Attribute *hertzfreundtliche liebe* bzw. *hertzliebe*[84].

Für Gunst-, Dienst-, Gebets- oder Freundschaftsempfehlungen greift Jovius in seinen Texten häufig, dem jeweiligen Verhältnis zum Empfänger angepasst, auf die Worte *mein dienst / gebet zuvornn*[85] zurück und fügt ihnen die Adjektive *freundtlich* oder *willig*[86] hinzu. Selbst wenn ein Text an zwei Empfänger, wie z. B.

---

74 HS 2, fol. 8r [Reg.-Nr. 13].

75 HS 2, fol. 9v [Reg.-Nr. 15], fol. 16v [Reg.-Nr. 28], fol. 17r [Reg.-Nr. 29], fol. 102v [Reg.-Nr. 151].

76 HS 2, fol. 5r [Reg.-Nr. 7], fol. 5v [Reg.-Nr. 8], fol. 6r [Reg.-Nr. 9], fol. 10v [Reg.-Nr. 16]. S. hierzu Anhang 11.2.3., Bild 1.

77 HS 2, fol. 86r [Reg.-Nr. 127], fol. 243v–244v [Reg.-Nr. 302].

78 Vgl. Herold, Empfangsorientiert, S. 267f.

79 Vgl. Hochedlinger, Aktenkunde, S. 138ff.

80 Vgl. zu den Wickensener Amtmänner Kapitel 8.2. und zum Überblick über die Amtsträger während der Amtszeit des Superintendenten Jovius die Angaben im Anhang 11.7.

81 HS 2, fol. 23r [Reg.-Nr. 36].

82 HS 3, fol. 67r [Reg.-Nr. 560].

83 Vgl. zu Margarethe Götze das Kapitel 4.1. und die Ausführungen im Anhang 11.8.

84 HS 2, fol. 45v [Reg.-Nr. 66], fol. 81v [Reg.-Nr. 119], fol. 107r [Reg.-Nr. 158], fol. 181v [Reg.-Nr. 252], fol. 284r [Reg.-Nr. 370].

85 Siehe u.a. HS 2, fol. 25r [Reg.-Nr. 39], fol. 37v [Reg.-Nr. 55], fol. 89v [Reg.-Nr. 135], fol. 98v [Reg.-Nr. 146]. HS 3, fol. 28v [Reg.-Nr. 517].

86 Siehe u.a. HS 2, fol. 89v [Reg.-Nr. 134], fol. 90v [Reg.-Nr. 136], fol. 99v [Reg.-Nr. 147], fol. 101v [Reg.-Nr. 149], fol. 110v [Reg.-Nr. 164].

an den Wickensener Amtmann und den Kirchbraker Pastor[87], adressiert ist, folgt nach der Salutatio *meinen willigen dienst zuvor* für den Amtmann das standesgemäße Attribut *gunstiger* und für den Pastor *freundtlicher lieber*[88]. Jovius orientierte sich sehr wahrscheinlich bei der Verwendung von Epitheta an den weit verbreiteten Titularbüchern mit postulierten Beispielen für entsprechende Ehrwörter und Grußformeln.[89]

Die lateinischen und teilweise auch die deutschen Texte beginnen häufig mit der variierten oder gekürzten Form von *Gratiam et pacem* bzw. *Salus in Christo*[90] oder in der seltenen Variation *Salus a Salvatore*[91]. Bei mehreren Korrespondenzen entfällt die einleitende Ehrerbietung. Stattdessen werden am Anfang des Textes nur Epitheta wiedergegeben, um so ein verbindendes Element von der Inscriptio zum folgenden Exordium herzustellen[92].

Das Exordium leitet zum Anlass des jeweiligen Textes hin. Es ordnet den Textinhalt in einen größeren Zusammenhang ein, mit dem Ziel, dem Empfänger eine interpretatorische Richtung vorzugeben und ihn vorzubereiten.[93] Jovius leitet das jeweilige Thema ein und bereitet den Empfänger auf den Inhalt vor, indem er im Exordium gelegentlich Sprichwörter[94], häufig Bibelzitate[95] oder seltener Zitate antiker Autoren[96] verwendet. Im 16. Jahrhundert bestand ebenso die Möglichkeit, die z. B. häufig von Pastoren genutzt wurde, das Exordium wegzulassen und das Anliegen direkt zu thematisieren[97], was Jovius auch tat, indem er direkt zur Narratio überging.

In der Narratio wird seltener der Anlass des Schreibens genannt, sondern häufiger auf vorausgehende, empfangene Schreiben[98] Bezug genommen. Jovius

---

87 Vgl. zu den Pastoren, die während der Amtszeit des Superintendenten Jovius tätig waren, den Überblick im Anhang 11.7.

88 HS 2, fol. 73v [Reg.-Nr. 107].

89 Vgl. z.B.: Frangk, Cantzley und Titel buechlin; Hugen, Rhetorica vnd Formulare; Breunle, Formular und Cantzleybuechlin. Vgl. auch Nickisch, Stilprinzipien, S. 28ff.

90 Siehe u.a. HS 2, fol. 10v [Reg.-Nr. 16], fol. 17v [Reg.-Nr. 30], fol. 23v [Reg.-Nr. 36], fol. 29v [Reg.-Nr. 46]. HS 3, fol. 13v [Reg.-Nr. 501]. S. hierzu Anhang 11.2.3., Bild 6.

91 Siehe u.a. HS 2, fol. 14v [Reg.-Nr. 25], fol. 17r [Reg.-Nr. 29], fol. 39r [Reg.-Nr. 57]. HS 3, fol. 38v [Reg.-Nr. 524].

92 Siehe u.a. HS 2, fol. 42v [Reg.-Nr. 61], fol. 45v [Reg.-Nr. 66], fol. 55v [Reg.-Nr. 77]. HS 3, fol. 15r [Reg.-Nr. 504], fol. 22r [Reg.-Nr. 509].

93 Vgl. Herold, Empfangsorientiert, S. 269ff., 283f.

94 Siehe u.a. HS 2, fol. 5v [Reg.-Nr. 8], fol. 75v [Reg.-Nr. 111], fol. 323r [Reg.-Nr. 425]. HS 3, fol. 23r f. [Reg.-Nr. 512], fol. 27v [Reg.-Nr. 516].

95 Siehe u.a. HS 2, fol. 175v f. [Reg.-Nr. 244], fol. 275r [Reg.-Nr. 356], fol. 334v–335v [Reg.-Nr. 445]. HS 3, fol. 8r–9r [Reg.-Nr. 494], fol. 27v–28r [Reg.-Nr. 516].

96 Siehe u.a. HS 2, fol. 5v [Reg.-Nr. 8], fol. 40v [Reg.-Nr. 59]. HS 3, fol. 10r [Reg.-Nr. 496], fol. 80v f. [Reg.-Nr. 576], fol. 93v [Reg.-Nr. 600].

97 Vgl. Metzler, Privatbrief, S. 374.

98 Siehe u.a. HS 2, fol. 30v [Reg.-Nr. 48], fol. 112v [Reg.-Nr. 167], fol. 188r [Reg.-Nr. 262]. HS 3, fol. 28v [Reg.-Nr. 517], fol. 84r [Reg.-Nr. 581].

leitet die Narratio mit Wörtern wie *wissen* bzw. *nit unvormeldet lassen*, *nit vorenthalten* bzw. [*ver*]*bergen*[99] ein. Er verwendet für die Narratio keine bestimmten Formeln, sondern eher Argumentationsstrukturen für verschiedene Anlässe.[100] Beispielsweise verfasst Jovius eine sehr ausführliche Narratio in seinem Bittbrief an das Wolfenbütteler Konsistorium, in dem er über alle Einzelheiten eines Vorfalls informiert und danach erst auf seine eigentliche Bitte eingeht[101]. Gelegentlich lässt er die Narratio wegfallen und fügt direkt die Petitio an[102].

Die Petitio umfasst die eigentliche an den Empfänger gerichtete Bitte, Forderung, Anordnung, Zurechtweisung oder Anteilnahme. Jovius setzt die Petitio unregelmäßig durch Hervorhebung des Satzanfanges vom übrigen Text ab und verwendet häufig für den Beginn die Formulierung *demnach / so / derwegen / derhalben bitte ich*[103] oder in lateinischen Texten *quare / igitur rogo*[104].

Den Abschluss eines Briefes bzw. Aktenschriftstückes bildet die von Jovius sehr häufig verwendete Conclusio, in der im Voraus variierend Dank, Gottes Schutz oder Wohlbefinden mit *Vale*[105], *Godt in gnaden bevolen*[106] oder mit dem Prädikat *vorschulden*[107] zum Ausdruck gebracht wird. Anschließend folgt das Datum[108], sehr häufig in der Form: *Datum Halle*[109]. Daran anschließend setzt Jovius uneinheitlich entweder normale Wochentags-[110] und Monatsangaben, die Datierung nach römischem Kalender oder er verweist auf Heiligentage. Seltener hingegen beendet er den Text mit *Amen*. In der Datierung finden auch einmalige

99 Siehe u.a. HS 2, fol. 25r [Reg.-Nr. 39], fol. 333v [Reg.-Nr. 433], HS 3, fol. 21v [Reg.-Nr. 508], fol. 22r [Reg.-Nr. 509], fol. 59v [Reg.-Nr. 550]. S. hierzu Anhang 11.2.3., Bild 3 und Bild 4.

100 Vgl. Metzler, Privatbrief, S. 372ff.

101 HS 2, fol. 57v f. [Reg.-Nr. 81].

102 HS 3, fol. 54r [Reg.-Nr. 541].

103 Siehe u.a. HS 2, fol. 27r [Reg.-Nr. 41], fol. 172v [Reg.-Nr. 239], fol. 261r [Reg.-Nr. 342]. HS 3, fol. 1r [Reg.-Nr. 483], fol. 62r [Reg.-Nr. 553]. S. hierzu Anhang 11.2.3., Bild 3.

104 Siehe u.a. HS 2, fol. 37r [Reg.-Nr. 54], fol. 167v [Reg.-Nr. 234], fol. 260r [Reg.-Nr. 340]. HS 3, fol. 62v [Reg.-Nr. 554], fol. 93v [Reg. Nr. 600]. S. hierzu Anhang 11.2.3., Bild 1, Bild 6 und Bild 7.

105 Siehe u.a. HS 2, fol. 11v [Reg.-Nr. 18], fol. 277v [Reg.-Nr. 359]. HS 3, fol. 114r [Reg.-Nr. 628], fol. 126r [Reg.-Nr. 641], fol. 132v [Reg.-Nr. 650]. S. hierzu Anhang 11.2.3., Bild 1.

106 Siehe u.a. HS 2, fol. 144v [Reg.-Nr. 205], fol. 190r [Reg.-Nr. 263], fol. 241r [Reg.-Nr. 298]. HS 3, fol. 53v [Reg.-Nr. 540], fol. 72r [Reg.-Nr. 566]. S. hierzu Anhang 11.2.3., Bild 3.

107 Siehe u.a. HS 2, fol. 79v [Reg.-Nr. 117], fol. 172v [Reg.-Nr. 239], fol. 271r [Reg.-Nr. 350], fol. 327r [Reg.-Nr. 351]. HS 3, fol. 50v [Reg.-Nr. 535].

108 Die Übernahme der gregorianischen Kalenderreform von 1582 erfolgte in den evangelischen Gebieten Deutschlands erst um 1700, vgl. Grotefend, Taschenbuch, S. 26f.

109 S. hierzu Anhang 11.2.3., Bild 1, Bild 3–7.

110 Teilweise erfolgt die Wiedergabe einzelner Wochentage mit den Planetenzeichen, wie z.B. das Planetenzeichen ♄ (Saturn) für Sonnabend, vgl. HS 2, fol. 14v [Reg.-Nr. 25]. Vgl. dazu Grotefend, Taschenbuch, S. 18.

Zusätze wie *raptim*[111] oder sogar die Angabe der Stunde *circa mediam noctem*[112] Erwähnung. Gelegentlich wird in der Datumszeile Bezug auf Geburts-[113] oder Todestage[114] bekannter Persönlichkeiten genommen.

Eine kleine Ausnahme bilden zwei Jahresangaben, die mit Hilfe eines Chronogramms angegeben werden.[115] Das erste Chronogramm *PIIS* ***DEVS*** *AVXI*-***LIVM*** benutzt Jovius für das Jahr 1579 mit dem Hinweis: *in his complectitur numerus anni.*[116] Das zweite Chronogramm ***DEVS IN AVXILIVM*** *FESTINA PIIS* ***OPPRESSIS***, das dem Psalm 71,12 nachempfunden ist, verwendete Jovius drei Mal als Alternative für die Jahreszahl 1581.[117]

Unter der Datumsangabe folgt gelegentlich die Höflichkeitsformel, die sog. Courtoisie, mit Jovius' eigenhändig ausgeführter Unterschrift[118] sowie ab und zu mit den ehrerbietenden Adjektiven *undertheniger* und *dienstwilliger* bzw. *gehorsamer*[119].

Jovius orientiert sich in der Inscriptio und in der anschließenden Salutatio an dem sozialen Stand des Empfängers und gebraucht die standesgemäßen Epitheta bzw. die privaten Attribute. Die Berücksichtigung des sozialen Kontexts respektive des Bildungsniveaus setzt sich, zumindest die Kernfamilie[120] und einige Freunde betreffend, auch in der Wahl der Sprache fort. Von den gesamten 668 Konzepten sind 257 (38,47 %) in lateinischer und 411 (61,53 %) in deutscher Sprache verfasst.[121]

Die Briefe privaten Inhalts für Jovius' Mutter, seine Brüder, seinen Schwiegervater sowie seinen Freund Heinrich Temme[122] wurden ausschließlich in deutscher Sprache verfasst. Demgegenüber konzipierte er für seinen Schwager Johannes Cloth 11 Briefe: 8 in Latein sowie 3 in lateinisch-deutscher Mischsprache. Die Verteilung der 21 Briefe an seinen anderen Schwager Franz Düvel,

111 HS 2, fol. 5r [Reg.-Nr. 7].
112 HS 3, fol. 21r [Reg.-Nr. 507].
113 In einem Schreiben vom 3. Januar (HS 3, fol. 92r [Reg.-Nr. 597]) erinnert Jovius in der Datumszeile an Ciceros Geburtstag.
114 In einem Schreiben vom 2. Januar 1583 (HS 3, fol. 91r f. [Reg.-Nr. 596]) erinnert Jovius an den Todestag Christian III., König von Dänemark und Norwegen.
115 Ein Chronogramm besteht aus einem Satz, Vers oder einer Inschrift, in der hervorgehobene Großbuchstaben, in Form römischer Zahlzeichen, die Jahreszahl ergeben.
116 HS 2, fol. 311v [Reg.-Nr. 407].
117 HS 3, fol. 49v f. [Reg.-Nr. 534], fol. 54v f. [Reg.-Nr. 542], fol. 85v [Reg.-Nr. 585].
118 Siehe u.a. HS 2, fol. 10v [Reg.-Nr. 16], fol. 103r [Reg.-Nr. 152], fol. 344r [Reg.-Nr. 457]. HS 3, fol. 108v [Reg.-Nr. 617], fol. 131r [Reg.-Nr. 648].
119 Siehe u.a. HS 2, fol. 95r [Reg.-Nr. 140], fol. 102v [Reg.-Nr. 151], fol. 114r [Reg.-Nr. 169], fol. 276v [Reg.-Nr. 357], fol. 324r [Reg.-Nr. 427]. LAW OA Dielmissen Nr. 2, fol. 6r, 28r (eigene Zählung). LAV NRW W, Fürstabtei Corvey, Akten, Nr. 627, fol. 13v.
120 Vgl. zur Familie Kapitel 4.
121 Vgl. zur Verteilung auf HS 2 und HS 3 die detaillierte Beschreibung der Handschriften im Anhang 11.2.1.
122 Vgl. zu Heinrich Temme Kapitel 5.1.1. und die Ausführungen im Anhang 11.8.

der von Beruf Rektor und später Pfarrer war, sah ähnlich aus: 17 in Latein, 3 in Deutsch und 1 Schreiben in Mischsprache.[123]

Für die Aktenschriftstücke an die weltlichen Amtsträger, z. B. die Wickensener Amtmänner[124] Burchard Friesen oder Johann von Halle, fand hauptsächlich die deutsche Sprache Verwendung. Während von Halle insgesamt 21 Schriftstücke erhielt, von denen 20 in deutscher Sprache verfasst wurden, erhielt Friesen 36 Schreiben, von denen 26 in deutscher, aber 7 in lateinischer Sprache sowie 3 Schreiben in Deutsch und Latein verfasst waren.

An die geistlichen Amtsträger, z. B. den Alfelder Generalsuperintendenten[125] Nicolaus Erbenius, richtete Jovius insgesamt 21 Schreiben, 14 in lateinischer und 7 in deutscher Sprache. Eine andere Verteilung ergibt sich bei dem Generalsuperintendenten Esaias Krüger; dieser erhielt 51 Schreiben, von denen 29 in deutscher, 15 in lateinischer Sprache sowie 7 Schreiben, in denen Jovius zwischen Deutsch und Latein wechselte. Für alle 8 Aktenschriftstücke an den Generalissimus des Fürstentum Braunschweig-Wolfenbüttel, Nicolaus Selnecker[126], benutzte der Superintendent ausschließlich die lateinische Sprache, während er seine insgesamt 9 Schreiben an das kirchenleitende Konsistorium[127] auf Deutsch verfasste.

Jovius führte also weder mit den weltlichen oder geistlichen Amtsträgern noch mit seinen Vorgesetzten oder der landeskirchlichen Behörde die gesamte dienstliche Korrespondenz in lateinischer Sprache, noch wählte er für private Briefe ausschließlich die deutsche Sprache. Ebenso lässt sich keine klare Korrelation zwischen der verwendeten Sprache und dienstlichen resp. privaten Inhalten erkennen. Bestätigt werden kann, dass Jovius bei den Briefen für die Kernfamilie bei der Sprachwahl deren Bildungsstand berücksichtigte, da diese sehr wahrscheinlich über keine Lateinkenntnisse verfügten.

2.2.2. Konzeptbücher und Rechnungsbuch

Die Handschrift HS 1 ist als Rechnungsbuch[128] einzuordnen. Jovius selbst betitelt HS 1 als *Kirchenregister* und verweist selten aus seinen Handschriften HS 2

123 Vgl. zu Johannes Cloth und Franz Düvel Kapitel 4.5. und die Ausführungen im Anhang 11.8.
124 Vgl. zu den Amtmännern Kapitel 8.2. und die Ausführungen im Anhang 11.8.
125 Vgl. zu den Generalsuperintendenten Kapitel 7.3. und die Ausführungen im Anhang 11.8.
126 Nicolaus Selnecker war von 1570–1573 wolfenbüttelscher Generalsuperintendent, vgl. zu ihm Koch, Selnecker, S. 105–198; Kloeden, Nikolaus Selnecker, Sp. 1376–1379.
127 Vgl. zum Konsistorium Kapitel 7.4.
128 Vgl. Hartmann, Kloosterhuis, Amtsbücher, S. 71, Lemma: Rechnungsbuch (allgemein).

und HS 3 auf sein angelegtes *Register*[129]. Hauptsächlich enthält dieses Rechnungsbuch Rechnungen und Verzeichnisse der Ländereien sowie Einnahmen und Ausgaben. Neben zwei an Jovius adressierten, originalen Schreiben[130] sind auch detaillierte Abschriften enthalten, die die Besitzungen der Pfarrei Bisperode und ihre Filiale Bessingen[131] betreffen.

Bei den überlieferten Texten der Handschriften HS 2 und HS 3 handelt es sich eindeutig um Konzepte und nicht um abgesandte Schreiben, so dass die Handschriften in Folge als Konzeptbücher bezeichnet werden. Nach KLOOSTERHUIS ist ein Konzeptbuch eine

> »angelegte Aufzeichnung von Schreiben (Briefen, Briefbuch), und zwar meist von (mit flüchtiger Hand) konzipierten bzw. noch korrekturbedürftigen ausgehenden Schreiben, gegebenenfalls auch von sorgfältig abgeschriebenen eingegangenen Schreiben.«[132].

Jovius selbst betitelt die Handschriften als *sein protocol*[133], sogar ein weiteres Mal mit dem Zusatz *in sein protocol entworffen*[134]. Auch sein Amtsnachfolger bezeichnet noch 1610 die Handschrift HS 2 als *protocoll*[135]. Beachtenswert ist das Verweissystem innerhalb der Konzeptbücher; in HS 3 verweist Jovius zum einen auf eine Angelegenheit, zu der *im anderen protocol an seinem ort*[136] nachgelesen werden könne und zum anderen *wie das alles in meinem ersten protocollo im 71 jar weitleufftger zu lesen* [sei][137]. Diese Belege zeigen, dass Jovius mit den Konzeptbüchern[138] aktiv gearbeitet hat, und sie ihm neben der Dokumentation, Recherche, Registratur bzw. Archivierung seiner Amtsgeschäfte und Privatangelegenheiten auch als Arbeitsinstrument dienten.

Dem Charakter eines Konzeptbuchs entsprechen auch die kurzen, stichwortartigen Einträge[139], ähnlich einer Notiz oder eines Zusatzes, oder die mit *Item* bzw. *auch* eingeleiteten Ergänzungen[140], die später idealerweise in eine

129 HS 2, fol. 162r [Reg.-Nr. 228], fol. 178r [Reg.-Nr. 246], fol. 179r [Reg.-Nr. 247]. HS 3, fol. 82r [Reg.-Nr. 578], fol. 105r [Reg.-Nr. 612].

130 HS 1, fol. 53r–55r, fol. 76r f.

131 HS 1, fol. 67r–76v.

132 HARTMANN, KLOOSTERHUIS, Amtsbücher, S. 70, Lemma: Konzeptbuch.

133 HS 2, fol. 292v [Reg.-Nr. 282]. HS 3, fol. 268v [Reg.-Nr. 663].

134 HS 2, fol. 295r [Reg.-Nr. 384].

135 HS 2, fol. 1v [Reg.-Nr. 1].

136 HS 3, fol. 105r [Reg.-Nr. 612].

137 HS 3, fol. 115r [Reg.-Nr. 631].

138 Der Haller Superintendent Johannes Corvinus führte HS 3 ebenfalls als Konzeptbuch weiter. Er entwarf z.B. in HS 3 auf fol. 144v–146r seinen Visitationsbericht, der sich als Reinschrift im Original im NLA WF 14 Alt Nr. 889, fol. 47v ff. wiederfindet.

139 Siehe u.a. HS 2, fol. 18v [Reg.-Nr. 32], fol. 84v [Reg.-Nr. 125], fol. 311v [Reg.-Nr. 407]. HS 3, fol. 60r [Reg.-Nr. 551], fol. 264r [Reg.-Nr. 660].

140 Siehe u.a. HS 2, fol. 271v [Reg.-Nr. 352], fol. 291r [Reg.-Nr. 380], fol. 334r [Reg.-Nr. 444]. HS 3, fol. 19v [Reg.-Nr. 505], fol. 273r [Reg.-Nr. 667].

Reinschrift eingearbeitet werden sollten. Weiterhin fügt Jovius seinen Entwürfen oft zahlreiche Korrekturen[141] am Rand oder innerhalb des Textes hinzu, lässt sie zweimal in einem fragmentarischen Zustand[142] und verwendet ganz selten Platzhalter für Namen, z. B. N. N.[143]. Besonders interessant ist ein durchgestrichenes Konzept, das Jovius auf dem nächsten Blatt erneut entwirft. Die bereits im ersten Konzept vermerkten Korrekturen arbeitet er bei dem neuen Entwurf ein, fügte aber wiederum neue Ergänzungen am Rand hinzu[144].

In den Handschriften HS 2 und HS 3 fallen die Zirkularschreiben[145] auf, die Jovius an die *Confratres* richtet, die Gesamtheit aller Pastoren seiner Inspektion. Er verbreitet in diesen Rundschreiben Anordnungen und Mandate des Herzogs oder Zahlungsaufforderungen der Alfelder Generalsuperintendenten.[146] Bei einigen dieser Zirkularschreiben differenziert er die Empfänger in die Pfarrer der Ober- und der Niederbörde[147], auch wenn die Schreiben denselben Inhalt haben.[148] In anderen Konzepten werden die *Confratres* beider Börden gemeinsam angesprochen[149]. Daneben richtet Jovius einzelne Schriftstücke nur an die Ober-[150] bzw. Niederbörde[151], ohne ein zweites, entsprechendes Pendant zu entwerfen. Die Übermittlung dieser Rundschreiben funktionierte in der Weise, dass Jovius die jeweiligen an die *Confratres* gerichteten Schreiben an im Pfarrbezirk strategisch günstig gelegenen Pfarreien der Ober- und Niederbörde schickte. Der jeweilige Küster wurde dann beauftragt, das Zirkularschreiben an den nächsten, benachbarten Pastor weiterzuleiten[152].

141 Siehe u.a. HS 2, fol. 175v [Reg.-Nr. 244], fol. 231r [Reg.-Nr. 293], fol. 339v [Reg.-Nr. 452]. HS 3, fol. 73v [Reg.-Nr. 569], fol. 88v [Reg.-Nr. 591].

142 Siehe u.a. HS 2, fol. 282r [Reg.-Nr. 367]. HS 3, fol. 94r [Reg.-Nr. 601].

143 HS 2, fol. 29v [Reg.-Nr. 46], fol. 96v [Reg.-Nr. 142].

144 HS 3, fol. 122v (durchgestrichenes Konzept) und 123r (neues Konzept).

145 Insgesamt 59 Rundschreiben von 501 Aktenschriftstücken.

146 Vgl. zu den Pastoren und den Alfelder Generalsuperintendenten, die während der Amtszeit des Superintendenten Jovius tätig waren, den Überblick im Anhang 11.7.

147 Vgl. zur Aufteilung der Dörfer in Ober- und Niederbörde Kapitel 1.4.

148 HS 2, fol. 11v f. [Reg.-Nr. 18, 19], fol. 56v f. [Reg.-Nr. 79, 80], fol. 102r f. [Reg.-Nr. 150, 152], fol. 223v f. [Reg.-Nr. 284, 285].

149 Hier werden nur die Bsp. aufgeführt, in denen die Inscriptio explizit alle Pfarrer anspricht: *confratribus omnibus et singulis:* HS 2, fol. 197r [Reg.-Nr. 273], fol. 216r [Reg.-Nr. 276], fol. 262v [Reg.-Nr. 345]; *superiore ac inferiore:* HS 2, fol. 83v [Reg.-Nr. 123] und *confratribus der obern und niddern börde:* HS 2, fol. 351v [Reg.-Nr. 467], HS 3, fol. 47v [Reg.-Nr. 531].

150 HS 2, fol. 24v [Reg.-Nr. 38], fol. 179v [Reg.-Nr. 248], fol. 247v [Reg.-Nr. 309], fol. 261v [Reg.-Nr. 343], fol. 262r [Reg.-Nr. 344], fol. 302v [Reg.-Nr. 394], fol. 326v [Reg.-Nr. 431]. HS 3, fol. 54v [Reg.-Nr. 542]. S. hierzu Anhang 11.2.3., Bild 7.

151 HS 2, fol. 43r [Reg.-Nr. 62], fol. 312v [Reg.-Nr. 409]. HS 3, fol. 6r [Reg.-Nr. 490], fol. 11v [Reg.-Nr. 499], fol. 116v [Reg.-Nr. 632]. S. hierzu Anhang 11.2.3., Bild 5, Bild 6.

152 Siehe u.a. HS 2, fol. 57r [Reg.-Nr. 80], fol. 131r [Reg.-Nr. 648]. In Reg.-Nr. 648 fordert Jovius, nach Erhalt dieses Schreibens, dass dafür zu sorgen sei, dass der jeweilige Küster das Schreiben zum nächsten Pastor bringe. Der Stadtoldendorfer und der Bisperoder Pastor

Neben den Konzepten existieren in den Konzeptbüchern an Jovius adressierte Schreiben im Original[153]. Hierbei handelt es sich hauptsächlich um Zahlungsquittungen von den Vorgesetzten, den Alfelder Generalsuperintendenten. Sie quittieren neben dem Geldeingang für die Witwen- und Waisenkasse[154] auch die gelegentlich vom Haller Superintendenten mitgesandten Verzeichnisse[155] derjenigen Pastoren, die gezahlt bzw. die die Zahlung verweigert haben[156]. Diese Verzeichnisse wurden zuerst im Konzeptbuch entworfen, bevor sie abgeschrieben und zusammen mit dem Geld an den Generalsuperintendenten gesandt wurden[157].

Die Konzeptbücher überliefern nicht nur an Jovius adressierte und in die Handschriften eingeheftete Originale, sondern auch von Jovius angefertigte Abschriften von an ihn adressierte Schreiben[158], wie z. B. Anordnungen des Herzogs Julius von Braunschweig-Lüneburg[159]. Ebenso begegnen Schriftstücke, die nicht an den Haller Superintendenten adressiert wurden[160], aber dennoch von ihm vermutlich für wichtige oder zukünftige Amtsangelegenheiten als Abschrift im Konzeptbuch dokumentiert wurden.

Bei der Archivrecherche im Landeskirchlichen Archiv Wolfenbüttel (LAW), im Landesarchiv NRW Abteilung Westfalen (LAV NRW W) und im Niedersächsischen Landesarchiv – Standort Wolfenbüttel (NLA WF) wurden von Jovius geschriebene und versandte Reinschriften im Original gefunden.

Das LAW bewahrt zwei Reinschriften im Original von Jovius auf. Das erste Schreiben ist ein an den Generalissimus Timotheus Kirchner[161] adressiertes Aktenschriftstück vom 7. Juli 1577. Die Reinschrift ist bis auf die Ergänzung der

erhalten als Letzte dieses Schreiben und sollen es Jovius bei einem Treffen im Kloster Amelungsborn zurückgeben.

153 Siehe u. a. HS 2, fol. 77r [Reg.-Nr. 114], fol. 183r f. [Reg.-Nr. 254], fol. 267r [Reg.-Nr. 348]. HS 3, fol. 20r [Reg.-Nr. 506], fol. 58r [Reg.-Nr. 548].

154 Vgl. zur Witwen- und Waisenkasse Kapitel 7.1.8.

155 HS 2, fol. 104r [Reg.-Nr. 154], fol. 195r f. [Reg.-Nr. 270].

156 Siehe u. a. HS 2, fol. 68r [Reg.-Nr. 96], fol. 180v [Reg.-Nr. 249], fol. 317r [Reg.-Nr. 416]. HS 3, fol. 122r [Reg.-Nr. 637], fol. 137r [Reg.-Nr. 659].

157 HS 2, fol. 160r [Reg.-Nr. 226], fol. 283v [Reg.-Nr. 369], fol. 316v f. [Reg.-Nr. 415]. HS 3, fol. 86v [Reg.-Nr. 587].

158 HS 2, fol. 7r [Reg.-Nr. 12], fol. 14v–15v [Reg.-Nr. 26], fol. 74r–74r [Reg.-Nr. 108, 109], fol. 78r [Reg.-Nr. 115], fol. 119r [Reg.-Nr. 176], fol. 247r [Reg.-Nr. 308], fol. 253v [Reg.-Nr. 323], fol. 255v [Reg.-Nr. 330], fol. 256v [Reg.-Nr. 333], fol. 312r [Reg.-Nr. 408], fol. 327r f. [Reg.-Nr. 433]. HS 3, fol. 33v–35v [Reg.-Nr. 520, 521], fol. 39r f. [Reg.-Nr. 525], fol. 46r f. [Reg.-Nr. 529], fol. 85r [Reg.-Nr. 584], fol. 88r [Reg.-Nr. 589, 590], fol. 92r [Reg.-Nr. 597], fol. 130v [Reg.-Nr. 647].

159 HS 2, fol. 50v–52v [Reg.-Nr. 73, 74], fol. 247r–248r [Reg.-Nr. 310], fol. 278r f. [Reg.-Nr. 360, 361]. HS 3, fol. 72r, [Reg.-Nr. 565].

160 Vgl. HS 2, fol. 43r–54v [Reg.-Nr. 75], fol. 246r [Reg.-Nr. 305], fol. 272r [Reg.-Nr. 353]. HS 3, fol. 59r [Reg.-Nr. 549], fol. 68v [Reg.-Nr. 561], fol. 75v f. [Reg.-Nr. 572], fol. 135r [Reg.-Nr. 655], fol. 272v f. [Reg.-Nr. 667].

161 Vgl. Müller, Timotheus Kirchner, S. 396f.; Mager, Timotheus Kirchner, S. 352–354.

Außenadresse, *des Furstenthumbs Braunschweig in underthenigkeit zunn eigen handen*[162], und minimale Änderungen in den Formulierungen identisch mit dem Konzept in der Handschrift HS 2[163]. Auf der originalen Reinschrift befindet sich zudem ein Vermerk des Konsistoriums:

> *Der Superintendens zu halle vorschreiben dem pastorn zu diemessen der irrung wegen, so sich zwischen Im und etzlich hans alschweden zugetragen und bittet ein geburlich einsehen zu haben / sol ufs negste consisto=rium weiter berhadschlaget werden / P(raesentier)t Holtzminden am 8 Juli a(nn)o* [15]*77*[164].

Zusätzlich enthält die Reinschrift Jovius' Unterschrift, sein Petschaft und Falten, die neben dem Vermerk des Konsistoriums auf einen Transport sowie eine Bearbeitung des Aktenschriftstückes schließen lassen.

Das zweite Schreiben[165], ohne Außenadresse, befindet sich ebenfalls im LAW. Bei dieser an den Alfelder Generalsuperintendenten Esaias Krüger gerichteten Nachricht handelt es sich um eine Reinschrift des Konzepts in HS 2[166]. Diese Reinschrift ergänzte Jovius um die Namen der im vorigen Konzept[167] erwähnten Männer, fügte ihr die unter diesem Konzept mit *Item* eingeleitete Ergänzung hinzu und orientiert sich im letzten Absatz der Reinschrift lediglich am Inhalt seines Konzepts.

Im LAV NRW W befindet sich eine weitere Reinschrift im Original des Haller Superintendenten.[168] Diese Reinschrift an den Amelungsborner Abt Andreas Steinhauer[169] vom 12. Januar 1583 ist eine leicht veränderte Abschrift des Konzepts in HS 3[170], wobei die Änderungen nur aus minimalen Ergänzungen sowie aus Veränderungen oder Neuordnungen der Satzstruktur bestehen. Zudem trägt die Reinschrift die Außenadresse: *An dem ehrwirdigen andechtigen unnd wollgelarten herrn Andrae Praelaten und Abt des Clostern Amelungsborn meinem herren und freundtlichen gevattern tzu eigenn hanndenn*[171]. Diese Außenadresse des Originals unterscheidet sich von der Inscriptio des Konzepts nur minimal, da lediglich die Wörter *Praelaten* und *Abt* umgestellt sowie die Epitheta ausgetauscht bzw. ergänzt wurden.

Im NLA WF befindet sich darüber hinaus eine zusammengefasste Auflistung

162 LAW OA Dielmissen Nr. 2, fol. 6r (eigene Zählung).
163 HS 2, fol. 271v [Reg.-Nr. 352].
164 LAW OA Dielmissen Nr. 2, fol. 6r (eigene Zählung).
165 LAW OA Dielmissen Nr. 2, fol. 28r (eigene Zählung).
166 HS 2, fol. 254r [Reg.-Nr. 324].
167 HS 2, fol. 253v [Reg.-Nr. 323].
168 LAV NRW W, Fürstabtei Corvey, Akten, Nr. 627, fol. 13v–14v.
169 Vgl. zu Andreas Steinhauer, Abt von Amelungsborn, die Ausführungen im Anhang 11.8.
170 HS 3, fol. 94v–95r [Reg.-Nr. 602].
171 LAV NRW W, Fürstabtei Corvey, Akten, Nr. 627, fol. 14v.

von vier Fällen ohne Adressaten, Datum, Ausstellungsort und Unterschrift[172]. Diese Aufzählung kann in Verbindung mit dem Außenvermerk und nach Analyse der Handschrift zweifelsfrei Jovius zugeschrieben werden. Der Außenvermerk *Berichtete fell von dem Speciali zu hall*, die von unbekannter Schreiberhand hinzugefügten Marginalien zu den einzelnen Fällen und die Bitte um Unterstützung sowie Amtsanweisungen, lassen auf das Konsistorium als Empfänger sowie auf dessen Bearbeitung der einzelnen Punkte schließen. Zu den drei ersten von Jovius aufgeführten Kontroversen lassen sich in den Konzeptbüchern keine themenverwandte Konzepte finden. Der 4. aufgelistete Fall betrifft das Scheffelkorn[173] der Witwe des Wangelnstedter Pastors Vitus van der Lohe[174]. Da dieser Sachverhalt im Konzeptbuch am 13. Februar 1571[175] thematisiert wird, kann die undatierte Auflistung auf den Zeitraum Ende des Jahres 1570 bis Anfang des Jahres 1571 eingegrenzt werden.

Diese Reinschriften bestätigen, dass es sich bei den Texten in den Handschriften HS 2 und HS 3 eindeutig um Konzepte von Briefen und Aktenschriftstücken handelt.

2.3. Vollständigkeit und Kontinuität der Quelle

Jacob Jovius fertigte die Konzeptbücher an, als er das Amt des Superintendenten innehatte und somit in die Herrschaftsstrukturen und Machtverhältnisse des Fürstentums Braunschweig-Wolfenbüttel eingebunden war. Er nutzte sie hauptsächlich für die Dokumentation von Amtsaufgaben und -geschäften, Privatangelegenheiten sowie als Arbeitsinstrument, z. B. für die Recherche zu bestimmten Sachverhalten. Um die Quelle richtig einzuordnen, müssen Kontinuität, Vollständigkeit und die Entstehungsbedingungen berücksichtigt werden.

Vergegenwärtigt man sich zuerst die Aufteilung des überlieferten Schriftverkehrs in HS 2 und HS 3 auf die einzelnen Jahre ergibt sich folgendes Bild (vgl. Abb. 1).

Die Verteilung der Schreiben pro Jahr schwankt erheblich; die durchschnittliche Anzahl an Schriftstücken beträgt 41,75 Schreiben pro Jahr. Auffallend ist die niedrige Anzahl an Schriftverkehr in den Jahren 1569, 1570, 1574, 1584 und 1585. Es wäre denkbar, dass Konzepte verloren gegangen und gerade daher für einzelne Jahre Lücken in der Überlieferung entstanden sind. In den

172 NLA WF 14 Alt Nr. 889, fol. 2r–3v.

173 ›Scheffelkorn‹ ist eine Abgabe auf Getreide, vgl. DRW, Lemma: Scheffelkorn, Bd. XII, Sp. 344. Die Abgabe wird an den Pfarrer gerichtete, auch Scheffelschatz genannt vgl. DWB, Lemma: Scheffelschatz, Bd. 14, Sp. 2385.

174 Vgl. zu Vitus van der Lohe Freist, Seebaß, Pastoren, Bd. 1, S. 200; Bd. 2, S. 189.

175 HS 2, fol. 7r [Reg.-Nr. 12].

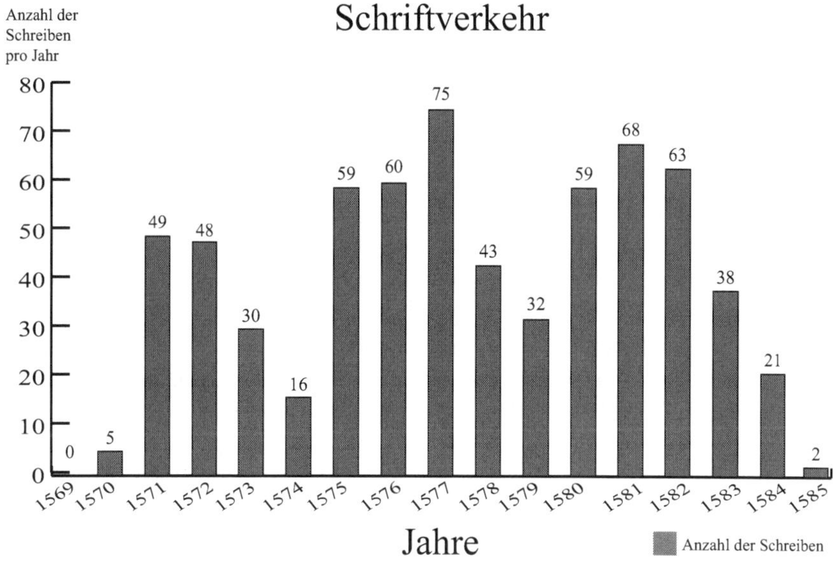

Abbildung 1: Schriftverkehr (668 Korrespondenzen). © Julia Zech.

ersten zwei Jahren könnten die Einarbeitungsphase und die vielleicht noch nicht vorhandene Vorstellung einer entsprechenden Arbeitsdokumentation die niedrige Anzahl an Konzepten erklären. Mit Jovius' Tod am 26. Februar 1585 und mit seinem vorausgehenden schlechten Gesundheitszustand kann erklärt werden, warum für die zweite Jahreshälfte 1584 nur wenige Schreiben[176] und für das Jahr 1585 nur zwei Konzepte überliefert sind. Vielleicht war Jovius während seiner Krankheiten nicht in der Lage erst Konzepte anzufertigen, sondern verfasste und versandte seine Antworten direkt. Sein Amtsnachfolger Johannes Corvinus[177] beurteilte Jovius' Amtsführung in einem Schreiben. Er hielt fest, dass bezüglich der von der Kirchenordnung geforderten, zweimal jährlich durchzuführenden Visitation sein Vorgänger *wegen seiner langwerigen kranckheit, die visitationes etliche jahr unterlassenn*[178] hat. Zwar werden keine genauen Angaben zum Zeitraum gemacht, aber Corvinus zufolge konnte Jovius sein Amt wegen seines Gesundheitszustandes länger nicht pflichtgemäß ausüben, was durchaus auf die schwankende Anzahl an Konzepten übertragen werden kann.

Richtet man bezüglich der Kontinuität den Blick gezielt auf den Schriftverkehr zwischen Jovius und seinem direkten Vorgesetzten, beispielsweise dem

176 Im 1. Halbjahr 1584 verfasste Jovius 17 Konzepte, im 2. Halbjahr nur noch 4.
177 Vgl. zu Johannes Corvinus die vorigen Ausführungen in diesem Kapitel.
178 NLA WF 14 Alt Nr. 889, fol. 40r.

Alfelder Generalsuperintendenten Esaias Krüger[179], ergibt sich folgende Verteilung. Während Krügers Amtszeit von April 1575 bis April 1581 umfasst die Korrespondenz insgesamt 62 Aktenschriftstücke, das sind 10,3 Aktenschriftstücke pro Jahr.

Die Anzahl der Korrespondenzen erstaunt, da wegen vieler geschäftlicher Angelegenheiten zwischen dem Superintendenten und den geistlichen wie weltlichen Instanzen eine Kommunikation notwendig war und deshalb eine höhere Anzahl zu erwarten wäre. Vermutlich hatte Jovius nicht alle Schreiben vorher kontinuierlich als Konzepte entworfen oder er dokumentierte die Antwortschreiben z. B. des Generalsuperintendenten nicht im Konzeptbuch. Tatsächlich existieren nur 5 Abschriften eingegangener Antworten des Generalsuperintendenten in den Konzeptbüchern. In 49 Korrespondenzen nahm Jovius aber explizit auf eine vorausgehende, empfangene Nachricht Bezug[180] und notierte sogar das exakte Empfangsdatum der Antwortschreiben[181]. Neben den Transportzeiten der Schriftstücke und der Organisation der Amtsgeschäfte wird damit ebenso deutlich, wie viel Zeit der Superintendent für die Beantwortung benötigte.

Kopien eingehender Schreiben fertigte Jovius unregelmäßig an, sie gestatten aber den Blick in eine vollständige Korrespondenz und ermöglichen einen Wechsel zwischen seiner Perspektive und der des Absenders. Ein Beispiel für Jovius' Vorgehensweise bei der Übernahme von Abschriften bieten die Aktenschriftstücke zwischen ihm, einem Pastor und dem Alfelder Generalsuperintendenten. Nachdem Jovius von dem Pastor über ein nicht näher geschildertes Problem schriftlich informiert worden war, konzipierte er ein Antwortschreiben an den Pastor, in dem er versicherte, das Problem mit seinem Vorgesetzten, dem Alfelder Generalsuperintendenten, zu diskutieren. In einem nächsten Schreiben wandte sich Jovius an den Generalsuperintendenten und legte ihm das Schriftstück des Pastors bei, das aber keinen Eingang in sein Konzeptbuch gefunden hatte. Nachdem er die Antwort seines Vorgesetzten erhalten hatte, kopierte der Superintendenten diese in seinem Konzeptbuch. Die Konzeptbücher sind also weder auf Vollständigkeit noch auf Kontinuität angelegt; auch dürften Konzepte verloren gegangen sein. Trotzdem gestatten sie einen Einblick – wie das Beispiel zeigt – in Amtsgeschäfte und den Verlauf von Konflikten eines Superintendenten und Dorfgeistlichen.[182]

Jovius bezieht sich in seinen Konzepten nicht nur auf vorherige Schreiben,

179 Vgl. zu Esaias Krüger Kapitel 7.3.2. und die Ausführungen im Anhang 11.8.

180 Siehe u.a. HS 2, fol. 3v [Reg.-Nr. 4], fol. 8r f. [Reg.-Nr. 13], fol. 188r–189r [Reg.-Nr. 262], fol. 171r f. [Reg.-Nr. 238]. HS 3, fol. 22r [Reg.-Nr. 509], fol. 69r f. [Reg.-Nr. 562].

181 Siehe u.a. HS 2, fol. 55v [Reg.-Nr. 77]: *rescripsit 13 Septemb(ris)*, fol. 75v [Reg.-Nr. 111], fol. 88v [Reg.-Nr. 132].

182 Siehe u.a. HS 3, fol. 45r [Reg.-Nr. 527], fol. 45v [Reg.-Nr. 528], fol. 46r f. [Reg.-Nr. 529].

sondern ebenfalls auf Gerüchte[183] oder auf Gespräche bzw. Berichte[184] von Personen, die sich bei ihm mündlich über Personen oder Sachverhalte beklagt hatten und ihm somit einen Anlass zum Schreiben gaben. Belege für mündlich verhandelte Angelegenheiten oder entsprechende nachträglich ins Konzeptbuch übertragene Notizen zu solchen Verhandlungen sind zwar nicht dokumentiert, aber es wäre denkbar, dass der Superintendent mündlich vorgebrachte Konflikte direkt mit anwesenden Personen z. B. im Zuge von Visitationen oder Kirchenrechnungsprüfungen[185] klärte.

Trotz der unvollständigen Überlieferung zeigen die Konzeptbücher durch ihre Detailfülle eine Bandbreite an verschiedenen privaten wie beruflichen Konflikten eines Superintendenten und ermöglichen, anhaltende Konflikte und gelegentlich sogar deren Beilegung zu verfolgen. Die vorhandenen 668 Konzepte bieten einen einmaligen, detaillierten Zugriff auf die Auseinandersetzungen, mit denen der Haller Superintendent bei der Realisierung der reformatorischen Veränderungen konfrontiert wurde.

2.3.1. Gegenüberlieferung

In den vorwiegend in süddeutschen Pfarrarchiven erhaltenen Pfarrerbüchern notierten die Geistlichen sowohl ökonomische Belange, Aufgaben, Verpflichtungen als auch liturgische Spezifika, Rechte und Weiteres.[186] Für die, der Untersuchung zugrunde liegenden Konzeptbücher, lassen sich die Pfarrerbücher des frühen 16. Jahrhunderts allerdings nur eingeschränkt als Vergleichsmaterial heranziehen.[187] Für Hessen wurde das Diensttagebuch des hessischen Superintendenten Johannes Hütterodt ediert, das allerdings die Zustände einer gefestigten Landeskirche im 17. Jahrhundert spiegelt, nur einzelne Hinweise zur Familie oder den Freunden enthält und kein Vergleichsmaterial für die Etablierung der Reformation in einer ländlich geprägten Gemeinde bietet.[188]

Für eine Kontextualisierung einzelner Konzepte bzw. Themen wurde in den

183 Siehe u. a. HS 2, fol. 156v, [Reg.-Nr. 22], fol. 157v [Reg.-Nr. 223].

184 Siehe u. a. HS 2, fol. 95v [Reg.-Nr. 141], fol. 111v [Reg.-Nr. 166], fol. 174 [Reg.-Nr. 242]. HS 3, fol. 7r [Reg.-Nr. 492], fol. 49v [Reg.-Nr. 534].

185 Siehe u. a. HS 3, fol. 104r [Reg.-Nr. 611].

186 Vgl. FUCHS, Pfarrbücher; DERS., Dörflicher Alltag. S. a. MACHILEK, Fränkische Gotteshausbücher; FUCHS, SCHMID, Pfarrhausinventar.

187 Vgl. z. B. das Pfarrerbuch von Martin Luthers Gegenspieler Johann Eck GREVING, Johann Ecks Pfarrbuch.

188 Vgl. ARNOLDT, Hütterodt.

verschiedenen Archiven[189] nach weiteren Quellen bei den Kontaktpartnern des Haller Superintendenten gesucht.

Da die Konzeptbücher den Kontakt zum Konsistorium belegen, wurden die Sitzungsprotokolle des Konsistoriums untersucht.[190] Mit Hilfe der Protokolle konnte überprüft werden, ob Angelegenheiten der Haller Superintendentur im kirchenleitenden Gremium besprochen wurden. Zwar verzeichnen die Protokolle einige ausgehende Schreiben oder Befehle an den Superintendenten, jedoch haben diese keine Entsprechungen im Konzeptbuch. Dafür existieren aber von Jovius in den Konzepten thematisierte Angelegenheiten in den Protokollen des Konsistoriums, wie z. B. der Ehebruch des Stadtoldendorfer Pastors[191], obwohl der Haller Superintendent im Konsistorium nicht explizit mit diesem Thema in Verbindung gebracht wird.

Im LAW wurde der Bestand »Voges« eingesehen, der neben Konsistorialprotokollen auch die Bestallungsbücher[192] und Examensprotokolle von 1569[193] enthält. Der erst nach der Gründung des Landeskirchenarchivs zusammengefügte sog. Ortsaktenbestand besteht aus Schriftstücken des Konsistoriums und Akten einzelner Pfarreien. Für die Haller Pfarrbezirke sind einige Kirchenrechnungen, Bestallungsurkunden einiger Pastoren, verschiedenste Schreiben aus Jovius' Amtszeit und die drei bereits erwähnten Reinschriften in Original überliefert.

Die Frage nach der Kontinuität und Vollständigkeit der Konzeptbücher stellt sich, sobald man die bereits erwähnten drei Reinschriften und die Konfliktfall-Auflistung im Original den insgesamt 668 Schriftstücken gegenüberstellt. Die originalen Reinschriften beweisen nicht nur, dass Jovius seine Konzepte abschrieb und verschickte, sondern auch, dass Korrekturen eingearbeitet und Formulierungen modifiziert wurden. Einen ersten Hinweis auf Überlieferungslücken bietet die von ihm angefertigte zusammenfassende Auflistung von verschiedenen Konfliktfällen, wo nur für den letzten Punkt eine thematische Entsprechung im Konzeptbuch nachgewiesen werden konnte. Vielleicht übergab Jovius bei einem hohen Korrespondenzaufkommen unmittelbar einem wartenden Boten sein Antwortschreiben, ohne ein vorheriges Konzept zu entwerfen.

189 LAV NRW W, LAW, NLAH und NLA WF. Vgl. zu den verwendeten Archivalien die Angaben des Verzeichnisses der archivalischen Quellen 10.2.1.

190 Für die Suche wurde auf freundliche Genehmigung die von Dr. Arne Butt (Institut für Historische Landesforschung, Universität Göttingen) erstellte Datenbank »Die Geistlichen des Fürstentums Braunschweig-Wolfenbüttel und die Beteiligten an Sitzungen des Herzoglichen Konsistoriums zwischen 1568 und 1617« benutzt.

191 NLAH Cal. Br. 21 Nr. 240, fol. 420r–421v, 430v–437r. LAW V292, fol. 6r–15v, 60r f., 71r. Vgl. zu diesem Konflikt Kapitel 7.1.5.

192 LAW V300.

193 Vgl. zu Jovius' Examensprotokoll LAW V459, fol. 5r f.

Umgekehrt bietet diese Liste eine wertvolle Ergänzung, da eben diese Fälle nicht in den Konzeptbüchern dokumentiert wurden.

In der Akte im NLA WF, die ausschließlich die Haller Pfarrei betrifft, konnten neben Jovius' Konfliktfall-Auflistung noch sein exaktes Todesdatum sowie Erkenntnisse zum Lebensverlauf seiner Ehefrau und weitere Informationen zum Einstellungs- und Auswahlverfahren seiner Amtsnachfolger Johannes Corvinus und Tilemann Lensius ermittelt werden. Darüber hinaus gibt die Akte weiterführende Hinweise über den von Jovius geführten Konflikt mit der Haller Gemeinde um die Renovierung und Instandhaltung der Pfarrgebäude[194].

Im Hinblick auf das Amt Wickensen bzw. den dortigen Amtmann betreffende Korrespondenz und Bestallungen wurden die Akten der Wolfenbütteler Kanzlei im NLA WF untersucht[195]. Für die Rekonstruktion der inneren Amtsverhältnisse wurde das Erbregister des Amts Wickensen von 1580 analysiert, in dem Güter- bzw. Kirchengüterlisten, Grenz- und Landbeschreibungen, Aufstellungen herzoglicher Rechte sowie Abgaben und Dienste der Bewohner aufgezeichnet wurden.[196] Die detaillierten Eintragungen des Erbregisters beleuchten die Hintergründe der Güterverwaltung und Abgabeneinziehung der Superintendentur und der zugehörigen Pfarreien. Ergänzend wurden aus den Akten zum Amt Wickensen, der herzoglichen Kammer und aus den Akten des Konsistoriums weitere Informationen zu einzelnen Angelegenheiten oder zu den Wickensener Amtmännern entnommen[197].

Abschließend wurden im LAV NRW W[198] zwei Akten gefunden, die Hintergrundinformationen zu Jovius' Präsentation als Superintendent in Halle und zu seiner Belehnung mit der Pfarrei liefern.

194 Vgl. zum Konflikt Kapitel 6.2.
195 NLA WF 2 Alt, 3 Alt.
196 NLA WF 19 Alt Nr. 215; LAW V299.
197 NLA WF 4 Alt 2 Wick, 14 Alt.
198 LAV NRW W, Minden-Ravensberg, Konsistorium, Nr. IV, 295, fol. 2r–16v.

3. Jacob Jovius' Biografie und das Superintendentenamt

Die Konzeptbücher wurden von Jacob Jovius verfasst. Sie beinhalten viele einzelne Hinweise zu seiner Person, seinem Leben, seiner Familie, seiner Karriere, insbesondere zu seinem Amt als Superintendent, und zu seinen Interessen. Diese Betrachtung ermöglicht, einen Eindruck seiner Person zu gewinnen und sein Verhalten bei späteren Amtshandlungen sowie Konflikten in den verschiedenen Konfliktfeldern[1] einzuschätzen.[2] Zunächst wird seine Herkunft, seine Jugend und seine Ausbildung dargelegt, bevor die wichtigste berufliche Veränderung seines Lebens in den Vordergrund rückt: die Übernahme des Superintendentenamtes in Halle. Mit Amtsantritt musste er zusammen mit seiner Ehefrau in das Fürstentum Braunschweig-Wolfenbüttel umziehen und sich dort mit ihr ein neues Leben aufbauen. In welchem Zustand sich der Haller Pfarrhof sowie das Pfarrhaus befanden und über welche Ausstattung das Wohnhaus verfügte, wird anschließend dargestellt, um die im Konfliktfeld der Gemeinde thematisierten Probleme wegen der Renovierung des Pfarrhauses[3] nachvollziehen zu können.

Neben seinem Amt eröffnet die zugrunde liegende Quelle weitere individuelle Interessen, die Jovius über seinen Beruf hinausgehend mit großem Eifer verfolgte. Vor allem beschäftigte er sich mit verschiedenen literarischen Werken, deren Bestellungen sowie Austausch im Rahmen seines sozialen Netzwerks. Daneben werden in den Konzeptbüchern häufig Arzneimittel, deren medizinischen Wirkungen und Zusammensetzungen thematisiert, weshalb dieses Interesse des Superintendenten ebenfalls Beachtung findet. Besonders die durchgeführten Urinuntersuchungen und abschließenden Diagnosen bieten nicht nur einen Einblick in Jovius' soziales Umfeld, sondern zeigen darüber hinaus, welchen Stellenwert er seiner medizinischen Nebentätigkeit und seinen »Patienten« beimaß.

1 Vgl. zu den Konfliktfeldern Kapitel 1.2. und 4 bis 8.
2 Vgl. zu einer anderen Biografie des Eschweger Superintendenten Johannes Hütterodt im 17. Jahrhundert Arnold, Hütterodt, S. 11–25.
3 Vgl. zum Konflikt des Pfarrhauses Kapitel 6.2.

Mit dem Superintendentenamt waren vor allem normative Vorgaben verknüpft, die in der 1569 von Herzog Julius erlassenen Kirchenordnung und weiteren Instruktionen festgehalten wurden. Diese Normen bilden die Grundlage seines Amts und stecken den Rahmen seiner Möglichkeiten und Machtgrenzen innerhalb der verschiedenen Amts- und Lebensbereiche ab, weshalb sie detailliert dargestellt werden und für die weiterführende Untersuchung Jovius' Handlungsgrundlage bilden.

3.1. Leben und Familie

Jacob Jovius wurde als Jacob Götze vermutlich gegen Ende des Jahres 1534 oder Anfang 1535 in der Flarichsmühle im heutigen Landkreis Nordhausen in Thüringen als Sohn von Margarethe und Johannes Götze geboren.[4] Die Flarichsmühle, genannt die *Fladeckendorffs Möln*[5], war Eigentum des Stifts Walkenried und wurde am 19. April 1489 an seine Großeltern, Barbara und Hermann, bzw. an seinen Großonkel Andreas, Hermanns Bruder, verpachtet.[6] Sein Vater, Johannes Götze, übernahm die Mühle. Während des Bauernkriegs übernachteten aufständische Bauern am Vorabend der Schlacht von Frankenhausen, am 14. Mai 1525, in der Flarichsmühle und zwangen den Mühlenpächter Johannes Götze ein Schreiben an den Grafen Ernst V. zu Hohnstein bezüglich eines Treffens aufzusetzen.[7]

In den Konzeptbüchern finden sich keine Hinweise zu Johannes Götzes Todesdatum. Wahrscheinlich starb dieser bevor Jovius das Amt des Superintendenten im Mai 1569 übernahm. Während der Amtszeit als Superintendent ist nur der Kontakt zu seiner Mutter Margarethe Götze dokumentiert, die von Anfang an als *Johannes Götzen seliger nachgelassenne wedfraw in der Flarchimoln*[8] bezeichnet wird und am 6. September 1581[9] starb. Insgesamt hatte er fünf Brüder mit Namen Curd, Andreas, Hermann, Heinrich und Michael sowie zwei

4 Breithaupt, Gestalten des 16. Jahrhunderts, S. 66f., nimmt als Geburtsjahr 1534 an. Jovius weist am 30. November 1571 (HS 2, fol. 5r [Reg.-Nr. 7]) darauf hin: *mea famae* [...] *hactenus ad 36 annos inculpatam servavi.* Leider gibt die Jahresangabe aber keinen exakten Hinweis auf sein Geburtsjahr, da nicht ersichtlich wird, ob er sich im 36. Lebensjahr befand oder dieses bereits vollendet hatte.

5 HS 2, fol. 152r [Reg.-Nr. 215]. Jovius kopierte Anfang 1576 den Pachtvertrag der Mühle. Vgl. zur Transkription des Vertrages Anhang 11.3.

6 HS 2, fol. 152r [Reg.-Nr. 215].

7 Das Schreiben des Vaters überliefert Eckstorm, Chronicon, S. 199; Hoche, Geschichte der Grafschaft Hohenstein, S. 267f.; Lemcke, Geschichte Walkenried, S. 39. Vgl. auch Breithaupt, Gestalten des 16. Jahrhunderts, S. 67.

8 HS 2, fol. 107r [Reg.-Nr. 158].

9 HS 3, fol. 28v [Reg.-Nr. 517].

Schwestern.[10] Die erste, nicht näher genannte Schwester war mit Andreas Müller verheiratet und lebte in Groß Wechsungen. Die zweite nicht näher bezeichnete Schwester war mit Jacob Knöbolden verheiratet und wohnte in Liebenrode.[11]

Jovius erwarb während seiner Amtszeit als Rektor in Northeim 1562 sein Bürgerrecht[12] und lernte seine spätere Ehefrau Margaretha Cloth kennen, deren Familie in Northeim lebte. Zu seiner Schwiegerfamilie unterhielt er stetigen Kontakt, besonders zu seinem Schwiegervater Heinrich Cloth[13]. Margaretha Cloth hatte vier Geschwister: Johannes[14], Anna sowie die zwei im Kindesalter verstorben Geschwister, Johannes und Katharina. Nachdem ihre Mutter Anfang Juni 1576[15] einer Krankheit erlag, starb auch ihr Bruder Johannes am 20. Juli 1578[16]. Ihre Schwester Anna heiratet im Herbst 1579 Jovius' Freund und ehemaligen Schüler Franz Düvel.[17]

Das Datum der Hochzeit von Jovius und Margaretha wird weder in der Literatur noch in den Konzeptbüchern erwähnt. Als Jovius im Mai 1569 sein Amt in Halle antrat, war er bereits verheiratet, d. h. dass die beiden zwischen 1562 und 1569 geheiratet haben. Sie hatten vier Töchter namens Catharina, Elisabeth (Elsen), Margarete, Rosina sowie zwei Söhne namens Johannes und Hartung.[18]

Jovius erwähnte öfter seinen schlechten Gesundheitszustand[19] und sorgte sich um die Versorgung seiner Kinder und seiner Ehefrau nach seinem Tod. Am 20. März 1584 hielt er im Konzeptbuch fest, dass er sich seit einer längeren Zeit schwach fühle und fürchte, dass er selbst einmal *dass gesetze der natur erfüllen* [muss], *der liebe God gebe Mir einen seligen abescheid und gnedigen ende von*

10 Vgl. Volquarts, Daten-Sammlung zu Theodor (Dietrich) Schmidt, S. 350. Volquarts falscher Annahme zufolge hatte Jovius insgesamt fünf Brüder (drei namenlose Brüder, Andreas und den früh verstorbenen Johannes) und drei Schwestern (eine namenlos Schwester, Anna und die früh verstorbene Catharina Götze). Vgl. zu Jovius' Familie Kapitel 4. und die Ausführungen im Anhang 11.8.

11 HS 2, fol. 80v [Reg.-Nr. 118].

12 Am 16. August 1574 unterzeichnete Jovius ein Schreiben an den Rat zu Northeim mit *gehorsamer Burger*, vgl. HS 2, fol. 95v [Reg. Nr. 141]. Das Bürgerrecht besaß er auch noch am 9. Februar 1578: *weil Ich die Burgschafft zu Northeim habe*, vgl. HS 2, fol. 253r f. [Reg.-Nr. 322].

13 Vgl. zu Heinrich Cloth Kapitel 4.4. und die Ausführungen im Anhang 11.8.

14 Vgl. zu Johannes Cloth Kapitel 4.5.1. und die Ausführungen im Anhang 11.8.

15 HS 2, fol. 162v f. [Reg.-Nr. 229].

16 HS 2, fol. 211v–214v [Reg.-Nr. 274].

17 HS 2, fol. 311v [Reg.-Nr. 407]. Vgl. zu Franz Düvel Kapitel 4.5.2. und die Ausführungen im Anhang 11.8.

18 NLA WF 14 Alt Nr. 889, fol. 38r. Freist, Seebaß, Pastoren, Bd. 2, S. 149, geben 2 Söhne und nur 3 Töchter an. Vgl. zu den einzelnen Personen der Pfarrfamilie die Ausführungen im Anhang 11.8.

19 Siehe u. a. HS 2, fol. 190v–193r [Reg.-Nr. 265], fol. 268r [Reg.-Nr. 349]. HS 3, fol. 96r [Reg.-Nr. 604], fol. 126v f. [Reg.-Nr. 642].

diesem Jamerthaele[20]. Sein letzter Konzeptbuch-Eintrag ist auf den 12. Februar 1585 datiert. Erst ein Schreiben der Haller Gemeinde an das Konsistorium vom 7. März 1585 gibt Jovius' Todesdatum mit dem 26. Februar 1585 um 16 Uhr nachmittags an.[21] Für den verstorbenen Geistlichen wurde eine Grabplatte angefertigt, die allerdings bereits 1936 verschollen war. Die darauf befindliche Inschrift war während der Amtszeit des Haller Superintendenten Heinrich Berckelmann (1678–1734)[22] schon unleserlich, so dass er 1725 nur noch erkennen konnte, dass Jovius 16 Jahre das Superintendentenamt bekleidet hatte und im Alter von 50 Jahren verstorben war.[23]

Nach Jovius' Tod heiratete die Pfarrwitwe Margaretha Cloth am 1. Juni 1585 den Amtsnachfolger ihres verstorbenen Mannes Johannes Corvinus.[24] Margaretha starb entgegen der Forschungsmeinung nicht am 24. Juli 1597.[25] Am 5. September 1602 ist sie noch an einer Auseinandersetzung mit Corvinus' Amtsnachfolger Tilemann Lensius beteiligt.[26]

3.2. Karriere

Zu Jovius' Schulausbildung lassen sich keine Hinweise in den Konzeptbüchern finden. Er erwähnte am 24. September 1574 lediglich seinen ehemaligen Schullehrer Johannes Schönzagel, der in der Umgebung der Flarichsmühle lebte und an den sich seine Mutter wegen eines familiären Konflikts wenden sollte.[27]

Jovius wurde »um Ostern 1556«[28] in Moringen[29] zum ersten Rektor nach der Einführung der Reformation 1542 im Fürstentum Calenberg-Göttingen ernannt. Diese Tätigkeit unterbrach er für ein Studium an der Universität Jena im Jahr

20 HS 3, fol. 129v–130r [Reg.-Nr. 646].

21 NLA WF 14 Alt Nr. 889, fol. 4r. Freist, Seebaß, Pastoren, Bd. 2, S. 149 geben Jovius' Todesdatum irrtümlich mit dem 26. Mai 1585 an.

22 Vgl. Freist, Seebaß, Pastoren, Bd. 1, S. 101.

23 Vgl. Breithaupt, Gestalten des 16. Jahrhunderts, S. 66.

24 Zur Ehestiftung im Juni 1585 vgl. NLA WF 14 Alt Nr. 889, fol. 38r–39v. Vgl. zu Johannes Corvinus Kapitel 5.1.3.2. und die Ausführungen im Anhang 11.8.

25 Vgl. Freist, Seebaß, Pastoren, Bd. 2, S. 149. Im Kirchenbuch der Gemeinde Halle (NLA WF 1 Kb Nr. 524) ist Margaretha Cloth im Jahr 1597 nicht als Verstorbene aufgeführt.

26 NLA WF 14 Alt Nr. 889, fol. 115r.

27 HS 2, fol. 81v [Reg.-Nr. 119]. Vgl. zum familiären Konflikt Kapitel 4.1.

28 Domeier, Moringen 1786, S. 121. In der früheren Ausgabe (Domeier, Moringen 1753, S. 127) gibt Domeier noch die Jahreszahl 1561 als Beginn für Jovius' Tätigkeit als Rektor an. Jovius gibt am 26. Mai 1582 in HS 3, fol. 71r [Reg.-Nr. 564] den Hinweis, dass er *biss in das 26 Jar in diesen zweien Furstenthumern* [Braunschweig-Wolfenbüttel und Calenberg-Göttingen] *an Schul und predigampt gedienet* hatte und bestätigt somit die Jahresangabe 1556.

29 Moringen liegt im Landkreis Northeim.

1558, wo er sich mit der Bezeichnung »Phlarchimorerus, Jac, Northusan.«[30] immatrikulierte. Bestätigt wird die Jahresangabe auch durch ein Schreiben, das Jovius 1572 an den Rektor des Gandersheimer Pädagogiums, Adam Bissander, richtete. Gegenüber dem Rektor erwähnte Jovius, dass er mit dessen Bruder, Quirinius Bissander, vor 14 Jahren (= 1558) in Jena studiert habe.[31] Wie lange das Studium in Jena dauerte, konnte nicht abschließend geklärt werden.

Im Jahr 1562 wird Jovius erneut als Rektor der Northeimer Schule genannt.[32] In einem archivalisch überlieferten Schreiben vom 16. April 1569 wird er noch als *Jacob Jovius den Schulmeister zu Northeim*[33] betitelt. Während dieser Amtszeit als Northeimer Schulmeister wurde Jovius am 22. Januar 1569 vom Mindener Bischof Hermann, Graf von Holstein-Schaumburg, und dem Lehnsherr Johann Spiegelberg[34] als Kandidat für das Amt des Haller Superintendenten vorgeschlagen. Da bei der Visitation 1568 der Mercenarius[35] der Haller Pfarrei, Franz Koch[36], für *dermassen ungelert befunden*[37] wurde, forderte Herzog Julius den Mindener Bischof als zuständigen Kollator[38] für Halle auf, einen neuen geeigneteren Kandidaten für die Pfarrei vorzuschlagen. Bevor Jovius für das Amt zugelassen wurde, musste er das Bewerbungs- und Prüfungsverfahren vor dem Konsistorium bestehen. Er legte am 3. Februar 1569 diese Prüfung in Wolfen-

30 MENTZ, Matrikel Jena, Bd. 1, S. 238. Die Bezeichnung für Jovius als »Flarichsmühler« ist zwar selten, findet sich dennoch in einigen Konzepten, z. B. HS 2, fol. 34v–35v [Reg.-Nr. 51]: *Ich M. Jacobus Jovius, Flarchimolerus, pastor zu Halle, vndt Specialis Superintendens in der Herschaft Homburg*; fol. 41v–42r [Reg.-Nr. 60]: *Jacobus Jovius, Flarchimolerus.*

31 HS 2, fol. 41v–42r [Reg.-Nr. 60]. Vgl. zu Adam Bissander Kapitel 5.1.2. und die Ausführungen im Anhang 11.8.

32 Vgl. FREIST, SEEBAß, Pastoren, Bd. 3, S. 38; BREITHAUPT, Gestalten des 16. Jahrhunderts, S. 68. LETZNER, Klösterchronik (Cod. Ms. Hist. 248), S. 872, erwähnt, das Jovius aus Moringen als Rektor an die Northeimer Schule kam, allerdings ohne Jahresangabe.

33 NLAH Cal. Br. 21 Nr. 231, fol. 50r.

34 Vgl. zu Johann Spiegelberg SAMSE, Zentralverwaltung, S. 310. Im Schreiben vom 14. Dezember 1568 (LAV NRW W, Minden-Ravensberg, Konsistorium, Nr. IV, 295, fol. 4v) wird ausgeführt, dass Johann Spiegelberg mit Halle belehnt wurde und Sohn des Kanzlers von Herzberg [Andreas Spiegelberg] sei. LEUSCHNER, PISCHKE, Osterode, Welfensitz und Bürgerstadt, S. 146, weisen Andreas Spiegelberg als Kanzler in Osterode von 1561 bis 1587 nach. BREITHAUPT, Gestalten des 16. Jahrhunderts, S. 76f., äußert sich nicht über eine mögliche Vater-Sohn-Beziehung. Leider lässt sich eine Verwandtschaft auch nicht durch Spiegelbergs Leichenpredigt verifizieren, vgl. LEICHENPREDIGT SPIEGELBERG.

35 Der Begriff ›Mercenarius‹ bezeichnet einen Mietling, (Miet-)Pastor, der für seine befristete Arbeit entlohnt wurde, vgl. DWB, Lemma: Mietling, Bd. 12, Sp. 2180f.

36 Vgl. zu Franz Koch Kapitel 7.1., 7.1.8. und die Ausführungen im Anhang 11.8.

37 LAV NRW W Minden-Ravensberg, Konsistorium, Nr. IV, 295, fol. 6r.

38 LAV NRW W Minden-Ravensberg, Konsistorium, Nr. IV, 295, fol. 2v. Der Kollator (Mindener Bischof) hat das Recht, den Geistlichen die kirchliche Pfründe zu übertragen (Kollationsrecht), vgl. DRW, Lemma: Kollation (Abschnitt II), Bd. VII, Sp. 1774.

büttel ab.[39] In dem Examensprotokoll wird noch darauf hingewiesen, dass er ante Examen angegeben hatte, *zu Hoxter und Northeim Schulmeister gewesen*[40] zu sein. Für seine Amtstätigkeit in Höxter lassen sich keine weiteren Belege im Konzeptbuch oder in der archivalischen Überlieferung finden.

Herzog Julius informierte den Mindener Bischof Hermann am 6. Februar 1569 über die Prüfung und teilte ihm mit, dass Jovius zwar als Pastor, nicht aber als Superintendent in Frage komme. Deshalb bat er den Bischof und den Lehnsherrn am 6. Februar sowie erneut am 25. Februar, einen neuen Kandidaten vorzuschlagen.[41]

Am 16. April 1569 erhielt Jovius in einem Schreiben der Kirchenräte Martin Chemnitz und Bartold Reich[42] sein Ergebnis des Examens. Vermutlich hatte er in der Zwischenzeit bei den Räten nach seiner Examensbeurteilung gefragt, da diese auf ein vorausgehendes Schreiben aus Northeim Bezug nahmen. Die Prüfer kritisierten an der Probepredigt, dass Jovius zwar *eine gute ausrede gehaptt*, aber *im predigen noch nit gar woll geübett*[43] sei. Im Examen mangele es ihm jedoch daran, dass er *keine dicta scripturae auch die allergemeinsten nit hat citieren, auch keine usitatam definitionem recitieren können, verstehet auch die fundamenta doctrinae nit woll*[44].

Die Kommission befand, dass Jovius *von wichtigen sachen, sondern von gar gemeinen articuln gefraget, darin ehr doch fast ungeschickt*[45] antwortete und abschließend als *gar unduchtig*[46] für das Superintendentenamt gehalten wurde. Er sollte eher mit einer anderen Pfarrstelle bedacht werden, da ihm die *pfar hall zu schwer fallen würde*[47]. Die Kirchenräte teilten Jovius abschließend mit, dass beabsichtigt werde, die Superintendentur *an eines andern ort zulegen und do selbst einen andern pastorem hinzusetzen*[48]. Sie rieten ihm, sich an den Mindener Bischof und den Lehnsherrn zu wenden und sich zu bemühen, wenigstens als Pastor mit der Pfarrei in Halle belehnt zu werden.

Trotz der negativen Examensbeurteilung und der von Herzog Julius beabsichtigten Verlegung der Superintendentur[49] wurde Jovius am 18. Mai 1569 für

39 Vgl. zu Jovius' Examen Spanuth, Examensprotokolle, S. 187f.; Reller, Kirchenverfassung, S. 170, Anm. 91.
40 LAW V459, fol. 5v. Danach auch Reller, Kirchenverfassung, S. 175.
41 LAV NRW W Minden-Ravensberg, Konsistorium, Nr. IV, 295, fol. 10r–11v, 14r–16v.
42 NLAH Cal. Br. 21 Nr. 231, fol. 50r.
43 LAW V459, fol. 5r; Spanuth, Examensprotokolle, S. 187.
44 LAW V459, fol. 5r; Spanuth, Examensprotokolle, S. 188.
45 LAW V459, fol. 5v; Spanuth, Examensprotokolle, S. 188.
46 LAW V459, fol. 5v; Spanuth, Examensprotokolle, S. 188.
47 LAW V459, fol. 5v; Spanuth, Examensprotokolle, S. 188.
48 NLAH Cal. Br. 21 Nr. 231, fol. 50r.
49 LAW V1923, S. 79r f. Eberhard Schnordinus sollte mit Einverständnis des Hehlener Patrons Fritz von der Schulenburg als Superintendent in Hehlen/Weser bestallt werden. Doch dazu

die Stelle als Superintendent in Halle ordiniert[50] und hatte sie bis zu seinem Tod am 26. Februar 1585 inne.

3.3. Die Haller Kirche und die Pfarrgebäude

Die Haller Pfarrkirche[51] sowie das Pfarrhaus liegen in der Ortsmitte des Dorfs Halle auf einer Anhöhe. Sie verfügte Jovius' Aufzeichnung in HS 1 aus dem Jahr 1580 und dem 1580 angelegten Wickensener Erbregister zufolge über 32,75 Morgen Land.[52] Zu den kirchlichen Gütern gehören noch zwei Kothöfe und zwei Wiesen[53]. Der Kirchenbesitz verteilte sich schwerpunktmäßig auf die Gebiete nördlich des Spüligbaches, der mitten durch Halle fließt.[54]

1582 beschwerte sich die Haller Gemeinde bei ihrem Superintendenten Jovius und dem Konsistorium über den einsturzgefährdeten Turm. Im April 1609 klagte die Gemeinde erneut bei den Konsistorialräten über ihren Turm, der bereits

> *mechtig aufgethan und dermassen von einander gangen* [sei] [...] *Daher wir dann albereits zur Verhütung grössers schaden, im abgelauffenen sommer die glocken herunter nehmen und auf den Kirchoff haben gangen mussen.*[55]

Der Turm wurde daraufhin mit Bewilligung des Konsistoriums neu errichtet[56], wie die von dem späteren Haller Superintendenten Tilemann Lensius selbstverfasste Inschrift von 1609 bezeugt.[57]

Neben dem Glockenturm war auch das Pfarrhaus in einem schlechten Erhaltungszustand. Den Grund dafür sah Jovius darin, dass die Pfarrei[58] seit mehr

---

kam es nicht, da Schnordinus am 23. Juli 1569 für das Pfarramt in Groß Stöckheim bestallt wurde, vgl. LAW V1923, S. 12.

50 LAW V459, fol. 24v; Spanuth, Examensprotokolle, S. 203. Das Jahr des Amtsantrittes bestätigt Jovius in HS 2, fol. 287r [Reg.-Nr. 377]: *und do ich anno* [15]*69 bin ankommen.*

51 Vgl. zur Beschreibung der Haller Kirche vor dem Abbruch 1880 Pfeifer, Alte Dorfkirchen und Kapellen, S. 110–112.

52 Vgl. zur detaillierten Auflistung des Landes, der namentlich genannten Besitzer und ihrer Abgaben HS 1, fol. 2–11v. S. a. zum Erbregister NLA WF 19 Alt Nr. 215, fol. 43r.

53 HS 1, fol. 4r.

54 Vgl. Reuschel, Ithbörde, S. 194. Die Karte 25 (Reuschel, Ithbörde, S. 271) zeigt einen Ausschnitt aus der Flurkarte von Halle von 1761. Die Karte 26 (Reuschel, Ithbörde, S. 272) zeigt den Ortsplan von Halle aus dem Jahr 1759 mit den Assekuranznummern.

55 NLA WF 14 Alt Nr. 889, fol. 122r.

56 NLA WF 14 Alt Nr. 889, fol. 123v; HS 3, fol. 68r [Reg.-Nr. 560].

57 DI 83 (Landkreis Holzminden), Nr. 174 (Jörg Lampe und Maike Willing). Vgl. zur Beschwerde der Gemeinde über den baufälligen Glockenturm im Zuge ihrer Klage über den Pfarrscheunenneubau Kapitel 6.2.3.

58 Vgl. zu den Einkünften des Pastors ausführlich Kapitel 6.3.

als 60 Jahren mit keinem *verus* Pastor sondern nur mit *Mercenarii*[59] ausgestattet wurde, die sich nicht um die Instandhaltung der Pfarrgebäude kümmerten. Herzog Julius erließ wegen der angeführten Baumängel am Pfarrhaus in dem Visitationsbericht vom 7. April 1571 ein Mandat das *Pfarrhausse zu beforderen und zu bawen*[60]. Die Kosten, die sich bis 1581 auf 120 Taler[61] beliefen, für die nicht näher beschriebenen Reparaturen und die Instandhaltung führten zwischen dem Haller Superintendenten und der Haller Gemeinde zu einem großen Konflikt.[62]

Für die Frage nach dem Zustand und der Ausstattung des Pfarrhauses[63] sowie der Gebäude kann zusätzlich zu den Konzeptbüchern auf eine um 1602 angefertigte *Designatio*-Aufstellung[64] zurückgegriffen werden. Zusammen mit einer weiteren Liste bezüglich der Wertbestimmung des Pfarrhauses bzw. der Gebäude, einem sog. *Wardirungs*-Verzeichnis[65], wurde auch die *Designatio*-Aufstellung nach dem Tod des Superintendenten Johannes Corvinus am 22. Juni 1602 angefertigt. Diese Aufstellungen verzeichnen die sowohl von Jovius als auch von seinem Nachfolger Johannes Corvinus getätigten Bauarbeiten und -kosten.

Der *Designatio*-Aufstellung zufolge wurde tatsächlich im Jahr 1582 eine nicht näher beschriebene Pfarrscheune gebaut. Vermutlich ist sie mit der baufälligen Scheune identisch, für die Jovius am 22. August 1579 sowie im Jahr darauf am 15. April 1580 dringend Holz benötigte, damit die fünf gebrochenen und zwei verfaulten Balken ausgetauscht werden konnten.[66] 1581 wurden insgesamt, nachdem schon Geister[67] in der Scheune sechs weitere Balken[68] zerbrochen hatten, sieben Balken, drei *gründe*[69], zwei [Holz]blöcke und vier Sparren zur Instandhaltung verbaut. Die Haller Gemeinde war zwar durch herzogliche Mandate und die Kirchenordnung zu einer anteiligen Kostenübernahme aufgefordert, jedoch veranlasste sie dieses, sich erneut am 16. Mai 1582 bei Herzog

59 HS 2, fol. 342r f. [Reg.-Nr. 455].
60 HS 2, fol. 50v [Reg.-Nr. 73].
61 HS 3, fol. 18r [Reg.-Nr. 505], fol. 65r [Reg.-Nr. 558]. In den Jahren 1569–1572 beliefen sich die gesamten Baukosten auf 88 Taler und 35 Groschen, vgl. NLA WF 14 Alt Nr. 889, fol. 113r.
62 Vgl. zum Konflikt der Pfarrhausinstandhaltung Kapitel 6.2.
63 Zum Pfarrhaus allgemein vgl. Spehr, evangelische Pfarrhaus; Schorn-Schütte, Das ganze Haus, S. 37–53. S. a. Deutsches Historisches Museum, Leben nach Luther.
64 NLA WF 14 Alt Nr. 889, fol. 111r–112v.
65 NLA WF 14 Alt Nr. 889, fol. 97r–100v (erneute Wiedergabe der *Wardirung:* 103r–108v). Dieses Verzeichnis wertete auch Schorn-Schütte aus, allerdings schrieb sie alle Baumaßnahmen Johannes Corvinus zu und differenzierte nicht zwischen ihm und Jacob Jovius, vgl. Schorn-Schütte, Evangelische Geistlichkeit, S. 316.
66 HS 2, fol. 307r–309r [Reg.-Nr. 402], fol. 331r f. [Reg.-Nr. 438].
67 Vgl. zum Geisterglauben Kapitel 7.1.
68 HS 3, fol. 24v [Reg.-Nr. 513].
69 HS 3, fol. 14r [Reg.-Nr. 502]. Vielleicht ist hier Grindholz gemeint, vgl. DWB, Lemma: Grindholz, Bd. 9, Sp. 374.

Julius über die ihnen auferlegten Kosten und den Scheunenneubau zu beschweren.[70]

Neben dem Pfarrhaus bemängelte Jovius den allgemeinen schlechten Zustand des Pfarrhofes und der Ställe.[71] Ohne weitere Hinweise in den Konzeptbüchern über den Standort der Ställe, außer dass ihre Existenz bestätigt wird[72], verzeichnet aber die *Designatio*-Aufstellung, dass im Jahr 1584 ein Schweinestall *an der Schewne*[73] gebaut wurde.

Der auf dem Pfarrhof gelegene alte, verfallene Speicher wurde für die Errichtung einer Schule am 1. Juni 1576 genutzt. In die Renovierung des Speichers investierte Jovius 15 Gulden und stattete ihn der *Designatio*-Aufstellung zufolge *mit 2 boden, 2 treppen einer kammer*[74] aus.

Zur Ausstattung des Pfarrhauses kann mit Hilfe des *Wardirungs*-Verzeichnisses Rückschlüsse auf den Zustand während Jovius' Amtszeit gezogen werden. Das Verzeichnis listet folgende Dinge auf: eine *hindere Studie Camern*, Stubenfenster mit Scheiben und Läden, einen neuen Giebel, Unter- und Anstrich, einen *kobe*[75], Backofen und Herd, eine Treppe mit den Luken in der Stube, Stubentür, Bänke und einen Ofen in der Stube, Toilette[76] und einen Stall an der Scheune.[77] In den Aufstellungen wird nicht differenziert, welcher Superintendent die Obstbäume anbaute, den Brunnen im Hof aushob, die Zäune spannte und die Hecken um das Grundstück anpflanzte.[78]

Der *Designatio*-Aufstellung zufolge ließ Jovius im Jahr 1580 die Auslage an den Stubenfenstern anfertigen und baute, wie oben bereits erwähnt, 1582 die Scheune und 1584 den Schweinestall.[79] Das Pfarrhaus verfügte außerdem über einen nicht näher bezeichneten Keller[80], eine weitere *kammeren*[81], in der Jovius'

70 HS 3, fol. 67r–68r [Reg.-Nr. 560].

71 HS 3, fol. 15v–19v [Reg.-Nr. 505], fol. 29r f. [Reg.-Nr. 518], fol. 48v f. [Reg.-Nr. 533].

72 HS 3, fol. 18r [Reg.-Nr. 505]: Jovius bemängelt den baufälligen Zustand von: *hauss, hoffen, scheunen, stelle.*

73 NLA WF 14 Alt Nr. 889, fol. 112r.

74 NLA WF 14 Alt Nr. 889, fol. 112r.

75 ›Kobe‹ meint hier entweder einen Verschlag, ein kleines Zimmer oder einen Kasten, vgl. DWB, Lemma: Koben, Bd. 11, Sp. 1542ff.

76 Als Bezeichnung für die Toilette wird die Umschreibung ›ein heimblich Gemach‹ verwendet, vgl. DWB, Lemma: Abort, Bd. 1, Sp. 82.

77 NLA WF 14 Alt Nr. 889, fol. 97r ff.

78 NLA WF 14 Alt Nr. 889, fol. 111v, 112r. Die *Designatio*-Aufstellung schreibt Jovius' Nachfolger Johannes Corvinus folgende bauliche Veränderungen zu: 1596 Einbau des Backofens, 1598 Verputzen der Stubenwände mit Gips, 1599 Einbau der Stubentür und im Jahr 1600 Erneuerung des Giebels. Im 2. Stock ließ Corvinus 1590 Schlafkammer sowie eine Toilette einbauen und 1594 das Haus mit Steinen besetzen, vgl. zu den Angaben auch Schorn-Schütte, Evangelische Geistlichkeit, S. 316.

79 NLA WF 14 Alt Nr. 889, fol. 111v, 112v.

80 HS 2, fol. 356v [Reg.-Nr. 469]. Vermutlich handelt es sich hier einen kleinen Verschlag unterhalb des Fußbodens.

Freund Hartung Hake hospitierte, und über einen größeren Tisch in der Küche[82]. Der Herd in der Küche war bereits zu Jovius' Amtszeit in Gebrauch, da er sich von seinem Bruder, Andreas Götze[83], *die bratenPfanne zu rechte machen* sowie *1 par kupfern ein par missinges odder do der missing nit zu bekommen ii par köpfern und ein par eÿsern Emmer machen*[84] ließ. Die Ausstattung des Pfarrhauses für Jovius lässt sich folgendermaßen zusammenfassen: eine Studierkammer, eine Stube, Stubenfenster mit Scheiben und Läden, einen Anstrich, einen Verschlag bzw. kleines Zimmer, eine Treppe mit einer Luke in der Stube, Bänke und einen Ofen in der Stube sowie eine Toilette im Erdgeschoss, eine Küche mit Herd sowie einem größeren Tisch, eine Bratpfanne, eine weitere Kammer und einen Keller bzw. Verschlag. Diese Architektur und Ausstattungen deuten auf ein zweigeschossiges Pfarrhaus-Gebäude, inklusive Ställen, Scheunen[85] und einem Speicher als Schulgebäude hin.

3.4. Individuelle Interessen

3.4.1. Literatur

Die von Herzog Julius in Auftrag gegebene Kirchenordnung von 1569 bestimmte, dass jeder Superintendent ein Exemplar der Ordnung besitzen sollte. Sie legte fest, dass alle Pastoren ein Exemplar unterschreiben sollten, welches der Superintendent aufzubewahren hatte. Ausdrücklich wird der Besitz von Jovius zwar nicht bestätigt, aber es lassen sich mehrere Hinweise in den Konzeptbüchern finden, die auf das Vorhandensein eines Exemplars der Kirchenordnung hindeuten.

Den ersten Nachweis gibt Jovius in einem Schreiben an den Wickensener Amtmann im Jahr 1573. Er übersandte ihm einen angefertigten Auszug aus der Kirchenordnung über die Immunitäten der Kirchendiener. Im Juni 1577 riet er ihm wiederholt, in der Kirchenordnung auf fol. 221 und 235 nachzulesen, wie man sich gegenüber Kirchendienern zu verhalten habe.[86] Dem Amtmann Burchard Friesen[87] legte er im April 1581 ausführlich nahe, sich auf den Seiten 116

81 HS 2, fol. 361r [Reg.-Nr. 469].
82 HS 2, fol. 361v [Reg.-Nr. 469].
83 Vgl. zu Andreas Götze Kapitel 4.1. und die Ausführungen im Anhang 11.8.
84 HS 3, fol. 22r [Reg.-Nr. 509].
85 HS 3, fol. 18r [Reg.-Nr. 505].
86 HS 2, fol. 82r [Reg.-Nr. 121], fol. 245r [Reg.-Nr. 303].
87 Vgl. zu Burchard Friesen Kapitel 8.2. und die Ausführungen im Anhang 11.8.

bis 121 der Kirchenordnung über die Immunitäten zu informieren, obwohl er nicht bezweifle, dass Friesen die Ordnung regelmäßig studiere.[88]

Ebenso erhielten einige Pastoren der Haller Inspektion[89] exakte Angaben, welche Seiten sie in der Kirchenordnung für bestimmte Angelegenheiten lesen sollten, wie z. B. Heyener Pastor, der im November 1575 auf den Seiten 249, 251 und 252 im Kapitel *Censur oder Disciplin der Kirchen* nachschlagen sollte.[90] Ebenfalls verwies Jovius im Juni 1577 auf die Seite 124 der Ordnung, als er die vorschriftsmäßige Bestattung von sündigen Menschen thematisierte.[91] Diese Hinweise und die Tatsache, dass er sich nicht über seine gesamte Amtszeit hinweg die einzelnen Seiten für die verschiedenen Sachverhalte merken konnte, bestätigen, dass der Superintendent ein Exemplar der Kirchenordnung besaß.

Herzog Julius ließ *durch gottesfürchtg und gelehrte leute*[92] zur Normierung und Verbreitung der neuen reformatorischen Lehre eine Sammlung von Bekenntnisschriften zusammenstellen, das Corpus Doctrinae[93], *darnach man sich neben der heiligen schrift in Lehre und predigen soll verhalten*[94]. Jovius war als Superintendent verpflichtet, dass jeder Pastor, Diakon, Lehrer, Stadtrat, Abt, Propst und Amtmann für die jeweilige Kirche, Schule sowie für das Rat- und Amtshaus[95] neben der Kirchenordnung auch ein Exemplar des Corpus Doctrinae besitzen sollte. Daher bestellte er für seine gesamte Inspektion am 13. Juli

88 HS 3, fol. 11r [Reg.-Nr. 497]. Die Folio-Angaben müssen hier auf 216–212 korrigiert werden. Alle übrigen Verweise des Superintendenten stimmen mit der Kirchenordnung überein, vgl. Sehling, Ev. KO, Bd. VI/1, S. 83–280.

89 Vgl. zu den Pastoren, die während der Amtszeit des Superintendenten tätig waren, den Überblick im Anhang 11.7.

90 HS 2, fol. 131r [Reg.-Nr. 192].

91 HS 2, fol. 244r [Reg.-Nr. 302].

92 HS 2, fol. 274v [Reg.-Nr. 355].

93 Herzog Julius ließ 1576 von Martin Chemnitz und Timotheus Kirchner eine Sammlung von Bekenntnisschriften zusammenstellen, die der Normierung der Glaubenslehre im Fürstentum Braunschweig-Wolfenbüttel diente. Dieses sogenannte Corpus Doctrinae Julium vereinigte neben einer Vorrede und dem *Kurtzen Bericht* von Chemnitz aus der Kirchenordnung die drei altkirchlichen Glaubensbekenntnisse, die Confessio Augustana (1530), Melanchthons Apologie (1531), die Schmalkaldischen Artikel (1537) sowie Luthers Kleinen und Großen Katechismus (1529), vgl. Mager, Corpus Doctrinae, S. 111–122, 139–143; Dies., Einführung, S. 26.

94 HS 2, fol. 274v [Reg.-Nr. 355].

95 Das Inventar des Amtshauses Wickensen 1577 (NLA WF 3 Alt Nr. 37, fol. 6v–7r) verzeichnete kein Corpus Doctrinae dafür aber u. a.: [...] *Kirchenordnung, Haus-Postilla [...] Der deutsche saxen speigell* [...], *ein beschriebung der underthanen der herrschaften homburgk, ein ambt ordtnung, funff fürstliche forstregimentsregister* [...] *verzeichnis der dorfer des Gerichtes Wickensen, ambtsregister* [...], *Scheffelschatzregister* [...], *Schatzregister, Teutsche Biblia, 15 undscheidtliche landtgerichts bucher, Erbregister und Erbbuch.* S. a. Lippelt, Hoheitsträger, S. 240f.

1577 genau 50 Exemplare[96] des Corpus, die beim Generalsuperintendenten am 22. Juli in Alfeld zum Preis von $1\frac{1}{2}$ Taler gekauft und abgeholt werden konnten. Jovius selbst schickte seinen Küster Franz Schilffen[97] am 22. Juli 1577, die 3 Exemplare abzuholen und zu bezahlen. Bis zum 3. September 1577 wurden allerdings nur 11 Exemplare von 5 Pastoren abgeholt und bezahlt.[98]

Der Haller Superintendent war sehr am Erwerb und Austausch von literarischen Werken interessiert und lieh sich bei verschiedenen Personen seines sozialen Netzwerks Werke unterschiedlicher Autoren. Am 16. Januar 1571 schickte er beispielsweise einem Pastor ein nicht näher bezeichnetes Werk Luthers zurück und bat zugleich um die Rücksendung eines ausgeliehenen, nicht näher bezeichneten Werks Philipp Melanchthons innerhalb von zwei bis drei Tagen.[99] Am 28. Dezember 1582 sandte Jovius dem Amelungsborner Abt Andreas Steinhauer[100] ein unbekanntes Werk Jakob Andreaes zurück.[101] Bei seinem Northeimer Freund Justus Sutel[102] bedankte er sich am 20. August 1577 für den Kommentar des Johannes Brenz zum 1. Buch Samuel. Als Geschenk für ihre langjährige Freundschaft schickte er ihm Plinius' *Secundi libri de Mundi Historia* mit einem Kommentar von Jacob Michilius[103]. Darüber hinaus bat er ihn, ihm ein nicht näher bezeichnetes Buch von Nikephoros zuzusenden. Als Gegenleistung werde er ihm das nicht näher bezeichnete Werk von oder über eines nicht näher präzisierten Theophylakt zurückschicken.[104]

Um Entschlüsse oder Handlungen zu rechtfertigen, griff Jovius bei seiner Arbeit 1581 auf verschiedene Werke zurück. Z. B. zog er zu einer Überprüfung der Frage nach vorehelicher Sexualität von Verlobten Luthers Werk *vonn den Ehesachen*[105] heran, genauer den 5. Band der Jenaer Ausgabe fol. 247v[106]. Mit der gleichen Fragestellung schlug er in Sarcerius' Werk über *Ehesachenn* [...] *im dritten Teil folio 82*[107] nach.[108] Dieses Werk benutzte der Haller Superintendent ein weiteres Mal, als er vor einer Hochzeit den Verwandtschaftsgrad des

96 Jovius listete alle Exemplare auf, verzählte sich aber um 1 Exemplar, weshalb seine Summe nur 49 Exemplare ergab, vgl. HS 2, fol. 272v–274r [Reg.-Nr. 354].
97 Vgl. zu Franz Schilffen Kapitel 7.2.
98 HS 2, fol. 277v [Reg.-Nr. 359], fol. 283r [Reg.-Nr. 368].
99 HS 2, fol. 49r [Reg.-Nr. 71].
100 Vgl. zu Andreas Steinhauer, Abt von Amelungsborn, die Ausführungen im Anhang 11.8.
101 HS 3, fol. 89r [Reg.-Nr. 592].
102 Vgl. zu Justus Sutel Kapitel 5.1. und die Ausführungen im Anhang 11.8.
103 Vgl. zu Milchius Franck, Jakob Milich, S. 745.
104 HS 2, fol. 281r [Reg.-Nr. 365].
105 Vgl. WA 30,3, S. 205–248 (Von den Ehesachen, 1530).
106 Vgl. VD 16 L 3351; L 3361.
107 HS 3, fol. 47r [Reg.-Nr. 530]. Vgl. Sacercius, Buch vom heiligen Ehestande, Teil 3, fol. 82r.
108 HS 3, fol. 47r [Reg.-Nr. 530].

Brautpaares prüfte, wozu er ebenfalls in Melchior Klings *tractatum de matrimonialibus causis*[109] recherchierte.

Regelmäßig bestellte der Superintendent während seiner Amtszeit viele Bücher und Examensformulare. So orderte er z. B. am 11. Januar 1570 12 Exemplare der *Forma examinis*[110] im Wert von 2 Gulden und 8 Groschen für sich und einen Amtskollegen, den Holzmindener Superintendenten Johannes Nigrinus[111].

Am 6. November 1572 beauftragte Jovius einen Pastor seiner Inspektion, bei dessen Besuch in Hameln für ihn bei einem nicht näher bezeichneten Buchbinder die Tischreden Luthers, bestehend aus zwei Teilen im Oktav-Format, für 1 Taler zu kaufen.[112]

Besonders oft engagierte der Haller Superintendent in den Jahren 1573 bis 1584 den Buchbinder Hans Reinhard[113] aus Göttingen für seine Bestellungen.[114] Jovius kommunizierte mit dem Buchbinder mit Vorliebe über seinen Schwager Johannes Cloth und nach dessen Tod 1578 mit seinem Freund und späteren Schwager Franz Düvel. Er beauftragte Cloth z. B. auf dem Northeimer Markt im Dezember 1573 beim Göttinger Buchbinder [Nicolaus] Selneckers[115] Werk *Institutiones religionis christianae* und Simon Paulis[116] Postillen zu den Briefen und Evangelien zu erwerben. Allerdings war Selneckers Werk mangelhaft, weshalb er diesmal Düvel beauftragte, beim nächsten Markt sich mit dem Buchbinder anzufreunden, ein unbeschädigtes Exemplar zu bestellen und zusätzlich das *Promptuarium Exemplorum*[117] zu erwerben.[118] Jovius bat z. B. Cloth am 8. September 1575 dem Buchbinder auszurichten, dass er die Schulden in Höhe von 22 Groschen auf dem Einbecker Markt bezahlen werde. Bei dieser Gelegenheit beabsichtigte er außerdem, seine Bestellung beim Buchbinder ab-

109 HS 3, fol. 266v–267r [Reg.-Nr. 662]. Vgl. Kling, Tractatus Matrimonialium.

110 HS 2, fol. 3r f. [Reg.-Nr. 3]. Vermutlich handelt es sich hierbei um Martin Chemnitz' Examensformular, das auch im Fürstentum Grubenhagen 1571 verwendet wurde, vgl. zu den Examensformularen Arend, Pfarreranstellung, S. 42f., dort mit dem Hinweis auf die Grubenhagische Kirchenordnung von 1581 (Sehling, Ev. KO, Bd. VI/2, S. 1045).

111 Vgl. zum Holzmindener Superintendenten Johannes Nigrinus (1569–1574) Freist, Seebaß, Pastoren, Bd. 1, S. 116, 153; Bd. 2, S. 219; LAW V213, S. 73.

112 HS 2, fol. 62v [Reg.-Nr. 86].

113 Nach den Schoßregistern der Stadt Göttingen wurde ein »Hans Reinard« mit dem Zusatz »domus« für die Johannesstraße nachgewiesen, vgl. Breithaupt, Gestalten des 16. Jahrhunderts, S. 74, Anm. 41.

114 Einen knappen Überblick über Jovius' Bestellungen bei Hans Reinhard bietet ferner Breithaupt, Gestalten des 16. Jahrhundert, S. 74.

115 Vgl. zu Selnecker Koch, Selnecker, S. 105–198; Kloeden, Nikolaus Selnecker, Sp. 1376–1379.

116 Vgl. zu Simon Pauli Krause, Simon Pauli, S. 273f.

117 Vermutlich ist hier das Werk »Promptuarium Exemplorum. Historienn vnd Exempelbuch: Aus Heiliger Schrifft, und vielen andern bewerten und beglaubten Geistlichen und Weltlichen Büchern und Schrifften gezogen« von Andreas Hondorf gemeint.

118 HS 2, fol. 86r [Reg.-Nr. 127].

zuholen. Die Bestellung umfasste ein nicht näher präzisiertes Werk von [Ambrogio] Calepino[119] zusammen mit einer nicht näher genannten theologischen Abhandlung, die nach Jovius' Vorstellungen gebunden und rot eingefärbt werden sollte.[120] Am 7. Februar 1580 bat Jovius Düvel, den Buchbinder zu grüßen und ihn wegen der Zahlungsverzögerung zu beruhigen[121]. Die Schulden wurden bis zum 8. März 1580 nicht vollständig vom Haller Superintendenten beglichen, da er lediglich 20 Groschen gezahlt hatte. Den restlichen Geldbetrag wollte er bis Ostern auftreiben, damit Reinhard für die Frankfurter Markttage über genügend Geld verfüge. Tatsächlich bezahlte Jovius erst am 30. März 1580 die restliche Summe in Höhe von *funffete halben dicken Thaler* für seine Bestellung und schlug dem Buchbinder vor, beim nächsten Zusammentreffen die Rechnung bei *einer kannen weins*[122] zu besprechen.[123]

Auch in den folgenden Jahren bestellte er seine Bücher beim Göttinger und überließ die gesamte Kaufabwicklung seinem Schwager Düvel. Am 19. Februar 1581 bedankte Jovius sich bei Reinhard zwar für die übersandten Abc-Bücher[124] für seine Söhne, allerdings merkte er an, dass ihm noch zwei nicht näher bezeichnete Register fehlten. Er erwartete, dass sie bald nachgesandt werden, und forderte, das nicht näher beschriebene Folio-Register mit sechs und das Quarto-Register mit drei *bucher pappir* und zwar mit dem Frankfurter Papier auszustatten.[125] Damit Düvel den Buchbinder bezahlen konnte, sandte Jovius ihm am 26. Dezember 1582 mit einem Boten 2 Taler zu. Natürlich nutzte er die Gelegenheit und bestellte zugleich das nicht näher präzisierte Werk von Kyrill [von Alexandria] beim Buchbinder, da er davon ausging, dass dieser bestimmt den Leipziger [Buch]Markt besuchen werde.[126]

Am 10. Dezember 1583 bedankte sich Jovius bei seinem Schwager für die Bezahlung des *Liber medicinalis* von Christopher Wirsung[127] und erkundigte sich zugleich, ob *4 Bogen reins papiers und hinden an das ende sechs*[128] Bögen Papier in das Werk eingebunden worden waren. Nach der Fertigstellung sollte es zusammen mit dem bestellten Buch von Johann Weyer *De praestigiis Daemo-*

119 Jovius bestellte sehr wahrscheinlich CALEPINOS bedeutendstes Werk, das lateinische Wörterbuch *Dictionarium*.
120 HS 2, fol. 121r [Reg.-Nr. 180].
121 HS 2, fol. 323v [Reg.-Nr. 426].
122 Beide Zitate: HS 2, fol. 330v [Reg.-Nr. 437].
123 HS 2, fol. 328r f. [Reg.-Nr. 435].
124 Bebildertes Lesebuch für Kleinkinder.
125 HS 2, fol. 369r [Reg.-Nr. 477], fol. 370r [Reg.-Nr. 479].
126 HS 3, fol. 51r [Reg.-Nr. 536].
127 Vgl. zu Christoph Wirsung SCHOFER, PFISTER, Artzney Buch 1568 des Christoph Wirsung, S. 5–16.
128 HS 3, fol. 117r [Reg.-Nr. 633].

num[129] nach Halle geschickt werden. Den Lohn des Buchbinders schickte Jovius am 23. Januar 1584 wie üblich an Düvel, der in seinem Auftrag die Rechnung begleichen sollte.[130]

Zum Schluss sei noch der Austausch zwischen Jovius und Johannes Letzner, dem Pastor und niedersächsischen Chronisten des 16. Jahrhundert, erwähnt. Im Januar 1583 bedankte sich Jovius bei seinem Freund Letzner für die Übersendung des Psalterkommentars von Augustinus von Hippo und von dessen namentlich nicht genannter Chronik, bei der es sich wahrscheinlich um Letzners in der 1. Auflage fertiggestellten, 1590 in Hamburg gedruckten Corbeiischen Chronik handelte.[131]

Jovius' Interesse am Austausch von Literatur und besonders an den 11 Buchbestellungen, die er beim Buchbinder Hans Reinhard in Göttingen aufgab, ist beachtenswert. Ein thematischer Schwerpunkt oder eine Sammlung von Werken eines bestimmten Autors ist nicht zu erkennen. Der Bücherbesitz des Superintendenten inklusive der bestellten Werke, des Exemplars der Kirchenordnung, des Corpus Doctrinae und der Tischreden umfasst nachweislich 14 Werke.[132]

Nach Jovius' Tod sollten seine zwei Söhne seine Bibliothek behalten, *auch Bucher welche zweifacht inventirt*[133]. Leider geht aus dem am 1. Juni 1585 geschlossenen Ehevertrag zwischen der Pfarrwitwe Margaretha Cloth und Johannes Corvinus nicht detailliert hervor, welche Bücher die Bibliothek umfasste oder welche gar in doppelter Ausführung vorhanden waren.

3.4.2. Medizin

Die Buchbestellung des »liber medicinalis«, das sog. *Artzneybuch*, von dem bekannten Augsburger Arzt Christopher Wirsung belegt das ausgeprägte medizinische Interesse des Superintendenten.[134] In den Konzeptbüchern lassen sich darüber hinaus zahlreiche Schreiben an verschiedene Empfänger seines sozialen Netzwerkes finden, in denen eine Krankheit, Rezepte oder ganze Diagnosen thematisiert und sogar entsprechende Medikamente verschrieben wurden. Zudem wird deutlich, welchen Stellenwert der Superintendent der Medizin

129 Vgl. zu Johann Weyer Kapitel 7.1.
130 HS 3, fol. 127r [Reg.-Nr. 632], fol. 117r f. [Reg.-Nr. 633].
131 HS 3, fol. 94r [Reg.-Nr. 601], fol. 97r [Reg.-Nr. 606]. Vgl. zu Johannes Letzner Kapitel 5.1. S. a. Kirstan, Letzner.
132 Vgl. zu den Bibliotheken von Pastoren Wolters, Pastoren-Büchereien, S. 298–301; Schorn-Schütte, Evangelische Geistlichkeit, S. 215ff., S. 564ff. (Beilage 8).
133 NLA WF 14 Alt Nr. 889, fol. 38v.
134 S. a. Breithaupt, Gestalten des 16. Jahrhunderts, S. 77ff.

beimaß, mit welchem Eifer er Urinuntersuchungen betrieb und wie rege sein Interesse an Wirkungen von Medikamenten war. Hinzu kommt, dass er sich aus unterschiedlichen Medizin-Werken Notizen machte und ganze Rezepte in den Konzeptbüchern dokumentierte.[135]

Zum ersten Mal stellte Jovius seine diagnostischen Fähigkeiten im Dezember 1575 unter Beweis. Sein Schwager Johannes Cloth wandte sich an ihn und schilderte ihm die Krankheitssymptome ihres gemeinsamen Freundes und Moringer Pastors Johannes Roffkarn[136]: hinter dem linken Ohr hatte dieser ein Geschwür, Schmerzen im linken Arm, ein Kältegefühl sowie ein Schmerz im Bereich des Herzens. Obwohl Jovius bei anderen Ärzten der Antike, wie beispielsweise bei Galen von Pergamon, zu diesen Symptomen recherchierte, gelang es ihm nicht, die Krankheit exakt zu bestimmen. Zur Vorbeugung gegen eine mögliche Venenverstopfung empfahl er täglich drei Löffel Zimtwasser und zur Schmerzlinderung das Rezept für eine Mixtur aus Wacholderbeeren, Lorbeeren sowie aus weiteren Kräutern und Ölen, die Roffkarn sich täglich mehrmals in das Ohr tropfen lassen sollte.[137]

Neben Galen von Pergamon konsultierte Jovius auch Avicenna und Valerius Cordus, wie beispielsweise für die Urindiagnose des Moringers Gunter Gunthers[138]. Um die Krankheit zu heilen, empfahl er, dass sich *der paciens bescheidentlich mit seiner Diet halten*[139] solle. Er übermittelte Gunthers die Medikamente und Pastillen, die Cordus[140] befürworte, und fügte ferner Avicennas Rezept für ein Fledermauspulver[141] hinzu. Sollte Gunthers das *experiment* mit dem Fledermauspulver ausprobieren, müsse er ein Quäntchen täglich einnehmen und unbedingt über die Wirkung berichten.[142]

Mit der Wirkung des Zimtwassers schien Jovius zufrieden zu sein, da er im September 1580 auf Wunsch seiner Freundin, Apollonia von Oldershausen[143], ihr ebenfalls das Rezept für Zimtwasser übersandte, welches aus $\frac{1}{2}$ Pfund zerstoße-

135 Siehe u. a. HS 2, fol. 371r [Reg.-Nr. 481].

136 Vgl. zu Johannes Roffkarn Kapitel 5.1. und die Ausführungen im Anhang 11.8.

137 HS 2, fol. 138v–140r [Reg.-Nr. 200], fol. 140v f. [Reg.-Nr. 201]. Vgl. zur Edition dieses Schreibens an Johannes Cloth Breithaupt, Gestalten des 16. Jahrhunderts, S. 77f.

138 Vgl. Breithaupt, Gestalten des 16. Jahrhunderts, S. 78, Anm. 61.

139 HS 2, fol. 148r [Reg.-Nr. 212].

140 Vgl. Cordus, Novus Dispensatorium, S. 32. Vgl. zu Cordus' Epitaph DIO 3 (Santa Maria dell'Anima, Rom, 2012), Nr. 102† (Eberhard J. Nikitsch). In: www.inschriften.net, urn:nbn:de:0238-dio003r001k0010200 (Eingesehen am 03.04.2017).

141 Avicenna, Liber Canonis, 3. Buch, Fen 15, Traktat 2, Kapitel 7, S. 608ff.

142 HS 2, fol. 148r f. [Reg.-Nr. 212].

143 Vgl. zu Grabplatte für Apollonia von Oldershausen: DI 96 (Landkreis Northeim), Nr. 169 (Jörg Lampe, Christine Wulf). Apollonia und Irmgard (Ermgart/Armgard) waren die Töchter des 1536 verstorbenen Hermann von Oldershausen und seiner zweiten Ehefrau Christine von Berlepsch, vgl. NLAH Hann. 27 Hildesheim Nr. 1404; NLA WF 1 Alt 31a Nr. 141, fol. 25ff.

nem Zimt, Muskatnuss sowie weiteren Kräutern, wie z. B. Rosmarin, bestand. Die Masse wurde mit Wein, Rosen- oder Majoran-Wasser aufgegossen und anschließend für 24 Stunden im Wasserbad destilliert. Er wies in diesem Schreiben noch einmal explizit auf die heilende Wirkung hin, besonders gegen Husten, und empfahl als Dosierung morgens und abends einen Löffel. Auch ihrer Schwester Irmgard von Oldershausen schickte er ein Rezept für ein Wacholderbeerenwasser, mit Anis, Fenchel und Lakritze.[144]

Dieses Zimtwasser verabreichte er vermutlich auch seinem Freund Hartung Hake, der sich vom 13. September knapp 4 Wochen bis zu seinem Tod im Pfarrhaus einquartiert hatte und sich von Jovius medizinisch sowie seelsorgerisch versorgen ließ.[145] Am 1. Oktober klagte Hake über starke Brust- und Kopfschmerzen, weshalb ihm ein Wasser aus Salbei, Ysop und Pappelkraut verabreicht wurde. Jovius betonte, dass er selbst diese Mixtur *auch in der krangeit gebraucht und* [...] *durch godtes gnaden besser wardt*[146]. Dass der Superintendent die Wirkung seiner Arzneien an sich selbst testete, bestätigt nicht nur sein medizinisches Engagement, sondern zeigt auch seine Bemühungen, Arzneien bzw. verschiedene Kräutermixturen auf Grund von persönlichen Erfahrungen effektiver anwenden zu wollen. Als sich Hakes Zustand zunehmend verschlechterte, geriet Jovius mit seinem medizinischen Wissen an seine Grenzen und bat den Hamelner Arzt Johannes Falke[147] um Hilfe. Trotz der ärztlichen Verstärkung verschlechterte sich der Gesundheitszustand seines Patienten bis zum Morgen des 8. Oktober. Hakes Atmung wurde kürzer, der Husten verstärkte sich, *der pulss schlug tieff und schneell*[148], er brach in *Todes Schweiß*[149] aus und starb. Jovius war sich sicher, dass sein Freund *nicht an der pestilentz sondern an der Brustkrangheit*[150] starb.[151]

Neben seiner Familie und seinen Freunden übersandte der Superintendent sogar dem benachbarten Amtmann in Bodenwerder, Conrad Heinemeier, für seine nicht näher erläuterten Beschwerden am 30. September 1580 das Rezept des Mediziner Hippokrates für *Cardobenedicten*[152]-Wasser. Die Einnahme sollte über vier Tage oder länger erfolgen, jeweils morgens zwei Löffel. Alternativ schlug er dem Amtmann vor, zwei Lot [Benedikten]Kraut zu pulverisieren, mit

144 HS 2, fol. 341r f. [Reg.-Nr. 454], fol. 345v f. [Reg.-Nr. 456].
145 Vgl. zur Sterbebegleitung für Hartung Hake Kapitel 5.2.
146 HS 2, fol. 357v [Reg.-Nr. 469].
147 Vgl. zu Falkes Epitaph DI 28 (Stadt Hameln), Nr. 118† (Christine Wulf).
148 HS 2, fol. 361v [Reg.-Nr. 469].
149 HS 2, fol. 361v [Reg.-Nr. 469].
150 HS 2, fol. 356r [Reg.-Nr. 469]. Der Begriff »Brustkrankheit« bezeichnet Tuberkulose oder eine Lungenkrankheit, vgl. METZKE, Krankheitsbezeichnungen, S. 42.
151 HS 2, fol. 361v [Reg.-Nr. 469].
152 HS 2, fol. 345v [Reg.-Nr. 460]. Bei *Cardobenedicten* handelt es sich um Benediktenkraut (Bitterdistel).

drei Lot Zucker zu vermengen und eine Zeit lang immer morgens nach Neumond auf nüchternen Magen einzunehmen. Jovius hob auch hier sehr detailliert die heilenden Wirkungen des Edelwassers bzw. -pulvers hervor, das als Allheilmittel ebenso gegen die *grausamme Pestilenz*[153] wie gegen Mundgeruch oder Kopfschmerzen helfe.[154]

Am 22. Januar 1584 übersandte der Haller Superintendent Heinrich Olthoff, Pastor in [Bad] Münder,[155] ein nicht näher bezeichnetes Medikament für eine unbestimmte Krankheit und forderte ihn auf, über die Wirkung der Arznei und seinen Gesundheitszustand zu berichten.[156] Allerdings schien sich Olthoffs Gesundheitszustand zu verschlechtern, da Jovius ihm am 3. April 1584 eine weitere, nicht genannte Arznei gegen Blähungen übersandte und als Dosierung morgens und abends je fünf Löffel empfahl.[157]

Sein medizinisches Interesse reichte sogar über die Begleitung seiner »Patienten« und deren Krankheiten hinaus. Er verfolgte nicht nur den Gesundheitszustand der kranken Personen, sondern bat sie zugleich, ihn über die Wirkung der verschriebenen Arzneien ausführlich in Kenntnis zu setzen. Mit diesen gewonnenen Erkenntnissen versuchte Jovius vermutlich, mehr über ihre Wirkung zu lernen, um so die verschriebenen Arzneien bzw. Rezepte effizienter einsetzen zu können.

Nicht nur die Beschäftigungen mit Krankheiten fremder Personen, sondern besonders seine eigenen Beschwerden und an sich selbst gestellte Diagnosen werden in seinen Konzepten immer wieder thematisiert, häufig um sich für arbeitsbedingte Ausfälle oder Verzögerungen zu entschuldigen.

Zum ersten Mal äußerte Jovius am 16. März 1575 gegenüber dem Vorwohler Pastor Valentin Schlegel[158], dass er wegen einer nicht näher differenzierten Krankheit eine unbekannte Angelegenheit nicht erledigen könne.[159] Seine Gesundheitsprobleme führten sogar dazu, dass er sein Amt krankheitsbedingt nicht ausführen und z. B. die Beiträge für die Witwenkasse nicht rechtzeitig abliefern konnte.[160] Am 4. August 1576 entschuldigte sich der Superintendent beim Seesener Superintendenten Heinrich Dalemius[161], dass er nicht an einem Termin in Riddagshausen teilnehmen könne. Seit dem 1. Mai sei er kraftlos, fühle sich schwach und wegen seiner schmerzenden Füße befürchte er, dass er

153 HS 2, fol. 346r [Reg.-Nr. 460].
154 HS 2, fol. 345v–346r [Reg.-Nr. 460].
155 Vgl. Meyer, Pastoren, Bd. 2, S. 158/474. Vgl. zu Olthoffs Examen Kayser, Generalvisitation Göttingen-Calenberg 1588, S. 211.
156 HS 3, fol. 125v–126r [Reg.-Nr. 641].
157 HS 3, fol. 132r f. [Reg.-Nr. 650].
158 Vgl. zu Valentin Schlegel Kapitel 7.1.7. und die Ausführungen im Anhang 11.8.
159 HS 2, fol. 71v [Reg.-Nr. 103].
160 Wie z. B. am 5. Juli 1576 (HS 2, fol. 166v [Reg.-Nr. 233]).
161 Vgl. zu Heinrich Dalemius die Angaben im Kapitel 3.6.5.

den Weg zu Fuß nicht bewältigen könne.[162] Seine Füße bereiteten ihm häufiger nach weiten Reisen Probleme, wie z. B. nach einer Reise mit seinem Schwager Franz Düvel nach Lüthorst[163]. Nach dieser Reise bekam Jovius Blasen und Tumore an seinen angeschwollenen Füßen und litt zusätzlich an Wassersucht.[164]

Urinuntersuchungen

Das vorrangige Interesse des Haller Superintendenten galt der Urinuntersuchung bzw. Harnschau.[165] Nicht nur seine Familie und Freunde wandten sich mit ihren Krankheitssymptomen Hilfe suchend an ihn, sondern auch Fremde und ihm unbekannte Personen. Seine »Patienten« schilderten ihm ihre Symptome nicht nur schriftlich, sondern nahmen die Möglichkeit wahr, ihm mit einem Boten eine Urinprobe zu schicken, aus der Jovius eine Diagnose erstellen sollte. Zum ersten Mal ist eine Urinuntersuchung für das Jahr 1575 dokumentiert. Johannes Tetzler, Ludimoderator[166] im Kloster Amelungsborn, war für den Amelungsborner Abt, Andreas Steinhauer, als Bote tätig und brachte eine Urinprobe des Abts nach Halle. Jovius' Diagnose zufolge litt der Abt unter Verdauungsproblemen und unter einem nicht näher erklärten Problem mit der Atmung. Er verschrieb dem Abt zwar eine nicht näher bekannte Kräuter-Mixtur, die aber nicht die gewünschte Wirkung erzielte. Daraufhin empfahl er Tetzler, da er den Patienten nicht persönlich besuchen konnte, dem Abt ein Zäpfchen oder einen Einlauf zu verabreichen. Bezüglich der Mahlzeiten schlug er Sülze- und Erbsenbrühe vor und vertrat die Ansicht, dass der Abt zusätzlich den Hamelner Arzt Johannes Falke konsultieren sollte.[167]

Am 21. Februar 1580 erstellte der Superintendent eine Diagnose aus einer Urinprobe Johannes von Venlos, allerdings nur eine vorläufige, da er auf Grund diverser Amtsaufgaben keine Zeit gehabt hatte, eine ausführliche Diagnose anzufertigen. Er unterbreitete Venlo den Vorschlag, den Gesundheitszustand persönlich mit ihm am 1. März in Lügde[168] zu besprechen, da er am 29. Februar von der Gräfin Armgard von Rietberg auf die in der Nähe gelegenen Burg Pyrmont eingeladen wurde.[169]

162 HS 2, fol. 172r f. [Reg.-Nr. 239].
163 Lüthorst im Landkreis Northeim.
164 HS 3, fol. 96v [Reg.-Nr. 605]. Der Begriff »Wassersucht« bezeichnet eine krankhafte Wasseransammlung in abhängigen Körperpartien bei Herzversagen, vgl. Metzke, Krankheitsbezeichnungen, S. 114.
165 Zur Urinuntersuchung/Harnschau vgl. ausführlich Stolberg, Harnschau. Vgl. zum Verhältnis von Medizin und Pfarrhaus im 19. Jahrhunderts Rössler, Pfarrhaus und Medizin.
166 Unter dem Begriff Ludimoderator/Ludimagister ist der Schullehrer/Schulmeister zu verstehen, vgl. DWB, Lemma: Schulmeister, Bd. 15, Sp. 1958.
167 HS 2, fol. 129v [Reg.-Nr. 189], fol. 130r f. [Reg.-Nr. 190].
168 Lügde gehört zum Kreis Lippe in Nordrhein-Westfalen.
169 HS 2, fol. 325v f. [Reg.-Nr. 429].

Genau wie Venlo nutzte nämlich die Gräfin Armgard von Rietberg ebenfalls die Fähigkeiten des Haller Superintendenten, aus dem Urin Krankheiten zu diagnostizieren. Sie hatte im Februar 1580 den Pyrmonter Amtmann Hans Praesum beauftragt, eine Urinprobe des erkrankten Moses Gummersbach nach Halle zu bringen. Damit sich Jovius ein persönliches Urteil zu Gummersbach machen könne, organisierte die Gräfin die Hin- und Rückreise für seinen Krankenbesuch. Jovius nutzte die Reise um am 29. Februar gleich beide »Patienten« zu besuchen. Er verwies in dem Schreiben an die Gräfin explizit darauf, dass er eigentlich nur für sich selbst und seine Familie *etwas nach der gelerten Medicorum regulen preparire, aber sönsten nichts thue*[170] und kein Mediziner sei.[171] Vielleicht gab er diesen Hinweis nur, damit er im Falle einer Fehldiagnose, einer falschen Behandlung oder der nicht eintretenden Besserung nach Einnahme der Arzneimittel nicht belangt werden konnte. Besonders interessant ist hier, dass Jovius tatsächlich Patienten zu Hause besuchte. Obwohl er vehement abstritt ein Mediziner zu sein, übernahm er zumindest mit den Hausbesuchen ärztliche Tätigkeiten.

Wenn der Superintendent nicht in der Lage war, seine Patienten bei einem Krankenbesuch selbst zu untersuchen, forderte er ihre Mithilfe ein. Wie z. B. von Arnd Doren aus Nieheim im April 1580. Doren sollte eigenständig nach vorherigen Anweisungen eine Speicheluntersuchung durchführen.[172] Zunächst sollte er Speichel in ein Glas Wasser träufeln und beobachten, ob der Speichel zu Boden sinke. Gleichzeitig sollte er Speichel auf glühende Kohlen tropfen lassen und beschreiben, was für einen Geruch dabei entstehe. Tatsächlich muss Doren einen Bericht über seine Speicheluntersuchung verfasst haben, denn Jovius antwortete ihm am 26. April 1580 und sandte zwei Flaschen mit einer unbekannten Flüssigkeit zurück, von denen er die erste am Donnerstag und die zweite am Samstag jeweils morgens um 7 Uhr nehmen sollte. Für die Zubereitung sollte der Flascheninhalt mit ein wenig Wein, Fleisch und $\frac{1}{2}$ Quäntchen gestoßene Muskatnüsse in einem Topf erhitzt werden. Zur Kontrolle, ob die Arznei ihre Wirkung entfalte und die Symptome lindere, verlangte Jovius Dorens Urinprobe zur Überprüfung, die mit einem Boten am Mittwoch, 4. Mai 1580 in Halle eintraf. Er quittierte den Empfang und stellte nach der Untersuchung fest, dass die Medikamente korrekt eingenommen wurden. Aus der Probe diagnostizierte er eine chronische, erblich bedingte Krankheit. Zur Linderung schickte Jovius ein weiteres Fläschchen und bat, erneut über die Wirkung unterrichtet zu werden.

Auffällig ist, mit welcher Akribie Jovius die Kranken begleitete, die Diagnosen

170 HS 2, fol. 324v [Reg.-Nr. 428].
171 HS 2, fol. 324v–325r [Reg.-Nr. 428].
172 HS 2, fol. 332r [Reg.-Nr. 439], fol. 334v–335v [Reg.-Nr. 445], fol. 336r [Reg.-Nr. 456].

aus Urinproben erstellte und mit welchen Bemühungen er Wirkungen von Arzneien verfolgte, auch unter Zuhilfenahme seiner »Patienten«.

Das Netzwerk einer Urinuntersuchung und der Transport einer Urinprobe

Der Haller Superintendent erhielt Anfang März 1579 von einem Boten eine Urinprobe samt einem dazugehörigen Schreiben im Auftrag Margareta Peines, der Ehefrau des Amelungsborner Abts Andreas Steinhauer. Der Absender dieses Schreibens war allerdings nicht Margareta Peine sondern die Herzogin Clara von Braunschweig-Wolfenbüttel[173], die bat, ihre mitgesandte Urinprobe zu untersuchen.

Für eine sofortige gründliche Diagnose hatte Jovius keine Zeit, bestätigt Peine aber den Empfang der Urinprobe und erklärte, dass er in einem Schreiben an die Herzogin und ihren Mann Herzog Philipp von Braunschweig-Grubenhagen seine vorläufigen Ergebnisse selbst mitteilen werde.[174] Am 15. März schrieb er tatsächlich seine erste Diagnose aus der 1. Urinprobe an die Herzogin Clara. Er verwies in diesem Schreiben darauf, dass er nicht über die entsprechende Profession verfüge, kein Mediziner oder Arzt sei und den Urin nur aus christlicher Nächstenliebe analysiere. Er entschuldigte sich auch hier für seine nicht vorhandene medizinische Ausbildung und sein, hauptsächlich auf Erfahrungen basierendes Wissen für eine mögliche Fehldiagnose. Jovius beteuerte, die Diagnose gerne mit der Herzogin persönlich bei einem kurzen Besuch in Rotenkirchen[175] zu besprechen.

Trotz seiner nicht vorhandenen Qualifizierung erwähnte er gegenüber der Herzogin, dass er schon etliche Male vom Amelungsborner Abt anonyme Urinproben zur Untersuchung erhalten habe.[176] Der Abt war von Jovius' Fähigkeiten anscheinend überzeugt, sonst hätte er ihm nicht so viele Urinproben zukommen lassen und ihm sogar seine eigene anvertraut. Hier wird zum ersten Mal darauf hingewiesen, dass der Haller Superintendent mehrere Urinproben zur Untersuchung erhalten hatte und vermutlich diesbezüglich einen guten überregionalen Ruf genoss.

Ob es zu einem persönlichen Treffen zwischen Jovius und der Herzogin kam, muss unbeantwortet bleiben. Der Kontakt zur Herzogin bestand aber fort. Am

173 Clara von Braunschweig-Wolfenbüttel wurde am 16. November 1532 geboren und starb am 23. November 1595. Sie war die Tochter des Herzogs Heinrichs II. d. J. von Braunschweig-Wolfenbüttel (1489–1568) und dessen erster Ehefrau Maria (1496–1541) sowie die Schwester des Herzogs Julius' von Braunschweig-Wolfenbüttel, vgl. LEICHENPREDIGT CLARA VON BRAUNSCHWEIG-WOLFENBÜTTEL UND PHILIPP II. Vgl. zur medikalen Kultur am Wolfenbütteler Hof im 16. und dem frühen 18. Jahrhundert WACKER, Arznei und Confect.

174 HS 2, fol. 303v [Reg.-Nr. 396].

175 Rotenkirchen bei Einbeck in Niedersachsen.

176 HS 2, fol. 304r f. [Reg.-Nr. 397].

28. November 1579 fand der Superintendent bei seiner Rückkehr nach Halle ein Schreiben und eine inzwischen veraltete und unbrauchbare 2. Urinprobe der Herzogin vor. Der Bote war Heinrich Rust, der Katlenburger Pastor und Hofprediger[177] der Herzogin Clara. Er antwortete Rust, dass er dessen Schreiben und die Probe erst bei seiner Rückkehr am 7. Dezember nach Halle erhalten hatte. Durch das fortgeschrittene Alter der Urinprobe sei es ihm aber nicht mehr möglich gewesen, eine Schwangerschaft festzustellen, sondern nur noch, dass die Herzogin an Übelkeit leide und Seiten- und Rückenschmerzen habe.[178]

Jovius war sich nicht sicher, ob Rust sein Schreiben mit der vorläufigen Diagnose empfangen hatte, weshalb er den Amelungsborner Abt am 8. Dezember bat, seine Diagnose der 2. Urinprobe ebenfalls an den Hofprediger zu senden.[179] Eines der beiden Schreiben muss Rust erhalten haben, da Jovius ihm schon am 15. Dezember die Diagnose einer 3. Urinprobe mitteilte. Leider konnte auch anhand der 3. Probe bei der Herzogin keine Schwangerschaft, sondern nur ein allgemeiner schlechter Gesamtzustand des Körpers nachgewiesen werden.[180]

Wie die Abb. 2 zeigt, gestaltete sich der Transportweg der verschiedenen Urinproben ungleich. Die 1. Urinprobe der Herzogin Clara wurde im Auftrag Margareta Peines von einem nicht genannten Boten morgens um 6 Uhr nach Halle gebracht. Wie die Probe nach Amelungsborn gelangte, wird nicht erwähnt. Für die 2. und 3. Urinproben übernahm der Hofprediger Heinrich Rust den Transport und brachte beide Urinproben direkt zu Jovius nach Halle.

Jovius' Diagnose-Schreiben hingegen gelangten auf einem anderen Transportweg zur Herzogin Clara, wie die Abb. 3 verdeutlicht. Das Schreiben mit seiner 1. Diagnose schickte er direkt an Herzogin Clara, während er seine 2. Diagnose an Heinrich Rust sowie sicherheitshalber über den Abt Andreas Steinhauer versandte. Seine 3. Diagnose richtete Jovius ohne weitere Absicherung direkt an den Hofprediger.

Die Transportwege der Urinproben sowie der Diagnosen zeigen, dass nachdem Jovius sich direkt mit der Herzogin Clara in Verbindung gesetzt hatte, die Herzogin den Kontakt über ihren Hofprediger mit ihm aufrechterhielt. Vermutlich hatte sich der Kontakt zwischen Jovius und der Herzogin entwickelt und gefestigt, weshalb die Herzogin auf den Umweg über Margareta Peine verzichten konnte.

177 Vgl. Meyer, Pastoren, Bd. 2, S. 9, 209.
178 HS 2, fol. 315v [Reg.-Nr. 412].
179 HS 2, fol. 316r f. [Reg.-Nr. 413].
180 HS 2, fol. 317v [Reg.-Nr. 417]. Die am 1. Juli 1560 geschlossene Ehe von Clara und Philipp II. von Braunschweig-Grubenhagen blieb kinderlos und Clara verstarb nach einer langen Krankheit am 23. November 1595, vgl. Leichenpredigt Clara von Braunschweig-Wolfenbüttel und Philipp II.

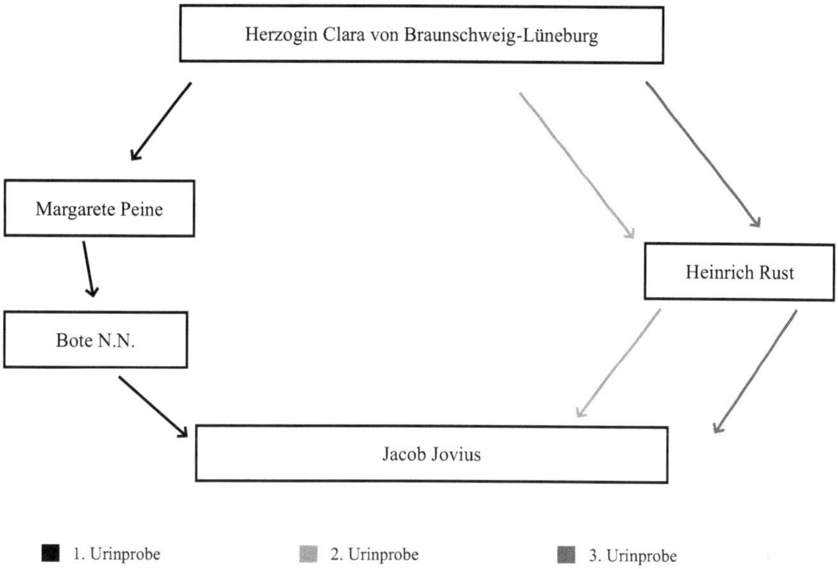

Abbildung 2: Weg der Urinproben. © Julia Zech.

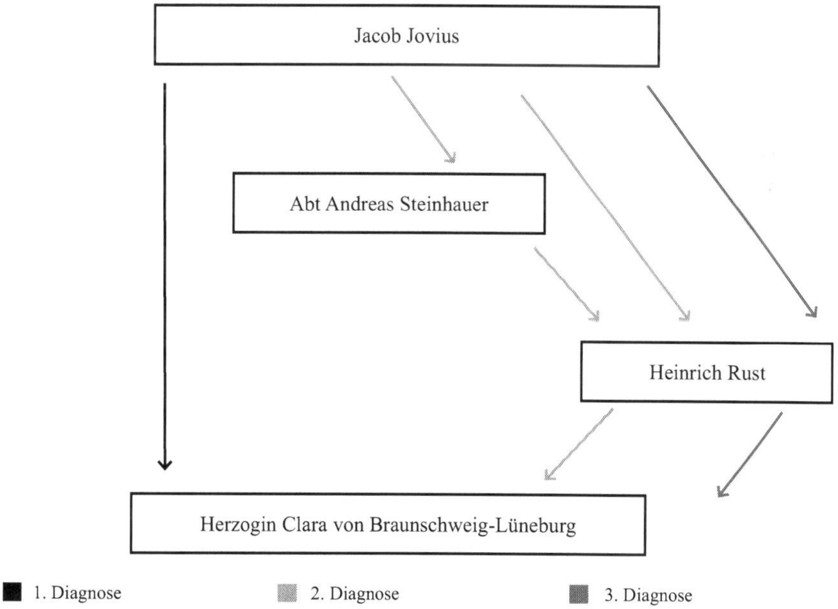

Abbildung 3: Versandwege der Diagnosen.© Julia Zech.

Bleibt die Frage zu klären, was die Herzogin Clara veranlasste, ihren Urin überhaupt von dem Haller Superintendenten untersuchen zu lassen. Höchstwahrscheinlich hatte die Herzogin über ihre Schwägerin Herzogin Hedwig von Brandenburg von dessen Urinuntersuchungen gehört. Herzogin Hedwig war die Patentante[181] und zugleich die Namensgeberin der Tochter von Margareta Peine und ihrem Ehemann, dem Amelungsborner Abt Andreas Steinhauer. Durch diese Verbindung zwischen Peine und Herzogin Hedwig[182], könnte Clara über ihre Schwägerin von der medizinischen Reputation des Haller Superintendenten bezüglich seiner Urinuntersuchungen gehört haben und folglich sich mit ihren Problemen an ihn gewandt haben.

Die Schreiben wegen der Urinproben und -diagnosen zeigen einen kleinen Teil des sozialen Netzwerks des Haller Superintendenten. Er selbst konnte großen Nutzen aus seinem sozialen Kontakt mit Peine und dem Amelungsborner Abt ziehen. Diese beiden vermittelten ihm nicht nur Patienten, sondern verhalfen ihm auch, sein Netzwerk zu erweitern. Er konnte mit Hilfe seiner medizinischen Tätigkeit überregionale Kontakte zu höhergestellten Personen knüpfen und pflegen, auch über seinen eigenen Wirkungskreis hinaus.

Festzuhalten bleibt, dass das Ansehen des Haller Superintendenten in Bezug auf seine Harnschauen über die Grenzen der Haller Inspektion hinausreichte. Dass sein medizinisches Interesse auch über die reine Lektüre hinausging, bewiesen die Selbsttests von verschiedenen Medikamenten bzw. Rezepten und seine akribischen Bemühungen, die Wirkung verschriebener Arzneien bei sich selbst sowie seinen Patienten zu beobachten und von ihnen stets einen Bericht über die Effizienz und Ergebnisse der angewendeten Mixturen und Mittel zu fordern.

Dass sich nicht nur der Haller Superintendent, sondern auch sein Freund Johannes Letzner einem medizinischen Interesse nachging, entging auch den Visitatoren im Zuge der Visitation des Fürstentums Calenberg-Göttingen nicht. Im Jahre 1588 wurde Letzner, als dieser Pastor in Lüthorst war, visitiert. Letzner bestand seine Prüfung gut, dennoch wurde in der abschließenden Erklärung deutlich, dass

> »die Herren der Bibel so geläufig nicht sein, wie sie verhofft, weil sie lange Zeit im Predigtamt gewesen und merken, daß es daher kommen, weil etliche mit andern

181 Hedwig konnte als Patentante nicht an der Taufe am 29. Mai 1573 teilnehmen, weshalb ihr Ehemann, Herzog Julius, den Wickensener Amtmann Burchard Friesen und Oberamtmann Johann von Halle (vgl. Kapitel 8.2. und die Ausführungen im Anhang 11.8.) beauftragte, die Herzogin bei der Taufe zu vertreten, vgl. Mahrenholz, Abtsliste II, S. 118, Anm. 108.

182 Ein persönliches Treffen zwischen der Herzogin Hedwig und Margareta Peine lässt sich mit Hilfe von Jovius' Aufzeichnungen beispielsweise für den 18. Juni 1576 nachweisen. Anlässlich einer Konsistoriumssitzung in Amelungsborn begleitete die Herzogin ihren Mann, vgl. HS 2, fol. 169v [Reg.-Nr. 236].

weltlichen Händeln umgehen, als mit Salben, Procuratur und Erznei. Solchs muß abgeschaffet sein, sonsten wird man sie nicht dulden«[183].

3.5. Jovius' theologische Ansichten

Es lässt sich zwar nicht dezidiert sagen, welche konkreten theologischen Ansichten der Haller Superintendent vertrat, aber dennoch finden sich einige Hinweise. Ein erster Anhaltspunkt bietet seine oben erläuterte Buchbestellung bzw. der Literaturaustausch. Nicht nur lässt sich der Besitz der Bibel, der Kirchenordnung und verschiedener, nicht näher bezeichneter Werke Luthers nachweisen; darüber hinaus las Jovius Autoren wie Melanchthon, Sarcerius, Werke antiker Klassiker sowie der Kirchenväter. Zudem bezog er sich bei seiner seelsorgerischen Begleitung auf die Bibel, Luther sowie den *Kurtzen Bericht*, den er besonders für Trostbriefe[184] heranzog. Neben dem württembergischen Einfluss in Form des Werks von Johannes Brenz lässt sich auch der des Nicolaus Selneckers nachweisen.

Dass sich Jovius also nicht nur auf die Weiterleitung der amtlichen Literatur beschränkte, ist wohl als ein Indiz für seine theologischen – reformatorischen – Interessen zu verstehen.

Einen Hinweis über die theologischen Inhalte seiner Predigten, gibt der retrospektive Bericht über Hartung Hakes Sterbebegleitung[185] im Jahr 1580. In diesem schilderte Jovius selbst, dass *gehet Er* [= Hartung Hake] *mit Mir gen Dohensen Do Er die Predigte wie Man God den Almechtigen fur alle wolthaten zu dancken Inen zu loben und daruber zu preisen schuldig sei*[186] angehört hatte. Darüber hinaus predigte der Haller Superintendent am 21. September 1580 anlässlich des Gedenktages des Apostels und Evangelisten Matthäus[187]. Ein konkretes Thema für eine Predigt vergab er an einen Pastor für dessen Vertretung in einer benachbarten Gemeinde; dieser sollte über die Hochzeit zu Kana[188] predigen.[189] Außerdem äußerte der Haller Geistliche generell seine Frustration über die Unterbrechung seiner Predigten sowie darüber, den Gottesdienst in leeren Kirchen abzuhalten.

Die Tatsache, dass er sein Studium 1558 in Jena absolvierte, gibt einen weiteren Anhaltspunkt für seine theologische Ausrichtung.[190] Einen Hinweis aus

183 Kayser, Generalvisitation Göttingen-Calenberg 1588, S. 188.
184 Vgl. zu den Trostbriefen Kapitel 5.2.
185 Vgl. zur Sterbebegleitung Kapitel 5.2.
186 HS 2, fol. 356v [Reg.-Nr. 469].
187 HS 2, fol. 357r [Reg.-Nr. 469].
188 Jh. 2,1–12.
189 HS 2, fol. 251v [Reg.-Nr. 318].
190 Vgl. zum Studium die Ausführungen weiter oben in diesem Kapitel.

den Konzeptbüchern konkretisiert diese Annahme, dass sich Jovius der strengen lutherischen Orthodoxie Jenenser Prägung[191] verpflichtet fühlte, so lässt sich wohl sein negatives Urteil über die damaligen Wittenberger Theologen verstehen. Im Mai 1571 wurde im Fürstentums Braunschweig-Wolfenbüttel eine allgemeine Warnung vor dem 1571 von Christoph Pezel verfassten Wittenberger Katechismus ausgesprochen.[192] Jovius benachrichtigte alle Pastoren und warnte sie zugleich, den dem Calvinismus zuneigenden Katechismus zu kaufen, ihn zu lesen oder zu lehren[193], da er u. a. bezüglich der Zwei-Naturen-Christologie, über die Himmelfahrt Christi (Apostelgesch. 3,21) und über das Abendmahl aus lutherischer Sicht »falsche« Lehren verbreite.[194] Dieser Katechismus leitete schließlich die Phase des kursächsischen Kryptocalvinismus[195] ein. Deshalb distanzierte Jovius sich ganz entschieden von ihm sowie in einer Vorrede im Zuge eines im Jahr 1580 stattfindendes Kolloquium von Zwingli.[196]

Im Oktober 1571 richtete sich Jovius' Zorn in einem Schreiben erneut gegen die Theologen Wittenbergs, die sich mit ihren falschen und teuflischen Ansichten gegen *nostrates Theologos*[197], d.h. die Jenaer Theologen, stellten. Er prophezeite, dass Tübingen, Wittenberg und Heidelberg es wie Rom, Korinth und Ephesus ergehen werde.[198] *Solten Eÿnnem daruber die threnen nicht entfallen*[199], dass in Wittenberg nur Pharisäer, Schreiber, Rechtsgelehrte, Philosophen aber keine Christen sind? *O wi müssen sich auch Lutther Philip* [Melanchthon] *und dergleichen und wir armen mit denselben leiden.*[200]

3.6. Normative Vorgaben für das Superintendentenamt

Jovius wurde als einer der letzten Superintendenten[201] für das Amt am 18. Mai 1569 ordiniert[202] und bekleidete es bis zum 26. Februar 1585. Die normativen Vorgaben für das Superintendentenamt beruhen hauptsächlich auf der nach

191 Vgl. Bauer, Gründung einer Hohen Schule, S. 31–88; Ders., Kampf um das »wahre« Luthertum, S. 277–291.
192 Vgl. Hund, Wort ward Fleisch, S. 233–237.
193 HS 2, fol. 11v [Reg.-Nr. 18], fol. 12r [Reg.-Nr. 19], fol. 13r f. [Reg.-Nr. 21], fol. 13v f. [Reg.-Nr. 22], fol. 14r [Reg.-Nr. 23], fol. 14r [Reg.-Nr. 24], fol. 14v [Reg.-Nr. 25].
194 HS 2, fol. 12v–13r [Reg.-Nr. 20]; Hund, Wort ward Fleisch, S. 235.
195 Vgl. Junghans, Kryptocalvinisten, S. 123–129; Mager, Konkordienformel, S. 126ff.
196 HS 2, fol. 329r f. [Reg.-Nr. 436]; Pauli, Methodi, fol. 131r.
197 HS 2, fol. 17v [Reg.-Nr. 30].
198 Breithaupt, Gestalten des 16. Jahrhunderts, S. 71, sieht in Jovius' Prophezeiung Jesus' Weheruf über die galiläischen Städte, vgl. Mt. 11,23.
199 HS 2, fol. 17v–18r [Reg.-Nr. 30].
200 HS 2, fol. 17v–18r [Reg.-Nr. 30].
201 Vgl. zu den Forschungen zum Superintendentenamt Kapitel 1.3.
202 LAW V459, fol. 24v; s. a. Reller, Kirchenverfassung, S. 128.

lüneburgischem und württembergischem Vorbild verfassten Kirchenordnung[203] von 1569.[204] Als Superintendent war Jovius in die hierarchischen Kirchenstrukturen des Fürstentums Braunschweig-Wolfenbüttel eingebunden, die sich folgendermaßen zusammensetzten[205]: an oberster Stelle stand der Herzog bzw. das Konsistorium. Darunter war der *Generalissimus Superintendens*[206] als höchster Geistlicher des Fürstentums angesiedelt, der zusammen mit dem Kanzler und dem Statthalter das Konsistorium leitete.[207] Dem Generalissimus direkt unterstellt war der Generalsuperintendent, der gleichzeitig den Superintendenten vorgesetzt war. Der Superintendent als Amtsträger der mittleren Leitungsebene stand den lokalen Kirchen- und Schuldienern sowie den Pfarrern vor, die wiederum einer Gemeinde vorgesetzt waren.[208]

In der Kirchenordnung werden in dem Abschnitt mit der Überschrift *Superintendenzordnung*[209] die Aufgaben eines Superintendenten detailliert beschrieben. Darüber hinaus finden sich auch in anderen Abschnitten der Kirchenordnung weitere Amtsaufgaben, die direkt oder indirekt an die Superintendenten gerichtet sind. Die Hauptaufgaben des Superintendenten waren 1. die Visitation und 2. die Dienstaufsicht über Pfarrer, Küster und Schulpersonal. Darüber hinaus waren sie besonders als Güteinstanz für die 3. kirchengerichtlichen und eherechtlichen Probleme sowie 4. als Aufseher in Kirchen- und Sittenzuchtsangelegenheiten verantwortlich.[210]

203 Vgl. zur Kirchenordnung Kapitel 1.

204 Vgl. zu den Aufgaben eines Superintendenten und zu den folgenden Ausführungen Butt, Norm und Praxis, S. 364–390; Reller, Kirchenverfassung, S. 143ff.; Streiter, Superintendentenamt, S. 23ff.; Junghans, Superintendent, S. 463–467; Nobbe, Superintendentenamt I und II. S. a. Goldenstein, Entstehung des Superintendentenamtes. Zu einer kurzen Zusammenfassung der Aufgaben s. a. Schorn-Schütte, Evangelische Geistlichkeit, S. 74ff.; Ptaszynski, Lutherisches Kirchenregiment im Kreuzfeuer, S. 167f. Im Vergleich zu den Aufgaben eines Superintendenten im Fürstentum Braunschweig-Wolfenbüttel hatte der hessische Superintendent im 17. Jahrhundert mehr Machtbefugnisse, die 1610 durch die Konsistorialordnung erheblich eingeschränkt wurden vgl. Arnold, Kirchenordnung, S. 61–75, bes. S. 61. Vgl. zu den Aufgaben des Generalsuperintendenten Kapitel 7.3.

205 Vgl. zur Abbildung der Hierarchie Schon-Schütte, Evangelische Geistlichkeit, S. 465, Abb. 2.

206 Jovius verwendet für dieses Amt auch den Begriff des *Archisuperintendens*, siehe u. a. HS 2, fol. 6v [Reg.-Nr. 11], fol. 8r [Reg.-Nr. 13], fol. 9v [Reg.-Nr. 15].

207 Dieses Amt wurde nach Timotheus Kirchner, der von 1578 bis 1585 tätig war, nicht mehr besetzt, vgl. Reller, Kirchenverfassung, S. 136.

208 Vgl. zu den Zuständigkeitsbereichen der Generalsuperintendenturen und Superintendenturen Reller, Kirchenverfassung, S. 154–170; Sehling, Ev. KO, Bd. VI/1, S. 203–205.

209 Sehling, Ev. KO, Bd. VI/1, S. 195–205.

210 An die entsprechend der Kirchenordnung gestaltete Aufteilung in die vier Aufgabenbereiche orientiert sich auch Butt, Norm und Praxis, S. 364–390.

3.6.1. Visitation

Die Hauptaufgabe der Superintendenten[211] war die Visitation, bei der sie jede Pfarrei in ihrer Inspektion visitierten. Jeder Superintendent sollte sie in Kooperation mit dem Amtmann zweimal im Jahr nach Ostern und nach Michaelis[212] durchführen.[213] Bei der Visitation sollte zunächst der Pfarrer zu den zentralen Lehrinhalten, zum Katechismusunterricht, zu den Predigten, zu seiner Amtsführung und deren Inhalte sowie zur Führung der Kirchenbücher befragt werden. Der Superintendent sollte prüfen, ob der Pfarrer z. B. der Gemeinde die Eheordnung regelmäßig vorlas, die Sakramente ordnungsgemäß austeilte, Kranke seelsorgerisch betreute, das Eigenstudium betrieb und welche Bücher sich in seinem Besitz befanden. Weiterhin wurde der Pastor zur Kirchen- und Sittenzucht in der Gemeinde und zur Amts- und Lebensführung benachbarter Pastoren befragt. War im Dorf eine Schule, so hatte der Pfarrer auch Auskunft zur Arbeit des Schulpersonals und des Küsters zu geben.[214] Ferner sollten Fragen zu den weltlichen Amtsträgern und der Gemeinde beantwortet werden, insbesondere über deren Amts- und Lebensführung, über die regelmäßige Teilnahme am Abendmahl und Gottesdienst sowie die Sünden und Vergehen einzelner Gemeindemitglieder. Anschließend sollte der Superintendent in Abwesenheit des Pfarrers ausgewählte Vertreter der Gemeinde zur weltlichen Obrigkeit, zum allgemeinen Zustand der geistlichen Güter und zu den Pfarr- und Kirchengebäuden befragen. Diese Gemeindevertreter sollten außerdem Auskünfte zum Katechismusunterricht erteilen und ob ihr Pastor verbotenerweise zusätzlich als Schreiber, Notar oder Arzneimischer tätig sei.[215] Zum Abschluss wurden die weltlichen Amtsträger und die Vertreter der Gemeinde zur Amts- und Lebensführung des Kirchen- und Schulpersonals einschließlich ihrer Familien befragt. Nach Abschluss der Visitation sollte der Superintendent einen Bericht anfertigen und dem Generalsuperintendenten übersenden. Dieser wiederum hatte alle

211 Das Superintendentenamt wird in der Klosterordnung, die in der Kirchenordnung enthalten ist, als bischöfliches Aufsichts- und Besuchsamt beschrieben. Martin Luther hob in seiner Vorrede (WA 26, S. 175–241, Unterricht der Visitatoren) die Aufgabe des bischöflichen Amts als Aufseher und Visitator von Geistlichen und Gemeinden hervor. Vgl. dazu Butt, Norm und Praxis, S. 357f.; Ders., Protestantische Kirchenleitungsmodelle und Ordnungsprinzipien, S. 52ff.; Reller, Kirchenverfassung, S. 101ff.; Goldenstein, Entstehung des Superintendentenamtes, S. 250ff. Vgl. zum ›Unterricht der Visitatoren‹ Michel, Unterricht der Visitatoren, S. 153–167; Goldenstein, Entstehung des Superintendentenamtes, S. 250–274.

212 29. September.

213 Sehling, Ev. KO, Bd. VI/1, S. 195. Vgl. zu den Aufgaben der Amtmänner in der Kirchenordnung Lippelt, Hoheitsträger, S. 151–158. Vgl. zur Zusammenarbeit zwischen Jovius und den Wickensener Amtmännern Kapitel 8.2.

214 Sehling, Ev. KO, Bd. VI/1, S. 196f.

215 Sehling, Ev. KO, Bd. VI/1, S. 197f.

Visitationsberichte seines Amtsbezirks einzusammeln sowie eine abschließende Zusammenfassung anzufertigen, die er zusammen mit den Berichten aller Superintendenten beim halbjährlich abgehaltenen Synodus in Wolfenbüttel einreichen sollte.[216]

3.6.2. Dienstaufsicht über Pfarrer, Küster und Schulpersonal

Der Superintendent sollte die Pastoren, die Küster und ggf. das Schulpersonal auch außerhalb der Visitation beaufsichtigen. Bei Konflikten mit diesen Kirchenbediensteten, mit Amtmännern oder Gemeindemitgliedern war jeder Pastor aufgefordert, zuerst den Superintendenten über die Angelegenheit zu informieren oder, falls der Superintendent involviert war, sich direkt an das Konsistorium zu wenden.[217]

Sobald der Superintendent feststellte, dass die Kirchenbediensteten von der Lehrmeinung abwichen oder ihr Amt vernachlässigten, sollte er sich einige Predigten anhören, um anschließend den Beschuldigten auf seine Fehler hinzuweisen. Eine andere Möglichkeit war, dass der Beklagte in einem Bericht schriftlich Stellung zu den Vorwürfen bezog.[218] Wurden die Ermahnungen vom Beschuldigten nicht umgesetzt, sollte der Superintendent diesen Vorfall zusammen mit einem eigenen Bericht dem Konsistorium übergeben.

Des Weiteren war der Superintendent angehalten, die Kirchenbediensteten bei moralisch fragwürdiger Lebensführung, wie z. B. übermäßigem Alkoholkonsum, zur Besserung zu ermahnen, gegebenenfalls mit Unterstützung des Generalsuperintendenten. Befolgte der Pastor die Ermahnungen nicht, sollten sowohl der Superintendent als auch der Generalsuperintendent den Vorfall dem Konsistorium schriftlich mitteilen, damit die Angelegenheit im Synodus diskutiert werden konnte. Bei schweren Verstößen wie Frevel, Friedensbruch und Malefizsachen sollte zusätzlich der Amtmann einbezogen werden, der ebenfalls eine Stellungnahme an das Konsistorium senden sollte. Die kirchliche Behörde würde in solch dringenden Angelegenheiten auch außerhalb des Synodus ein Urteil fällen.[219]

Konnte ein Pastor wegen einer Krankheit oder seines fortgeschrittenen Alters sein Amt nicht mehr ordnungsgemäß ausüben, übernahm der Superintendent selbst die Vakanzvertretung oder setzte einen Nachbarpfarrer als Stellvertreter

216 Sehling, Ev. KO, Bd. VI/1, S. 198; s. a. S. 86, 200, 208. Auf dem Synodus, der bis 1575 abgehalten wurde, wurden die gemeldeten Angelegenheiten diskutiert, vgl. ebd., S. 208f.
217 Sehling, Ev. KO, Bd. VI/1, S. 188.
218 Sehling, Ev. KO, Bd. VI/1, S. 198.
219 Sehling, Ev. KO, Bd. VI/1, S. 198f.

ein, der aus den Einkünften der vakanten Pfarrstelle entlohnt werden sollte.[220] Im Todesfall eines Pastors sollte der Superintendent umgehend das Konsistorium als kirchenleitende Behörde benachrichtigen. Gleichzeitig hatte er die Versorgung der Pfarrwitwe und der Kinder im Gnadenjahr sicherzustellen und die Stellvertretung bis zur Auswahl eines neuen Pastors zu organisieren.[221] Ein möglicher Nachfolger musste, nachdem er das Examen abgelegt und bestanden hatte, eine Probepredigt an seinem zukünftigen Arbeitsplatz halten. Die Probepredigt wurde in Anwesenheit des Superintendenten, des Amtmanns und der zukünftigen Gemeinde gehalten. Nach dieser Predigt sollte die Gemeinde über den Bewerber abstimmen und sich für oder gegen ihn entscheiden. Das Ergebnis sollten der Amtmann und der Superintendent dem Konsistorium mitteilen.[222] Wurde ein Kandidat vom Konsistorium für einen Ort als Pfarrer bestätigt, führte ihn der Superintendent in einem Einführungsgottesdienst in das Amt ein.[223]

3.6.3. Kirchen- und Ehegerichtsbarkeit

Die Superintendenten sollten der Kirchenordnung zufolge als Güteinstanzen fungieren, konnten darüber hinaus aber keine eigenständigen Urteile fällen oder Strafen verhängen. Alle kirchenrechtlichen Klagen von Kirchen- und Schulpersonal, Gemeinden oder Privatpersonen sollten zunächst an den Superintendenten oder an den Generalsuperintendenten gerichtet werden. Konnten beiden Instanzen keine Einigung erzielen oder den Konflikt beilegen, sollte die kirchenleitende Zentralbehörde hinzugezogen werden. Der Superintendent sollte die Kläger unter Strafandrohung ermahnen, keine Klage ohne Unterschrift oder einen vorherigen Gütetermin beim Konsistorium vorzubringen. Betraf die Klage die Lebens- oder Amtsführung des Kirchenpersonals, musste sie von dem Superintendenten unterschrieben sein. Lag im Gegensatz dazu der thematische Klageschwerpunkt bei Kirchengütern, Lohn oder bei Bauangelegenheiten, also weltlichen Angelegenheiten, musste der Amtmann die Klage unterzeichnen.[224] Beklagte sich das Kirchenpersonal über vorenthaltene oder zu geringe Einkünfte, sah die Kirchenordnung vor, dass der Superintendent zusammen mit dem Amtmann den Vorfall gütlich beilegen sollte. Verweigerte der weltliche

220 Sehling, Ev. KO, Bd. VI/1, S. 193.
221 Sehling, Ev. KO, Bd. VI/1, S. 199.
222 Sehling, Ev. KO, Bd. VI/1, S. 187.
223 Vgl. zur ausführlichen Beschreibung der Amtseinführung eines neuen Pfarrers Sehling, Ev. KO, Bd. VI/1, S. 189–192. S. a. zu Jovius' vorgeschlagener Einführung eines Pastors mit gleichzeitiger Vermählung Kapitel 7.1.2.
224 Sehling, Ev. KO, Bd. VI/1, S. 200.

Amtsträger die Zusammenarbeit oder konnte kein Vergleich erzielt werden, sollte als entscheidende Instanz das Konsistorium hinzugezogen werden.[225]

In Eheangelegenheiten waren die Rechte des Superintendenten nicht genau definiert. Für Fragen der Gemeinde zur Eheordnung konnten neben dem Konsistorium auch der Ortspfarrer oder der Superintendent aufgesucht werden. Hingegen mussten die Pastoren umgehend ihren Superintendenten informieren, wenn ein Verlöbnis oder eine Ehe nicht den Regeln der Eheordnung entsprach.[226]

3.6.4. Kirchen- und Sittenzucht

Führte ein Laie ein sündiges Leben, sollte er zunächst vom zuständigen Pfarrer privat ermahnt werden. Zeigte diese Ermahnung keinen Erfolg, sollte der Superintendent die Person in Gegenwart des Ortspfarrers und zweier Alterleuten erneut streng ermahnen. Blieb auch diese wirkungslos, sollte er das Problem dem vorgesetzten Generalsuperintendenten schildern, der es wiederum im Synodus zur Diskussion stellen sollte.[227] Bei schweren Verstößen sollte sich ein Pastor umgehend an den Superintendenten oder Generalsuperintendenten wenden, die wiederum das Konsistorium informieren sollten.[228] Eine weitere Aufgabe des Superintendenten bestand darin, die Konfirmation in den Gemeinden seines Zuständigkeitsbereiches durchzuführen, nachdem er die Kinder auf ihre Katechismuskenntnisse geprüft und das Bekenntnis entgegengenommen hatte.[229]

Ebenso fungierte der Superintendent als Disziplinierungsinstanz in Kirchen- und Sittenzuchtskonflikten. Allerdings war er nicht daran beteiligt, wenn auf Grund von Konflikten, die die Kirchen- und Sittenzucht betrafen, Kirchenstrafen verhängt wurden, wie z. B. der Ausschluss vom Abendmahl.[230] Neben der Aufsichtsfunktion war der Superintendent Vermittler und Güteinstanz für Konflikte in seinem Amtsbezirk.

225 Sehling, Ev. KO, Bd. VI/1, S. 193, 199.

226 Sehling, Ev. KO, Bd. VI/1, S. 217, 225. Vgl. zur Eheordnung Sehling, Ev. KO, Bd. VI/1, S. 214–225.

227 Sehling, Ev. KO, Bd. VI/1, S. 201, 206.

228 Sehling, Ev. KO, Bd. VI/1, S. 208.

229 Sehling, Ev. KO, Bd. VI/1, S. 165f.

230 Sehling, Ev. KO, Bd. VI/1, S. 206f.

3.6.5. Weitere Instruktionen

Neben der Kirchenordnung enthielt auch die Instruktion für die Generalsuperintendenten aus dem April 1569 weitere verbindliche Anweisungen für das Superintendentenamt.[231] Die Generalsuperintendenten sollten einer von Martin Chemnitz entworfenen Instruktion zufolge hauptsächlich die Amtsführung aller Superintendenten und Pfarrer jederzeit kontrollieren und beaufsichtigen. Mehrere Artikel bezogen sich explizit auf die Zusammenarbeit zwischen Generalsuperintendent und Superintendent. Sie sollten die Aufsicht über die Küster, die Lebens- und Amtsführung geduldeter Pfarrer[232], schlecht dotierter Pfarreien, die Kirchengüter und Sendkorneinnahmen[233] an die unterstellten Superintendenten delegieren.[234] In Ergänzung zur Kirchenordnung werden im 18. Artikel die Kosten bezüglich Unterhalt und Bau der Pfarrhäuser detailliert aufgeschlüsselt, sie sollen zu gleichen Teilen auf die Gemeinde, die Kirche und den Pastor umgelegt werden. Zum Schluss der Instruktion wird jeder Amtsträger aufgefordert, sich auf die Kirchenordnung zu verpflichten. Jeder Geistliche sollte bei seinem Vorgesetzten ein Exemplar der Kirchenordnung unterschreiben, so z. B. war es für Jovius als Haller Superintendent vorgesehen, beim Alfelder Generalsuperintendenten, ein Kirchenordnungsexemplar zu unterschreiben, das der Generalsuperintendent verwahren sollte. Ferner wird angeordnet, Kirchenbücher für Hochzeiten, Taufen und Begräbnisse anzulegen.[235]

Diese Instruktion wurde von den Generalsuperintendenten an ihre Superintendenten weitergeleitet, was für die Generalsuperintendentur Gandersheim belegt ist. Der Gandersheimer Generalsuperintendent Hermann Hamelmann wiederholte bei der Einweisung der Superintendenten mehrere von Chemnitz aufgeführte Artikel und fügte sogar neue Punkte hinzu.[236] Hervorzuheben sind

---

231 NLAH Cal. Br. 21 Nr. 232, fol. 1v–4r; eine weitere Ausführung LAW V464, fol. 5r ff. Die Instruktion ist abgedruckt bei Butt, Norm und Praxis, S. 392–395. S. a. Reller, Kirchenverfassung, S. 128f.; Butt, Norm und Praxis, S. 370–374.

232 Das Ergebnis der 1568 durchgeführten Generalvisitation war, dass 27 Pfarrer geduldet wurden, vgl. Ohainski, Klosterordnung, S. 56; Reller, Kirchenverfassung, S. 119–122.

233 Abgabe zur Finanzierung des geistlichen Gerichts (Konsistorium), vgl. DWB, Lemma: Sendkorn, Bd. 16, Sp. 578.

234 NLAH Cal. Br. 21 Nr. 232, fol. 2v f.; Butt, Norm und Praxis, S. 394.

235 NLAH Cal. Br. 21 Nr. 232, fol. 3r f.; Butt, Norm und Praxis, S. 394f. Zu Jovius' Exemplar der Kirchenordnung vgl. die vorigen Ausführungen in diesem Kapitel.

236 Die Einweisung Hamelmanns ist für den Seesener Superintendenten Heinrich Dalemius in der Generalsuperintendentur Gandersheim vom 20. Mai 1569 überliefert, da Dalemius 27 Artikel der Instruktion Hamelmanns in sein Kirchenordnungsexemplar notierte, vgl. zur Einweisung Butt, Norm und Praxis, S. 372–374. Zum Druck der Einweisung vgl. Butt, Norm und Praxis, S. 395–397, Anhang 2; Schönijahn, Rückerinnerungen aus der Reformations-Geschichte, S. 19–23. S. a. Reller, Kirchenverfassung, S. 129f., 143–145. Vgl. zu Heinrich Dalemius Freist, Seebaß, Pastoren, Bd. 1, S. 45, 175; Bd. 2, S. 61; Bd. 3, S. 2. Vgl.

insbesondere der 12. sowie der 23. Artikel. Der 12. Artikel besagt, dass die Superintendenten ein herzogliches Patent erhalten sollten, das die Amtmänner zur Zusammenarbeit mit ihnen verpflichtete. Der 23. Artikel bestimmt, dass die Kirchenrechnung in Gegenwart des Amtmanns, des Ortspfarrers und des Superintendenten abgelegt und geprüft werden sollte.[237]

In den folgenden Jahren gab es immer wieder Instruktionen für die Superintendenten[238], so auch eine, die der Haller Superintendenten Jacob Jovius im Jahr 1571 in seinem Konzeptbuch dokumentiert. Unter dem Titel: *Haec Sequentia in genere significari debent*[239], werden 15 Instruktionsartikel aufgeführt. Sie griffen einige Punkte der von Chemnitz verfassten Instruktion wieder auf, wie z. B. die Verlesung der Eheordnung, die Ermittlung der Kirchengüter, die Verwahrung der Kirchenrechnung durch den Küster und die Austeilung der Sakramente. Ebenso wird im 5. und 6. Artikel die Bedeutung des Katechismusunterrichts hervorgehoben, die in Jovius' Instruktion zusätzlich um eine Warnung vor dem Wittenberger Katechismus'[240] erweitert wurde. Darüber hinaus sollte er dafür sorgen, dass die Friedhöfe gepflegt und die Toten ehrenhaft bestattet werden. Weiterhin erhielt er nicht näher ausgeführte Anweisungen zu Prostituierten, zum Götzendienst, zur Einführung der Wöchnerinnen, zum Patronatsrecht, zu den täglichen Gebeten und zu den Hebammen.

---

zu Hermann Hamelmann Freist, Seebaß, Pastoren, Bd. 1, S. 15; Bd. 2, S. 115; zuletzt: Biermann, Scheffler, Hermann Hamelmann.

237 Vgl. Reller, Kirchenverfassung, S. 148; Butt, Norm und Praxis, S. 372f.

238 Zu einer weiteren Instruktion sowie Informationen auf administrative Fragen und auf den Umgang mit dem Corpus Doctrinae Philippicum vom 6. März 1574 an die Superintendenten der Generalsuperintendenturen Alfeld und Gandersheim vgl. LAW V240, fol. 123r–128v. Zum Streit um das Corpus Doctrinae Philippicum im Fürstentum Braunschweig-Wolfenbüttel vgl. Mager, Konkordienformel, S. 142–161.

239 HS 2, fol. 12v–13r [Reg.-Nr. 20].

240 Vgl. Hund, Wort ward Fleisch, S. 233–237.

4. Konfliktfeld A – Familie

Seit der Reformation ist der Geistliche in einer neuen Rolle präsent. Er besaß das Bürgerrecht, blieb erbberechtigt und gründete seine eigene legitime Familie, im Gegensatz zu der in vorreformatorischer Zeit vorausgesetzten Ehelosigkeit der Priester. Für die Probleme, die diese neue Positionierung des Geistlichen mit sich brachte, bietet Jovius' Konzeptbuch aufschlussreiches Material. Jacob Jovius musste also Auseinandersetzungen austragen, die vor der Einführung des lutherischen Glaubens in dieser Form noch nicht auftraten, insbesondere zu den Themen wie die Auseinandersetzungen um das Familienerbe, die neue Rolle der Pfarrfamilie innerhalb der Gemeinde oder die Förderung und Protektion einzelner Familienmitglieder.[1] Als »Familie« wird hier die sog. Großfamilie oder erweiterte Kernfamilie subsumiert, die als eine erweiterte verwandtschaftliche Struktur mehrerer Generationen begriffen wird. In die Großfamilie wird sowohl die Verwandtschaft mit einbezogen, die auf eine gemeinsame Abstammung zurückzuführen ist, als auch die entfernte Verwandtschaft, die über die Ehe geschaffen wurde.[2] Konstituiert auf den Fall ›Jovius‹ wird primär die Herkunftsfamilie in den Blick genommen, mit der er sich um das Erbe streitet,

1 Vgl. zu den Normen und der Praxis im Erb- und Ehegüterrecht der Frühen Neuzeit die Einführung von Brakensiek, Generationengerechtigkeit?, S. 1–21, bes. S. 10–18, mit weiterführender Literatur. Zur ländlichen Erbpraxis im 18. und 19. Jahrhundert vgl. Fertig, Fertig, Bäuerliche Erbpraxis, S. 163–187. Vgl. ausführlich zu Erbkonflikten im 18. Jahrhundert Krug-Richter, Konflikte um Gut und (Haus-)Herrschaft, S. 317–335; Dies., Familiäre Grenzziehung, S. 65–78. Vgl. allgemein zum Erbe und Recht in der frühen Neuzeit Gottschalk, Erbe und Recht, S. 85–125, bes. S. 85–113; vgl. zum Kursächsischen Erbrecht Gottschalk, Eigentum, Geschlecht, Gerechtigkeit. Vgl. zum Erbe allgemeine Willer, Weigel, Jussen, Erbe, Erbschaft, Vererbung, S. 7–36.

2 Vgl. Hill, Kopp, Familiensoziologie, S. 13f.; Rexroth, Schmidt, Freundschaft und Verwandtschaft, S. 10ff.; Schorn-Schütte, Evangelische Geistlichkeit, S. 288f. Vgl. zum Begriff der Verwandtschaft Schmidt, Soziologie der Verwandtschaft, S. 26–34; Seidel, Freunde und Verwandte, S. 235–275. Zur Verwandtschaft im ländlichen Westfalen im 18. Jahrhundert vgl. Fertig, Familie, verwandtschaftliche Netzwerke und Klassenbildung, S. 47–61. S. a. Gestrich, Krause, Mitterauer, Geschichte der Familie. Vgl. zur begrifflichen Unterscheidung zwischen Familie und Haus Dülmen, Kultur und Alltag, Bd. 1, S. 12–23.

sodann seine Ehefrau Margaretha Cloth und seine Kinder sowie sein Schwiegervater Heinrich Cloth und abschließend die von ihm geförderten Mitglieder der Großfamilie, die Schwäger Johannes Cloth, Franz Düvel und Johannes Tenzelius.[3]

Die Konzeptbücher belegen die Interaktion zwischen Jovius und seiner Großfamilie, da sich in ihnen sowohl die Briefe an seine Herkunftsfamilie als auch die Schreiben an seine Verwandtschaft befinden. Insgesamt sind 92 Briefe, d. h. 14 %, der gesamten 668 Schriftstücke in den Konzeptbüchern an familiäre Empfänger gerichtet.[4] Die Fokussierung auf die Familie und die entfernteren Verwandten birgt die Möglichkeit, ein umfassenderes Bild des gesamten Familiennetzwerkes und ihrer Konflikte darzustellen, da die Briefe eindeutig aufzeigen, dass das Zusammenleben und ihre Beziehungen nicht konfliktfrei waren.[5]

4.1. Die Herkunftsfamilie

Jacob Jovius' Eltern, Johannes und Margarethe Götze, waren Pächter der Flarichsmühle, die Eigentum des Stifts Walkenried war.

Im Konzeptbuch fertigte Jovius eine Abschrift des Pachtvertrags der Flarichsmühle[6] an und vermerkte am Schluss, dass *dieser brieff ist in diesem 76 Jahre 87 Jar olt.*[7] Der Pachtvertrag wurde 1489 zwischen seinen Großeltern Hermann und Barbara Götze und seinen Großonkel Andreas Götze und dem Walkenrieder Abt Heinrich Grebenstein, dem Prior Conrad Minden sowie dem Subprior Conrad Frankenberg geschlossen. Der Vertrag umfasst neben der Mühle auch die Felder, Wiesen und Wälder. Der jährliche Zins in Höhe von *sechs schock Geldes*[8] thüringischer Währung sollten an Walpurgis, am 30. April, und an Michaelis, am 29. September, am Walkenrieder Klosterhof in Nordhausen entrichtet werden. Neben den Abgaben wurden auch die Modalitäten zur Instandhaltung der Mühle, ihrer Gebäude, Geräte, Brücken und Zäune geregelt und das Verbot erlassen, Überschüsse jeglicher Art, sei es Fische oder Getreide,

3 Vgl. zu den genannten Personen die Ausführungen weiter unten im Kapitel und im Anhang 11.8.

4 Vgl. Anhang 11.6., Diagramm 1.

5 Vgl. dazu auch SEIDEL, SCHUSTER, Freundschaft und Verwandtschaft in historischer Perspektive, S. 147.

6 Vgl. DOLLE, Walkenried, Teil 3, S. 1486 f. Laut Klosterbuch ist die Fladekendorfer Mühle (=Flarichsmühle) bereits für 1188 nachzuweisen.

7 HS 2, fol. 152r f. [Reg.-Nr. 215]. Vgl. zum transkribierten Mühlenvertrag Anhang 11.3.

8 HS 2, fol. 152v [Reg.-Nr. 215]. ›Sechs Schock Geld‹ entsprechen der Anzahl von 360 Geldstücken in thüringischer Währung, vgl. zur Umrechnung VERDENHALVEN, Maße und Gewicht, S. 52.

auf dem Markt oder an Fremde zu verkaufen. Datiert wurde der Pachtvertrag auf *nach Christi gebort unsers Hern vierzehen hundert darnach in dem neun undt achtzigesten Jare des Sontags fur Gregorii*[9].

Die Verpachtung der Mühle von Jovius' Großeltern auf seine Eltern Götze war auf der Grundlage des Anerbenrechts bzw. der Rechtsnachfolge möglich, die erst im Laufe des 16. Jahrhunderts geschaffen wurde, indem sich das Meierrecht »von einem ursprünglich zeitpachtähnlichen Verhältnis zu einem dinglichen und erblichen Besitzrecht«[10] änderte. Der Pächter konnte demzufolge das Pachtgut behalten oder vererben, jedoch musste der Pachtvertrag vom Grundherrn, in diesem Falle das Stift Walkenried, alle neun Jahre erneuert bzw. bestätigt werden.[11] Jovius' Mutter übernahm nach dem Tode ihres Mannes die Leitung der Mühle und war somit imstande, die Erbfolge bzw. die Nachfolge in der Betriebsführung in Abstimmung mit dem Mühlenpächter zu regeln.

4.1.1. Der Streit um die Mühlennachfolge

Der Dauerkonflikt um die Mühlennachfolge wird zum ersten Mal in den Konzeptbüchern im September 1573 offenkundig. Jovius erhielt den auf den 20. September datierten Brief seiner Schwäger Andreas Müller aus Groß Wechsungen und Jacob Knöbolden aus Liebenrode erst am 23. September. Seine Schwäger beschwerten sich über die Vergünstigungen, die die Gebrüder Götze[12] genossen, die noch in der Flarichsmühle lebten. Weiterhin beanstandeten sie den von Heinrich Götze getätigten, nicht näher präzisierten Kauf in Haferungen und die nicht näher bezeichneten Privilegien, die Michael Götze hinsichtlich der Mühle genieße. Jovius hingegen erachtete den Kauf seines Bruders Heinrich als rechtmäßig und rechtfertigte sich, dass Michael *kein regiment uber die Flarchimoln*[13] habe, da die Mühlenleitung nach dem Tod seines Vaters auf seine Mutter übergegangen war. Eine korrekte Stellungnahme zu den Vorwürfen könne er aber erst liefern, nachdem er sich mit der gesamten Familie beraten habe. Er bat seine Schwäger, dass sie *vorzeitigs gezencke nicht anfahen* […] *Diess*

9 19. April 1489. HS 2, fol. 152v [Reg.-Nr. 215].

10 Kraschewski, Wirtschaft und Gesellschaft S. 488.

11 Vgl. Kraschewski, Wirtschaft und Gesellschaft S. 488f.; Saalfeld, Ländliche Wirtschafts- und Sozialgeschichte, S. 637–654; von Boetticher, »Nordwestdeutsche Grundherrschaft«, S. 220ff.; Holenstein, Bauern zwischen Bauernkrieg und Dreißigjährigem Krieg, S. 9ff.; Achilles, Entstehung des niedersächsischen Meierrechts nach Werner Wittich, S. 145–169; Gesenius, Meyerrecht. Vgl. zum Anerbenrecht Schildt, Artikel: Anerbenrecht.

12 Die 5 Brüder waren Curd, Hermann, Heinrich, Michael und Andreas (vgl. zu Curd und Andreas Götze die Ausführungen im Anhang 11.8.) sowie zwei, namentlich nicht genannte Schwestern (vgl. zu den Schwestern Kapitel 3.1.).

13 HS 2, fol. 80v [Reg.-Nr. 118].

Ist eine Rechte Regel Ihm Rechten, Niemand soll Erben odder das Erbe teilen [solange] *der Erbbesitzer das nicht ufgibt, odder durch den Tod vorlesset*[14]. Abschließend ermahnte er seine Schwäger, die Sache auf sich beruhen zu lassen, und warnte sie zugleich, dass er sich an die Obrigkeit wenden, d. h. an den Walkenrieder Abt als Verpächter, und eine Schlichtung fordern werde.[15]

Jovius informierte seine Mutter am 24. September über diesen Konflikt und bat sie, sich wegen der Anklage mit seinem ehemaligen Lehrer Johannes Schönzagel oder dem Schwager Jacob aus Klein Wechsungen[16] in Verbindung zu setzen. In einem gesonderten Schreiben benachrichtigte er Michael, Hermann, Curd und Andreas über diese Klage und forderte von ihnen, Stellung zu den Vorwürfen zu beziehen. Er wollte sich indessen mit weiteren nicht näher bezeichneten Personen beraten und schnellstmöglich zur Flarichsmühle reisen, um die Angelegenheit mit Hilfe der Walkenrieder Obrigkeit schlichten zu lassen. Seiner Ansicht nach hätten sich die Schwäger mit Heinrichs *Seuche* infiziert, sie hätten sich wie ihr Bruder gegen die Familie aufgelehnt und somit dessen Verhalten übernommen.[17] Jovius pochte auf Klageabweisung und kommentierte die Angelegenheit mit dem Sprichwort: *Was Einer clagt das Muss Er mit rechte beweisen obs auch recht geclagt seis*[18]. Im Jahr 1575 akzeptierte die Familie Götze eine nicht näher beschriebene Vereinbarung mit nicht näher bezeichneten Schwägern, nur Heinrich Götze enthielt sich. Jovius erwähnte zwar nur, dass es sich um einen *bruderlichen vortracht*[19] handele, doch wäre es durchaus möglich, dass die Klage der Schwäger Müller und Knöbolden zwei Jahre nach dem Klagebeginn einen Abschluss gefunden haben könnte.[20]

Im Mai 1575 kümmerte sich Jovius um die Mühlennachfolge. Von einem Besuch bei der Familie zurück in Halle, riet er seiner Mutter am 17. Mai 1575, das gottlose und ungerechte Verhalten ihres Sohnes Heinrich nicht persönlich zu nehmen und sich eher Gedanken über einen möglichen Mühlennachfolger zu machen. In ihrem Namen hatte er bereits dem Walkenrieder Abt Georg Kreite[21] wegen der zukünftigen Mühlennachfolge einen Brief geschrieben, den er dem Schreiben an seine Mutter beilegte.[22] In diesem Schreiben interzedierte Jovius als Stellvertreter seiner Mutter beim Walkenrieder Abt für seinen ältesten Bruder Curd und seinen jüngsten Bruder Andreas, dass einer von ihnen nach dem

14 HS 2, fol. 80v [Reg.-Nr. 118].
15 HS 2, fol. 80v f. [Reg.-Nr. 118].
16 In welchem Verhältnis Jacob als Schwager zur Familie stand, kann anhand der Konzeptbücher nicht rekonstruiert werden.
17 HS 2, fol. 81r f. [Reg.-Nr. 119], Zitat fol. 81r.
18 HS 2, fol. 82v [Reg.-Nr. 120].
19 HS 2, fol. 153v [Reg.-Nr. 216].
20 HS 2, fol. 153v–154r [Reg.-Nr. 216].
21 Dolle, Walkenried, Teil 3, S. 1487. Georg Kreite war von 1569–1578 Abt des Klosters.
22 HS 2, fol. 107r f. [Reg.-Nr. 158].

Ableben der Mutter die Mühle übernehmen sollte. Bis zu ihrem Tod sollte sie aber die Leitung der Flarichsmühle behalten. Er bat den Abt, eine Entscheidung über die Mühlennachfolge zu treffen, da die beiden Anwärter nicht zusammen die Mühle leiten oder besitzen könnten. Was Andreas, dem als Jüngster *billichen die praerogative geburen*[23], der also das Vorrecht zur Mühlenübernahme besaß, in dieser Angelegenheit beabsichtige, könne der Abt dessen beigelegter Supplik[24] entnehmen. Andreas' Supplik vom 18. Mai 1575 ist als Abschrift im Konzeptbuch dokumentiert.[25] Darin bat Andreas um eine Entscheidung bezüglich der Mühlennachfolge. Außerdem forderte er, ihm das vom Stift Walkenried seinem Vater gegen Zinsen verpachtete Krebsrode[26] zu übergeben, das sein Bruder Heinrich Götze heimlich, hinter dem Rücken der gesamten Familie Heinrich von Salza überschrieben hatte. Er versicherte, sich gegenüber dem Stift wesentlich kooperativer zu zeigen als Heinrich.[27]

Gleichzeitig informierte Jovius seinen Bruder Curd, dass er im Namen ihrer Mutter beim Walkenrieder Abt wegen der Mühlennachfolge interveniert hatte. Er riet ihm, sich persönlich mit Andreas und einem Fisch als Gastgeschenk zum Abt zu begeben und persönlich mit diesem über die Nachfolge zu verhandeln. Curd solle bei der Verhandlung aber friedvoll, fair sowie uneigennützig vorgehen und nicht seinem eigensinnigen Kopf folgen.[28] Weder dieses Treffen noch Andreas' Supplik führten zu einer Entscheidung des Walkenrieder Abts über die Mühlennachfolge.

Anfang 1576 sorgte sich Jovius um seine Mutter, die nicht nur an Altersschwäche litt, ein akutes Magenfieber hatte und von einem Pferd getreten wurde, sondern sich auch mit den nicht weiter angeführten Problemen mit ihrem Sohn Heinrich befassen musste. Er glaubte, dass der Abt die Entscheidung über die Mühlennachfolge im Herbst des Jahres treffen werde. Wenn Andreas allerdings die Mühle übernehme und nicht auf die Walz gehe, *so lasse ers uff sein ebenthewer bleiben, was er nicht sicht undt lernth das wirth Er woll lassen ungemacht. Mit Curd hats einen anderen bescheid wan Ihm die Moln sein lebenlang vorschrieben wurde*[29].

Abschließend schlug Jovius seiner Mutter vor, bei einem erfahrenen Notar, mit drei oder vier Zeugen, eine beglaubigte Urkunde aufzusetzen, um die

23 HS 2, fol. 105v [Reg.-Nr. 156]. ›Prärogative‹ bezeichnet ein Vorrecht, Privileg, vgl. DRW, Lemma: Prärogative, Bd. 10, S. 1210f.

24 Vgl. zum Begriff ›Supplik‹ Nubola, Würgler, Einführung, S. 8f. (dort mit weiterführender Literatur); Würgler, Bitten und Begehren, S. 19ff.; Ulbricht, Supplikationen, S. 150–155; Blickle, Supplikationen und Demonstrationen, S. 276–289.

25 HS 2, fol. 105v f. [Reg.-Nr. 156].

26 ›Krebsrode‹ ist ein Ortsteil der Gemeinde Werther im Landkreis Nordhausen (Thüringen).

27 HS 2, fol. 106v f. [Reg.-Nr. 157].

28 HS 2, fol. 108v [Reg.-Nr. 161].

29 HS 2, fol. 153v [Reg.-Nr. 216].

Nachfolge und das Erbe in ihrem Interesse aufzuteilen und ihren Sohn Heinrich auf Grund seines ablehnenden Verhaltens gegenüber der Familie explizit vom Erbe auszuschließen. Zur sicheren Verwahrung sollte sie die Urkunde den Alterleuten in Haferungen aushändigen.[30] Jovius informierte Andreas im April 1576 darüber, dass er ihrer Mutter in Bezug auf die Mühlennachfolge und des Erbes zu einer beglaubigten Urkunde bzw. einem Testament geraten habe, *uff das unwill undt Zanck nachbleiben*[31].

Im Hinblick auf seinen Bruder Heinrich Götze und dessen ablehnenden Verhalten gegenüber der Familie sowie den Nachbarn sah Jovius weiteren Handlungsbedarf. Deshalb wandte er sich am 8. April an den Pastor in Wechsungen, Liborius Hirsch[32], mit der Bitte, seinen Bruder zu ermahnen.[33] Heinrich ließ sich aber weder von seinen Geschwistern, von Verwandten, der Familie noch von dem Wechsunger Pastor etwas vorschreiben. Sogar den *seligen Vater* [Johannes] *in der Erden*[34] hatte er für unmündig erklären lassen, worüber sich Jovius sehr empörte. Dennoch gab er die Hoffnung nicht auf, dass sein Bruder seine Fehler erkenne und Buße tue, sodass Gott seine arme Seele tröste, *da sein lauff kann nicht lenger sein, er ist zum höchsten gekommen*[35]. Seiner Mutter riet er am 26. November 1576, sich nicht von Heinrich unter Druck setzen zu lassen. Gleichzeitig rechtfertigte er sich für die Absage seines Besuchs, da er die Reise angesichts des Winterwetters, seines Gesundheitszustandes, des nahenden Weihnachtsfestes und der Beginn der vom Herzog Julius in Auftrag gegebenen Visitation verschieben müsse. Zum Schluss des Schreibens entschuldigte er sich für das Missverständnis, seiner Mutter geraten zu haben, kürzerzutreten und den Viehbestand zu reduzieren. Solange sie lebe und *uff den Stule sitzen könne*[36], soll sie die Mühle führen.[37]

Im November 1576 gratulierte Jovius seinem Bruder Andreas zu seiner vor Kurzem geschlossenen Ehe und zur Anstellung als Uhrmacher in Nordhausen. Er informierte ihn, dass er ihrer Mutter empfohlen hatte, keinen Vertrag mit Heinrich wegen der Schafe aufzusetzen. Jovius sei nämlich der Ansicht, dass Heinrich seine Arbeit wie ein Knecht ausführe und nicht wie ein Erbberechtigter, weshalb dessen Forderung nach Lohn und Erbe ungerechtfertigt sei. Gemäß des

30 HS 2, fol. 153r–154r [Reg.-Nr. 216].
31 HS 2, fol. 155r [Reg.-Nr. 218].
32 Dolle, Walkenried, Teil 3, S. 1487. Liborius Hirsch war ab 1578 Ökonom bzw. Prokurator/Verwalter, da das Priorenamt bis 1592 ruhte; Prior war er von 1593–1600.
33 HS 2, fol. 155v [Reg.-Nr. 219].
34 HS 2, fol. 188r [Reg.-Nr. 262].
35 HS 2, fol. 188r [Reg.-Nr. 262].
36 HS 2, fol. 188v [Reg.-Nr. 262].
37 HS 2, fol. 188r–198r [Reg.-Nr. 262].

gültigen Rechts stehe ihm nicht Beides zu; es handele sich um zwei verschiedene Dinge, *dienen alse ein Knecht unndt alse ein erbe seins Vaters haushandel*[38].

Nicht nur Heinrich hatte Probleme mit der Familie, auch Jovius beklagte sich am 20. Juli 1577 bei seiner Mutter und dem Walkenrieder Abt über seine Geschwister, die am 15. Juni des Jahres ohne sein Wissen und Einverständnis einen Kaufvertrag abgeschlossen hatten. Bei diesem Protest erhielt er von seiner Mutter Unterstützung, da sie ebenfalls der Ansicht war, dass bei diesem Vertrag im übertragenen Sinne *in vielen mitt der kortzen ellen gemessen ist worden.* Daher ersuchten beide den Abt als *geburdene gepietende obrigkeit*[39], um Unterstützung, Curd als Initiator an der finalen Vertragsabwicklung zu hindern und bis zum Ende der Erntezeit die gesamte Mühlenverwaltung Margarethe zu überlassen. Jovius schlug dem Abt vor, ein Verhör anzusetzen, damit sich alle Parteien aussprechen könnten und eine Lösung gefunden werde.[40]

Der Abt reagierte nicht sofort auf den Vorschlag. Noch am 9. September 1577 erklärte Jovius seiner Mutter, dass er den Abt in einem erneuten Brief wiederholt um Unterstützung wegen des Vertrages und der Mühlenleitung gebeten hatte. Er sorgte sich um seine Mutter, *da Man euch in ewrem alter ein solche schmaheit und verkortzungen thun soll*[41]. Außerdem wurde ihm mitgeteilt, dass sich Curd und dessen Ehefrau Anne gegenüber der Mutter feindselig verhalten und sie in ihrem eigenen Haus ungerecht behandelt hatten. Daher ermahnte Jovius seinen Bruder Curd, dass er sehr wohl über den abgeschlossenen Kaufvertrag und dessen despektierlichen Verhalten Bescheid wisse. Dass dieser Vertrag ohne seine Zustimmung ausgehandelt worden war, warf er auch Andreas vor. Jovius machte ihm deutlich, dass er auf seinem Recht bestehen werde, und forderte gleichzeitig die Rückerstattung seiner Auslagen für Andreas' Kostgeld von $1\frac{1}{2}$ Jahren während dessen Ausbildung und das Geld für dessen Lehre in Northeim. Von der verlangten Entschädigungssumme über 44 Taler[42] wurden 17 Taler für den Kauf von Bücher abgezogen und 72 Taler[43] für Korn addiert, wonach sich Jovius' Auslagen auf 99 Taler beliefen.[44]

Curd nahm Jovius' Ermahnung, sein Benehmen zu ändern, nicht ernst. Ein Jahr später im September 1578 wurde er erneut für sein abfälliges Verhalten gerügt. Obwohl Jovius ihn daran erinnerte, dass ihre Mutter ihn geboren sowie

38 HS 2, fol. 190r [Reg.-Nr. 263].
39 Beide Zitate: HS 2, fol. 276r [Reg.-Nr. 357].
40 HS 2, fol. 276r f. [Reg.-Nr. 357], fol. 276v f. [Reg.-Nr. 358].
41 HS 2, fol. 284r [Reg.-Nr. 370].
42 Jovius berechnete für 1 Jahr Kostgeld, Kleider und Lehre 25 Taler, für das halbe Jahr rechnete er 13 Taler, vgl. HS 2, fol. 284v [Reg.-Nr. 372].
43 72 Taler entsprechen 7 Schock Korn. Wird der Malter zu 3 Talern gerechnet, entsprechen 72 Taler = 24 Malter, vgl. Verdenhalven, Maße und Gewicht, S. 72.
44 HS 2, fol. 284r [Reg.-Nr. 370], fol. 284r [Reg.-Nr. 371], fol. 284v [Reg.-Nr. 372].

ihn *mit schwere mhüe und arbeit uss dem drecke gezogen, tag und nacht*[45] für ihn gesorgt hatte, half Curd weder im Haushalt noch im Betrieb. Wenn dieser sein Verhalten nicht überdenke, werde Jovius Mittel und Wege finden, damit ihre Mutter nicht *an Ihrem lesten dag eitele brodt mit kummer essen möge*[46].

Am 4. September 1578 kritisierte Jovius alle seine Brüder wegen ihres despektierlichen Benehmens und ihrer fehlenden Fürsorge gegenüber ihrer Mutter. Besonders erzürnte ihn, dass der Vertragsabschluss ohne seine Zustimmung verhandelt worden war. Inzwischen erhielt er sogar von weiteren Personen, die nicht zur Familie gehörten, diverse Hinweise zum ungebührlichen Verhalten der Brüder und den Geschehnissen in der Mühle. Alle Brüder hatten den gesamten Hausrat in Gegenwart der Mutter aufgeteilt, veranschlagten für den Verkauf von acht nicht näher bezeichneten Lutherbänden 30 Gulden, veräußerten die Lehenteiche, hatten den Schwestern das Lehenrecht eingeräumt, Jovius von allem ausgeschlossen sowie *andere dinge, die Ich nit mag schreiben unweisslich furgenommen, aber der Mutter mittlerweil gar vorgessen*[47]. Jovius hoffte, dass seine Geschwister ihr Verhalten überdenken und ihm seine rechtmäßigen Ansprüche erstatten.[48]

Hervorzuheben ist, dass Jovius zwei Ziele parallel verfolgte. Er wollte seinen Anteil am Erbe und forderte gleichzeitig seine Geschwister auf, die Mutter fürsorglich zu behandeln, dieses lag ihm besonders am Herzen. Die Ermahnung seiner Geschwister entsprach der Forderung Luthers, der gemäß des Vierten Gebots, die Eltern zu ehren, forderte *das man sie* [die Eltern] *nicht ubel anfahre, poche oder poltere* […] *daß man ihn diene, helfe, versorge, wenn sie alt, krank, gebrechlich oder arm sind.*[49] In der Zwischenzeit hatte Jovius zusammen mit seinem Freund, dem Pastor Johannes Letzner[50] aus Langenholtensen einen Besuch in der Flarichsmühle geplant. Letzner sollte ihn bei dem andauernden Konflikt innerhalb der Familie unterstützen. Am 4. September 1578 musste Jovius den Besuch absagen, da seine Anwesenheit auf dem am 8. September stattfindenden Kolloquium[51] in der Herrschaft Homburg verlangt wurde und seine Ehefrau kurz vor der Geburt stand. Außerdem musste er auf Grund der Pest sehr viele Tote beerdigen, weshalb eine Reise zu diesem Zeitpunkt nicht möglich sei. Einen klärenden Besuch beabsichtigte er erst dann, wenn seine Brüder, insbesondere Curd, auf seine Briefe geantwortet hätten.[52]

45 HS 2, fol. 291v [Reg.-Nr. 381].
46 HS 2, fol. 291v [Reg.-Nr. 381].
47 HS 2, fol. 297r [Reg.-Nr. 387].
48 HS 2, fol. 297r–297v [Reg.-Nr. 387].
49 WA 30,1, S. 148 (Großer Katechismus, 1529).
50 Vgl. zu Johannes Letzner Kapitel 5.1. S. a. Kirstan, Letzner.
51 Vgl. LAW V234, fol. 1r. Mutmaßlich meinte Jovius eine Pfarrersynode, vgl. dazu Kapitel 7.1.
52 HS 2, fol. 296v [Reg.-Nr. 386], fol. 297v [Reg.-Nr. 388].

Der Konflikt um die Mühlennachfolge fand am 26. Januar 1579 einen Abschluss. An diesem Tag setzte der Walkenrieder Abt Liborius Hirsch Curd Götze als Pachtnachfolger ein und überschrieb ihm und seiner Ehefrau Anne die Leitung der Flarichsmühle. Der Pachtvertrag hielt die Zins- und Abgabenbestimmungen fest sowie die Instandhaltung aller Gebäude und Brücken, die zur Mühle gehörten. Michael Götze erhielt vertraglich festgelegt ein Wiesenstück und den Schafstall.[53] Damit war die Nachfolge endgültig geregelt, zumal Andreas seit 1576 nachweislich nicht mehr in der Mühle, sondern in Nordhausen lebte, dort als Schlosser und Uhrmacher arbeitete und mutmaßlich seinem ältesten Bruder den Vortritt gelassen hatte.[54]

Trotz der geregelten Nachfolge besserte sich das Benehmen der Brüder gegenüber ihrer Mutter nicht. Am 4. März 1579 wurde Jovius von seinem Bruder Michael über die immer noch andauernden und heftigen Auseinandersetzungen zwischen ihrer Mutter und ihren Kindern informiert. Jovius wollte den Streit unbedingt schlichten, konnte aber wegen wichtiger Amtsgeschäfte nicht zur Flarichsmühle reisen. Um dennoch einige wichtige Punkte bezüglich der *irrungen undt spaltungen*[55] innerhalb der Familie zu klären, schlug er seinem Bruder Curd ein Treffen am 28. März im Haus seines Schwiegervaters Heinrich Cloth in Northeim vor.[56] Das Treffen konnte jedoch den Konflikt innerhalb der Familie nicht beilegen.

Am 11. Juni 1579 erklärte Jovius seinem Vorgesetzten, dem Alfelder Generalsuperintendenten[57], dass er in acht Tagen auf Drängen und Bitten seiner Mutter nach Hause reisen müsse, um die Auseinandersetzungen zwischen ihr und einzelnen Familienmitgliedern zu schlichten.[58] Seine Reisepläne verschoben sich, da er noch am 24. Juni 1579, d.h. 13 Tage nach dem Schreiben an den Generalsuperintendenten, dem Amelungsborner Abt Andreas Steinhauer[59] per Boten einen Brief schickte mit der dringenden Bitte, an den Walkenrieder Abt Liborius Hirsch zu schreiben. Er hoffte, dass Steinhauer Hirsch davon überzeugen könne, ihn wegen des Streits innerhalb seiner Familie anzuhören und zu helfen.[60] Im Juli 1579 reiste Jovius dann in die Flarichsmühle und handelte mit seinem Bruder Curd einen Vertrag aus, der im Zuge der geregelten Mühlenverpachtung möglicherweise die Abfindung der Geschwister regelte.

53 NLA WF 2 Alt Nr. 9668, fol. 6r–7v: Abschrift des Mühlenvertrages zwischen Liborius Hirsch und Curd Götze, um 1600. HS 3, fol. 112r [Reg.-Nr. 623].
54 HS 2, fol. 181r [Reg.-Nr. 251], fol. 181v [Reg.-Nr. 252].
55 HS 2, fol. 301v [Reg.-Nr. 393].
56 HS 2, fol. 301r [Reg.-Nr. 392], fol. 301v–302r [Reg.-Nr. 393].
57 Vgl. zu den Alfelder Generalsuperintendenten, die während der Amtszeit des Superintendenten Jovius tätig waren, den Überblick im Anhang 11.7. und Kapitel 7.3.
58 HS 2, fol. 305r [Reg.-Nr. 398].
59 Vgl. zum Amelungsborner Abt Steinhauer die Ausführungen im Anhang 11.8.
60 HS 2, fol. 305v [Reg.-Nr. 399].

Jovius schickte am 25. April 1580 seinen eigenen Boten Curd Seilmeier[61] in die Flarichsmühle, der Curd an die vertraglich geregelte Zahlung von 45 Gulden bis Ostern 1580 erinnern sollte. Da Seilmeier für ein paar Tage bei Andreas in Nordhausen verweilte, könne Curd ihm das Geld persönlich aushändigen. Jovius hoffte, dass sein Bruder sein Versprechen einhalte, wenn nicht, werde er auf anderem Wege sein Geld einfordern.[62] Seilmeier traf noch am 25. April 1580 bei Andreas ein und händigte ihm ebenfalls einen Brief von Jovius aus. Darin wickelte Jovius den Kauf für einen von Andreas fertiggestellten Uhrzeiger[63], den Seilmeier mit nach Halle nehmen sollte, ab und bat ihn zugleich, Curd an die Zahlung zu erinnern.[64] Wahrscheinlich blieb die Zahlung des Mühlenpächters aus, da Jovius beabsichtigte, sich in der Adventszeit mit diesen beiden Brüdern in Northeim bei seinem Schwiegervater zu treffen, um einige nicht näher erläuterte Angelegenheiten zu bereden.[65]

4.1.2. Der Konflikt um die Erbteiche

Neben der Mühlennachfolge gab es noch weitere Probleme zwischen den Gebrüdern Götze um das Familienerbe, genauer um die Erbteiche. Zufällig erfuhr Jovius im September 1578, dass sein Bruder Heinrich die Teiche aus dem Familienerbe dem Grafen Ernst VII. von Hohnstein verkaufen wollte, ohne dass er über diesen Sachverhalt informiert wurde. Er beschwerte sich bei seinen anderen Brüdern über seinen Ausschluss vom Teichverkauf und beabsichtigte, falls der Verkauf nicht gestoppt werde, Klage zu erheben.[66] Heinrichs Verkauf kam im September 1578 zwar nicht zustande, dafür strebte dieser erneut im März 1581 an, die Erbteiche in Krebsrode zu veräußern. Die Schreiben über die Verkaufsverhandlungen befinden sich als Kopie im Konzeptbuch und bieten die Möglichkeit, den Verlauf wie folgt zu rekonstruieren:[67]

Am 12. März 1581 wandte sich Michael Götze an Dr. Marcus Gerstenberg, Mitglied des Hohnsteinischen Rats in Bleicherode, mit seinem Vorhaben, die Teiche selbst zu erwerben. Wenn der Verkauf zwischen Michael und seinem Bruder Heinrich aus Wechsungen nicht zustande kommen sollte, sollten die

61 Dem Haller Kirchenbuch zufolge starb Curd Seilmeier am 8. März 1586, vgl. NLA WF 1 Kb Nr. 524, Sp. 12.

62 HS 2, fol. 333r [Reg.-Nr. 441], fol. 333v [Reg.-Nr. 443].

63 Vgl. zur Herstellung der Uhren durch Schmiede oder Schlosser Dohrn-van Rossum, Geschichte der Stunde, Uhren S. 182–184. Vgl. zur Uhrzeigerproduktion von Andreas Götze die Ausführungen im Anhang 11.8.

64 HS 2, fol. 334r [Reg.-Nr. 444].

65 HS 2, fol. 348r f. [Reg.-Nr. 462].

66 HS 2, fol. 291v [Reg.-Nr. 381], fol. 297r–297v [Reg.-Nr. 387].

67 HS 3, fol. 109v [Reg.-Nr. 619].

Teiche wie ursprünglich geplant an den Pützlinger Pastor Andreas Metchenius verkauft werden. Michael traf sich daraufhin am 21. März 1581 in Haferungen mit Heinrich und dem dortigen Pastor Sebastian und beabsichtigte, die Kaufsumme von 60 Gulden beim Rat zu hinterlegen. Heinrich wollte trotz der Bewilligung des Rats nicht an Michael, sondern an den Pastor Metchenius verkaufen und teilte seine Entscheidung unverzüglich Dr. Gerstenberg mit. Da aber letztendlich der Kaufvertrag mit Metchenius nicht anerkannt wurde, nutzte Heinrich daraufhin die Teiche für eine eigene Karpfenaufzucht. Gerstenberg legte Heinrichs Schreiben bezüglich der Teichnutzung als Kopie dem Brief an Michael Götze bei und forderte diesen am 6. April 1581 auf, die hinterlegte Kaufsumme wieder abzuholen. Am 18. April organisierte Dr. Gerstenberg zwischen den Gebrüdern Götze ein Treffen am 27. April in Groß Wechsungen.[68] Fünf Tage später sagte Gerstenberg das Treffen jedoch wieder ab, da Heinrich wegen anderer *eingefallender geschefte*[69] nicht daran teilnehmen könne.[70]

Überhaupt hatte Jovius erst im Juli 1581 erfahren, dass sich der Pützlinger Pastor Metchenius die Erbteiche in Krebsrode *mit list, unnd behendigkeit*[71] aneignen wollte. Um diesen Kauf zu verhindern, schickte er Metchenius am 7. Juli 1581 ein Schreiben. Er versicherte ihm mit Nachdruck, dass er sein *Totum ius* zusammen mit seinen Brüdern nicht verkaufe, und forderte den Pastor auf, Heinrichs Angebot auszuschlagen und *Uns in unserm erbe unbetrubt, und zufrieden*[72] zu lassen.[73] Bevor Metchenius sich dazu äußerte, erfuhr Jovius, dass seine Mutter am 6. September 1581 gestorben war. Auf Bitten der Familie wollte er seine Reise am 25. September 1581 beginnen und am 27. oder 28. September in der Flarichsmühle eintreffen. Er hegte die Hoffnung, dass sich bei der Diskussion um das Erbe alle Familienmitglieder friedlich verhalten werden.[74]

Weitere Angelegenheiten, die Jovius mit seinem Bruder Curd klären wollte, verschob er anscheinend wegen des Todes der Mutter auf das nächste Jahr. Am 13. Januar 1582 lud Jovius seine Brüder Andreas und Curd, den *Flarchimuller*, zu Ostern nach Halle ein. Bei dieser Gelegenheit könne Curd die 40 Gulden mitbringen, die Jovius dem Vertrag vom 3. Juli 1579 zufolge für dieses Jahr noch zustehen. Zudem bat er um Informationen wegen des ausstehenden Geldzinses aus Bleicherode und Ellrich. Die Geschwister konnten sich bezüglich des Erbes

68 HS 3, fol. 111r–112r [Reg.-Nr. 622], fol. 112r [Reg.-Nr. 623], fol. 112v [Reg.-Nr. 624], fol. 113r [Reg.-Nr. 625], fol. 113v [Reg.-Nr. 627].
69 HS 3, fol. 113r [Reg.-Nr. 626].
70 HS 3, fol. 113r [Reg.-Nr. 626].
71 HS 3, fol. 22v [Reg.-Nr. 510].
72 HS 3, fol. 22v [Reg.-Nr. 510].
73 HS 3, fol. 22r [Reg.-Nr. 509], fol. 22v [Reg.-Nr. 510].
74 HS 3, fol. 28v [Reg.-Nr. 517].

einigen, *biss uff die ussthende geldzinse*[75]. Die Regelung der Verschreibung[76] beim Bleicheroder Rat über 50 Goldgulden wurde Jovius überlassen, aber seine Geschwister verlangten im Gegenzug, dass er sie anteilig ausbezahle. Er setzt sich mit dem Bürgermeister und Rat in Bleicherode in Verbindung, um die Vertragsmodalitäten in dieser Angelegenheit zu regeln. Damit die Geschwister nicht wegen des *Veterlichen erbes halben unfreunde*[77] werden, bat Jovius Andreas am 30. Dezember 1582 erneut, zusammen mit Curd unbedingt über einen Besuch in Halle nachzudenken.[78]

Im Juli 1583 versuchte Heinrich erneut aktiv, die Teiche in Krebsrode aus dem Erbe herauszuziehen. Jovius wurde durch Michael, der seit dem 22. März 1581 als Hofmeister in der Flarichsmühle tätig war und dort wohnte, über diesen Sachverhalt informiert. Er warnte ihn, sich nicht wieder auf einen Handel mit Heinrich einzulassen. Die Korrespondenz zwischen Michael und dem Hohnsteinischen Rat würde schließlich belegen, wie unfair er bei den Verhandlungen vorgeführt und behandelt worden war. Jovius schlug deshalb vor, dass sie *so viel uffnehmen, und Ihme* [Heinrich] *sein usgelegte geld gebe*[79]. Er und die anderen Brüder sollten sich wegen der 150 Taler für die Teiche vergleichen, damit diese in der Erbmasse blieben und jeder seinen Anteil erhalte. Am selben Tag setzte Jovius sich auch mit Andreas, Curd und Heinrich in Verbindung. Er folgerte aus Heinrichs Briefen, dass dieser die Teiche in Krebsrode bereits aus der Erbmasse herausgekauft hatte. Er beschwerte sich, dass alle Geschwister von Heinrich anteilig ausbezahlt wurden, was auch der Kaufvertrag eindeutig belege, nur er sei benachteiligt worden und habe seinen Anteil nicht erhalten, als wäre er kein Familienmitglied. Jovius forderte, die Auszahlung seines Teils vom *erbstucke*[80] umgehend nachzuholen, da er im Unterschied zu seinen Geschwistern von den Fischereirechten auf Grund seiner Entfernung zu den Teichen nicht profitieren könne.[81]

Jovius' Forderungen blieben unerfüllt. Wiederholt forderte er am 12. Dezember 1583 seine Brüder Andreas und Curd energisch auf, ihm seinen Anteil am Teichverkauf wegen *patrimonii odder Veterlichen Erbs*[82], von 85 Gulden zu

75 HS 3, fol. 56v [Reg.-Nr. 545].

76 Bei einer ›Verschreibung‹ handelt es sich meist um eine schriftliche Ausfertigung eines Schuldscheins, vgl. Krünitz, Ökonomische Encyklopädie, Lemma: Verschreibung, Bd. 215, Sp. 596f.

77 HS 3, fol. 89v [Reg.-Nr. 593].

78 HS 3, fol. 54r [Reg.-Nr. 541], fol. 56v–57r [Reg.-Nr. 545], fol. 89v [Reg.-Nr. 593].

79 HS 3, fol. 109r [Reg.-Nr. 618].

80 HS 3, fol. 109v [Reg.-Nr. 619].

81 HS 3, fol. 109r [Reg.-Nr. 618], fol. 109v [Reg.-Nr. 619], fol. 110r [Reg.-Nr. 620], fol. 110v [Reg.-Nr. 621], fol. 112r [Reg.-Nr. 623].

82 HS 3, fol. 118r [Reg.-Nr. 634].

bezahlen. Mit Bibelverweisen[83] und den darin enthaltenen Beispielen für Brüderlichkeit und Treue bat er, diese zu beherzigen und die Schulden bis zum 1. Januar 1584 zu bezahlen. Für die Tilgung der Summe schlug er vor, dass Andreas seinen Teil mit der Rechnungssumme für den Kirchbraker Uhrzeiger verrechnen und Curd seinen Teil vom Verkauf einiger Fohlen bezahlen könne.[84]

Im März 1584 starb Andreas' Tochter. Nachdem Jovius davon erfahren hatte, tröstete er ihn und drückte sein Beileid über den unerwarteten und tragischen Tod aus. Er vermied aber nicht auf den geplanten Besuch zu Ostern in Halle zu verweisen, bei dem ihm sein Anteil von 85 Taler vom Erbe ausbezahlt und gemeinsam über verschiedene Probleme diskutiert werden sollte. Jovius befürchtete, wie ihr Vater *das gesetze der Natur erfullen*[85] und sehr bald zu sterben. Das Geld benötigte er dringend, weil er seiner Familie im Todesfall eine Wohnung hinterlassen und zugleich die Versorgung seiner Pfarrfrau regeln wollte.[86] Er schlug Curd vor, sich bei einem Freund Geld gegen eine entsprechende Verzinsung zu leihen, um seinen Anteil aufzubringen. Jovius hoffte, dass sie *die Bruderliche trewe unnd enigkeit biss in unser grab erhalten und bewarenn.*[87] Vermutlich kam es nicht mehr zu der Ausbezahlung, da die Konzeptbücher bis zu Jovius' Tod am 26. Februar 1585 keinen Geldeingang verzeichnen.

4.2. Die Pfarrfrau Margaretha Cloth

Margaretha Cloth stammte aus Northeim und lernte ihren Ehemann während seiner Amtszeit als Rektor 1562 in Northeim kennen. Sie heirateten und zogen mit Jovius' Amtsantritt im Mai 1569 nach Halle. Sie übernahm die Funktion einer protestantischen Pfarrfrau und war zugleich Mutter von fünf Kindern.[88] Zu ihrem häuslichen Bereich gehörte im Februar 1577 ein *Kinder medtchen*[89]. Ebenso war eine Magd, Metke, die Tochter des Hehlener Tischlers Simon Schrader, seit dem Jahr 1573 im Pfarrhaus angestellt. Im Februar 1577 wurde die Magd des Diebstahls bezichtigt. Zeugen hatten gesehen, dass Metke aus dem Haller Pfarrhaus Brot und Fleisch gestohlen und an andere Leute verteilt habe. Zur Tatzeit war die Pfarrfamilie nicht anwesend, da sie gemeinsam im benach-

83 Jovius orientiert sich an Röm. 12,10, 2. Pet. 1,7 und Kol. 3,14.

84 HS 3, fol. 117v–118v [Reg.-Nr. 634].

85 HS 3, fol. 129v [Reg.-Nr. 646].

86 Vgl. zur Pfarrwitwenversorgung und deren Probleme Kapitel 7.1.1., 7.1.2. und 7.1.3.

87 HS 3, fol. 130r [Reg.-Nr. 646].

88 Vgl. zum Tätigkeitsprofil einer Pfarrfrau Schorn-Schütte, Gefährtin und Mitregentin, S. 109–153; Fätkenheuer, Lebenswelt und Religion, S. 223–231; Schorn-Schütte, Evangelische Geistlichkeit, S. 310–314; Ulbrich, Unartige Weiber, S. 13–42; Wunder, Geschlechtsidentitäten, S. 131–136.

89 HS 2, fol. 228r [Reg.-Nr. 290].

barten Tuchtfeld auf einer Hochzeit waren, zusammen mit ihren Kindern und dem Kindermädchen. Nach dem Verhör der Zeugen sprach Jovius darauf am Sonntag den 3. Februar nach der Vesper Predigt mit Metke über ihr Verhalten und nahm den Diebstahl zum Anlass, ihr zu kündigen.[90]

Die Anstellung einer neuen Magd bereitete ihm größere Schwierigkeiten. Noch Anfang des Jahres 1578 hatte er keinen Ersatz gefunden, obwohl er sich am 9. Februar 1578 bei seinem Schwiegervater Heinrich Cloth erkundigte, ob dieser Margarethas Schwester Anna, entbehren könne. Er berichtete ihm, dass bereits eine nicht näher bekannte Tante namens Else ihnen den Vorschlag unterbreitet hatte, ihre eigene Magd, die Tochter des nicht näher bezeichneten Schwagers Curd [Jahns], für ein halbes oder ein ganzes Jahr zu leihen. Er hoffte, dass sein Schwiegervater vielleicht eine Magd vom Goldschmied Ziken organisieren könne, weil er sich sonst *doch noch eine Madgt mieten*[91] müsse. Mit Nachdruck baten Jovius und seine Ehefrau am 4. August 1578 Heinrich Cloth, ihnen Anna nach Halle zu schicken, weil Margaretha *seher unvormöglich wirdet*[92]. Da Jovius wusste, dass die Anstellung seiner Schwägerin keine permanente Lösung war, bat er seinen Schwiegervater zugleich weiter nach einer Magd zu suchen, die gut mit Vieh umgehen könne.[93]

Besonders große Fürsorge brachte Jovius, wie schon Luther in seiner Predigt vom Ehestand gefordert hatte, seiner Ehefrau während ihrer Krankheiten[94] und in ihren Schwangerschaften entgegen.[95] Seine Sorgen führten sogar so weit, dass er seinem Schwiegervater befahl, Margaretha nichts von dem Tod ihrer Mutter zu erzählen, *weil meine liebe hausfrawe noch nichts weiss von Ihrem Tode, wolte auch das sies nicht ehe erfure biss sie Godt gnediglich entbunden hette welchs Ich hoffe, das es nhun gantz nahe seÿ*[96].

Er bat ihn, die alte *Oppermannische* zur Unterstützung nach Halle zu schicken. Er werde sie instruieren, damit sie Margaretha *was furbrechte wie das die Mome noch was unpesslich were*[97]. Seine Ehefrau wusste also nur über den schlechten Gesundheitszustand ihrer Mutter Bescheid. Jovius vertraute seinem Schwiegervater an, dass ihn seine Frau *derwegen Hartt beÿ mir angehalten einen Man zu euch zu schicken der Ihr eigentlich kuntschaft brechte wie es um die*

90 Vgl. zu diesem Vorfall Kapitel 8.2.2.
91 HS 2, fol. 253r [Reg.-Nr. 321].
92 HS 2, fol. 215r [Reg.-Nr. 275].
93 HS 2, fol. 215r [Reg.-Nr. 275], fol. 227v–228v [Reg.-Nr. 290], fol. 252v–253r [Reg.-Nr. 321].
94 HS 2, fol. 121r [Reg.-Nr. 180], fol. 163r [Reg.-Nr. 229], fol. 350r [Reg.-Nr. 466]. HS 3, fol. 62v [Reg.-Nr. 554].
95 Vgl. WA 17,1, S. 24 (Predigt vom Ehestand, 1525). Vgl. zur Sorge eines Pfarrers um seine Ehefrau während der Krankheiten Fätkenheuer, Lebenswelt und Religion, S. 226. S. a. zum evangelischen Familienverständnis bei Martin Luther Spory, Familie im Wandel, S. 107–120.
96 HS 2, fol. 163r [Reg.-Nr. 229].
97 HS 2, fol. 163r [Reg.-Nr. 229].

Momen gelegen[98]. Während einer anderen Schwangerschaft verschob Jovius am 4. September 1578 eine Reise zu seiner Familie in die Flarichsmühle. Er entschuldigte sich bei seiner Mutter, dass er den Besuch absagen müsse, u. a. weil seine Ehefrau *der geburth halben uf der letzten Zeit, derwege Ich auch nit woll abwesende sein kan*[99].

Die Pfarrfrau reiste aber auch ohne ihren Ehemann, z. B. um ihre Familie und zugleich den Markt[100] in Northeim oder ihren Bruder Johannes Cloth, der in Moringen im Sterben lag, zu besuchen[101].

Zunehmend konzertierte sich Jovius' Fürsorge auf die Versorgung seiner Familie nach seinem Tod. Am 9. Februar 1578 bekundete er dem Northeimer Bürgermeister Hans Köne sein Interesse an dem Kauf eines Hauses in Northeim, was ihm als Northeimer Bürger rechtmäßig erlaubt sei. Sobald er über ein schriftliches Angebot verfüge,[102] werde er sich *mit meiner hausfrawen [...] bereden und darnach dasselbige besichtigen und dan förderlich darumb verhandelen*[103]. Der Hinweis, dass Jovius mit seiner Ehefrau, die vielleicht über entsprechendes Kapital verfügte, erst über das Angebot reden möchte, belegt, dass sie an Entscheidungen beteiligt war und er durchaus Wert auf ihre Meinung legte. Da in den Konzeptbüchern der Hauskauf in Northeim nicht weiter thematisiert wird, kam er wohl auch nicht zustande. Zumal Jovius am 3. November 1580 gegenüber seinen Freunden Christopher Wolff und Heinrich Temme[104] sein erneutes Interesse bekundete, *etwass eignes an Mich zubringenn [...] Es ist Itzung ein feerliche zeit unnd wan die Pfarherren sterben lassen weib unnd kind hinder sich denselbigen gehets erbermlich exempla sunt in promptu und die bewegen mich sehere*[105], weswegen er beabsichtigte einen in Halle gelegenen Kothof zu kaufen, *welchen ich dan bewbawen wollte Mein und mein weibs und kinder bekommen und impetieren köndte*[106]. Noch am 20. März 1584 beabsichtigte er, seiner Ehefrau und den Kindern im Falle seines Ablebens eine Wohnung zu hinterlassen. Vielleicht war mit der Wohnung der Haller Kothof gemeint, dessen Zuschlag er entweder noch nicht oder gar nicht vor seinem Tod am 26. Februar 1585 erhalten hatte.[107]

Jovius bezog seine Ehefrau Margaretha Cloth im Alltag in Entscheidungen mit

98 HS 2, fol. 163r [Reg.-Nr. 229].
99 HS 2, fol. 296v [Reg.-Nr. 386].
100 HS 2, fol. 343r f. [Reg.-Nr. 456].
101 HS 2, fol. 211v–214v [Reg.-Nr. 274]. Vgl. zu Johannes Cloth Kapitel 4.5.1. und die Angaben im Anhang 11.8.
102 HS 2, fol. 253r [Reg.-Nr. 322].
103 HS 2, fol. 253r [Reg.-Nr. 322].
104 Vgl. zu den beiden Freunden Kapitel 5.1. sowie die Ausführungen im Anhang 11.8.
105 HS 2, fol. 350r f. [Reg.-Nr. 466].
106 HS 2, fol. 350r f. [Reg.-Nr. 466].
107 HS 3, fol. 129v–130r [Reg.-Nr. 646].

ein, wie z. B. bei einem möglichen Hauskauf, und sich um ihr Wohlergehen sorgte oder zur Unterstützung im häuslichen Bereich ein Kindermädchen und eine Magd anstellte. Aussagen darüber, in welchem Maß er seine Ehefrau in Amtsaufgaben oder Geschäfte einbezog, lassen sich nicht treffen. Nur der Hinweis, dass sie ihren Ehemann zu einer Hochzeit im Nachbardorf begleitet hatte, gibt Grund zu der Annahme, dass sie in der Öffentlichkeit als vorbildhafte Pfarrfamilie auftraten.

4.3. Die Pastorenkinder

Jovius' brachte nicht nur seiner Ehefrau Fürsorge entgegen, sondern sorgte sich auch um ihre gemeinsamen Kinder. Sein Stolz und seine Freude über die Geburt ihrer Tochter Elisabeth wird in den Gevatterbriefen[108] deutlich, mit denen Jovius Freunde und Familie zur Taufe am 12. Dezember 1571 in Halle eingeladen und gleichzeitig um die Patenschaft gebeten hatte. Ausführlicher sind zwei Gevatterbriefe, die er im Zuge der Geburt seines ersten Sohnes am 8. Juni 1576 konzipierte. In diesen wird hervorgehoben, wie glücklich er als Vater über die Geburt sei. In der Rolle des Theologen führte er aus, dass Kinder mit einer angeborenen Erbsünde zur Welt kämen, die erst durch die Taufe aufgehoben werde, zu der er einlade. Im Anschluss an die Taufe werde mit bereitgestelltem Essen und Trinken gebührlich gefeiert.[109] Jovius besprach gemeinsam mit seiner Ehefrau, wie auch schon beim potenziellen Hauskauf in Northeim, die möglichen Paten für ihre Kinder oder unterbreitete ihr seine Auswahl. Den Paten, die für die Erziehung der Kinder im christlichen Glauben zuständig waren, brachte das Ehepaar durch ihre Wahl großes Vertrauen entgegen.[110]

Jovius sah es als wichtig an, dass er in seinem *Hause nach meinem besten vermogen weib und kinderen vorstehen*[111] wolle. In diesem Sinn ist auch sein Plan, Eigentum zu erwerben, zu verstehen, damit seine Familie nach seinem Tod eine Bleibe hat.

Großen Wert legte Jovius auf die Ausbildung und Förderung seiner Kinder. Für die Bildung seiner beiden Söhne Johannes und Hartung bestellte er beim Göttinger Buchbinder Hans Reinhard[112] im Februar 1581 zwei bebilderte Kinderbücher, sog. Abc-Bücher. Gegenüber seinem Lehnsherrn Johann Spiegelberg versicherte er im September desselben Jahres, dass *nach dem Mir nhun unser lieber God 2 knaben gegeben* [...] *wolts nhun als ein Vater nach gotes willen* [...]

108 Vgl. zu den ›Gevatterbriefen‹ Kapitel 5.1.
109 HS 2, fol 163r f. [Reg.-Nr. 230], fol. 165r f. [Reg.-Nr. 231].
110 Vgl. Seidel, Freunde und Verwandte, S. 285. Zur Auswahl der Paten vgl. Kapitel 5.1.
111 HS 3, fol. 26r [Reg.-Nr. 515].
112 HS 2, fol. 369r [Reg.-Nr. 477]. Vgl. zum Buchbinder Kapitel 3.4.1.

seiner kirchen schulen und gemeinnen dienten, will sie derowegen fleisig zu Schule halten[113], ihnen ein gutes Vorbild sein und sie unbedingt in die Schule schicken werde, *darmit sie in bonis artibus et moribus ab ineunte aetate ufferzogen werden*[114]. Im Hinblick auf die Zukunft seiner Söhne fragte er Spiegelberg, ob es möglich sei, *beide Söhne darmit* [= mit der Pfarre] *belhenet worden ea conditione et modo*[115]. Er wisse aber noch nicht, *welcher unter Innen beiden zum Predigtampt Lust hette, und darzu geriete und tuchtig erfunden worden, das den derselbige die Pfarre fur dem anderen bedienen möchte*[116].[117]

Zumindest zeitweise übernahm Jovius den Unterricht seiner Kinder. Mit großem Ehrgeiz setzte er sich nachweislich für die Ausbildung seiner Töchter ein und stellte private Hauslehrer bzw. eine Lehrerin[118] ein. Er sah sich gezwungen, eine *steur und Zwangkmeisterin*[119] einzustellen, da die Töchter sich vorlaut und sehr unerzogen benahmen. Auch gegenüber seinem Schwiegervater Heinrich Cloth äußerte er, dass seine Töchter *vorlautnen undt zu arg*[120] werden. Daher bemühte er sich im August 1577, eine namentlich nicht genannte Lehrmeisterin aus Northeim für den Winter als Lehrerin für seine drei Töchter zu engagieren. Jovius bat daher seine Schwägerin Anna Cloth vorzufühlen, ob seitens der Lehrerin überhaupt Interesse bestehe, die Pfarrerstöchter in Halle in *lesen schreiben beten zucht godseliget unnd erbarkeit*[121] gegen eine entsprechende Bezahlung zu unterrichten. Darüber hinaus ersuchte er seinen Northeimer Freund Justus Sutel[122] um Auskünfte bezüglich der Lehrerin[123]. Er bot der Lehrerin an, bevor sie sich entscheide, mit dem Briefboten nach Halle zu reisen, sich ein Bild von den Töchtern, dem Haus sowie dem Umfeld zu machen und in Begleitung wieder nach Northeim zurückzureisen. Ob die Northeimer Lehrerin wirklich die Stelle in Halle annahm und die Pfarrtöchter unterrichtete, lässt sich anhand der Konzeptbücher nicht belegen.

Dass aber Hauslehrer im Pfarrhaus tätig waren, die ferner die Pfarrtöchter unterrichteten, zeigt das Beispiel des gebürtig aus Lauenstein stammenden Johannes Corvinus[124], der wahrscheinlich erst nach seinem am 25. Mai 1570 be-

113 HS 3, fol. 26r–26v [Reg.-Nr. 515].
114 HS 3, fol. 26v [Reg.-Nr. 515].
115 HS 3, fol. 27r [Reg.-Nr. 515].
116 HS 3, fol. 27r [Reg.-Nr. 515].
117 HS 3, fol. 25v–27r [Reg.-Nr. 515].
118 Vgl. zur Northeimer Lehrerin Breithaupt, Gestalten des 16. Jahrhunderts, S. 80. Zur Mädchenbildung allgemein vgl. Jacobi, Mädchen- und Frauenbildung; s. zu den Bildungsangeboten für Mädchen ebd., S. 65–104.
119 HS 2, fol. 280v [Reg.-Nr. 364].
120 HS 2, fol. 280v [Reg.-Nr. 364].
121 HS 2, fol. 280v [Reg.-Nr. 363].
122 Vgl. zu Justus Sutel Kapitel 5.1. und die Ausführungen im Anhang 11.8.
123 HS 2, fol. 281r [Reg.-Nr. 365].
124 Vgl. zu Johannes Corvinus Kapitel 5.1.3.2. und die Ausführungen im Anhang 11.8.

ginnenden Studium an der Universität Helmstedt[125] als Hauslehrer angestellt wurde.[126] Die Anstellung belegt auch ein Schreiben der Haller Gemeinde aus dem März 1585, in dem sie bezeugte, dass Corvinus von Jovius *seinen lieben kindern als einen Paedagogo zugeordnet*[127] worden war. Ein weiterer Lehrer im Haller Pfarrhaus war Johannes Köne[128] aus Halberstadt, der für die Pastorenkinder wahrscheinlich im Jahr 1583 *ein gantz Jar pro paedagogo*[129] angestellt worden war. Jovius bescheinigte Köne, dass er mit *grossem vleiss ohn allen verdruss dieseligen geleret* [...] *also das ich ihm dancke, und wollte Ihn auch gernne lenger bei mir behalten*[130].

Jovius sah seine Verantwortung als Vater vor allem darin, seinen Kindern eine gute Ausbildung und Förderung zukommen zu lassen und sie nach seinem Tod versorgt zu wissen. Obwohl sich kein konkretes Bildungskonzept aus den Konzeptbüchern ergab, bestätigt die Anstellung von Hauslehrern bzw. die Suche nach einer Lehrerin, dass er neben seinen beiden Söhnen ebenso die Erziehung seiner Töchter im Blick hatte und keinesfalls vernachlässigte.

4.4. Jacob Jovius' Schwiegervater Heinrich Cloth

Einen ersten Hinweis auf einen nicht überlieferten Disput zwischen Jovius und seinem in Northeim lebenden Schwiegervater Heinrich Cloth geht aus einer knappen Notiz vom November 1572 hervor. Am 16. und 17. November war Heinrich persönlich in Halle und besprach wahrscheinlich mit seinem Schwiegersohn dessen Bemühungen hinsichtlich der Ausbildung und Zukunftspläne seines Sohnes, Johannes Cloth.[131] Während Jovius' gesamter Amtszeit nahm er seinen Schwiegervater immer wieder für diverse Botentätigkeiten in Anspruch. Damit dieser keine Forderungen für die Tätigkeiten geltend machen konnte, erinnerte Jovius ihn daran, *das die Möme so lange beÿ uns ist gewesen*[132], was er ihm zu Gute halten müsse. Für eine andere Botentätigkeit am 13. Juni 1575 stellte er als Gegenleistung seinen Besuch mit der ganzen Familie in Aussicht.[133] Erneut bat er seinen Schwiegervater am 27. November 1576 als Bote tätig zu werden.

125 Vgl. ZIMMERMANN, Matrikel Helmstedt I, S. 21, Nr. 17: Johannes Corvinus, Lauvensteinensis.
126 HS 2, fol. 337v [Reg.-Nr. 449]: *olim filiarum mearum poedagogius.*
127 NLA WF 14 Alt Nr. 889, fol. 4v, 8v.
128 Vgl. zu Johannes Köne Kapitel 5.1.3.1.
129 HS 3, fol. 119v [Reg.-Nr. 636].
130 HS 3, fol. 119v [Reg.-Nr. 636].
131 HS 2, fol. 66v [Reg.-Nr. 92]. Vgl. zum Konflikt zwischen Jovius und Johannes Cloth Kapitel 4.5.1.
132 HS 2, fol. 101v [Reg.-Nr. 149].
133 HS 2, fol. 101v [Reg.-Nr. 149], fol. 110r [Reg.-Nr. 163].

Bevor Cloth irgendwelche Ansprüche stellte oder um Konflikte direkt zu vermeiden, erhielt er für seine *muhe unnd arbeit* [...] *ein Molder Rogken*[134] von Jovius als Vergütung.

Am 15. August 1577 gab es einen nicht näher erläuterten Streit zwischen Jovius und seinem Schwiegervater. Im Konzeptbuch findet sich lediglich eine kurze Notiz, dass Heinrich sich *uber dieser botschafft* [...] *dermassen geirret* [hat] *mit Annen das er nichts bestendiges von diesen dingen Mir widder entpoten hatt.*[135]

Im Mai-Juni 1576 bat Cloth seinen Schwiegersohn um Hilfe, als seine Ehefrau schwer erkrankte. Jovius empfahl gegen das Fieber einen Arzneitee aus Wintergerste[136], doch noch vor dem 8. Juni 1576 starb seine Schwiegermutter. Anlässlich des Todes übersandte er seinem Schwiegervater einen Brief, brachte sein tiefes Mitgefühl zum Ausdruck und bat ihn – wie bereits erwähnt –, seiner Ehefrau Margaretha die Nachricht vom Tod ihrer Mutter wegen der bevorstehenden Geburt zu verschweigen.[137]

Das Verhältnis zwischen Jovius und seinem Schwiegervater wurde enger, als Johannes Cloth, über dessen Ausbildung beide sich 1572 noch auseinandergesetzt hatten, Rektor in Moringen wurde. Sie tauschten sich regelmäßig aus und Heinrich verschwieg seinem Schwiegersohn nicht, wie er sich über Cloths Benehmen als Rektor ärgerte. Beide waren sich einig, Johannes auf sein ungebührliches Verhalten hinzuweisen und ihn diesbezüglich zu ermahnen.[138] Als Johannes Cloth am 20. Juli 1578 starb, richtete er einen Trostbrief an seinen Schwiegervater und sprach ihm neben tröstenden Worten auch seine Anteilnahme aus.[139] Der Trostbrief orientierte sich an den folgenden sechs Leitfragen:

I *das die bossheit derselbigen verstand nicht verrkere,*
II *das Ire Seele durch falsche lehre nicht betrogen werde,*
III *das sie durch bose exempel nicht verderbt und verfuret worden,*
IV *das die reitzende lust Ire unschuldige hertzen nicht verkere,*
V *uf das sie Ire Jahre desto eher erfülleten unnd sie vollenkommen wurden*
VI *das sie god lieb gehatt darumb hatt er mit Inen getÿlet, us disem leben.*[140]

An diesen Fragen orientierte sich Jovius und führte weiter aus, dass Gott Johannes vermutlich vor der schlechten Welt bewahren wollte und dass dieser im

134 HS 2, fol. 187v [Reg.-Nr. 261].
135 HS 2, fol. 280v [Reg.-Nr. 364].
136 Vgl. zu Jovius' medizinischem Interesse Kapitel 3.4.2.
137 HS 2, fol. 156r [Reg.-Nr. 220], fol. 162v f. [Reg.-Nr. 229].
138 HS 2, fol. 222r [Reg.-Nr. 281].
139 HS 2, fol. 211v–214v [Reg.-Nr. 274].
140 HS 2, fol. 212r [Reg.-Nr. 274]. Vgl. dazu auch Breithaupt, Gestalten des 16. Jahrhunderts, S. 82, der den Aufbau des Trostbriefs mit einer Leichenpredigt verglich.

rechten Glauben, den er über die Zeit nie verloren hatte, gestorben sei. Zudem könne der Verstorbene nicht mehr von Versuchungen verführt oder beeinflusst werden. Er tröstete seinen Schwiegervater mit dem Verweis auf Davids Reue[141] und damit, dass Johannes durch den Tod vor Unzucht, Sünden und der Schande sowie allen weiteren Leichtfertigkeiten, wie *fressen* und *sauffen*[142], bewahrt bleibe. Johannes werde nun mit seiner Mutter, seinem Großvater, seiner Schwester Katharina und seinem anderen Bruder Johannes im Himmel bei Gott vereint sein. Weiterhin empfahl Jovius dem Trauernden als Leitsatz: *God hatt seine seele, darumb hatt er mit Ihm gerÿlet uß diesem bosen betrubten leben*[143] geholt, den er für den schönsten Trostsatz für trauernde Eltern hielt.

Nach dem Tod seiner ersten Ehefrau im Jahr 1576 heiratete Heinrich Cloth ein zweites Mal. Jovius äußerte gegenüber seinem Schwager Franz Düvel[144] im Januar 1580 seine Bedenken über die neue Stiefschwiegermutter, insbesondere über ihren schlechten Einfluss. Doch er revidierte seine Meinung, nachdem er sie auf einer Familienfeier kennengelernt hatte.[145] Schon im Oktober starb die Stiefschwiegermutter und Jovius sprach Heinrich erneut in einem Brief seine Anteilnahme aus. Er hoffte, dass ihm die Trauer nicht noch zusätzlich zu seiner schlechten Allgemeinverfassung zusetze und versprach, ihn zusammen mit seiner Familie am 4. Dezember 1580 in Northeim zu besuchen, wenn nicht die Pest grassiere.[146] Jovius äußerte sich gegenüber seinem Schwager dahingehend, dass ihr gemeinsamer Schwiegervater diesen Tod hoffentlich besser verkrafte als den seiner ersten Ehefrau.

Ende des Jahres 1581 grassierte in Halle die Pest und Jovius befürchtete, dass die Menschen den Glauben an Gott verlieren.[147] Hinzukam die Sorge um seinen Schwiegervater, der sich im Winter 1581/1582 zur Zeit der Pest auf dem Weg nach Halle befand. Da Heinrich Cloth nicht in Halle ankam, fragte Jovius am 15. Januar 1582 bei seinem Schwager Düvel besorgt nach, ob sich an den Reiseplänen etwas geändert hätte.[148] Entweder verlief Cloths Reise ohne Zwischenfälle oder er hatte die Reise gar nicht erst angetreten. Zumindest war Heinrich Cloth nichts zugestoßen, da er am 1. April 1582 erneut nach Halle eingeladen wurde.[149]

141 2. Sam. 12[,1–25].
142 HS 2, fol. 212r [Reg.-Nr. 274].
143 HS 2, fol. 214r [Reg.-Nr. 274].
144 Vgl. zu Franz Düvel Kapitel 4.5.2. und die Ausführungen im Anhang 11.8.
145 HS 2, fol. 322r [Reg.-Nr. 423], fol. 328r f. [Reg.-Nr. 435].
146 HS 2, fol. 348r f. [Reg.-Nr. 462].
147 HS 3, fol. 38r [Reg.-Nr. 523].
148 HS 3, fol. 55r f. [Reg.-Nr. 543].
149 HS 3, fol. 62v [Reg.-Nr. 554].

4.5. Die Schwäger

Für die Ausbildung und Förderung einzelner Familienmitglieder, insbesondere für seine Schwäger Johannes Cloth, Franz Düvel und Johannes Tenzelius, setzte sich Jovius sehr aktiv ein. Man könnte ihn als Vermittler ansehen, der für seine Schwäger bei den entsprechenden Institutionen eintrat und damit neue Netzwerkverbindungen schaffte. Allerdings stieß Jovius' Fürsorge nicht immer auf Dankbarkeit oder war besonders erfolgreich, sondern führte zu diversen Auseinandersetzungen und angespannten Beziehungen.

4.5.1. Johannes Cloth[150]

Bereits im ersten im Konzeptbuch entworfenen Brief an seinen Schwager Johannes Cloth vom 20. Februar 1571 belehrte ihn Jovius, dass dessen Eltern ihn mit Geld und nötiger Disziplin unterstützt hatten, um ihm eine Ausbildung zu ermöglichen und zukünftig beruflich entweder der Kirche oder dem Staat erfolgreich zu dienen. Er ermahnte seinen Schwager außerdem zu einem tugendhaften Leben, eifrigem Lernen und einem guten und angepassten Benehmen auf der Hildesheimer Schule[151]. Er solle nicht nachlässig werden und den Anweisungen der Lehrer gehorchen.[152]

1572 war Cloth im Haller Pfarrhaus zu Gast und übernahm für Jovius Botendienste.[153] In dieser Zeit versuchte Jovius, seinen Schwager auf einer anderen Schule unterzubringen. Er interzedierte[154] am 28. Januar 1572 beim Amelungsborner Abt Andreas Steinhauer mit der Bitte, seinen 17-jährigen, fleißigen Schwager, der mittelmäßige Kenntnisse in den *prima elementa artium*[155] aufweise, als Schüler in der Klosterschule aufzunehmen, zu fördern und auszubilden. Auf Grund von Teuerung und anderen nicht genannten Gründen könne dieser sein Studium in Hildesheim nicht fortsetzen. Er versicherte, dass er und seine Schwiegereltern für die Unterstützung des Abts sehr dankbar sein werden.[156] Zwar war Jovius optimistisch, dass Johannes als Klosterschüler aufge-

150 Vgl. zu Johannes Cloth auch Breithaupt, Gestalten des 16. Jahrhunderts, S. 72f., 75f., 79f., 82.

151 Es handelt sich bei dieser Schule wahrscheinlich um eine städtische Schule, welche aber gemeint ist, geht aus den Konzepten nicht hervor.

152 HS 2, fol. 9r [Reg.-Nr. 14].

153 HS 2, fol. 38v [Reg.-Nr. 56].

154 Der Begriff ›interzedieren‹ ist dem lateinischen Verb ›intercedere‹ mit der Bedeutung ›für jmd. Eintreten‹ entlehnt, vgl. Würgler, Bitten und Begehren, S. 19ff.; Blickle, Interzession, S. 297f.

155 HS 2, fol. 39r [Reg.-Nr. 57].

156 HS 2, fol. 39r f. [Reg.-Nr. 57].

nommen werde, dennoch bat er neben dem Amelungsborner Prior Engelbert Bigenius[157] auch seinen befreundeten Pastor Johannes Nexius[158] um ein weiteres Empfehlungsschreiben für Cloth.[159] Um seinem Anliegen Ausdruck zu verleihen, verdeutlichte Jovius in dem Brief an Nexius die Situation seines Schwagers mit dem Ovid Zitat: *Fertilis, assiduo si non renouetur aratro, nil nisi cum spinis gramen habebit ager*[160]. Unter diesem Schreiben vermerkte er abwertend, dass er die Situation einem Tauben geschildert hätte. Mutmaßlich kam der Pastor der Bitte nicht nach.[161]

Jovius' ging mit seiner Unterstützung neue Wege, als er einige Tage später in den herzoglichen Verordnungen las, dass für das Gandersheimer Pädagogium Adam Bissander von Herzog Julius als Rektor eingestellt wurde. In einem Schreiben vom 5. Februar 1572 teilte er Bissander mit, dass er mit dessen Bruder Quirinius 1555 zusammen an der Universität in Jena studiert hatte.[162] Abschließend ersuchte er den Rektor um die Aufnahme seines Schwagers im Pädagogium und ergänzte seine Bitte am 18. April 1572 mit der Anfrage, ob Bissander Cloth eventuell für ein fürstliches Stipendium vorschlagen könne.[163]

Um seinen Schwager auf der Klosterschule oder auf dem Gandersheimer Pädagogium unterzubringen nutze Jovius seine Kontakte. Dabei verließ er sich aber nicht nur auf den Abt oder den Rektor des Pädagogiums, sondern stellte ferner am 18. Juni 1572 dem Generalissimus Nicolaus Selnecker seinen Schwager vor. Dieser habe auf den Schulen in Northeim und Hildesheim mittelmäßige Kenntnisse erworben, die er mit einem Studium auf dem Pädagogium in Gandersheim erweitern wolle. Jovius hatte erfahren, dass einige Schüler durch herzogliche Stipendien gefördert wurden, und war der Ansicht, dass Cloth auf Grund seiner Herkunft aus sehr ärmlichen Verhältnissen, ein geeigneter Kandidat für ein Stipendium sei. Er interzedierte beim Generalissimus und bat, seinen Schwager bei der Stipendienvergabe zu berücksichtigen oder diesen, falls die maximale Anzahl der Stipendiaten bereits erreicht sei, in einer anderen Klosterschule unterzubringen.[164]

Als Johannes Cloth von den emsigen Bemühungen seines Schwagers Jovius erfuhr, beschwerte er sich darüber bei seinem Vater Heinrich Cloth. Dieser war – wie bereits erwähnt – am 16. und 17. November nach Halle gereist, um bei

157 Vgl. zu Engelbert Bigenius Kapitel 7.1.5. und die Ausführungen im Anhang 11.8.
158 Vgl. zu Johannes Nexius Kapitel 5.1.
159 HS 2, fol. 40r [Reg.-Nr. 58].
160 Ovid, Tristia, Lib. 5, Eleg. 12, 23f.: Wenn der tragfähige Acker nicht durch ständiges Pflügen erneuert wird, wird er nur stacheliges Gewächs ernten.
161 HS 2, fol. 40v f. [Reg.-Nr. 59].
162 Vgl. zur Beziehung zwischen Jovius und Adam Bissander Kapitel 5.1.2.
163 HS 2, fol. 41v–42r [Reg.-Nr. 60], fol. 47r [Reg.-Nr. 69].
164 HS 2, fol. 47v f. [Reg.-Nr. 70].

diesem Besuch vermutlich Johannes' Förderung zu thematisieren.[165] Jovius wollte nach diesem Besuch einen Brief aufsetzen, doch es ist lediglich eine knappe Notiz im Konzeptbuch vom 17. November 1572 überliefert: *Johanni Clodio, Verba patris nomine filii: Ich will meins Schwagers Knecht nicht werden*[166]. Mit diesem Eintrag, der oben rechts in die Ecke gepresst wurde, drückte er vermutlich seine Erregung darüber aus, dass sein Schwiegervater stellvertretend für Johannes das Problem mit ihm diskutiert hatte.

Das Problem der Bevormundung bestand bis zum 9. Februar 1573. Erst dann wandte sich Jovius in einem Brief zum ersten Mal wieder direkt an Johannes und gratulierte ihm zur Aufnahme im Gandersheimer Pädagogium. Jovius' erfolgreichen Bemühungen zum Trotz hatte Cloth ihm Undankbarkeit und Hochmut vorgeworfen. Jovius hoffte, dass sein Schwager seine unbegründeten Vorwürfe zurücknehme und alles zu einem versöhnlichen Abschluss käme. Seit Cloths Jugend habe er ihn unterrichtet, ihn in seinem Pfarrhaus aufgenommen, mit Essen verpflegt und stetig gefördert. Zum Schluss forderte er Cloth mit einer gewissen Neugier auf, ihm Auskunft über den Zustand des Pädagogiums zu erteilen, wer zurzeit Professor sei und ob Nicolaus Selnecker ständig in Gandersheim lebe und was dieser unterrichte.[167] Die Fragen nach Selnecker und dessen ständigen Wohnsitz in Gandersheim stellte Jovius wiederholt in einem weiteren Brief an Cloth am 22. April 1573.[168] Darüber hinaus riet er ihm bezüglich einer nicht näher genannten Angelegenheit, nicht jedem Menschen uneingeschränkt zu vertrauen, gemäß des Sprichworts: *fide sed vide cui fidas*[169]. Er hoffte, dass dieser sich der Gefahr bewusst sei und nicht auf denselben, nicht näher erläuterten Fehler zum dritten Mal reinfalle.[170]

Im August 1574, nachdem Cloth den Abschluss des Baccalaureus gemacht hatte, versuchte Jovius eine Stelle für ihn zu finden. Er empfahl ihn für die freie Stelle des dritten Lehrers an der Northeimer Schule, jedoch ohne Erfolg. Am 1. Mai 1575 informierte Jovius ihn über das freie Rektorenamt an der Moringer Schule. Bezüglich der Nachfolge kontaktierte er gleichzeitig seinen Freund und jetzigen Amtsinhaber Johannes Froman[171]. Nachdem er ihm am 17. Mai 1575 zur Beförderung zum Kaplan gratuliert hatte, schlug Jovius seinen Schwager als

165 HS 2, fol. 66v [Reg.-Nr. 92].

166 HS 2, fol. 67r [Reg.-Nr. 93].

167 HS 2, fol. 70r [Reg.-Nr. 100]. Über Selneckers Wohnung wurde auch am 10. Februar 1573 im Konsistorium verhandelt vgl. LAW V1923, S. 159, mit dem Ergebnis, dass das Thema auf dem nächsten Generalkonsistorium besprochen werden sollte.

168 Im Konsistorium wurde am 14. Mai 1573 festgesetzt, dass in Gandersheim mit dem Rektor [Adam Bissander] und anderen Professorenkandidaten über deren Bestallung verhandelt werden sollte, vgl. LAW V235, fol. 4v–5r.

169 Walther, Proverbia, Bd. 2, Nr. 9439: Vertrau, aber schau, wem du vertraust.

170 HS 2, fol. 75v [Reg.-Nr. 111].

171 Vgl. zu Johannes Fromann Kapitel 5.1. und die Ausführungen im Anhang 11.8.

Amtsnachfolger vor. Diese Stelle wurde tatsächlich mit Johannes Cloth besetzt, da Jovius ihn am 17. Juni 1575 fragte, ob die unbekannte Tragödie in der Moringer Schule am 24. Juni oder später aufgeführt und ob er eine Rede[172] halten werde.[173]

Am 8. September 1575 forderte er seinen Schwager auf, verschiedene, nicht näher ausgeführte Angelegenheiten in der Umgebung zu erledigen. Er bat ihn, dem Göttinger Buchbinder Hans Reinhard[174] auszurichten, dass die Schulden auf dem Einbecker Markt beglichen werden. Abschließend riet er ihm, bei allen künftigen Konversationen und Reden unbedingt sorgfältig vorzugehen und sich in seiner freien Zeit stetig weiterzubilden, da die Menschen in seiner Umgebung ebenfalls sehr gebildet seien.[175] Am 18. November lehnte Jovius eine eindringliche Bitte seines Schwagers um Geld ab. Er gab ihm deutlich zu verstehen, dass er ohnehin nichts verleihen könnte und selbst auf Grund des noch nicht verkauften Getreides überhaupt kein Geld besitze.

Um Weihnachten 1575 benötigte Jovius dringend die Unterstützung seines Schwagers, der ihn über den Krankheitszustand seines Freundes Johannes Roffkarn[176] informieren sollte. Er forderte Cloth auf, sich sofort um seinen kranken Freund zu kümmern und die mitgesandten Anweisungen für die Arzneimittel exakt zu befolgen. Abschließend unterließ er es nicht, ihn wiederholt zu ermahnen, die Schule in Moringen mit Rechtschaffenheit und Frömmigkeit zu leiten und nicht dem Ruf der Schule zu schaden. Jovius' Sorge um Cloths Ansehen sowie das der gesamten Familie war gerechtfertigt. Im Februar 1576 erfuhr er über Gerüchte, dass sein Schwager regelmäßig an Trinkgelagen in der Öffentlichkeit teilnehme, sich wie die Studenten kleide und sich nicht wie ein Präzeptor der Moringer Schule verhalte. Er ermahnte ihn, dringend seinem Amt gerecht zu werden, ein vernünftiges Vorbild für die Kinder zu sein und ordnungs- und pflichtgemäß sein Amt auszuüben.[177]

Cloths ungebührliches Verhalten führte dazu, dass Jovius ihn am 8. März 1577 erneut ernsthaft ermahnte, sein Benehmen zu überdenken und zu korrigieren. Er erklärte ihm, dass er nicht verstehe, wie dieser innerhalb eines halben Jahres den Rückhalt der gesamten Familie verlieren konnte. Dessen despektierliches Betragen und der Alkoholkonsum in der Öffentlichkeit veranlassten

172 Breithaupt, Gestalten des 16. Jahrhunderts, S. 76, vermutet, dass es sich um eine Schulaufführung und eine Art Festrede für eine Schulveranstaltung handeln könnte.

173 HS 2, fol. 95v [Reg.-Nr. 141], fol. 107v [Reg.-Nr. 159], fol. 108r [Reg.-Nr. 160], fol. 109v [Reg.-Nr. 162], fol. 111r [Reg.-Nr. 165].

174 Vgl. zu Hans Reinhard Kapitel 3.4.1.

175 HS 2, fol. 121r [Reg.-Nr. 180].

176 Vgl. zu Johannes Roffkarns Krankheit Kapitel 3.4.2. und zu seiner Person die Angaben im Anhang 11.8.

177 HS 2, fol. 138v–140r [Reg.-Nr. 200], fol. 149v [Reg.-Nr. 214].

ihn, die Familie sowie insbesondere Heinrich Cloth, eine ablehnende Haltung einzunehmen: *Hatt Ehr unser vergessen wir wollen ewrer auch vorgessen*[178]. Cloth hatte Jovius schon einmal versprochen, sich zu bessern, doch hielt er sich nicht daran. Jovius resümierte, dass *hettestu es geringer konnen machen mein Herstzen hatt noch nicht schue gekriegt*[179]. Sein Zorn drückte er in den folgenden Worten aus: *sauff dich voll und stelle dich als ein grober tulpel*[180] dar, der Teufel lobe es, aber er nicht. Er gab seinem Schwager den dringenden Rat, zum Thema Alkoholismus in der Bibel die Briefe des Apostel Paulus an die Korinther, Epheser und Hebräer sowie im Lukasevangelium Kapitel 21 zu lesen. Abschließend empfahl er ihm dringend, die Devise des Herzogs Julius *serviendo aliis consumor*[181] zu beherzigen und *Johannes wiltu ein redlicher ehrlicher geselle sein, bedencks*[182]. Weder ist eine Antwort Cloths im Konzeptbuch überliefert, noch kam es zu einer Aussprache. Jovius wurde von einem befreundeten Moringer[183] informiert, dass Johannes Cloth am Sonntag den 20. Juli nachts um 12 Uhr an einem Pestgeschwür gestorben war. Er sandte seinem Schwiegervater Heinrich Cloth daraufhin einen Trostbrief mit Worten aus dem Buch der Weisheit[184], die die Frage beantworteten, warum *Junge leute die doch noch seher nutze hetten der welt sein könndten*[185], sterben mussten. Er tröstete seinen Schwiegervater weiter, dass Johannes selbst kurz vor seinem Tod zu seiner Schwester Margaretha in Moringen sagte, dass er für sie und Jovius bete, denn dort wird *meher trawrens und elend sein wan der* [= Jovius] *verfille*[186]. Nach dem Tod seines Schwagers erwähnte Jovius am 4. August 1578 nur noch einmal dessen Bücherbesitz, den er als gesamten Bestand verwahrt wissen möchte. Dieser Bücherbestand, um den er sich anscheinend sehr sorgte, war auch Gegenstand des Briefes an seinen Schwager Franz Düvel, den er am 30. Januar 1580 erneut darum ersuchte, auf den gesamten Bestand Acht zu geben, damit nicht einzelne Bücher verkauft werden.[187]

Jovius' entschlossene Unterstützung seines Schwagers Johannes Cloth führte zu mehreren Konflikten. Dank der Überlieferung der 11 direkt an Cloth adressierten Briefe und weiterer 13 Briefe, in denen sein Schwager thematisiert wurde, lässt sich neben dem Verhältnis auch ein ungefähres Charakterbild von Johannes

178 HS 2, fol. 221v [Reg.-Nr. 281].
179 HS 2, fol. 222r [Reg.-Nr. 281].
180 HS 2, fol. 222r [Reg.-Nr. 281].
181 HS 2, fol. 222r [Reg.-Nr. 281].
182 HS 2, fol. 221v–222r [Reg.-Nr. 281].
183 Wahrscheinlich handelte es sich um Johannes Froman, der zu dieser Zeit Kaplan in Moringen war.
184 Wsh. 4,7–14.
185 HS 2, fol. 212r [Reg.-Nr. 274].
186 HS 2, fol. 214v [Reg.-Nr. 274].
187 HS 2, fol. 211v–214v [Reg.-Nr. 274], fol. 215r [Reg.-Nr. 275], fol. 322r [Reg.-Nr. 423].

entwerfen. Cloth war nur mittelmäßig begabt, nicht fleißig, leichtgläubig, verschwenderisch, ging Konfrontationen aus dem Weg, konsumierte in der Öffentlichkeit zu viel Alkohol und war kein gutes Vorbild. Er brachte weder der finanziellen Unterstützung seiner Eltern noch für Jovius' Hilfen Dank entgegen. Obwohl Cloth Jovius bat, ihn bei seiner beruflichen Orientierung zu unterstützen, fasste er dessen Bemühungen eher als Bevormundung auf. Trotz des angespannten Verhältnisses setzte sich Jovius für seinen Schwager ein, obwohl dessen despektierliches Benehmen zu erneuten Spannungen führte.

4.5.2. Franz Düvel

Jovius kannte Franz Düvel[188] aus seiner Zeit als Rektor an der Northeimer Schule, als Düvel dort sein Schüler war.[189] Im Dezember 1573 wurde Düvel Kantor in Einbeck, bevor er im August 1579 Rektor der Northeimer Schule wurde.[190] Neben der beruflichen Veränderung strebte Düvel außerdem auch eine private an. Er hatte die Absicht, Anna Cloth, Jovius' Schwägerin, zu heiraten. Interessant ist, dass Jovius und nicht Heinrich Cloth als Brautvater die Einzelheiten für den Ehevertrag verhandelte. Vermutlich wurde er von Heinrich gebeten, diesbezüglich die Verhandlungen zu führen.

Zunächst hielt Jovius fest, dass Düvel 20 Gulden, eine Kuh und den Büchernachlass seines Bruders Andreas[191] mit in die Ehe bringen würde. In Bezug auf die Aussteuer richtete er einige Nachfragen an den Bräutigam. Er wollte wissen, woher Düvels Vater die 20 Gulden für den Haushalt nahm, wer Anspruch auf das Geld vom Verkauf des Hauses hatte und was mit dem im Familienbesitz befindlichen Garten geschehe. Auf einem dem Schreiben beigelegten Zettel listete Jovius Annas Mitgift auf: 40 Northeimische Mark, 20 Gulden für Bier, Kleider, ein Bett mit Kasten und Decke, *allein mit dem vorbehalt*[192], dass in Annas Todesfall der Schmuck und die Kleider an die Verwandtschaft zurückfielen, sofern es keine Kinder als Erben gäbe. Für die Perlenkette, die sowohl Anna als auch Jovius' Ehefrau zustand, regelte er, dass die Kettenbesitzerin die andere entschädigen müsse[193]. *Wann das gescheen will Er und wir alle darmit zu frieden sein und consentiren*[194], sodass die Hochzeit stattfinden könne.[195]

188 Vgl. auch Breithaupt, Gestalten des 16. Jahrhunderts, S. 83ff., 87, 89.
189 HS 2, fol. 309v [Reg.-Nr. 403]: *suo olim discipulo.* Meyer, Pastoren, Bd. 1, S. 141, nennt als Düvels Geburtsort Northeim.
190 HS 2, fol. 86r [Reg.-Nr. 127].
191 Breithaupt, Gestalten des 16. Jahrhunderts, S. 84, vermutete, dass Andreas Düvel, der sich 1564 in Erfurt immatrikulierte, Franz Düvels Bruder war.
192 HS 2, fol. 309v [Reg.-Nr. 403].
193 HS 2, fol. 332v [Reg.-Nr. 440]. Die Perlenkette gelangte am 25. April 1580 in Margarethas

Anscheinend erfüllte Düvel die Voraussetzungen und beantwortete die Nachfragen zu Jovius' Zufriedenheit, worauf die Ehe noch 1579[196] geschlossen wurde. Jovius erkundigte sich am 30. Januar 1580 nach dem Gesundheitszustand der beiden frisch Vermählten und bat seinen jetzigen Schwager, in seinem Auftrag mit dem gemeinsamen Schwager Curd Jahns, dem Flickschneider, bezüglich einer nicht näher erläuterten Lohnauszahlung zu verhandeln. Er äußerte zuletzt seine Bedenken über ihre neue Stiefschwiegermutter und bat Düvel, wenn er etwas über Heinrichs 2. Ehefrau erfahre, ihn umgehend zu benachrichtigen. Jovius sorgte sich nach dem Tod seiner Schwiegermutter, ob sein Schwiegervater den Tod seiner zweiten Ehefrau verkraftete. Seine Sorgen teilte er seinem Schwager mit und versicherte ihm, den Ehevertrag ihres Schwiegervaters zuzuschicken, und entschuldigte sich für seine knappen Briefe, da ihn täglich viele verschiedene kirchliche wie ökonomische Aufgaben beschäftigten, die ihm auf Grund seines schlechten Gesundheitszustandes große Schwierigkeiten bereiteten. Dennoch stellte er seinen Besuch am 4. Dezember in Aussicht, es sei denn, in Northeim grassiere die Pest.[197]

In den Jahren 1580 bis 1584 bestand der Kontakt zwischen den Schwägern hauptsächlich wegen Jovius' Bücherbestellungen beim Göttinger Buchbinder Reinhard. Düvel wickelte die gesamten Bestellungen und Bezahlungen ab, was ihm einiges abverlangte und nicht problemlos verlief, da Jovius mit der Bezahlung häufig rückständig war. Er war oft gezwungen, zwischen beiden zu vermitteln, d. h. Jovius zur Schuldentilgung zu ermahnen oder Reinhard zu beschwichtigen.[198]

Im Jahr 1580 wollte Düvel sich beruflich verändern und suchte eine neue Stelle als Pastor. Jovius unterstützte ihn und formulierte am 1. September 1580 gezielt gegenüber dem Herzberger Kanzler Andreas Spiegelberg und Johannes Schellhammer, Hofprediger und Generalsuperintendent in Herzberg, die Bitte, Düvel für das freigewordene Pastorenamt in Wulften dem Herzog Wolfgang von Braunschweig-Grubenhagen zu empfehlen.[199] Am selben Tag unterrichtete er

---

Besitz, da Jovius seinem Schwager Franz Düvel $\frac{1}{2}$ Taler für die Perlenkette schickte, den restlichen Betrag von $2\frac{1}{2}$ Taler sollte Hans vom Hagen um Pfingsten dazugeben, der Jovius noch diesen Betrag schuldete.

194 HS 2, fol. 309v [Reg.-Nr. 403].

195 HS 2, fol. 309v f. [Reg.-Nr. 403].

196 HS 2, fol. 311v [Reg.-Nr. 407]. Vgl. zu Jovius' entworfenen Chronogramm *PIIS DEVS AVXILIVM* als Ersatz für die Jahreszahl 1579 Kapitel 2.2.1.

197 HS 2, fol. 322r [Reg.-Nr. 423], fol. 323r [Reg.-Nr. 426], fol. 328r f. [Reg.-Nr. 435], fol. 346r–347v [Reg.-Nr. 461].

198 HS 2, fol. 369r [Reg.-Nr. 477], fol. 370r [Reg.-Nr. 479]. HS 3, fol. 51r [Reg.-Nr. 536], fol. 55r f. [Reg.-Nr. 543], fol. 117r f. [Reg.-Nr. 633], fol. 126v f. [Reg.-Nr. 642]. Vgl. zu den einzelnen Aufträgen Kapitel 3.4.1.

199 HS 2, fol. 340v [Reg.-Nr. 453].

seinen Schwager, dass er ihn dem Kanzler Spiegelberg für Pfarrstelle empfohlen hatte.[200]

Düvel bemühte sich auch selbst um eine neue Stelle. Am 23. Oktober 1580 schilderte er Jovius, wie die Verhandlung mit Andreas Hoffmann, dem Pastor in Lüthorst[201], über dessen Nachfolge verlaufen war. Jovius war erfreut über das Interesse seines Schwagers und stellte ihn vor die Wahl, sich entweder direkt zum Abt des Klosters Corvey, Reiner von Bocholtz, zu begeben, da die Pfarrei Lehen des Klosters war, oder nach Halle zu kommen, um gemeinsam beim Amelungsborner Abt Andreas Steinhauer um ein Empfehlungsschreiben zu bitten.[202] Gleichzeitig sicherte er ihm zu, den Amelungsborner Abt zu bitten, beim Corveyer Abt für ihn zu interzedieren.[203] Nachdem Jovius Steinhauer im Vorfeld schon mündlich um ein Empfehlungsschreiben gebeten hatte, reichte er seine schriftliche Bitte am 28. Dezember 1582 nach.[204] Da der Abt nicht antwortete, bat Jovius ihn nachdrücklich am 9. und am 12. Januar 1583[205] erneut, für Düvel ein Empfehlungsschreiben aufzusetzen, da er den Corveyer Abt nicht kenne. Er teilte Steinhauer in den Schreiben mit, dass er inzwischen erfahren habe, dass der Lüthorster Pastor Andreas Hoffmann auf eine andere Stelle berufen und für diese bereits vom Konsistorium sowie vom Herzog Julius bestätigt worden sei. Abschließend bat Jovius Steinhauer um eine schnelle Antwort, damit er sich zusammen mit seinem Schwager nach Corvey begeben könne, in der Hoffnung der Abt werde sie begleiten.[206]

Am 23. Januar 1583 erhielt die Gemeinde Lüthorst das Empfehlungsschreiben des Amelungsborner Abts.[207] Neben diesem Schreiben interzedierte sogar der Rat der Stadt Northeim für Düvel am 7. Januar 1583.[208] Für die Probepredigt reisten die Schwäger zusammen nach Lüthorst. Nachdem Düvel die Predigt gehalten hatte, entschied sich die Gemeinde zwar am 23. Januar 1583 für ihn[209], doch letztendlich bekam Jovius' Freund Johannes Letzner die Stelle als Pastor in Lüthorst[210].

Hilfesuchend wandte sich Franz Düvel im Januar 1583 wegen eines nicht

200 HS 2, fol. 344v [Reg.-Nr. 458]. Johann Schellhammer verfasste 1587 die Leichenpredigt für den Kanzler Andreas Spiegelberg, vgl. Leichenpredigt Spiegelberg.
201 Vgl. Meyer, Pastoren, Bd. 2, S. 113.
202 HS 3, fol. 90r [Reg.-Nr. 594].
203 HS 3, fol. 84r [Reg.-Nr. 581].
204 HS 3, fol. 89r [Reg.-Nr. 592].
205 Jovius' Supplik vom 12. Januar 1583 an den Amelungsborner Abt ist überliefert im LAV NRW W, Fürstabtei Corvey, Akten, Nr. 627, fol. 13r–14v.
206 HS 3, fol. 93v [Reg.-Nr. 600], fol. 94v–95r [Reg.-Nr. 602].
207 LAV NRW W, Fürstabtei Corvey, Akten, Nr. 627, fol. 8r f.
208 LAV NRW W, Fürstabtei Corvey, Akten, Nr. 627, fol. 9r ff.
209 HS 3, fol. 96v [Reg.-Nr. 605].
210 LAV NRW W, Fürstabtei Corvey, Akten, Nr. 627, fol. 17r f. Vgl. zu Letzner und die Pfarrstelle in Lüthorst Kirstan, Letzner, S. 113.

näher bezeichneten Disputs mit einem namentlich nicht genannten Pastor[211] an Jovius. Nachdem dieser davon erfahren hatte, stand er seinem Schwager zur Seite und erklärte ihm den Grund für den Streit. Es sei bekannt, dass dieser Pastor ohnehin nicht konfliktscheu war, da dieser sich sogar um Ziegenwolle streite.[212]

Die Suche nach einer neuen Stelle hatte Düvel nicht vernachlässigt. Seine steten Bemühungen hatten Erfolg und er erhielt das Pfarramt in Bühle, wozu ihn Jovius am 24. November 1584 beglückwünschte.[213] Jovius war sehr erfreut, dass sein Schwager endlich die große und ehrenvolle Aufgabe erhielt, eine Kirche und Gemeinde zu versorgen.[214]

Jovius adressierte an seinen Schwager Franz Düvel direkt 24 Briefe und in 6 weiteren Briefen, hauptsächlich an den Amelungsborner Abt Andreas Steinhauer, wurde dieser erwähnt. Erst nachdem Düvel 1580 zu seinem offiziellen Schwager wurde, nutze Jovius fortan stärker ihre enge Verbindung, da dieser durch seinen Wohnort in Northeim nah bei dem Göttinger Buchbinder wohnte, weshalb er wahrscheinlich die gesamten Abwicklung der Buchbestellungen von Düvel vornehmen ließ. Dieses bot natürlich Konfliktpotenzial, da Jovius nachlässig die Rechnungen zahlte und Düvel stets zwischen beiden vermitteln musste. Darüber hinaus war Jovius auch an Düvels informierenden Leistungen[215] interessiert. Er fragte seinen Schwager z. B. um Rat, half ihm bei Problemen, besprach mit ihm familiäre Angelegenheiten oder bat, über neue Gerüchte aus Northeim informiert zu werden. Vielleicht könnte man es daher als Gegenleistung ansehen, als sich Jovius für seinen Schwager und dessen angestrebter beruflicher Veränderung einsetzte.

4.5.3. Johannes Tenzelius

Jovius setzte sich auch für Johannes Tenzelius, einen weiteren Schwager, ein, dessen exakte Familienzugehörigkeit nicht näher erläutert oder im Nachhinein rekonstruiert werden kann. Er richtete 3 Briefen direkt an Tenzelius und erwähnte ihn in 2 weiteren Schreiben, die an den Alfelder Generalsuperintendent Nicolaus Erbenius[216] adressiert waren. Am 12. Januar 1571 schlug er seinem

211 Breithaupt, Gestalten des 16. Jahrhunderts, S. 88, vermutet, dass es sich bei dem Pastor um Franz Lübeck, der von 1575 bis 1584 Pfarrer in Northeim war (vgl. Meyer, Pastoren, Bd. 2, S. 209), handelt.

212 HS 3, fol. 127r [Reg.-Nr. 642]. Die Redewendung »um Ziegenwolle streiten«, d.h. um Nichtigkeiten streiten, ist ein Zitat aus Horaz, Epistulae, Buch 1, Kap. 18, V. 15.

213 Vgl. Meyer, Pastoren, Bd. 1, S. 141.

214 HS 3, fol. 135v f. [Reg.-Nr. 657].

215 Vgl. zu den informierenden Leistungen Kapitel 5.1., s. a. Kühner, Politische Freundschaft, S. 267, bes. S. 290ff.

216 Vgl. zu Nicolaus Erbenius Kapitel 7.3.1. und die Ausführungen im Anhang 11.8.

Schwager vor, sich auf die freiwerdende Pfarrstelle in Harderode zu bewerben, da dem jetzigen Pastor Caspar Denskings[217] gekündigt worden war. Zur Klärung der Angelegenheit riet er ihm, nach Halle zu kommen – sein angefertigtes Empfehlungsschreiben entgegenzunehmen – und sich nach Gandersheim zu begeben, um die Angelegenheit bezüglich der Harderoder Pfarrei dort mit dem Generalsuperintendenten und dem Generalissimus Nicolaus Selnecker zu klären.[218] Einen Tag später informierte Jovius seinen Vorgesetzten, dass Densking die Kündigung nach vorherigem Protest akzeptiert hatte und er als Nachfolger seinen Schwager Tenzelius empfehle, der vier Jahre die Klosterschule Ilfeld besucht hatte und seit drei Jahren Theologie studiere. Sobald über die Besetzung der Pfarrei verhandelt werde, übergebe er dem Generalsuperintendenten sein Empfehlungsschreiben, mit der Bitte, für Tenzelius beim Generalissimus einzutreten.[219] Trotz Jovius' Versuchs mit Hilfe seines Vorgesetzten seinen Schwager für die Stelle zu empfehlen, erhielt ein anderer den Zuschlag. Gleichzeitig wurde Tenzelius aber eine andere Stelle angeboten. Am 26. April 1572 war er Konrektor an einer nicht näher genannten Schule in Einbeck.[220] Dieses Amt bekleidete er auch noch am 29. Oktober 1572.[221]

4.6. Zusammenfassung

Die andauernden Konflikte um das Familienerbe bestimmten das Verhältnis zwischen Jovius und seiner Herkunftsfamilie in der Flarichsmühle. Das Erbe, um das sich die Geschwister Götze stritten, war die vom Stift Walkenried verpachtete Flarichsmühle sowie die Erbteiche. Wiederholt forderte Jovius im Jahr 1575 und 1577 von dem Walkenrieder Abt die Bestätigung, dass seine Mutter bis zu ihrem Tod über die Gesamtleitung der Mühle verfügen solle, oder dass eine ordnungsgemäße Entscheidung bezüglich eines Nachfolgers getroffen werde. Gemäß dem vorherrschenden ländlichen Anerbenrecht[222] sollte die Mühle an einen Erben übertragen werden, das Vorrecht besaß der jüngste Sohn. Im Januar 1579 wurde die Nachfolge geregelt und der älteste Sohn wurde vom Abt als neuer Pächter der Flarichsmühle bestätigt, wodurch der Konflikt um die Mühlennachfolge beendet wurde. Es wurde ein neuer Pachtvertrag aufgesetzt, der

217 Caspar Densking war von 1562 bis zu seiner Entlassung im Mai 1571 Pastor in Harderode, vgl. HS 2, fol. 13v f. [Reg.-Nr. 22]; Freist, Seebaß, Pastoren, Bd. 1, S. 102; Bd. 2, S. 66. Freist, Seebaß datierten Denskings Entlassung auf das Jahr 1569.

218 HS 2, fol. 6r [Reg.-Nr. 10].

219 HS 2, fol. 8r f. [Reg.-Nr. 13].

220 HS 3, fol. 46v [Reg.-Nr. 68].

221 HS 2, fol. 61v [Reg.-Nr. 84].

222 Vgl. dazu Koerner, Bevölkerungsverteilung in Thüringen, S. 223ff.

interessanterweise zwar archivalisch überliefert[223], nicht aber in den Konzeptbüchern erwähnt wurde. Auf Grund der Machtverschiebung erhöhte sich aber nun das Konfliktpotential zwischen Eltern und Kindern und zwischen den Brüdern, besonders als die Ausbezahlung der Geschwister in den Vordergrund rückte. Der Mühlenleiter hatte als Haupterbe die Pflicht, seine sieben Geschwister auszubezahlen und die Mutter weiter in der Mühle zu versorgen.[224] Wie die Konzeptbücher belegen, führten diese beiden Sachverhalte zu weiteren Konflikten innerhalb der Familie.

Der Übergang der Mühle von der einen auf die andere Generation verschob damit auch das innerfamiliäre Machtgefüge. Die Mutter lebte bis zu ihrem Tod im September 1581 in der Mühle zusammen mit ihrem ältesten Sohn und dessen Ehefrau. Das Zusammenleben von mehreren Generationen in einem Haushalt hatte zur Folge, dass Schwiegertochter und Schwiegermutter sich über die Entscheidungsgewalten im Haushalt stritten, was nicht zuletzt durch die engen räumlichen Verhältnisse oder die unterschiedlichen Auffassungen von Haushaltsführung begünstigt wurde.[225]

Jovius sah sich wegen des despektierlichen Benehmens und ungebührlichen Verhaltens seiner Geschwister, insbesondere von Curd und Anne, gegenüber der Mutter gezwungen, sie mehrmals zu ermahnen und auf Gottes Gebot der Elternliebe hinzuweisen. Besonders die von Jovius geforderte Achtung der Eltern entspricht Luthers Forderungen, *das ein iglicher dencke, was yhm die Eltern gethan haben, so findet er, das er Leib und Leben von yhn habe, dazu auch erneret und auffgezogen sey, da er sonst hundertmal ynn seinem Unflat erstickt were.*[226] Das enge, generationsübergreifende Zusammenwohnen und die unterschiedlichen Ansichten über Pflichten, Aufgaben oder Entscheidungen hinsichtlich des Mühlenbetriebs oder des Haushalts führten immer wieder zu Auseinandersetzungen, was Krug-Richter ebenso für die Herrschaft Canstein im 18. Jahrhundert konstatierte.[227]

Von diesen neuen Verhältnissen eines neuen Mühlenpächters waren auch die in der Mühle wohnenden Geschwister betroffen und hatten sich dementsprechend damit zu arrangieren. Dieses betraf besonders Michael Götze, der zusammen mit seiner Ehefrau und seinem Sohn Christoph dort wohnte und seit 1579 als Hofmeister der Mühle angestellt worden war. Ob Hermann auch noch in der Mühle lebte oder verheiratet war, lässt sich anhand der Konzeptbücher nicht beantworten. Heinrich hatte sich in Wechsungen niedergelassen und Andreas

223 NLA WF 2 Alt, Nr. 9668, fol. 6r–7v.
224 Vgl. dazu Wunder, Er ist die Sonn', sie ist der Mond, S. 54.
225 Krug-Richter, Familiäre Grenzziehung, S. 76.
226 WA 30,1, S. 151 (Großer Katechismus, 1529).
227 Krug-Richter, Konflikte um Gut und (Haus-)Herrschaft, S. 321f.; Dies., Familiäre Grenzziehung, S. 66ff.

lebte zusammen mit seiner Ehefrau in Nordhausen. Das Verhältnis zwischen Jovius und Andreas war dadurch geprägt, dass er ihm die Lehre und das Kostgeld bezahlt hatte und seine Auslagen im September 1577 im Zuge der Erbstreitigkeiten zurückforderte.[228]

Jovius war trotz seines geistlichen Amtes erbberechtigt und verfügte über die notwendigen Entscheidungsbefugnisse, jedoch bezogen ihn die Geschwister nicht in wichtige Entscheidungen mit ein.[229] Möglicherweise hatte er innerhalb der Familie als gelehrter und studierter Theologe eine größere Autorität oder ein höheres Ansehen. Margarethe Götze wandte sich gezielt mit ihren Problemen an Jovius und fragte diesen Sohn um Rat; gestand ihm also eine gewisse Autorität bzw. Gelehrsamkeit zu. Hingegen wurde er von seinen Geschwistern benachteiligt, ausgeschlossen, als letzter benachrichtigt oder der Anteil verwehrt. Er war sich des Problems der räumlichen Distanz zur Familie und zur Mühle aber durchaus bewusst und brachte es mit folgenden Worten auf den Punkt: es fühlte sich für ihn an, *gleich als gehört Ich nit darzu*[230]. Sein Ausschluss kann ebenso darauf zurückgeführt werden, dass er schlichtweg zu weit von der Flarichsmühle entfernt wohnte und damit für schnelle Entscheidungen nicht sofort herangezogen werden konnte.

Die Familie, bestehend aus Jovius, Margaretha und ihren Kindern, lässt sich als Einheit von wirtschaftlicher, ehelicher und religiöser Gemeinschaft bestätigen. Das Ehepaar zog mit Jovius' Amtsantritt als Superintendent aus Northeim nach Halle. Dort lebte die neu zugezogene Familie wahrscheinlich ziemlich isoliert, präzisere Aussagen, auch im Hinblick auf ihre innere geistig-moralische Beziehung, können angesichts fehlender Hinweise in den Konzeptbüchern nicht getroffen werden. Im Gegensatz zur vorreformatorischen Zeit, in der der Geistliche zölibatär lebte und somit keine Ehefrau besaß, wird die nun legitime Pfarrfamilie als neue Erscheinungsform in der Gemeinde aufgefallen sein.[231] Die neue Familie trat gemeinsam in der Öffentlichkeit auf und war beispielsweise bei einer Hochzeit im Nachbardorf eingeladen, zu der sie einschließlich ihres Kindermädchens anwesend war.[232] Mutmaßlich fielen beide außerdem durch

228 HS 2, fol. 181r [Reg.-Nr. 251], fol. 181v [Reg.-Nr. 252], fol. 189v f. [Reg.-Nr. 263], fol. 284v [Reg.-Nr. 372].

229 Vgl. zu Normen und Praxis im Erb- und Ehegüterrecht der Frühen Neuzeit Brakensiek, Stolleis, Wunder, Generationengerechtigkeit. S. a. Schildt, Artikel: Anerbenrecht.

230 HS 3, fol. 110r [Reg.-Nr. 620].

231 Vgl. Schorn-Schütte, Das ganze Hause, S. 41 f.; Dies., Vorbild Pfarrhaus, S. 113–115.

232 Vgl. Fätkenheuer, Lebenswelt und Religion, S. 352. Besonders die Pfarrfrau und ihr Verhältnis zur Gemeinde konnten Fätkenheuer zufolge einen Beitrag zur Integration des Pastors oder gar zur Stärkung seiner Position in der Gemeinde leisten. Auf Grund fehlender Hinweise in den Konzeptbüchern können zum Verhältnis zwischen der Haller Pfarrfrau und der Gemeinde keine Aussagen getroffen werden.

ihre gebildetere, vermutlich niederdeutsche Sprache sowie durch ihre nicht den lokalen Traditionen entsprechenden Verhaltensweisen auf. Spätestens durch den andersartigen Arbeitsalltag sowie ihren intendierten Wohn- und Lebensstil im Zuge der Pfarrhausrenovierung[233] trat die Familie in ihrer Sonderrolle hervor.[234]

Anhand der Erwähnungen der Pfarrfrau und Bemerkungen zu ihrem Zusammenleben wird deutlich, dass der Superintendent seine Ehefrau in Entscheidungen einbezog, z.B. legte er Wert auf ihre Meinung beim Erwerb von Eigentum.[235] Die Intention des Superintendenten für seine Pfarrfrau im Falle seines Todes einen Witwensitz bereitzustellen, resultierte vermutlich aus den Konflikten mit den zu versorgenden Pfarrwitwen innerhalb seiner Inspektion, in denen er häufig zwischen neuem Pastor, Gemeinde und Pfarrwitwe vermitteln musste. Obwohl die Kirchenordnung vorsah, dass die Gemeinde für die Pfarrwitwe eine Wohnung zur Verfügung stellen sollte, wollte der Superintendent wahrscheinlich wegen der fehlenden Umsetzung solcher bereitgestellten Witwenwohnungen Eigentum erwerben.[236] Neben Gütererwerbungen besprach sich das Pfarrehepaar auch über mögliche Paten für ihre Kinder. Beide kamen ihren elterlichen Pflichten hinsichtlich der Förderung ihrer Kinder nach und waren sehr auf eine fundierte Ausbildung bedacht. So forderte schon Luther die elterliche Verantwortung für die Kindererziehung: *das sollten die eheleudt wissen, das sie Gott, der Christenheyt, aller welt, yhn selbs und yhren kindern keyn besser werck und nutz schaffen mugen, dan das sie yhre Kinder wohl auff tzyhen.*[237]

Insbesondere die Schulbildung der Kinder lag Jovius wie schon Luther[238] am Herzen.[239] Bemerkenswert ist, dass neben Bücheranschaffungen auch Hauslehrer engagiert wurden und für die Förderung der Pfarrtöchter im Jahr 1577 extra eine Lehrerin eingestellt werden sollte, was SCHORN-SCHÜTTES Annahme, dass im ausgehenden 16. Jahrhundert »alle Pfarrerstöchter zunächst zu Hause [...] eine gezielte Ausbildung«[240] erhielten, um sie auf ein mögliches Leben als Pfarrfrau vorzubereiten, bestätigt. Die Ausbildung kam sowohl Rosina als auch Catharina Götze zu Gute, da beide später selbst Pfarrfrauen wurden.[241] Damit kann SCHORN-SCHÜTTES Feststellung, dass in einem Pfarrhaushalt »es der Vater

233 Vgl. zum Konflikt wegen der Instandhaltung und Renovierung des Pfarrhauses Kapitel 6.2.
234 Vgl. GOODALE, Pfarrer als Außenseiter, S. 195; WAHL, Distanz, S. 44f.; SCHORN-SCHÜTTE, Evangelische Geistlichkeit, S. 316f.
235 Vgl. zur Pfarrfrau als Mitregentin des Hauses FÄTKENHEUER, Lebenswelt und Religion, S. 223–231; SCHORN-SCHÜTTE, Evangelische Geistlichkeit, S. 310–314; DIES., Gefährtin und Mitregentin, S. 109–153.
236 Vgl. zu den Konflikten mit den Pfarrwitwen Kapitel 7.1.1., 7.1.2. und 7.1.3.
237 WA 2, S. 169–170 (Sermon von dem ehelichen Stande, 1519).
238 Vgl. WA 30,2, S. 522–588 (Eine Predigt, daß man Kinder zur Schulen halten solle, 1530).
239 Vgl. zur Schule in Halle Kapitel 6.4.
240 SCHORN-SCHÜTTE, Das ganze Haus, S. 40.
241 Vgl. zu Rosina und Catharina Götze die Ausführungen im Anhang 11.8.

selbst war, der den Unterricht erteilte«[242], nicht uneingeschränkt zugestimmt werden. Während der Anwesenheit der eingestellten Lehrkräfte wird Jovius seine Kinder wahrscheinlich gar nicht oder nur vereinzelt im Lesen, Schreiben, Rechnen und dem Katechismus unterrichtet haben.

Die Pfarrfrau erhielt zur Unterstützung der erzieherischen Aufgaben ein Kindermädchen, eine Magd für den Haushalt und einen Diener, der hauptsächlich als Bote in Erscheinung trat.[243] Über die alltäglichen Arbeiten im Pfarrhaushalt geben die Konzeptbücher selten Hinweise. Die Pfarrfrau war für die Zubereitung der Mahlzeiten zuständig und konnte im zweistöckigen Haller Pfarrhaus auf eine Küche mit einem Ofen und einer Bratpfanne zurückgreifen.[244] Schließlich kam die Pfarrfrau auch notwendigerweise mit denjenigen Leuten in Kontakt, die für diverse Angelegenheiten in das Pfarrhaus kamen und Jovius aufsuchten. Z. B. war bei dem Verhör ihrer Magd im Pfarrhaus wegen des Diebstahls u. a. der Bauermeister Bartold Eylerdes[245] anwesend[246] oder die vielen Besucher zur Zeit der Sterbebegleitung Hartung Hakes[247].

Der Kontakt zwischen Jovius und seinem Schwiegervater Heinrich Cloth bestand vorrangig für Botendienste. Für diese Dienste kam Jovius der Wohnort Cloths in Northeim entgegen, da dieser in der Nähe der in Northeim und Umgebung wohnenden Schwiegerfamilie und der dort lebenden Freunde war. Ein weiterer Grund war vermutlich, dass durch das gegenseitige Vertrauen und die familiäre Verbindung eine sichere Zustellung gewährleistet wurde. Der mögliche Disput zwischen Jovius und seinem Schwiegervater über die Unterstützung für Johannes Cloth überschattete die Beziehung nur für kurze Zeit, denn als Johannes' Benehmen den Ruf der gesamten Familie schädigte, stand er seinem Schwiegervater zur Seite. Ebenso spendet Jovius ihm in den Todesfällen Trost und wurde somit seinen Rollen als Schwiegersohn, Geistlicher und Seelsorger gerecht.

Jovius förderte seine drei Schwäger, Johannes Cloth, Franz Düvel und Johannes Tenzelius, bei der Suche nach einer beruflichen Weiterentwicklung, allerdings nicht ohne Widerstand und mit Hindernissen konfrontiert zu werden. Neben der

242 Schorn-Schütte, Evangelische Geistlichkeit, S. 306.
243 Eine Magd, ein Kindermädchen und ein Diener waren für einen Pfarr- bzw. Superintendentenhaushalt durchaus angemessen, vgl. zum Gesinde im Pfarr- bzw. Superintendentenhaus Schorn-Schütte, Evangelische Geistlichkeit, S. 303–305.
244 Fätkenheuer, Lebenswelt und Religion, S. 223, fand in Thomas Wirsings Tagebüchern, die Gegenstand seiner Untersuchung waren, die Hinweise auf die alltäglichen Arbeiten wie Putzen der Wohnung, Wäschewaschen und Zubereitung von Mahlzeiten. Vgl. zur Ausstattung des Haller Pfarrhauses Kapitel 3.3.
245 Vgl. zu Bartold Eylerdes die Ausführungen im Anhang 11.8.
246 HS 2, fol. 227v–228v [Reg.-Nr. 290].
247 Vgl. zur Sterbebegleitung und zu den Besuchern während dieser Zeit Kapitel 5.2.

Unterstützung beanspruchte Jovius seine Schwäger für informierende oder ökonomische Leistungen. Während der eine Schwager aufgefordert wurde, ihm über das Gandersheimer Pädagogium und die dortigen Professoren zu berichten, wickelte der andere stellvertretend die Bücherbestellungen und -zahlungen mit dem Göttinger Buchbinder ab.

Jovius Unterstützung für seinen Schwager Johannes Cloth war bemerkenswert, doch vielleicht empfand dieser gerade diese extreme Förderung als Bevormundung, höchstwahrscheinlich nicht zuletzt deshalb, weil Jovius eben nicht sein Vater, sondern nur sein Schwager war. Wurde Johannes noch 1572 von seinem Vater unterstützt, änderte sich dies, als dieser das Rektorat in Moringen übernahm und durch sein Fehlverhalten unangenehm auffiel. Jovius versuchte gemeinsam mit seiner Schwiegerfamilie seinen Schwager zu ermahnen, da dessen Verhalten sowohl dem Ruf der gesamten Familie, als auch der Schule und dem Amt schadete. Obwohl er z.B. über die geringe Qualifikation Cloths oder dessen Charakterfehler Bescheid wusste, lehnte er die Vermittlung bzw. Förderung nicht einfach ab, sondern fühlte sich auf Grund enger Familienbindung zur Interzession verpflichtet.[248] Hervorzuheben ist ebenso, dass Jovius seinen Schwager Tenzelius für ein Amt in seiner Umgebung, genauer gesagt sogar in seiner Superintendentur, empfahl und er sogar dessen Vorgesetzter werden würde. Diese Form der Unterstützung könnte doch eher auf Nepotismus zurückgeführt werden, als nur auf eine familiäre Gefälligkeit.

Er sah sich gegenüber seinen Schwägern wahrscheinlich neben der familiären Beziehung auch auf Grund einer sozialen und moralischen Verpflichtung verantwortlich, sie bei ihrer beruflichen Veränderung zu unterstützen oder für sie bei den zuständigen Behörden bzw. hierarchisch höherrangigen Akteuren zu interzedieren. Mit Hilfe seines beruflichen Netzwerks nutzte er seine entsprechenden Kontakte für seine Schwäger, um sie für die entsprechenden Stellen zu empfehlen. Diese Interzessionsschreiben, die im zeitgenössischen Gebrauch ferner als Bitt- oder Empfehlungsschreiben synonym benutzt wurden, sind eine Variante der Suppliken.[249] Die Bedeutung solcher Empfehlungs- oder auch Interzessionsschreiben wird deutlich, als z.B. der Superintendent 1572 gleich drei solcher Schreiben für die Unterbringung seines Schwagers auf der Klosterschule

248 Dies scheint nicht die Regel gewesen zu sein, denn Dauser, Informationskultur, S. 331, gibt Beispiele dafür, wie sich Hans Fugger bei einigen Familienangelegenheiten nicht einmischte und sich von einer Förderung distanzierte.

249 Vgl. zur ausführlichen Begriffsgeschichte des Begriffs ›Supplik‹ Würgler, Bitten und Begehren, S. 19ff (dort auch mit weiterführender Literatur). Vgl. zum Begriff Interzessionsschreiben als eine Art Befürwortungs- oder Empfehlungsschreiben DRW, Lemma: Interzessionsschreiben, Bd. 6, Sp. 301. S. a. Nubola, Würgler, Einführung, S. 7–16; Lassen, Reinkemeier, Suppliken als umwelthistorische Quellen, S. 59–66; Blickle, Supplikationen und Demonstrationen, S. 276–289.

anforderte. Aber schon 1574 hielt der Generalissimus Timotheus Kirchner im Zuge der Aufnahmeregelung für die Klosterschulen fest, dass es *kein grosses supplicieren* bedürfe, sondern die Schüler lediglich vor dem Konsistorium vorgestellt und geprüft werden sollten.[250]

Die Konzeptbücher belegen den regen Austausch von Briefen zwischen Jovius und der Familie in der Flarichsmühle, dem Schwiegervater in Northeim und der entfernteren Verwandtschaft, insbesondere zu seinen Schwägern. Das Zusammenleben mit der Familie und auch Jovius' Verhältnis zu einzelnen Mitgliedern war nicht konfliktfrei.[251] Die häufigeren Besuche bei der Familie und den Verwandten weisen darauf hin, dass einige Angelegenheiten natürlich auch mündlich innerhalb der Familien besprochen wurden. Somit werden einige Probleme, Verhandlungsergebnisse oder Gespräche keinen Eingang in die Konzeptbücher gefunden haben, dennoch wird auf persönlich geregelte Angelegenheiten Bezug genommen.

250 LAW V240, S. 82.
251 Vgl. Krug-Richter, Konflikte um Gut und (Haus-)Herrschaft, S. 317ff.; Dies., Familiäre Grenzziehung, S. 65ff.

5. Konfliktfeld B – Freunde

Eine Freundschaft[1] besteht im Unterschied zur Großfamilie nicht von Geburt an, sondern muss bzw. kann im Laufe eines Lebens erst erworben werden, und ist darauf angewiesen, dass Freunde miteinander kommunizieren.[2] Jovius betitelte vorrangig nicht-verwandte Akteure als *amicus / freundt* oder in der Kombination *freundt undt gefatter.* Häufig stehen vor dieser Betitelung sowohl in der Inscriptio als auch in der Salutatio[3] die Attribute *freundtlich*, *guter* oder *lieber.* Die Begriffe *amicus / freundt / gefatter* benutzte er zwar auch gelegentlich für Verwandte oder die Pastoren der Inspektion, allerdings nur nachgeordnet, da er bereits vorher in den vorausgehenden Formularteilen ihr Verhältnis durch Amtsbezeichnungen, wie z. B. *pastor / confratres*[4], oder durch Verwandtschaftsbezeichnungen, wie z. B. *schwager / affinis*, ausdrücklich bestimmte.[5] Bei einer fehlenden oder ungenauen Bezeichnung eines Akteurs wird auf den Konzeptinhalt zurückgegriffen, um Auskunft über die soziale Beziehung zu Jovius zu erhalten.

Insgesamt sind in den Konzeptbüchern 69 Briefe an 18 unterschiedliche Freunde gerichtet. Der Anteil an Freundesbriefen am Gesamtcorpus, das 668 Schreiben umfasst, beträgt 10 %.[6] Als erstes wird deshalb der Frage nachgegangen, wer Jovius' Freunde waren und wie sich der Freundeskreis zusam-

1 Vgl. ausführlich zum Problem des Begriffs und der Bedeutung von ›Freund bzw. Freundschaft‹ MÜLLER, Besiegelte Freundschaft, S. 37–75; SEIDEL, Freunde und Verwandte, S. 276–295; KÜHN, Wissen, Arbeit, Freundschaft, S. 164 ff.; KÜHNER, Politische Freundschaft, S. 32–46; OSCHEMA, Freundschaft oder »amitié«?. Zur Verwendung der Begriffe *amicus* und *amicitia* in Briefen deutscher Humanisten vgl. KIPF, Humanistische Freundschaft im Brief, S. 491–509. Zur Abgrenzung zwischen Freundschaft und Patronage vgl. JANCKE, Patronage, Freundschaft, Verwandtschaft, S. 181–200.

2 Vgl. KÜHNER, Politische Freundschaft, S. 222.

3 Vgl. zur formalen Gestaltung der Konzepte Kapitel 2.2.1.

4 ›Confratres‹ benutzte Jovius häufig in den Zirkularschreiben an die Gesamtheit der Pastoren seiner Inspektion, vgl. Kapitel 2.2.2.

5 Vgl. auch zum Gebrauch der Anredeformen in Korrespondenzen MÜLLER, Besiegelte Freundschaft, S. 49–52.

6 Vgl. Anhang 11.6., Diagramm 1.

mensetzte. In einem daran anknüpfenden Schritt wird erörtert, ob überhaupt zwischen ihm und seinen Freunden Spannungen bestanden oder vielmehr über diverse Sachverhalte diskutiert wurde. Da er neben Familienmitgliedern gezielt Freunde auswählte und diese bat, eine Patenschaft für seine Kinder zu übernehmen, wird analysiert, auf welcher Grundlage er diese Entscheidung gefällt haben könnte.

In den Fokus rücken ebenso die Verhältnisse zu dem von Herzog Julius bestallten Hauptmann am Wolfenbütteler Hof und zu dem Rektor des Gandersheimer Pädagogiums, mit denen Jovius Kontakt pflegte. Es bleibt zu klären, in welchem Umfang er diese Beziehungen nutzte und welche Vorteile er sich davon versprach.

Neben der direkten Kommunikation mit seinen Freunden wird außerdem gezeigt, wie stark sich Jovius für einige seiner Freunde einsetzte und in welchem Maße er sie förderte, z. B. bei der Suche nach einer neuen Anstellung.

Abschließend wird der interessanteste Fall in diesem Konfliktfeld dokumentiert, die Aufnahme und Pflege von Jovius' sterbendem Freund Hartung Hake im Haller Pfarrhaus. Dieser retrospektive Bericht und weitere Trost-Schreiben an Hakes Ehefrau Anna von Münchhausen, öffnen den Blick für Jovius' Umsetzung lutherischer Trosttheologie und seelsorgerischer Praxis in der Situation der Sterbebegleitung eines Freundes.

5.1. Freunde

Einen ersten Anhaltspunkt für Meinungsverschiedenheiten, Probleme oder gar Konflikte zwischen Jovius und seinen Freunden, gibt ein Brief vom 2. Februar 1571, den er an *amicus suus*[7] Johannes Roffkarn[8] adressiert hatte. Jovius befand sich 1568 in einer Notlage, in der er von dem Moringer Roffkarn mit zwei Scheffeln Korn unterstützt wurde. Er leitete den Brief mit einem Zitat Ciceros aus dem Werk *Laelius de Amicitia*[9] ein, das die Freundschaft als Salz des Lebens bezeichnete. Zur Untermauerung und als weiteren Verweis auf ihre bestehende Freundschaft zu verstehen, führte er noch das Sprichwort »Es schmeckt nichts, als ein ungesalzener Kohl« an. Die wahre Bedeutung dieser Sprichwörter sei Jovius erst bewusst geworden, als Roffkarn ihm in der Not zu Hilfe kam. Am Schluss des Briefes entschuldigte er sich für die enorm verspätete Rückzahlung

7 HS 2, fol. 5v [Reg.-Nr. 8].
8 Vgl. zu Johannes Roffkarn die Ausführungen im Anhang 11.8.
9 Cicero, Laelius de amicitia, Prooemium, I, 67.

und erstattete nach drei Jahren 6 Scheffel und 1 Taler. Trotz ihrer Freundschaft bezahlte er Zinsen und erhielt keine Vergünstigung.[10]

Auch für andere Angelegenheiten nutzte Jovius seine Freundschaft zu Roffkarn. Am 2. Januar 1574 bat er ihn um Hilfe, als er einen Esel für Holzfuhren benötigte und von einem Briefzeiger[11] erfahren hatte, dass in Moringen und Umgebung Esel zu verkaufen seien.[12] Roffkarn kam seiner Bitte nach und stellte den Kontakt zum Hardenbergischen Amtsschreiber Melchior Wendes her, der einen Esel zu verkaufen hatte. Der Haller Superintendent bezahlte den Esel am 31. Januar 1574 und erinnerte Wendes in dem Brief an ihre gemeinsame *kundtschafft*[13] in Moringen. Höchstwahrscheinlich kannten sich beide aus der Zeit um 1556, als Jovius in Moringen als Rektor tätig war.[14]

Mit Roffkarn erörterte Jovius neben aktuellen Themen, wie z. B. dass der Alfelder Generalsuperintendent Nicolaus Erbenius[15] und der Generalissimus Nicolaus Selnecker das Fürstentum Braunschweig-Wolfenbüttel verlassen hatten oder über ihren mutmaßlichen gemeinsamen Freund Johannes Froman. Jovius diskutierte im Oktober 1571 mit seinem ehemaligen Schüler und späteren Freund Froman, der zu dieser Zeit eine nicht näher bezeichnete Schule in Braunschweig besuchte, über die zurzeit herrschende Kontroverse um die Wittenberger Christologie und Abendmahlslehre[16], die er mit großem Interesse verfolgte. Er behandelte ihn in seinem Brief als jungen Erwachsenen, belehrte ihn nicht, sondern legte Wert auf dessen Meinung und bat seinen Freund, ihn umgehend zu informieren, sobald dieser Neuigkeiten bezüglich dieser Kontroverse erfahre.[17] Froman wurde im Mai 1575 die Stelle als Kaplan in Moringen angeboten[18], somit wurde dessen alte Stelle als Rektor der Moringer Schule frei. Jovius äußerte gegenüber Roffkarn seine Hoffnung, dass sein Schwager Johannes Cloth Fromans Nachfolger werde.[19] Am 17. Mai 1575 gratulierte er Froman persönlich zum neuen Stellenangebot als Kaplan, welches dieser kurze Zeit später annahm, und bat ihn, seinen Schwager als Amtsnachfolger zu empfeh-

10 HS 2, fol. 5v [Reg.-Nr. 8].

11 ›Briefzeiger‹ ist der Überbringer eines Briefes, ein Briefbote, vgl. DRW, Lemma: Briefzeiger, Bd. 2, Sp. 506.

12 HS 2, fol. 87v [Reg.-Nr. 130].

13 ›Kundtschaft‹ verstanden im Sinne von ›bekannt sein‹, vgl. DWB, Lemma: Kundschaft, Bd. 11, Sp. 2635 ff.

14 HS 2, fol. 89v [Reg.-Nr. 134]; vgl. Breithaupt, Gestalten des 16. Jahrhunderts, S. 75.

15 Vgl. zu Nicolaus Erbenius Kapitel 7.3.1. und die Ausführungen im Anhang 11.8.

16 Vgl. zur Kontroverse um die Wittenberger Christologie und Abendmahlslehre Hund, Wort ward Fleisch, S. 223 ff.

17 HS 2, fol. 17v–18r [Reg.-Nr. 30].

18 HS 2, fol. 89r [Reg.-Nr. 133].

19 HS 2, fol. 107r [Reg.-Nr. 160].

len.[20] Am 12. Juli 1580 erhielt Froman eine weitere Beförderung und wurde Pastor in Moringen. Bei seiner Gratulation empfahl Jovius ihm dieses Mal, natürlich nicht ohne auf ihre gemeinsame und langjährige Freundschaft zu verweisen, für die frei gewordene Stelle seinen Freund Johannes Corvinus.[21] Neben den Empfehlungen griff Jovius am 26. Dezember 1582 auf die freundschaftlichen Dienste Fromans zurück, als er Informationen über den Moringer Bürgermeister Hans Sannen wünschte, dem er viel Geld gegen eine entsprechende Verzinsung geliehen hatte.[22]

Jovius setzte nicht nur mit seinem ehemaligen Schüler Johannes Froman die Schüler-Lehrer-Beziehung fort, sondern pflegte darüber hinaus weiterhin Kontakt zu Justus Sutel, der ebenfalls sein ehemaliger Schüler gewesen war und später Lehrer bzw. Rektor der Northeimer Schule wurde.[23] Diese Beziehungen zwischen Jovius und Sutel bzw. Froman entwickelte sich bei beiden sukzessive zu einer gleichberechtigten Freundschaft. Jovius ließ Sutel z. B. am 18. Dezember 1573 über ihren vermutlich gemeinsamen Freund und seinen späteren Schwager Franz Düvel häufiger Grüße ausrichten.[24] Am 5. November 1576 trat er in anderen Angelegenheiten persönlich mit Sutel in Kontakt und bat ihn um einen Gefallen, der Diskretion erforderte. Ein Collièr, dass Apollonia von Oldershausen[25] Jovius' Schwägerin Anna Cloth geschenkt hatte, sollte Sutel unbemerkt nach Halle bringen lassen.[26] Er erläuterte aber nicht, warum diese Unternehmung diskret durchgeführt werden sollte oder ob das Collièr in Halle ankam. Neben einem regen Bücheraustausch zwischen ehemaligem Schüler und Lehrer, forderte Jovius ihn mit dem Verweis auf ihre langjährige Freundschaft auf, Informationen über dessen Nachbarin einzuholen. Sutels Nachbarin war Lehrerin, die der Haller Superintendent für seine Töchter als Pädagogin einstellen wollte, aber nicht ohne zuvor die Meinung seines Freundes einzuholen.[27]

Hingegen war die Beziehung zum Stadtoldendorfer Pastor Johannes Nexius in erster Linie durch das hierarchische Amtsverhältnis geprägt. Jovius war ihm als Superintendent vorgesetzt und hatte ihn in das Amt des Pastors eingeführt.[28] Allerdings blieb es nicht bei diesem reinen Amtsverhältnis, da er dem Stadtol-

20 HS 2, fol. 108r [Reg.-Nr. 160]. Vgl. Domeier, Moringen 1786, S. 117. Die Angaben stimmen mit der Auflage von 1753 überein vgl. Domeier, Moringen 1753, S. 123.
21 HS 2, fol. 337v [Reg.-Nr. 449].
22 HS 2, fol. 50v [Reg.-Nr. 535].
23 HS 2, fol. 281r [Reg.-Nr. 365]: *suo olim discipulo.*
24 HS 2, fol. 86r [Reg.-Nr. 127]. Vgl. zu Franz Düvel Kapitel 4.5.2. und die Ausführungen im Anhang 11.8.
25 Vgl. zu Apollonia von Oldershausen Kapitel 3.4.2. und die folgenden Ausführungen.
26 HS 2, fol. 187r [Reg.-Nr. 260].
27 HS 2, fol. 281r [Reg.-Nr. 365].
28 LAW OA Stadtoldendorf Nr. 17, fol. 7r (Herzoglicher Befehl zur Einführung vom 19. Juli 1570).

dendorfer Pastor die Freundschaft in einem Schreiben vom 28. Oktober 1571 explizit anbot[29]. Nexius lud seinen Vorgesetzten und Freund zu seiner Hochzeit im Oktober 1571 ein. An der Hochzeit konnte Jovius auf Grund eines geschäftlichen Treffens mit seinem Lehnsherrn Johann Spiegelberg nicht teilnehmen, richtete aber in einem Schreiben dem Brautpaar seine Glückwünsche aus[30]. Am 10. Dezember 1571 lud Jovius das frisch vermählte Ehepaar nach Halle zur Taufe seiner Tochter Elisabeth ein. Die Taufe fand am 12. Dezember 1571 um 8 Uhr statt und Nexius' Ehefrau wurde gebeten, das Amt der Taufpatin für Elisabeth zu übernehmen.[31] Auf dem Rand seines Konzeptbuches bezeichnete Jovius selbst diesen Brief als *Gevatterbrief*[32]. Neben seinen Schwiegereltern sowie dem Stadtoldendorfer Ehepaar konzipierte Jovius weitere Gevatterbriefe und lud weitere Freunde einschließlich ihrer Ehefrauen ein, die jeweils das Amt der Patin übernehmen sollten: Johannes Letzner' Ehefrau aus Langenholtensen[33] sowie aus Moringen Zacharias Schlemmes Ehefrau[34] und Johannes Roffkarns Ehefrau[35]. Diese Personen hatte er während seiner beruflichen Tätigkeit in Moringen oder Northeim kennengelernt und fühlte sich mit ihnen noch so eng verbunden, dass er sie bat, die Patenschaft für Elisabeth zu übernehmen.

Doch die Wahl der Taufpatinnen ergab einige Schwierigkeiten. Jovius vermerkte unter dem Gevatterbrief an Letzner, dass Roffkarns Ehefrau wegen ihrer fortgeschrittenen Schwangerschaft weder zur Taufe nach Halle reisen, noch das Amt der Taufpatin übernehmen könne. Er bemühte sich um Ersatz und fand ihn umgehend, denn Letzners Tochter Anna übernahm das Patenamt und reiste mit ihren Eltern zusammen nach Halle, wie aus einem weiteren nachträglichen Vermerk auf Letzners Gevatterbrief hervorgeht.[36] Am 31. Januar 1572 bat Jovius Nexius noch in einer familiären Angelegenheit um Unterstützung[37], bevor er in seinem Konzeptbuch festhielt, dass dieser am 2. Juli[38], an Syphilis starb.[39] In-

29 HS 2, fol. 19r [Reg.-Nr. 33]: *tibi offero in signum et pignus amicitiae.*

30 HS 2, fol. 19r [Reg.-Nr. 33].

31 HS 2, fol. 26v [Reg.-Nr. 40].

32 Die Briefsorte »Gevatterbrief« war ein Schreiben, mit dem ein Vater kurz nach der Geburt seines Kindes einen Akteur über die Geburt unterrichtete, und bat, das Amt des Taufpaten zu übernehmen, und ihm Datum und Ort der Taufe mitteilte, vgl. DWB, Lemma: Gevatterbrief, Bd. 6, Sp. 4663ff.

33 HS 2, fol. 27r [Reg.-Nr. 41].

34 HS 2, fol. 27v [Reg.-Nr. 42]. Breithaupt, Gestalten des 16. Jahrhunderts, S. 72, nimmt an, dass es sich um Zacharias Schlemme handelt, der Sekretär und Notar in Moringen war.

35 HS 2, fol. 28v [Reg.-Nr. 44].

36 HS 2, fol. 27r [Reg.-Nr. 41].

37 HS 2, fol. 40v–41r [Reg.-Nr. 59]. Jovius bat Nexius um ein Empfehlungsschreiben für seinen Schwager Johannes Cloth, vgl. Kapitel 4.5.1.

38 Vermutlich ist Johannes Nexius im Jahr 1572 und nicht 1571, wie Jovius angegeben hatte, gestorben, da er sowohl bei der Taufe in Halle am 12. Dezember 1571 anwesend war, als auch als Zeuge am 15. Dezember 1571 fungierte (vgl. HS 2, fol. 34v–35v [Reg.-Nr. 51]).

teressanterweise fungierten Letzner, Nexius und Roffkarn, der ohne seine schwangere Ehefrau zur Taufe gekommen war, am 15. Dezember 1571 als Zeugen in einem Vertrag, der zwischen Jovius und seinem Pfarrmeier Hermann Spörler geschlossen wurde[40]. Diese Personen waren vermutlich noch im Zuge der Taufe am 12. Dezember in Halle anwesend und standen Jovius somit zur Verfügung.

Ende des Jahres 1575 sorgte sich Jovius um seinen Freund Roffkarn. Nachdem er auf Grund der geschilderten Symptome eine Diagnose erstellt hatte, bat er seinen Schwager Johannes Cloth im Dezember, sich um den kranken Freund zu kümmern.[41] Am 24. Dezember 1575 informierte er Roffkarn, dass er über dessen Krankheitszustand Bescheid wisse und seinen Schwager für die Behandlung instruiert habe. Jovius leistete seinem *amicus*[42] seelsorgerischen Beistand und versicherte ihm, dass *der liebe God will undt kann von allem rathen*[43], da Gott nicht nur die Welt und den Teufel besiegt habe, sondern auch Krankheiten heilen könne.[44] Jovius' Sorgen, dass Roffkarn sterben könnte, waren berechtigt, denn nach dem letzten Brief vom 24. Dezember 1575 wird sein Freund in den Konzeptbüchern nicht mehr erwähnt.

Eine weitere Freundschaft bestand zwischen Jovius und dem in Bodenwerder ansässigen Adligen Hartung Hake. Jovius lieh sich am 22. Oktober 1575 von Hake nicht nur 15 Taler, was mit einem im Konzeptbuch überlieferten Vertrag über die Rückzahlungsmodalitäten festgehalten wurde, sondern er bat ihn auch am 1. Juni 1576 für die Errichtung der Schule in Halle um Almosen.[45] Im gleichen Jahr am 8. Juni wurde Jovius' erster Sohn geboren. Der Superintendent bat neben Hake auch seinen nicht näher beschriebenen Freund Hans Thomes in je einem Gevatterbrief, das Amt des Taufpaten bei der Taufe am 12. Juni um 10 Uhr in Halle zu übernehmen.[46]

Nachdem Johannes Letzners Ehefrau und deren Tochter Anna 1571 Taufpatinnen für Jovius' Tochter geworden waren, zog er Letzner, der inzwischen als Pastor in Langenholtensen tätig war, sogar 1578 in einem familiären Konflikt zu Rate, und plante mit ihm einen gemeinsamen Besuch in der Flarichsmühle[47].

39 HS 2, fol. 18v [Reg.-Nr. 32].
40 Vgl. zum Vertrag zwischen Jovius und Hermann Spörler HS 2, fol. 34v–35v [Reg.-Nr. 51] und Kapitel 6.3.2.
41 HS 2, fol. 138v–140r [Reg.-Nr. 200]. Vgl. zu Roffkarns Symptomen Kapitel 3.4.2.
42 HS 2, fol. 140v [Reg.-Nr. 201].
43 HS 2, fol. 140v [Reg.-Nr. 201].
44 HS 2, fol. 140v–141r [Reg.-Nr. 201]. Vgl. zur Edition des Briefes an Johannes Cloth Breithaupt, Gestalten des 16. Jahrhunderts, S. 77f.
45 HS 2, fol. 124v [Reg.-Nr. 185], fol. 160v–161r [Reg.-Nr. 227]. Vgl. zu Jovius' Almosenbittbrief an Hartung Hake Kapitel 6.4.
46 HS 2, fol. 163r–164v [Reg.-Nr. 230], fol. 165r–165v [Reg.-Nr. 231].
47 HS 2, fol. 296v [Reg.-Nr. 386], fol. 297v [Reg.-Nr. 388].

Zusammen tauschte er mit ihm Bücher aus[48] und erhielt 1583 von Letzner dessen selbstverfasste Chronik, allerdings ohne den Titel oder Inhalt zu nennen.[49]

Für seine eigenen Anliegen griff Jovius weiterhin auf seine Freundschaft mit Christopher Wolff zurück, der SAMSE zufolge ebenfalls aus Moringen stammte und 1573 zum fürstlich braunschweigischen Bergkammersekretär wurde.[50] Jovius informierte Wolff, dass er einen Hof in Halle erwerben wolle, um diesen im Todesfall seiner Familie zu hinterlassen. Innerhalb von drei Tagen, am 1., 2. und 3. November 1580, verfasste er jeweils einen Brief an Wolff. Im ersten Brief äußerte Jovius den Wunsch, persönlich mit seinem Freund über seine bisherigen Briefe bezüglich des Hofkaufs zu sprechen. Mit einem Verweis auf ihre langjährige *amicitia*[51] bat er ihn, bei Herzog Julius wegen des Kaufs für ihn zu interzedieren. Im 2. Brief konkretisierte Jovius seine Bitte. Er wollte den Zuschlag für den Hof erhalten und bat Wolff erneut, beim Herzog für ihn einzutreten, *umb unserer alten kundt und freundschafft wille die woll freunde bestes thun*[52]. Im letzten Brief vom 3. November 1580 wiederholte Jovius sein Anliegen und bat erneut den Hofkauf beim Herzog vorzubringen und somit *Mir ein freundstuck beweisen*[53]. Er hoffte, dass er den Zuschlag erhalten und der Herzog ihn von Dienst- oder Steuerverpflichtungen entbinden werde, da in der Kirchenordnung den Pastoren schließlich einige Freiheiten gewährt würden.[54]

5.1.1. Heinrich Temme

In den Schreiben an Heinrich Temme stand der Hoferwerb des Superintendenten ebenfalls im Vordergrund, dennoch zog Jovius ihn auch bei anderen Anliegen zu Rate.

Das erste Mal trat Jovius nachweislich am 1. Juni 1576 mit Heinrich Temme, Hauptmann in Bodenwerder, in Kontakt, als er ihn bat, für die Errichtung der

48 Vgl. zu den ausgetauschten Werken Kapitel 3.4.1.

49 HS 3, fol. 94v [Reg.-Nr. 601] (Fragment), 97r [Reg.-Nr. 606] (Fortführung). Johannes Letzner erwähnte Jovius namentlich in seiner Klösterchronik, vgl. LETZNER, Klösterchronik (Cod. Ms. Hist. 248), S. 872. Vgl. ausführlich zu Johannes Letzner KIRSTAN, Letzner.

50 Vgl. zu Christopher Wolff SAMSE, Zentralverwaltung, S. 221 f.; LIPPELT, Hoheitsträger, S. 118, Anm. 353. LIPPELT wies Wolff in den Jenaer Matrikeln nach (vgl. zur Immatrikulation 1570 MENTZ, Matrikel Jena, Bd. 1, S. 368), der dort studiert und am 13. Januar 1573 promoviert hatte (Zu Wolffs Gratulationsschrift VD 16 W 4185). Laut der von LIPPELT herangezogenen Akte (NLA WF 2 Alt Nr. 7732, fol. 1r–2v) kaufte Wolff im Jahr 1580 ein Haus auf der Dammfeste in Wolfenbüttel.

51 HS 2, fol. 348v [Reg.-Nr. 463].

52 HS 2, fol. 349v [Reg.-Nr. 464].

53 HS 2, fol. 350v [Reg.-Nr. 465].

54 HS 2, fol. 350r f. [Reg.-Nr. 465].

Schule in Halle Geld zu spenden.[55] Erst zwei Jahre später am 19. August 1578 wandte er sich in einem Konflikt in letzter Instanz an seinen *gunstigen freunde*[56] Temme, der inzwischen zum Oberhauptmann am Wolfenbütteler Hof befördert worden war. Im Zuge des in Halle stattfindenden Landgerichts hatten sich die beteiligten Räte für eine Übernachtung im Haller Pfarrhaus angemeldet. Jovius verdeutlichte Temme, dass er mit dieser Einquartierung immense Probleme habe, da er eigentlich schon mit der Ausübung seines Amts ausgelastet sei, und der Meinung war, dass es der Kirchenordnung widerspreche. Mit Hilfe des Vogts aus Bodenwerder, Diderich Wedemeier, und des Amelungsborner Abts Andreas Steinhauer[57], die *nÿe von sölchen dingen gehört*[58] hatten, hatte er bereits versucht, dieses abzuwenden. Er resümierte, dass sich während seiner neunjährigen Dienstzeit nie Räte für eine Übernachtung im Pfarrhaus angemeldet hätten, zumal er bei seiner Amtseinführung über die Eventualität solch einer Einquartierung nicht informiert oder gar vorbereitet worden sei. Beim letzten Landgericht, kurz vor dem 29. September 1578, wurden die Räte im Haus des Wickensener Amtmanns verköstigt und *sassen und soffen sie die gantze nacht, furten ein wustes leben*[59]. Ob und wie sich Temme in diese Angelegenheit einmischte oder ob er gar etwas bewirken konnte, und ob die Räte tatsächlich im Pfarrhaus übernachteten, konnte abschließend nicht geklärt werden.[60]

Im Jahr 1580 beanspruchte Jovius erneut Temmes Unterstützung wegen des ausbleibenden Zehnten, der Landauszäunung und seines Konflikts mit der Haller Gemeinde und den Alterleuten wegen der Instandhaltung des Pfarrhauses.[61] Er bat seinen Freund, wie schon Christopher Wolff, seine Anliegen beim Herzog vorzubringen.[62] Am 4. November kontaktierte Jovius den Wolfenbütteler Hauptmann erneut. Nachdem er sich über Temmes Genesung erfreut hatte, berichtete er ihm außerdem, dass die Pest in dessen Heimatstadt Bodenwerder grassiere und bereits viele Todesopfer gefordert habe. Jovius wiederholte ihm gegenüber seine oben geschilderten Angelegenheiten und konkretisierte seinen Wunsch, einen eigenen Hof in Halle zu erwerben. Er kritisierte, dass nach dem Tod eines Pastors die Absicherung der Hinterbliebenen nicht vollständig gewährleistet sei, weshalb er hoffe, Temme würde ihm einen Rat zum Hofkauf

55 HS 2, fol. 161v–162r [Reg.-Nr. 228]. Vgl. zu Jovius' Spendenaufforderung Kapitel 6.4.
56 HS 2, fol. 260v [Reg.-Nr. 341].
57 Vgl. zum Amelungsborner Abt Andreas Steinhauer die Ausführungen im Anhang 11.8.
58 HS 2, fol. 260v [Reg.-Nr. 341].
59 HS 2, fol. 270v [Reg.-Nr. 350].
60 HS 2, fol. 260v–261r [Reg.-Nr. 341], fol. 261r [Reg.-Nr. 342].
61 Vgl. zu diesem Konflikt Kapitel 6.2.
62 HS 2, fol. 342r–342v [Reg.-Nr. 455].

geben und zu gegebener Zeit bei Herzog Julius für seine Anliegen interzedieren.[63]

Jovius griff bei seinen Problemen auf beide Freunde am Hof zurück und strebte ihre Zusammenarbeit sogar explizit an, vermutlich in der Hoffnung, seine Anliegen auf dem kurzen Dienstweg erfolgreicher beim Herzog durchsetzen und früher zur Sprache bringen zu können. Am 21. Dezember 1581 ersuchte Jovius seinen *guten freunde*[64] um Hilfe bei der Umsetzung seiner Freiheiten, die ihm der Kirchenordnung zufolge zustünden. Dieser unterstützte seinen Haller Freund bei dessen Problem nachweislich und gab ihm einige Ratschläge zu den Auseinandersetzungen, wofür er am 4. April 1582 ein Dankesschreiben aus Halle erhielt.[65]

In dem Konflikt mit der Haller Gemeinde und der Kirche wegen des Neubaus der Scheune[66] bat Jovius Temme am 26. Mai 1582 erneut um dringende Unterstützung, nachdem er ihn über den Sachverhalt ausführlich aufgeklärt hatte. Am gleichen Tag entwarf Jovius ein zweites, fast identisches Schreiben an seinen Freund, nur ergänzte er es um eine weitere dringende Bitte. Er wünschte sich, dass Temme auf dem nächsten Regimentstag in einem persönlichen Gespräch mit dem Kanzler Franz Mutzeltin[67] oder dem Herzog Julius diesen Konflikt positiv beeinflussen könne. Da er keine Antwort erhielt, fragte er am 12. Juni 1582 bei Temme nach, ob er die beiden, durch den Wickensener Amtsschreiber Michael Marcus zugestellten Schreiben vom 4. April und 26. Mai erhalten habe. Gleichzeitig teilte er Temme die Entwicklungen wegen des Scheunenneubaus mit. Das Konsistorium hatte in dieser Angelegenheit in der Zwischenzeit den Wickensener Amtmann sowie den Oberamtmann zu einer Stellungnahme aufgefordert. Jovius zweifelte zwar nicht an der Unterstützung der Amtmänner, dennoch bat er seinen Freund zusätzlich um Unterstützung und fragte ihn, ob dieser eventuelle Kosten bei der herzoglichen Kanzlei auslegen könne. Die Summe würde er ihm natürlich umgehend erstatten.[68]

Temmes Dienstort in Wolfenbüttel war für Jovius am 22. Mai 1584 ebenfalls von Vorteil. Er schickte ihm einen Brief mit der Bitte, als Bote für ihn tätig zu sein und das beigelegte Schreiben dem Hofprediger Johannes Malsius auszuhändigen. Jovius hätte das Schreiben gern persönlich nach Wolfenbüttel gebracht und seinen Freund besucht, da er aber *ubel zu fusse*[69] sei, müsse er die Reise verschieben, konnte sich aber so einer sicheren Zustellung gewiss sein. Seinen Brief

63 HS 2, fol. 350v–351v [Reg.-Nr. 466].
64 HS 3, fol. 48v [Reg.-Nr. 533].
65 HS 3, fol. 48v–49r [Reg.-Nr. 533], fol. 63r [Reg.-Nr. 556].
66 Vgl. zum Konflikt des Scheunenneubaus Kapitel 6.2.3.
67 Zu Franz Mutzeltin vgl. Lippelt, Franz Mutzelin, S. 515.
68 HS 3, fol. 69r–69v [Reg.-Nr. 562], fol. 70v–71v [Reg.-Nr. 564], fol. 74v–75r [Reg.-Nr. 571].
69 HS 3, fol. 133r [Reg.-Nr. 651].

beendete Jovius mit einem Gruß, den er im Auftrag seiner Tochter Rosina an Temmes Ehefrau, deren Taufpatin, übersandte.[70]

Das Verhältnis zu Heinrich Temme zeigt sowohl eine gewisse Kontinuität als auch eine Ambivalenz. Zwar richtete sich Jovius mit denselben Problemen auch an seinen Freund Christopher Wolff oder er versuchte sogar beide gleichzeitig als Fürsprecher zu gewinnen, doch zog er bei der Mehrheit seiner Anliegen Temme zu Rate. Vermutlich versprach er sich von dessen Einsatz bei Herzog Julius mehr, da dieser über eine höhere Stellung am Hof verfügte als Wolff.

Gerade nach Temmes Beförderung zum Hauptmann standen eher administrative Angelegenheiten im Zentrum der Kommunikation, während persönliche Belange seltener thematisiert werden, aber weiterhin in einer untergeordneten Rolle existieren.

5.1.2. Adam Bissander

Christopher Wolff und Heinrich Temme waren nicht die Einzigen, deren Amt innerhalb des Fürstentums für Jovius von Interesse war. Über seinen ehemaligen Studienfreund Quirinius Bissander versuchte er den Kontakt und eine Freundschaft zu dessen Bruder Adam, den Rektor des Gandersheimer Pädagogiums, herzustellen, um daraus einen Vorteil für sich, resp. seinen Schwager Johannes Cloth, zu erzielen.

Jovius erfuhr aus der herzoglichen Verordnung für das Gandersheimer Pädagogium, dass Adam Bissander 1572 von Herzog Julius als Rektor eingestellt worden war. In einem Schreiben vom 5. Februar 1572 berichtete er Bissander, dass ihm dessen Nachname bekannt war, da er mit dessen Bruder Quirinius zusammen im Jahr 1555 an der Universität in Jena studiert habe. Quirinius hatte ihm als Andenken einen kleinen selbstgedichteten Vierzeiler[71] in sein Studienbuch geschrieben, der an ihre Freundschaft und gemeinsame Studienzeit erinnerte. Er hoffte, dass sich Bissander an ihn, *Jacobus Jovius Flarchimolerus*[72], erinnern würde, und fragte ihn, ob Bissander ihn kennenzulernen wünsche und Freundschaft schließen wolle[73]. Wenn der Rektor in nächster Zeit das Kloster

70 HS 3, fol. 132v–133r [Reg.-Nr. 651].

71 HS 2, fol. 41v [Reg.-Nr. 60]: *Hos Jacobe tuo quos feci nomine versus / Exigui saltem muneris instar habe / Cumque legas longas aliquando profectus in oras / Hic quoque dic nobis clarus amicus erat.* Übersetzung des Tetradistichons nach Breithaupt, Gestalten des 16. Jahrhunderts, S. 72: Diese Verse, Jacob, die ich deinetwegen gedichtet habe, halte wenigstens wie ein kleines Geschenk und wenn du sie, einmal in fremde Länder aufgebrochen, liest, so sage, auch er war mir ein lieber Freund.

72 HS 2, fol. 41v [Reg.-Nr. 60].

73 HS 2, fol. 42r [Reg.-Nr. 60]: *cupio* […] *etiam cum vestra humanitate noticiam et amicitiam contrahere.*

Amelungsborn besuchen werde, lud Jovius ihn zu einem Besuch nach Halle ein. Zum Schluss des Briefes nutzte er die Gelegenheit und fragte vorsichtig, ob Bissander seinen Schwager Johannes Cloth im Pädagogium aufnehmen könne.[74] Vermutlich hatte der Rektor Jovius' Freundschaftsanfrage positiv beantwortet, aber keine Aussage zur Förderung von Cloth gemacht. Aus Jovius' Antwortschreiben vom 18. April 1572 wird nämlich deutlich, dass er Bissander erneut um die Förderung seines Schwagers bat, und sogar die Hoffnung hegte, dass dieser als Stipendiat des Fürsten das Studium am Pädagogium beginnen könne.[75]

5.1.3. Empfehlungen für Freunde

Jovius bemühte sich um die Bildung der Dorfkinder[76] sowie seiner eigenen Kinder[77] und war als Superintendent gehalten, Lehrerstellen mit geeignetem Personal zu besetzten. Er setzte sich für Kinder von vermutlich befreundeten Personen ein und empfahl sie z. B. für das Gandersheimer Pädagogium, nicht zuletzt weil sich seit 1572 zum Rektor eine Freundschaft entwickelt hatte. Da nicht genügend Stellen mit ausgebildetem Personal besetzt waren, sondern viele von den amtierenden Pastoren und Lehrern im Zuge der 1568/1569 durchgeführten Generalvisitation nur geduldet wurden[78], sorgte sich Jovius generell um die Ausbildung des Nachwuchses im Fürstentum. Er hielt es für notwendig, junge Heranwachsende auszubilden, damit gar nicht erst ein Defizit entstehe. Nur ausgebildetes Personal könne den wahren lutherischen Glauben ordnungsgemäß lehren. Diese Meinung vertrat er auch gegenüber der befreundeten Hamelner Lehrerin[79] Ursula, Thomas Perckens Witwe, am 9. Juli 1581. Jovius war erfreut, dass die Zukunft ihres Sohnes Daniel gesichert sei, und sprach ihr Mut zu, dass auch ihr zweiter, namentlich nicht genannter Sohn eine gute Zukunft habe, so wie viele Kinder, solange ein gelehrter und frommer Lehrer sie unterrichte.[80]

Neben seinen Schwägern interzedierte Jovius auch für seine Freunde mit Hilfe

74 HS 2, fol. 41v–42r [Reg.-Nr. 60].

75 HS 2, fol. 47r [Reg.-Nr. 69].

76 Vgl. zur Errichtung einer Schule in Halle Kapitel 6.4.

77 Vgl. zur Förderung der Pastorenkinder Kapitel 4.3.

78 Vgl. zum Ergebnis der Generalsvisitation LAW V1935; Ohainski, Klosterordnung, S. 56; Reller, Kirchenverfassung, S. 121. Vgl. auch Kapitel 1.

79 Ein weiterer Hinweis auf eine Lehrerin in Hameln findet sich im NLA WF 41 Alt Fb. 1 Nr. 12, fol. 78r. Dort wird eine Mutter erwähnt, die im Hamelner Beginenhaus Mädchen im *Neÿen und lesen* unterrichtete. (Auf freundlichen Hinweis von Dr. Maike Gauger-Lange, Institut für Historische Landesforschung, Universität Göttingen).

80 HS 3, fol. 23v f. [Reg.-Nr. 512].

von Interzessionsschreiben[81], die er an unterschiedliche Empfänger richtete. Am 17. März 1572 stellte er sowohl für den aus Bodenwerder stammenden Tilemann Ambrosius, als auch am 10. November desselben Jahres für Valentin Kramer Empfehlungsschreiben aus. Beide Schreiben richteten sich weder an einen bestimmten Empfänger noch an eine Institution, waren aber vermutlich für das Gandersheimer Pädagogium ausgestellt.[82] Jovius bescheinigte Ambrosius, dass er zwei Jahre *sub mea ferula fuit, ubi se modestum et ut pium discipulum decet* [...] *ac fundamenta prima artium mediocriter posuit*[83]. Bei diesen Beziehungen zu Ambrosius und Kramer handelte es sich eher um eine Schüler-Lehrer-Beziehung, vergleichbar mit dem Verhältnis zwischen Jovius und Justus Sutel bzw. Johannes Froman, bevor sich diese Beziehungen zu Freundschaften weiterentwickelten.

5.1.3.1. Johannes Köne

Johannes Köne aus Halberstadt war für Jovius' Kinder *ein gantz Jar pro paedagogo*[84] angestellt. Da die Bezahlung aber sehr gering war, strebte Köne eine geeignetere und besser dotierte Stelle an, worin er von seinem Arbeitgeber unterstützt wurde. Jovius' erste Bitte richtete sich am 21. März 1583 an Johannes Letzner, der seinen Einfluss beim nicht näher erläuterten Adel nutzen könne, Köne eine Stelle als Hauslehrer zu vermitteln.[85] Anscheinend blieb der Versuch erfolglos, denn am 17. Dezember desselben Jahres sandte Jovius dem Eldagsener Pastor Heinrich Müller[86] ein Empfehlungsschreiben mit der Bitte, die freie Stelle des Schulmeisters mit Johannes Köne zu besetzten. Da sich der Pastor anscheinend nicht äußerte, schickte er ihm am 9. Januar 1584 erneut ein Empfehlungsschreiben. Unter Jovius' Konzept bestätigte Köne, der sich als *liberalium artium studiosus*[87] bezeichnete, mit seiner eigenen Handschrift, dass Jovius dieses Schreiben auf seine Bitte hin ausgestellt hatte. Am gleichen Tag schickte der Haller Superintendent dem Pastor in Bad Münder Heinrich Olthoff[88] und dem Rat dieser Stadt ein Schreiben zu. In beiden Empfehlungsschreiben hob Jovius hervor, dass Köne fleißig, gelehrt, pflichtbewusst sei und den Katechismus beherrsche. Weil er arm sei und über kein Stipendium verfüge, könne er

81 Diese Schreiben werden auch als Bitt- oder Empfehlungsschreiben bezeichnet und sind eine Variante der Supplik, vgl. Würgler, Bitten und Begehren, S. 21 f. Vgl. zu Jovius' Bitten um Empfehlungsschreiben für Familienangehörige Kapitel 4.5. und 4.6.

82 HS 2, fol. 19v [Reg.-Nr. 34], fol. 71v f. [Reg.-Nr. 104].

83 HS 2, fol. 72r [Reg.-Nr. 104].

84 HS 3, fol. 119v [Reg.-Nr. 636].

85 HS 3, fol. 97r [Reg.-Nr. 640].

86 Vgl. Meyer, Pastoren, Bd. 1, S. 247.

87 HS 3, fol. 125r [Reg.-Nr. 640].

88 Vgl. Meyer, Pastoren, Bd. 2, S. 158.

sein Studium nicht weiter fortsetzen und daher sofort mit der Amtsausübung beginnen. Am 22. Januar verlieh Jovius seinem Anliegen, Köne als Lehrer einzustellen, Nachdruck, indem er den Pastor in Bad Münder erneut anschrieb. Die Konzeptbücher belegen, dass Köne zu einem Vorstellungstermin eingeladen wurde. Allerdings benahm er sich bei diesem Gespräch unfreundlich und unangepasst, worüber sich Olthoff beim Superintendenten beschwerte. Am 3. April 1584 antwortete Jovius ihm, dass er Könes schlechtes Benehmen nicht nachvollziehen könne und ihm versichere, bei zukünftigen Empfehlungsschreiben für Freunde überlegter und vorsichtiger vorzugehen.[89]

5.1.3.2. Johannes Corvinus

Neben Johannes Köne wurden Jovius' Kinder von dem aus Lauenstein stammenden Johannes Corvinus unterrichtet. Der Haller Geistliche verwendete sich am 8. Februar 1579 bei Timotheus Kirchner, dem Generalissimus des Fürstentums und Professor der Theologie an der Helmstedter Universität, für den 22-jährigen Corvinus, damit dieser als Stipendiat angenommen werde.[90] Damit die Aufnahme gelang, bat Jovius am 9. Februar 1579 Johannes Moller[91], ein Empfehlungsschreiben für Corvinus anzufertigen und beim Konsistorium für diesen zu interzedieren.[92] Sein Engagement war erfolgreich, denn Corvinus immatrikulierte sich am 25. Mai 1579 in Helmstedt.[93] Hervorzuheben ist, dass sich der Superintendent während dessen Universitätsstudium um ihn kümmerte. Er übersandte am 29. August 1579 Georg Janus, Pastor in Duingen im Amt Lauenstein, Geld für Corvinus, der zusammen mit dessen Sohn Johannes Janus[94] an der Universität studierte. Ein nicht näher bezeichneter Student würde das Geld bei Janus abholen und es mit nach Helmstedt nehmen.[95] Am 29. August 1579 informierte Jovius Corvinus, dass er das Geld bei Janus hinterlegte habe. Er erkundigte sich zugleich, ob dieser ihm die Disputation des Theologen Tilemann Hesshus'[96] über die Briefe an die Philipper zuschicken könne. Zum Schluss äußerte Jovius seine Bedenken, ob seine Briefe ihn wirklich erreichten, da er

89 HS 3, fol. 123v f. [Reg.-Nr. 639], 124v f. [Reg.-Nr. 640], fol. 125v f. [Reg.-Nr. 641], fol. 132r f. [Reg.-Nr. 650].
90 HS 2, fol. 268v–270v [Reg.-Nr. 350].
91 Vgl. zu Johannes Moller die Ausführungen im Anhang 11.8.
92 HS 2, fol. 298r [Reg.-Nr. 389].
93 Vgl. Zimmermann, Matrikel Helmstedt I, S. 21, Nr. 17: Johannes Corvinus, Lauvensteinensis.
94 Vgl. Zimmermann, Matrikel Helmstedt I, S. 18. Janus immatrikulierte sich am 16. September 1578.
95 HS 2, fol. 310v [Reg.-Nr. 404].
96 Vgl. zu Tilemann Hesshus Aufgebauer, Tilemann Heßhusen, S. 347f.

bereits vier Briefe geschrieben habe, ohne je eine Antwort zu erhalten.[97] Auf diesen letzten Brief antwortete Corvinus mit der Zusendung der Disputation, für die sich Jovius Anfang September 1579 bedankte. Am Schluss des Dankesschreibens fügte Jovius hinzu, dass am 17. September in Heyen ein nicht näher bezeichnetes Kolloquium stattfinde, das er gerne zusammen mit dem Studenten besuchen würde.[98]

Jovius förderte Corvinus zum Ende seines Studiums und stellte ihn für ein Jahr als seinen Hauslehrer in Halle ein[99]. Am 30. Januar 1580 erinnerte er den Holzmindener Superintendenten Caspar Kayser[100] an dessen Versprechen, Corvinus als Lehrer in der Schule einzustellen, sobald die Stelle frei sei. Anscheinend hielt Kayser seine Zusicherung nicht, denn am 12. Juli 1580 bat Jovius den Moringer Bürgermeister Hans Sannen, Corvinus als Lehrer für die dortige Schule einzustellen. Um die Chancen zu erhöhen, bat der Haller auch seinen Freund und Moringer Pastor Johannes Froman, seinen Schützling für die Lehrerstelle zu empfehlen und diesen auch einer Prüfung unterziehen. Jovius war sich sicher, dass sowohl der Moringer Rat, als auch die Kirche Fromans Entscheidung bei der Besetzung mit Sicherheit berücksichtigen würden.[101]

Die Stelle wurde aber nicht mit Corvinus besetzt. Im Januar 1582 setzte sich nämlich Jovius dafür ein, dass Corvinus die frei gewordene Stelle des Amelungsborner Pastors und Schulmeister Reinhold Trost übernehmen sollte, zumal auch der Abt des Klosters Corvinus als Nachfolger wünschte.[102] Am 10. Januar 1582 wurde Corvinus informiert, dass die Stelle frei gewordenen sei. Als Vergütung wurde ihm Lohn in Höhe von 40 Talern, ein Kleid sowie freie Kost in Aussicht gestellt und die Frist gesetzt, sich bis zum 12. Januar zu entscheiden.[103] Auf Grund des schlechten Winterwetters traf Corvinus' Antwortschreiben erst am 18. Januar 1582 in Halle ein. Jovius leitete es umgehend an Trost weiter und entschuldigte sich in Corvinus' Namen für die entstandene Verzögerung.[104] Höchstwahrscheinlich lehnte Corvinus die Stelle in Amelungsborn ab, da er bereits am 30. April 1581 vom Hildesheimer Ministerium examiniert und als Pastor für das Kloster Escherde eingesetzt wurde.[105] Dieses Amt bekleidete

97 HS 2, fol. 311r [Reg.-Nr. 405].
98 HS 2, fol. 311v [Reg.-Nr. 406].
99 HS 2, fol. 337r [Reg.-Nr. 449].
100 Vgl. zu Caspar Kayser Meyer, Pastoren, Bd. 2, S. 31; Freist, Seebaß, Pastoren, Bd. 1, S. 36; Bd. 2, S. 153; LAW V213, S. 73. S. a. zu Kaysers Verzeichnis der Abendmahl- und Gottesdienstverweigerer Kapitel 6.1.
101 HS 2, fol. 323r [Reg.-Nr. 425], fol. 337r [Reg.-Nr. 448], fol. 337v [Reg.-Nr. 449].
102 HS 3, fol. 51v [Reg.-Nr. 537].
103 HS 3, fol. 52r [Reg.-Nr. 538].
104 HS 3, fol. 56r [Reg.-Nr. 544].
105 NLA WF 14 Alt Nr. 889, fol. 20r–21v: Zeugnis des Ministeriums zu Hildesheim vom 30. April 1581 über das bestandene Examen.

Corvinus, bis er am 1. Mai 1585 Jovius' Nachfolger wurde und das Amt des Superintendenten in Halle übernahm.[106]

Die Empfehlungs- bzw. Interzessionsschreiben richtete Jovius an die unterschiedlichsten Institutionen, die alle unmittelbar in seinem Zuständigkeitsbereich bzw. Netzwerk lagen, wie z. B. an die Klosterschule in Amelungsborn oder das Gandersheimer Pädagogium. Besonders sein Engagement für seine ehemaligen Hauslehrer, Johannes Corvinus und Johannes Köne, ist bemerkenswert.

Jovius legte, wie die Kirchenordnung und Luther, Wert auf ausgebildetes Personal und eine gute Ausbildung der Kinder. Noch am 9. Januar 1584 sorgte er sich um den Nachwuchs im Fürstentum, der unbedingt eine gute Ausbildung und Förderung erhalten solle, denn *wo es umb kirchen und schulen woll stehet, do volget das weltliche regiment auch in einem guten stande*[107].

5.2. Die Sterbebegleitung für Hartung Hake

Jovius hatte in der Zeit vom 13. September bis zum 8. Oktober 1580 seinen todkranken Freund Hartung Hake im Pfarrhaus in Halle aufgenommen, gepflegt und seelsorgerisch begleitet. Fast täglich notierte er in einem retrospektiven Bericht die alltäglichen Geschehnisse, welche Gebete gesprochen oder Gespräche geführt wurden, wer Hake besuchte und wie dessen Krankheit verlief.[108] Das Augenmerk wird im Folgenden nicht nur auf die chronologische Abfolge gelegt oder welche Personen wann involviert waren und was Hake vor seinem Tod noch unternahm, sondern auch, wie Jovius' seelsorgerischer Beistand während der Sterbebegleitung seines Freundes aussah.

Die Kirchenordnung sah vor, dass kranke Menschen getröstet und seelsorgerisch versorgt werden sollten. Der Pastor sollte den Kranken unterrichten, warum Gott ihn mit dieser Krankheit belade, was Gott damit beabsichtige und schließlich, wie man mit einer Krankheit im christlichen Sinne umzugehen habe.[109] Die Kirchenordnung enthielt nur eine knappe Anleitung, wie ein Pastor einen Kranken zu versorgen habe: [wenn] *ein Pfarherr von einem kranken gefordert wird, ihne zu underrichten, zu trösten zu absolvieren und das heilige Sacrament des Altars zu reichen.*[110] Für eine ausführlichere und präzisere Lektüre verweist die Ordnung auf die bekannten Autoren Luther, Urbanus Rhegius,

106 NLA WF 14 Alt Nr. 889, fol. 30r–31v.
107 HS 3, fol. 124v f. [Reg.-Nr. 640].
108 Vgl. zu einer knappen Ausführung von Hakes Sterbebegleitung Hölscher, Hakes in Bodenwerder, S. 42ff.
109 Sehling, Ev. KO, Bd. VI/1, S. 170.
110 Sehling, Ev. KO, Bd. VI/1, S. 170.

Johann Pfeffinger, Caspar Huberinus und Hieronymus Weller, die einschlägige Artes moriendi-Schriften verfasst hatten.[111] Die Kirchenordnung nennt nur die Verfassernamen, nicht aber die genauen Titel ihrer Werke.[112]

Bevor Jovius mit dem eigentlichen Bericht anfing, legte er in einer Art Einleitung dar, dass jeder Mensch einmal sterbe, und nur Gott wisse, wann das sei. Gott schicke allerdings jedem Menschen Vorboten für dessen eigenen Tod, *die Inen des gesetzes der Natur, der Schopfunge und des endes erinnern und vermanen sollen*[113]. Bei den von Gott gesandten Vorboten, die in der Heiligen Schrift aufgeführt wurden, handele es sich um die Pest, die Teuerung, Krieg und böse Tiere. Der erste Vorbote, die Pest, stehe allgemein für alle weiteren Krankheiten, Seuchen oder Plagen. Sie fügen dem Menschen Schaden zu und können zum Tod führen. Der zweite Vorbote, die Teuerung, sei ebenfalls eine Strafe Gottes. Nicht nur bedinge sie Hunger und einen schlechten Allgemeinzustand des Körpers, sondern auch geringe Korneinnahmen, weshalb Land verkauft, verpfändet oder gar verlassen werden müsse.[114] Der dritte Vorbote, der Krieg, zerstöre die gute Ordnung[115], bringe den Tod und hinterlasse viele Opfer. Der vierte Vorbote, die bösen Tiere, schaden dem Menschen und der Ernte, wie z.B. Löwen, Bären, Wölfe oder Heuschrecken, Raupen, Mäuse, Schlangen und weitere giftige Tiere.[116]

Nach Abschluss der Ausführungen zu den Vorboten Gottes, gab Jovius zu bedenken, dass diesen Anzeichen nur diejenigen entgegenwirken können, die ihre Sünden erkennen, büßen und Demut zeigen. Des Weiteren hielt er im Konzeptbuch fest, dass gerade

> *zu Einbeck an dreiytausent sein gefallen zu hoyer elffhundert, zum Bodenwerder auch fast ein par hundert. Under welchen auch der eddele ehrbar und ehrnveste Juncker Hartung Haken als ein Christ sein ende und abscheid seliglich und sanft genommen,*

111 SEHLING, Ev. KO, Bd. VI/1, S. 170f. Zur Auseinandersetzungen mit den Sterbebüchern des 16. Jahrhunderts vgl. RESCH, Trost; SCHOTTROFF, Bereitung zum Sterben. Zu Luthers Sterbesermon vgl. HAMM, Luther, S. 115–163. Zu einer Bibliografie der Sterbeschriften des 16. Jahrhunderts vgl. SCHOTTROFF, Bereitung zum Sterben, S. 107–135.

112 Vgl. zu den Werken auch SEHLING, Ev. KO, Bd. VI/1, S. 170, Anm. 4. SEHLING vermutet u.a. folgende Werke: Martin LUTHER: Etliche Trostschriften und Predigten für die, so in Todes und ander Not und anfechtung sind, Wittenberg 1557, (u.a. VD16 L 3463, M 7357); Urbanus RHEGIUS: Seelenärtzney für die gesunden und krancken zu disen gefärlichen zeiten, und in tods nöten von 1537 (u.a. VD16 R 1905, V 2357); Johann PFEFFINGERS: Trostbüchlein von 1567 (u.a. VD16 P 2341, P 2342, P 2344); Caspar HUBERINUS: Trostbüchlein aus der heiligen Schrift von 1567 (u.a. VD16 H 5614, H 5609); Hieronymus WELLER: Trostsprüche der heiligen Schrift (u.a. VD16 W 1854, W 1855).

113 HS 2, fol. 354v [Reg.-Nr. 469].

114 HS 2, fol. 355r [Reg.-Nr. 469].

115 Vgl. zur ›guten Ordnung‹ DINGEL, KOHNLE, Gute Ordnung.

116 HS 2, fol. 355v [Reg.-Nr. 469].

> *aber doch nicht an der pestilenz sondern an der Brustkrankheit*[117] *gestorben und diss alles ist alles also zugegangen wie volget*[118].

Jovius berichtete, dass Hartung Hake zusammen mit seiner Ehefrau Anna von Münchhausen am 13. September 1580, als die Pest im fünf Kilometer entfernten Bodenwerder wütete, nach Halle in sein Pfarrhaus kam. Hake war sich sicher, der Aufenthalt in Halle könne seiner Genesung behilflich sein, denn er vertraute auf Jovius als *Artzt des leibes und der Seelen*[119]. Am Tag seines Eintreffens im Pfarrhaus besuchten Hakes Freunde, die Frau von Rehbock zusammen mit ihrer Tochter, den Kranken in Halle und nahmen von ihm Abschied. Hake stellte in Aussicht, dass er sie, wenn Gott es zulasse und er genese, bald wieder besuchen würde. Am 14. September war sein Gesundheitszustand stabil und er richtete sich mit seiner Ehefrau für einen längeren Aufenthalt im Pfarrhaus ein, wofür Jovius ihnen einen Speisekasten[120] zur Verfügung stellte. Hake begleitete seinen Gastgeber am 16. September zur Predigt nach Dohnsen. In der Predigt sprach Jovius über Gottes Wohltaten, wie man sich dafür bedanke, ihn lobe und preise. In den folgenden Tagen las Hake verschiedene Bücher und hörte sich weitere Predigten von Jovius an. Sonntagnachmittags am 18. September ging er zusammen mit seiner Ehefrau Anna in das Dohnsener Holz und zeigte ihr die Grenzen ihres Holzbesitzes.[121]

Jovius erhielt am 19. und 20. September den bestellten Zimt aus Hameln, den er mit weiteren Zutaten und der Hilfe seines Patienten zu einem Zimtwasser verarbeitete. Dieser kommentierte die Zubereitung mit den Worten: *hier werde Ich auch noch etwas uss lernen und ein halber Doctor werden*[122].

Hake hörte am 21. September die Predigt seines Seelsorgers anlässlich des Tages des Apostel und Evangelisten Matthäus an und versprach Jovius, dessen Schweine in die Mast zu nehmen. In den folgenden Tagen bis zum Freitag den 30. September war Hake mit *allerley anderen gescheﬀten*[123] beschäftigt. Zwischendurch äußerte er den Wunsch, am Sonntag mit seiner Ehefrau das Abendmahl zu empfangen.

Am 30. September wurde er in den Haller Dorfkrug bestellt und verhandelte dort noch mit dem Linser Gografen Claus Kopper[124] über Ländereien, bevor sie zu zechen anfingen. *Des abends, da er* [= Hake] *zu hauss kömpt, ist Er noch gar*

---

117 Tuberkulose, Lungenkrankheit, vgl. METZKE, Krankheitsbezeichnungen, S. 42.
118 HS 2, fol. 356r [Reg.-Nr. 469].
119 HS 2, fol. 356r [Reg.-Nr. 469].
120 Ein ›Speisekasten‹ meint einen Schrank für Speisen, vgl. DWB, Lemma: Speisekasten, Bd. 16, Sp. 2106.
121 HS 2, fol. 356v [Reg.-Nr. 469].
122 HS 2, fol. 357r [Reg.-Nr. 469].
123 HS 2, fol. 357r [Reg.-Nr. 469].
124 Vgl. zu Claus Kopper Kapitel 6.3. und die Ausführungen im Anhang 11.8.

lustigk, treibt allerley schertz[125], doch plötzlich hörte er eine Eule rufen, er erschrak und sagte zu seiner Ehefrau: *hör Anna, die Eule ruft Hartung Hake. Harttung Hake, das gilt mir*[126]. Noch in derselben Nacht verschlimmerten sich seine Brustschmerzen und sein gesamter Zustand. Am 1. Oktober stellten sich Brust- und starke Kopfschmerzen ein. Jovius verabreichte ihm ein zubereitetes Arzneiwasser aus Salbei, Bienen- und Pappelkraut, das er selbst schon oft bei diversen Krankheiten erfolgreich benutzt hatte. Der Krankheitszustand des Patienten blieb bis zum 4. Oktober unverändert, bevor sich der Zustand in der Nacht zum 5. Oktober rapide verschlechterte und Hake Jovius ersuchte, ihm das Sakrament zu spenden. Doch Jovius gab ihm zu bedenken, bevor er das Sakrament empfangen könne, müsse er sich erst seiner Sünden bewusst werden. Er unterstützte Hake in seiner Entscheidung und sprach, dass *Man sölt alwede die Speise und ertzneÿ der Selen suchen unnd im Glauben und christlicher andacht gebrauchen, darnach den artzt zu sich lassen, unnd ertznei in godtes furcht zu sich nehmen*[127], so könnten die Arzneien ihre Wirkung besser entfalten. In der Nacht zum 6. Oktober betete Hake: *O almechtiger ewiger himmlischer Vater, seÿ Mir armen Sunder gnedigk und barmhertzig umb das leiden und sterben deines lieben Sohns Jesu Christi willen, Amen.*[128]

Nach dem Gebet sprachen Jovius und Hartung über den 50. Psalm[129]; anschließend bat der Kranke um die Sakramente. Am Morgen des 6. Oktober bekannte sich Hake zu seinen Sünden, nachdem er *sein bekentnuss von den Furnembsten Artikelen grundtlichen und Christlichen bericht gethann*[130], zeigte Reue, bat um Trost und um die Absolution. Jovius fuhr mit Worten aus dem kleinen Katechismus[131] fort: *Wer den worten gleubt, der hatt was sie sagen und lauten nemlich vergebung der sunden, wo nhun v*(ergebung) *d*(er) *S*(unden) *ist, da ist auch das Leben und die ewige gerechtigkeit und seligkeit.*[132]

Er hielt dem *Kurtzen Bericht* zufolge eine christliche Andacht[133] und er entnahm seine Themen den entsprechenden Abschnitten über die Beichte, die

125 HS 2, fol. 357r [Reg.-Nr. 469].
126 HS 2, fol. 357r [Reg.-Nr. 469].
127 HS 2, fol. 357v f. [Reg.-Nr. 469].
128 HS 2, fol. 358r [Reg.-Nr. 469]. Das Gebet ist eine leichte Abwandlung des Gebets, das in der »Forma der Absolution« in der Kirchenordnung vorgegeben wird, vgl. SEHLING, Ev. KO, Bd. VI/1, S. 167.
129 Ps. 50,15: *rufe mich an in der Not, so will ich dich erretten und du sollst mich preisen.* Jovius spricht nach der hebräischen Psalmenzählung vom 49. Psalm.
130 HS 2, fol. 358v [Reg.-Nr. 469].
131 WA 30,1, S. 390f. S. a. zum kleinen Katechismus DINGEL, Bekenntnisschriften, S. 852–911.
132 HS 2, fol. 358v [Reg.-Nr. 469].
133 Vgl. zur Synopse von Jovius' Predigt und den Abschnitten aus dem *Kurtzen Bericht* die Ausführungen im Anhang 11.4.

Absolution, die Bedeutung des Abendmahls[134] und stattete sie mit zahlreichen Beispielen aus der Bibel[135] aus.

> *Summa wan Unser glaub schwach die liebe verloschen unnd das vertrawen kalt heergehet so hatt Man ein schone kreftige ertzneÿ Im h*(eiligen) *abendmael vom h*(eiligen) *Christo uns gegeben dadurch unser glaube gestercket unsere betrubte Conscientia getrostet wirdet das ist er hatt gewiss vergebunge der Sunden und das Leben und ewige Seligkeit.*[136]

Abschließend bestätigte Hake, dass er an den allmächtigen Gott glaube, und empfing nach christlicher Andacht und ehrlicher Reue die Absolution sowie das Abendmahl.[137]

Der Gesundheitszustand des Patienten blieb den Tag über unverändert. Er saß, lag im Bett, ging ein wenig spazieren oder sprach über Gottes Wort. Währenddessen schrieb seine Ehefrau einen Brief an ihre Schwester Druwe von Münchhausen, Domina im Stift Obernkirchen[138]. Dabei kamen ihr die Tränen und als Hake ihre verweinten Augen sah, tröstete er sie und sprach ihr Mut zu. Kurz danach traf der Hamelner Arzt Johannes Falke ein. Am 7. Oktober verschlechterte sich der Zustand des Patienten, der umgehend Jovius und dessen Ehefrau Margaretha zu sich bat. Der Pastor tröstete *Ihnen uffs beste als Ich köndte undd weisete Inen uf die Exempel des Newen Testaments*[139]. Er machte ihm Hoffnung, dass seine Schmerzen mit Hilfe des Hamelner Arztes schon bald gelindert würden. In derselben Nacht erhielt Hake Besuch von seinem Leibjungen Richard, sowie weiteren nicht näher bezeichneten Personen namens Eberd Maler und Lorentz Kulemann. Hakes Befinden verschlimmerte sich und er betete das Gebet »Helft mir, Gottes Güte preisen« des Dr. Paul Eber[140], das dieser seinen Kindern gewidmet hatte, und bat um ein wenig Ruhe, um in der Kammer zu schlafen. Aber er konnte nicht schlafen und morgens um 4 Uhr

---

134 Vgl. zu den einzelnen Abschnitten: SEHLING, Ev. KO, Bd. VI/1, S. 119–122 (*Von der Beichte und Absolution*); S. 128–132 (*Von dem Abendmal des Herrn*).

135 Lk. 1,37; Jes. 53,9; Jh. 14,16f., 20,19–23; Mt. 9,1–8; Lk. 7,36–50, 19,1–10; Mt. 11; Lk. 23; Mt. 28,16–20; Jh. 20,22; Jes. 43; Eph. 5,21–32.

136 HS 2, fol. 360r [Reg.-Nr. 469]. Vgl. zum Abschnitt *Von besuchung der kranken* in der Kirchenordnung SEHLING, Ev. KO, Bd. VI/1, S. 170–172.

137 HS 2, fol. 360v [Reg.-Nr. 469].

138 Vgl. LENTHE, MARHENHOLTZ, Stammtafeln der Familie von Münchhausen, S. 80 Nr. 150: Druda von Münchhausen, Schwester Börries d. J., Eltern Nr. 105 Johann von Münchhausen und der Adelheid von Langen.

139 HS 2, fol. 360v [Reg.-Nr. 469].

140 Jovius erwähnt nicht den Titel des Gebets, sondern nur, dass Eber dieses seinen Kindern gewidmet habe. Das Lied »Helft mir, Gottes Güte preisen« ist von Eber verfasst und als Akrostichon konstruiert, die Anfangsbuchstaben ergeben den Namen ›Helena‹, so hießen Ebers Ehefrau und Tochter, vgl. WEISMANN, Handbuch zum ev. Kirchengesangbuch, Bd. III, S. 213.

setzte ihm die Krankheit so sehr zu, dass Falke ihm noch einen Distelsaft verabreichen musste.[141]

Der Sterbende machte in dieser Nacht sein Testament.

> *All meine dinge und sache seind richtigk, Mit Meiner Frawen seind bestendige Recesse gemacht. Wan man sich darnach hilt so wirdt nicht unneinnigkeit darvon komen enspriessenn unnd wans die Noth erfördert, so habe Ich auch furmunde Meine Frawen genennet unnd furgeschlagen, die werden dan auch thun wie sie das fur God und fur fromen Christen wollen verandtworten, Unnd deiner unnd Meiner Kinder beste zu thun nicht vergessen*[142].

Am Morgen des 8. Oktober kamen Heinrich von Grone und weitere Besucher in das Haller Pfarrhaus und nahmen Abschied. Hakes Zustand wurde kritischer, sein Puls ging schwach und schnell. Er setzte sich an den Küchentisch und gab bekannt, dass er der Kirche drei Taler Silber hinterlasse. Seine Ehefrau Anna stockte die Summe um zwei ungarische Goldgulden auf. Mit dieser Summe sollte ein Kelch in Erinnerung an Hartung Hake gestiftet werden. Hake brach am Tisch in Todesschweiß aus, stand auf, ging zur Tür, brach auf dem Weg zusammen und starb am 8. Oktober 1580 morgens zwischen 10 und 11 Uhr. Jovius bemerkte:

> *Hier muss ich wirklich bekennen das Ich an Erbaren frawenstückschen, Meiner lieben gefatterinnen ein warhaftig und lebendige exempel christlicher gedult sanftmuth und bescheidenheit geschehen hab* […] *Wie betrübt aber ihr Hertze gewesen, das weiss Gott und sie selbst und kann ich odder mein Fedder nimmermehr mit Worte erlangen*[143].

Zum Abschluss notierte er, dass der Tod im Beisein seiner Ehefrau Margaretha, von Heinrich von Grone, Lorentz Kulemann, der Kemnader Pastor Rudolph Vogt, Eberd Maler, Hakes Leibjungen Richard, Anna von Münchhausen und ihm eintrat.

Nach Hakes Tod hielt Jovius den Kontakt zu seiner Freundin Anna von Münchhausen aufrecht. Er kontaktierte sie am 18. April wegen geschäftlicher Angelegenheiten. Er richtete gezielt tröstende Worte an Anna und bat sie *woll mein freundt sein und bleiben*[144]. Er zitierte aus dem 68. Psalm[145], in dem Gott den Waisen ein Vater und den Witwen ein Richter sei und verwies auf eine Übereinstimmung mit den 10. Psalm[146], in dem Gott sich ebenfalls für Waisen einsetzte. Ansonsten griff der Superintendenten in dem Trostbrief auf die

141 HS 2, fol. 361r [Reg.-Nr. 469]. Der Begriff ›chameleonte‹ ist eine Distelart, auch »Eberwurz« genannt, vgl. LONITZER, Kreuterbuch, fol. 148v.

142 HS 2, fol. 361r [Reg.-Nr. 469].

143 HS 2, fol. 361v [Reg.-Nr. 469].

144 HS 3, fol. 8r [Reg.-Nr. 494].

145 Ps. 68,6: *Ein Vater der Waisen und ein Helfer der Witwen ist Gott in seiner heiligen Wohnung.*

146 Ps. 10,18: *dass du Recht schaffest den Waisen und Armen, dass der Mensch nicht mehr trotze auf Erden.*

Psalmen 82[147] und 146[148] zurück, in denen Gott erneut für die Rechte von Witwen- und Waisen eintritt. Er hob die Wichtigkeit des Psalters, den er Anna umgehend zukommen lassen wolle, hervor und begriff ihn *weil vornhemlich von allen artickulen der gantzenn Christlichen Lehre, unnd die Einem Menschen zu seiner Selen seligkeit zu wissen von nöthen gleich als in einer kleinen Bibelen.*[149]

Als Jovius im November 1581 erfuhr, dass kurz nachdem Anna ihren Ehemann Hake verloren hatte, nun auch ihre namentlich nicht genannte Tante gestorben war, sah er sich als Freund und Seelsorger in der Pflicht, ihr in dieser schwierigen Situation beizustehen und verfasste eine *Trostschriefft an die eddelen und erbaren vieltugentreichen Frawen Annen gebornne von Monnichhausen, Hartung Hakenn seliger nachgelassennen wedfrawen Meiner freundtlichen lieben gefatterinnen.*[150]

Darin äußerte er sein tiefes Mitgefühl und richtete tröstende Worte an sie. Sie mache sich wahrscheinlich viele Gedanken, z. B. warum gerade sie von Gott mit so viel Trauer belastet werde. Mit vielen tröstenden und erklärenden Beispielen aus der Bibel führte er ihr vor Augen, warum Gott einem einzelnen Menschen so großen Kummer bereite und so schwer belaste. Bei aller Trauer solle sie nicht ihren Glauben an Gott verlieren.[151]

Die Struktur des Trostbriefes entspricht einem Seelsorgedialog, in der Art eines Frage- bzw. Thesen- und Antwort-Schemas aufgebaut. Die Fragen sind im Text mit roter Tinte gekennzeichnet. Jovius beantwortete eine rhetorische Frage mit Beispielen aus der Bibel. Die Struktur dieses fiktiven Dialogs macht folgendes Beispiel deutlich:

Die erste Frage, die Anna sich auf Grund ihrer Lage machen könne, laute: *ach lieber wie kompts das der liebe Godt mich so hart und offt so schwer angreiffet*[152]. Als Erklärung führte Jovius die ausgeschriebenen Bibelzitate Hi. 9[153], 1. Pt. 5[154], Ps. 130[155], 19[156], 119[157], 145[158] aus und verwies außerdem auf die Bibelstellen

147 Ps. 82,3: *Schaffet Recht dem Armen und der Waise und helft dem Elenden und Bedürftigen zum Recht.*

148 Ps. 146,9: *Der Herr behütet die Fremdlinge und erhält Waisen und Witwen; aber die Gottlosen führt er in die Irre.*

149 HS 3, fol. 8r–9r [Reg.-Nr. 494].

150 HS 3, fol. 40r [Reg.-Nr. 526].

151 HS 3, fol. 40r–44v [Reg.-Nr. 526].

152 HS 3, fol. 40r [Reg.-Nr. 526].

153 Hi. 9,2f.: *Ja, ich weiß sehr gut, dass es so ist und dass ein Mensch nicht Recht behalten kann gegen Gott. Hat er Lust, mit ihm zu streiten, so kann er ihm auf tausend nicht »eins« antworten.*

154 1. Pt. 5,6: *So demütigt euch nun unter die gewaltige Hand Gottes [, damit er euch erhöhe zu seiner Zeit].*

155 Ps. 130,3: *Wenn du, Herr, Sünden anrechnen willst – Herr, wer wird bestehen?*

156 Ps. 19,13: *Wer kann merken, wie oft er fehlet? Verzeihe mir die verborgenen Sünden.*

Jer. 1, Jh. 1 und Eph. 1. Wenn Anna ihre Sünden bekenne, werde Gott gerecht sein und ihre Sünden vergeben *und reinigt Uns von alle untugent* [...] *so kann man auch recht absolutione und trost entpfangen*[159].

Jovius arbeitete im Trostbrief die folgenden rhetorischen Thesen bzw. Fragen ab.

Die 2. These: *Das Creutz unnd die Beschwerung seind dar und werde uss godtes wort des berichtet das mir sodannes umbs der Sunden willen God pflegt, so tzörnet er Jo mit mir uns straffet mich darumb.*[160]

Die 3. These: *Aber mir ist so bange das mich duncket godt wolle meinen gaer vergessen.*[161]

Die 4. These: *Mein Betrubnusse jammer und elende ist ja tzu gross und kömpt Jumer ein uber das ander unnd weret ja tzu Lange.*[162]

Die 5. These: *Was solt mir Godt helffen ich bin tzu ein gross sundig mensch, in meiner sunde tzuviel ich hab meinen God tzu seher ertzörnet.*[163]

Jede einzelne Aussage bzw. Frage diskutierte Jovius im Hinblick auf Annas persönliche Situation, suchte zu jeder These bzw. Frage die thematisch passenden Antworten in der Bibel und belegte seine Erklärungen mit Bibelzitaten. Abschließend bemerkte er, dass diese Beispiele nicht die Einzigen seien, die die Bibel biete, und führte zum Abschluss ergänzend Beispiele[164] hinzu, die seine Freundin trösten sollten.

Jovius war als Seelsorger während des Sterbens für seinen Freund Hartung Hake da und äußerte auch schriftlich gegenüber Hakes Ehefrau Anna von Münchhausen, mit der er freundschaftlich verbunden blieb, sein tiefes Mitgefühl in einem weiteren Trostschreiben[165]. Er war in beiden Fällen nicht nur als Geistlicher, sondern zugleich als Freund involviert. Vermutlich forderte ihn die extreme Situation der Begleitung eines Freundes beim Sterben im Haller Pfarrhaus emotional sehr heraus, zumal er nicht nur das Abendmahl spendete, sondern auch an Hakes Bett saß und ihn tröstete. In dieser Situation bereitete er

157 Ps. 119,75: *Herr, ich weiß, dass deine Urteile gerecht sind; in deiner Treue hast du mich gedemütigt.*

158 Ps. 145,17: *Der Herr ist gerecht in allen seinen Wegen und gnädig in allen seinen Werken.*

159 HS 3, fol. 40v [Reg.-Nr. 526].

160 HS 3, fol. 40v [Reg.-Nr. 526]. Jovius bezieht sich in seiner Antwort auf folgende Bibelzitate: Jh. 12, 1. Pt. 1, Ps. 118, Jes. 28.

161 HS 3, fol. 41v [Reg.-Nr. 526]. Jovius bezieht sich in seiner Antwort auf folgende Bibelzitate: Jes. 40, Ps. 31; 33; 50, Klgl. 3[,21–25]; 2. Mo. 32[,48–52], Ho. 6, 2. Pet. 2[,9].

162 HS 3, fol. 42r [Reg.-Nr. 526]. Jovius bezieht sich in seiner Antwort auf folgende Bibelzitate: Mk. 5[,42f.]; Joh. 5; Jes. 53; Röm. 8; Ps. 34, 37, 57.

163 HS 3, fol. 42v [Reg.-Nr. 526]. Jovius bezieht sich in seiner Antwort auf folgende Bibelzitate: Röm. 5; Ps. 130; Sir. 20, Jer. 23, Ps. 36, 1. Lk. 3.

164 Mt. 18, Ps. 51, Lk. 18, Jer. 3, Ps. 34.

165 Vgl. zur Textsorte Trostbrief Stolt, Kulturbarrieren, S. 613ff. Zu den Trostbriefen an Jovius' Schwiegervater vgl. Kapitel 4.4.

seinen Freund auf das Sterben vor, begleitete ihn bei diesem gesamten Sterbeprozess und übernahm zugleich die Rolle des Seelsorgers, Ehemanns und Freundes für seine und Hakes Ehefrau. Sowohl die Sterbebegleitung als auch die Trosttexte eröffnen durch ihre zahlreichen Bibelzitate einen Blick auf Jovius' Umsetzung der lutherischen Todes- und Trosttheologie. Besonders interessant ist die Vorgehensweise bei dem Trostbrief an Anna von Münchhausen, in dem Jovius durch rhetorische Fragen bzw. Thesen und deren Beantwortung einen fiktiven, seelsorgerischen Dialog zwischen ihnen simulierte.[166]

Hartung Hakes Sterbeprozess im Haller Pfarrhaus ist in dem Konzeptbuch einmalig. Gerade dieser Bericht öffnet den Blick auf Jovius' individuelle Umsetzung lutherischer Sterbebegleitung[167]. Aus der im Fürstentum geltenden Kirchenordnung inklusive des *Kurtzen Berichts* konnte er Anregungen sowie Anweisungen für seine Sterbebegleitung gewinnen. Er konnte die angegebenen Bibelzitate dem *Kurtzen Bericht* entnehmen und erklärte bzw. referierte sie seinem todgeweihten Patienten. Jovius' Andachtsthemen waren die Sünde als Krankheits- und Todesgrund, Christi Gnade und die Erlösung. Erst nach der Beichte und der Absolution empfing Hake das Abendmahl, das als zentrales Element der Sterbebegleitung angesehen werden kann.[168]

Die Kirchenordnung von 1569 hielt mit wenigen Punkten und knappen Instruktionen nur die wichtigsten Punkte einer Sterbebegleitung fest. Die Trostbücher bzw. Sterbeschriften des 16. Jahrhunderts weisen darüber hinaus einige Erweiterungen und Ergänzungen auf, obwohl die »reformatorischen Sterbetrostschriften und Anleitungen zur Seelsorge am Kranken- und Sterbebett«[169] ganz unterschiedlich ausfielen. Das sich im 16. Jahrhundert herausbildende Formular für einen Krankenbesuch könnte laut RESCH ungefähr so ausgesehen haben:

> »Begrüßungsworte, individuelle Ansprachen je nach Person, Beichtformulare in unterschiedlicher Länge, kommentierte Sprüche, auch Liedstrophen, eine Vielzahl von Gebeten samt Auslegung, Passionsbetrachtungen, Argumente gegen komplexe Anfechtungen, Segenswünsche, Ermahnungen an die Versammelten«[170].

Jovius musste wegen der besonderen Situation, da Hake im Pfarrhaus lebte, nicht alle Punkte erfüllen, doch übernahm er etwa die individuelle Ansprache, das Beichtformular, die kommentierten Bibelzitate und die Gebete aus dem

166 Der Dialog als literarische Gattung erlebte zu Beginn der Reformation einen Aufschwung vgl. dazu CAMPBELL, Dialog und Dialogizität, S. 337f. S. a. BENTZINGER, Syntax der Reformationsdialoge, S. 11. Vgl. zum Stilmittel des fiktiven Dialogs BOCK, Pfarrer und Mönche in Gewissensnot, S. 369; WALTER, Kritik am Seelsorgeklerus, S. 257f.

167 Vgl. zu Luthers Sterbesermon HAMM, Luther, S. 115–163.

168 Vgl. KAUL, Undankbare Gäste, S. 265f.

169 HAMM, Luther, S. 161.

170 RESCH, Trost, S. 209.

vorgegebenen Formular. Die Kirchenordnung sah zwar vor, wie ein Pastor allgemein bei einer Sterbebegleitung verfahren solle, doch sie verwies zur weiteren Lektüre lediglich auf die Verfasser der Sterbeschriften des 16. Jahrhunderts, nicht aber auf ihre Werke. Jovius hätte darüber hinaus die Möglichkeit gehabt, sich Sterbeschriften z. B. bei seinem Göttinger Buchbinder Hans Reinhard[171] zu bestellen, um seine individuelle Sterbebegleitung gestalten zu können.[172]

Nach dem Tod von Hartung Hake verfasste Jovius seine Begleitung als einen zurückblickenden Bericht. Dieser beleuchtet nicht nur die Sterbebegleitung, die Predigten, sondern auch die letzten knapp vier Wochen eines kranken und sterbenden Mannes, dessen Besuche im Haller Dorfkrug sowie die Regelung und die Einweisung seiner Ehefrau in seiner Geschäfte für den Fall seines Todes. Als sich Hakes Zustand verschlechterte, bat er um die Absolution und das Abendmahl.[173] Der einzige konkrete Hinweis auf eine Freundschaft besteht darin, dass Hake gebeten wurde, die Patenschaft für Jovius' am 8. Juni 1576 geborenen Sohn zu übernehmen. Diese Verbundenheit könnte eventuell den Ausschlag gegeben haben, dass Hake sich mit seiner Ehefrau direkt nach Halle in das Pfarrhaus begab, *da die Lufft ertzliche massen noch reine, verhoffens sicherer da zu sein*[174].

5.3. Zusammenfassung

Jovius' Freundeskreis bestand sowohl aus alten Freundschaften aus der Zeit, als er 1556 an der Moringer bzw. 1562 an der Northeimer Schule Rektor war, als auch aus neuen Freunden, die er während seiner Amtszeit als Superintendent in Halle kennenlernte. Die Freundschaften entstanden unabhängig von der Familie, auch wenn Überschneidungen durchaus möglich waren.[175] Als Beispiel sei hier Franz Düvel[176] angeführt, der mit Jovius seit 1573 befreundet war und 1579 in die Familie einheiratete. Diese Freundschaft überlappte sich später mit einem verwandtschaftlichen Kontext, während beispielsweise Jovius' Freundschaft zu Justus Sutel die Fortführung eines früheren Schüler-Lehrer-Verhältnisses war. Es gab also durchaus Beziehungen, die sowohl ein Freundschafts- als auch ein

171 Vgl. zum Buchbinder Hans Reinhard Kapitel 3.4.1.

172 Vgl. Resch, Trost, S. 197.

173 Vgl. zur Wahl von Freunden am Sterbebett Resch, Verwandtschaft oder Freundschaft, S. 199ff. Sie hält fest, dass *Vmbstender* dem Sterbenden nur scheinbar Sicherheit boten und ihre Sterbe-Assistenz nicht mehr nötig war, was auch Martin Luther in mehreren Äußerungen hervorhob (Resch, Verwandtschaft oder Freundschaft, S. 206).

174 HS 2, fol. 356r [Reg.-Nr. 469].

175 Vgl. Oschema, Einführung, S. 13. Hingegen stellte Kühn, Wissen, Arbeit, Freundschaft, S. 169, mit dem Hinweis auf Oschema, für die frühneuzeitlichen Gelehrten fest, dass der Kreis der Freunde nicht unbedingt die Verwandtschaft oder Nachbarschaft umfasste.

176 Vgl. zu Franz Düvel Kapitel 4.5.2. und die Ausführungen im Anhang 11.8.

Verwandtschafts- oder Patenschaftsverhältnis darstellten. Neben Justus Sutel unterhielt er auch weiterhin Kontakt zu seinem ehemaligen Schüler Johannes Froman. Dieses Verhältnis entwickelte sich zu einer Freundschaft. Jovius korrespondierte mit Froman über die aktuelle theologische Kontroverse und nutzte dessen Anstellung in Moringen, um Informationen über den dortigen Bürgermeister zu erhalten und als Interzessor für seinen Schwager Johannes Cloth. Interessant ist, dass Jovius sich mit seinem Freund Johannes Roffkarn über Fromans Karriere austauschte, sich quasi mit einem Freund über einen weiteren gemeinsamen Freund unterhielt. Vielleicht sah er die Möglichkeit Roffkarn einzubeziehen, damit dieser ebenfalls seinem Schwager ein Empfehlungsschreiben ausstellen würde.

In Notlagen konnte sich Jovius auf seine Freunde verlassen, insbesondere auf Roffkarn oder Hake, um die er sich während einer Krankheit umgekehrt sorgte. Er unterhielt regelmäßigen Kontakt zu seinen Freunden und pflegte die Freundschaft durch Korrespondenzen oder erbat im Falle Bissanders eine Freundschaft durch einen Brief.

Johannes Roffkarn, Johannes Froman, Justus Sutel, Johannes Letzner, Christopher Wolff und Zacharias Schlemme lernte Jovius höchstwahrscheinlich während seiner Zeit als Rektor 1556 an der Moringer Schule und 1562 an der Northeimer Schule kennen oder durch die in Northeim lebende Schwiegerfamilie. Neue Bekanntschaft machte er hingegen mit Johannes Nexius, Hartung Hake, Adam Bissander, Heinrich Temme, Johannes Köne und Johannes Corvinus wohl erst im Laufe seiner Amtszeit als Superintendent in Halle, da alle aus der näheren Umgebung Halles stammten, wie z.B. Temme und Hake aus Bodenwerder. Unter den Freunden sind nicht nur einfache Pastoren zu finden, wie Roffkarn oder Letzner, sondern darüber hinaus auch der Adlige Hartung Hake, der am Wolfenbütteler Hof tätige Hauptmann Temme oder ehemalige Schüler.

Die Taufpaten, die für die Pastorenkinder ausgewählt wurden, kamen primär aus dem Freundeskreis. In dem Gevatterbrief an Hans Thomes hob Jovius ausdrücklich hervor, was es ihm bedeuten würde, wenn ein Freund das Amt des Paten übernehme:

> *Weil Ihr dan mein gunstiger freundt sein, unnd Ich die freundtschaft gerne grosse mochete, So bitte ich derwegen ewer Erbar vorsichtigkeit sie wolle umb Godtes willen sich demutigen und* [...] *meinen Sonlein mit anderen guten leuten zur heiligen Tauffe halten unnd Im also zum Christenthum helffen sein gefatter unnd lieber pate sein und bleiben wollet.*[177]

Die Paten nahmen auf Grund ihres Amtes und des Vertrauens, das Jovius und seine Ehefrau ihnen entgegenbrachten, eine wichtige Position in deren sozialem

177 HS 2, fol. 165r [Reg.-Nr. 231].

Netzwerk ein.[178] Dass die Wahl der Paten durch ein bestehendes Vertrauensverhältnis stark beeinflusst wurde, stellte ebenso SEIDEL für das spätmittelalterliche Köln fest.[179] Eine Paten-Patenkind-Beziehung ist einzigartig und kann nur einmal im Leben geschlossen werden, was den »verwandtschaftsanalogen Charakter einer solchen Beziehung«[180] besonders hervorhebt. Allerdings lässt sich bei der Auswahl der Taufpaten eine Veränderung feststellen. Bei der ersten, im Konzeptbuch erwähnten Taufe von Jovius' Tochter Elisabeth am 12. Dezember 1571, waren neben Jovius' Schwiegermutter vorrangig die Ehefrauen seiner älteren Freunde aus Northeim respektive Moringen die Taufpatinnen. Hingegen übernahmen bei der Taufe seines ersten Sohnes 1576 die neuen Bekanntschaften Hartung Hake sowie Hans Thomes oder bei der Taufe seiner Tochter Rosina nach 1581 Temmes Ehefrau das Patenamt. Diese Tatsache und die im Konzeptbuch nachweisliche Abnahme der Kontaktintensität zu den älteren Freunden könnten andeuten, dass die älteren Freundschaften in den Hintergrund rückten, oder dass er diese Freunde kein zweites Mal fragen wollte.

Jovius bat seine Freunde nicht nur um Patenschaften, sondern auch um weitere Leistungen.[181] Die Freundschaft zu Hartung Hake und Johannes Roffkarn nutzte er beispielsweise für ökonomische Leistungen, indem er sich von ihnen Geld bzw. Getreide lieh. Hingegen tauschte Jovius mit Letzner und Sutel Bücher aus oder bat Froman um Informationen bezüglich der zwischen ihnen besprochenen theologischen Themen. Diese Leistungen fallen nach KÜHNER unter die sog. informierenden Leistungen.[182] Gleich mehrere Freunde waren für Jovius als Zeugen in einem Vertrag tätig, und dienten ihm somit als Absicherung, auf die er sich verlassen konnte.[183]

Im Gegensatz dazu nutzte er die Freundschaft zu Heinrich Temme, dem Wolfenbütteler Hauptmann, für sich und seine Anliegen zu seinem eigenen Vorteil, weshalb die Beziehung daher eher an eine Patronagebeziehung erinnert, als an eine freundschaftliche. Dem Ansatz von JANCKE[184] folgend, schließen sich aber

178 Vgl. zu den Patenschaften für das spätmittelalterliche Köln SEIDEL, Freunde und Verwandte, S. 138f., 268–274, 285f. Zu Patenschaften im 18. Jahrhundert vgl. FERTIG, Familie, verwandtschaftliche Netzwerke und Klassenbildung, S. 61–69.

179 SEIDEL, Freunde und Verwandte, S. 138f. S. a. TEUSCHER, Bekannte, Klienten, Verwandte, S. 121–134.

180 KÜHNER, Politische Freundschaft, S. 202.

181 Vgl. zu den Kategorien der Freundschaftsleistungen am Hof KÜHNER, Politische Freundschaft, S. 266ff.

182 KÜHNER, Politische Freundschaft, S. 267, bes. S. 290ff.

183 Vgl. KÜHNER, Politische Freundschaft, S. 267, bes. S. 287ff.

184 JANCKE, Patronage, Freundschaft, Verwandtschaft, S. 184: JANCKE folgt Wolfgang REINHARD, »wenn er Freundschaft und Patronage für zwei jeweils eigene Phänomene hält, die nicht unbedingt deckungsgleich sein mussten. Während Freundschaft trotz der Möglichkeiten zu hierarchischen Differenzen auf Gegenseitigkeit beruhte, war in Patronagever-

Freundschafts- und Patronagebeziehungen nicht gegenseitig aus, sondern sie können auch gleichzeitig bestehen und sich überlagern. Die Freundschaft zwischen Temme und Jovius bestand schon, bevor dieser an den Wolfenbütteler Hof befördert wurde. Jovius zog allerdings erst nach der Beförderung einen Nutzen aus dieser Freundschaft und bat ihn, beim Herzog für seine verschiedenen Anliegen zu interzedieren. Diese Beziehung, zumal vordergründig administrative Anliegen thematisiert wurden, hat sich nach Temmes Beförderung eher in eine Patronagebeziehung verändert, dennoch blieb eine Freundschaft bestehen.

Den Kontakt zu Adam Bissander, dem Rektor des Gandersheimer Pädagogiums, knüpfte Jovius über dessen Bruder Quirinius, mit dem er zusammen an der Universität Jena studiert hatte. Er lernte Bissander somit in einem anderen Kontext kennen und nutzte diese Bekanntschaft, um zunächst eine Freundschaft mit dem Rektor zu schließen, und möglichst schnell die neugewonnene Freundschaft für seine persönlichen Anliegen zu beanspruchen. Das stetige Aus- oder Benutzen der Freundschaften war nicht immer erfolgreich und barg Konfliktpotenzial.

Darüber hinaus pflegte Jovius aber auch seine Freundschaften und setzte sich für Freunde ein. Er stellte immer wieder seine Besuche in Aussicht oder erwähnte vergangene Besuche in Northeim oder in der Flarichsmühle.[185] Wahrscheinlich besuchte er im Zuge dieser Reisen auch seine Freunde. Wie wichtig er Besuche nahm, wird nicht nur durch seine Patientenbesuche[186] oder im Bedauern, dass er z. B. seinen erkrankten Freund Roffkarn nicht besuchen konnte[187], unterstrichen, sondern auch dadurch, dass er sich mit Freunden, z.B. Johannes Letzner, zu einem gemeinsamen Besuch bei seiner Familie anmeldete.[188]

Besonders hervorzuheben ist noch Jovius' Einsatz für Johannes Köne und Johannes Corvinus, die er jeweils für gut dotierte Stellen bzw. Ausbildungsplätze empfahl. Seine Bemühungen führten bei Johannes Köne allerdings nicht zum Erfolg, da dieser bei einer Bewerbung um eine mögliche Stelle negativ auffiel, was Jovius umgehend mitgeteilt wurde. Aus dem Vorfall zog er für sich die

hältnissen bei aller Wechselseitigkeit doch die Schärfe von Machtverhältnissen ebenfalls präsent und konnte vor allem von Patronen in aller Einseitigkeit eingesetzt werden. Zumindest für die Frühe Neuzeit ist m. E. aber davon auszugehen, dass es auch einen Bereich gab, in dem sich beide Beziehungstypen überschneiden konnten – d.h. es gab Beziehungen [...], die sowohl ein Freundschafts- als auch ein Patronageverhältnis darstellten, und andere, die entweder das eine oder das andere waren«. Vgl. dazu auch Reinhard, Freunde und Kreaturen, S. 37–39; Jancke, Patronagebeziehungen, S. 23f.

185 Siehe u.a. HS 2, fol. 107r f. [Reg.-Nr. 158]: 17. Mai 1575, fol. 216v [Reg.-Nr. 277]: 23. Juli 1579, fol. 348r f. [Reg.-Nr. 462]: 26. Oktober 1580.

186 Vgl. zu den Patientenbesuchen im Zuge der Urindiagnosen Kapitel 3.4.2.

187 HS 2, fol. 138v–140r [Reg.-Nr. 200].

188 HS 2, fol. 296v [Reg.-Nr. 386].

Konsequenz, zukünftig bei Empfehlungen für Freunde umsichtiger vorzugehen. Die gewählte Form der Unterstützung waren Empfehlungs- bzw. Interzessionsschreiben, die er ebenso für die Förderung seiner Schwäger von verschiedenen Akteuren seines Netzwerks forderte. DAUSER stellt im Zuge ihrer Untersuchung zur Informationskultur der Augsburger Unternehmerfamilie Fugger fest, dass Empfehlungsscheiben in variablen Akteurskonstellationen und für unterschiedliche Anliegen zum Einsatz kommen.[189] In den Konzeptbüchern bat Jovius verschiedene höhergestellte Akteure, wie z. B. seinen vorgesetzten Generalsuperintendenten, vorwiegend darum, für seine Schwäger oder Freunde bei einer höheren Instanz einzutreten oder ein lobendes Beurteilungsschreiben auszustellen.

Die Sterbebegleitung für seinen Freund Hartung Hake im Haller Pfarrhaus wird im Konzeptbuch detailliert festgehalten. Die Tatsache, dass der retrospektive Bericht zwischen dienstlichen und privaten Schreiben für sich alleine steht, zeigt, wie sehr Jovius diese Situation emotional beschäftigte und welche Bedeutung er ihr durch die Dokumentation beimaß. Der Bericht beleuchtet die letzten knapp vier Wochen eines sterbenden Mannes, der sich sowohl um seinen Nachlass kümmerte, als auch alltäglichen Dingen widmete. Die ständige Präsenz von Hartung Hake und seiner Ehefrau Anna von Münchhausen, sowie die wechselnden Besucher, lassen auf einen hohen Andrang im Pfarrhaus und auf ständige Gespräche mit wechselnden Gesprächspartnern schließen.[190] Neben Jovius' Einsatz für seinen todgeweihten Freund macht dieser Bericht ebenso die Umsetzung lutherischer Trosttheologie eines Pastors sichtbar. Wesentlich war für Luther HAMM zufolge

> »die Anwendung der neuen Rechtfertigungstheologie auf die Situation des Sterbelagers und damit die Aussage, dass der Sterbende ›nur‹ zu glauben braucht und dann um Christi willen alle Heilsgüter aus purer Barmherzigkeit empfängt«[191].

Der Seelsorger hielt sich bei der Begleitung und der Andacht exakt an die Vorgaben des *Kurtzen Berichts* und der Kirchenordnung. Die zentralen Passagen zum Abendmahl und zur Beichte[192] las er direkt aus seinem Exemplar vor bzw. schrieb sie für seinen Bericht ab und übernahm ebenso die vorgegebenen Bibelzitate, wie z. B. Mt. 16[,19] und 18[,18] sowie Lk. 7[,50]. Diese Bibelzitate

189 DAUSER, Informationskultur, S. 317. DAUSER untersuchte auch explizit Hans Fugger in seiner Funktion als Intercessor, vgl. ebd., S. 382–391.

190 Vgl. dazu auch SCHORN-SCHÜTTE, Evangelische Geistlichkeit, S. 322f.

191 HAMM, Luther, S. 161. Vgl. zu Luthers Anleitung zum seligen Sterben HAMM, Luther, S. 115–163.

192 Jovius verwendete Auszüge aus den Abschnitten: *Von der Beichte und Absolution* (SEHLING, Ev. KO, Bd. VI/1, S. 119–122, hier S. 121) und *Von dem Abendmal des Herrn* (SEHLING, Ev. KO, Bd. VI/1, S. 128–132, hier S. 129f.).

erklärte er seinem Patienten allerdings ausführlicher und beließ es nicht nur bei dem kurzen lateinischen Initium, das der *Kurtze Bericht* angab. Des Weiteren wird für Mt. 18[,18] das lateinische Initium angegeben: *Quicquid solveritis in terra*[193], während der Geistliche gegenüber seinem Patienten, der wahrscheinlich über geringe oder keinerlei Lateinkenntnisse verfügte, auf Deutsch ausführte: *Alles was Ihr werdet lösen uff erden das soll Im himmel loss sein*[194]. Die Synopse[195] von der Predigt und den Abschnitten des *Kurtzen Berichts* zeigt, dass Jovius die Passagen des *Berichts* in der Situation durch Personalpronomen anpasste, die Bibelzitate zum Teil ausführlicher erklärte und an einigen Stellen Worte ergänzte oder lediglich die Satzstellung veränderte. Sobald die Unterschiede der Synopse in den Blickpunkt geraten, wird Folgendes deutlich: Jovius' Auslassungen sind mehr als die Kürzung eines geschriebenen Textes; er wollte mutmaßlich den Text leichter verständlich machen, um ihn dem geschwächten Zustand des Patienten anzupassen. Ebenso belegt die Übersetzung der lateinischen Bibelzitate in die deutsche Sprache, dass Jovius sich an Hakes Bildungsniveau orientierte. An dem textlichen Überschuss, den der *Kurtze Bericht* im Vergleich bietet, wird deutlich, dass der Superintendent die eingehenden Begründungen für das Handeln des ordentlich berufenen Seelsorgers kürzte und die persönlichen Anredeformen verstärkte. Hier realisiert Jovius ein zentrales Argument des Luthertums: Die Angst vor dem Sterben zu nehmen, weil man sich auf den Verdienst Christi verlassen kann.[196]

Dem geltenden Ablauf des *Kurtzen Berichts* folgend empfing Hake erst nach der Beichte die Absolution und anschließend das zentrale Element der Sterbebegleitung, das Abendmahl.[197] Die Herausforderung, in der sich Jovius befand, seinen Freund sowohl als Seelsorger beim Sterben zu begleiten und für ihn zugleich als Freund da zu sein, belastete ihn sehr. Zumal sich die Begleitung im Pfarrhaus knapp vier Wochen hinzog und kein Krankenbesuch im eigentlichen Sinne erforderlich war. Die Kirchenordnung verpflichtete den Pastor zu einem Krankenbesuch, der unter dem Abschnitt mit dem Titel *Von besuchung der kranken* genauer erläutert wird. Es findet sich dort jedoch kein Hinweis der ausdrücklich bestimmt, Kranke im Pfarrhaus aufzunehmen und sie dort zu pflegen, hervorgehoben wird vielmehr die theologische Sterbebegleitung des Kranken.[198]

193 Sehling, Ev. KO, Bd. VI/1, S. 121. Diese Bibelstelle geht angesichts des Plurals nicht auf Matthäus 16,19 zurück, sondern auf Mt. 18,18 (Auf freundlichen Hinweis von PD DDr. Bölling, Universität Göttingen).

194 HS 2, fol. 359v [Reg.-Nr. 469].

195 Vgl. zur Synopse die Ausführungen im Anhang 11.4.

196 Vgl. Hamm, Luther, S. 152ff.

197 Vgl. Kaul, Undankbare Gäste, S. 265f.

198 Sehling, Ev. KO, Bd. VI/1, S. 170.

Jovius kümmerte sich zwar auch 1575 mit großer Sorge um seinen anderen Freund, den Moringer Pastor Johannes Roffkarn. Doch reichte die Fürsorge nicht über die Verschreibung von Arzneien und der Pfleganweisung an seinen Schwager Johannes Cloth hinaus. Die Aufnahme Hakes im Pfarrhaus lässt sich als Sonderfall einstufen, zumal ein ähnlicher Fall bis jetzt noch nicht in anderen Quellen gefunden werden konnte. Hakes Einquartierung resultierte aus der Freundschaft, die zwischen Jovius und Hake bestand, sowie aus dessen Flucht aus dem nahegelegenen Bodenwerder vor der Pest nach Halle, wo er im Pfarrhaus Zuflucht suchte und Hilfe fand. Somit war der Superintendent täglich der Situation ausgesetzt, seinen todgeweihten Freund zu sehen und seelsorgerisch zu betreuen. Er betreute während dieser Zeit auch Hartungs Ehefrau Anna von Münchhausen und war für sie ebenfalls Seelsorger und Freund zugleich, sogar über den Tod ihres Mannes hinaus. Er verfasste ein Trostschreiben[199] für Hakes Witwe und verwendete auf Grund des sich überschneidenden Inhaltes in einem weiteren Trostbrief für seine Freundin Apollonia von Oldershausen aus Northeim exakt die gleichen Bibelzitate, obwohl er in Apollonias Trostbrief keinen seelsorgerischen Dialog mit fiktiven Fragen bzw. Thesen und Antworten simulierte.[200] Diese Trosttexte des Superintendenten eröffnen nicht zuletzt durch ihre zahlreichen Bibelzitate einen Blick auf die individuelle Umsetzung lutherischer Trosttheologie.

199 Zur Textsorte Trostbrief vgl. Stolt, Kulturbarrieren, S. 613ff.

200 Trostbrief an Apollonia von Oldershausen: HS 3, fol. 27v–28r [Reg.-Nr. 516]. Trostbrief an Anna von Münchhausen: HS 3, fol. 8r–9r [Reg.-Nr. 494]. Folgende Bibelzitate fanden in beiden Schreiben Verwendung: Ps. 68,6; 10,18; 82,3 und 146,9. Der Ps. 146,9 ist auch einer der zentralen Bibelzitate im selbstverfassten Trostbuch der Herzogin Elisabeth von Braunschweig-Lüneburg, vgl. Kruse, Witwen, S. 122–130, insbesondere S. 126f.; s. a. Mager, Trostbuch.

6. Konfliktfeld C – Die Haller Gemeinde

Der alltägliche Konflikt zwischen Pastor und Gemeinde wird in der Forschungsliteratur mehrfach thematisiert.[1] Die Beziehung zwischen Pastoren und Pfarrgemeinden während der beiden ersten Generationen der neuen lutherischen Kirche untersuchte SCRIBNER anhand einiger Fallstudien. Er kam zu dem Schluss, dass die Auslöser für die Konflikte »Resultate der neuen Machtstrukturen in der Kirche und den Verflechtungen mit den weltlichen Machtinstanzen« waren und »aus dem Zusammenstoß widersprüchlicher Erwartungen«[2] erwuchsen.[3] Das Konfliktpotential und die Konflikte zwischen Geistlichen und Gemeinden im 16. und 17 Jahrhundert vorrangig in der Grafschaft Ostfriesland analysierte GROCHOWINA. Sie betrachtet in ihrer Untersuchung neben den Konfliktauslösern, wie die Abendmahlsscheu, die konfessionelle Indifferenz oder die Unzufriedenheit der Gemeinde mit der Arbeit ihres Seelsorgers, auch die Selbstregulierungsmaßnahmen in der Gemeinde sowie den Einfluss der Geistlichkeit und Weltlichkeit auf die Konflikte.[4] Diese Konfliktkonstellation thematisierte auch FÄTKENEHEUER, der das Zusammenleben und die Auseinandersetzungen zwischen Gemeinde und einzelnen Geistlichen um 1600 im alltäglichen Leben anhand von Selbstzeugnissen untersuchte. Er betonte, dass Konflikte und konfessionell bedingte Handlungen eines Geistlichen vom sozialen und dörflichen Kontext abhängig waren.[5] In dem Konflikt zwischen einer Gemeinde und ihrem Seelsorger im 17. Jahrhunderts bezieht VOGEL auch die

1 Vgl. zu Auseinandersetzungen zwischen Pastor und Gemeinde SCHORN-SCHÜTTE, Evangelische Geistlichkeit, S. 271–276; HENNIGS, Zwischen Staat und Kirchengemeinde, S. 111ff.; DÜRR, Pastoren im Raumgefüge, S. 160ff.; SABEAN, Herrschaft, S. 135–168; PETERS, Lautes Kirchenleben, S. 75–105. S. a. GOODALE, Pfarrer als Außenseiter, S. 194f. Er untersuchte die Landpfarrer in Sachsen zur Reformationszeit und hob hervor, dass die Pfarrer in der Gemeinde eher am Rande dieses gemeinschaftlichen Lebens zu verorten sind und als Außenseiter wahrgenommen wurden. S. a. DIXON, Transformation der Pfarreien, S. 32–41.

2 SCRIBNER, Religion und Kultur, S. 222f.

3 SCRIBNER, Religion und Kultur, S. 201–223.

4 GROCHOWINA, Von Politik und Zucht, S. 141–162.

5 FÄTKENHEUER, Lebenswelt und Religion, S. 231–279, 299–257, hier S. 357–363.

Obrigkeit mit ein und stellte die Konfliktlinien zwischen diesen drei Akteuren dar. Ihre Betrachtung eines einzelnen Seelsorgers verdeutlicht, wie angespannt die Stellung lutherischer Pastoren innerhalb einer einzelnen Gemeinde war und durch die strukturelle Veränderung religiöser, materieller und politischer Belange beeinflusst wurde.[6]

Die Konzeptbücher bieten ergänzend zu den Forschungen einen detaillierteren und abwechslungsreicheren Einblick in das Verhältnis zwischen Gemeinde und Pastor. Die Beziehung zwischen den Parteien kann auf Grund der Quelle über einen 16 Jahre umfassenden Zeitraum verfolgt und wesentlich präziser gefasst werden, da die Konzeptbücher neben der Perspektive des Pastors, auch mehrmals die Sicht der Gemeinde aufzeigen.

Das Kirchspiel Halle umfasste neben dem Dorf Halle auch die Filialdörfer Linse, Kreipke, Tuchtfeld, Wegensen und Dohnsen. Insgesamt sind dem Wickensener Erbregisters von 1580 zufolge für das Kirchspiel 56 Ackerleute, 6 Halbspänner, 29 Köter nachgewiesen.[7] In den Konzeptbüchern wird die Gemeinde als Akteur nicht näher präzisiert. Jovius betitelt seine ihm als Pastor zugeordnete Glaubensgemeinschaft und zugleich alle Einwohner des Dorfes Halle als *Gemeinde* oder Kirchspiel (*Caspel*).[8]

Jacob Jovius war neben seiner Funktion als Seelsorger auch als administrativ übergeordneter Superintendent in der peripher gelegenen Gemeinde Halle im Fürstentum Braunschweig-Wolfenbüttel präsent. Konflikte ergaben sich folglich auf beiden Ebenen und haben – wie nicht anders zu erwarten – in den Konzeptbüchern große Beachtung gefunden. Ziel ist es, die Beziehung der beiden Parteien innerhalb der verschiedenen Auseinandersetzungen zu untersuchen und festzustellen, ob die Gemeinde den normativen Vorgaben der Kirchenordnung, den herzoglichen Mandaten oder den Anweisungen ihres Seelsorgers Folge leistete.

Die Kirchenordnung legte bereits fest, wie sich eine Gemeinde gegenüber ihrem Pastor zu verhalten hatte und über welche Rechte und Pflichten sie verfügte. Jedes Mitglied hatte regelmäßig am Gottesdienst teilzunehmen und das

6 Vogel, »Et qualis Pastor talis et auditor«, S. 487–511, hier. S. 507f.

7 NLAWF 19 Alt Nr. 215, fol. 37r–39r, 43r–45v, 65v–68r, 71r–74r. Vgl. zu den einzelnen Angaben für die jeweiligen Dörfer Kapitel 1.4.

8 Generell lassen sich folgende Erscheinungsformen unterscheiden: ›Gemeinde‹ wird zum einen für das Kirchspiel (Pfarr- bzw. Kirchengemeinde) verwendet, darunter wird die Gemeinschaft aller Gläubigen eines geografischen Raumes, die einem Pfarrer bzw. einer Kirche zugeordnet waren, subsumiert. Zum anderen bezeichnet der Begriff die Einwohner eines Dorfes als Dorfgemeinde oder die weltliche/politische Gemeinde als rechtliche Verwaltungseinheit. Vgl. Blickle, Artikel: Gemeinde, Sp. 47–54; Dürr, Politische Kultur, S. 36ff.; Reitemeier, Einfluss und Funktion, S. 55f.; Troßbach, Zimmermann, Dorf, S. 13f., S. 78ff., 82f., S. 96f.; Reitemeier, Pfarrgemeinde, S. 341ff.; Oehr, Ländliche Verhältnisse, S. 84–89; Reitemeier, vertikale Einheiten, S. 613f.

Abendmahl zu empfangen.[9] Der Pastor hatte im herzoglichen Auftrag ein Verzeichnis anzulegen und jedes Gemeindemitglied aufzulisten, das den Gottesdienst nicht besuchte und das Abendmahl verweigerte. Diese von Jovius akribisch geführten Verzeichnisse bieten die einmalige Möglichkeit, die Gründe der Verweigerer nachzuvollziehen und zu schauen, ob diese zu potentiellen Konfliktverursachern wurden.

Das Verhalten der Gemeinde gegenüber den Kirchendienern wurde ebenso in der Ordnung vorgeschrieben wie ihre Beteiligung an der Instandhaltung der Pfarrgebäude und am Lohn des Pastors.[10] Diese exemplarischen Konflikte um die Baulast sowie um den Lohn offenbaren das Verhältnis zwischen Pastor und Gemeinde. Sie demonstrieren, inwiefern sich die Gemeinde sowie die Alterleute als Verwalter des Kirchenvermögens an die Normen hielten und wie der Haller Geistliche seiner Rolle als »Vermittler« zwischen Herzog, Normen und Gemeinde gerecht wurde.

Gemäß der Kirchenordnung engagierte sich der Haller Superintendent für die Schulausbildung der Kinder in seiner Gemeinde. Auf welche Konflikte er bei diesem Vorhaben stieß und wie die Gemeinde zu seiner Bildungsoffensive stand, wird abschließend erörtert.

6.1. Die Gottesdienst- und Abendmahlsverweigerer der Haller Gemeinde

Herzog Julius ordnete im März 1577 an, dass sämtliche Pastoren für ihre Gemeinden einschließlich der jeweiligen Filialdörfer Verzeichnisse anzulegen hatten, in denen die Abendmahls- und Gottesdienstverweigerer benannt werden sollten.[11] Diese Verzeichnisse[12], die Jovius als Pastor für sein Kirchspiel anlegen musste, bieten die einzigartige Gelegenheit, den Fokus auf Personen der Ge-

9 Sehling, Ev. KO, Bd. VI/1, S. 128ff.

10 Sehling, Ev. KO, Bd. VI/1, S. 192–194, 196–200.

11 Herzog Julius erließ schon wesentlich früher ein Mandat bezüglich der Abendmahlsverweigerung, denn aus den Konsistorialprotokollen wird ersichtlich, dass am 6. September 1573 (LAW V227, S. 66) dem Mandat zur öffentlichen Kirchenbuße das herzogliche Mandat wider die Abendmahlsverweigerer angeheftet werden sollte. Ein weiteres Mandat bezüglich der Abendmahlverweigerer erließ der Herzog zwischen 1584 und 1585 unter dem Titel »Feststellung der das Heilige Abendmahl nicht Besuchenden und ein deshalb erlassenes herzogliches Mandat« (NLAH Cal. Br. 21 Nr. 1994). Diese beiden erwähnten Mandate finden aber in Jovius' Konzeptbüchern keine Erwähnung. Noch 1588 ordnete die Visitationsinstruktion für Calenberg-Göttingen an, die Namen derjenigen aufzuschreiben, die nicht regelmäßig am Abendmahl teilnahmen und sich auch trotz Ermahnung nicht besserten, um sie der Obrigkeit zu melden, vgl. Sehling, Ev. KO, Bd. VI/2, S. 884, 887.

12 Vgl. zu den Verzeichnissen der anderen Pastoren aus Jovius' Inspektion Kapitel 7.1.

meinde zu legen, die in anderen Zusammenhängen eher selten oder gar nicht in den Konzeptbüchern erwähnt wurden. Sie geben darüber Auskunft, welche Gemeindemitglieder zu möglichen Konfliktverursachern werden konnten oder tatsächlich wurden, obwohl FÄTKENHEUER zu bedenken gibt, dass die Anzahl nur einen geringen Aussagewert über die Bedeutung der einzelnen Mitglieder im Alltag[13] hatte. Die herzogliche Anordnung legte allerdings fest, dass neben dem Namen explizit auch der Wohnort, die Anzahl der Jahre, in denen kein Gottesdienst besucht bzw. Abendmahl empfangen wurde, und die Begründung, mit denen das Fernbleiben gerechtfertigt wurde, aufgezeichnet werden sollte.[14] Jovius befolgte das Mandat und dokumentierte die Gemeindemitglieder nicht nur mit ihrem Namen, sondern auch mit den gewünschten Angaben. Er gibt damit einen außerordentlich detaillierten Einblick in das alltägliche Leben eines evangelischen Dorfes im späten 16. Jahrhundert.

Mit der Verweigerung, das Sakrament zu empfangen oder am Gottesdienst teilzunehmen, widersetzten sich die Haller Gemeindemitglieder der Kirchenordnung. Sie galten als Sünder und sollten der Ordnung folgend vom Pastor zur Besserung[15] bzw. zur regelmäßigen Teilnahme ermahnt werden[16]. Kinder sollten nur zum Abendmahl zugelassen werden, wenn sie vorher examiniert und konfirmiert worden waren.[17] Der übergeordnete Superintendent hatte zu überprüfen, ob der Pastor die Sakramente richtig spendete, ob der Gemeinde das Abendmahl rechtzeitig angekündigt sowie die Beichte abgenommen und die Absolution erteilt wurde.[18]

13 Vgl. FÄTKENHEUER, Lebenswelt und Religion, S. 40.

14 Zur Abendmahlsverweigerung im 16. Jahrhundert vgl. SABEAN, Herrschaft, S. 51–76; KAUL, Undankbare Gäste. Zur Debatte um die Abendmahlslehre und Wittenberger Christologie, insbesondere die Rollen Jakob Andreas, Martin Chemnitzs und Nicolaus Selneckers, vgl. HUND, Wort ward Fleisch; MAGER, Konkordienformel. Zu den Bedenken der Theologen im Fürstentums Braunschweig-Wolfenbüttel vgl. HUND, Wort ward Fleisch, S. 233ff. Zum niedersächsischen Bekenntnis zu Luthers Christologie und Abendmahlslehre, vgl. HUND, Wort ward Fleisch, S. 393–422, bes. S. 406ff.; MAGER, Konkordienformel, S. 325ff. Jovius thematisierte im März 1580 in einem Entwurf für eine Rede auf einem Kolloquium in Helmstedt ebenfalls den Streit um das Abendmahl, vgl. HS 2, fol. 329r [Reg.-Nr. 436]: *Ego enim quadragesimum quinctum annum praetergressus, ingenuè et apertè fateor, me ad triginta annos recordari in Ecclesia Christi varias et periculosas decertationes et disputationes de Maiorismo sinergismo et qui est pessimus de sacrosancta veneranda caena Errore* (Ich nämlich, der ich das 45. Lebensjahr überschritten habe, gestehe aufrichtig und offen, dass ich mich erinnere, wie es an die 30 Jahre in der Kirche Christi verschiedene und gefährliche Streitigkeiten und Diskussionen gegeben hat über den Majorismus, den Synergismus und über den schlimmsten Irrtum, den über das allerheiligste, verehrungswürdige Abendmahl). Mein Dank für die Übersetzung gilt Dr. Katharina Kagerer (Inschriftenkommission der Akademie der Wissenschaften zu Göttingen).

15 SEHLING, Ev. KO, Bd. VI/1, S. 128ff.

16 SEHLING, Ev. KO, Bd. VI/1, S. 146.

17 SEHLING, Ev. KO, Bd. VI/1, S. 202.

18 SEHLING, Ev. KO, Bd. VI/1, S. 200ff. Vgl. zu den Aufgaben des Superintendenten Kapitel 3.6.

Nachdem der Haller Superintendent zuerst alle Pastoren[19] der Ober-[20] bzw. Niederbörde[21] am 25. März 1577 über diese Instruktion informiert hatte, begann er, sein eigenes Verzeichnis gemäß den herzoglichen Anweisungen anzulegen.[22] Zugleich versicherte er dem Generalsuperintendenten[23] am 26. März, alle Verzeichnisse unverzüglich nach Alfeld zu schicken, sobald diese bei ihm eingegangen waren bzw. er sein eigenes fertiggestellt hatte.[24]

Die Konzeptbücher überliefern insgesamt zwei Verzeichnisse, in denen Jovius die in Sünde gefallenen Gemeindemitglieder aufgelistet hat.

Das 1. Verzeichnis übersandte der Haller Geistliche seinem Vorgesetzten am 9. April 1577. Er erfüllte damit zeitnah den ausdrücklichen Wunsch des Herzogs, *ein ernstlichs Insehen vf solche* [= sündigen Gemeindemitglieder] [zu] *habenn*[25].

Folgende Fälle sind in diesem Verzeichnis überliefert:

1. Curd Lohes war seit 8 Jahren nicht beim Abendmahl und besuchte die Kirche auf Grund eines fortwährenden Streits mit seinem Nachbarn, dem Schmied Ludicke [Loke], nicht.
2. Curd, der Meier aus Kreipke, fehlte seit mehr als 8 Jahren beim Abendmahl und ging selten in die Kirche wegen verschiedener, nicht näher beschriebener Streitigkeiten.
3. Hans Godereise empfing seit 4 Jahren nicht das Abendmahl.
4. Der Gograf Claus Kopper war seit 3 Jahren nicht beim Abendmahl anwesend.
5. Der Schreiber Johannes Hagemann aus Dohnsen verweigerte seit 5 Jahren das Abendmahl und den Gottesdienst.
6. Curth Kerstens aus Linse versäumte 8 Jahre das Abendmahl und die Predigt, ohne einen Grund dafür zu nennen.
7. Heinrich Kerstens, ein *roher Godtloser Mensch*, war 8 Jahre weder in der Kirche noch beim Abendmahl.
8. Ilsken [Tragab] aus Linse[26], die eine Affäre mit Hermann Ebbrechts hatte, wollte weder ihr sündhaftes Leben ändern, noch das Abendmahl empfangen. Der Wickensener Amtmann wurde in Kenntnis gesetzt, dass sie *der gemein gantz ergerlich ist* [und] *das man sie hinweg schaffete aber das ist nit geschehenn*.

19 Vgl. zu den Pastoren, die während der Amtszeit des Superintendenten Jovius tätig waren, den Überblick im Anhang 11.7.

20 HS 2, fol. 223v [Reg.-Nr. 284].

21 HS 2, fol. 224r [Reg.-Nr. 285]. Vgl. zur Unterscheidung zwischen Ober- und Niederbörde Kapitel 1.4.

22 Vgl. zur Weiterleitung von herzoglichen Anordnungen und Mandaten Kapitel 8.1.

23 Vgl. zu den Alfelder Generalsuperintendenten, die während der Amtszeit des Superintendenten Jovius tätig waren, den Überblick im Anhang 11.7. und Kapitel 7.3.

24 HS 2, fol. 225v–227r [Reg.-Nr. 288].

25 HS 2, fol. 231r [Reg.-Nr. 293].

26 Vgl. zum Konflikt mit Ilsken Tragab Kapitel 7.1.6.

9. [Henni], der Mittelmüller aus Linse, fehlte seit 2 Jahren beim Abendmahl und ging unregelmäßig in die Kirche.
10. Tile Poitzen aus Halle verweigerte das Abendmahl seit 8 Jahren, weil er im Streit mit Curd Meier und anderen Personen befand.
11. Tile Poitzen d. J. folgte seinem Vater und empfing 6 Jahre nicht das Abendmahl.[27]
12. Hans, der Meier aus Halle, verweigerte seit 6 Jahren das Abendmahl und besuchte die Predigt nur unregelmäßig.
13. Bartold Randolph und dessen Ehefrau waren seit 2 Jahren nicht beim Abendmahl und selten in der Kirche *umb zanck willen.*
14. Zacharias Struve war seit 4 Jahren mit seiner Ehefrau nicht beim Abendmahl, da sie ein *ergerlich leben* führten.
15. Hans Schrader aus Linse besuchte 7 und seine Ehefrau 4 Jahre nicht das Abendmahl; die Ursache konnte Jovius *nit erfarenn.*
16. Goslick, eine *unechte* von Grone, aus Kreipke fehlte 8 Jahre beim Abendmahl und besuchte die Kirche aus Nachlässigkeit nur selten.

Weitere fernbleibende Mitglieder summierte Jovius in einer losen Reihenfolge darunter:
Hans der Meier 4 Jahre, Henrich Arends, Karsten Arends, die Holekannische und ihre Tochter Grete, die alte [Frau] Krückeberg, Johann Schulzen der Schneider, Curth Wasmans, Heinrich From und der Schmied Ludicke Loke. Heinrich Sieverdes aus Dohnsen fehlte seit 8 Jahren beim Abendmahl.[28]

Jovius' Reaktion auf die Anzahl der Fernbleiber veranschaulichte er mit einem metaphorischen Vergleich, in dem er sich als Weingärtner sah, der einen alten und verwachsenen Weinberg besaß, der nur mit sehr viel Mühe, Fleiß und Arbeit wieder instand gesetzt werden konnte. Erst mit zeitintensiver Arbeit und großer Mühe konnte er die *in sunden verwassenne Menschen durch fleißige Predite des gesetzs unndt drawunge godtlicher straffe*[29] bekehren.[30] Einige Gemeindemitglieder verweigerten ihre Teilnahme weiterhin, aber er gab nicht auf, auch die Restlichen mit Gottes Hilfe dazu zu bringen, wieder am Gottesdienst teilzunehmen und das Abendmahl zu empfangen.[31]

Am 22. September 1578 erließ Herzog Julius ein weiteres Mandat, das die Pastoren erneut aufforderte, alle Gemeindemitglieder zu verzeichnen, die das

27 Vgl. zum Konflikt mit Tile Poitzen Kapitel 6.3.1.
28 Alle Zitate im 1. Verzeichnis: HS 2, fol. 235r–236v [Reg.-Nr. 293].
29 HS 2, fol. 236r [Reg.-Nr. 293].
30 Vgl. zum biblischen Gleichnis Mt. 20,1–16.
31 HS 2, fol. 231r–237r [Reg.-Nr. 293].

Abendmahl verweigerten und nicht beim Gottesdienst erschienen.[32] Jovius kam der Aufforderung nach, legte ein 2. Verzeichnis am 21. Oktober 1578 an und führte unter der Überschrift *Vortzeichnuss derer so nicht odder gar seldenn zum hoichwirdigen sacrament gegangen, wo die heissen wonen und worumb sie sich davon enthalten*[33] folgende *schefflein mit geistlicher reudigkeit beflecket*[34] auf:

1. Curd Lohes war seit 9 Jahren nicht beim Abendmahl und besuchte die Kirche auf Grund eines ständigen Streits mit dem Schmied Ludicke [Loke] nicht.
2. Curd, der Meier aus Kreipke, fehlte seit mehr als 9 Jahren beim Abendmahl bzw. Gottesdienst wegen verschiedener Streitigkeiten u.a. mit Tile Poitzen d. J.

4.[35] Der Gograf Claus Kopper war 4 Jahre auf Grund etlicher Streitigkeiten nicht beim Abendmahl.

5. Der in Linse wohnende Heinrich Kerstens lag mit seinen Vettern sowie seiner Ehefrau im Streit und blieb daher dem Abendmahl fern.
6. Henni, der Mittelmüller aus Linse, war seit 4 Jahren beim Abendmahl abwesend und ging unregelmäßig in den Gottesdienst.
7. Ilsken [Tragab], die mit Hermann Ebbrechts eine Affäre hatte, lebte seit 15 Jahren ihr sündhaftes Leben. Obwohl Ilsken einen Ehemann hat, heiratete sie erneut im Sommer in Bodenwerder. Sie wollte weder zum Abendmahl kommen noch öffentlich büßen. Jovius bat das Konsistorium, ihm einen Rat zu geben, wie er sich Tragab gegenüber verhalten und in der Angelegenheit verfahren solle.
8. Tile Poitzen d. J. aus Halle fehlte seit 4 Jahren beim Abendmahl und befand sich in einem Streit wegen einer Prügelei mit dem Kreipker Meier Curd.
9. Hans, der Meier aus Halle, verweigerte ohne ersichtlichen Grund seit 8 Jahren das Abendmahl.
10. Hans Schrader aus Linse besuchte aus einem nicht näher präzisierten Vorsatz 7 Jahre nicht das Abendmahl.
11. Goslick, eine *unechte* von Grone aus Kreipke, fehlte aus Nachlässigkeit 9 Jahre beim Abendmahl und besuchte den Gottesdienst nur sporadisch.
12. Karsten Arends fehlte seit 9 Jahren beim Abendmahl und als Jovius ihn ermahnte, lachte und spottete er darüber.
13. Ludicke Loke, der Haller Schmied, fehlte auf Grund eines Streits mit Curd Lohes.

32 HS 2, fol. 262v [Reg.-Nr. 345].
33 HS 2, fol. 263v [Reg.-Nr. 347].
34 HS 2, fol. 265v [Reg.-Nr. 347].
35 Jovius' falscher Reihenfolge folgend.

14. Meister Claws, der Abdecker aus Halle, hatte seine Ehefrau für eine nicht näher bezeichnete Frau aus Bodenwerder verlassen. Mit dieser Neuen lebte er *in grossem unwill* und ging nicht zum Abendmahl.
15. Ilsken Falcken und Alheit Kerstens hatten jeweils einmal Geschlechtsverkehr, erkannten aber ihre Sünden, baten um Wiederaufnahme in die Kirche und erhielten die Absolution sowie das Abendmahl. Jovius ergänzte, dass beide aber ihr Versprechen brachen und erneut eine Affäre hatten.
16. Grete und Ilsken, Hermann Bocks Töchter aus Dohnsen, fehlten beim Abendmahl.[36]

Das vollständige Verzeichnis, das *uf beveel unsers g. f. und hern die vorechters der heiligen sacrament inzubringen*[37], schickte Jovius am 21. Oktober dem Alfelder Generalsuperintendenten, damit der Herzog *den ernst gegen sodanne mutwillige vorechter vornehmenn*[38] konnte.

Am 9. Januar 1579 forderte das Konsistorium den Haller Superintendenten erneut auf, alle in Sünde verfallenen Gemeindemitglieder namentlich aufzuführen. Dieses Konsistorialschreiben erreichte Jovius erst am 24. Januar und er antwortete, dass er sowohl sein 1. Verzeichnis am 9. April 1577, als auch sein 2. am 21. Oktober 1578 an seinen Vorgesetzten übersandt hatte, der dieses bezeugen könne. Wahrscheinlich wurde dieses Konsistorialschreiben für das gesamte Fürstentum verfasst, da einige benachbarte General- und Superintendenten, wie z. B. der Holzmindener Superintendent Caspar Kayser[39], ebenfalls aufgefordert wurden, ihre Verzeichnisse erneut abzuliefern.

Nach der erfolgten Einreichung der Verzeichnisse wurden die Sakramentsverweigerer der einzelnen Inspektionen Ende Januar 1579 vor das Konsistorium geladen. Wie die Konsistorialprotokolle belegen, erhielten beispielsweise die Verweigerer in der Superintendentur Holzminden, nachdem ihr Superintendent Kayser sein Verzeichnis mit 33 Abendmahlsverweigerern eingereicht hatte[40], am 2. Januar 1579 eine Vorladung. Dieser leisteten vermutlich nicht alle Folge, da das Konsistorium am 13. Februar einige Personen wiederholt vorladen ließ.[41]

36 Alle Zitate im 2. Verzeichnis: HS 2, fol. 263v–266v [Reg.-Nr. 347].
37 HS 2, fol. 268r [Reg.-Nr. 349].
38 HS 2, fol. 268r [Reg.-Nr. 349].
39 Vgl. zu Caspar Kayser Kapitel 5.1.3.2.
40 NLA WF 14 Alt Nr. 887 (unfoliiert).
41 LAW V237, S. 18f. (2. Januar 1579), S. 71 (13. Februar 1579). Am 2. Januar 1579 wurden vom Konsistorium die Vorladungen der Abendmahlsverweigerer für den Generalsuperintendenten in Gandersheim und für den Superintendenten in Seesen beschlossen. Am 24. Januar 1579 sollten ebenfalls der Generalsuperintendent in Bockenem und die Superintendenten aus Groß Freden und Baddeckenstedt die Vorladung für die Abendmahlsverweigerer erhalten, vgl. LAW V237, S. 46. Der Superintendent in Barum erhielt die Vorladung am 30. Januar 1579, vgl. LAW V237, S. 61.

Noch im April-Juni 1584 äußerte Jovius gegenüber dem Wolfenbütteler Hofprediger Johannes Malsius seinen Unmut über die Anzahl der dem Abendmahl und dem Gottesdienst fernbleibenden Leute als *leider God erbarm etwas groß*[42]. Er vertrat die Ansicht, dass der Linser Krug von Jacob Ronden die Leute zu sehr zum Trinken verleite und *offt grosse Sunde und untugendt*[43] hervorbringe, weshalb er die Schließung des Krugs forderte. Die vielen Sünden, die Verachtung der Predigt, der Alkoholkonsum und der Wucher führten zu *drangseligkeit und beschwerunge*[44], insbesondere weil die Menschen mit vielen neuen Veränderungen im Zuge der Reformation zurechtkommen mussten.[45]

Gesondert listete Jovius noch einmal am 15. April 1580 drei Abendmahlsverweigerer auf, als er für den Generalsuperintendenten seine Gravamina[46] stichwortartig zusammenstellte. Er nannte den Kreipker Meier Curd, Curd Lohes aus Halle und Karsten Arends aus Kreipke, die er alle sowohl im 1., als auch im 2. Verzeichnis zuvor aufgeführt hatte.[47]

Zusammengefasst waren es 35 Personen[48], die dem Abendmahl und dem Gottesdienst fernblieben, davon waren 12 Frauen und 23 Männer. Alle Personen, die in einen Konflikt involviert waren, empfanden sich und ihren Widersacher vermutlich als unwürdig, das Abendmahl zu empfangen, oder wollten sich nicht begegnen, wie z. B. Curd Lohes und Ludicke Loke oder Tile Poitzen d. J. und der Kreipker Meier Curd. Diese Konflikte zwischen den Akteuren wurden in den Konzeptbüchern nicht thematisiert. Aber die Verzeichnisse offenbarten, dass ein Disput zwischen ihnen bestand, und spiegeln die sozialen Konflikte innerhalb des Dorfes wieder. Personen, die ein sündiges Leben führten, verweigerten ebenfalls die Teilnahme am Abendmahl und Gottesdienst, wie z. B. Ilsken Tragab, Ilsken Falcken und Alheit Kerstens. Die beiden letztgenannten hatten illegitimen Geschlechtsverkehr. Sie erkannten aber ihre Sünden, büßten, wurden wieder in die Gemeinde aufgenommen und erhielten die Absolution sowie das Abendmahl. Jedoch begingen beide kurz darauf erneut Unzucht und hatten wieder unehelichen Geschlechtsverkehr.[49] Ilsken Falcken wurde für ihr Vergehen den Aufzeichnungen des Landgerichts zufolge am 19. Mai 1579 in Eschershausen zu einer Strafe von 5 Gulden verurteilt, da sie von Curd Sander aus Tuchtfeld,

---

42 HS 3, fol. 134r [Reg.-Nr. 652].
43 HS 3, fol. 134r [Reg.-Nr. 652].
44 HS 3, fol. 134r [Reg.-Nr. 652].
45 HS 3, fol. 134r [Reg.-Nr. 652].
46 Vgl. zum Begriff ›Gravamina (Beschwerden)‹ NUBOLA, WÜRGLER, Einführung, S. 8; WÜRGLER, Bitten und Begehren, S. 19–43.
47 HS 2, fol. 331r f. [Reg.-Nr. 438].
48 Im 1. Verzeichnis listet Jovius 30 Personen und im 2. Verzeichnis 17 auf. 12 Personen werden sowohl im 1. als auch im 2. Verzeichnis erwähnt.
49 HS 2, fol. 266v [Reg.-Nr. 347].

Heinrich von Grones[50] Knecht, geschwängert wurde, der 10 Gulden Strafe zahlen musste.[51]

Das Motiv der »Unwürdigkeit« spielte bei der Abendmahlsverweigerung[52] erkennbar die größte Rolle, entsprechend 1. Kor. 11, 27–32[53]. In diesem Bibelzitat wurde der unwürdige Abendmahlsempfänger mit Tod, Krankheit und dem Verlust des Seelenheils bestraft.[54] Darüber hinaus verweigerten einige Personen, wie z. B. Goslick oder Hans Schrader, das Abendmahl aus Vorsatz, Verachtung und Nachlässigkeit. Hingegen konnte Jovius z. B. bei Hans, dem Meier aus Halle, keinen besonderen Grund ausmachen und Hans selber *weiss nichts vorzubringen darumb Ers nachlesset*[55]. Ermahnte der Geistliche z. B. Personen, am Abendmahl oder Gottesdienst teilzunehmen, wurde er ausgelacht und sogar verspottet. Diese Reaktion stellte aber eine Ausnahme dar, da sie nur bei einer von 35 Personen auftrat.[56]

Spätestens im Angesicht des Todes erinnerten sich die sündigen Gemeindemitglieder an die Wichtigkeit des Sakraments, da sie wussten, dass ihnen eine christliche Bestattung verwehrt wurde, wenn sie nicht vorher das Sakrament erhielten. Jovius vergewisserte sich am 9. Dezember 1579 beim Generalsuperintendenten, ob Todkranken, bei denen *auch kein vernunft odder verstand vorhanden*[57] sei, die Absolution und das Sakrament erteilt werden dürfe, obwohl sie das Abendmahl sowie Gottes Wort ihr Leben lang verachtet hatten[58]. Eine Antwort wurde nicht überliefert, aber die Kirchenordnung sah in solchen Fällen vor, dass sündige Menschen, die dem Abendmahl und dem Gottesdienst fernblieben, sich über die Ermahnungen des Pastors hinwegsetzten und ohne den Empfang des Sakraments verstarben, ohne *christliche ceremonien*[59] und ohne Anwesenheit des Pastors bestattet werden sollten.[60]

Bemerkenswert ist, dass diejenigen Gemeindemitglieder, die weder das Abendmahl empfingen oder zum Gottesdienst gingen, auch in anderen Berei-

50 Vgl. zu Heinrich von Grone Kapitel 8.3.2. und die Ausführungen im Anhang 11.8.
51 NLAH Cal. Br. 21 Nr. 47, fol. 91r, 92r.
52 Vgl. Kaul, Undankbare Gäste, S. 156–189.
53 Sabean, Herrschaft, S. 56, bezieht sich ebenfalls auf dieses Bibelzitat.
54 Vgl. Kaul, Undankbare Gäste, S. 188.
55 HS 2, fol. 266r [Reg.-Nr. 349].
56 Kaul untersucht die Abendmahlsverweigerer der Ulmer Reichstadt um 1600 und sieht als weitere Motive der Abendmahlsverweigerung die religiöse Motivation (Andersgläubigkeit, fehlende Katechismuskenntnisse, Gottesdienstversäumnis), Streit (Neid, Hass, Feindschaft), ärgerliches und gottloses Leben (Unzucht, Trinken, Fluchen, Gewalttätigkeit, schlechtes Haushalten), vgl. Kaul, Undankbare Gäste, S. 80 ff., vgl. darin zu den Beispielen der Motivkomplexe Kapitel 4.
57 HS 2, fol. 317r [Reg.-Nr. 415].
58 HS 2, fol. 316v–317r [Reg.-Nr. 415].
59 Sehling, Ev. KO, Bd. VI/1, S. 176.
60 Sehling, Ev. KO, Bd. VI/1, S. 174–179.

chen, wie z. B. bei der Besoldung des Pastors, erhebliche Konfliktbereitschaft signalisierten und sich höchstwahrscheinlich auch nicht an den Renovierungskosten des Pfarrhauses beteiligten.

6.2. Die Beteiligung der Gemeinde an der Instandhaltung der Pfarrgebäude

Anders als zum vorreformatorischen, zölibatär lebenden Priester, wohnte neben dem Pastor auch die gesamte Pfarrfamilie im Pfarrhaus. Nach Einführung der Reformation wurden die Pfarrhäuser häufig umgebaut bzw. erweitert, damit die Familie ausreichend Wohn- und Schlafraum hatte.[61] Diese Baumaßnahmen boten enormes Konfliktpotential, da sich die Gemeinde und die Kirche der Kirchenordnung zufolge an den Kosten beteiligen sollten.[62] Konkrete Angaben bezüglich einer Kostenaufteilung setzt die Chemnitz-Instruktion vom 14. April 1569[63] fest, in die Jovius zur Amtseinführung als Superintendent von seinem Vorgesetzten eingewiesen werden sollte. Im 18. Artikel heißt es:

> *Uff die pfarrheußer solten sie achtung haben, daß die wohnungen in bewhlichem weßen erhalten werden; wen waß newes daran zu bawen were, daß dem superintendenten und dem ambtman angezeigt, und der unkost solte in drey theil alß uff die kirche, die gemein und den pfarhern geteilt werden.*[64]

Jedes Bauvorhaben musste Jovius folglich in seiner Funktion als Superintendent beim Wickensener Amtmann[65] anzeigen. Die dabei anfallenden Kosten sollen unter den drei Parteien aufgeteilt werden. Wie die Konzeptbücher belegen, informierte der Haller Geistliche auch seinen Lehnsherrn, den Mindener Bischof[66], über seine Bauabsichten.

Die Haller Gemeinde und die Alterleute, als Verwalter des Kirchenvermögens, wehrten sich gegen die ihnen auferlegte finanzielle Belastung und klagten bei Herzog Julius über die Bauabsichten ihres Pastors.[67] Dank der von Jovius an-

---

61 Vgl. SCHORN-SCHÜTTE, Evangelische Geistlichkeit, S. 316.

62 SEHLING, Ev. KO, Bd. VI/1, S. 194.

63 Vgl. zu dieser Instruktion Kapitel 3.6.5.

64 NLAH Cal Br. 21 Nr. 232, fol. 3r. Abgedruckt in: BUTT, Norm und Praxis, S. 394, Anhang 1.

65 Vgl. zu den Wickensener Amtmännern, die während der Amtszeit des Superintendenten Jovius tätig waren, den Überblick im Anhang 11.7. und Kapitel 8.2.

66 HS 3, fol. 71r [Reg.-Nr. 564]: *Sonderlich weil mein Pfarre auch vom Bischoff von Minden zu Lehen gehet, das ich so dan Lehenstücke ohn bewilligunge und Rath Meins g(nedigen) Lehenherren beschweren lassen* (26. Mai 1582).

67 Vgl. zu diesem Konflikt auch die kurze Darstellung in GUTHE, Leben und die Amtsverrichtung des ersten Superintendenten, 1762, Stück 43, Sp. 345–350.

gefertigten Abschriften der drei Klagen[68] kann für die folgende Untersuchung auf den genauen Wortlaut zurückgegriffen werden. Im Folgenden wird erörtert, ob die Haller Gemeinde und Alterleute die normativen Vorgaben und die herzoglichen Anordnungen bezüglich der Kostendrittelung für die Baulast an den Haller Pfarrgebäuden[69] befolgten und wie sich Jovius als Pastor, übergeordneter Superintendent und involvierter Akteur verhielt. In Ergänzung zu den Konzeptbüchern bietet besonders die Akte aus dem NLA WF über die Haller Pfarrei die Möglichkeit, über Jovius' Tod im Jahr 1585 hinaus die Angelegenheit bis zum Jahr 1602 zu verfolgen.[70]

6.2.1. Die 1. Klageschrift[71]

Jovius wählte für die 1. Klageabschrift im Konzeptbuch folgenden Titel: *Unnwahrhafftige unngegründte falsche unnd gaer godtlose clageschriefft der Olderleut und des ganntzen Caspels tzu Halle uber Ihrenn Pastorenn*[72]. Die beteiligten Akteure waren die Kläger, die der Unterschrift zufolge die *Olderleut und semptliche einwoner des Caspels Hall in der needern börde der herschaft Homborgke*[73] waren. Die Klage wurde von den Alterleuten[74] und den Einwohnern des Haller Kirchspiels formuliert. Sie wurde direkt bei Herzog Julius am 19. Juni 1571 vorgebracht, der den Haller Superintendenten neun Tage später, am 28. Juni 1571, über die Klage der Haller wegen dessen *ubermessigen gebewes*[75] informierte. Der Herzog legte dem Schreiben die Klageschrift in Kopie bei und forderte Jovius auf, einer wertprüfenden Besichtigung des Pfarrhauses zum Zwecke eines gütlichen Vergleichs zuzustimmen.

Der Inhalt der 1. Klageschrift

Die Gemeinde und die Alterleute beklagten sich bei Herzog Julius über den Pastor, der das Pfarrhaus nach seinen Wünschen und Vorstellungen renovieren, mit einem weiteren Schlafzimmer ausstatten und die Wände neu streichen lassen

68 Klagen, Bittgesuche und Beschwerden werden unter dem Oberbegriff der ›Supplikation‹ subsumiert, vgl. dazu Nubola, Würgler, Einführung, S. 8f. (dort mit weiterführender Literatur); Würgler, Bitten und Begehren, S. 19ff.; Ulbricht, Supplikationen, S. 150–155; Blickle, Supplikationen und Demonstrationen, S. 276–289.
69 Vgl. zu den Haller Pfarrgebäuden Kapitel 3.3.
70 NLA WF 14 Alt Nr. 889.
71 HS 2, fol. 53r–54v [Reg.-Nr. 75].
72 HS 2, fol. 53r [Reg.-Nr. 75].
73 HS 2, fol. 54v [Reg.-Nr. 75].
74 Die Alterleute treten hier in ihrer Funktion als Verwalter des Kirchenvermögens auf, obwohl sie neben dieser Funktion auch Einwohner des Dorfes waren.
75 HS 2, fol. 52v [Reg.-Nr. 74].

wollte, obwohl das Pfarrhaus ihrer Meinung nach keineswegs renovierungsbedürftig sei. Sie wollten und konnten sich finanziell nicht an den Kosten beteiligen, wenngleich der Wickensener Amtmann Hans Tolcken[76] ihnen bei Zuwiderhandlung mit einer finanziellen Strafe gedroht hatte. Außerdem sahen sie nicht die Notwendigkeit, sich an den Kosten zu beteiligen, da Jovius den Klägern zufolge über ein jährliches Einkommen von ungefähr 160 Malter Korn und 59 Malter Hafer[77] verfügte und ihm sogar Männer zum Dreschen bereitgestellt wurden. Sie wiesen darauf hin, dass dessen Vorgänger, die schließlich über den gleichen Lohn verfügten, die Gemeinde nie mit Baukosten belastet und das Pfarrhaus selbst instand gehalten hatten. Die Kläger bezweifelten zudem die Aussage des Pastors, dass dieser bis jetzt 120 Taler für die Instandhaltung investiert habe. Die Kirche konnte ebenfalls ihren dritten Anteil nicht aufbringen, da sie 40 Taler für die Instandhaltung des Kirchengebäudes ausgegeben hatte und nur noch über einen restlichen Barvorrat von 10 Talern verfügte. Die Kläger warfen ihrem Pastor vor, dass er ihnen diesen Vorrat entziehen und für sein Bauvorhaben verwenden wollte. Als weiteren Grund führten sie an, dass sie eine von der Kirchenordnung vorgeschriebene Wohnung für die Pfarrfrau bereitstellen und finanzieren sowie das Amtshaus in Wickensen instand halten[78] sollten. Daher baten die Kläger Herzog Julius, da sie einer zusätzlichen finanziellen Belastung nicht gewachsen waren, das unnötige und überflüssige Bauvorhaben ihres Pastors zu begrenzen, und signalisierten aber zugleich ihre Kompromissbereitschaft, Jovius nicht zu behindern, wenn dieser den Bau seiner *weltliche*[n] *lust unnd herren gemache*[79] selber finanzieren wolle.

Der Verlauf

Jovius reagierte noch am selben Tag. Er notierte unter der von ihm abgeschriebenen Klageschrift ein in elegischen Distichen selbstverfasstes Gedicht über frevelhafte Bauern. In diesem Gedicht sah er einen jeden Bauern als Denunzianten an, der sich für klüger als einen Fuchs halte und durch zu hohen Alkoholkonsum am ordnungsgemäßen Handeln gehindert werde. Der Bauer an sich lebe wie ein Schwein und streife wie ein Räuber in den Wäldern herum. Er zeige kein Interesse für Religion und dränge sich innerhalb der Bauerngemeinschaft durch seine angebliche Intelligenz in den Vordergrund.[80]

---

76 Vgl. zu Hans Tolcken Kapitel 8.2. und die Ausführungen im Anhang 11.8.

77 1 Fuder entspricht 13 1/3 Malter, vgl. VERDENHALVEN, Maße und Gewicht, S. 72. Das Einkommen von ca. 17 Fuder Korn entspricht ca. 500 Taler (1 Malter Roggen = 2,5 Taler).

78 Die Gemeinde als dienstpflichtiger Untertan war im Zuge des Herrendienstes verpflichtet, das Amtshaus instand zu halten, vgl. zur abgedruckten Amtsordnung von 1541 GESENIUS, Meyerrecht, Bd. 2, Anhang, S. 145; LIPPELT, Amtsordnung, S. 11–33, hier S. 31.

79 HS 2, fol. 54v [Reg.-Nr. 75].

80 HS 2, fol. 54v [Reg.-Nr. 75]: *Quid sit impius rusticus / Rusticus ante sui delator principis ora /*

Neben dem herzoglichen Mandat wurde die Klage nachweislich im Konsistorium verhandelt. Kurz nach Klageeinreichung am 5. Juli 1571 wird in den Protokollen der Generalsuperintendent in Alfeld, Nicolaus Erbenius[81], von den Räten aufgefordert, bei einer nicht genannten Gemeinde auf die in der Kirchenordnung festgelegte Aufteilung der Pfarrhausbaukosten, 1/3 die Gemeinde, 1/3 die Kirche und 1/3 der Pastor, zu bestehen.[82] Da dieser Protokolleintrag sowohl inhaltlich, zeitlich als auch mit Jovius' direktem Vorgesetzten übereinstimmt, liegt es nahe, diesen Eintrag auf Halle zu beziehen.

Der Streit konnte trotz der Verhandlung im Konsistorium, dem herzoglichen Mandat und der Anweisung an den Generalsuperintendenten offenkundig nicht beigelegt werden, da Jovius in einem Schreiben an die herzoglichen Räte im Dezember 1571 den immer noch bestehenden Konflikt thematisierte. Er bat die Räte, *mir hierinne wegen v. g. f. und h. die gwillige und behulfliche handt auch möchte gereichet werdenn*[83].[84] Gegenüber den Räten erläuterte er, dass der Herzog bereits am 7. April auf Grund seines eingereichten Visitationsberichts ein Mandat erlassen hatte, das eine Drittelung der Renovierungskosten festschrieb. Dieses wichtige Mandat wurde Jovius aber erst am 16. Juli zugestellt, also knapp einen Monat nach Klageeinreichung, da der Wickensener Amtmann Hans Tolcken es unter Verschluss gehalten hatte.[85] Das andere herzogliche Mandat vom 28. Juni 1571 übersandte dem Haller Geistlichen neben der Kopie der Klage auch die Anordnung, das Pfarrhaus durch unparteiische Gutachter besichtigen und taxieren zu lassen. Nach dieser Begutachtung, die tatsächlich den baufälligen und renovierungsbedürftigen Zustand des Pfarrhauses bestätigte, weigerten sich die Kläger immer noch, ihren Anteil zu erstatten, da sie die Rechtmäßigkeit der Taxierung anzweifelten.[86]

Erst fast ein Jahr später, am 8. Oktober 1572, beschwerte sich Jovius erneut beim Konsistorium und thematisierte abermals den anhaltenden Konflikt mit

---

Callidus accedens moenia vulpe magis / Ceu Leo bile furit nimio labefactus Jacho / Coniuge cum vivit deteriorque sue / In viridi sylva latronum more vagatur / In campo titulum furis et ille gerit / Prosequitur Christi perversa mente ministros / In sacris prorsus nil rationis habens / Attamen inter Eos stolidorum nomen agentes / pectoris excellens calliditate sui. Herzlichen Dank an Dr. Katharina Kagerer (Inschriftenkommission der Akademie der Wissenschaften zu Göttingen), für die inhaltliche Erschließung. Das gleiche Gedicht findet sich erneut in HS 3, fol. 10v [Reg.-Nr. 496], dort allerdings ohne die letzte Zeile. Dieses Gedicht erinnert an die mittelalterliche Dörper-Topio (Herzlichen Dank an Dr. Christine Wulf (Inschriftenkommission der Akademie der Wissenschaften zu Göttingen) für diesen Hinweis. Vgl. zur dörperlichen Dichtung Rosenhagen, Spaarnay, Artikel: »Dörperliche Dichtung«, S. 269–274.

81 Vgl. zu Nicolaus Erbenius Kapitel 7.3.1. und die Ausführungen im Anhang 11.8.

82 LAW V1923, fol. 103r.

83 HS 2, fol. 25v [Reg.-Nr. 39].

84 HS 2, fol. 25r f. [Reg.-Nr. 39].

85 HS 2, fol. 52r [Reg.-Nr. 73].

86 HS 2, fol. 25r f. [Reg.-Nr. 39].

der Gemeinde und den Alterleuten bezüglich der anteiligen Baukostenübernahme. Er verwies auf seinen im Juli 1570 verfassten Visitationsbericht, in dem er diesen Konflikt bereits ausführlich geschildert hatte. Nachdem über diesen Visitationsbericht im Konsistorium tatsächlich verhandelt worden war, hatten die Konsistorialräte am 21. Juli 1570 den Wickensener Amtmann angewiesen, sich um die Sache hinsichtlich des Pfarrhauses in Halle zu kümmern, das *die Olderleut unnd gemein das Pfarhauss zu halle neben dem pfarhern bessern*[87] sollten.

Jovius resümierte den bisherigen Verlauf des Konflikts und verwies erneut auf das im April 1571 erlassene herzogliche Mandat, das ihn erst mit Verzögerung im Juli 1571 erreichte, da es der Amtmann Tolcken bis zu seiner Kündigung zurückgehalten hatte. Dessen Nachfolger, Johann von Halle[88], musste sich erst über die bisherigen Vorkommnisse informieren und sich mit den neuen Amtsaufgaben vertraut machen, bevor er sich den Anliegen des Haller Geistlichen widmete. Jovius ließ die Angelegenheit ruhen, um nun 1572 wiederholt das Konsistorium zu bitten, die Kontroverse voranzutreiben und beizulegen.[89] Die Konsistorialprotokolle lassen zwar keinen Rückschluss auf eine wiederholte Behandlung des Falls im Jahr 1572 erkennen, aber wahrscheinlich veranlassten die Räte eine erneute Begutachtung, da Jovius am 6. November 1572 mit dem Amtmann Johann von Halle und dem Amelungsborner Abt Steinhauer[90] als Gutachter einen Besichtigungstermin für das Haller Pfarrhauses vereinbarte.[91]

Am 2. April 1573 informierte Jovius den Generalsuperintendenten, dass er von den Bauermeistern[92] eine Antwort bezüglich der Baumaßnahmen erhalten hatte. Die Dorfvorsteher wollten alles *bei dem alten gebrauch gelassen* [...] *und an der Weheme nichts bessern odder bauen*[93], obwohl er sie auf die damit einhergehende Missachtung der Kirchenordnung und der herzoglichen Mandate hingewiesen hatte.[94]

Am 5. April 1573 gelang es dem Amtmann Johann von Halle und weiteren Personen[95] zwischen den Streitparteien zu vermitteln. Diesem archivalisch

87 LAW V262, S. 60f.
88 Vgl. zu Johann von Halle Kapitel 8.2. und die Ausführungen im Anhang 11.8.
89 HS 2, fol. 57v–60r [Reg.-Nr. 81].
90 Vgl. zum Amelungsborner Abt Andreas Steinhauer die Ausführungen im Anhang 11.8.
91 HS 2, fol. 63r [Reg.-Nr. 87].
92 ›Bauermeister‹ ist die Bezeichnung für Dorfvorsteher, vgl. DWB, Lemma: Bauermeister, Bd. 1, Sp. 1180. Folgende Personen waren zu diesem Zeitpunkt Bauermeister: Hermann Schneberg aus Halle, Curd Siegman aus Linse, Karsten Arends aus Kreipke, Hans der Meier aus Tuchtfeld, Curd der Meier aus Dohnsen und Tonnies Müller aus Wegensen.
93 HS 2, fol. 73r [Reg.-Nr. 106].
94 HS 2, fol. 73r [Reg.-Nr. 106].
95 Bei der Verhandlung waren außerdem noch der Heyener Pastor Johannes Bolenius, der Dielmissener Pastor Johann Ostercamp, der in Eschershausen wohnende Amtmann Johann

überlieferten Verhandlungsbericht zufolge wurden in den Jahren 1569 bis 1572 ungefähr 88 Taler und 35 Groschen verbaut. Die Renovierungskosten wurden auf insgesamt 60 Taler verhandelt. Die Gemeinde, die Kirche und der Pastor mussten jeweils nur 20 Taler bezahlen; Jovius kam den Klägern entgegen und übernahm die Differenz in Höhe von 28 Taler und 35 Groschen. Auf der Rückseite des Berichts findet sich der von einer unbekannten Schreiberhand des Konsistoriums nachgetragene Vermerk: *40 Thal. solte die Kirche und Gemeine zu Halla erlegt haben beÿ poen 100 Gulden. Ist nicht geschehen*[96]. Diese Notiz lässt den Schluss zu, dass die Gemeinde und Kirche den ausgehandelten Betrag keineswegs bezahlt hatten.[97] Die gescheiterte Verhandlung führte dazu, dass die Streitparteien am 21. September 1573 einen neuen Vergleich bezüglich der Kosten aushandelten.[98] Jovius schilderte dem Amtmann den Verlauf des Vergleichs mit einigen ausgewählten Personen der Gemeinde[99] über die Baumaßnahmen. Er schlug den Vertretern vor, dem Vergleich unter der Bedingung zuzustimmen, sofern sich diese an die Kirchenordnung und an das herzogliche Mandat hielten und ihren Anteil zahlten. Jedoch verweigerten die Gemeindevertreter die Zusage, da sie noch nie, wie es schon *von Olders heer gewesest ist*[100], Baumaßnahmen an dem Pfarrhaus finanzieren mussten. Jovius referierte dem Amtmann, dass die Gemeinde z. B. für Heinrich Stappensen[101] die Holzfuhren zur Scheune übernommen hatten. Daher bat er, dass auch ihm seitens der Gemeinde diese Unterstützung zu Teil werde. Als Gegenleistung für die Hilfe werde er versuchen, für sie nicht näher bezeichnete Freiheiten zu erwirken. Abschließend ersuchte er den Amtmann bezüglich des Konflikts um Rat und Unterstützung und informierte ihn zugleich, dass die Gemeindevertreter nach der Unterhaltung im Krug *oben under der Predigte gesoffen*[102] haben. Diesen Sachverhalt wolle er dem Amtmann nicht vorenthalten, damit dieser sich ein eigenes Urteil über die Gemeinde bilden könne.

Was der Haller Geistliche im September 1573 vermutlich noch nicht wusste, war, dass noch bevor der Vergleich im September verhandelt wurde, die Gemeinde bereits im Mai 1573 eine 2. Klage eingereicht hatte, vermutlich wegen der von dem Wickensener Amtmann geführten Verhandlungen im April 1573 über die Höhe der Kostenerstattung.

Olsen und das Stadtoldendorfer Ratsmitglied Ernst Riemenschneider anwesend, vgl. NLA WF 14 Alt Nr. 889, fol. 113r.

96 NLA WF 14 Alt Nr. 889, fol. 114v.

97 NLA WF 14 Alt Nr. 889, fol. 113r ff.

98 HS 2, fol. 70v–71r [Reg.-Nr. 101].

99 Anwesend waren: Curd Germen, Herman Bock aus Halle, Hans Falcken und Bartold Adam aus Tuchtfeld, vgl. HS 2, fol. 70v–71r [Reg.-Nr. 101].

100 HS 2, fol. 70v [Reg.-Nr. 101].

101 Vgl. zu Heinrich Stappensen Samse, Zentralverwaltung, S. 154.

102 HS 2, fol. 71r [Reg.-Nr. 101].

6.2.2. Die 2. Klageschrift[103]

Jovius wählte für die 2. Klageschrift im Konzeptbuch folgenden Titel: *Gantz lügenhafftige, ungegründte falsche erichtete gifftige, unde gantz godtlose schriefft der Olderleut und des ganntzen Caspels tzu Halle vom wegen des Pfarrgebawde*[104]. Die Akteure waren die Kläger, die der Unterschrift zufolge aus folgenden Gruppen bzw. Personen bestanden: *Olderleute und semptliche einwoner des Caspels Hall im Ampt Wickensen*[105]. Auch bei der 2. Klageschrift reichten die Alterleute ihre Beschwerde zusammen mit den Einwohnern des Haller Kirchspiels direkt bei Herzog Julius am 18. Mai 1573 ein.

Wie Jovius von der 2. Klage erfuhr, lässt sich nicht rekonstruieren, da er gegenüber dem Wickensener Amtmann am 14. Juni 1574 lediglich erwähnte, dass er über eine erneute Klage der Gemeinde in Kenntnis gesetzt worden war. Da ihm der Inhalt nicht bekannt war, bat er den Amtmann, den Konsistorialsekretär Martin Steffens zu beauftragen, ihm umgehend eine Kopie der Klage zuzusenden.[106] Die Klagekopie erhielt er somit erst im Juni/Juli 1574, also fast ein Jahr später, nachdem die Klage beim Herzog eingereicht worden war.

Der Abschrift der 2. Klage fügte Jovius zu jedem einzelnen Anklagepunkt seine Gegendarstellung bzw. sein Gegenargument in einer zweiten Spalte hinzu.

Der Inhalt der 2. Klageschrift

Die Gemeinde versicherte in der Salutatio[107] Herzog Julius ihre Treue und Untergebenheit. Jovius widersprach in seinem Kommentar dieser Beteuerung, da gehorsame Untertanen nicht gegen die vom Herzog erlassene Kirchenordnung rebellieren und sich widersetzen würden.

Als ersten Punkt führte die Gemeinde an, dass sie sich bezüglich der Renovierungs- und Bauabsichten ihres Pastors bereits etliche Male beschwert hätten. Jovius kommentierte diesen Punkt, dass ihm bisher nur eine einzige Klageschrift vom 19. Juni 1571 bekannt sei, nämlich die bereits oben erwähnte 1. Klageschrift. Zudem klagte die Gemeinde, dass bei dem geforderten Verhör bezüglich ihrer Beschwerden vom Konsistorium nur der Amtmann anwesend war. Der zweite Kommissar der Amelungsborner Abt, der ebenfalls von den Konsistorialräten bestimmt worden war, wurde durch dessen namentlich nicht genannten Schreiber vertreten. Jovius erwiderte, dass bei diesem Verhör am 21. September

103 HS 2, fol. 92r–94v [Reg.-Nr. 139].
104 HS 2, fol. 92r [Reg.-Nr. 139].
105 HS 2, fol. 94r [Reg.-Nr. 139].
106 HS 2, fol. 90v [Reg.-Nr. 136].
107 Vgl. zum Formular der Konzepte Kapitel 2.2.1.

1573 kein Ergebnis erzielt werden konnte, weil sich die Gemeinde uneinsichtig gezeigt hatte.[108]

Die Kläger unterstellten ihrem Pastor – wie bereits in der 1. Klage –, dass er trotz seines sehr hohen Jahreseinkommens von mehr als 17 Fuder Korn[109] eine finanzielle Unterstützung verlangen würde, was seine Vorgänger nie eingefordert hätten. Jovius widersprach diesem Vorwurf wie auch in er der 1. Klageschrift und fügte hinzu, dass er seine Aussagen mit Registern und *lebendiegen leuten*[110] beweisen könne.

Als weitere Klagepunkte führte die Gemeinde an, dass Jovius unbarmherzig, eitel und geizig sei. Er verachte sie von der Kanzel herab, fördere weder die Gemeinschaft, sondern errege sie zu *Zorn unnde Zancke*[111]. Er verlange von der Gemeinde Geld für das Pfarrhaus, obwohl sie sich nicht einmal Brot zum Essen leisten könnte oder er ihnen in der Not weder mit Korn noch einem Abgabenerlass entgegenkäme. Jovius bestritt diese Vorwürfe vehement. Schließlich sei es seine Pflicht sich weiterzubilden, er hätte sie niemals zu Auseinandersetzungen angestiftet oder dieses in seinen Predigten gelehrt, das wäre das Werk des Teufels[112]. Er hielt den Klägern vor, ihr Geld nicht für Essen auszugeben, sondern lieber *6 Gulden für schreiben und botenlohn*[113] zu zahlen.[114]

Die Kläger bezichtigten ihren Pastor, die Einnahmen aus dem Armenkasten entnommen und in drei Filialdörfern nicht gepredigt zu haben, dafür aber jährlich 15 Malter Roggen als Bezahlung zu verlangen. Jovius verteidigte sich, kein Geld aus dem Armenkasten entwendet zu haben. Die Predigt *vorrichte Ich nach höchstem vermogen des Sontags ii Predtgte und der wochen auch also mit sampt der kinderleher*[115]. Da aber niemand bei seinen Predigten anwesend war, könnte keiner seine Aussage verifizieren.[116]

Nach weiteren Beschuldigungen baten die Kläger, Herzog Julius solle sie während der zu dieser Zeit anhaltenden Teuerung unterstützen und das Bauvorhaben untersagen. Bezüglich der Taxierung verlangten sie, dass der Herzog neue unparteiische Kommissare bestimmen sollte. Sie hegten nämlich gegen den Amtmann, der als Gutachter bestimmt worden war, erhebliche Bedenken und

108 HS 2, fol. 92r [Reg.-Nr. 139].
109 17 Fuder Korn = ca. 500 Taler (1 Malter Roggen = 2,5 Taler), vgl. VERDENHALVEN, Maße und Gewicht, S. 72.
110 HS 2, fol. 92v [Reg.-Nr. 139].
111 HS 2, fol. 93r [Reg.-Nr. 139].
112 Vgl. zum Aberglauben und dem Teufel Kapitel 7.1.
113 HS 2, fol. 93r [Reg.-Nr. 139].
114 HS 2, fol. 93r [Reg.-Nr. 139].
115 HS 2, fol. 93v [Reg.-Nr. 139].
116 SCRIBNER, Religion und Kultur, S. 216, sieht in den Klagen über die unzureichende Seelsorge einen Grund der Gemeinde, ihre Abgaben, z. B. auch für das Pfarreinkommen, zurückzuhalten.

bezichtigten ihn, sich mit ihrem Pastor zu verbünden und *freundespiel*[117] zu treiben sowie zu dessen Gunsten geschätzt zu haben. Jovius entgegnete darauf, dass der Amtmann die Taxierung unvoreingenommen durchgeführt und seinen Eid nicht gebrochen habe.[118]

Die von dem Konsistorialsekretär Martin Steffens übersandte Klage kopierte Jovius einschließlich der Vermerke des Konsistoriums unter dem Titel *diess hatt des Consistorii Secretarius uf den Brieff geschrieben*[119] in sein Konzeptbuch. Der Sekretär fasste prägnant zusammen, dass die Haller Gemeinde sich über ihren Pastor und den Amtmann wegen der Taxierung der Pfarrgebäude beschwert und neue objektive Gutachter zum Zweck einer neuen Besichtigung gefordert habe. Weiter vermerkte Steffens, dass die Angelegenheit dem Herzog Julius berichtet, mit dem herzoglichen Kanzler Franz Mutzeltin[120] besprochen werden und womöglich einer von Herzog Erichs II. politischen Räten als Gutachter fungieren sollte.

Der Verlauf

Jovius erhielt die 2. Klage erst im Sommer 1574. Jedoch findet sich schon in den Konsistorialprotokollen am 23. Mai 1573 der Eintrag, dass die nicht näher genannte Sache mit den Alterleuten zu Halle während der Visitation erörtert werden sollte.[121] Dieses könnte ein Anhaltspunkt auf die am 18. Mai eingereichte Klage der Haller sein.

Am 30. Juli 1574 bedankte sich Jovius beim Konsistorialsekretär Steffens für die Übersendung der Kopie. Da er über die vielen Lügen in der Klageschrift sehr verärgert war, hatte er sofort die *Eldesten und furnemesten*[122] Halles auf die Klage angesprochen. Diese wussten aber nichts von der Klage und mutmaßten, dass sie vielleicht von einigen Gemeindemitgliedern heimlich verfasst worden sei. Jovius bat Steffens, die Sache weiter im Konsistorium zu verfolgen. Nachdem die Kläger mit den vorherigen Gutachtern nicht einverstanden waren, forderte er, dass neue und unbefangene Personen bestimmt werden sollten, solange die Kläger für die Kosten aufkämen.[123]

Im Jahr 1575 notierte Jovius lediglich, dass die Gemeinde und die Alterleute die Baukosten laut Konsistorialbeschluss bezahlen sollten, aber ohne auf die näheren Umstände einzugehen.[124] Noch im November 1580 bat er seine Freunde,

117 HS 2, fol. 92v [Reg.-Nr. 139].
118 HS 2, fol. 93v f. [Reg.-Nr. 139].
119 HS 2, fol. 94v [Reg.-Nr. 139].
120 Vgl. zu Franz Mutzeltin Lippelt, Franz Mutzelin, S. 515.
121 LAW V227, S. 51.
122 HS 2, fol. 95r [Reg.-Nr. 140].
123 HS 2, fol. 95r [Reg.-Nr. 140].
124 HS 2, fol. 105r [Reg.-Nr. 155].

den Wolfenbütteler Hauptmann Heinrich Temme[125] und den Kammerrat Christopher Wolff[126], für seine Anliegen beim Herzog zu interzedieren, dass die Gemeinde und die Kirche ihren jeweiligen dritten Anteil bezahlen sollten. Jovius glaubte aber inzwischen nicht mehr an eine Erstattung, sondern spielte mit dem Gedanken, zur Absicherung seiner Familie Eigentum zu erwerben.[127]

6.2.3. Die 3. Klageschrift[128]

1582 stand im Mittelpunkt der 3. Klage wieder eine anteilige Finanzierung eines Pfarrgebäudes, nämlich die Zehntscheune auf dem Pfarrhof, in der der Haller Geistliche *seine korn fruchte pflegt einzusamelnn lassen*[129].

Bei dem von Jovius' gewählten Titel für die 3. Klageschrift im Konzeptbuch handelt es lediglich um die Abschrift der Inscriptio: *Dem durchleuchtigen hoich gebornnen Fursten unnd hern Julio Hertzog tzu Braunschweig und Leuneborgk, unserem gnedigen Fürsten und herrn undertheniglich.*[130] Die Akteure waren der Unterschrift auf der Klage zufolge *die Olderleute und semptliche einwoner des Caspels Hall im Ampt Wickensen*[131]. Auch bei der 3. Klageschrift reichten die Alterleute zusammen mit den Einwohnern des Haller Kirchspiels am 16. Mai 1582 ihre Beschwerde direkt bei Herzog Julius ein. Bereits 10 Tage später, also am 26. Mai 1582, erwähnte Jovius gegenüber dem Amtmann, dass er das *bittere böse und ungutliche schreiben*[132] gelesen hatte.

Bevor die 3. Klage eingereicht wurde, passierten einige Ereignisse im Vorfeld, die sehr wahrscheinlich die Auslöser für die Beschwerde waren. Bereits am 22. August 1579 verwies Jovius auf seine Renovierungs- und Ausbesserungsarbeiten an den Pfarrgebäuden, die er selbst organisiert und bezahlt hatte. Zudem benötigte er dringend Holz, um die fünf gebrochenen sowie zwei verfaulten Balken in der Scheune zu reparieren.[133] Weitere dringende Reparaturen am Scheunendach wurden im Juni 1581 durchgeführt.[134] Diese Arbeiten konnten nicht den ganzen Schaden beheben, denn im Laufe des Jahres 1581 bis Mai 1582 beschwerte sich Jovius durchgehend beim Konsistorium, beim Wickensener

125 Vgl. zu Heinrich Temme Kapitel 5.1.1. und die Ausführungen im Anhang 11.8.
126 Vgl. zu Christopher Wolff Kapitel 5.1. und die Ausführungen im Anhang 11.8.
127 HS 2, fol. 342r f. [Reg.-Nr. 455], fol. 349r f. [Reg.-Nr. 464], fol. 350r f. [Reg.-Nr. 465], fol. 350v f. [Reg.-Nr. 466]. Vgl. zu Jovius' Kaufabsichten Kapitel 4.2. und 5.1.1.
128 HS 3, fol. 67r–68r [Reg.-Nr. 560].
129 HS 3, fol. 75v [Reg.-Nr. 572].
130 HS 3, fol. 67r [Reg.-Nr. 560].
131 HS 3, fol. 68r [Reg.-Nr. 560].
132 HS 3, fol. 70r [Reg.-Nr. 563].
133 HS 2, fol. 307r [Reg.-Nr. 402].
134 HS 3, fol. 14r [Reg.-Nr. 502].

Amtmann, beim Landgericht, beim Forstregiment oder seinen Freunden am Wolfenbütteler Hof, dass sich die Scheune seit 1579 in einem maroden Zustand befinde und kein Holz für die Ausbesserung zur Verfügung stehe.[135] Im August 1581 hatten bereits *geistern in Meinen scheunen sechs balcken*[136] zerbrochen, weshalb die Scheune akut einsturzgefährdet sei. Dem braunschweigischen Landfiskal und Propst zu Dorstadt Ernst Garsse berichtete Jovius resümierend am 2. Mai 1582 von seiner maroden Scheune. Er musste insgesamt schon 120 Taler für die Instandhaltung der Pfarrgebäude investieren, weil seine Vorgänger das Haus verfallen ließen und weil die Gemeinde die von der Kirchenordnung festgelegte Subvention verweigerte. Abschließend fasste er noch einmal zusammen, dass er sich seit drei Jahren immer wieder hilfesuchend an den Amtmann und an das fürstliche Amt- und Forstregiment gewendet habe, aber ihm bis jetzt jede Unterstützung verweigert wurde.[137]

Der Inhalt der 3. Klageschrift

Jovius plante auf Grund des instabilen und maroden Zustands der Scheune einen Neubau, woraufhin die Gemeinde und die Alterleute Halles ihre 3. Klageschrift einreichten. Die Kläger argumentierten, dass sie der Forderung einer anteiligen Zuzahlung nicht nachkommen konnten, da der Neubau der Scheune – wie auch schon die vorherigen Bauvorhaben am Pfarrhaus – eine zu hohe finanzielle Belastung für sie sei. Die Kirche war ebenfalls nicht imstande, ihren dritten Anteil zu zahlen, da das wenige Geld für die Reparaturen des baufälligen Glockenturms[138] gedacht sei. Niemand konnte sich erinnern, dass jemals ein Haller Pastor *etwas an der Pfarren gebawet, odder aber solchs an die gemeine begeret*[139] hatte. Abermals führten die Kläger als Argument Jovius' hohes Einkommen an, mit dem er sehr wohl in der Lage sei, den Neubau allein zu finanzieren.[140] Sie gaben zu bedenken, dass sie bei einer anteiligen Zuzahlung den Glockenturm

135 HS 3, fol. 15v–19v [Reg.-Nr. 505], fol. 21r [Reg.-Nr. 507], fol. 21v [Reg.-Nr. 508], fol. 24v [Reg.-Nr. 513], fol. 29r f. [Reg. Nr. 518], fol. 48v–49r [Reg.-Nr. 533], fol. 60v–61v [Reg.-Nr. 552], fol. 63r [Reg.-Nr. 555].

136 HS 3, fol. 24v [Reg.-Nr. 513]. Vgl. zum Geisterglauben in der Frühen Neuzeit Rieger, Teufel im Pfarrhaus, S. 9–21.

137 HS 3, fol. 64v–66r [Reg.-Nr. 558]. Vgl. zum Forstamt im Fürstentum Braunschweig-Wolfenbüttel Graefe, Forstleute. Für das Jahr 1581 hat Graefe für Eschershausen den reitenden Forstknecht Michael Marens und für Wangelnstedt den Förster Hans Einwaldt nachgewiesen, vgl. Graefe, Forstleute, S. 190, 196.

138 Vgl. zum Glockenturm Kapitel 3.3.

139 HS 3, fol. 68r [Reg.-Nr. 560].

140 Das Argument der Gemeinde, dass die Vorgänger des Superintendenten mit dem Einkommen ausgekommen seien, ist ein Argument, dass z. B. auch die Seesener Gemeinde ihrem Superintendenten, Heinrich Dalemius, um die Auseinandersetzungen um Abgaben vorwarf, vgl. Schorn-Schütte, Evangelische Geistlichkeit, S. 273, Anm. 281.

zugunsten der Scheune verfallen lassen müssten. Sie hofften folglich, dass der Herzog das unnötige Bauvorhaben unterbinden würde.[141]

Jovius kopierte die Klage präzise, da er wie bei der 2. Klageschrift wieder die Vermerke des Konsistoriums abschrieb. Die Klage wurde am 18. Mai 1582 von dem Haller Einwohner Hans Schutzen überbracht und in der fürstlichen Buchhalterei präsentiert. Die kurze Zusammenfassung lautet: *Alterleute und semptliche einwoner des Caspels Hall beschwern sich uber Ihren Pastorem*[142]. Der letzte Vermerk beinhaltet eine Aufforderung an den Oberamtmann und den Wickensener Amtmann, die einen neutralen Bericht entwerfen und diese Klage an das Konsistorium zurücksenden sollten.[143]

Verlauf

Kurz nach der Klagepräsentation forderte das Konsistorium am 22. Mai 1582 den Oberamtmann Johann von Halle und den Wickensener Amtmann Burchard Friesen auf, einen objektiven Bericht zur Klage zu verfassen. Von dieser konsistorialen Forderung fertigte Jovius eine Abschrift an und dokumentierte sie in seinem Konzeptbuch. Vier Tage später informierte er den Amtmann, dass ihm das Holz für die Scheune zugesprochen worden sei und fragte nach dem Liefertermin, zumal er dringend den Neubau planen und die Kosten, z. B. für den Zimmermann, kalkulieren wollte. Im gleichen Schreiben rechtfertigte er sich bezüglich der Klage, dass er ohne die Zustimmung des Bischofs von Minden als Lehnsherrn keine Bauarbeiten durchführen dürfe oder werde. Er bat die beiden weltlichen Amtsträger bei der Abfassung des geforderten Berichts zu berücksichtigen, dass er seit 1569 mehr als 100 Taler an der *Pfarre zu Halle verbawet und in die Besserunge gewendet*[144] hatte.[145]

Am gleichen Tag, dem 26. Mai, beschwerte sich Jovius auch bei seinem Freund Heinrich Temme, über die Haller Gemeinde, die ihn vor dem Herzog gedemütigt und ihn beschuldigt hatte, er würde sie zur anteiligen Zahlung zwingen. Er rechtfertigte sich, dass er zusätzlich zur Kirchenordnung zwei herzogliche Mandate besitze, das erste vom 3. November 1570 und das zweite vom 23. Mai 1572, die ihn bezüglich der anteiligen Kostenübernahme Recht gaben. Obwohl diese Mandate über das fürstliche Handzeichen sowie das Secret verfügten und bekannt gemacht worden waren, wurden sie von der Gemeinde und der Kirchen nicht befolgt. In einem Nebensatz betonte Jovius seine Erleichterung, dass sich die Klage eben nicht auf seine Lehre oder seinen Lebensstil beziehe, sondern vorrangig auf die finanzielle Belastung. Am 7. Juni 1582 for-

141 HS 3, fol. 68r [Reg.-Nr. 560].
142 HS 3, fol. 68r [Reg.-Nr. 560].
143 HS 3, fol. 67r–68r [Reg.-Nr. 560].
144 HS 3, fol. 70r [Reg.-Nr. 563].
145 HS 3, fol. 68v [Reg.-Nr. 561], fol. 70r [Reg.-Nr. 563].

derte er die Vertreter der weltlichen Administration auf, den längst überfälligen Bericht umgehend anzufertigen. Zwei Tage später verfassten die beiden ihren Bericht für das Konsistorium und befürworteten den Neubau der Scheune. Die Amtmänner waren nach der Begutachtung ebenfalls der Ansicht, dass ein Neubau unumgänglich sei und die Kosten für diesen durch die Gemeinde, die Kirche und Jovius zu dritteln seien. Auch wenn der Glockenturm renovierungsbedürftig sei, sollten diese Arbeiten zugunsten der Scheune ausgesetzt werden. Sie forderten die Gemeinde auf, sich mit ihrem Pastor zu vergleichen und ihm ihre Hilfe anzubieten. Sie unterbreiteten den Vorschlag, dass die finanziell bessergestellten Dorfbewohner ihren Anteil bezahlen, die Ackerleute Fuhren anbieten und die Köter ihre Arbeitskraft zur Verfügung stellen sollten. Die endgültige Entscheidung über das weitere Vorgehen überließen sie dem Herzog.[146]

Jovius notierte sich noch am 24. August 1582 einige Punkte, die er in einem Gespräch mit Herzog Julius zur Sprache bringen wollte. Der erste Punkt auf der Liste betraf die Kosten der Instandhaltung für *das alte hauss und scheunen*[147]. Er führte aus, dass er für notwendige Reparaturen am Pfarrhaus und für den Neubau der Scheune in Vorleistung gegangen war, aber ihm keine Kosten erstattet wurden. Bis zum 17. April 1583 zumindest konnte dieser Konflikt nicht beigelegt werden, denn Jovius klagte nochmals beim Amtmann, dass die Haller ihm ihren Anteil trotz der Kirchenordnung und der fürstlichen Mandate immer noch nicht bezahlen wollen.[148] Der erwähnten *Designatio*-Aufstellung von 1602 zufolge hatte Jovius tatsächlich den Neubau der Scheune im Jahr 1582 organisiert und war dafür mit einer Gesamtsumme 108 Gulden, 11 Groschen und 3 Pfennige[149] in Vorleistung gegangen.[150]

Dass der Konflikt zu Jovius' Lebzeiten nicht beigelegt werden konnte, belegt die Korrespondenz, die die Gütertrennung zwischen seiner Witwe Margaretha Cloth, dem späteren Superintendenten Tilemann Lensius[151], der Haller Gemeinde und dem Konsistorium betraf.[152] Lensius forderte noch 1603 im Zuge der Taxierung der Pfarrgebäude für die Gütertrennung die Kostenerstattung von der Gemeinde. Am 14. Februar 1603 supplizierte die Gemeinde bei Herzog Julius' Sohn, Herzog Heinrich Julius, dass sie

> *ein angeerbtes praescribiertes ius haben an der pfar so vor sich recht nichts zu bawen, welches ihn bei Ern Jacobi Götzen zeiten also gelassen, Corvinus auch nichts begeret* [...]

146 HS 3, fol. 69r f. [Reg.-Nr. 562], fol. 73r [Reg.-Nr. 568], fol. 75v–76r [Reg.-Nr. 572].
147 HS 3, fol. 77r [Reg.-Nr. 574].
148 HS 3, fol. 77r–79r [Reg.-Nr. 574], fol. 104v f. [Reg.-Nr. 612].
149 NLA WF 14 Alt Nr. 889, fol. 111r. Umgerechnet entsprechen 108 Gulden = 60 Taler.
150 NLA WF 14 Alt Nr. 889, fol. 111r–112v. Vgl. zur *Designatio*-Aufstellung Kapitel 3.3.
151 Vgl. zu Tilemann Lensius Kapitel 2.1.
152 NLA WF 14 Alt Nr. 889.

bitten sie beim hergrebrachten iuri zu lassen haben albereit mit dem kirchen gebew, daran ein vorfallen thurm itzo schleunig zubessern, genugsamb zuschaffen[153].

Hervorzuheben ist, dass die Gemeinde schon in der 3. Klageschrift 1582 als Argument für ihre Zahlungsunfähigkeit anführte, Jovius beim Neubau der Scheune nicht unterstützen zu können, da sie das Geld für die dringende Turmrenovierung benötigte. Dass sich dieser Turm aber 1603 immer noch in einem baufälligen Zustand befand, deutet darauf hin, dass sich die Gemeinde nicht um dessen Instandhaltung kümmerte und somit ihr Argument im Nachhinein nicht stichhaltig war.

Der Konflikt wurde, nachdem die Gemeinde am 3. April 1603 erneut in dieser Sache suppliziert hatte[154], zum letzten Mal in einem Schreiben des Herzogs Heinrich Julius vom 18. April 1603 erwähnt. In diesem Schreiben forderte der Herzog den zu diesem Zeitpunkt amtierenden Wickensener Amtmann Johannes Rumpf[155] auf, der Gemeinde mit Nachdruck zu befehlen, ihren Anteil zu zahlen. Zuvor hatten die Haller wieder versucht, ihr altes Recht[156], das sie von solchen anteiligen Kosten befreien würde, geltend zu machen.[157]

Zusammengefasst klagten die Haller Gemeinde und die Alterleute über die von ihnen zu leistende anteilige Zahlung für die Bauvorhaben am Pfarrhaus bzw. an der Pfarrscheune. Dank der Klageabschriften in den Konzeptbüchern besteht die Möglichkeit, im Detail nachzuvollziehen, was die Gemeinde und die Alterleute ihrem Pastor im Einzelnen vorwarfen, welche verschiedenen Argumente sie für ihre Klagen instrumentalisierten und wie sich der Beschuldigte wehrte. Darüber hinaus erlauben die Abschriften einen Perspektivenwechsel: nicht nur die Perspektive des beklagten Pastors, sondern auch die der Kläger wird deutlich.[158]

Zu berücksichtigen ist natürlich, dass nicht alle Dorfbewohner die Ansichten der Initiatoren teilten, auch wenn sie unter dem Begriff »*semptliche Einwohner*« subsumiert wurden, waren wahrscheinlich eher die wichtigsten Kirchspielautoritäten an der Klage beteiligt.[159] Als der Haller Geistliche sich im Dorf bei den

153 NLA WF 14 Alt Nr. 889, fol. 119v.

154 NLA WF 14 Alt Nr. 889, fol. 120r–121v.

155 Vgl. Lippelt, Hoheitsträger, S. 405: Johannes Rumpf war von 1598–1612 Oberamtmann an der Weser.

156 Vgl. zum Begriff »altes Recht« Liebrecht, Artikel: Gutes altes Recht. S. a. Blickle, Revolution von 1525, S. 140 ff.; Rösener, Bauernaufstände, bäuerlicher Widerstand, S. 147 ff.

157 NLA WF 14 Alt Nr. 889, fol. 124r–125v.

158 Dass für einen Konflikt zwischen Pastor und Gemeinde beide Perspektiven von großem Vorteil sind, stellte auch schon Scribner, Religion und Kultur, S. 203–210, fest. »Läse man jeweils nur das eine Dokument ohne Kenntnis des anderen, erschienen beide Parteien im Recht, sich zu beklagen.«, Scribner, Religion und Kultur, S. 205.

159 Vgl. zur Vermutung, dass nicht die ganze Gemeinde beteiligt war sondern eher die wich-

Ältesten[160] über die Urheber der Klage erkundigt hatte, äußerten diese sich wie folgt: *allsampt sagen sie wissen von dem Schreiben gantz nichts. Sie können nicht anderss gedenken das es etzliche sönderliche gemacht unnd abgefertigt söllen haben*[161]. Ob Jovius diese Aussage für wahr hielt, ob die Befragten die Klageurheber verschwiegen oder sich selbst nicht belasten wollten, wird in der Quelle nicht eigens erwähnt.

Betrachtet man zunächst die Formalitäten des Konflikts, zeigt sich, dass sich die Kläger zumindest nicht an die in der Kirchenordnung postulierte, hierarchische Vorgehensweise bezüglich des ersten Ansprechpartners im Fall einer Klage hielten. Die Kläger sahen keinen Bedarf, den innerdörflichen Konflikt zuerst der nächst höheren lokalen Amtsinstanz zu melden; in diesem Falle der Alfelder Generalsuperintendent oder der Wickensener Amtmann, da der Haller Pastor zugleich als Superintendent wegen seiner Konfliktbeteiligung ausschied.[162] Das Konsistorium, das in solch einem Fall der Kirchenordnung zufolge eigentlich der nächste Ansprechpartner gewesen wäre, übergingen die Kläger ebenfalls. Sie richteten alle 3. Klageschriften direkt und persönlich an Herzog Julius. Diese Vorgehensweise, direkt beim Landesherrn eine Klage einzureichen, gehörte durchaus zu den üblichen zeitgenössischen Rechten und stärkte zugleich die Machtstellung sowie die Autorität des Herzogs.[163]

In allen drei Klagen hoben die Kläger immer wieder hervor, wie unnötig und völlig überflüssig das Bauvorhaben ihres Pastors generell sei.[164] Sie unterstellten ihm damit indirekt, dass er das Pfarrhaus nach seinen eigenen Wünschen luxuriöser und größer gestalten wolle. Vielleicht wählten die Kläger deshalb den ausschmückenden und leicht spöttischen Begriff des *weltliche lusthauss*[165] bzw. der *weltliche lust und herren gemache*[166]. Das Pfarrhaus war zweistöckig und verfügte sicherlich über eine bessere Ausstattung als andere Wohnhäuser in Halle, weshalb die Kläger es nicht für nötig erachteten, dass sie, als finanziell schlechter gestellte, den ihrer Meinung nach extravaganten Luxus ihres Pfarrers

---

tigsten Persönlichkeiten des Dorfes Fätkenheuer, Lebenswelt und Religion, S. 303 mit dem Verweis auf Dixon, Transformation der Pfarreien, S. 35–39.

160 Vermutlich handelte es sich bei den Ältesten um Bartold Eylerdes, Hans Spörler, Borchard Bocks, Hans Heinrich, Hans Berges und Hermann Schneberg HS 2, fol. 86v [Reg.-Nr. 128], fol. 57v ff. [Reg.-Nr. 81]. S. a. zu den Alterleuten die Ausführungen im Anhang 11.8.

161 HS 2, fol. 95r [Reg.-Nr. 140].

162 Vgl. zum Abschnitt zur Klage-Hierarchie in der Kirchenordnung Sehling, Ev. KO, Bd. VI/1, S. 200. Vogel, »Et qualis Pastor talis et auditor«, S. 495f., stellt das Gegenteil dar. Eine Gemeinde hielt ihrem Pastor dessen Vorgehensweise in einem Konflikt vor, weil er sich sofort an die obere Instanz wandte und nicht zuvor die inoffiziellen Wege zur Konfliktbeilegung nutze.

163 Vgl. dazu Brakensiek, Herrschaft Einleitung, S. 15.

164 Vgl. dazu auch Scribner, Religion und Kultur, S. 211ff.

165 HS 2, fol. 53v [Reg.-Nr. 75].

166 HS 2, fol. 54v [Reg.-Nr. 75].

finanzieren sollten. Hier wird deutlich, dass die Gemeinde eine andere Erwartungshaltung gegenüber ihrem Pastor hatte und man den Klägern möglicherweise sozialen Neid als Motiv unterstellen könnte.[167] Die Kläger konnten nicht nachvollziehen, warum sie ihren Pastor aus eigenen Mitteln unterstützen sollten, aber er ihnen in Notlagen nicht entgegenkam oder sie von Abgaben befreite. Möglicherweise könnten diese Argumente von den Klägern instrumentalisiert worden sein, um ihre Beweisführung gegen die Baumaßnahmen zu bestärken. Dem Armuts-Argument der Kläger, dass generell von Gemeinden häufig benutzt wurde, stellt Jovius wiederholt entgegen, dass diese durchaus über Geld verfügen würden, um z. B. die anfallenden Ausgaben für die Anfertigung der Klageschriften aufzubringen.[168]

Dieser Konflikt veranschaulicht weiterhin das ungleiche Bildungsniveau zwischen Pastor und Gemeinde. Dem Geistlichen wurde unterstellt, er würde die Gemeinde beleidigen und *dem gemeinen man von der cantzel woll in das antlitz speigenn*[169], sie also von der Kanzel herab verachten. Jovius begegnete dem Argument damit, dass *wan der Pastor soll predigen, so muss er studieren*[170]. Wahrscheinlich sorgte hier die Distanz zwischen dem Bildungsstand der Dorfbewohner und dem studierten Pastor für das angespannte Verhältnis.[171]

Bei der Verhandlung der Konfliktparteien im Jahr 1573 über die Höhe des Baugeldes wird deutlich, dass der Pastor *die meisten kosten umb freundschafft und dankbarkeit willen von seinen Caspelsleut*[172] übernommen hatte. Mit dieser wohlwollenden Geste wollte er den Klägern entgegenkommen. Diese Unterredung wurde von demselben Amtmann geleitet, der auch als Gutachter für die Taxierung verantwortlich war. Jedoch unterstellten die Kläger dem Amtmann, in beiden Fällen zugunsten des Pastors gehandelt zu haben, und warfen ihm Befangenheit vor.[173] Vermutlich erhofften sie sich von einem herzoglichen Beamten eine andere Form der Zusammenarbeit oder, dass er sie als Kläger unterstütze.

Die Reaktion des Haller Geistlichen verdeutlichen die gewählten Überschriften der 1. und 2. Klageschrift sowie das selbstverfasste Gedicht unter der 1. Klageschrift. Er verhielt sich gemäß der Kirchenordnung und suchte Unterstützung bei den Vertretern der weltlichen Administration, bei seinem Vorgesetzten und nutzte zusätzlich seine Freundschaften, um eine Lösung des Kon-

167 Der Anbau von zusätzlichen Schlafzimmern und die Steigerung der Wohnqualität sind die häufigsten Baumaßnahmen nach Amtseinsetzung neuer Pastoren oder Superintendenten, vgl. Schorn-Schütte, Evangelische Geistlichkeit, S. 316.
168 Vgl. Scribner, Religion und Kultur, S. 215.
169 HS 2, fol. 93r [Reg.-Nr. 139].
170 HS 2, fol. 93r [Reg.-Nr. 139].
171 Vgl. dazu auch Riegg, Konfliktbereitschaft, S. 197; Wahl, Distanz, S. 46f.
172 NLA WF 14 Alt Nr. 889, fol. 113r.
173 Vgl. zum Verhältnis zwischen Jovius und den Wickensener Amtmännern Kapitel 8.2.

flikts zu erreichen. Gegenüber seinem Freund verlieh er am 26. Mai 1582 seinem Ärger Ausdruck:

> *es haben meine Older, und Casples leute ein gar bitter, bose, zorniges und zum teil ungegrundtes schreiben an unsern g. f. und H. uber mich lassen abgehen. Mich beÿ Ihr f. g. darmit zuverungelimpfen und ungnaden zusetzen und repetiren offt mit verdriess-lichen worten*[174]

Jovius hob hervor, weiterhin auf seine zustehenden Freiheiten und Rechte zu bestehen, auch wenn diese nicht beachtet würden. Zum Schluss stellte er ein wenig resignierend fest, dass ihm sein Handeln zum Nachteil ausgelegt worden war, obwohl er seinen Widersachern durchaus entgegengekommen war.

6.3. Die Lohnverweigerung durch die Haller Gemeinde

Für den Amtssitz des Superintendenten im Gericht Wickensen wurde die gut dotierte Pfarrei Halle ausgewählt. In Bezug auf den Lohn der Kirchendiener[175] schloss sich Herzog Julius mit den Bestimmungen in der Kirchenordnung von 1569 den vorreformatorischen Besoldungsverhältnissen an. Das mittelalterliche Pfründenwesen stellte somit immer noch die Einkommensgrundlage der Pfarrer dar, ebenso wie die Stolgebühren für einzelne Amtshandlungen, wie z. B. einer Taufe oder einer Ehestiftung.[176] Der überwiegende Teil des Einkommens bestand zusammengefasst aus dem Feldzehnten[177], Einnahmen aus geistlichen Amtshandlungen und dem der Pfarre zugehörigen Meierhof[178]. Das Wickensener Erbregister belegt, dass der Feldzehnt und die Einnahmen des Meierhofs der Haller Pfarre gehörten[179], und führt darüber hinaus auf, dass der Pastor von den

174 HS 3, fol. 70v [Reg.-Nr. 564].

175 Sehling, Ev. KO, Bd. VI/1, S. 192–195, 209–210.

176 Vgl. Graf, Pfründe zur Pfarrerbesoldung, S. 22f.; Schorn-Schütte, Evangelische Geistlichkeit, S. 228f., 233–250; Petke, Obligationen, Stolgebühren, Pfarreinkünfte, S. 54ff.; Holzem, Religion und Lebensformen, S. 186–198; Dürr, Politische Kultur S. 141ff.; Sprengler-Ruppenthal, Kanonische Recht in Kirchenordnungen, S. 315–319; Scribner, Religion und Kultur, S. 211–219; Oehr, Ländliche Verhältnisse, S. 73, 77f. Zu den verschiedenen Einkommensarten vgl. Schorn-Schütte, Evangelische Geistlichkeit, S. 230, z. B. jährliche festgesetzt Geldeinnahmen oder Naturalien (Vierzeitenpfennig), Einnahmen aus Amtshandlungen, Einnahmen aus den zur Pfarre gehörigen Ländereien. S. a. Kirstan, Letzner, S. 35–38, 83ff., 92ff., 97ff., 112ff.

177 Vgl. zum bestehenden Zehntrecht Sprengler-Ruppenthal, Kanonische Recht in Kirchenordnungen, S. 318f. S. a. Oehr, Ländliche Verhältnisse, S. 57–64.

178 Vgl. zum Meierhof und Jovius' Konflikt mit dem Pfarrmeier Hermann Spörler Kapitel 6.3.2.

179 NLA WF 19 Alt Nr. 215, fol. 45v.

Filialen ca. 10 Scheffel[180] Roggen an Wehmkorn[181] erhalten sollte. Außerdem wurden den Geistlichen in der Kirchenordnung weitere Privilegien verliehen.[182]

Da der Pastor auf die Zahlungsbereitschaft der Gemeinde angewiesen war, um seine wirtschaftliche Existenz und die der Pfarrfamilie zu sichern, gab besonders diese »ökonomische Abhängigkeit von der Gemeinde […] oft den entscheidenden Anstoß für inoffiziell und offiziell geführte Auseinandersetzungen«[183]. Es bleibt zu klären, ob sich einige Gemeindemitglieder durch die in der Kirchenordnung festgesetzten Freiheiten und Immunitäten der Geistlichen dazu verleitet sahen, sich über diese zu beschweren oder sie selbst in Anspruch zu nehmen und ob sie überhaupt gewillt waren, den Lohn für ihren Pastor zu zahlen. Dieser Konflikt um das Pfarreinkommen stellt die Positionierung der Gemeinde gegenüber ihrem Ortsgeistlichen dar und beleuchtet ihr Verhältnis zueinander.[184]

Die Immunitäten und Freiheiten des Pastors

Die Kirchenordnung sah vor, dass die Pastoren über gewisse Freiheiten und Immunitäten verfügen sollten, wie z. B. der Scheffelsteuererlass[185] sowie freie Holz-, Vieh- und Weidemast[186].[187]

Obwohl in der Ordnung festgehalten wurde, dass die Geistlichkeit vom Scheffelschatz befreit sein sollte[188], zögerte Herzog Julius bei der Umsetzung dieser Immunitäten. Im Konsistorium wurde am 3. Februar 1570 darüber diskutiert, dass die zahlreichen Klagen der Pfarrer über die Scheffelschatzforderungen dem Herzog referiert werden sollten.[189] Neben anderen Pastoren beschwerte sich auch Jovius im Februar 1570, dass die ihm in der Kirchenordnung zugesprochenen Freiheiten vom Wickensener Amtmann sowie von seiner Ge-

180 Vgl. Verdenhalven, Maße und Gewicht, S. 72: 1 Scheffel = 10 Himpten, 1 Malter = 6 Himpten.

181 ›Wehmkorn‹ sind Korneinkünfte aus dem zur Pfarrstelle gehörenden Grundbesitz, vgl. DWB, Lemma: Wittum, Bd. 30, Sp. 834: ›widem‹ ist etwa mit Feldern, Äckern, Wiesen gleichzusetzen, womit eine Pfarrei ausgestattet ist. S. a. Spohn, Pfarrhäuser in Nordwestdeutschland, S. 21. Zur Pfarrerbesoldung vgl. Graf, Pfründe zur Pfarrerbesoldung, S. 45ff.

182 Sehling, Ev. KO, Bd. VI/1, S. 193–195.

183 Vogel, »Et qualis Pastor talis et auditor«, S. 507.

184 Vgl. Scribner, Religion und Kultur, S. 211–219.

185 Der ›Scheffelschatz‹ ist eine Steuer, die von jedem einzelnen Scheffel an den Grundherrn zu entrichten war, vgl. DWB, Lemma: Scheffelschatz, Bd. 14, Sp. 2385. S. a. Oehr, Ländliche Verhältnisse, S. 77f.

186 ›Weidemast‹ ist Futter (Mast), das Vieh in Hölzern und Wäldern findet, vgl. DWB, Lemma: Holzmast, Bd. 7, Sp. 1777.

187 Sehling, Ev. KO, Bd. VI/1, S. 193–195.

188 Sehling, Ev. KO, Bd. VI/1, S. 193. Das Konsistorium stellte nochmals am 28. Oktober 1569 die in der Kirchenordnung festgesetzte Befreiung aller Pfarrgüter vom Scheffelschatz fest, vgl. LAW V301, S. 13.

189 LAW V301, S. 85; Schorn-Schütte, Evangelische Geistlichkeit, S. 229.

meinde missachtet würden. Er musste sich gegenüber dem Amtmann vehement verteidigen, als dieser die Befreiung vom Scheffelschatz nicht gelten ließ. Jovius beschwerte sich beim Alfelder Generalsuperintendenten[190] und noch ein Jahr später, im Februar 1571, beim Generalissimus Nicolaus Selnecker, über die regelwidrige Vorgehensweise des Amtmanns.[191]

Erfolg hatte er mit seinen Beschwerden anscheinend nicht, denn am 18. November 1571 übersandte er dem Amtmann auf Grund der vorausgehenden Forderung vom 15. November, die erste belegte *ufnahme meins korns von diesem Jahre davon ich m(einem) g. f. undt hern den scheffelschatz soll findt e(uer) a(chtbar) bezeichnet in ingelegter zeddelenn*[192]. Die Gesamtmenge belief sich auf 105 Malter und 5 Himpten und die Scheffelschatzsumme betrug 7 Gulden, 6 Groschen und 3 Denar.[193]

Im Januar 1572 verzögerte sich die Abgabe des Scheffelschatzes wegen vielfältiger Kirchen- und Amtsgeschäfte sowie des unstetigen Wetters, worüber Jovius den Amtmann umgehend informierte. Erst am 8. November 1572 erhielt der Amtmann schließlich die Scheffelschatzsumme in Höhe von 14 Gulden und 8 Groschen[194].[195]

Obwohl der Haller Geistliche sich schon im Februar 1570 bzw. 1571 über die Missachtung der Kirchenordnung und der darin enthaltenen Freiheiten des Scheffelschatzerlasses beschwerte, erhielt er erst am 29. Oktober 1573 das von Herzog Julius erlassene Mandat, das die Geistlichkeit vom Scheffelschatz entband.[196] Endgültig wurde dieses Mandat aber erst am 18. Dezember 1576 durchgesetzt.[197] Im Nachhinein beschwerte sich Jovius am 21. Juli 1581 bei den

190 Vgl. zu den Alfelder Generalsuperintendenten, die während der Amtszeit des Superintendenten Jovius tätig waren, den Überblick im Anhang 11.7. und Kapitel 7.3.

191 HS 2, fol. 2r [Reg.-Nr. 2], fol. 3v [Reg.-Nr. 4], fol. 6v [Reg.-Nr. 11].

192 HS 2, fol. 23v [Reg.-Nr. 37]. Es wurden folgende Einnahmen verzeichnete: Vom *Wochenschen* halben Zehnt erhielt er 6 Malter und 4 Himpten Roggen, 2 Himpten Weizen und 2 Malter Hafer. Der große Zehnt vor Halle belief sich auf 4 Malter Weizen, 24 Malter Roggen, 5 Malter Gerste und 30 Malter Hafer. Vom Meierhof erhielt Jovius 9 Malter Roggen, 6 Malter Hafer, $1\frac{1}{2}$ Malter Weizen und Gerste. Vom Pfarr- und Scheffelkorn (= eine Abgabe auf Getreide vgl. DRW, Lemma: Scheffelkorn, Bd. 12, Sp. 344) bekam er 14 Malter und 5 Himpten Roggen.

193 HS 2, fol. 23v–24r [Reg.-Nr. 37].

194 Die Einkünfte vom halben Zehnt waren $4\frac{1}{2}$ Malter Roggen, $1\frac{1}{2}$ Himpten Weizen und $1\frac{1}{2}$ Malter Hafer. Der große Zehnt vor Halle gab 24 Malter Roggen, 3 Malter und 5 Himpten Weizen, $4\frac{1}{2}$ Malter Gerste und 30 Malter Hafer. Von Meierhof erhielt Jovius 8 Malter Roggen, 8 Malter Hafer, $1\frac{1}{2}$ Malter Weizen und Gerste. Vom Pfarr- und Scheffelkorn 14 Malter Roggen. Summe: 8 Fuder, 6 Malter und $4\frac{1}{2}$ Himpten, vgl. HS 2, fol. 64v [Reg.-Nr. 89].

195 HS 2, fol. 38v [Reg.-Nr. 56], fol. 64r–64v [Reg.-Nr. 89].

196 HS 2, fol. 82r [Reg.-Nr. 121].

197 LAW V238, S. 200f. S. a. Schorn-Schütte, Evangelische Geistlichkeit, S. 229, 231.

Konsistorialräten, dass er über 60 Gulden an Steuerabgaben bezahlt hatte, sich aber dennoch über den herzoglichen Steuererlass freue.[198]

Die Haller Gemeinde hatte sich z. B. im Zuge ihrer drei Klagen über die Instandhaltung der Pfarrgebäude stets über die freie Vieh- und Weidemast ihres Pastors beschwert. Sie war der Ansicht, dass diese Freiheiten sich gegen den *alten gebrauch*[199] richten und zu ihrer Last fallen würden. Jovius rechtfertigte sich, dass die Freiheiten in der Kirchenordnung festgesetzt worden waren und außerdem von den veröffentlichten herzoglichen Mandaten vom 3. November 1570 und vom 23. Mai 1572 bestätigt wurden. Um seine Freiheiten rechtmäßig in Anspruch zu nehmen, wandte er sich daraufhin an die verschiedenen Instanzen und bat um Unterstützung.[200]

Die Schuldner

1568 veranlasste Herzog Julius mit Amtsantritt im gesamten Fürstentum eine Bestandsaufnahme über die wirtschaftliche Ausstattung jeder einzelnen Pfarrei. Der Haller Pastor, zu der Zeit war es noch Jovius' Vorgänger, der Mercenarius Franz Koch, erhielt 47 Malter und 1 Himpten.[201] Der Meierhof lieferte 1568 insgesamt $18\frac{1}{2}$ Malter Korn[202], 3 Groschen, 2 Denar, 8 Hühner und 160 Eier. Borchert Bock zahlte 4 Groschen Pacht für einen Hof.[203] Insgesamt belief sich die Summe dieser Erhebung auf 65 Malter und 4 Himpten, 7 Groschen, 2 Denar, 8 Hühner und 160 Eier und lag damit unter dem von Schorn-Schütte errechneten Durchschnittseinkommen.[204]

Das Wickensener Erbregister verzeichnete 1580 noch weitere Einnahmen einzelner Gemeindemitglieder, die Pachtzins oder den Fleischzehnt zu zahlen hatten.[205] Zusammen ergab das ein ungefähres Einkommen von 75 Maltern und 2

198 HS 2, fol. 342r [Reg.-Nr. 455]. HS 3, fol. 15v–19v [Reg.-Nr. 505].

199 HS 3, fol. 67v [Reg.-Nr. 560].

200 HS 2, fol. 82r [Reg.-Nr. 121]. HS 3, fol. 62r [Reg.-Nr. 553], fol. 67r–68r [Reg.-Nr. 560], fol. 69r f. [Reg.-Nr. 562], fol. 70r [Reg.-Nr. 563], fol. 70v–71v [Reg.-Nr. 564].

201 LAW V448, fol. 109v. Die Zahlen im Einzelnen: 19 Scheffel und 8 Himpten Roggen, 6 Himpten Weizen, 2 Scheffel und 4 Himpten Gerste sowie $5\frac{1}{2}$ Scheffel Hafer.

202 Vgl. zu den Einnahmen aus dem Pfarrmeierhof Kapitel 6.3.2.

203 LAW V448, fol. 109v. Vgl. zu den Angaben auch LAW V299, fol. 265, Nr. 13.

204 Schorn-Schütte zufolge lagen die Durchschnittseinnahmen der Superintendenturen in der Generalsuperintendentur Gandersheim, ebenfalls auf der Erhebung von 1568 basierend, bei 105 Malter und 36 Gulden, 4 Mariengroschen. Jovius lag mit seinem Einkommen von 65 Maltern und 4 Himpten, 7 Groschen, 2 Denar, darunter, aber befand sich über dem von Schorn-Schütte errechneten Durchschnittswert für die Pfarreien von 43,2 Malter, 11 Gulden und 1 Mariengroschen, vgl. Schorn-Schütte, Evangelische Geistlichkeit, S. 245, Anm. 123.

205 Das Erbregister verzeichnete noch folgende Einnahmen: Hans Wasmanns Abgabe für einen bewohnten Hof belief sich auf 2 Hühner und 40 Eier. Harmen Bocks zinste für einen Hof 4 Himpten. Dazu verfügte Jovius über einen nicht näher beschriebenen kleinen Zehnten in Wegensen, der 5 Scheffel Korn einbrachte. Der Köter Tönnies Müller bewirtschaftete

Himpten Korn, 3 Groschen, 2 Denar, 10 Hühner und 80 Eiern. Die Gemeinde und Alterleute hatten in ihren Klageschriften – wie oben erwähnt – vorgebracht, dass Jovius über ein Einkommen von ca. 219 Malter verfügen würde. Dieses kann zumindest anhand der vorliegenden Quellen nicht verifiziert werden.

Der Haller Pastor beschwerte sich erstmals 1572 beim Wickensener Amtmann über seinen verringerten Lohn. Er listete ihm alle Schuldner, die mit ihren Abgaben in Höhe von 4 Malter und 5 Himpten[206] im Rückstand waren, namentlich auf. Darunter befanden sich u. a. die folgenden Schuldner, die im Folgenden als Hauptschuldner bezeichnet werden: der Linser Gograf Claus Kopper, Curd der Meier aus Kreipke, der Vogt Clawes Schaper aus Heyen, Curd Lohes aus Halle, Tile Spiegel und Karsten Arends aus Kreipke.[207]

Am 8. November 1572 appellierte er erneut an den Amtmann, alle Schuldner zur Tilgung aufzufordern und listete sie namentlich einschließlich ihrer Schuldensumme auf.[208] Allein die Schuldenhöhe der Hauptschuldner hatte sich auf insgesamt 7 Malter, 5 Himpten, 1 Metzen Roggen und 1 Malter Hafer erhöht. Der Gograf Kopper verweigerte jedoch die Zahlung, da er sich auf die ihm zustehende Abgabenbefreiung berief. Jovius äußerte gegenüber dem Amtmann seine Bedenken über Koppers Aussage, da sich diesbezüglich keine Hinweise in der Kirchenordnung finden ließen. Ebenso vermerkte er, dass Clawes Schaper keine Zahlung leisten würde, weil er ein *lügenhaftig mensch* sei.[209]

Die Haller Gemeinde hatte sich im Zuge ihrer drei Klagen über die Pfarrhausinstandhaltung zugleich über das hohe Einkommen ihres Pastors beschwert. Zu diesem letzten Vorwurf notierte sich Jovius im Juli 1573, dass *sie mein besoldunge allerhand schmelern auch viele sein die gantz nichts geben wollen*[210]. Andere, wie z. B. Tile Poitzen und Tile Spiegel, verringerten den Zehnten, da sie mehrere Wiesen vom Land mit Zäunen abgetrennt hatten. Ebenfalls wollte die Wegensener Gemeinde vom Fleischzehnten befreit werden

---

6 Morgen und zinste 12 Himpten. Vgl. zu den Angaben NLA WF 19 Alt Nr. 215, fol. 44r, 45v, 74r.

206 Vgl. zu den Schuldenhöhen der Hauptschuldner die Tabelle 1 im Anhang 11.5.

207 HS 2, fol. 38v [Reg.-Nr. 56]. Vgl. zu den Schuldenhöhen der Hautschuldner die Tabelle 1 im Anhang 11.5. In dieser Tabelle werden nur die Hauptschuldner verzeichnet, die mehr als dreimal in den entsprechenden Schuldenlisten erwähnt wurden. Alle Personen, die lediglich ein- oder zweimal genannt wurden, werden in den Fußnoten mit ihren Rückständen berücksichtigt. Erwähnt wurden in der oben erwähnten Auflistung folgende Personen: die Dohnsener (von 2 Jahren 3 Malter, 4 Himpten und 10 Groschen) und Heinrich Dornemann aus Kreipke (von 2 Jahren 2 Himpten).

208 HS 2, fol. 64r–64v [Reg.-Nr. 89].

209 HS 2, fol. 65r [Reg.-Nr. 90]. Vgl. zu den Schuldenhöhen der Hautschuldner die Tabelle 1 im Anhang 11.5. Ebenfalls wurden in dieser Auflistung folgende Schuldner erwähnt: die Dohnsener (9 Malter, 2 Himpten Roggen 10 Groschen), Curd Siegman (2 Himpten Roggen) und Heinrich Dornemann (von 3 Jahren 7 Himpten).

210 HS 2, fol. 94v [Reg.-Nr. 139].

und die Kreipker Gemeinde war *in der bezalunge gantz seumig*[211]. Wegen der nachlässigen Zahlungsmoral einzelner Personen sah sich Jovius am 16. Juni 1577 gezwungen, den Wickensener Amtmann zu bitten, dem Linser Gografen Claus Kopper zu *bevelen, das er seine Jerliche pflicht und pension so Er Mir dem Pastori von 7 vorlauffenen Jaren schuldig ist gentzlich und all ohn leheren ufschub bezale und gutlichen entrichte*[212] soll.[213]

Die Schuldner beglichen ihre Rückstände trotz zahlreicher Aufforderungen nicht, weshalb sich der Jovius am 2. Dezember 1577 erneut mit diesem Problem an das Konsistorium wandte und um Unterstützung bat. Er berichtete den Räten, dass ihm die Hauptschuldner insgesamt 13 Malter, 2 Himpten und 2 Metzen schuldeten.[214] Ebenso wurde weder der Korn- und Fleischzehnt noch der Zehnt für das ausgezäunte Land gezahlt, das er mit dem Zerreißen des heiligen Rocks Christi verglich.[215]

Am 22. August 1579 wandte sich der Jovius gleichzeitig an den Wickensener Amtmann Burchard Friesen und den Oberamtmann Johann von Halle. Er benötigte die dringende Hilfe der beiden weltlichen Beamten, da die *Caspelsleut zu Halle und Wehensenn seher den Zehenden damit* [verkürzen würden] *das sie hude Kempe und koelhoffe uss dem Lande zeunen und nichts von den abgezeuneten an anderen örten erstaten wollen*[216].

Die Amtmänner kamen dem Hilfegesuch vermutlich nicht nach, weshalb sich Jovius am 15. April 1580 an den Alfelder Generalsuperintendenten wandte und für diesen abermals die ausstehenden Zehntschulden des Gografen Kopper und Clawes Schaper auflistete.[217] Gleichzeitig kontaktierte er seine Freunde am Wolfenbütteler Hof, Heinrich Temme und Christopher Wolff, und übergab ihnen seine Supplik mit der Bitte, diese an den Herzog weiterzuleiten. In seiner Supplik forderte er erneut dringende Unterstützung bei der Eintreibung seines ausstehenden Lohns. Der Gograf und nicht näher bezeichnete Vögte *bleiben Mir schuldig viel wehmkorn* [Pfarrkorn] *und der gleichen*[218]. Sie würden keine Abgaben zahlen, da sie immer noch die Ansicht vertraten, wie die Geistlichen von

211 HS 2, fol. 94v [Reg.-Nr. 139].
212 HS 2, fol. 271r [Reg.-Nr. 351].
213 HS 2, fol. 92r–94v [Reg.-Nr. 139], fol. 271r [Reg.-Nr. 351].
214 HS 2, fol. 289r–290r [Reg.-Nr. 378]. Vgl. dazu die Tabelle 1 im Anhang 11.5. Ebenfalls wurden in dieser Auflistung folgende Schuldner erwähnt: der Mittelmüller Henni auf der Lenne (1 Malter), Hermann Meier, Heinrich Wasmans, Kersten Kerstens aus Kreipke (von 4 Jahren 2 Malter, 2 Himpten), der Schreiber Johannes Hagemann (von 8 Jahren 1 Malter, 2 Himpten), die alte Molsche von Schwertfegers Gut (von 8 Jahren 1 Malter, 2 Himpten).
215 HS 2, fol. 289r–290r [Reg.-Nr. 378].
216 HS 2, fol. 308v [Reg.-Nr. 402].
217 HS 2, fol. 307r–309r [Reg.-Nr. 402], fol. 331r f. [Reg.-Nr. 438].
218 HS 2, fol. 342v [Reg.-Nr. 455].

der Abgabenpflicht befreit zu sein.[219] Am Ende des Jahres 1580 beriefen sich die Amtsinhaber erneut auf dieses Argument. Der Heyener Vogt wollte seine Schulden nicht abzahlen, *weil Er ein Vogt Ist* und *Herrendienner wollen Godtes diennern nichts zu willen wissen*[220]. Der Gograf stützte sich ebenfalls auf dieses Argument, weil auch er *ein Hern diener*[221] sei. Neben der Schuldensumme der Hauptschuldner von 15 Maltern, 3 Himpten und 2½ Maltern Hafer[222] erwähnte Jovius zum ersten Mal den Schuldner Hermann Spörler[223], seinen Pfarrmeier. Lobend hob er die Zahlungsmoral der Tuchtfelder hervor, die keine Schulden hatten, da sich alle rechtmäßig und christlich verhielten.[224]

Seinen Unmut über die ausbleibenden Zahlungen brachte der Haller Pastor im April 1581 gegenüber dem Amtmann und noch einmal in seinem Visitationsbericht am 21. Juli 1581 gegenüber dem Konsistorium zum Ausdruck.[225] Neben Beschwerden über schlecht geführte Kirchenrechnungen, wetter- und krankheitsbedingte Verzögerung bei der Visitationsreise, beklagte er sich verstärkt über seine verringerte *besoldunge unnd verdientes lohn*[226]. Er schilderte den Räten, dass ihm aus dem Rodungszehnten 12 Morgen Land entfernt wurden und die Haller Ackerleute 20 Morgen Land ausgezäunt hatten, womit sie seinen Zehnten dezimierten, da sie von diesem ausgezäunten Land keine Abgaben entrichteten. Er verwies darauf, dass er diesen Sachverhalt *bei amptsverwaltern vleissig gesucht aber noch nichts erhalten*[227] habe.[228]

Am 24. Juli erhielt Jovius lediglich eine Bestätigung vom Generalissimus, dass sein Bericht eingegangen sei, aber keine Anweisungen zu den aufgeführten Beschwerdepunkten. Zuletzt wandte er sich an das Landgericht und trug dort am

219 HS 2, fol. 342r f. [Reg.-Nr. 455].
220 HS 2, fol. 353r [Reg.-Nr. 468].
221 HS 2, fol. 353r [Reg.-Nr. 468].
222 Vgl. zu den Schuldenhöhen der Hautschuldner die Tabelle 1 im Anhang 11.5. Ebenfalls wurden in dieser Auflistung folgende Schuldner erwähnt: Hans der Meier vom Weheberge, Sander Wrenckers Frau (von 2 Jahren der Fleischzehnt), Heinrich Seilmeier (1 Zehntferkel, 1 Gans und 1 Huhn), der Dohnsener Schreiber Johannes Hagemann (1 Malter, 4½ Himpten), Hans Krückeberg (3½ Malter), Heinrich Kolenberg (1 Himpten), Heinrich Schrader (2 Himpten), Heinrich Meier (2 Himpten), Hans Snökisch (2½ Himpten), die Meierin aus Linse (2 Himpten), Henni Schaper (1 Himpten), der Kreipker Heinrich Dornemann (2 Himpten), Tile Bökers aus Kreipke (3 Himpten), Tönnies [Müller] aus Wegensen (24 Groschen), Arnd Steinbring aus Esperde (4 Himpten Hafer) und Curd Wedekind aus Bremke (1 Gulden, 1 Malter Hafer).
223 Die Schuldensumme des Pfarrmeier (s. a. Kapitel 6.3.2.) belief sich auf 5½ Malter Roggen, 1½ Malter Weizen, 7 Malter Hafer, 1 Gans, 2 Hofhühnern, 4 Landfuhren, 3 Fuder Leinen, 6 Fuder Strohbündel und 1½ Taler.
224 HS 2, fol. 352v–354r [Reg.-Nr. 468].
225 HS 3, fol. 10r f. [Reg.-Nr. 496].
226 HS 3, fol. 19r [Reg.-Nr. 505].
227 HS 3, fol. 19v [Reg.-Nr. 505].
228 HS 3, fol. 15v–19v [Reg.-Nr. 505].

9. Oktober 1581 seine Gravamina bezüglich seines ausbleibenden Lohns und der Landauszäunung vor. Die Anweisungen des Landgerichts wurden allerdings nicht umgesetzt, worauf sich Jovius am 21. Dezember 1581 bei seinem Freund Heinrich Temme wiederholt über sein ausbleibendes Gehalt beklagte. Er informierte ihn, dass der Vogt Schaper und der Gograf Kopper immer noch die Ansicht vertraten, als Herrendiener von diesen Abgaben befreit zu sein, womit sie sich mit den Geistlichen auf eine Stufe stellten. Er hatte sich zwar schon hilfesuchend an die weltlichen Beamten gewandt, aber *so vertrosten sie mich mit guten Worten, aber es wird auch nicht meher darauss*[229].[230]

Im Mai 1582 listete Jovius die bestehenden Probleme für den Landfiskal und Dorstädter Propst Ernst Garsse auf und bat um Unterstützung. Wiederholt verwies er auf seinen Lohn, der nicht gezahlt werde, weshalb die Hauptschuldner ermahnt werden sollten, ihre Gesamtschulden von 27 Maltern Roggen und $1\frac{1}{2}$ Maltern Hafer zu tilgen.[231] Der Amtmann hatte die Ackerleute wegen des ausgezäunten Rodungszehnts zwar ermahnt, die Zäune einzureißen oder nachträglich den Zehnten zu entrichten, aber dieser Anweisung folgten längst nicht alle.[232] Am 24. August 1582 notierte sich Jovius einzelne Punkte, die er mit Herzog Julius besprechen wollte. In diesen Notizen thematisierte er erneut die gleichen Anliegen wie schon im Mai 1582. Der einzige Unterschied bestand darin, dass sich die Schuldensumme auf 26 Malter, 4 Himpten Roggen und $1\frac{1}{2}$ Malter Hafer reduziert hatte.[233]

Am 19. Oktober 1582 war Jovius mit seiner Geduld am Ende und drohte den weltlichen Beamten, seine Lohnprobleme so lange immer wieder vorzutragen, bis er entweder abgewiesen oder er *nach dem Rechten und der Billigkeit zufrieden gestelt möge werden*[234]. Nachdem er wieder eine Schuldenauflistung[235] eingereicht hatte, hoffte er, endlich die dringend benötigte und ihm rechtmäßig zustehende Unterstützung zu erhalten.[236]

Bis zum 17. April 1583 hatte sich an der prekären Lohn-Situation nichts geändert, weshalb er dem Amtmann Burchard Friesen erneut die Schuldner einschließlich der Gesamtschuldensumme von 33 Maltern, 1 Metzen Roggen

229 HS 3, fol. 49r [Reg.-Nr. 533].
230 HS 3, fol. 20r [Reg.-Nr. 506], fol. 29r f. [Reg.-Nr. 518], fol. 49r [Reg.-Nr. 533], fol. 77r–79r [Reg.-Nr. 574].
231 Vgl. dazu die Tabelle 1 im Anhang 11.5.
232 HS 3, fol. 64v–66r [Reg.-Nr. 558].
233 HS 3, fol. 77v [Reg.-Nr. 574]. Vgl. dazu die Tabelle 1 im Anhang 11.5.
234 HS 3, fol. 83r [Reg.-Nr. 580].
235 Die Gesamtschuld der Hauptschuldner belief sich inzwischen auf insgesamt 31 Malter, 2 Himpten, 1 Metzen Roggen und 2 Malter Hafer, 6 Taler und 4 Groschen, vgl. dazu die Tabelle 1 im Anhang 11.5.
236 HS 3, fol. 83r f. [Reg.-Nr. 580].

und 2 Maltern Hafer auflistete.[237] Alleine die Schulden des Kreipker Meiers Curd betrugen inzwischen 54 Taler und 8 Groschen.[238] *Uff mein vleisig ansuchen unnd begerenn ist Burchard Friesen der Amptmann zu Wickensen erscheinen zu Hall uff der Wehem den 6. Maii zum Mittage unnd hatt nachfolgende dinge helffen verhandelen 1583.*[239]

Sie verhandelten über die einzelnen Schuldner und u.a. auch über Clawes Schaper. Dessen Rückstand der letzten 13 Jahre für das 3 Vorling[240] umfassende Land sich auf $2\frac{1}{2}$ Malter Roggen und 2 Malter Hafer belief, das entsprach 6 Taler[241], von denen er jeweils 2 Taler an Ostern 1584 und an Michaelis 1583 und 1584 an Abtrag bezahlen sollte. Für die Schulden des inzwischen verstorbenen Meiers Curd sollte Curd Holthusen aus Kreipke haften und am 29. September 10 Taler bezahlen. Karsten Arends' Erben und Hermann Schneberg wollten ihre Schulden umgehend begleichen. Während der Verhandlung mit dem Amtmann wurden für die Schuldner angepasste Rückzahlungsmodalitäten vereinbart, nur der Gograf Kopper *will nichts gestendick sein.*[242]

Nur ein einziges Mal findet sich ein expliziter Hinweis auf einen Konflikt um Stolgebühren, die Jovius ebenfalls aus geistlichen Amtshandlungen zustanden. Er nahm im Jahr 1578 in seiner Kirche in Halle zusammen mit seinem Küster Franz Schilffen[243] eine Trauung vor. Der Bräutigam sollte die Gebühr in Höhe von 1 Groschen und 6 Pfennigen zahlen, doch hielt dieser die Summe für zu hoch und wollte nur 1 Groschen bezahlen.[244] Erst unter Androhung eines Kirchenverweises und nach strenger Zurechtweisung zahlte er widerwillig.[245]

Eigennutzung

Der Haller Geistliche pachtete am 14. April 1575 ein Stück Land zur Eigennutzung, *welches Ich in Meinem Newen hoff von Sander Bremer umb ein gewisse*

237 HS 3, fol. 104v f. [Reg.-Nr. 612]. Vgl. zu den Schuldenhöhen die Tabelle 1 im Anhang 11.5. Ebenfalls wurden in dieser Auflistung folgende Schuldner erwähnt: Hermann Sagebeil aus Heyen (1 Himpten), Hermann Siegmann aus Linse (2 Himpten), Johannes Hagemann (1 Malter, $\frac{1}{2}$ Himpten), die Erben der Mollischen (1 Malter, $\frac{1}{2}$ Himpten) und Hermann Schneberg (1 Malter).

238 HS 3, fol. 104v [Reg.-Nr. 612].

239 HS 3, fol. 106r [Reg.-Nr. 614].

240 1 Vorling entspricht $\frac{1}{2}$ Morgen, vgl. Verdenhalven, Maße und Gewicht, S. 71.

241 Der Malter Roggen entspricht 2 Taler, das Malter Hafer entspricht 1 Taler, vgl. HS 3, fol. 106r [Reg.-Nr. 614].

242 HS 3, fol. 106v [Reg.-Nr. 614].

243 Vgl. zum Haller Küster Franz Schilffen Kapitel 7.2.

244 Von der Summe war der Groschen für Jovius und die 6 Pfennige für Schilffen bestimmt. Diese Summe von 1 Groschen für eine Trauung veranschlagte auch Petke, Obligationen, Stolgebühren, Pfarreinkünfte, S. 56f. nach Auswertung von Pallas, Registraturen der Kirchenvisitationen, S. 100.

245 HS 2, fol. 295v f. [Reg.-Nr. 385].

summa geldes gewisse zeit innehabe[246]. Bremer bestätigte in einem Vertrag, dass er das Land auf 10 Jahre gegen einen jährlichen Zins von einem Gulden Jovius überlassen habe. Nach Ablauf dieser Frist sollte ein neuer Vertrag aufgesetzt werden. Zusätzlich zu seinem *newem Hoffe* pachtete der Haller Pastor von N. Snökischs Ehefrau im Frühjahr 1575 einen Hollen[247] Land zur Bewirtschaftung.[248]

Einen konkreten Fall bezüglich unerlaubten Pflügens und Säens auf seinem Eigentum schilderte Jovius dem Amtmann am 23. März 1582 und legte seine Argumente dar. Er wollte dem Heyener Hans Tiliken d. J. keine neuen Nutzungsrechte für sein 3 Vorlinge umfassendes Land einräumen, da dessen Vater das Land ohne Zustimmung zerstückelt hatte. Tiliken d. J. hatte sich über die zu große Entfernung zu Heyen sowie über die schlechte Bodenqualität beklagt, hatte den Zehnt nicht entrichtet und den Hof ohne Absprache verkauft. Jovius war davon überzeugt, dass Tiliken d. J. deshalb keinen Anspruch mehr auf das Land hatte und sich dieses nicht durch falsche Argumente erschleichen dürfe[249]. Er präzisierte, dass *Hans Tilicken hatt den dem Hoff willig ubergeben.* [...] *Der Acker ist Mein ex dominio directo et iusta succesione.*[250]

Zusammengefasst beleuchten die stetigen Kontroversen um den Lohn des Pastors die nachlässige und widerwillige Zahlungsmoral bestimmter Gemeindemitglieder. Obwohl sie immer wieder zur Zahlung aufgefordert wurden, kamen sie den Aufforderungen ihres Pastors nicht nach. Von 1572 bis 1583 war die Schuldensumme von anfänglichen 4 Malter und 5 Himpten Roggen auf 33 Malter und 1 Metzen Roggen sowie 2 Malter Hafer und 7 Taler und 8 Groschen angewachsen. Vorrangig waren für diese Schuldensumme die Hauptschuldner verantwortlich: der Linser Gograf Claus Kopper, der Kreipker Meier Curd, der Heyener Vogt Clawes Schaper, der Haller Meier Curd Lohes, Tile Spiegel aus Linse und Karsten Arends aus Kreipke.[251] Das Verhältnis zwischen dem Geistlichen und der Gemeinde wurde durch diese ständige Kontroverse und besonders durch den Unmut des Pastors über seinen ausbleibenden Lohn geprägt. Der Geistliche war, auch um seine Pfarrfamilie versorgen zu können, auf eine zahlende Gemeinde angewiesen und somit abhängig.

Besonders hervorzuheben ist, mit welcher Akribie und Beständigkeit die Schuldner, einschließlich ihrer Namen, Wohnorte und ihre jeweilige Schul-

246 HS 2, fol. 119v [Reg.-Nr. 178].
247 1 Hollen = 1/3 Morgen, vgl. VERDENHALVEN, Maße und Gewicht, S. 28.
248 HS 2, fol. 119v f. [Reg.-Nr. 178], fol. 120v [Reg.-Nr. 179].
249 HS 2, fol. 60v–61v [Reg.-Nr. 552].
250 HS 3, fol. 61v [Reg.-Nr. 552].
251 Vgl. zum Schuldenanstieg jedes einzelnen Hauptschuldners die Darstellung A zu Tabelle 1 im Anhang 11.5.

denhöhe, in den Konzeptbüchern während der gesamten 16-jährigen Amtszeit des Haller Geistlichen dokumentiert wurden. Diese ausführlichen Listen gewährten Jovius den Vorteil, alle Schuldendetails seit Amtsbeginn bei Bedarf immer wieder vor- und belegen zu können.

Interessant ist noch Jovius' Reaktion auf die Lohnverweigerung, die sich einem Schreiben an den Wickensener Amtmann im April 1581 entnehmen lässt. Darunter befindet sich nämlich das gleiche in elegischen Distichen, selbstverfasste Gedicht über die frevelhaften Bauern[252], das auch unter der 1. Klageschrift der Haller Gemeinde bezüglich der Pfarrhausinstandhaltung dokumentiert ist.

Nachdem Jovius sich seit Amtsbeginn 1569 bei seinen Vorgesetzten, beim Konsistorium und beim Landgericht beschwert und sogar den weltlichen Beamten gedroht hatte, sich so lange zu beschweren, bis er überhaupt irgendeine Reaktion erhalten würde, kam es am 6. Mai 1583 endlich zu einer Verhandlung über die Schulden. Die Lösung für die einzelnen Akteure waren vorwiegend Ratenzahlungen, die zu festen Zeitpunkten im Jahr gezahlt werden sollten. Die Konzeptbücher belegen tatsächlich keine weiteren Auseinandersetzungen bezüglich der vereinbarten Raten oder der anderen verhandelten Lösungen. Allerdings kann man auf Grund der vorherrschenden schlechten Zahlungsmoral einiger Gemeindemitglieder davon ausgehen, dass sie den vereinbarten Schuldentilgungsplan nicht einhielten. Vermutlich waren es auch hier wieder die bekannten Hauptschuldner, insbesondere der Gograf Kopper oder der Vogt Schaper, die diese Abmachung nicht befolgten, da sie auch schon in den letzten 13 Jahren ihre Schulden auf Grund unbegründeter Ansprüche nicht tilgen wollten und sich auch nicht von ihrem Pastor belehren ließen.

6.3.1. Der Zehntverweigerer Tile Poitzen d. Ä.

Am konkreten Beispiel des Konflikts zwischen Jovius und Tile Poitzen d. Ä. wird aufgezeigt, mit welchen Problemen ein Pastor zu kämpfen hatte, damit er den ihm zustehenden Zehnt erhielt, der den Hauptteil seines Einkommens aus-

252 HS 3, fol. 10v [Reg.-Nr. 496]. *De rustic impio / Rusticus ante sui delator principis ora / Callidus accedens moenia vulpe magis / Ceu Leo bile furit nimio labefactus Jacho / Coniuge cum vivit deteriorque sue / In viridi sylva latronum more vagatur / In campo titulum furis et ille gerit / Prosequitur Christi perversa mente ministros / In sacris prorsus nil rationis habens.* [Die letzten zwei Zeilen *Attamen inter Eos stolidorum nomen agentes / pectoris excellens calliditate sui*, fehlen im Gegensatz zur 1. Variante]. Herzlichen Dank an Dr. Katharina Kagerer (Inschriftenkommission der Akademie der Wissenschaften zu Göttingen). Vgl. zum Gedicht über die Bauern HS 2, fol. 54v [Reg.-Nr. 75] und die Ausführungen weiter oben im Kapitel.

machte.[253] Die Auseinandersetzung bietet darüber hinaus die Möglichkeit darzustellen, mit welchen Mitteln und an wen er sich wandte, um Unterstützung zu erhalten. Außerdem rückt die Person Tile Poitzen sowie dessen Handlungen und Verhaltensweisen während des Konflikts in den Fokus und vervollständigt das Bild eines zehntverweigernden Gemeindemitglieds.[254]

Bereits um Ostern 1570 beschwerte sich Jovius mündlich über Tile Poitzens Zehntverweigerung während einer nicht näher beschriebenen Versammlung im Kloster Amelungsborn. Daraufhin richtete er im Juli 1570 eine schriftliche Stellungnahme an das Konsistorium, die am 22. August 1570 von den Räten diskutiert wurde. Sie beschlossen: *Item dem pfarhern zu halle, den zehend aus den 4 morgen landes so Tÿle Poitzenn gebraucht folgen zu lassen*[255].

Jovius musste den Konflikt mit Poitzen auch in seinem Visitationsbericht Ende 1570[256] geschildert haben, da Herzog Julius ihn am 7. April 1571 mit dem Mandat instruierte, wie in dieser Angelegenheit zu verfahren sei. Er folgte den herzoglichen Anordnungen und ermahnte Poitzen, das gestohlene Kirchen- und Zehntland zurückzugeben, 20 Taler Strafe zu zahlen sowie seinen Zehnten von 20 Stiegen[257] Korn, welche er *vorm Jahr ohne Zehentunge in die Scheune gefurth*[258], nachzuzahlen. Dieser Anweisung kam Poitzen nicht nach, denn anhand einer Notiz im Konzeptbuch kann belegt werden, dass Jovius am 12. November 1571 mit dem Wickensener Amtmann über den Zehntverweigerer sowie dessen nicht näher erläuterte Gewaltbereitschaft sprechen wollte.[259]

Der Haller Geistliche referierte dem Konsistorium am 8. Oktober 1572, dass er den neu bestallten Wickensener Amtmann mit folgendem Bericht über die bestehende Auseinandersetzung informiert hatte: Tile Poitzen d. Ä. wollte 1571 für sein Land auf dem *Farmbrink* und vor dem *Stheu* in Halle keinen Zehnten zahlen, da es sich bei dem Land eines angeblichen Eintrags im Wickensener Erbregister zufolge um Rodeland handelte. Zu diesem Sachverhalt hatte Jovius daraufhin 1571 die Haller Ältesten Borchard Bocks, Hans Heinrich, Hans Berges und Hermann Schneberg[260] befragt. Diese antworteten, dass das Land mit dem

253 Dass sich vor allem immer wieder die Bauern über die Zehntabgabe beschwerten, stellte auch schon Scribner, Religion und Kultur, S. 213, fest.

254 Vgl. zur Veranschaulichung des Einkommens der Pfarrei Gandersheim vom 16. Jahrhundert bis zur Mitte des 18. Jahrhunderts Schorn-Schütte, Evangelische Geistlichkeit, S. 233–250; zur Pfarrerbesoldung ebd., S. 230 ff.

255 LAW V262, S. 79f.

256 Einen Hinweis auf die Visitationen von 1569 und 1570 gibt Jovius' Schreiben an den Alfelder Generalsuperintendenten aus dem Jahr 1571, vgl. HS 2, fol. 31r [Reg.-Nr. 49].

257 20 Garben Korn, die auf dem Feld als Stiege (Hocke), zusammengesetzt werden, vgl. DWB, Lemma: Stiege, Bd. 18, Sp. 2823.

258 HS 2, fol. 51v [Reg.-Nr. 73].

259 HS 2, fol. 22r f. [Reg.-Nr. 35], fol. 50v–52r [Reg.-Nr. 73].

260 Vgl. zu Hermann Schneberg die Ausführungen im Anhang 11.8.

Pflug umgerissen und zu Neuland gemacht wurde, aber *nichts daran gehackt odder gerodet*[261] wurde. Poitzen entnahm diesem Land, als er zur Zeit des Amtmanns Wedemeier[262] Zehntsammler war, den Zehnten und hat ihn *vf die Pfarre gelevert*. Den Zehnten, *der ohn alle insprach beÿ der Pfarre geblieben*[263], wurde bis zu Jovius' erstem Amtsjahr 1569 gezahlt. Bezüglich des Landes vor dem *Stheu* holte der Haller Pastor im ganzen Dorf Erkundigungen ein. Hans Germen d. Ä. und dessen Sohn Curd antworteten, dass Heinrich Reckenberg das Land zur Zeit des Wickensener Amtmanns Johann Olsen[264] bewirtschaftete, das, *alss Poitzen auch selbern mus zeugen*[265], vor 28 oder 29 Jahren an die Kirche übergegangen war. Nachdem Jovius das Konsistorium ins Bild gesetzt hatte, hoffte er, dass die Räte ihm in diesem Konflikt helfen werden und das *es mit dem lande bleib wie es von mir gefonden worden*[266]. Noch am gleichen Tag beschwerte er sich zusätzlich bei seinem Vorgesetzten, dem Alfelder Generalsuperintendenten, dass er dringend Hilfe bezüglich des Konflikts mit Poitzen benötige, der seinen Zehnten nicht bezahle und durch listige Streiche und Lügen auffalle.[267]

Der am 26. September 1566 geschlossen Vertrag zwischen Tile Poitzen d. Ä. und Heinrich Reckenberg, von dem Jovius dem Konsistorium berichtete, ist tatsächlich als Abschrift im Konzeptbuch überliefert. Aus dem Vertrag wird ersichtlich, dass Reckenberg das vor Halle liegende Herrenland Poitzen als Pfand für 10 Gulden freiwillig überlassen hatte. Dieser hatte eingewilligt, das Land bei einem Anspruch von Reckenbergs Erben *widder umb sodanne vorgeschriebenne Summa geldes sunder einnige entgeltnusse*[268] zu verkaufen.[269] Beide Parteien hatte jeweils eine Ausfertigung erhalten. Den einen Teil hatte der Salpetersieder Johann Lösgen in Verwahrung.[270]

Der Konflikt konnte bis zum 29. Oktober 1573 nicht beigelegt werden, sondern hatte sich sogar noch erheblich verschärft. Poitzen hatte am Sonntag den 25. Oktober, ohne ordnungsgemäß eine Versammlung einzuberufen, vor der Kirchentür während des Gottesdienstes einen Tumult veranstaltet. Obwohl Jovius mahnte, *man solt gemach thun, Lieff der Godtlose Man noch zu trotz in die*

261 HS 2, fol. 58r [Reg.-Nr. 81].
262 Der Amtmann Wedemeier amtierte in den Jahren 1538 bis 1548, vgl. NLA WF 26 Alt Nr. 1278, fol. 4r.
263 Beide Zitate: HS 2, fol. 58r [Reg.-Nr. 81].
264 Lippelt, Hoheitsträger, S. 381 weist den in Eschershausen wohnenden Johann Olsen als Amtmann von Wickensen für den Zeitraum vor 1579 nach.
265 HS 2, fol. 58v [Reg.-Nr. 81].
266 HS 2, fol. 60r [Reg.-Nr. 81].
267 HS 2, fol. 57v–60r [Reg.-Nr. 81], fol. 60r f. [Reg.-Nr. 83].
268 HS 2, fol. 91v [Reg.-Nr. 138].
269 Die Zeugen bei diesem Vertrag waren Albrecht Pacht, Heinrich Rensigehausen d. Ä., Henni Falcken aus Harderode und der Meier Hans aus Bremke, vgl. HS 2, fol. 91v [Reg.-Nr. 138].
270 HS 2, fol. 91v [Reg.-Nr. 138].

Kirchen rieff einem und dem anderen mit lauter stim, machts so grob, das Ich auch gantz die predigte musste lassen anstehen[271]. Darüber hinaus wurde Poitzen von dem Kramer Zacharias Struve beim Geschlechtsverkehr mit Maria, der Frau des alten Küsters, in der Nacht des 4. August 1573 ertappt, weshalb ihn Struve als *Eherlosen Man*[272] beschimpft hatte. Jovius war der Ansicht, dass sich Poitzen als Bauermeister für seine Taten vor dem Landgericht verantworten müsse. Dieser verweigerte jedoch den Vorschlag und versuchte, die gesamte Angelegenheit zu verschweigen. Der Geistliche schwieg nicht, sondern bat den Amtmann Poitzen ordnungsgemäß zu bestrafen, schließlich hatte sich dieser Gottes Wort, dem herzoglichen Mandat und der Kirchenordnung widersetzt. Falls der Amtmann noch weiteren Klärungsbedarf habe, könne er als Zeugen die Haller Alterleute Bartold Eylerdes und Hans Spörler hinzuziehen.[273]

Tile Poitzen d. Ä. weigerte sich weiterhin dem Pastor den Zehnten zu bezahlen, wie aus einer weiteren Notiz im Konzeptbuch hervorgeht. Im Jahr 1575 listete Jovius unter der Überschrift *Gravamina des Pastoris zu Hall*[274] auf, dass Poitzen seit nunmehr fünf Jahren den Zehnten absichtlich nicht entrichtete, wofür dieser ordnungsgemäß bestraft werden sollte. Neben Poitzens Zahlungsverweigerung besucht er darüber hinaus weder den Gottesdienst noch das Abendmahl und wurde sowohl am 9. April 1577 als auch am 21. Oktober 1578 in den von Jovius angefertigten Verzeichnissen der Abendmahls- und Gottesdienstverweigerer aufgeführt.[275]

Der Fall Poitzen wurde tatsächlich auf dem Landgericht am 21. September 1577 in Halle verhandelt und Jovius schilderte dem Konsistorium den Verlauf. Das Land, von dem Poitzen seit 8 Jahren keinen Zehnt entrichtet hatte, umfasste ca. 5 Morgen[276], der eine Teil lag am *Farmbrink* und der andere am *Stheu.* In der Position des Zehntsammlers hatte Poitzen von diesen Ländereien den Zehnten von den jeweiligen Landbesitzern eingesammelt. Gemäß des oben genannten Vertrages nahm er am 29. September 1566 das Land für 10 Gulden von Heinrich Reckenberg pfandweise an sich. Poitzen rechtfertigte sich, dass er dem Haller Pastor auf Grund der Zinssteigerung den Zehnten verweigern würde. Er untersagte dem Geistlichen sogar, den Zehnten durch den Wickensener Amtmann und den Gografen Zacharias Kopper einfordern zu lassen. Um sich Klarheit über

271 HS 2, fol. 86v [Reg.-Nr. 128].
272 HS 2, fol. 86v [Reg.-Nr. 128].
273 HS 2, fol. 86v [Reg.-Nr. 128]. Vgl. zu Bartold Eylerdes die Ausführungen im Anhang 11.8.
274 HS 2, fol. 105r [Reg.-Nr. 155].
275 HS 2, fol. 94v [Reg.-Nr. 139], fol. 105r [Reg.-Nr. 155], fol. 235v [Reg.-Nr. 293], fol. 266r [Reg.-Nr. 347].
276 Die Angabe bestätigt auch das Wickensener Erbregister, vgl. NLA WF 19 Alt Nr. 215, fol. 44r: Tile Poitzen hat einen Hof mit 6 Morgen Land und verfügt über *Hern Landt 5 Morgen zinset vom Morgen 3 Himpten, undt fur den Zehenden einen himbten.*

das Land zu verschaffen, bat Jovius die Ältesten des Dorfes[277] zu sich. Einstimmig gaben sie an, wie es auch im *Missael*[278] stehe, dass Reckenberg das verwüstete Land mit dem Pflug urbar gemacht hatte. Dessen Neffe und Erbe Levin bestätigte, dass der Zehnt gezahlt und in die Zehntscheune auf dem Haller Pfarrhof gebracht worden war.[279]

Nach dieser Schilderung erinnerte Jovius das Konsistorium, dass er bereits 1571 auf Grund seines Visitationsberichts ein herzogliches Mandat erhalten hatte. Dieses Mandat hatte ihm den Auftrag erteilt, Poitzen aufzufordern, den verweigerten Zehnten zu restituieren. Diese Angelegenheit hatte er auch mit den jeweiligen amtierenden Wickensener Amtmännern besprochen, doch ohne Erfolg. Damit die Pfarrgüter nicht Jahr um Jahr verringert wurden, verschwieg Jovius den Konsistorialräten am Ende seines Berichts nicht, dass er sich gezwungen sah, die Angelegenheit erneut ausführlich zu referieren und bat abschließend um billiges Recht, ein erneutes fürstliches Mandat und um dringende Unterstützung.[280]

Der Konflikt konnte trotz des ausführlichen Berichts an das Konsistorium nicht beendet werden. Am 22. August 1579 beklagte sich Jovius wiederholt beim Oberamtmann und dem Wickensener Amtmann über seinen Kontrahenten Poitzen. Seit nunmehr 30 Jahren hatte dieser weder den Zehnten gezahlt, noch die Heuabgabe entrichtet, obwohl er in seiner Funktion als Zehntsammler den Zehnten aus seinem jetzigen Landbesitz entnommen und dies als rechtmäßig anerkannt hatte. Hermann Bock[281], der ebenfalls Land auf dem *Farmbrink* besaß, verweigerte Jovius ebenfalls den Zehnten und die Heuabgabe, mit der Begründung *was Poitzen recht ist, das soll ihm auch recht sein*[282]. Daraufhin wandte sich Jovius erneut an den Amtmann und bat, ihn bei der Umsetzung seines Rechts in Halle zu unterstützen, damit sich nicht noch mehr Personen Poitzen als Vorbild nahmen und ihm nacheiferten.[283]

Dieser Konflikt bestand während Jovius' gesamter Amtszeit und konnte, obwohl er die Kontroverse regelmäßig den jeweiligen Instanzen schilderte, nicht

---

277 Die Ältesten waren Borchard Bocks, Hans Heinrich, Hans Berges, Hermann Schneberg, Curd Germen, vgl. HS 2, fol. 288r [Reg.-Nr. 377].

278 HS 2, fol. 288r [Reg.-Nr. 377]. Zu dem *Missael* lassen sich in den Konzeptbüchern keine präziseren Angaben finden. Vermutlich handelt es sie um ein Messbuch, das über Angaben zu den Flurbesitzern verfügte. Letzner griff ebenfalls für seine Chroniken auf Missale zurück, die mit Informationen zur Geschichte eines Ortes versehen waren, vgl. dazu Klinge, Johannes Letzner, S. 46, 52.

279 HS 2, fol. 287v–289r [Reg.-Nr. 377].

280 HS 2, fol. 287v–289r [Reg.-Nr. 377].

281 Herman Bock schuldete Jovius *vom Lande Heuptsum und Zinsen alles zusammen gerechnet bis an das 81 Jahre 27 Gulden minus 2 Groschen*, vgl. HS 1, fol. 17r. Vgl. zu Bocks Land im Wickensener Erbregister NLA WF 19 Alt Nr. 215, fol. 44r f.

282 HS 2, fol. 308v [Reg.-Nr. 402].

283 HS 2, fol. 307r–309r [Reg.-Nr. 402].

beigelegt werden. Dass die Zehntabgabe, wie SCRIBNER annahm, zu vielen Konflikten zwischen Pastor und Gemeinde führte und »einer der Hauptpunkte der bäuerlichen Gravamina«[284] war, kann durch dieses Beispiel bekräftigt werden. Die dargestellte Auseinandersetzung wurde maßgeblich durch Tile Poitzens zahlreiche sündige und kirchenordnungswidrige Handlungen geprägt und vor allem durch seine Zehntverweigerung verstärkt. Dieses führte zu einem konfliktgeladenen Verhältnis zwischen den Streitparteien. Interessant ist, dass Jovius nicht nur Zeugenbefragungen zu dieser Sachlage durchführte, sondern auch, dass er sich wahrscheinlich von dem Salpetersieder den Vertrag zwischen Poitzen und Reckenberg hat aushändigen lassen und eine Kopie davon im Konzeptbuch anfertigte. Hier zeigt sich, dass der Haller Geistliche stetig versuchte, mit Zeugen und weiteren Beweisen den Konflikt zu seinem Vorteil zu beenden, wenngleich die von ihm angeforderte Unterstützung seitens der Amtmänner, des Konsistoriums oder des Landgerichts ausblieb.

Da die Einkommensgrundlage des Pastors hauptsächlich aus dem Feldzehnten bestand, wird ersichtlich, warum der Haller Geistliche diesen vehement eintrieb und alle Instanzen in diesen Fall einbezog.[285] Zwar erhielt der Pastor mehrere herzogliche Mandate sowie Konsistorialbescheide, die den Verweigerer aufforderte, seine Abgaben zu bezahlen, doch sah dieser keine Notwendigkeit, den Aufforderungen Folge zu leisten. Trotz der Unterstützung durch die Obrigkeit konnte der Pastor die Erlasse vor Ort gegenüber einem Einzelnen nicht durchsetzen. Er stieß damit an seine Handlungsgrenzen und selbst den herzoglichen Mandaten fehlte es an Umsetzungskraft.

6.3.2. Der Konflikt mit dem Haller Pfarrmeier Hermann Spörler[286]

Jovius verfügte als Pastor in Halle über einen Meierhof, den der Pächter, der Pfarrmeier Hermann Spörler[287], bewirtschaftete. Diese für eine dörfliche Pfarrei übliche Konstellation barg – wie die Konzeptbücher hinreichend belegen – im Einzelfall erhebliches Konfliktpotential. Besonders die unterschiedlichen Auffassungen über die regelmäßig zu leistenden Zahlungen sowie das Arbeitsverhalten und die Organisation des Meierhofes prägten das Verhältnis zwischen Pfarrmeier und Pastor und führten unweigerlich zu diversen Konflikten.

284 SCRIBNER, Religion und Kultur, S. 213.

285 Vgl. SCHORN-SCHÜTTE, Evangelische Geistlichkeit, S. 247; DÜRR, Politische Kultur S. 141ff.; SPRENGLER-RUPPENTHAL, Kanonische Recht in Kirchenordnungen, S. 318f.; SCRIBNER, Religion und Kultur, S. 211–216.

286 Vgl. zu diesem Konflikt die knappe Ausführung bei GUTHE, Leben und die Amtsverrichtung des ersten Superintendenten, Stück 44, Sp. 353–355.

287 Vgl. zu Hermann Spörler die Ausführungen im Anhang 11.8.

Der Meierhof in Halle, der über ca. 3 Hufen Land[288] verfügte, wurde gegen einen jährlichen Zins an Hermann Spörler verpachtet. Die Höhe der Abgaben variieren. Der wirtschaftlichen Bestandsaufnahme von 1568 zufolge beliefen sich die Abgaben des Meierhofs auf 18½ Malter Korn[289], 3 Groschen, 2 Denar, 8 Hühner, 160 Eier.[290] Die Verzeichnisse der Pfarr- und Kirchengüter für die einzelnen Ämter zwischen März und September, ebenfalls aus dem Jahr 1568, belegten die identische Abgabenhöhe.[291] Der einzige Unterschied zwischen den beiden Aufzeichnungen besteht in der Anzahl der Gerstenscheffel, die mit 1 bzw. 3 Scheffel angegeben werden. Somit erhöht sich die Summe der zweiten Aufzeichnung auf 21½ Malter. Hingegen beliefen sich der Aufstellung vom 18. November 1571 zufolge, die Jovius dem Wickensener Amtmann zukommen ließ, die Abgaben des Meierhofs 1571 auf 18 Malter Korn.[292] Das Wickensener Erbregister bezifferte 1580, also 12 Jahre später, die Abgaben auf 16 Malter und 5 Himpten Korn[293], 8 Hühner und 160 Eier[294].

Zusammengefasst variierten die Abgaben von 1568 bis 1580 zwischen 16 und 21½ Malter.[295] Theoretisch lässt sich das Einkommen mit Hilfe des am 15. Dezember 1571 geschlossenen Meiervertrags berechnen. Jovius forderte jährlich als Abgabe, natürlich abhängig von der Bewirtschaftung des jeweiligen Feldes, z. B. bei Roggen, 31 Malter Roggen sowie 3 Groschen, 8 Hühner und 160 Eier.[296]

Ständige Auseinandersetzungen und Konflikte bestanden mit dem Meier Hermann Spörler seit Jovius' Amtsantritt. Die erste Klage reichte der Haller Geistliche im November 1571 beim Wickensener Amtmann ein, der aber auf Grund vieler Amtsgeschäfte keine Zeit hatte, sich um die Beschwerde zu kümmern. Jovius ließ sich nicht zurückweisen, sondern forderte am 12. November 1571 den Amtmann zu einem persönlichen Treffen auf, um die gewaltsamen und mutwilligen Injurien des Meiers zu besprechen. Als Erinnerung hierzu legte er dem Schreiben an den Amtmann einen Zettel mit folgenden Punkten bei:

288 Vermutlich war das ca. 3 Hufen umfassende Land am Tönniesberg mit dem Land des Meierhofs identisch, vgl. dazu Reuschel, Ithbörde, S. 196ff.

289 Vgl. zu den einzelnen Positionen die Tabelle 2 im Anhang 11.5.

290 LAW V448, fol. 109v.

291 LAW V299, Nr. 13, fol. 265r f.

292 HS 2, fol. 24r [Reg.-Nr. 37]. Vgl. zu den einzelnen Abgabenpositionen Tabelle 2 im Anhang 11.5.

293 NLA WF 19 Alt Nr. 215, fol. 44r. Vgl. zu den einzelnen Abgabenpositionen Tabelle 2 im Anhang 11.5.

294 NLA WF 19 Alt Nr. 215, fol. 44r.

295 Vgl. zu den einzelnen Abgabenpositionen des Pfarrmeiers Tabelle 2 im Anhang 11.5.

296 HS 2, fol. 34v–35v [Reg.-Nr. 51].

I *Des Meiers Iniuria.*
II *das Er nicht gibt den fleischzenden gleich als ander firkeln gense und hüner.*
III *Das Er land uss dem Meierhoffe vorpfendet und vorsetztes hatt.*
IV *das er kempe*[297] *uszeunet unnd mir den zehenden schmelert.*
V *das Er gantze morgenkorns*[298] *abesetzet und vorfüttert vor der Ernd, und darnach den zehendenn an anderen enden uss seinem lande ingleicher gstalt zunhemen nicht gestaten will.*
VI *hatt in zweien Jaren nicht gehalten was er vorwilligt und vorsprochenn.*
VII *Lesset mir Schaden in meinem garten geschehen mutwilliger weise.*
VIII Mich darzu uf schaden getrieben uber das in dem hofe, das Ich ihn nicht habe konnenn nutzen.[299]

Sicher ist, dass der Amtmann den Konflikt nicht beilegen konnte. Deshalb richtete Jovius seine Beschwerde am 4. Dezember 1571 an die höchste Instanz, das kirchenleitende Konsistorium. Er beklagte sich bei den Räten über die andauernde angespannte Situation mit seinem Pfarrmeier. Bereits sein Vorgänger, der Mercenarius Franz Koch[300], habe den Meierhof sehr vernachlässigt, erst er selbst habe die Böden mit dem Mist seines Viehs wieder nutzbar gemacht. Jovius schilderte den Räten ausführlich, wie der Meier ihm drohte, nachdem er von der Anklage erfahren hatte.

> *Sodannes hat Er bald hernacher ins wercke mit Mir beginnen zu stellen hatt Mich mit einer scharffen Schessen*[301] *uberlauffen und ermorden wollen, unnd wo Mir* [= Jovius] *unser her god nicht gute Leute zugeschicket, het ich seinen hohemuth und teuffelisch vornhemen mussen lassen uber Mich gehen. Hieruber muss Ich noch teglich schmache und drawunge hören.* [...] *Dieweil aber die Iniuria des Meiers gegen mich zu groß, unnd Mir hinfurder untreglich, den Ich stets in leibs und lebens gefahr muss gehen unnd stehenn*[302].

Am Schluss seines Berichts erhoffte sich Jovius Unterstützung von den Konsistorialräten und eine gerechte Strafe für den Pfarrmeier.[303]

Sowohl der Wickensener Amtmann als auch die Konsistorialräte halfen bei der Beilegung des Konflikts. Der Eintrag vom 15. Dezember 1571 mit der Überschrift *Vorschreibunge dem Meier uber den Meierhof gegeben*[304] bestätigt die Hilfe der Instanzen. Gleich zu Beginn wurde festgehalten, dass

297 Der Begriff ›kempe/kamp‹ bezeichnet ein mit Buschwerk bewachsenes Land, vgl. DWB, Lemma: Hägerkamp, Bd. 10. Sp. 154; Artikel: Kamp, Bd. 11, Sp. 134ff.
298 Korn für einen Morgen Land.
299 HS 2, fol. 22r [Reg.-Nr. 35].
300 Vgl. zu Franz Koch Kapitel 7.1.8. und die Ausführungen im Anhang 11.8.
301 Vielleicht eine Art Säbel oder Sichel.
302 HS 2, fol. 25r f. [Reg.-Nr. 39].
303 HS 2, fol. 25r–26r [Reg.-Nr. 39].
304 HS 2, fol. 34v [Reg.-Nr. 51].

Ich M(agister) Jacobus Jovius Flarchimolerus, Pastor zu Halle undt Specialis Superintendens in der Herschaft Homborg [...] mit Haerman Spörler meinem Meier, des Meierhofs halben zu der Pfarrer mit dreÿen huben Landes immediate gehörigem Mich durch Vorbitte des Amptmann Johann von Halle und etzlichen pastorum meinen gefattern undt freunde ufs newe ingelassen, vortragen und vorglichen[305]

hab. Der verhandelte Vertrag besagte, dass die Abgaben für die Felder *Ohefeldt, Kirchfeldt Hardebrack* und *Mönkebreite* folgendermaßen festgesetzt wurden: Je nach Bewirtschaftung der Felder sollten vom *Ohefeldt, Hardebrack* und *Mönkebreite* 8 Malter Roggen, 7 Malter Hafer oder jeweils $1\frac{1}{2}$ Malter Weizen oder Gerste entrichtet werden. Vom *Kirchfeldt* 9 Malter Roggen, 8 Malter Hafer oder jeweils $1\frac{1}{2}$ Malter Weizen oder Gerste. Zudem sollten 8 Hühner, keine Küken, 160 Eier, 8 Körtlinge[306] und der Fleischzehnt von Ferkeln, Gänsen und Hühnern entrichtet werden. Der Meier sollte die Felder bei der Scheune auf dem Pfarrhof und vor dem Pfarrhaus düngen, pflügen, bestellen und pflegen. Da sich Spörler darüber beschwerte, die Felder bei der Scheune und vor dem Haus pflügen zu müssen, könne er sich von seiner Magd drei Tage helfen lassen. Jovius übernahm zweimal im Jahr die Kosten für die Magd oder, wenn Spörler dieses Angebot nicht annähme, würde eine Magd gegen Bezahlung eingestellt werden. Zudem sollte Spörler jährlich noch 6 Fuder Leinen und Strohbündel transportieren, 1 Himpten Leinsamen säen und daraus *nach meierecht*[307] den Flachs ernten sowie einmal im Jahr eine Landfuhre nach Bedarf bereitstellen. Zur Strafe für die Auflehnung gegen den Pastor sollte der Pfarrmeier alle erwarteten Fuhren bezahlen und den Meierhof instand halten, ohne Verpfändung oder Verkauf von Land. Darüber hinaus sollte der Meier weder den Pastor noch die Pfarrfamilie mit *worten odder wercken belestigen*[308] sowie jedes Jahr unaufgefordert seine Abgaben pünktlich und anstandslos zahlen. Abschließend bat Hermann Spörler um Verzeihung und stimmte zu, dass er bei Verstoß gegen die Auflagen den Meierhof verlasse. Der Amtmann und der Abt von Amelungsborn erklärten diese Vereinbarung für rechtmäßig und beide Vertragsparteien führten jeweils vier Zeugen[309] auf. Anschließend wurde aus *dieser underhandelunge und vortracht zwei gemacht, [...] undt Jedem part ein Teil geben sich darnach zurichten*[310,311].

305 HS 2, fol. 34v [Reg.-Nr. 51].

306 1 Körtling ist ein 3-Pfennigstück (8 Körtlinge = 3 Groschen), vgl. VERDENHALVEN, Maße und Gewicht, S. 109.

307 HS 2, fol. 35r [Reg.-Nr. 51]. Vgl. zum Meier und Meierrecht VON BOETTICHER, »Nordwestdeutsche Grundherrschaft«, S. 220ff.; SAALFELD, Ländliche Wirtschafts- und Sozialgeschichte, S. 637–674; OEHR, Ländliche Verhältnisse, S. 37–48; ACHILLES, Entstehung des niedersächsischen Meierrechts nach Werner Wittich, S. 145–169; GESENIUS, Meyerrecht.

308 HS 2, fol. 35r [Reg.-Nr. 51].

309 Vgl. zu den Zeugen die Ausführungen weiter unten im Kapitel.

310 HS 2, fol. 35v [Reg.-Nr. 51].

311 HS 2, fol. 34v–35v [Reg.-Nr. 51].

Im darauf folgenden Jahr, genauer am 8. November 1572, verzeichnete Jovius die gesamten Zehnteinnahmen. Darunter lassen sich auch die Abgaben seines Pfarrmeiers finden, insgesamt 19 Malter Korn[312].[313] Der Konflikt zwischen Pastor und Pfarrmeier konnte somit durch einen Vertrag, an den sich beide Akteure zu halten hatten, zunächst gütlich beigelegt werden. Innerhalb eines Monats wurde der Fall beim zuständigen Amtmann vorgetragen, Beschwerden bei den Räten vorgebracht, eine gütliche Einigung in Anwesenheit des Amtmanns herbeigeführt und ein Vertragsabschluss erzielt.

In den Konzeptbüchern findet sich bis zum Jahr 1580 kein Hinweis darauf, dass eine der beiden Parteien vertragsbrüchig wurde. Allerdings gerieten der Pastor und der Meier am 15. April 1580 trotz des geltenden Vertrags wieder aneinander. Jovius beschwerte sich beim Alfelder Generalsuperintendenten, dass Spörler 15 Morgen Land verpfändet hatte. Er bat ihn, seine Beschwerde umgehend an die entsprechende Stelle, d. h. an das Konsistorium, weiterzuleiten.[314] Im gleichen Jahr blieb Spörler auch mit seinen Zinsen im Rückstand. Jovius listete 1580 auf, dass sein Meier ihm noch 14 Malter Korn[315], 1 Gans, 2 Hofhühner, 4 Landfuhren, 3 Fuder Leinen, 6 Fuder Strohbündel und $1\frac{1}{2}$ Taler schuldete. Bis zum April 1581 beglich der Pfarrmeier die ausstehenden Zinsen nicht, weshalb er sich beim Amtmann beklagte.[316]

Im Zuge seiner Visitation verfasste Jovius am 21. Juli 1581 einen Visitationsbericht und hielt fest, dass der Meier ohne sein Wissen und seine Zustimmung Land ausgezäunt und verpfändet habe. Dieser erledige die Arbeit nicht ordnungsgemäß, da er trotz langjährigen Arbeitserfahrung das Land *verwechselts noch biss uff den heutigen tage*[317], und das für den Zins bestimmte Geld verschleudere. Jovius ersuchte das Konsistorium um dringende Hilfe, denn Spörler konnte weder ihm noch dem Herzog die Abgaben zahlen. Er hoffte auf die Erlaubnis, dem Meier den Zehnten und Teile vom vermeierten Land *nehmen und ussziehen möge wie sonsten bei etzlichen Pfarhen die nit das Land selbst bwawen landsittlich und bräuchlich*[318] sei.[319]

Dieser Konflikt, besonders die nachlässige Zahlungsmoral des Pfarrmeiers, der *sich also gantz ubel*[320] verhalte, beschäftigte Jovius fortwährend, weshalb er neben dem Konsistorium auch die Vorsitzenden des Landgerichts am 9. Okto-

312 HS 2, fol. 64r f. [Reg.-Nr. 89]: 8 Malter Roggen, 8 Malter Hafer, $1\frac{1}{2}$ Malter Weizen, $1\frac{1}{2}$ Malter Gerste.
313 HS 2, fol. 64r f. [Reg.-Nr. 89].
314 HS 2, fol. 331r f. [Reg.-Nr. 438].
315 HS 2, fol. 352v [Reg.-Nr. 468]: $5\frac{1}{2}$ Malter Roggen, $1\frac{1}{2}$ Malter Weizen, 7 Malter Hafer.
316 HS 2, fol. 352v–354r [Reg.-Nr. 468]. HS 3, fol. 3r f. [Reg.-Nr. 486], fol. 10r f. [Reg.-Nr. 496].
317 HS 3, fol. 18v f. [Reg.-Nr. 505].
318 HS 3, fol. 19r [Reg.-Nr. 505].
319 HS 3, fol. 15v–19v [Reg.-Nr. 505].
320 HS 3, fol. 78v [Reg.-Nr. 574].

ber 1581[321], im Mai 1582 dem Landfiskal Ernst Garsse, darüber unterrichtete sowie sich diesbezüglich im August 1582 für ein Gespräch mit Herzog Julius Notizen machte.[322]

Erneut wurde der Vertragsbruch gegenüber dem Wickensener Amtmann am 17. April 1583 zur Sprache gebracht. Spörler hatte trotz Aufforderung seine Abgaben nicht entrichtet, insgesamt 18 Morgen Land vom Meierhof verpfändet und nur die Hälfte der Felder bestellt. Jovius gab zu bedenken, dass dieses Verhalten vertragswidrig sei, obwohl beide im Jahr 1571 einen Vertrag abgeschlossen und *bei ehren zu halten versprochen*[323] hatten.[324]

Wegen der anhaltenden Auseinandersetzung setzte der Haller Geistliche am 2. Dezember 1583 ein neues Vertragskonzept auf. Er verglich in diesem Entwurf die Situation mit dem Fall aus dem 1. Buch Mose[325]: der gottlose Laban verringerte in 20 Jahren ständig seinem Patriarchen Jakob den Lohn. Spörler hatte sich schon nicht an den ersten Vertrag gehalten, der 1569 zwischen ihnen geschlossen wurde, weshalb im Jahr 1571 ein neuer Vertrag aufgesetzt wurde, *wie das alles in meinem* [= Jovius] *ersten protocollo im 71 Jar weitleufftiger zulesen*[326] sei. Trotz Bürgen und den Unterschriften hielt sich der Meier auch nicht an den 1571 geschlossenen Vertrag und die vereinbarten Abgabenleistungen.

Die Schulden des Pfarrmeiers beliefen sich bis zum 25. November 1583 neben dem noch ausstehenden Fleischzehnten auf insgesamt 147 Gulden und 4 Pfennig[327]. Der neue Vertrag sah vor, dass Spörler von dieser Schuldensumme 6 Morgen[328] verpfändetes Land für 108 Gulden wieder zurückkaufen sollte. Von den restlichen 39 Gulden sollte er für ein Stück Weide, eine Wiese und einen Talkessel ausgeben. Jovius hoffte, dass der Meier diesem Tilgungsplan folgen und die Abgaben im nächsten Jahr 1584 entrichten werde sowie weder Land versetzen, verpfänden oder auf andere Weise veräußern werde. Dennoch befürchtete der Pastor, dass der Pfarrmeier die Vorgaben erneut missachten werde.[329]

Am 12. Dezember 1583 erinnerte Jovius den Wickensener Amtmann an den bestehenden Konflikt zwischen ihm und seinem Meier. Diese Angelegenheit

321 Zu diesem Landgericht ließ sich kein Eintrag in den Landgerichtsverzeichnissen finden, vgl. NLAH Cal Br. 21 Nr. 48, 49.

322 HS 3, fol. 29r f. [Reg.-Nr. 518], fol. 65v [Reg.-Nr. 558], fol. 77r–79r [Reg.-Nr. 574].

323 HS 3, fol. 105r [Reg.-Nr. 612].

324 HS 3, fol. 104v–105r [Reg.-Nr. 612].

325 1. Mo. 31,22–54.

326 HS 3, fol. 115r [Reg.-Nr. 631].

327 Vgl. zur Auflistung der Schulden des Pfarrmeiers bis zum 23. November 1583 Tabelle 3 im Anhang 11.5.

328 2 Morgen im Kirchfeld, 2 Morgen in der Hardenbrak und 2 Morgen im Ohefeld.

329 HS 3, fol. 115r–116v [Reg.-Nr. 631].

wurde *durch den Obernamptmann und ewr gunst gehandelt* [...] *darauff hab ich* [= Jovius] *ein concept gemacht darinne die schult in specie verzeichnet.*[330]

Dieses Konzept enthielt neben den Schulden auch die geforderte und detaillierte Vorgehensweise zum Landrückkauf. Dieses Vertragskonzept ließ er dem Amtmann vom Gografen Claus Kopper überbringen, damit der Vertrag durch *hand und siegel ratificirt sei* [...] *helffet Mir doch, lieber Amptmann, das ich von dem godtlosen menschen entscheiden werde*[331]. Darüber hinaus legte er dem Schreiben einen Goldgulden als Bestechung bei, mit der Bitte, *den zu dancke annehmen und meine sache helffen förderen.*[332]

Nachdem auch der Gograf den Pfarrmeier in der Zwischenzeit erfolglos zur Schuldentilgung ermahnt hatte, forderte Jovius am 1. April 1584 abermals den Amtmann auf, ihn bei der Beilegung des Konflikts zu unterstützen, was bis zu Jovius' Tod am 26. Februar 1585 nachweislich nicht geschah.[333]

Die Auseinandersetzung zwischen Jovius und seinem Pfarrmeier Hermann Spörler begann schon mit dem Amtsantritt des Haller Geistlichen am 18. Mai 1569. Der zwischen den beiden Streitparteien geschlossene Vertrag von 1571 markierte vorläufig die Beilegung ihres Konflikts, da Spannungen erst im Jahr 1580 wieder auftraten.

Der Vertrag gibt nicht nur über die Abgaben Auskunft, sondern bezeichnet auch die daran beteiligten Akteure. Zum einen der Wickensener Amtmann Johann von Halle und der Amelungsborner Abt Andreas Steinhauer, zum anderen die Zeugen beider Parteien. Jovius' Zeugen[334] waren seine Freunde: der Moringer Pastor Johannes Roffkarn, der Langenholtensener Pastor Johannes Letzner sowie der Stadtoldendorfer Pastor Johann Nexius. Spörlers Zeugen waren Curd Lohes, Hans Wasmans und seine Bürgen Hermann Schneberg und Curd Germen.[335]

Für den Erfolg des Vertrages von 1571 sprach, dass Jovius bis 1580 keine Beschwerden in den Konzeptbüchern dokumentierte. Vermutlich kam es in den Jahren dazwischen zu Streitigkeiten zwischen den beiden Parteien, die aber keinen Eingang in die Konzeptbücher fanden. Der Vertrag von 1571 besaß für Jovius zwar noch 1584 seine Rechtsgültigkeit, jedoch entwarf er auf Grund neuer Konfliktanlässe einen neuen Vertrag, der sich neben den Abgaben insbesondere mit dem Schuldenabbau und dem Rückkauf des verpfändeten Landes beschäftigte.

Der Haller Pastor hatte erhebliche Mühe, sich gegenüber dem Pfarrmeier zu

330 HS 3, fol. 118v f. [Reg.-Nr. 635].
331 HS 3, fol. 118v f. [Reg.-Nr. 635].
332 HS 3, fol. 118v f. [Reg.-Nr. 635].
333 HS 3, fol. 131v [Reg.-Nr. 649].
334 Vgl. zu Jovius' Wahl der Zeugen Kapitel 5.1.
335 HS 2, fol. 35v [Reg.-Nr. 51].

behaupten. Die wichtigsten Streitpunkte waren zusammengefasst die rückständigen Zinszahlungen, Landverpfändung sowie eine schlechte Arbeits- und Zahlungsmoral. Zu beachten ist, dass die von Jovius angeprangerten Injurien, auf die er aber nicht näher eingeht, die Morddrohungen und die Belästigung seiner Pfarrfamilie in den folgenden Jahren nicht wieder erwähnt wurden. Möglicherweise war der Vorwurf der Morddrohung übertrieben oder vielleicht besserte Spörler tatsächlich sein Verhalten, was auf Grund der einseitigen Perspektive nicht endgültig zu klären ist.

6.4. Die Schule in Halle

Wie bereits von Luther[336] und Melanchthon[337] in ihren Schriften thematisiert und in den Kirchenordnungen des 16. Jahrhunderts aufgegriffen, war die Schulausbildung der Kinder ein wichtiges Element der reformatorischen Bestrebungen. Die 1569 von Herzog Julius für das Fürstentum Braunschweig-Wolfenbüttel erlassene Kirchenordnung enthielt ebenfalls eine Schulordnung[338]. Diese war zwar nach württembergischem Vorbild entwickelt worden, übernahm aber in der Einleitung nicht den Abschnitt über die Regelung der deutschen Schulen.[339] Der Herzog legte gemäß der humanistischen Bildungsreform[340] die Ordnung des Schulsystems fest:

> *wo biß anhero in solchen Flecken küstereyen gewesen, das daselbst deudsche schulen mit den küstereyen zusamen angericht unnd darauf zu versehung der deutschen schulen und küstereyen von unsern verordenten kirchenrethen geschickte und zuvor examinirte personen, so schreibens und lesens wol bericht, auch die jugendt im catechismo und kirchengesang underrichten künden, verordnet werden.*[341]

Die herzogliche Schulordnung sah vor, die Schüler, vorrangig Jungen, zuerst die Schule auf den Dörfern[342] zu schicken, um dort Elementarkenntnisse zu er-

336 Vgl. WA 6, S. 404–469 (An den christlichen Adel deutsche Nation, 1520); WA 15, S. 27–53 (An die Ratsherren, 1524); WA 30,2, S. 522–588 (Predigt, daß man Kinder zur Schule halten solle, 1530).

337 Vgl. Melanchthon, Instructio visitatorum, Sp. 50–95, insbesondere den Abschnitt »Von den Schulen«, Sp. 90f.

338 Sehling, Ev. KO, Bd. VI/1, S. 225–258.

339 Koldewey, Geschichte des Pädagogium illustre, S. LIII; Reller, Kirche und Jugend, S. 60; Schäfer, Paedagogium illustre I, S. 98. S. a. Schorn-Schütte, Evangelische Geistlichkeit, S. 162–178.

340 Vgl. zum Humanismus und die Auswirkungen auf die Schulorganisation Keck, Schulgeschichtliche Entwicklung, S. 16ff., 24ff.

341 Sehling, Ev. KO, Bd. VI/1, S. 226f.

342 Vgl. Ehrenpreis, Elementarschulwesen, S. 147ff.; Friedrichs, Schulen nach der Reformation, S. 127–135; Kayser, Anfänge des deutschen Volkschulwesens, S. 64–80. Zum Bil-

werben. Daran anschließend sollten sie ihre Erkenntnisse erweitern, von der Latein-[343] bzw. Klosterschulen[344] auf das Gandersheimer Pädagogium[345] oder ab 1574 auf die Universität in Helmstedt[346] wechseln. Die Aufsicht sowohl über die Schulen auf den Dörfern als auch über die Lateinschulen in den Städten hatten jeweils die Pastoren sowie die übergeordneten Superintendenten, während der Abt für die Klosterschule zuständig war. Die Aufsicht des Konsistoriums erstreckte sich neben den Kloster- und Lateinschulen vorrangig auf das Pädagogium und die Universität, da es letztendlich über die Einsetzung des Lehrpersonals entschieden.

Ebenfalls an Württemberg orientiert, entwickelte sich im Fürstentum Braunschweig-Wolfenbüttel ein Fördersystem. Landeskinder, also Kinder aus dem Fürstentum, die begabt waren, aber keine finanziellen Mittel besaßen, erhielten Almosen, damit sie zur Schule gehen konnten[347], oder ein herzogliches Stipendium für die Klosterschulen. Im Gegenzug für den Erhalt des Stipendiums verpflichteten sich die Stipendiaten, nach Beendigung des Studiums in die Dienste des Landesherrn zu treten.[348]

Neben dem Unterricht in Lesen und Schreiben bestand die Aufgabe der Schulen darin, die Kinder, die noch nicht zum Abendmahl zugelassen waren, auf die Konfirmation vorzubereiten, in dem sie den Katechismus lernten. Im Zuge der Visitation musste der Pastor die Anzahl der Kinder zur Konfirmations-Prüfung beim Superintendenten anmelden, der wiederum die Kinder prüfte und entschied, ob sie zum Abendmahl zugelassen wurden.[349] Im Jahr 1571 erhielt Jovius eine Instruktion[350], die präzisere Angaben zum Unterricht machte. Der 6. Artikel besagte, dass im Katechismusunterricht die Gemeinde und die Jugend das Corpus Doctrinae sowie die Bibel lernen sollten.[351] Nach Erlass des überarbeiteten Corpus Doctrinae von Herzog Julius, bestellte Jovius im Juli 1577 für

---

dungswesen in der Stadt Braunschweig vgl. KINTZINGER, Bildungswesen in Braunschweig. Zur Schule in der Reformationszeit allgemein vgl. LIEDTKE, Schule und Bildung in der Reformationszeit, S. 51–74.

343 Vgl. zu den niedersächsischen Lateinschulen HAASE, Lateinschulen in Niedersachsen, S. 134–194.

344 Vgl. ausführlich zu den Klosterschulen die am Institut für Historische Landesforschung der Universität Göttingen entstandene Dissertation von Dr. Maike Gauger-Lange: »Die evangelischen Klosterschulen des Fürstentums Braunschweig-Wolfenbüttel 1568–1613. Stipendiaten – Lehrer – Lehrinhalte – Verwaltung«.

345 Vgl. zum Pädagogium illustre KOLDEWEY, Geschichte des Pädagogium illustre; SCHÄFER, Paedagogium illustre I und II; RELLER, Kirche und Jugend, S. 61f.

346 Vgl. für weitere Literatur zur Universität Helmstedt die Homepage der Universität http://uni-helmstedt.hab.de/index.php?cPage=1&sPage=lit (Eingesehen am 23.06.2017).

347 SEHLING, Ev. KO, Bd. VI/1, S. 265.

348 SEHLING, Ev. KO, Bd. VI/1, S. 244f.

349 SEHLING, Ev. KO, Bd. VI/1, S. 165f.

350 Vgl. zu dieser Instruktion von 1571 Kapitel 3.6.5.

351 HS 2, fol. 12v–13r [Reg.-Nr. 20].

seine gesamte Inspektion beim Alfelder Generalsuperintendenten, auch explizit Exemplare des Corpus für die Lehrer, u. a. für die Schulmeister Johannes Moller im Kloster Amelungsborn und Erasmus Mori in Stadtoldendorf.[352]

Obwohl es für das niedere Schulwesen auf dem Dorf in der Schulordnung keine Instruktionen zu Lehrinhalten, Klassenstärken oder zu ihren Aufgaben gab, entstanden viele Schulen auf den Dörfern.[353] Explizit wurden neben allen Geistlichen des Fürstentums die Schüler *in den Schulen uf unsern dorffern*[354] von Herzog Julius in einem Mandat vom 13. November 1577 zu Gebeten aufgefordert.[355] In einem Empfehlungsschreiben am 17. März 1573 äußerte Jovius seine Besorgnis, da im Fürstentum, sowohl in den Schulen als auch den Kirchen, gelehrtes Personal fehle, das die wahre lutherische Lehre unterrichte. Daher forderte er, dass heranwachsende junge Leute unbedingt durch geschultes Personal gefördert werden müssten.[356]

Wie die Konzeptbücher detailliert belegen, plante Jovius eine Schule in Halle zu errichten, um Dorfkinder von geeignetem Lehrpersonal unterrichten zu lassen. Mit welchen Widerständen und Konflikten er während der Umsetzung seines Vorhabens konfrontiert wurde, aber auch wie er z. B. die finanziellen Probleme versuchte zu lösen und welche Akteure ihn unterstützten, wird im Folgenden erörtert.

Jovius setzte 1576 seine Pläne um und begann eine Schule in Halle zu errichten. Bei seinem Vorhaben erhielt er Unterstützung von den Alterleuten der Kirche[357]. Vermutlich war es diesen Alterleuten als Verwalter des Kirchenvermögens zu verdanken, dass die Kirche im Juni 1576 aus ihrem Vermögen einen alten verfallenen Speicher, der sich auf dem Haller Pfarrhof befand, als Schulgebäude zur Verfügung stellte.[358] Die *Designatio*-Aufstellung von 1602 gibt weitere Auskünfte zu diesem Gebäude und der entsprechenden Renovierung:

> *Ein klein gebewd steht am Kirchhoffe, ist furmals an die kirch gegeben, und verfallen gewesen. Jacobus Jov(ius) hatt weg(en) der Kirchen und gemeine anfenglich zur zeit der Reformation so viel hin und wider auff seinen beutel gereiset, das sich die auslage verlauffen auff 15 gulden. Dafür ihme die schule eingelieffert, do er seines ausgelegten*

352 HS 2, fol. 272v [Reg.-Nr. 354].
353 Vgl. Ehrenpreis, Elementarschulwesen, S. 148; Reller, Kirche und Jugend, S. 61.
354 HS 2, fol. 248r [Reg.-Nr. 310].
355 HS 2, fol. 248r [Reg.-Nr. 310]. Vgl. zu den Gebetsaufforderungen Kapitel 8.1.
356 HS 2, fol. 71v f. [Reg.-Nr. 104].
357 Die Alterleute waren Bartold Eylerdes, Hans Spörler und Bartold Germen, vgl. HS 2, fol. 161r [Reg.-Nr. 227]. Vgl. zu den Haller Alterleuten auch die Ausführungen im Anhang 11.8.
358 HS 2, fol. 161r [Reg.-Nr. 226].

daranne sollte gelertig sein. Dass gebewde hatt Ehr Jov(ius) widerum in seinen stand gebracht mit 2 boden[359]*, 2 treppen, einer kammern und andern.*[360]

In die Renovierung dieses Speichers investierte Jovius 15 Gulden und stattete ihn laut seiner eigenen Beschreibung mit *dörntzen*[361] *kammern und notturfftige dinge*[362] aus. Offenbar ging er für diese Renovierung erneut in Vorleistung.[363]

Neben der Finanzierung des Schulbaus bestand das Problem der Lehrerbesoldung. Die Kirchenordnung sah vor, dass dem Lehrer eine Wohnung zur Verfügung gestellt[364] und die vom Schulgeld, welches die Eltern zu bezahlen hatten, finanziert werden sollte[365]. Daher versuchte Jovius in Kooperation mit den Haller Alterleuten Mittel für die Renovierung des Speichers einzuwerben und den Dachboden zu einer Wohnung auszubauen. Eine finanzielle Beteiligung seitens der Gemeinde oder der Alterleute an dem Bau einer Schule oder gar an einer Lehrerwohnung wurde in der Kirchenordnung nicht explizit erwähnt. Ebenso schwieg die Ordnung zu einer generellen, allein vom Herzog ausgehenden Finanzierung des niederen Schulwesens.[366]

Mit Hilfe von Almosen-Schreiben, in denen Jovius gemeinsam mit den Alterleuten um Spenden bat, versuchten sie das Finanzierungsproblem zu lösen. Diese Schreiben richtete er maßgeblich an Adlige aus der näheren Umgebung sowie an seinen adligen Freund, Hartung Hake[367].

Das 1. Schreiben vom 1. Juni 1576[368] mit der Bitte um Almosen adressierte der Haller Geistliche an seinen erwähnten Freund Hake und gleichzeitig an den Adligen Heinrich von Halle. Er setzte die beiden in Kenntnis, dass er zusammen mit den Haller Alterleuten

umb viel grosser wichtiger und christlicher ursachen willen, haben eine Newe schule angerichtet, und allbereit den Schulmeister und etzliche Knaben [...] *Aber weil es ander officina der werckstedde und den orthe die Ingenia christlichen nach nothturfft informirt wurden noch mangelte*[369]

359 Den Dachboden ließ Jovius vermutlich zu einer Lehrerwohnung ausbauen, so wie es die Kirchenordnung vorsah, vgl. Sehling, Ev. KO, Bd. VI/1, S. 241.

360 NLA WF 14 Alt Nr. 889, fol. 112r.

361 Stuben, vgl. DWB, Lemma: Stube, Bd. 20, Sp. 157 ff.

362 HS 2, fol. 160v [Reg.-Nr. 228].

363 Vgl. zum Problem der Kostenerstattung für die Pfarrhausinstandhaltung Kapitel 6.2.

364 Sehling, Ev. KO, Bd. VI/1, S. 241.

365 Sehling, Ev. KO, Bd. VI/1, S. 243.

366 Ehrenpreis, Elementarschulwesen, S. 148.

367 Vgl. zu Hartung Hake Kapitel 5.2. und die Ausführungen im Anhang 11.8.

368 Zur Edition von Jovius' Schreiben an Hartung Hake vgl. Hölscher, Hakes in Bodenwerder, S. 43 f.

369 HS 2, fol. 160v [Reg.-Nr. 227].

hatte die Haller Kirche zur Unterstützung einen alten, verfallenen Speicher auf dem Kirchhof zur Verfügung gestellt, der nach einer entsprechenden Renovierung als Schulgebäude dienen sollte. Da aber ohne finanzielle Unterstützung von gutherzigen und christlichen Gläubigen die Renovierung nicht zu finanzieren sei, bat Jovius gemeinsam mit den Alterleuten, die beiden Herren *mit einem christlichen almussen, umb godtes Ehre und dem gemeinem nutzes willen hellfen fördern, da mit wirs desto schleuniger können volfuren*[370]. Da die Herren der *kirchen Schulen unnd derselbigen dieneren gantz voll geneigt*[371] seien, könnten sie das Vorhaben mit finanziellen Mitteln fördern. Zugleich stellte Jovius den möglichen Spendern in Aussicht, wenn sie Almosen spenden wollten, dass die Spendenhöhe in *das register welchs die olderleut bei sich haben*[372] verzeichnet werde.

Die Register, in denen auch die Spender namentlich samt ihrer Spendenhöhe eingetragen wurden, mussten im Zuge der Kirchenrechnungsprüfung an das Konsistorium geschickt werden. Die Spenden waren somit nicht nur für das Dorf oder für künftige Generationen nachvollziehbar und sichtbar dokumentiert, sondern auch für das Konsistorium resp. für den Herzog. Das Konzept des Bittbriefs an die Adligen unterschrieben *Jacobus Jovius S(pezial) Superintendens et Pastor, Bartold Eÿlerdes, Hans Spörler, Bartold Germen doselbst*[373] gemeinsam.

Ebenfalls am 1. Juni 1576 informierte Jovius seinen Freund, den Hauptmann Heinrich Temme, über die Einrichtung einer Schule in Halle, damit *die kinderchen inne sollet geleret werden*[374]. Er betonte, dass auch zu Christus Zeiten Kriegsknechte und Hauptmänner waren, die Schulen förderten. Er bat Temme, zur Ehre Gottes und des gemeinen Nutzens Almosen zu spenden, etwa für *fenster thur oder banck*[375]. Zugleich erwähnte er ihm gegenüber, dass die Spendenhöhe im Register verzeichnet werde. Unter diesem Schriftstück findet sich die Notiz, dass dieses Schreiben mit dem gleichen Inhalt auch an den nicht näher beschriebenen Georg Nolten geschickt wurde.

Vermutlich konnten die Spenden nicht die gesamten Kosten der Renovierung decken, da Jovius am 12. September 1576 erneut zwei Bittbriefe verfasste.

Der erste war an Heinrich von Saldern, dem Drost zu Lauenstein[376], adressiert, der gebeten wurde, für die Schule zu spenden. Eine *officina*[377] sei bereits in einem

370 HS 2, fol. 160v f. [Reg.-Nr. 227].
371 HS 2, fol. 161r [Reg.-Nr. 227].
372 HS 2, fol. 161r [Reg.-Nr. 227].
373 HS 2, fol. 161r [Reg.-Nr. 227].
374 HS 2, fol. 161v [Reg.-Nr. 228].
375 HS 2, fol. 161v [Reg.-Nr. 228].
376 Vgl. zu Heinrich von Saldern DI 83 (Landkreis Holzminden), Nr. 86 (Jörg Lampe, Maike Willing).
377 HS 2, fol. 177v [Reg.-Nr. 246].

baufälligen Speicher eingerichtet worden, in dem nach Abschluss der Renovierung die Knaben unterrichtet werden könnten und *der schulmeister seine wonunge*[378] habe. Mit einer Spende des Drosts könne die Renovierung der Schule abgeschlossen werden und die Gemeinde entginge einer weiteren finanziellen Belastung entgehen.

Das zweite Schreiben mit derselben Almosenbitte war an den Rittmeister Jobst von Werder[379] gerichtet. Jovius verdeutliche ihm seine Überzeugung, dass es ausgebildete Schüler seien, die zukünftig den *kirchen schulen unndt dem weltlichen regimnt dienen mussen*[380].

Unter diesem Entwurf findet sich der Vermerk, dass er dieses Schreiben an Justus Ascha von Werder und Heinrich [von Werder?][381] gerichtet hatte. Sowohl dem Drost als auch dem Rittmeister wurde versichert, dass die Höhe der Spende im Register verzeichnet und Gott sie für ihre wohltätigen Spenden entsprechend belohnen werde.[382]

Ob Hartung Hake, Georg Nolten, Heinrich von Saldern, Heinrich Temme, Jobst von Werder, Justus Ascha von Werder oder Heinrich [von Werder?] tatsächlich Geld spendeten, kann nicht geklärt werden, da sich diesbezüglich keine Belege finden lassen.

Interessant ist in diesem Zusammenhang, dass Jovius versuchte die Adligen in den Schreiben mit einer personalisierten Ansprache zu einer Spende zu bewegen. In dem Almosenbrief an den Rittmeister Jobst von Werder stellte er beispielsweise heraus, dass die ausgebildeten Kinder später dem weltlichen Regiment des Fürstentums dienen könnten, z. B. als Rittmeister.

Jovius war in seiner Funktion als Pastor gemäß der Kirchenordnung gehalten, die Schule und das Lehrpersonal regelmäßig zu kontrollieren. Sollten Unterrichtsmängel oder fehlerhaftes Verhalten des Schulpersonals festgestellt werden, sollte er sie ermahnen. Er hatte als Superintendent darüber hinaus die Aufgabe, alle Schulen in seiner Inspektion zu visitieren, die Schüler zu examinieren und die Konfirmation durchzuführen. Falls er gefundene Mängel nicht beheben konnte, sollte er sich an seinen Vorgesetzten, den Alfelder Generalsuperinten-

---

378 HS 2, fol. 177v [Reg.-Nr. 246].

379 Zu Jobst von Werder vgl. NLAH Dep. 82 A Nr. 36; NLA WF 2 Alt Nr. 19393: Auszug aus der Bestallung des Grafen Leicester für Jost von Werder als Rittmeister in englisch-französischen Diensten (zwischen Dezember 1585 und 1587).

380 HS 2, fol. 179r [Reg.-Nr. 247].

381 Jovius' Vermerk lässt auch die Deutung zu, dass es sich um die Personen Justus und Ascha Heinrich handeln könnte, vgl. zu den Herren von Werder ausführlich RUSTENBACH, Häger und Hägergerichte, S. 621f.

382 HS 2, fol. 177v–178r [Reg.-Nr. 246], fol. 178v–179r [Reg.-Nr. 247]. Jovius deutet hier auf die Werkgerechtigkeit, die von Luther in seiner Rechtfertigungslehre thematisiert wurde vgl. dazu SAUTER, Rechtfertigung IV, S. 317–320. Vgl. zur Frage der Bedeutung der Rechtfertigungslehre für die Reformation KAUFMANN, Anfang der Reformation, S. 5–14.

denten, wenden. Zudem war Jovius gemäß der Kirchenordnung aufgefordert, Eltern zu überzeugen, ihre Kinder, gerade wenn diese vielversprechende Begabungen aufwiesen, unbedingt zur Schule zu schicken.[383]

Das von der Kirchordnung festgesetzte Schulgeld als Besoldung für den Lehrer musste von den Eltern bezahlt werden. Der Vorwohler Pastor Valentin Schlegel[384] erklärte, dass er zwar einige seiner Kinder, die begabt und intelligent seien, zur Schule schicken würde, er aber kein Geld habe, um sich die Ausbildung leisten zu können[385].

Jovius bemühte sich, ein Schulgebäude zu finden, Schüler und Lehrer zu rekrutieren, und kümmerte sich um die Finanzierung des gesamten Unternehmens. Die Zusammenarbeit bezüglich der Schule zwischen ihm und den Alterleuten funktionierte ohne Probleme, da hier die Förderung der Kinder des eigenen Dorfes im Vordergrund stand. Für die Finanzierung der Speicherrenovierung suchte der Haller Pastor nach anderen Geldquellen, weshalb er insgesamt acht Almosen-Schreiben verfasste, die an Adlige aus der näheren Umgebung gerichtet waren.

Der Haller Pastor sah sich aufgefordert, da im Fürstentum für die freien Stellen nicht genügend ausgebildete Kräfte vorhanden waren, seinen Dorfkindern die Möglichkeit zu bieten, in der eigenen Dorfschule ausgebildet zu werden. Er erwähnte, dass er etliche Schüler und auch einen Lehrer habe, aber wer genau diese Personen waren oder wie sie hießen, wird aus den Konzeptbüchern nicht ersichtlich. Den einzigen Hinweis auf einen Lehrer, der den Katechismus öffentlich und somit wahrscheinlich auch in der Dorfschule unterrichtete, bietet ein Schreiben vom 17. Dezember 1583, in dem Jovius Johannes Köne[386] bescheinigte, mit großem Fleiß seine Kinder unterrichtet zu haben *unnd darbeneben den Catechismum publice pro concione tractiret*[387].

6.5. Zusammenfassung

In den Fokus dieses Kapitels rückten der Haller Pastor und Superintendent Jovius sowie das Kirchspiel, die Haller Alterleute und einzelne Gemeindemitglieder. Die diversen Konflikte um die Teilnahme am Gottesdienst und Abend-

383 Sehling, Ev. KO, Bd. VI/1, S. 354f.

384 Vgl. zu Valentin Schlegel Kapitel 7.1.7. und die Ausführungen im Anhang 11.8.

385 HS 2, fol. 33v–35r [Reg.-Nr. 520]. Im Zusammenhang mit der Entlassung des Schulmeisters in Bockenem wird erwähnt, dass sich die Schulgebühr pro Schüler auf 10 Körtlinge belief, vgl. LAW V237, S. 174–186, hier S. 179 (auf freundlichen Hinweis von Dr. Arne Butt, Institut für Historische Landesforschung, Universität Göttingen).

386 Vgl. zu Johannes Köne Kapitel 5.1.3.1.

387 HS 3, fol. 119v [Reg.-Nr. 636].

mahl, die Instandhaltung der Pfarrgebäude, das Pfarreinkommen oder die Errichtung einer Schule beleuchten detailliert die komplizierte und ambivalente Beziehung von Pastor und Gemeinde.

Auch nach der Einführung der Reformation im Fürstentum spielten der Empfang des Abendmahls und der Gottesdienstbesuch weiterhin eine wichtige Rolle.[388] Die Motive für das Fernbleiben waren vielfältig. Entweder waren einzelne Gemeindemitglieder altgläubig, Wiedertäufer[389], desinteressiert, befanden sich in einem Streit, führten ein sündiges und gottloses Leben oder sie waren unsicher, in Bezug auf die neuen Elemente des kirchlichen Lebens.[390] Besonders der Streit mit einem anderen Gemeindemitglied konnte dazu führen, dass explizit die Gemeinschaft mit dem Kontrahenten beim Abendmahl nicht gewollt war. Mit der Entscheidung, das Sakrament nicht zu empfangen, entzogen sich einzelne Mitglieder dem Handlungs- und Zuständigkeitsbereich des Pastors und somit gleichzeitig der Kontrolle des Herzogs. Der Pastor konnte die Gründe für die Abwesenheit, wenn es sich nicht um innerdörfliche Auseinandersetzungen handelte, oft nur vermuten. Einzelne Mitglieder äußerten sich gar nicht über ihre Gründe oder verspotteten den Geistlichen, wenn dieser sie aufforderte, am Gottesdienst oder am Abendmahl teilzunehmen. Ein mutmaßliches Motiv für das Fernbleiben könnte natürlich auch der bewusste und absichtliche Rückzug aus dem kirchlichen Leben sein.[391] Die Verzeichnisse über die Abendmahls- und Gottesdienstverweigerer, die der Geistliche im Auftrag des Herzogs Julius anlegte, bieten die einmalige Möglichkeit, potentielle Konfliktverursacher zu ermitteln. Diese herzoglich initiierte Datenerhebung in Form von aufgelisteten Akteuren, ihre Verweigerungsgründe und Abwesenheitsdauer gibt einen Einblick in die dörfliche Sozialstruktur sowie ihrer einzelnen Mitglieder, die nicht harmonisch im Dorf zusammenlebten. Sie verdeutlicht ebenso, wie der Herzog durch systematische Erhebungen von Daten und Informationen umfassende Kenntnisse über das Territorium erlangen wollte.[392] Die Akteure, die nicht am Abendmahl teilnahmen, stimmten sogar zum Teil mit denjenigen überein, die dem Pastor über Jahre hinweg die Abgaben verweigerten. Vor allem sind hier die Hauptschuldner zu nennen: Tile Poitzen d. Ä., der Kreipker Meier Curd, Karsten Arends, Curd Lohes und der Gograf Claus Kopper. In einer Zeit in der Kirche und

388 Vgl. KAUL, Undankbare Gäste, S. 289.

389 ›Wiedertäufer‹ vertraten ein symbolisches Sakramentsverständnis und glaubten nicht an die Selbstwirksamkeit der Sakramente. Vgl. zu den ›(Wieder)Täufern‹ STAYER, GOERTZ, Täufer/Täuferische Gemeinschaften, S. 597–623. S. a. RELLER, Kirchenverfassung, S. 140.

390 Vgl. JADATZ, Reformation im Leipziger Land, S. 210.

391 Vgl. KAUL, Undankbare Gäste, S. 80ff.; GROCHOWINA, Von Politik und Zucht, S. 145; SABEAN, Herrschaft, S. 51–76.

392 Vgl. REITEMEIER, Herzog Julius, S. 49.

Religion das öffentliche und alltägliche Leben bestimmten, waren also nicht alle Gemeindemitglieder fromme und gläubige Christen.

Das Verhältnis zwischen dem Pastor auf der einen und seiner Gemeinde sowie den Alterleuten auf der anderen Seite wurde besonders durch den Konflikt der Instandhaltung und Renovierung der Pfarrgebäude sowie deren Kosten geprägt. Durch die Repräsentation beider Konfliktparteien im Corpus ist es möglich, die Kontroverse aus beiden Perspektiven zu verfolgen, zumal der exakte Wortlaut und sogar das Argumentationsmuster der Kläger dokumentiert sind.

Die Motive der Kläger waren vielfältig. Neben den monetären Aspekten erhoben die Kläger weitere Vorwürfe, wie z. B. dass der Pastor Kirchengelder veruntreue, geizig resp. eitel sei, Unruhe stifte, mit dem Amtmann zu seinen Gunsten zusammenarbeite oder seinen Predigtpflichten nicht nachkomme, dafür aber sehr wohl Geld verlange. Es besteht aber durchaus die Möglichkeit, dass einzelne vorgebrachte Anklagepunkte vielleicht ausgeschmückt, weggelassen oder sogar frei erfunden wurden. Vielleicht versuchte die Gemeinde mit vielen, thematisch verschiedenen Anklagen ihrem Anliegen beim Herzog Nachdruck zu verleihen. Fraglich bleibt, ob es sich um ernst zu nehmende Äußerungen über das tatsächliche Ansehen von Jovius in der Ortschaft handelte. Ebenso wird in den Klagen nicht eigens erwähnt, ob die Anklagepunkte eine altgläubig motivierte Ablehnung einer legitimen Pfarrfrau bzw. -familie oder der damit notwendig einhergehenden Erweiterung des Pfarrhauses waren. Zumindest empfand die Gemeinde ihre Pflicht, *des Predicantenfrawen E(uer) F(ürstlich) G(naden) kirchenordnunge nach ein sonderlich hauß* […] *uss der gantzen gemein zu bauwen*[393] als zusätzliche Belastung; äußerte sich aber nicht explizit abwertend zur neuen Erscheinungsform der Pfarrfamilie.

Der Vorwurf der unnötigen Bauarbeiten wog schwer, denn der Kirchenordnung zufolge hatten die Pastoren auf jeglichen Luxus zu verzichten. Aus Sicht der Kläger war das Pfarrhaus ein außerordentliches luxuriöseres Haus, da es bereits ohne Renovierungen schon über wesentlich mehr Ausstattungen[394] verfügte als andere Häuser im Dorf. Spätestens durch diesen intendierten und kostspieligen Lebensstil bezüglich des Pfarrhauses mussten Jovius und auch seine ebenfalls nicht aus dem Dorf stammende Ehefrau, Margaretha Cloth[395], als Zugezogene oder Außenseiter aufgefallen sein.[396]

Die Klagegründe lassen verstärkt darauf schließen, dass der Pastorenfamilie ihr besonderes symbolisches Kapitel missgönnt wurde. Dennoch ist nicht ohne

393 HS 2, fol. 54r [Reg.-Nr. 75]. Vgl. zur Versorgung der Pfarrwitwe mit einem Haus bzw. Wohnung Kapitel 7.1.1. und 7.1.2.

394 Vgl. zur Ausstattung des Pfarrhauses Kapitel 3.3.

395 Vgl. zu Margaretha Cloth Kapitel 4.2.

396 Vgl. Goodale, Pfarrer als Außenseiter, S. 195; Wahl, Distanz, S. 44f.; Schorn-Schütte, Evangelische Geistlichkeit, S. 316f.

Zweifel zu klären, ob die angeführten Argumente der Kläger »zugleich auch geschickt gewählte Vorwürfe waren, von denen bekannt war, dass sie obrigkeitlich sanktioniert wurden«[397]. Dass die Gemeinde vorsätzlich einige Beschwerdepunkte in ihre Klage aufgenommen haben könnte, liegt aber im Bereich des Möglichen. Schließlich war ihnen die Kirchenordnung sowie daraus resultierende Pflichten und Rechte durchaus bekannt. Dem Herzog versicherten sie, dass sie trotz ihrer Klagen *E(uer) F(ürstlich) G(naden) underthane Kirchenordnunge mit nichten etwas zu widder handelen wollten*[398] und rechtfertigten sich, dass *dieses und andere Newerunge so uns uber alten gebrauch von unserem Pastore ufgedrungen*[399] wurden.

Zumindest widersetzten die Gemeinde und Alterleute sich der geltenden Kirchenordnung, indem sie die Klagen direkt an den Herzog adressierten und nicht, wie vorgesehen, zunächst an die nächst höhere lokale Amtsinstanz. Somit setzten sie ihre Klagen gezielt ein, um sich an oberster Stelle über die Bautätigkeiten ihres Pastors zu beschweren, und begünstigten somit BRAKENSIEK zufolge eine akzeptanzorientierte Herrschaft.[400] Der Herzog wurde durch diese Klagen über die Vorkommnisse in einem peripheren Ort des Fürstentums informiert. Er »galt als eine rechte christliche Obrigkeit«, wenn er »für Bitten und Klagen der Untertanen ein offenes Ohr hatte«[401]. Gleichzeitig wurde ihm damit die Autorität in diesem Fall übertragen.[402] Die Klagen werden daher als Kommunikationsform zwischen »der Norm setzenden Landesherrschaft und den Normadressaten«[403] verstanden.

Ferner gelangte HOLENSTEIN bei seiner Untersuchung zu kommunikativen Praktiken und Konfliktlösungsverfahren zum Schluss, dass eine Gemeinde während innerdörflicher Auseinandersetzungen auf das Instrument der Supplik zurückgriff und häufig auf eine Streitschlichtung oder eine Konfliktlösung bedacht war.[404] Die Haller bedienten sich dieses Instruments und waren nachweislich an einer Schlichtung interessiert, zeigten sich aber während des Schlichtungsverfahrens unkooperativ.

---

397 FÄTKENHEUER, Lebenswelt und Religion, S. 354.

398 HS 2, fol. 53v [Reg.-Nr. 75]. Die Gemeinde versichert ebenso in der 2. Klageschrift, dass *wir armenn leute e*(uer) *f*(ürstlich) *g*(naden) *mandat unnd bevelich in gehorsam undertheniglich nachzusetzen willig erbietens gewesen*, vgl. HS 2, fol. 92v [Reg.-Nr. 139].

399 HS 3, fol. 67r [Reg.-Nr. 560].

400 Vgl. BRAKENSIEK, Akzeptanzorientierte Herrschaft, S. 400–403.

401 BRAKENSIEK, Akzeptanzorientierte Herrschaft, S. 401.

402 Vgl. HOLENSTEIN, Introduction: Empowering interactions, S. 1–31; BRAKENSIEK, Herrschaft Einleitung, S. 11f.

403 BRAKENSIEK, Akzeptanzorientierte Herrschaft, S. 403. S. a. LANDWEHR, Policey im Alltag, S. 10–38, 277–283, DERS., Normdurchsetzung, S. 154–158; SCHWERHOFF, Kölner Supplikenwesen, S. 474.

404 Vgl. HOLENSTEIN, Klagen, Anzeigen, Supplizieren, S. 363f.

Herzog Julius besaß durch die Annahme der Klage die Möglichkeit, den Pastor vor Ort zu kontrollieren und ebenso zu maßregeln. Allerdings wurde das von ihm darauf erlassene herzogliche Mandat sehr wohl von dem Pastor, nicht aber von den Klägern akzeptiert, obwohl diese eine herzogliche Entscheidung hätten erwarten müssen.[405] Die Kirchenordnung, Chemnitz' Instruktion für die Generalsuperintendenten von 1569[406] und die herzoglichen Mandate regelten zwar die Kostenaufteilung, trotzdem hielten sich die Kläger nicht an diese normativen Vorgaben.

Der Konflikt verdeutlichte sowohl die ambivalente soziale Position und Rolle des Pastors zwischen Obrigkeit und Gemeinde als auch die innerdörflichen, lokalen Machtkonstellationen. Der Haller Pastor versuchte die Normen hinsichtlich der vorgesehenen Kostendrittelung vehement zu implementieren und diese zwischen Herzog und Gemeinde zu vermitteln.[407] Er nutzte sogar seine sozialen Kontakte in dieser Sache und bat einen Freund, die Beilegung des Konflikts beim Konsistorium voranzutreiben, bei Herzog Julius für ihn zu interzedieren und sogar eventuelle Kosten für ihn zu übernehmen.[408] Bei jeder Gelegenheit forderte der Pastor von seinen Vorgesetzten Unterstützung und obwohl ihm wiederholt von allen Instanzen Recht zugesprochen wurde, fehlte eine wirkungsvolle Exekutive.

Diese fehlende Umsetzung und Unterstützung seitens der höheren Instanzen führte dazu, dass weder die Gemeinde noch die Kirche ihren jeweiligen Kostenanteil zahlten. Sie zweifelten an der Intention des Pastors und verstanden nicht, warum er trotz seines hohen Einkommens nicht alleine für die Kosten aufkam, sondern ihnen eine zusätzliche finanzielle Last auferlegte. Somit wurde der Pastor gezwungen, für die dringenden Bauarbeiten an den Pfarrgebäuden in Vorleistung zu gehen.[409] Diese Auseinandersetzung bot nicht nur im Fürstentum Braunschweig-Wolfenbüttel ein hohes Konfliktpotential, sondern war auch über die zeitlichen und räumlichen Grenzen hinaus ein weit verbreitetes Problem zwischen Pastor und Gemeinde.[410]

405 Vgl. dazu Brakensiek, Einleitung Herrschaft, S. 12ff.
406 Vgl. zur Instruktion von Martin Chemnitz Kapitel 3.6.5.
407 Vgl. Landwehr, Normdurchsetzung, S. 155ff.
408 Siehe u.a. HS 3, fol. 70v–71v [Reg.-Nr. 564], fol. 74v–75r [Reg.-Nr. 571].
409 Dürr, Pastoren im Raumgefüge, S. 165, kommt zu dem Schluss, dass ohne die Gemeinde am Haus des Pastors wenig passierte. Jovius hingegen finanzierte und führte seine Baumaßnahmen notwendigerweise selbst aus, forderte aber bis zum Ende seiner Amtszeit die ihm gemäß der Kirchenordnung und der herzoglichen Mandate zustehende anteilige Kostenerstattung.
410 Dass gerade die Auseinandersetzungen um die Pfarrhausinstandhaltung ein hohes Konfliktpotential bot, stellte auch schon Vogel, »Et qualis Pastor talis et auditor«, S. 494, fest. Ebenso Fätkenheuer, Lebenswelt und Religion, S. 307f.; Schmidt, Glaube – Herrschaft – Disziplin, S. 168f.; Schorn-Schütte, Evangelische Geistlichkeit, S. 314ff.; Dürr, Pastoren

Das Haller Kirchspiel sah ihr altes Recht nicht durch die Normen und die daraus resultierenden Regelungen außer Kraft gesetzt. Es verteidigte seinen Anspruch noch bis in das Jahr 1603, also 18 Jahre nach Jovius' Tod, ohne dafür allerdings jemals ein Beweisdokument vorzulegen. Es standen sich zwei unterschiedliche Rechtsansprüche gegenüber: neue Kirchenordnung vs. gutes altes Recht.[411] Deutlich wird, dass die Umsetzung der Kirchenordnung und die herzoglichen Mandate theoretisch einfacher erschienen, aber der Pastor in Halle große Schwierigkeiten in der Praxis hatte. Vermutlich trugen fehlende Einsicht, mangelnde Akzeptanz des Pastorenamts seitens der Gemeinde, die neu geschaffene Amts- bzw. Machtposition des Geistlichen, dessen Handlungen oder fehlendes Entgegenkommen zu diesem Konflikt bei. Bleibt die Frage, ob wirklich auf Befehl des Herzogs Heinrich Julius vom 18. April 1603 der Konflikt beendet werden konnte oder ob das Kirchspiel weiter auf ihrem *praescribiertes ius*[412] beharrte.

Die Gemeinde musste nicht nur einen Anteil der Baukosten übernehmen, sondern war ebenso für die Besoldung des Pastors verantwortlich. Diese ökonomische Abhängigkeit des Pastors, die »der dominierende Zug im Verhältnis zwischen Geistlichem und Gemeinde«[413] war, bot enormes Konfliktpotential. Er war einerseits auf die Bewirtschaftung seines Meierhofs durch den Pfarrmeier angewiesen, andererseits hing sein Einkommen von dem Zahlungswillen der Gemeinde ab sowie von deren Akzeptanz der geistlichen Privilegien. Dass die Gemeinde ihrem Pastor die Abgaben verweigerte, »gehörte zum typischen Muster dörflichen Aufbegehrens«.[414] Diese gemeindliche Zahlungsbereitschaft konnte auch generell fehlen und wurde womöglich außerdem durch äußere und umweltbedingte Faktoren z. B. Missernten, Armut oder Preissteigerungen beeinträchtigt.[415] Schorn-Schütte sah den Konfliktauslöser darin, dass der Geistliche sein Einkommen mit Recht einfordern durfte. Aber genau diese Position wurde »von den Gemeinden als eine im Kern nicht-geistliche verübelt«[416]. Um dem Geistlichen die Zahlung vorzuenthalten, brachten der Gograf und der

im Raumgefüge, S. 163 f. S. a. Dies., Politische Kultur, S. 158–166; Holzem, Religion und Lebensformen, S. 275–277.

411 Vgl. Schorn-Schütte, Evangelische Geistlichkeit, S. 273.

412 NLA WF 14 Alt Nr. 889, fol. 119r.

413 Schorn-Schütte, Evangelische Geistlichkeit, S. 276, Anm. 295. Schorn-Schütte betonte schon hier den Unterschied zu den Forschungen von Sabean, Herrschaft, S. 23 ff., der die Ansicht vertrat, dass die Gemeinde von der Bereitschaft des Pastors abhängig gewesen sei, z. B. Pachtverträge zu erneuern.

414 Vogel, »Et qualis Pastor talis et auditor«, S. 497. S. a. Jadatz, Reformation im Leipziger Land, S. 210.

415 Vgl. Schorn-Schütte, Evangelische Geistlichkeit, S. 271–276; Riegg, Konfliktbereitschaft und Mobilität, S. 200; Wahl, Distanz, S. 51; Beck, Pfarrer und Dorf, S. 120 f.; Fätkenhauer, Lebenswelt und Religion, S. 315; Peters, Lautes Kirchenleben, S. 84 ff.

416 Schorn-Schütte, Evangelische Geistlichkeit, S. 247.

Vogt ein weiteres Argument vor. Da ihnen als weltlichen Amtsträgern die gleichen Freiheiten wie ihrem Ortsgeistlichen zustünden, seien sie somit auch von den Abgaben befreit. Trotz dieser falschen und nicht mit der Kirchenordnung konformen Annahme beharrten sie auf dieser Argumentation.

Darüber hinaus stellte die Gemeinde gewisse Erwartungen an ihren Pastor, wie er sein primär geistlich geprägtes Amt auszuführen und sich in das Dorfleben einzufügen hatte oder zumindest daran teilnehmen sollte.[417] SCHORN-SCHÜTTE konstatierte bereits, dass von der Geistlichkeit gefordert wurde, sich in Bezug auf die weltlichen, vorrangig wirtschaftlichen Güter zurückzuhalten, allerdings »kollidierte [dies] mit den tatsächlich gestiegenen Bedürfnissen der evangelischen Geistlichkeit, [da] diese [eine] [...] ganze Familie versorgen«[418] musste. Diese Auseinandersetzungen um die Privilegien und das Einkommen des Geistlichen belegen die wirtschaftliche Abhängigkeit des Pastors.

Als exemplarisches Beispiel für die Probleme mit dem Pfarreinkommen wurde der Fall Tile Poitzen d. Ä. beleuchtet, der dem Haller Geistlichen die Abgaben vorenthielt. Poitzen fiel aber nicht nur durch seine Zehntverweigerung und seine nachlässige Zahlungsmoral auf, sondern auch durch sein unzüchtiges Benehmen, sein unchristliches Leben sowie durch einen von ihm verursachten Tumult vor der Kirche. Seinem unmoralischen Charakter entsprechend verweigerte er trotz herzoglicher und konsistorialer Anweisungen sowie pastoraler Ermahnung weiterhin die Zahlung des Zehnten, den Gottesdienstbesuch und das Abendmahl. Poitzen konnte die neuen, geltenden Normen zwar nicht unterlaufen, aber er war durchaus in der Lage, sich ihnen über Jahre zu entziehen.

Hervorzuheben sind noch die folgenden Hauptschuldner: der Gograf Claus Kopper, der Kreipker Meier Curd, der Haller Meier Curd Lohes und Karsten Arends. Diese genannten Akteure lassen sich alle sowohl in der 1. Liste der Abendmahls- und Gottesdienstverweigerer als auch in der 2. Liste wiederfinden. Damit bestätigt sich, dass der Haller Pastor mit einzelnen Akteuren in mehrere Auseinandersetzungen gleichzeitig verwickelt war. Karsten Arends verweigerte nicht nur seine Abgaben, sondern hatte den Pastor verspottet, als dieser ihn ermahnte, am Abendmahl und am Gottesdienst teilzunehmen. Damit dienten die Verzeichnisse neben der Datenerhebung einem weiteren wichtigen Ziel; sie wiesen nämlich auf bestehende bzw. potentielle Konfliktverursacher hin. Meist handelte es sich – wie oben ausgeführt – um dieselben Akteure. In Kombination mit den Abendmahlslisten geben die Schuldenverzeichnisse einen Eindruck zu

417 Vgl. GOODALE, Pfarrer aus Außenseiter, S. 192ff.; SCHORN-SCHÜTTE, Evangelische Geistlichkeit, S. 285; DÜRR, Pastoren im Raugefüge, S. 160ff.; FÄTKENHAUER, Lebenswelt und Religion, S. 190f.; RIEGG, Konfliktbereitschaft und Mobilität, S. 196ff.

418 SCHORN-SCHÜTTE, Evangelische Geistlichkeit, S. 285.

den im Dorf lebenden Akteuren und ihrem schwierigen Verhältnis zum Ortsgeistlichen.

Durch die Verpachtung des Meierhofs war der Pastor als Verpächter gezwungen, sich mit dem Pfarrmeier auseinanderzusetzen. DÜRR vertrat bereits die These, dass die »Bewirtschaftung der Pfarrländereien [...] zu einer sehr diffizilen Verflechtung von Pfarrer und Gemeinde«[419] führte. Der geistliche Verpächter beklagte sich über die Zahlungsmoral des Meiers sowie über dessen Arbeitsverhalten und -einstellung, die das Verhältnis entscheidend prägten. Seine Unzufriedenheit über die Zahlungsrückstände oder auch das vertragswidrige Handeln des Meiers führten trotz eines 1571 geschlossenen Meiervertrags zu zahlreichen Spannungen. Das Verhalten des Pastors war in diesem andauernden Konflikt sehr konsequent. Er ließ keine Chance ungenutzt, die Kontroverse allen möglichen Instanzen immer wieder zu schildern, seinem Unmut Ausdruck zu verleihen und zu verdeutlichen, wie hoch sein finanzieller Schaden sei. Hervorzuheben ist bei dieser bestehenden Auseinandersetzung noch ein weiteres Detail: Der Haller Geistliche machte in einem Schreiben vom 2. Dezember 1583 den Wickensener Amtmann deutlich, dass im ersten Konzeptbuch[420] der mit dem Meier geschlossene Vertrag von 1571 dokumentiert wurde und jederzeit eingesehen werden könne.[421] Dieser Verweis innerhalb der Konzeptbücher bestätigt, dass diese zur Dokumentation von Amtsgeschäften und als Arbeitsinstrument genutzt wurden, d.h. mit ihnen aktiv gearbeitet wurde und diese gegenüber dem Amtmann eine gewisse Gültigkeit suggerierten.

Dieser Konflikt führte zu einer gewissen Resignation des Geistlichen, der zum Schluss sogar als letzte Möglichkeit den Amtmann mit einem Goldgulden bestach, um diese Angelegenheit zu einem Ende zu führen. Dieser Bestechungsversuch könnte womöglich ein Indiz dafür sein, dass die Gemeinde mit dem Vorwurf der engen Kooperation zwischen den beiden Amtsträgern im Zuge ihrer Klagen nicht ganz falsch lag.[422]

Darüber hinaus war der Haller Geistliche nicht der Einzige, der diverse Probleme mit seinem Pfarrmeier hatte. Bereits am 22. August 1569 hatte das Konsistorium eine Überprüfung angeordnet, ob der Pfarrer in Hunzen die ihm zustehenden Einkünfte von seinem Meierhof erhalte.[423] Auf dem Generalkonsistorium am 14. Mai 1573 in Riddagshausen wurden die Probleme thematisiert, die diverse Pastoren mit ihren Pfarrmeiern und deren nachlässiger Arbeit hatten.[424] In einer ähnlichen Situation befand sich am 3. Juni 1574 auch der Pastor in

419 DÜRR, Pfarrer im Raumgefüge, S. 163f. S. a. DIES., Politische Kultur, S. 158–166.
420 Jovius bezieht sich auf HS 2, fol. 35v [Reg.-Nr. 51].
421 HS 3, fol. 115r [Reg.-Nr. 631].
422 Vgl. zur Kooperation mit den Wickensener Amtmännern Kapitel 8.2.2.
423 NLAH Cal. Br. 21 Nr. 233, fol. 9r.
424 LAW V235, fol. 22v f. Vgl. auch SCHORN-SCHÜTTE, Evangelische Geistlichkeit, S. 230.

Heckenbeck, der gegen seinen Pfarrmeier wegen nicht geleisteter Zinszahlungen klagte.[425] Ebenso war Jovius' Nachbar-Superintendent Heinrich Dalemius[426], mit seinem Pfarrmeier ebenfalls 1571 in eine Auseinandersetzung um das Land und die Abgaben verwickelt.[427] Tatsächlich wurden einige Pfarrmeier vom Konsistorium mahnend aufgefordert, ihre ausstehenden Zinsen zu zahlen[428].

Dementgegen war das Verständnis für die Errichtung einer Dorfschule in Halle bei der Gemeinde und den Alterleuten vorhanden, weshalb die Kooperation eher problemlos verlief. Das Pfarrhaus in Halle war nun nicht mehr der einzige Ort im Dorf, wo Schreiben, Lesen, Rechnen und der Katechismus gelehrt wurden. Nachdem die Alterleute aus dem Kirchenvermögen einen Speicher als Schulhaus bereitgestellt hatten, überließ man dem Pastor die weitere Finanzierung für die benötigte Speicherrenovierung und die Organisation von Schulpersonal sowie Schülern. Diese Zusammenarbeit zwischen dem Pastor und den Alterleuten zeigt, dass die Konflikte um den Lohn des Pastors sowie um die Baukostenerstattung nicht alle Bereiche negativ belasteten. Mit einer Schule im Dorf ergab sich für die Dorfkinder die Chance, eine Ausbildung zu bekommen, um möglicherweise einen qualifizierten Beruf ausüben zu können, was offenbar Motivation genug war, die bestehenden Konflikte zu vernachlässigen.

Für die Finanzierung griff der Pastor auf Bittgesuche zurück und näherte sich so der Gemeinde an, indem er ihnen in diesem Vorhaben keine zusätzliche finanzielle Belastung zumuten wollte, sondern benachbarte Adlige um Almosen bat. Diese Schreiben geben darüber hinaus Auskunft, wieweit die Renovierung vorangeschritten war und dass die Schule die Ausbildung der Dorfkinder sowie die Sicherung der Zukunft des Fürstentums zum Zweck hatten. Der Haller Pastor bediente sich mit diesem zweckgebundenen Vorhaben der Almosen-Briefe einer frühen Form des Fundraisings[429].

Das Konfliktfeld Gemeinde wies sehr viele Nuancen auf. Nicht nur wird die ambivalente soziale Position des Pastors zwischen Obrigkeit und Gemeinde sichtbar, sondern auch die innerdörflichen, lokalen Machtkonstellationen.[430] Anhand der Konzeptbücher lässt sich feststellen, dass diese verschiedenen Konflikte zwischen Pastor und Gemeinde keine Einzelfälle waren. Im Zuge der Visitationen, die Jovius in seiner Funktion als Superintendent durchzuführen

425 LAW V240, S. 161.

426 Vgl. zu Heinrich Dalemius Kapitel 3.6.5.

427 Vgl. dazu ausführlich Schorn-Schütte, Evangelische Geistlichkeit, S. 272f.

428 LAW V237, S. 89f.: Der Pfarrer zu Wetzleben klagte gegen den Pfarrmeier Bertold Roder wegen rückständiger Zahlungen, weshalb der Meier durch Christoph von Sambleben ermahnt wurde (28. März 1579).

429 Vgl. zum Fundraising und zur Spendenerwerbung als Fundraising-Instrument in der Frühen Neuzeit Fundraising Akademie, Fundraising, S. 20ff.

430 Vgl. Dürr, Pastoren im Raumgefüge, S. 167; Vogel, »Et qualis Pastor talis et auditor«, S. 495.

hatte, beschwerten sich die Pastoren der Haller Inspektion immer wieder über ihren ausbleibenden Lohn, die Abendmahls- und Gottesdienstverweigerer, ihre baufälligen und maroden Pfarrhäuser sowie die Probleme bei der Kostenübernahme seitens der Gemeinde und der Kirche.[431] In der Visitation von 1570 wurde beispielsweise das marode Pfarrhaus in Eschershausen thematisiert. Auch hier war die Gemeinde zusammen mit den Alterleuten nicht bereit, ihren Anteil für die Instandhaltung des Pfarrhauses zu zahlen. Das auf Grund der Visitation erlassene herzogliche Mandat vom 7. April 1571 forderte auch hier die Gemeinde und Alterleute auf, ihren jeweiligen dritten Teil dem Eschershausener Pastor Johannes Plumbius[432] zu zahlen.[433] Dieses Problem der desolaten Pfarrhäuser war keineswegs nur ein Problem im Fürstentum Braunschweig-Wolfenbüttel des 16. Jahrhunderts.[434]

Das Leben der Haller Pfarrfamilie wurde durch die ständigen und andauernden Konflikte belastet. Die Gemeinde sah ihr altes Recht durch die neue Kirchenordnung angegriffen und stand ihrem Geistlichen skeptisch und eher ablehnend gegenüber. Vermutlich nahm das Entgegenkommen des Haller Ortsgeistlichen auf Grund der ständigen Konflikte oder der aussichtslosen Perspektive auf ein konfliktfreies Zusammenleben generell ab. Obwohl der Pastor sich an seine normativen Vorgaben und die entsprechenden Diensthierarchien hielt, hatte er bedeutende Probleme, die herzoglichen oder konsistorialen Instruktionen zu vermitteln und zu realisieren, zumal er seitens der übergeordneten Instanzen nur wenig Unterstützung erhielt. Somit konnten selbst die obrigkeitlichen Mandate einem Pastor kein Recht verschaffen.

431 Vgl. Dürr, Pastoren im Raumgefüge, S. 163ff. S. a. Jadatz, Reformation im Leipziger Land, S. 201–213.

432 Vgl. zu Johannes Plumbius Kapitel 7.1.7. und Anhang 11.8.

433 HS 2, fol. 50v–52r [Reg.-Nr. 73].

434 Vgl. zu einem Beispiel eines Gellihäuser Pastors im 17. Jahrhundert Vogel, »Et qualis Pastor talis et auditor«, S. 498f. S. a. Scribner, Religion und Kultur, S. 217f.; Schorn-Schütte, Evangelische Geistlichkeit, S. 314ff.; Wahl, Distanz, S. 44f.

7. Konfliktfeld D – Geistliche Amtsträger

Im Fürstentum Braunschweig-Wolfenbüttel regelte die von Herzog Julius im Jahr 1569 erlassene Kirchenordnung die Aufgaben und Pflichten der einzelnen geistlichen Instanzen ebenso wie sie die Strukturen einer sich ausbildenden Landeskirche organisierte. Der Aufbau einer hierarchischen, vierstufigen Kirchenstruktur umfasste neben dem kirchenleitenden Konsistorium, dem Generalsuperintendentenamt, den lokalen Kirchendienern auch das Superintendentenamt, das nach württembergischen Vorbild als mittlere Aufsichtsinstanz installiert wurde.[1] Wie aber tatsächlich der Superintendent sein Amt auf dem Land im Kontext dieser Kirchenhierarchie ausübte, lässt sich mit Hilfe der normativen Quellen wie der Kirchenordnung nicht hinreichend rekonstruieren. Deshalb muss der Blick auf die Praxis des Superintendentenamtes im frühneuzeitlichen Kirchenwesen im Fürstentum Braunschweig-Wolfenbüttel gerichtet werden.[2]

Eine ganz wesentliche und nicht in erster Linie normativ geprägte Quelle für diese Fragen sind die Konzeptbücher des Jacob Jovius. Sie bieten einen detaillierten Einblick in das Amt des Haller Superintendenten und lassen erkennen, wie der Superintendent während seiner 16-jährigen Amtszeit das neue Kirchenrecht umsetzte, seine Position als Amtsträger der mittleren Leitungsebene etablierte und inwieweit er seinen diversen Funktionen als Normvermittler bzw. -adressat und Kontrollinstanz gerecht wurde. Besonders die Probleme bei der tatsächlichen Amtsausübung sowie die Konflikte bei der Zusammenarbeit zwischen ihm und den einzelnen über- wie untergeordneten Instanzen in der

1 Vgl. zur Entstehung des Superintendentenamtes Goldenstein, Entstehung des Superintendentenamtes, S. 99–397; Butt, Norm und Praxis, S. 359–362. S. a. Sehling, Ev. KO, Bd. VI/1, S. 195, 210. Vgl. zu den Aufgaben und den normativen Vorgaben für das Superintendentenamt Kapitel 3.6.

2 Butt, Norm und Praxis, S. 358, griff für seine Untersuchung auf die Überlieferung der kirchlichen Verwaltung zurück, wie z. B. Instruktionen und Amtsanweisungen für die Superintendenten, Visitationsberichten und besonders die Sitzungsprotokolle des Konsistoriums.

alltäglichen Arbeit sind Gegenstand des folgenden Kapitels. Ziel ist es, an diesem exemplarischen Fall einer Land-Superintendentur zu zeigen, welche Schwierigkeiten es bei der Vermittlung der lutherischen Lehre sowie der neuen, reformatorischen Strukturen gab.

Die Basis dieser Untersuchung bilden die insgesamt 297 in den Konzeptbüchern konzipierten Aktenschriftstücke, die der Haller Superintendent an die geistlichen Amtsträger[3] bzw. die kirchenleitende Behörde im Fürstentum Braunschweig-Wolfenbüttel gerichtet hat: 145[4] an Pastoren, 110 an Generalsuperintendenten, 37 an das Konsistorium[5] und 5 an Küster.[6]

In das Blickfeld rücken der Hierarchie folgend primär die Analyse der Zusammenarbeit zwischen dem Superintendenten und den Pastoren seiner Inspektion sowie die Betrachtung der Schwierigkeiten, mit denen der Superintendent in seiner Funktion als Vorgesetzter konfrontiert wurde. In dieser übergeordneten Instanz hatte der Geistliche neben seinem eigenen Küster in Halle, dem er zugleich als Pastor vorgesetzt war, alle Küster seiner Inspektion zu beaufsichtigen und sich der Probleme, die z. B. in ihrer Amtsführung begründet waren, anzunehmen. Weiterhin wird der Fokus auf die Beziehung des Haller Superintendenten zur nächsthöheren hierarchischen Ebene, dem Alfelder Generalsuperintendenten, gerichtet. Vor allem werden die Konflikte, die sich während ihrer Kooperation ergaben, untersucht und geklärt, ob beide Amtsträger ihren unterschiedlichen Aufgaben und Pflichten nachkamen.

Letztlich beschäftigt sich ein weiterer Aspekt mit der Amtsführung des Superintendenten sowie dem wechselseitigen Verhältnis zwischen konsistorialer Zentralbehörde und Mittelinstanz. Im Vordergrund stehen die Kontaktintensität und das Verhältnis zwischen dem Superintendenten und den Hierarchien. Inwiefern Angelegenheiten der Haller Superintendentur auf Sitzungen verhandelt wurden und ob Jovius seine Kompetenzen übertrat oder sich gemäß der Normen verhielt, können ergänzend mit Hilfe der Konsistorialprotokolle gezeigt werden.

3 Der Amelungsborner Abt wird in diesem Kapitel und in der Verteilung der Schreiben nicht berücksichtigt, vgl. zu seiner Person Anhang 11.8.
4 Von diesen 145 Schreiben sind 62 an die ›Confratres‹ adressiert.
5 Hierzu wurden auch die Schreiben gezählt, die an den jeweiligen Generalissimus adressiert wurden.
6 Vgl. dazu Anhang 11.6., Diagramm 2.

7.1. Die Pastoren

Das Verhältnis zwischen Superintendent und Pastor[7] hat bisweilen in der Forschung keine hinreichende Beachtung gefunden. RELLER nahm in seiner Untersuchung das Superintendentenamt in den Blick sowie die Beziehung zwischen dem weltlichen Amtmann und dem geistlichen Superintendenten. Die Ebene zwischen Pastor und Superintendent beachtete er nicht, außer bei der Darstellung der verschiedenen Aufgaben und die gemeinsame Teilnahme an der Predigersynode.[8] Ebenso wenig beschäftigte sich SCHORN-SCHÜTTE in ihrer sozialgeschichtlich orientierten Untersuchung der evangelischen Geistlichkeit mit dem Verhältnis von Superintendent und Pastor, abgesehen von der Frage nach dem Bildungsunterschied zwischen einem »Normalgeistlichen« und einem Superintendenten.[9] Die Konzeptbücher bieten für diese Frage nach dem Verhältnis zwischen Pastor und Superintendent erstmals detaillierte Einblicke. Sie offenbaren zahlreiche Konflikte zwischen den beiden hierarchisch getrennten Instanzen, insbesondere bei der Befolgung von herzoglichen Anweisungen, bei der pastoralen Amtsführung, bei widerrechtlichen Handlungen gegen die Kirchenordnung oder Klagen der Pastoren über ihre Gemeindemitglieder.

Innerhalb der einzelnen Aufgabenbereiche – Visitation und Kirchenrechnung, Dienstaufsicht, Kirchen- und Eheangelegenheiten sowie Sitten- und Kirchenzucht – werden zuerst ausgewählte Konflikte zwischen den Pastoren und dem Superintendenten exemplarisch erläutert, um zu erörtern, ob sich beide Instanzen gemäß den vorgegebenen Normen verhielten.

Anschließend werden auf Grund einer detaillierten Überlieferungssituation einzelne Kontroversen von sieben ausgewählten Pastoren dargestellt. Diese Beispiele belegen, in welchem Umfang einzelne Pastoren selbst in Konflikte involviert oder wie oft sie oder ihre Amtsführung der Auslöser waren. Ob die Pastoren den herzoglichen Anweisungen Folge leisteten, wird abschließend bei der Zahlung der regelmäßig zu leistenden Beiträge für die von Herzog Julius eingerichtete Witwen- und Waisenkasse analysiert.

Visitation und Kirchenrechnung

Normative Grundlage für alle Pastoren war die Kirchenordnung von 1569. Jeder kirchliche Amtsträger, d.h. auch jeder Pastor, musste sich auf diese Kirchenordnung verpflichten und hatte seine Unterschrift unter ein Exemplar der Kir-

7 Vgl. zu den Pastoren, die während der Amtszeit des Superintendenten Jovius in der Inspektion tätig waren, den Überblick im Anhang 11.7. und zu den einzelnen Personen jeweils die Ausführungen im Anhang 11.8.

8 RELLER, Kirchenverfassung, S. 142–191. Vgl. zur Predigersynode die Ausführungen weiter unten in diesem Kapitel.

9 SCHORN-SCHÜTTE, Evangelische Geistlichkeit, S. 74–78, 169–177.

chenordnung beim zuständigen Superintendenten zu leisten.[10] Diese Verfahrensweise spiegelt zugleich die von der Kirchenordnung vorgesehen hierarchische Ordnung wieder. Die Aufgaben der Pastoren bestanden insbesondere in der Predigt, Austeilung der Sakramente, Lehre, Katechismusunterricht und in der Aufsichtsfunktion über die Gemeinde.[11]

Die Pastoren sollten von dem Superintendenten und dem zuständigen Amtmann zweimal jährlich, nach Ostern und Michaelis[12], visitiert werden.[13] Aus Jovius' ersten Amtsjahren als Superintendent sind keine direkten Visitationsanweisungen an seine *Confratres*[14] oder gar Visitationsberichte überliefert. Er verweist lediglich im Zuge des Küsterstreits[15] auf seine 1569 und 1570 durchgeführten Visitationen, ohne aber Berichte oder weitere Einzelheiten zu erwähnen.[16] Erst für das Jahr 1571 ist eine Visitation belegt. Am 7. April 1571 wurde ein herzogliches Mandat erlassen, das der Haller Superintendent als Antwort auf seine *jungst*[17] durchgeführte Visitation erhielt, in der er *allerhand Irrungen und Mangell*[18] aufgeführt hatte. Bereits im Juli 1571 hatte Jovius eine neue nicht näher ausgeführte Visitationsanweisung erhalten, woraufhin er die in Kürze stattfindende dritte Visitation vorbereitete.[19] Die von ihm vorgenommene Nummerierung weist darauf hin, dass er bis 1571 nur einmal jährlich visitierte. Sogar 1580 sprach er gegenüber dem Alfelder Generalsuperintendenten noch von der alljährlichen Visitation.[20] Die Visitation beschrieb der Haller Geistliche

---

10 Diese Anweisung enthält auch Chemnitz' Instruktion für die Einweisung der Generalsuperintendenten aus dem April 1569, vgl. NLAH Cal. Br. 21 Nr. 232, fol. 3r; vgl. zur Wiedergabe der Instruktion Butt, Norm und Praxis, S. 392–295, Anhang 1. S. a. Reller, Kirchenverfassung, S. 128f. Vgl. zu dieser Instruktion die Angaben im Kapitel 3.6.5.

11 Vgl. zu den Aufgaben der Pastoren Sehling, Ev. KO, Bd. VI/1, S. 139–277; Jung, Stellung des Pfarrers, S. 58ff.

12 29. September.

13 Sehling, Ev. KO, Bd. VI/1, S. 198f. Die überlieferten Visitationsprotokolle einzelner Superintendenten, aber nicht die des Haller Superintendenten, sind zum größten Teil ediert bei: Wolters, Kirchenvisitationen, Bd. 43 (1938), S. 204–237; Bd. 44 (1939), S. 64–85; Bd. 45 (1940), S. 153–202; Bd. 46 (1941), S. 99–153; Bd. 48 (1950), S. 62–85.

14 Jovius betitelte die Gesamtheit aller ihm unterstellten Pastoren seiner Inspektion als ›Confratres‹.

15 Vgl. zum Küsterstreit Kapitel 7.2.1.

16 HS 2, fol. 31r–33v [Reg.-Nr. 49].

17 HS 2, fol. 50v [Reg.-Nr. 73].

18 HS 2, fol. 50v [Reg.-Nr. 73].

19 HS 2, fol. 14v f. [Reg.-Nr. 26], fol. 15v f. [Reg.-Nr. 27]. Diese Vorschriften waren an Jovius und seinen Kollegen den Holzmindener Superintendenten Johannes Nigrinus gerichtet. Genau diese Anweisungen veranlassten Jovius sich mit seinem Kollegen über die bevorstehende Visitation in Verbindung zu setzen. Die im Zuge dieser im September 1571 durchgeführten Visitation entstandenen Visitationsberichte übersandte Nigrinus am 26. Oktober 1571 dem Konsistorium (vgl. zur Überlieferung NLA WF 14 Alt Nr. 884). Vgl. zum Umgang mit Visitationsakten Menne, Visitationsakten, S. 175–187.

20 HS 2, fol. 322v [Reg.-Nr. 424]. Jovius war nicht der einzige Superintendent, der von einer

gegenüber seinem Schwager Franz Düvel[21] am 26. Oktober 1580 mit eigenen Worten, als eine Prüfung seiner Pastoren in seiner Inspektion auf ihren Lebenswandel, ihr Studium und ihre relevanten theologischen Kenntnisse. Diejenigen, die nicht bestehen oder sich widersetzen würden, müsse er dem Konsistorium schriftlich melden.[22]

Einen Visitationsbefehl erwähnte der Superintendent explizit am 1. März 1580. Diesen leitete er an seine Pastoren weiter, mit der Anweisung, dass alle ihre Mängel aufschreiben sollten. Abschließend sollte er alle Visitationsberichte einsammeln und an seinen Vorgesetzten schicken.[23] Diese Verfahrensweise entsprach exakt der Vorgehensweise, wie sie in der Kirchenordnung festgelegt wurde.[24] Die Visitation sollte gemäß der Ordnung in Form einer Visitationsreise[25] stattfinden, d.h. der Superintendent sollte von Pfarrei zu Pfarrei ziehen und die Pastoren vor Ort examinieren.[26] Für Jovius konnte in den Jahren 1580 bzw. im Juli 1581 diese Visitationsreise *von einem orth zum andern*[27] belegt werden, als er sich über eben diese Form wegen der winterlichen Verhältnisse und der kurzen Tage beschwerte.[28]

Ein einziger Hinweis auf die Dauer einer von Jovius durchgeführten Visitation ist für Ende Oktober 1580 vorhanden. Dort veranschlagte er für eine Visitation *nicht mehr als 14 Tag biss auf Martini*[29], *in der zeit soll ein Jeder sich gehorsamlich instellen.*[30] Zwei Wochen waren aber angesichts der Größe seiner Inspektion, die Jovius zu Fuß oder ggf. mit dem vom Amtmann bereitgestellten Wagen und Pferd[31] bereiste, knapp bemessen. Aus diesem Grund und zur Beschleunigung der Visitation, bei der er zusammen mit dem Amtmann die Kir-

---

jährlichen Visitation sprach, so z.B. auch der Superintendent aus Baddeckenstedt, vgl. Wolters, Kirchenvisitationen, Bd. 43 (1938), S. 232; Butt, Norm und Praxis, S. 377.

21 Vgl. zu Franz Düvel Kapitel 4.5.2. und die Ausführungen im Anhang 11.8.

22 HS 2, fol. 346r–347v [Reg.-Nr. 461].

23 HS 2, fol. 326v [Reg.-Nr. 431].

24 Sehling, Ev. KO, Bd. VI/1, S. 198f.

25 Vgl. zu den Begriffen »Mittelpunktvisitation« und »Visitationsreise« vgl. Lang, Kirchenvisitationen des 16. Jahrhunderts, S. 134. S. a. Müller-Vollbehr, Geistliche Gerichte, S. 259ff.

26 Vgl. zur unterschiedlichen Ausgestaltung der Visitation der Superintendenten Butt, Norm und Praxis, S. 374–381; Reller, Kirchenverfassung, S. 145f.

27 HS 3, fol. 16r [Reg.-Nr. 505].

28 HS 2, fol. 365r [Reg.-Nr. 472]. HS 3, fol. 15v–19v [Reg.-Nr. 505]. Jovius reichte die Kirchenrechnungen beim Konsistorium ein und erhielt im Juli 1585 eine Bestätigung dafür, vgl. zur Bestätigung die Abb. 5 weiter unten im Kapitel.

29 11. November.

30 HS 2, fol. 351v f. [Reg.-Nr. 467], Zitat fol. 352r.

31 HS 2, fol. 14v f. [Reg.-Nr. 26], fol. 15v f. [Reg.-Nr. 27]. Vgl. zur Bereitstellung von Pferd und Wagen Kapitel 8.2.

chenrechnung prüfte[32], wünschte er sich einen Pastor als Helfer, damit er neben diesen Aufgaben weiterhin seinem Predigtamt gerecht werden könne.[33] Von dieser Form der Visitationsreise wich Jovius im Januar 1583 ab, als er auf Grund seiner schmerzenden Füße nicht reisen bzw. nicht zu Fuß gehen konnte. Kurzerhand bestellte er zur Prüfung der Kirchenrechnung den Amtmann, die einzelnen Pastoren zusammen mit ihren Küstern und Alterleuten nach Halle und bediente sich so der Form der Mittelpunktrechnungsabnahme.[34]

Einige Pastoren bereiteten trotz der Aufforderung ihre Rechnungen nicht für eine bevorstehende Prüfung vor. Curd Vrithoff, Pastor in Dielmissen[35], beispielsweise wurde zum 15. März erneut nach Halle in das Pfarrhaus bestellt, um einige Nachfragen zur Kirchenrechnung zu beantworten. Am 10. April 1583 erhielt er zusammen mit dem Kirchbraker Pastor Caspar Hasenjäger[36] eine erneute Aufforderung. Beide sollten zusammen mit ihren Alterleuten ihre Kirchenrechnung noch einmal am Freitag, den 12. April 1583, um 9 Uhr vorlegen. Jovius ermahnte sie, ihre Rechnungen für diese zweite Prüfung ordentlich vorzubereiten.[37]

Die Einträge im Konzeptbuch zeigen, dass Jovius die Originale prüfte, während Reller annahm, dass lediglich eine Kopie der Kirchenrechnung durch die Hand des Superintendenten ging.[38]

Die Pastoren der Superintendentur Halle wurden nicht nur von ihrem Vorgesetzten über die Visitation oder die Kirchenrechnungsprüfung informiert, sondern er leitete auch die Einladungen zu Generalvisitationen weiter. So setzte Jovius seine Confratres z. B. am 15. April 1575 über die in Kürze beginnende Generalvisitation in Kenntnis.[39] Explizit ermahnte er gezielt einzelne Pastoren, wie z. B. den Eschershausener Pastor Johannes Plumbius am 16. Juni 1578 sich auf die in naher Zukunft anfangende Generalvisitation vorzubereiten und das Eigenstudium bis dahin rege zu betreiben, damit er nicht sich selber und seiner Gemeinde Schaden zufüge.[40]

32 Vgl. zur Zusammenarbeit zwischen Jovius und dem Wickensener Amtmann bei der Kirchenrechnung Kapitel 8.2.
33 HS 3, fol. 15v–19v [Reg.-Nr. 505].
34 HS 3, fol. 95v [Reg.-Nr. 603].
35 Vgl. zu Curd Vrithoff Kapitel 7.1.3. und die Ausführungen im Anhang 11.8.
36 Vgl. zu Caspar Hasenjäger Kapitel 8.3.2. und die Ausführungen im Anhang 11.8.
37 HS 3, fol. 104r [Reg.-Nr. 611].
38 Vgl. Reller, Kirchenverfassung, S. 148.
39 HS 2, fol. 102r [Reg.-Nr. 150].
40 HS 2, fol. 258r [Reg.-Nr. 336].

Dienstaufsicht

Jovius sollte – so wollte es die Kirchenordnung – die Pastoren seiner Inspektion und ihre Amtsführung sowie Predigt- und Lehrtätigkeit ständig im Blick haben und dies nicht nur während der Visitation oder Kirchenrechnungsprüfung.

Im März 1571 erhielt er eine Instruktion[41], die er mit allen Pastoren am 22. Mai in Halle besprach. Diese Direktiven sollten die Pastoren anschließend in ihren eigenen Gemeinden verkünden.[42] Anhand der Überlieferung im Konzeptbuch wird deutlich, dass nicht alle Pastoren dieser Einladung folgten. Die Pastoren aus Heyen, Harderode, Bisperode, Hehlen und Kemnade wurden nur wenige Tage nach dem Treffen im Mai 1571 in Halle von Jovius schriftlich aufgefordert, die Anweisungen in ihren Gemeinden zu verkünden.[43] Besonders wichtig erschien ihm, dass die Eheordnung von der Kanzel verlesen werden sollte. Außerdem warnte er im Auftrag des Konsistoriums vor dem Wittenberger Katechismus, der Fehler in der Lehre[44] enthalte. In allen Schreiben betonte er außerdem, dass die Gemeinden und die Jugend im Katechismusunterricht nur den lutherischen Katechismus benutzen sollten. Falls der Wittenberger vorhanden sei, solle er mit Vorsicht und besonderer Aufmerksamkeit gelesen werden. Hier erfüllte Jovius seine Pflicht und wachte über die Vermittlung der rechtmäßigen Lehre.

Diese Versammlung, die er bei sich in Halle im Mai einberufen hatte, ähnelte der einen Pfarrersynode.[45] In seinen folgenden Amtsjahren können immer wieder einzelne solcher Kolloquien belegt werden. Jovius lud z. B. alle Confratres zu dem am 10. März 1579 in Stadtoldendorf beginnenden Kolloquium ein, auf dem der Stadtoldendorfer Pastor Engelbert Bigenius und der dortige Diakon Matthäus Wedding[46] predigen sollten. Jeder Pastor sollte an diesem Tag pünktlich um 9 Uhr erscheinen und nicht ohne einen wichtigen Grund fehlen. Am 5. März 1579 lud er den Kemnader Pastor Rudolph Vogt[47] und den Hehlener

41 Vgl. zur Instruktion Kapitel 3.6.5.

42 HS 2, fol. 11v [Reg.-Nr. 18], fol. 12r [Reg.-Nr. 19].

43 HS 2, fol. 13r f. [Reg.-Nr. 21], fol. 13v [Reg.-Nr. 22], fol. 14r [Reg.-Nr. 23], fol. 14r [Reg.-Nr. 24], fol. 14v [Reg.-Nr. 25].

44 Jovius hob besonders die Fehler bezüglich der Zwei-Naturen-Christologie, über die Himmelfahrt Christi (Apostelgesch. 3,21) und über das Abendmahl hervor, vgl. dazu Hund, Wort ward Fleisch, S. 231 ff.; Mager, Konkordienformel, S. 130–141. Vgl. allgemeine zur Debatte um den Wittenberger Katechismus im Fürstentum Braunschweig-Wolfenbüttel Hund, Wort ward Fleisch, S. 233–237.

45 Vgl. zur Predigersynode Reller, Kirchenverfassung, S. 149 f., darauf basierend Schorn-Schütte, Evangelische Geistlichkeit, S. 77 f. S. a. Bockisch, Landeskirche, S. 63, Anm. 99 mit dem Literaturhinweis: Anonym, Predigersynoden im Herzogthume Braunschweige, S. 209–224.

46 Vgl. zu den beiden Personen die folgenden Ausführungen in diesem Kapitel sowie im Anhang 11.8.

47 Vgl. zu Rudolph Vogt die folgenden Ausführungen in diesem Kapitel sowie im Anhang 11.8.

Pastor Henning Hennecke[48] zu dieser Versammlung ein und informierte sie über den genauen Zeitpunkt, dem Veranstaltungsort sowie über den Inhalt. Auf diesem Kolloquium sollte der Artikel »Von der Rechtfertigung eines armen Sünders vor Gott« (*de iustificatione hominis peccatoris coram Deo*)[49] diskutiert werden. Abschließend ermahnte er beide Pastoren, sich pünktlich an diesem Tag in Stadtoldendorf einzufinden und nicht ohne triftigen Grund abzusagen. Jovius nahm allerdings aus unbekannten Gründen selbst nicht am Kolloquium teil, da er bereits im Vorfeld den Eschershausener Pastor Johannes Moller gefragt hatte, ob dieser seine Aufgaben beim Kolloquium in Stadtoldendorf übernehmen könne.[50]

Ein weiteres Kolloquium fand Anfang des Jahres 1580 statt. Der Bodenwerdische Pastor Balthasar Guden[51] fragte beim Haller Superintendenten nach, ob er an diesem Kolloquium, bei denen alle Pastoren über die Glaubensartikel diskutierten, wieder teilnehmen könne.[52]

Für ein anderes in Hehlen stattfindendes Kolloquium bereitete sich Jovius vor und konzipierte eine Vorrede. Er wollte die Uneinigkeit der Lehrenden und die Verwirrung der Lehren in der Kirche über das Abendmahl thematisieren. Mit Bezug auf Mt. 24 [,24]: *surgent enim inquit pseudo christo et pseudo prophetae, et dabunt signa magna et prodigia ita ut in errorem inducantur (si fieri possit) etiam electi*[53], gab er in seiner Einleitung zu bedenken, dass falsche und sündige Personen auch eine falsche Lehre entwerfen könnten. Jovius führt aus, dass wenn Christus über die Pseudochristusse und die Pseudopropheten spricht, er nicht über einfache heidnische Pastoren spreche, sondern über große Lehrer, Professoren. Seit 30 Jahren gäbe es in der Kirche verschiedene Streitigkeiten und Diskussionen u.a. über den Majorismus[54], den Synergismus[55] sowie über das Abendmahl. Jovius mahnte in seiner Einführung, nicht Zwingli nachzueifern. Simon Pauli sprach bereits in seinen *Methodi* davon, dass Zwingli die Ansicht

48 Vgl. zu Henning Hennecke die Ausführungen im Anhang 11.8.

49 Sehling, Ev. KO, Bd. VI/1, S. 105–110. Dieser Artikel findet sich im *Kurtzen Bericht*, der der Kirchenordnung vorangestellt ist.

50 HS 2, fol. 300r f. [Reg.-Nr. 391], fol. 302v [Reg.-Nr. 394], fol. 303r [Reg.-Nr. 395].

51 Vgl. zu Balthasar Guden Kapitel 7.1.6.

52 HS 2, fol. 327r f. [Reg.-Nr. 433].

53 HS 2, fol. 329r [Reg.-Nr. 436].

54 Namensgeber des ›Majorismus‹ war Georg Major. Inhalt des Majorstischen Streits »war die Frage nach dem Verhältnis von Glauben und Werken«, zentrales Thema der evangelischen Rechtfertigungslehre, vgl. Dingel, Lies, Der Majoristische Streit, S. 3–16.

55 ›Synergismus‹ erhielt seine Bedeutung aus der Kontroverse um »das Verhältnis von göttlichem Gnadehandeln und menschlicher *cooperatio* im Akt der Rechtfertigung«, vgl. Kaufmann, Dierken, Synergismus, S. 508f.

vertrat: *Quicumque ingenio et eruditione pollent atque valent, sunt a nostris partibus caeteri Stolidiores et rudiores asini, Lutheri sententiam amplectuntur.*[56]

Jovius hielt Pfarrerkolloquien ab und war somit einer der wenigen Superintendenten, für den diese Form der Versammlung zur Besprechung von theologischen Inhalten nachweisbar ist.[57] Die Leitung solcher Kolloquien oblag z. B. in der Landgrafschaft Hessen ebenfalls den Metropolitanen, die mit dem Amt des Superintendenten im Fürstentum Braunschweig-Wolfenbüttel gleichzusetzen sind.[58]

Neben solchen Kolloquien lässt sich für Jovius eine weitere Verfahrensweise belegen. Er versandte Rundschreiben[59] an seine Confratres und legte diesen ein herzogliches Mandat oder Konsistorialbeschlüsse zur Kenntnisnahme bei, wie z. B. am 27. März 1571 oder am 14. März 1572.[60]

Einige dieser Mandate beinhalteten neben Bekanntmachung jeglicher Art auch Aufforderungen, denen die Pastoren Folge leisten sollten. Neben dem Haller Superintendenten in seiner Funktion als Pastor wurden am 25. März 1577 alle Pastoren der Inspektion bzw. des Fürstentums aufgefordert, ihre Gemeindemitglieder namentlich aufzulisten, die weder das Abendmahl empfangen hatten noch beim Gottesdienst waren, einschließlich des Wohnorts, der Gründe und Dauer des Fernbleibens. Alle Listen jedes einzelnen Pastors dokumentierte Jovius zusammen mit seinen eigenen Verzeichnissen im Konzeptbuch.[61] Folgende Pastoren kamen der weitergeleiteten Aufforderung nicht nach: Johannes Plumbius aus Eschershausen, Valentin Schlegel aus Vorwohle, Franz Koch aus Wangelnstedt, Engelbert Bigenius aus Stadtoldendorf und Christoph Gervinus aus Bisperode, der trotz dreimaliger Ermahnung Bedenken äußerte, die Leute beim Namen zu nennen. Der Dielmissener Pastor Hildebrand Schmidt informierte den Haller Superintendenten, dass er seine Liste selbst an das Konsistorium schicken werde und Johannes Bolenius aus Heyen informierte seinen Vorgesetzten, dass er diese bereits nach Alfeld verschickt hatte. Der Kirchbraker Pastor Caspar Hasenjäger listete 25 Gemeindemitglieder auf, Henning Hennecke

56 HS 2, fol. 329r f. [Reg.-Nr. 436]: All diejenigen, die hinsichtlich Begabung und Bildung viel können und vermögen, stehen auf unserer Seite. Die übrigen allzu dummen und ungebildeten Esel übernehmen Luthers Auffassung. Jovius zitierte Pauli, Methodi, fol. 131r. (Mein Dank für diese Übersetzung gilt Dr. Katharina Kagerer, Inschriftenkommission der Akademie der Wissenschaften zu Göttingen).

57 Wolters, Kirchenvisitationen, Bd. 43 (1938), S. 210, 212f.; Bd. 44 (1939), S. 66f., wies sowohl für den Barumer als auch für den Seesener Superintendenten Pfarrersynoden nach. S. a. Reller, Kirchenverfassung, S. 149f.; Butt, Norm und Praxis, S. 381f.

58 Vgl. Arnold, Kirchenordnung, S. 56, 65f.

59 Vgl. zur Funktionsweise der Zirkularschreiben Kapitel 2.2.2.

60 HS 2, fol. 10v [Reg.-Nr. 16], fol. 71v [Reg.-Nr. 102]. Vgl. zur Rezeption der herzoglichen Mandate Kapitel 8.1.

61 Vgl. zu Jovius' ausgewerteten Listen der Abendmahls- und Gottesdienstverweigerer Kapitel 6.1. Vgl. allgemein zu den Abendmahlsverweigerern Kaul, Undankbare Gäste.

aus Hehlen nur 2, Rudolph Vogt aus Kemnade insgesamt 5, Justus Hartung aus Harderode 7, Johannes Plumbius aus Eschershausen 6 und Jovius 30. Hervorzuheben ist, dass der Superintendent zu Plumbius' Liste bemerkte, dass dieser nicht die Gründe der Fernbleiber notiert hatte und somit nicht ersichtlich sei, ob einige vielleicht *sacramentierer* oder gar *widderteuffer*[62] seien.

Der Haller Superintendent informierte seine Confratres am 22. September 1578 über das herzogliche Mandat, das sie wiederholt aufforderte, alle Gemeindemitglieder zu verzeichnen, die das Abendmahl verweigerten und nicht beim Gottesdienst erschienen.[63] Wieder befolgten die Pastoren Valentin Schlegel aus Vorwohle, Engelbert Bigenius aus Stadtoldendorf und Franz Koch aus Wangelnstedt die Anweisung nicht. Allerdings besserte sich Johannes Plumbius aus Eschershausen, der fünf Gemeindemitglieder auflistete, davon hatte er vier bereits in der 1. Liste genannt und gab nun die Gründe für das Fernbleiben an. Caspar Hasenjäger aus Kirchbrak und Rudolph Vogt aus Kemnade verzeichneten dieselben Mitglieder, die sie schon in der 1. Liste aufgeführt hatten. Der Pastor aus Heyen, Johannes Bolenius sandte dieses Mal seine Liste an Jovius, verzeichnete aber nur Otto Wachtel, der mit seiner Magd geschlafen hatte und weder am Abendmahl noch am Gottesdienst teilgenommen hatte.[64] Der Hehlener Pastor Henning Hennecke führte 3 Personen auf, von denen nur 1 in der 1. Liste bereits aufgelistet wurde. Christoph Gervinus aus Bisperode hatte bei der zweiten Aufforderung keine Bedenken mehr, die Namen der säumigen Mitglieder aufzuführen. Justus Hartung aus Harderode verzeichnete 5 Personen, wovon 3 bereits in der 1. Liste genannt wurden.[65]

Hervorzuheben ist, dass Schlegel, Koch und Bigenius nie eine Liste angefertigt und Hasenjägers Sorgfalt nachgelassen hatte. Führte Hasenjäger in der 1. Liste noch 25 säumige Mitglieder auf, waren es in der zweiten nur noch 4.

Der Haller Superintendent leitete herzogliche Instruktionen oder Mandate weiter, wie z. B. im Jahr 1577. Dieses Mandat beinhaltete ausführliche Anweisungen zum Begehen des neuen Jahres gab und auf welche Weise man die Lehre der Kirche lernen und behandeln soll.[66] Im Mai 1581 erhielt der Haller Superintendent weitere Instruktion und informierte seine Pastoren über die Neuerungen. Zusätzlich zu den Kirchenrechnungen sollte sie nun exakte Angaben über die Anzahl der ab 1580 vorgenommenen Ehestiftungen, der ehelich oder unehelich gezeugten Kinder, der Taufen und die Anzahl der gestorbenen Kinder

62 HS 2, fol. 236r [Reg.-Nr. 293]. ›Sakramentarier‹ glaubten nicht an die Selbstwirksamkeit der Sakramente. Vgl. zu den ›(Wieder)Täufern‹ Stayer, Goertz, Täufer/Täuferische Gemeinschaften, S. 597–623.
63 HS 2, fol. 262v [Reg.-Nr. 345].
64 Vgl. zum Fall Otto Wachtel die folgenden Ausführungen in diesem Kapitel.
65 HS 2, fol. 263v–266v [Reg.-Nr. 347].
66 HS 2, fol. 197r–211r [Reg.-Nr. 273].

machen. Deshalb sollten alle Pastoren, ihm diese Angaben umgehend zukommen lassen.[67] Am 5. Juni 1581 forderte er wiederholt den Hehlener Pastor Hennecke und den Kemnader Pastor Vogt auf, den Befehl des Konsistoriums zu befolgen.[68] Jovius kam, in seiner Rolle als Pastor, dieser Anforderung selbst nach und legte am 5. Juni 1581 ein solch gefordertes Verzeichnis mit dem Titelblatt über die Ehestiftungen an, wie Abb. 4 belegt.

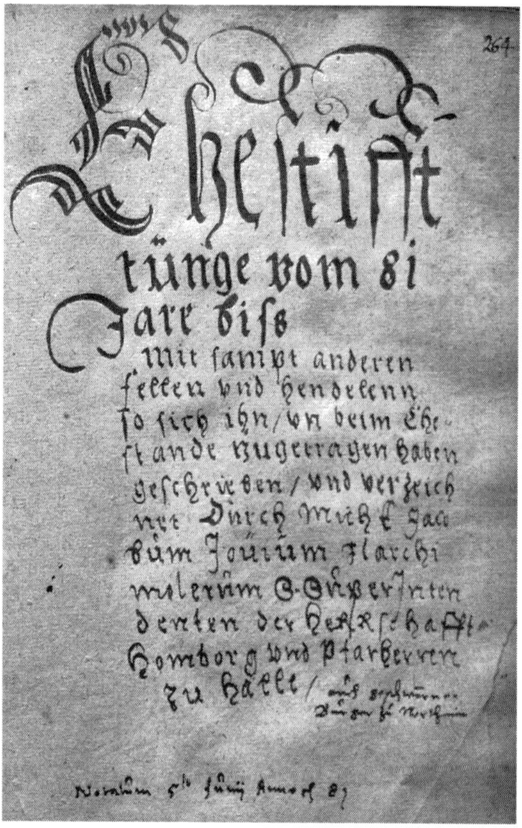

Abbildung 4: Jovius' Titelblatt des Verzeichnisses. Quelle: © Kirchenkreis Holzminden-Bodenwerder, HS 3, fol. 264r [Reg.-Nr. 660], Foto: Julia Zech.

67 HS 3, fol. 11v f. [Reg.-Nr. 499].
68 HS 3, fol. 13v [Reg.-Nr. 501].

Bevor er ein solches Verzeichnis anlegte, waren die einzelnen vom ihn durchgeführten Ehestiftungen im Konzeptbuch ungeordnet dokumentiert.[69] Für den 16. September 1583 ist belegt, dass Jovius auf herzoglichen Befehl sein Verzeichnis über die Hochzeiten, Begräbnisse und Taufen übersandte, ohne allerdings einzelne Details zu nennen oder sie im Konzeptbuch dokumentiert zu haben.[70]

Mit Hilfe der Visitationen sollten die Superintendenten die Arbeitsbedingungen der Pfarrer begutachten. Dazu gehörte auch die Kontrolle der Bücher, die den Pastoren für ihre Predigten und zum Eigenstudium zur Verfügung standen. Als Herzog Julius 1576 das Corpus Doctrinae erlassen hatte, bestellte der Haller Superintendent am 13. Juli 1577 bei seinem Vorgesetzten für seine gesamte Inspektion insgesamt 50 Exemplare. Seiner Ansicht nach sollte jeder Kirchendiener, jede Kirche, jede Kapelle und sogar das Amtshaus in Wickensen sowie jeder Patron, wie z. B. Fritz von der Schulenburg in Hehlen, ein Exemplar besitzen. Trotz der Aufforderung an die Pastoren am 22. Juli, die Bestellungen zu einem Preis von $1\frac{1}{2}$ Taler in Alfeld abzuholen und zu bezahlen, holten nur 4 seiner Pfarrer insgesamt 11 Exemplare ab; der Amelungsborner Abt nahm 2 Exemplare ohne Bezahlung mit.[71]

Die Dienstaufsicht des Superintendenten erstreckte sich neben der Lehraufsicht auch auf die Lebensführung der Pastoren seiner Inspektion. Die Kirchenordnung gestand Jovius zu, bei moralischen Verfehlungen den jeweiligen Pastor zur Besserung zu ermahnen. Von diesem Recht machte er Gebrauch als er z. B. Vorwohler Pastor Valentin Schlegel oder den Eschershausener Pastor Johannes Plumbius wegen ihres übermäßigen Alkoholkonsums ermahnte.[72]

Ein weiteres wichtiges Aufgabenfeld war die Stellenbesetzung und Nachfolgeregelung von Pfarrstellen. Wie es die Kirchenordnung[73] vorsah, meldete Jovius frei werdende Stellen, wie z. B. die Stelle des Eschershausener Pastors, da der 37-jährige Amtsinhaber am Morgen des 3. Februars zwischen 3 und 4 Uhr an der Brustseuche starb.[74] Ebenso schlug der Superintendent geeignete Nachfolger für

69 Die erste überlieferte Ehestiftung von Jovius vom 17. Juli 1574 befindet sich in HS 2, fol. 99v–100r [Reg.-Nr. 147].

70 HS 3, fol. 114v [Reg.-Nr. 62]. Weitere Anweisungen, wie die regelmäßigen Aufforderungen an die Pastoren, ihre Beiträge für die Witwen- und Waisenkasse zu zahlen, werden im Kapitel 7.1.8. gesondert betrachtet.

71 HS 2, fol. 272v–274r [Reg.-Nr. 354], fol. 274v [Reg.-Nr. 355], fol. 281v [Reg.-Nr. 366], fol. 283r [Reg.-Nr. 368]. Jovius verzählt sich bei der Auflistung alle Exemplare, weshalb sich seine Summe nur auf 49 Exemplare beläuft. Vgl. zum Einsatz von dem Seesener Superintendenten Heinrich Dalemius zur Verteilung der Exemplare mit einem Buchfahrer Wolters, Kirchenvisitationen, Bd. 44 (1939), S. 80; Butt, Norm und Praxis, S. 383. Vgl. zu Jovius' Bücherbesitz Kapitel 3.4.1.

72 Vgl. ausführlich zu diesen Fällen Kapitel 7.1.7.

73 Sehling, Ev. KO, Bd. VI/1, S. 193f., 199.

74 HS 2, fol. 268v–270v [Reg.-Nr. 350]. Vgl. zur Brustseuche (Tuberkulose, Lungenkrankheit,

vakante Stellen vor, wie für die unbesetzte Stelle in Kemnade im Jahr 1570[75], oder er organisierte die Stellvertretung kranker Pastoren mit Pfarrern aus einer Nachbargemeinde, wie z. B. in Dielmissen.[76]

Jovius hatte den Anspruch, die Pastoren und ihre Amtsführung sowie Predigt- und Lehrtätigkeit ständig im Blick zu haben, auch außerhalb der Visitationen. Am 27. Mai 1580 ermahnte er sowohl den Harderoder Pastor Justus Hartung und den Bisperoder Pastor Christoph Gervinus[77], da beide ihr Amt nachlässig ausübten und nicht mehr als einmal pro Woche im Gottesdienst der Gemeinde die Sakramente spendeten. Beide sollten ihr Amt zuverlässiger und sorgfältiger ausführen, wie es Gott, Herzog Julius und die Kirchenordnung schließlich verlangten.[78] Gesondert beauftragte der Superintendent am 11. August den Eschershausener Pastor Johannes Moller, auch fernab der Visitationen die Augen offen zu halten und weiterhin die Ungläubigen, die Gottesdienst- und Sakramentsverweigerer zu beobachten, genauso wie Zauberinnen und Kristallkugel-Betrachterinnen.[79] Dieses ist ein ausdrücklicher Hinweis darauf, dass ein Pastor aufgefordert wurde, Aberglauben zu verfolgen. Hervorzuheben ist in diesem Zusammenhang auch, dass Jovius das einschlägige Werk Johann Weyers »Vom Blendwerk der Dämonen« besaß. Weyer wandte sich mit dieser Schrift gegen den Hexenhammer und sah in den Hexen kranke und schwache Frauen, die vom Teufel irregeleitet wurden.[80] Die Allgegenwärtigkeit des Aberglaubens wird auch in Jovius' Ausführungen greifbar.[81] So machte er Geister für die Beschädigungen an seiner Pfarrscheune verantwortlich oder hielt seinem Schwager Johannes Cloth[82] vor, dass der *diabolus* dessen falsches Verhalten sicherlich lobe[83].

Kirchen- und Eheangelegenheiten

Jeder Pastor wurde aufgefordert, bei Konflikten mit Kirchendienern, mit Amtmännern oder Gemeindemitgliedern den zuständigen Superintendenten über die jeweilige Kontroverse zu informieren.[84] Dieser sollte versuchen die Kontra-

vgl. Metzke, Krankheitsbezeichnungen, S. 42.), an der auch Jovius' Freund Hartung Hake starb, Kapitel 5.2.

75 HS 2, fol. 3r [Reg.-Nr. 3].

76 Vgl. zur detaillierten Stellvertreter-Regelung Kapitel 7.1.2.

77 Vgl. zu den beiden Pastoren die Ausführungen im Anhang 11.8.

78 HS 2, fol. 336v [Reg.-Nr. 447].

79 HS 2, fol. 306v f. [Reg.-Nr. 401].

80 Vgl. zu Johann Weyer Meyer, Johann Weyer, Sp. 1537–1544.

81 Vgl. zur Allgegenwärtigkeit des Geisterglaubens in der Frühen Neuzeit Rieger, Teufel im Pfarrhaus, S. 9–21.

82 Vgl. zu Johannes Cloth Kapitel 4.5.1. und die Ausführungen im Anhang 11.8.

83 HS 2, fol. 221v f. [Reg.-Nr. 281]. HS 3, fol. 24v [Reg.-Nr. 513].

84 Vgl. zu Martin Luthers Stellungnahme zum Verhältnis von Pfarrer und Gemeinden Ebeling, Luthers Seelsorge, S. 233–241.

henten zu einer gütlichen Einigung zu bewegen oder die Kontroverse ganz beizulegen. Bei Misserfolg sollte das Konsistorium eingeschaltet werden.[85] Dass dies auch geschah, darüber geben die Konsistorialprotokolle Auskunft.[86]

Die Pastoren wandten sich an ihren Superintendenten als direkten Ansprechpartner, wenn sie sich z. B. über ihr geringes oder ausbleibendes Einkommen, die Entwendung der Kirchengüter oder die Probleme bei der anteiligen Kostenübernahme der Gemeinde und der Kirche bei Renovierungen von Pfarrhäusern beklagten. Johannes Bolenius beklagte sich z. B. seit 1569 bei Jovius über sein zu geringes Einkommen und erhielt erst am 21. November 1571, nachdem der Superintendent des Öfteren beim Generalsuperintendenten nachgefragt hatte, die herzogliche Zustimmung für eine Lohnerhöhung.[87] Neben diesem beschwerten sich beispielsweise noch Franz Koch, Pastor in Wangelnstedt, und Valentin Schlegel, Pastor in Vorwohle, über ihren Lohn.[88] Mit den gleichen Problemen, die Jovius mit seiner Gemeinde wegen der Kosten für die Instandhaltung der Pfarrgebäude hatte, war auch der Hehlener Pastor Henning Hennecke im September 1580 konfrontiert. Dieser beschwerte sich zuerst beim Superintendenten auf dem Dienstweg und anschließend beim Konsistorium über die ausbleibende Kostenerstattung seiner Gemeinde mit folgenden Worten:

> *Nach dem Ich von dem wirdigen und andechtigen Jacobo Jovius Speciali Superintendenti et pastori zu Halla meynem gunstigen herrn abermals bin ahngelanget, das Ich von stundt ahn meÿne Gravamina circumspecte cum omnibus circumstantiis sollte schrifftlich verfassen.*[89]

In problematischen Eheangelegenheiten war von der Kirchenordnung vorgesehen, dass sich die Pastoren ebenfalls an den Superintendenten wenden sollten.[90] Die Ehe wird gemäß Luther als *heiliger stand*[91] bezeichnet, nicht aber als

85 Sehling, Ev. KO, Bd. VI/1, S. 188, 200.

86 Butt, Norm und Praxis, S. 385, hebt hervor, dass beigelegte Auseinandersetzungen weder in Visitationsberichten erwähnt noch im Konsistorium diskutiert wurden, weshalb folglich die häufigeren Fälle, die in den Konsistorialprotokollen überliefert sind, gescheiterte Einigungen waren.

87 HS 2, fol. 6v [Reg.-Nr. 11], fol. 9v f. [Reg.-Nr. 15], fol. 23r [Reg.-Nr. 36].

88 Schlegels Beschwerde wird als exemplarisches Beispiel einer Lohnverhandlung im Kapitel 7.1.7. detailliert erörtert.

89 Das Schreiben des Konsistoriums befindet sich in LAW OA Hehlen Nr. 4, 1. Pfarrerbestallung, fol. 1r–2v. Das voraufgegangene Schreiben an Jovius ist in HS 1, fol. 53r–55v überliefert.

90 Sehling, Ev. KO, Bd. VI/1, S. 118. Vgl. zur Eheordnung in der Kirchenordnung von 1569 Butt, Von Angesicht zu Angesicht, S. 62–67; Müller-Vollbehr, Geistliche Gerichte, S. 273–287. Vgl. allgemein zu Eheordnungen Jürgens, Eheordnungen – Ordnungen für die Ehe, S. 221–237 (zur Eheordnung der Kirchenordnung für Braunschweig-Wolfenbüttel vgl. S. 234–236).

91 Sehling, Ev. KO, Bd. VI/1, S. 118. Vgl. zu einigen Werken Luthers zum Thema Ehe u. a.: WA 2, S. 165–171 (Ein Sermon von dem ehelichen Stande, 1519), WA 10,2, S. 267–304 (Vom ehelichen Leben, 1522), WA 17,1, S. 12–29 (Eine Predigt vom Ehestand, 1525), WA 30,3,

Sakrament angesehen, wie z. B. die Taufe oder das Abendmahl. Im Abschnitt der Kirchenordnung über die Hochzeit und deren Zeremonien[92] wurde festgehalten, dass

> *der ehestand eine sonderliche gottesordnung ist, dadurch das menschliche geschlecht erhalten und dem allmechtigen eine kirche auf dieser welt gesamlet wird [...] die zusammenfügung der personen in stedten und dörfern, so ehelich werden wöllen, öffentlich in der kirchen geschehen vor der gemeine*[93].

Jedes Aufgebot, jede Trauung sollte in der Öffentlichkeit stattfinden, was den Druck auf jedes Ehepaar erhöhte, sich an die Normen zu halten. Die Ehegerichtsbarkeit wird in dem Abschnitt der Kirchenordnung mit dem Titel *ordnung in eesachen* geordnet. Diese Eheordnung informierte über heimliche Verlöbnisse, erzwungene oder verbotene Ehen, Ehescheidungen, Ehebruch und Versöhnungen von zerrütteten Ehen. Darüber hinaus folgten einzelne Ausführungen zu den Gerichtskosten und eine Erklärung, wann eine Hochzeit auf Grund verbotener Verwandtschaftsgrade nicht bewilligt wurde.[94] Das Konsistorium wurde von der Eheordnung als oberste Instanz für alle Eheangelegenheiten mit Ausnahme des Ehegüterrechts bestimmt.[95]

Wenn die Pastoren Zweifel in verschiedenen Eheangelegenheiten hegten, sollten sie, nachdem sie mit dem Superintendenten gesprochen hatte, die Angelegenheit direkt den Konsistorialräten melden.[96]

Pastoren mussten häufig warten, bevor sie Antworten oder Verfahrensanweisungen auf ihre Fragen erhielten, da sich der Superintendent zuerst bei seinem Vorgesetzten vergewissern oder auf die Entscheidung des Konsistoriums warten musste. Im Dezember 1575 beispielsweise wies der Haller Superinten-

---

S. 205–248 (Von den Ehesachen, 1530). Vgl. zu Luthers Ehetheologie KAUFMANN, Anfang der Reformation, S, 550–564; DIETRICH, Eherecht in Deutschland, S. 24–74; BEYER, Luthers Ehelehre, S. 59–82; JUNGHANS, Die evangelische Ehe, S, 83–92. S. a. LUTZ, Ehepaare vor Gericht, S. 147–160.

92 SEHLING, Ev. KO, Bd. VI/1, S. 167–169.

93 SEHLING, Ev. KO, Bd. VI/1, S. 167f.

94 SEHLING, Ev. KO, Bd. VI/1, S. 214–225.

95 SEHLING, Ev. KO, Bd. VI/1, S. 217. Vgl. zur ehegerichtlichen Praxis des Konsistoriums für das Fürstentum Braunschweig-Wolfenbüttel ab 1569 BUTT, Von Angesicht zu Angesicht, S. 67–74; MÜLLER-VOLLBEHR, Geistliche Gerichte, S. 273–281. Vgl. zum Eherecht und Ehegerichtsbarkeit in der Reformation FRASSEK, Eherecht und Ehegerichtsbarkeit (mit weiterführender Literatur zum Eherecht S. 1–12, zum Eherecht in historischer Perspektive S. 12–23 und zum evangelischen Eherecht im Kontext des frühneuzeitlichen Staates S. 23–46); s. a. DIETRICH, Eherecht in Deutschland; BUTT, Von Angesicht zu Angesicht, S. 53–57. Vgl. zum protestantischen Ehescheidungsrecht WESTPHAL, Auflösung ehelicher Beziehungen, S. 163–236. Vgl. zu den Ehekonflikten und Ehepaaren vor Gericht des 17. und 18. Jahrhundert in der Propstei Münster LUTZ, Ehepaare.

96 SEHLING, Ev. KO, Bd. VI/1, S. 217. Vgl. zum Agieren der Pastoren in Ehekonflikten LUTZ, Ehepaare, S. 85–99.

dent in einer nicht näher beschriebenen Eheangelegenheit den Wangelnstedter Pastor Franz Koch an, die Trauung auszusetzen. Er solle zunächst die beteiligten Parteien wegen des Beischlafs befragen, die Aussagen protokollieren, dem Konsistorium zusenden und auf eine Entscheidung zu warten.[97]

Caspar Hasenjäger hatte sich im Mai 1573 wegen einer kurz bevorstehenden Trauung an den Haller Superintendenten gewandt. Dieser erteilte ihm zwar die Zustimmung zu der Trauung, doch hegte er weitere Zweifel und nahm diese nicht vor. Jovius informierte den Generalsuperintendenten und forderte gleichzeitig Hasenjäger auf, seine Bedenken mit Hilfe eines Verhörs der Beteiligten zu prüfen. Sollten sich die Vorwürfe bewahrheiten, sollte er umgehend das Konsistorium benachrichtigen.[98]

Sitten- und Kirchenzucht

Die Pastoren sollten ihre Gemeindemitglieder bei einem sündigen Lebenswandel zunächst privat ermahnen. Bei Missachtung der Ermahnung sollte der Superintendent oder der Generalsuperintendent eingeschaltet werden. Für den Fall, dass diese wiederholte Ermahnung durch die beiden geistlichen Amtsträger erfolglos blieb, sollte in letzter Instanz das Konsistorium eingeschaltet werden.[99]

Die Kirchenordnung sah in dem Abschnitt mit dem Titel *Censur oder Disciplin der kirchen*[100] vor, wie mit sündigen Gemeindemitgliedern zu verfahren sei. Gemäß dieser Ordnung instruierte Jovius den Wangelnstedter Pastor Franz Koch. Bevor die Trauung der unzüchtigen Parteien stattfinden sollte, sollten beide Sünder zuvor Buße tun.[101] Eine Teilnahme des Superintendenten bei der Vollstreckung der Kirchenbuße ist nicht nachzuweisen, da auch die Kirchenordnung dieses nicht vorschrieb.[102] In Angelegenheiten der Kirchenzucht sollte der Superintendent zumindest die Firmung vornehmen, also die Kinder in Begleitung ihrer Eltern und Paten auf Katechismuskenntnisse prüfen und das Bekenntnis entgegennehmen.[103]

Der Stadtoldendorfer Pastor Reinhold Trost wurde im Juni 1583 vom Superintendenten darauf hingewiesen, dass jede öffentliche Sünde eine öffentliche Strafe nach sich ziehe. Gemäß der Kirchenordnung müsse der Sünder zuerst privat, dann vor zwei oder drei Zeugen und anschließend vor der Kirchengemeinde büßen. Deshalb sollte Trost alle Gemeindemitglieder beobachten und

97 HS 2, fol. 143v f. [Reg.-Nr. 204].
98 HS 2, fol 79r f. [Reg.-Nr. 117].
99 Sehling, Ev. KO, Bd. VI/1, S. 201, 206ff.
100 Sehling, Ev. KO, Bd. VI/1, S. 205–208, Zitat S. 205.
101 Vgl. zur Instruktion für die Buße Kapitel 7.1.4.
102 Sehling, Ev. KO, Bd. VI/1, S. 206f.
103 Sehling, Ev. KO, Bd. VI/1, S. 165f.

jedes sündhafte Verhalten melden.[104] Hier wird deutlich, dass Jovius seiner Aufgabe als Superintendent nachkam und seine Pastoren gemäß der vorgegebenen Norm in Bezug auf Kirchenbußen instruierte.[105] An diese Norm hielt sich auch Caspar Hasenjäger, als er im Zuge der angeforderten Listen der Abendmahls- und Gottesdienstverweigerer angab, dass die aufgeführten Gemeindemitglieder *sein publice und privatim vormanet worden aber es ist noch ohn frucht abegangen.*[106]

Die Pastoren vergewisserten sich bei ihrem Superintendenten, ob die Kirchenbuße in den jeweils geschilderten Fällen verhängt werden sollte. Der Eschershausener Pastor Johannes Moller schilderte Jovius am 11. August 1579, dass sich eine Frau in seiner Gemeinde nicht an das Gesetz für Wöchnerinnen[107] gehalten und die Kirche nicht besuchte hatte. Jovius riet dem Pastor daraufhin, die Frau zur öffentlichen Buße zu bewegen, da sie das Gesetz bewusst übertreten und viele Ehefrauen sowie die Kirche öffentlich beleidigt habe. Würde sie die Buße verweigern, sollte ihr Vergehen dem Konsistorium gemeldet werden.[108]

Der Haller Superintendent war für die Pastoren gemäß der Kirchenordnung die übergeordnete Kontroll- und Vermittlungsinstanz. Er vermittelte zwischen den hierarchisch Höhergestellten, wie dem Konsistorium, dem Herzog oder den Generalsuperintendenten, und den Gemeindepastoren. Neben der Weiterleitung von herzoglichen Mandaten und Konsistorialbeschlüssen hatte er die Funktion des Aufsehers und Schlichters vor Ort.[109] Auf dieser normierten und gesetzlichen Grundlage sollten Superintendent und Pastor zusammenarbeiten. Wie diese Zusammenarbeit tatsächlich aussah, demonstriert ein einziger Fall im Konzeptbuch. In einer nicht näher präzisierten wichtigen Angelegenheit forderte nämlich der Haller Superintendent am 14. August 1576 vier Pastoren schriftlich auf, nach Halle zu kommen, um gemeinsam einen Fall zu erörtern, zu besprechen und zusammen eine Lösung zu finden.[110]

Die Dienstaufsicht über die Pastoren nahm der Superintendent sehr ernst. Er hielt sich an die ordnungsgemäße sowie kirchenhierarchische Struktur, berücksichtigte sie bei seinen Amtshandlungen und überließ den übergeordneten geistlichen Instanzen die Entscheidungen. Er führte die ihm vermittelten An-

104 HS 3, fol. 108r [Reg.-Nr. 616].
105 Vgl. allgemein zur Kirchenbuße Schmidt, Sühne oder Sanktion, S. 9–25, 35–48; Neumann, Öffentliche Sünder, S. 7–25.
106 HS 2, fol. 232v [Reg.-Nr. 293]. Vgl. dazu auch Butt, Norm und Praxis, S. 386.
107 Sehling, Ev. KO, Bd. VI/1, S. 163f.
108 HS 2, fol. 306v f. [Reg.-Nr. 401].
109 Vgl. Butt, Norm und Praxis, S. 390–392.
110 HS 2, fol. 172r [Reg.-Nr. 240].

weisungen aus und forderte von den Pastoren, z. B. für entstandene Verzögerungen, eine Rechtfertigung.

Einige Pastoren kooperierten mit dem Superintendenten, andere widersetzten sich ihm, gerade wenn es um die Umsetzung oder Einhaltung von herzoglichen oder konsistorialen Anweisungen ging. Die Konzeptbücher belegen, dass der Haller Superintendent verschiedene Vorgehensweisen wählte und diese einer jeweiligen Situation anpasste.[111] Neben der Visitationsreise ist eindeutig nachzuweisen, dass er in Krankheitsfällen die Mittelpunktvisitation oder die Mischform aus Reise und Mittelpunkt nutzte, also an einzelnen wenigen Orten mehrere Pastoren bzw. Rechnungen prüfte. Die Durchführung der Visitationen oder der Kirchenrechnungsprüfungen ging mit Mahnungen der Pastoren einher. Teilweise musste der Superintendent die Pastoren zu einer Nachkontrolle oder zu einer erneuten Rechnungslegung vorladen oder sie wiederholt zum Eigenstudium und tadellosem Lebenswandel auffordern.

7.1.1. Johann Ostercamp und die Suche eines Nachfolgers

Johann Ostercamp war vom 13. Februar 1571 bis zu seinem Tod am 13. August 1575 Pastor in Dielmissen und Hunzen.[112] Der Superintendent Jovius erhielt im Februar 1571 die Anweisung, Johann Ostercamp, nachdem dieser vom Herzog Julius, vom Konsistorium und vom Generalissimus Nicolaus Selnecker für das Amt des Pastors in Dielmissen bestätigt worden war, die Amtseinsetzung vorzunehmen. Zu diesem feierlichen Anlass lud er am 7. Februar 1571 zwei Pastoren[113] als Zeugen für Dienstag, den 13. Februar, um 9 Uhr nach Dielmissen ein.[114] Die Kirchenordnung gab in dem Abschnitt mit dem Titel: *auf welche weiß ein neuer kirchendiener von dem superintendenten seiner kirchen commendirt, eingeleibt und installiert werden sol*, vor, wie Jovius die Einführung und den Gottesdienst zu gestalten hatte.[115]

Nach der Einführung bestätigte Jovius dem Alfelder Generalsuperintendenten Nicolaus Erbenius[116], dass er gemäß der Kirchenordnung Johann Ostercamp

111 Butt, Norm und Praxis, S. 378, verweist darauf, dass es fast gar keine Hinweise dazu gibt, wie die Superintendenten die Strecken bei einer Visitation zurücklegten.
112 Vgl. zu Johann Ostercamp die Ausführungen im Anhang 11.8.
113 Geladen waren Johannes Plumbius aus Eschershausen und Caspar Hasenjäger aus Kirchbrak, vgl. HS 2, fol. 6r [Reg.-Nr. 9].
114 HS 2, fol. 6r [Reg.-Nr. 9]. Sehling, Ev. KO, VI/1, S. 190.
115 Sehling, Ev. KO, VI/1, S. 189–192.
116 Vgl. zu den Alfelder Generalsuperintendenten Kapitel 7.3. und die Ausführungen im Anhang 11.8.

als Pastor installiert habe.[117] Jedoch hatte der neue Pastor Probleme mit der ihm laut der Kirchenordnung zustehenden Pfarrerwohnung. Die Pfarrwitwe des Vorgängers[118] lebte noch im Dielmissener Pfarrhaus und das Hunzener Pfarrhaus war vermietet[119]. Jovius bat Erbenius, die Angelegenheit an Selnecker weiterzuleiten, damit auch der Herzog darüber informiert sei. Der Herzog sei alleinig befähigt dem Hunzener Patron Brun Arndt von Bevern[120] zu befehlen, das dortige Pastorenhaus oder ein adäquates Wohnhaus in Dielmissen für Ostercamp herzurichten. Die Pfarrwitwe würde solange noch im Pfarrhaus wohnen, bis ihr seitens der Gemeinde eine Witwenwohnung bereitgestellt werden würde. Ostercamp zog dennoch mit seiner Pfarrfamilie vorübergehend zu der alten Pfarrwitwe in das Pfarrhaus. Kurz nach dem Einzug beklagte er sich allerdings bei Jovius über das Zusammenleben in einem Haushalt. Er forderte mit Nachdruck, dass ihm endlich ein anderes Haus in Dielmissen oder das Pfarrhaus in Hunzen zur Verfügung gestellt werde.[121]

Deutlich wird, dass das in der Kirchenordnung gewährte Recht des Pastors im Pfarrhaus zu wohnen mit dem ebenfalls in der Ordnung verankerten Zugeständnis an die Witwen, während der Gnadenzeit im Pfarrhaus zu wohnen, kollidierte.[122] Die Gemeinde sah sich mit einem neuen Problem konfrontiert, da sie vor Erlass der Kirchenordnung keine Versorgung von Pfarrwitwen gewährleisten musste.[123] Dieses Problem hätte nicht bestehen müssen, da die Gemeinde angehalten war, eine Wohnung oder ein Haus für die Witwe bereitzustellen. Ostercamp wandte sich mit seinem Problem an den Superintendenten, der sich für dessen Belange bei den übergeordneten geistlichen Instanzen, dem Generalsuperintendenten und dem Konsistorium resp. dem Herzog Julius, einsetzte.

Die Suche eines Nachfolgers

Da der Pastor nach einer kurzen Amtszeit verstarb, bereitete die Suche eines geeigneten Nachfolgers dem Superintendenten erhebliche Schwierigkeiten. Es

117 Vgl. zur Amtseinführung durch einen Superintendenten die kurze Ausführung bei Arend, Pfarreranstellung, S. 34f., 49f.

118 Hierbei kann es sich nicht um den Amtsvorgänger Johannes Denecke Witwe handeln, da er nach seiner Tätigkeit als Pastor in Dielmissen von 1568 bis 1590 Pastor Bad Salzdetfurth war und dort 1590 starb, vgl. Meyer, Pastoren, Bd. 2, S. 334. S. a. Freist, Seebaß, Pastoren, Bd. 1, S. 75; Bd. 2, S. 66; Spanuth, Quellen, S. 280, Anm. 3. Die Frage, um welche Pfarrwitwe es sich handeln könnte, konnte auch schon Guthe, Nachrichten von einigen Dörfern, Stück 99, Sp. 1650f., nicht beantworten.

119 LAW V448, fol. 105r.

120 Vgl. zu Brun Arndt von Bevern Kapitel 8.3.1. und die Ausführungen im Anhang 11.8.

121 HS 2, fol. 8r f. [Reg.-Nr. 13], fol. 9v f. [Reg.-Nr. 15].

122 Sehling, Ev. KO, Bd. VI/1, S. 194, 209. Vgl. dazu auch die knappen Ausführungen zur Pfarrwitwenordnung bei Schoß, Stellung, Struktur und Funktion der Konsistorien, S. 150f.

123 Vgl. Wunder, Er ist die Sonn', sie ist der Mond, S. 184f.

musste nicht nur ein passender Bewerber ausgewählt werden, sondern dieser musste sich mit der Pfarrwitwe Ostercamps über eine mögliche Heirat einigen.

Am 16. August 1575 bestätigte der Haller Geistliche dem Amelungsborner Abt, dass der Pastor Johann Ostercamp in Dielmissen am 13. August an einem Schlaganfall gestorben war. Kurz vorher hatte der Pastor Jovius gebeten, sich zusammen mit dem Abt um die Dielmissener Gemeinde und um seine schwangere Ehefrau sowie um sein Kind zu kümmern. Darüber hinaus informierte der Superintendent den Abt, dass sich der ehemalige Schuldirektor Erasmus Mori am 15. August als Ostercamps Nachfolger beworben hatte und versprach, die Witwe zu ehelichen.[124] Am 1. September 1575 leitete er dem Abt einen Brief eines weiteren Bewerbers weiter. Dieser hieß Hermann Reuber und war Lehrer in Bodenwerder. Er bewarb sich für das Dielmissener Pfarramt und war ebenfalls bereit, Ostercamps Witwe zu ehelichen. Jovius bat den Abt, das beigelegte Empfehlungsschreiben für Reuber beim Konsistorium einzureichen und ebenfalls für diesen zu interzedieren.[125] Er sah sich jedoch am 26. September 1575 gezwungen, gegen diesen Bewerber vor den Konsistorien in den Fürstentümern Braunschweig-Wolfenbüttel und Calenberg-Göttingen Klage zu erheben. Um Reuber zu kontaktieren, wandte er sich an dessen Vater, dem Börger[126] Küster Hans Reuber. Jovius berichtete Reubers Vater, dass er sich sehr für dessen Sohn eingesetzt und ihn bei der Bewerbung für das Dielmissener Pfarramt unterstützt habe. Jedoch erfuhr er aus einer glaubwürdigen Quelle, dass Hermann ein sehr lockeres und leichtfertiges Leben führe, seinen Schuldienst in Bodenwerder quittiert hatte, Lügen erzähle und sich nicht in Halle nach einer vereinbarten Frist gemeldet habe.[127] Anscheinend konnten die Vorwürfe geklärt werden, Jovius bestätigte nämlich dem Pastor Balthasar Guden aus Bodenwerder am 16. Oktober in einem Schreiben, dass der dortige Lehrer Reuber sich um die Pfarrstelle in Dielmissen beworben habe und ebenfalls beabsichtige, Ostercamps Witwe zu ehelichen. Der Termin für Reubers Probepredigt, zu der Guden erscheinen sollte, wurde auf Mittwoch, den 19. Oktober 1575, festgelegt.[128]

Jovius informierte den Abt am 17. Oktober, dass der von ihnen beiden nominierte Bewerber, Hermann Reuber, vom Konsistorium und von dem Generalissimus Timotheus Kirchner angenommen wurde. Da sich die Dielmissener Gemeinde gegenüber der Witwe Ostercamps gehässig und unfreundlich verhielt, schlug er vor, dass der Anwärter unbedingt am 19. Oktober die Probepredigt halten sollte. Nach dieser Predigt sollte die Gemeinde ihr Urteil dem Konsistorium unverzüglich mitzuteilen. Die Eltern des Anwärters seien ebenfalls mit der

124 HS 2, fol. 112v f. [Reg.-Nr. 167].
125 HS 2, fol. 114r [Reg.-Nr. 169].
126 Vermutlich Berge, ein Ort im Landkreis Osnabrück (Niedersachsen).
127 HS 2, fol. 117v [Reg.-Nr. 173].
128 HS 2, fol. 122r [Reg.-Nr. 182].

Vermählung ihres Sohnes und der Pfarrwitwe einverstanden, wie Jovius *selbst von Ihnen gehort*[129] hatte. Die elternlose Witwe Ostercamps erklärte den Superintendenten und den Abt zu ihren Bevollmächtigten. Wenn der Bewerber für *tuchtig*[130] erachtet werde, sollte er daraufhin die Ordination vom Konsistorium erhalten und daraufhin in das Amt eingesetzt werden.[131]

Reubers Probepredigt überzeugte die Dielmissener Gemeinde, woraufhin sie ihn baten, am 28. Oktober eine weitere Predigt zu halten. Jovius war der Ansicht, dass Reuber dieses Angebot annehmen sollte. Zugleich wandte er sich am 18. Oktober an den Rat der Stadt Bodenwerder um ihren Verdacht, er würde ihnen den Lehrer wegnehmen, zu entkräften. Er beschwichtigte sie, dass die Sache zuvor mit ihrem Pastor Guden geklärt wurde und empfahl ihnen den qualifizierten Northeimer Jacob Timmermann als Nachfolger für Reubers Lehramt.[132]

In dem Bewerberverfahren um die Dielmissener Pfarrstelle zeichnete sich allerdings eine Änderung ab, als das Konsistorium am 19. November den vorher in Wolfenbüttel tätigen Lehrer Johannes Sylvius, der sich bereits mit der Pfarrei in Dielmissen von dem Lehnsherrn, dem Mindener Bischof, hatte belehnen lassen, *verhört und examinirt*[133] und für eine Probepredigt nach Dielmissen geschickt wurde. Die Gemeinde sollte ihr Urteil nach der Predigt über diesen Bewerber fällen und dieses dem Konsistorium schriftlich mitteilen, damit die Stelle des Pastors schnellstmöglich wieder besetzt werden könne.[134]

Jovius informierte am 21. November 1575 pflichtbewusst die Dielmissener Gemeinde über die konsistoriale Anordnung und bat sie, über die am 20. November gehaltene Probepredigt des Wolfenbütteler Lehrers zu urteilen. Die Gemeinde sprach sich aber gegen Sylvius aus: *So mag Ers woll rechte guth meinen, aber wir haben gantz nicht darvon können* […] *lernnen*[135]. Sie verlangte, dass Jovius ihre Entscheidung dem Konsistorium mitteilen und ein neuer Kandidat ausgewählt werden sollte, den *unsere kindere vorstehen können.*[136]

Dem Alfelder Generalsuperintendenten berichtete der Haller Superintendenten am 29. November über den vom Konsistorium vorgeschlagenen Kandidaten Sylvius, der von den Dielmissenern abgelehnt wurde. Ein weiterer Kandidat, Andreas Hoffmann, Kantor einer Einbecker Schule, hielt seine Bewerbung energisch aufrecht und behauptete sogar, dass der Generalsuperintendent ihm

129 HS 2, fol. 122v [Reg.-Nr. 183].
130 HS 2, fol. 123r [Reg.-Nr. 183].
131 HS 2, fol. 122v f. [Reg.-Nr. 183].
132 HS 2, fol. 123v f. [Reg.-Nr. 184].
133 HS 2, fol. 132v [Reg.-Nr. 194].
134 HS 2, fol. 132v [Reg.-Nr. 194].
135 HS 2, fol. 133r [Reg.-Nr. 195].
136 HS 2, fol. 133r [Reg.-Nr. 195], Zitat fol. 133r.

diese Stelle versprochen hätte. Jovius gab seinem Vorgesetzten zu bedenken, dass nur die Konsistorialräte einem Bewerber eine endgültige Zu- oder Absage erteilen können. Er forderte ihn auf, die dem Schreiben beigelegten Antwortbriefe mit dem Urteil der Gemeinde umgehend an das Konsistorium sowie an den Generalissimus Kirchner weiterzuleiten.[137] In dem an Kirchner adressierten Antwortschreiben teilte Jovius mit, dass Johannes Sylvius auf Befehl des Konsistoriums in der Gemeinde zu Dielmissen die Probepredigt gehalten hatte. Das Urteil der Gemeinde könne Kirchner der beigefügten Antwort entnehmen. Die Gemeinde führte als Ablehnungsgrund an, dass er *irer sprach*[138] nicht mächtig sei und die Pfarrwitwe nicht ehelichen wollte. Um dem Konsistorium einen Überblick über die Bewerbersituation und die wirtschaftliche Lage zu geben, listete er in seinem Schreiben erst alle Kandidaten auf, danach die Dotation der Pfarre. Folgende Kandidaten hatten ihre Bewerbung eingereicht:

1. Erasmus Mori, Lehrer in Stadtoldendorf und gebürtig aus Northeim,
2. Hermann Reuber, Lehrer in Bodenwerder,
3. Pastor Hermann Derking aus dem Kloster Brunshausen, der ursprünglich aus Alfeld stammte,
4. ein Hamelner Kantor N. N., der sich persönlich an das Konsistorium und Martin Chemnitz gewandt hatte,
5. der Einbecker Kantor Andreas Hoffman, der *will mit gewalt sich da inpracticiren und indingen wie man aus seinem schreiben kann erweisen*[139] und
6. der Wolfenbütteler Lehrer Johannes Sylvius, der bereits mit der Pfarre belehnt worden war.

Die Mehrheit der Bewerber wurde von der Pfarrwitwe abgewiesen, da Hermann Reuber ihr bereits die Ehe versprochen hatte. Allerdings hatte Reuber Angst, das Examen nicht zu bestehen, weshalb er seine Bewerbung sowie sein Eheversprechen zurückzog.

Dem Wickensener Erbregister zufolge verfügte die Dielmissener Pfarre über 2 Hufen Land, die Hunzener Filiale hatte 2 Hufen Land und 9 Morgen von Brun Arndt von Bevern. Der Ertrag belief sich auf 8 Malter Korn. Johann Ostercamp hatte die Pfarre 3 Jahre verwaltet und noch insgesamt 60 Taler Schulden. Seine Witwe tilgte die Schuldensumme um 35 Taler. Darüber hinaus besaß sie beim Kirchhof 2 Morgen Land, einen Garten und 2 Morgen Rodland. Ebenso gehörten ihr 4 Kühe, ein Rind, 2 einjährige Rinder, 3 Mastschweine sowie eine Sau mit 5 Jungen. Zur Schuldentilgung könnte sie außerdem den gesamten Hausrat, die Bücher ihres verstorbenen Mannes und ihr geerntetes Heu und Korn aufbringen.

137 HS 2, fol. 135v f. [Reg.-Nr. 197].
138 HS 2, fol. 133v [Reg.-Nr. 196].
139 HS 2, fol. 134r [Reg.-Nr. 196].

Diese Information übersandte Jovius dem Konsistorium, damit die Räte einen vollständigen Überblick über den Zustand der Pfarre und der wirtschaftlichen Situation der 28-jährigen Pfarrwitwe erhielten. Zum Schluss gab er zu bedenken, dass die Pfarrwitwe keinen Pastor mehr ehelichen möchte, weshalb er das Konsistorium bat, ihr die von ihrem Mann hinterlegten 3 Taler aus der Witwenkasse auszubezahlen.[140]

Da bis zum 12. Dezember 1575 noch kein neuer Pastor eingesetzt wurde, hielt Jovius stellvertretend die Predigt.[141] Erst am 24. Dezember informierte er die Alterleute in Dielmissen und Hunzen, dass das Konsistorium *einen anderen gefertenn und godes frommen geselle, der In ihr f. g. Fürstenthumb gezogen, geboren, auch löfften unnd eiden setzen, und den der Furst auch selbst zur Schule gehalten*[142], nämlich Hildebrand Schmidt, an Weihnachten zur Probepredigt schicken werde. Die Dielmissener sollten sich die Probepredigt genau anhören, um hinterher ein fundiertes Urteil abgeben zu können.[143] Der Haller Geistliche unterrichtete Kirchner nach dem 24. Dezember 1575, dass die Gemeinden in Dielmissen und Hunzen Schmidt als neuen Pastor akzeptieren würden, weshalb dessen Ordination erfolgen könne.[144]

Dieses Beispiel zeigt, wie sich ein zukünftiger Kandidat mit der Witwe des Amtsvorgängers im Vorfeld arrangieren musste und wie kompliziert die Neubesetzung einer durch Tod freigewordenen Pastorenstelle verlief.[145] Der Superintendent hatte der Kirchenordnung zufolge die Aufgabe, für die Witwe und ihre Kinder Vormünder einzusetzen. In diesem Fall übernahmen er und der Amelungsborner Abt gemeinsam die Vormundschaft.[146] Vermutlich hatte die Pfarrwitwe Ostercamp ein gewisses Mitspracherecht bei der Stellenbesetzung, da ein Großteil der Bewerber *umb der vorlasennen wedtfrawen willen abgeweiset*[147] wurde. Schließlich hatte sie sich im Vorfeld mit dem Bewerber Reuber über eine mögliche Ehe geeinigt. Als dieser jedoch seine Bewerbung für die Pfarrstelle zurücknahm, wurde auch das Eheversprechen ungültig. Darüber schien die Witwe verärgert, weshalb der Superintendent dem Generalissimus dazu riet, die Situation der Pfarrwitwe bei zukünftigen Entscheidungen in Bezug auf mögliche Bewerber zu bedenken. Ostercamps Witwe wollte nach Reubers gebrochenem

140 HS 2, fol. 133v–135v [Reg.-Nr. 196].
141 HS 2, fol. 137r [Reg.-Nr. 199].
142 HS 2, fol. 141v [Reg.-Nr. 202].
143 HS 2, fol. 141v f. [Reg.-Nr. 202].
144 HS 2, fol. 143r [Reg.-Nr. 203].
145 Vgl. zur Pfarreranstellung im 16. Jahrhundert in den protestantischen Territorien die ausführliche Darstellung bei Arend, Pfarreranstellung, S. 35–52.
146 Sehling, Ev. KO, Bd. VI/1, S. 194.
147 HS 2, fol. 134r [Reg.-Nr. 196].

Eheversprechen mit keinem *Pastori vorheiratete werden der darhin kompt*[148] und forderte die Auszahlung ihres Anteils aus der Witwenkasse.

Die Gemeinde sah es allerdings als sehr wichtig und notwendig an, *weils ein geringe Pfarre, auch albereit ein wedefrawe ohn diese letzte da sitzet möchten sie wol biden, das einer die wedtfrawen ehelichte.*[149] Sie wollte die von der Kirchenordnung vorgesehene Aufgabe aufschieben, für die alte und für die jüngere Witwe ein jeweiliges Witwenhaus oder eine Wohnung zur Verfügung zu stellen. Die jüngere Pfarrwitwe hätte nämlich keinen Bedarf an einer anderen Behausung oder müsse versorgt werden, wenn sie den neuen Pastor ehelichen würde.[150] Die Wiederverheiratung einer Pfarrwitwe mit dem Amtsnachfolger, die sog. Pfarrwitwenkonservierung, war durchaus üblich, wie schon GAUGER, WEICHERT[151] mit ihrem Beispiel der Anna Löders, die insgesamt drei aufeinander folgende Pastoren ehelichte, belegen konnten. WÜRTH[152] stellte für ihr Untersuchungsgebiet Mecklenburg-Schwerin fest, dass »der Charakter einer frühneuzeitlichen Pfarrerehe an erster Stelle von Pragmatismus beherrscht wird«.[153]

Die Einsetzung eines Geistlichen folgte den in der Kirchenordnung vorgegebenen Schritten: Präsentation, Nomination, Vokation, Examinierung, Ordination und Einführung.[154] Für die Zulassung zum Examen musste der Bewerber entsprechende Nachweise bzw. Zeugnisse über Geburt, Herkunft, Lebenswandel, Lehrtätigkeit oder Ausbildung beim Konsistorium vorlegen. Das Examen wurde mit der Probepredigt abgeschlossen, danach wurde die Vokation ausgesprochen und die Ordination durch das Konsistorium erfolgte. Anschließend wurde der Pastor mit der Pfarre belehnt, entweder vom Konsistorium oder Patronatsherrn, und verpflichtete sich mit seiner Unterschrift auf die Kirchenordnung, die bei dem zuständigen Superintendenten verwahrt wurde[155]. Im Anschluss wurde der Pastor in einem Gottesdienst vom Superintendenten oder einem Gerichtsherren in das Amt eingeführt.[156]

Die Aufgabe für den Superintendenten bestand darin, der öffentlichen Probepredigt des Kandidaten zusammen mit der Gemeinde anzuhören. Wenn der

148 HS 2, fol. 134v [Reg.-Nr. 196].
149 HS 2, fol. 133v [Reg.-Nr. 195].
150 SEHLING, Ev. KO, Bd. VI/1, S. 194.
151 WEICHERT, GAUGER, 100 Jahre Geistlichkeit, S. 29.
152 WÜRTH, Pfarrwitwenkonservierung, S. 66–102.
153 WÜRTH, Pfarrwitwenkonservierung, S. 88. S. a. SCHORN-SCHÜTTE, Evangelische Geistlichkeit, S. 313.
154 Vgl. AREND, Pfarreranstellung, S. 35–51.
155 NLAH Cal. Br. 21 Nr. 232, fol. 3r.
156 SEHLING, Ev. KO, Bd. VI/1, S. 182ff. Vgl. dazu auch SCHORN-SCHÜTTE, Evangelische Geistlichkeit, S. 333ff.

Bewerber von der Gemeinde favorisiert wurde, sollte er anschließend zusammen mit dem Amtmann deren Vokation dem Konsistorium schriftlich mitteilen.[157]

Hervorzuheben ist, dass das Mitspracherecht der Gemeinde tatsächlich berücksichtigt wurde. So hatte auch Luther 1523 die Ansicht vertreten, dass die Gemeinde das Recht haben sollte, ihren Pfarrer selbst auszusuchen[158], wie es auch bereits in vorreformatorischen Zeiten üblich war[159].

Im Konzeptbuch ist darüber hinaus belegt, dass Gemeinden selbst das Konsistorium über den Tod eines Pastors benachrichtigten und gleichzeitig einen neuen Kandidaten vorschlugen. Z. B. hatte die Gemeinde in Eschershausen den Tod ihres Pastors Johannes Plumbius am 4. Februar 1579[160] dem Konsistorium mitgeteilt und den

> *Ern Andream Abten des Closters Amelungsborn und Ern Jacobum Jovium Superintendenten zu Halle schriftlichen angesucht, und fleissig den Herrn Abt gebeten, umb seinen Pfarhern und Schulmeister Ern M. Johannes Mollerum*[161]

gebeten. In diesem Fall schlug die Gemeinde dem Superintendenten, dem Abt und dem Konsistorium ihren Wunschkandidaten vor. Der Haller Superintendent sprach sich ebenfalls für diesen Kandidaten aus und unterstütze damit die Gemeinde in ihrem Vorhaben. Er kontaktierte den Bewerber Moller am 25. Februar 1579 und hoffte, dass er die Pfarrstelle in Eschershausen erhalten und sich mit der dortigen Pfarrwitwe einigen werde.[162] Nach gehaltener Probepredigt wurde der Wunschkandidat am 30. März 1579 mit der Pfarre belehnt und der Haller Superintendent erhielt am 2. Juni 1579 vom Konsistorium den Immissionsbefehl.[163]

Die Suche eines geeigneten Nachfolgers gestaltete sich schwieriger, sobald eine Pfarrwitwe zu versorgen war, sei es im Hinblick auf eine mögliche Wiederverheiratung, im Sinne der Pfarrwitwenkonservierung[164], oder, bei bereits bestehender eigener Pfarrfamilie des neuen Stelleninhabers, die Einigung mit der noch im Pfarrhaus lebenden und zu versorgenden Pfarrwitwe des Amtsvorgängers. Bei der Auswahl der Nachfolger wird die Einbeziehung aller drei Stände[165] deutlich und welchen Einfluss der Superintendent, die Gemeinde sowie

157 Sehling, Ev. KO, Bd. VI/1, S. 187.
158 Vgl. WA 11, S. 40–416 (Christliche versamlung odder gemeyne recht, 1523).
159 Vgl. Arend, Pfarreranstellung, S. 38.
160 HS 2, fol. 270v [Reg.-Nr. 350]; NLA WF 4 Alt 3 Am. Nr. 5841 (unfoliiert); Freist, Seebaß, Pastoren, Bd. 1. S. 81; Bd. 2, S. 238.
161 LAW OA Eschershausen Nr. 21, fol. 22r (eigene Zählung).
162 HS 2, fol. 300r f. [Reg.-Nr. 391].
163 LAW OA Eschershausen Nr. 21, fol. 31r–47r (eigene Zählung).
164 Vgl. zur Pfarrwitwenkonservierung die folgenden Ausführungen in diesem Kapitel.
165 Das dreigliedrige Ständesystem als hierarchische Gesellschaftsordnung der Frühen Neuzeit bildete der Klerus (erster Stand), der Adel (zweiter Stand) und das städtische Bürgertum/

ggf. der Patronatsherr und das Konsistorium ausübten. Hervorzuheben ist, wie sich die Gemeinde bei diesen Auswahlverfahren beteiligte und welchen Einfluss sie ausübte.

Die Haller Gemeinde beharrte beispielsweise auch bei der Auswahl von Jovius' Nachfolger auf ihrem Mitspracherecht.[166] Sie wünschte sich im März 1585 nach Jovius' Tod Johannes Corvinus[167] als dessen Nachfolger. Die Haller kannten Corvinus, da er für die Haller Pastorenkinder als Lehrer tätig war und bereits einige Predigten in der Pfarrkirche gehalten hatte.[168] Als allerdings am 19. März Gottfried Hesshus in Halle das Pfarrhaus und die Gebäude besichtigte, beschwerte sich die Gemeinde beim Alfelder Generalsuperintendenten, dass Hesshus *wieder unsern willen zu einem pfarhern und seelsorger sollte aufgedrungen und gesetzet werden*[169]. Als Grund für die Ablehnung wurde neben dem indirekten Verweis auf die Kirchenordnung, dass kein Pastor einer Gemeinde aufgezwungen werden sollte[170], explizit auf Hesshus' *hohe und uns unbekandte sprache*[171] verwiesen. Die Gemeinde führte weiter aus, dass es falsch wäre eine Person, *dern Sprache wir nicht verstehen kunnen*[172], mit diesem Amt zu belehnen. Sie bat, dass ihr gewünschter Kandidat Corvinus eingesetzt werde, da *dessen Sprach sie gewohnet*[173] seien.[174]

Dass ein möglicher Kandidat auf Grund seiner unverständlichen Sprache von der Gemeinde abgelehnt wurde, ist für das Fürstentum Braunschweig-Wolfenbüttel nicht ungewöhnlich. Z. B. lehnte die Gemeinde 1581 in Wetteborn[175] oder im gleichen Jahr die Gemeinde in Fürstenhagen[176] den Bewerber aus diesem genannten Grund ab. Ebenso erhielt der Lizenziat Hermann Hamelmann am 13. Dezember 1568 auf Grund seiner westfälischen Sprache nur die Generalsuperintendentur in Gandersheim und nicht die in Wolfenbüttel.[177] Fraglich bleibt, inwieweit man allerdings z. B. der Haller Gemeinde unterstellen könnte, dass sie

die Bauernschaft (dritter Stand), vgl. zur Drei-Stände-Lehre u. a. Schorn-Schütte, Evangelische Geistlichkeit, S. 416ff.; Dies., Drei-Stände-Lehre, S. 435–461; Dürr, Politische Kultur, S. 32–36. S. a. Füssel, Soziale Ungleichheit und ständische Gesellschaft.

166 Vgl. zu diesem Beispiel Schorn-Schütte, Evangelische Geistlichkeit, S. 336.

167 Vgl. zu Johannes Corvinus Kapitel 5.1.3.2. und Anhang 11.8.

168 NLA WF 14 Alt Nr. 889, fol. 8r f.

169 NLA WF 14 Alt Nr. 889, fol. 12r.

170 Sehling, Ev. KO, Bd. VI/1, S. 187.

171 NLA WF 14 Alt Nr. 889, fol. 12r.

172 NLA WF 14 Alt Nr. 889, fol. 12r.

173 NLA WF 14 Alt Nr. 889, fol. 13v.

174 Vgl. zur Beteiligung der Gemeinde an der Pastorenauswahl Dürr, Politische Kultur, S. 187–192, 221–235.

175 Vgl. Butt, Norm und Praxis, S. 387.

176 NLAH Cal. Br. 21 Nr. 240, fol. 349r.

177 LAW V1923, S. 27f. Vgl. zu Hermann Hamelmann Kapitel 3.6.5.

bewusst für ihre Zwecke die Sprache als Ausschlusskriterium instrumentalisierten, um so unerwünschte Kandidaten abzuweisen.

7.1.2. Hildebrand Schmidt und die Pfarrwitwenversorgung

Hildebrand Schmidt war von Anfang 1576 bis zu seinem Tod am 23. Januar 1578 Pastor in Dielmissen und Hunzen.[178] Das Zusammenleben zwischen ihm und der im Dielmissener Pfarrhaus wohnenden Pfarrwitwe Ostercamp führte unweigerlich zu Konflikten. Im Folgenden wird aufgezeigt, wie die Auseinandersetzungen entstanden, wie der Superintendent zwischen den Konfliktparteien vermittelte und wie er während der krankheitsbedingten Abwesenheit des Pastors die Stellvertretung organisierte.[179]

Nachdem Hildebrand Schmidt seine Probepredigt gehalten hatte, entschieden sich beide Gemeinden, Dielmissen und Hunzen, für ihn als neuen Pastor. Der Superintendent sollte gemäß der Kirchenordnung bei der Einführung eines Geistlichen im Einführungsgottesdienst über das *ministerium verbi* predigen und den Gemeinden den neuen Kirchendiener, dem sie zu Gehorsamkeit verpflichtet waren, vorstellen.[180] Am 24. Dezember 1575 erklärte Jovius dem Bewerber, dass es Tradition sei, den *parrochialibus* ein Fass Bier zu diesem Anlass mitzubringen. Er schlug Schmidt vor, aus Kostengründen und weil die Pfarrwitwe Ostercamp kurz vor der Geburt stand, die Amtseinführung und die Vermählung in einem Gottesdienst zusammen durchzuführen, auch wenn diese Vorgehensweise von der Kirchenordnung abweichen würde. Der Gottesdienst sollte dementsprechend folgendermaßen ablaufen:

> *Der Kirchengank sölt erst geschehen*
> *Darnach der gesell* [= Hildebrand Schmidt] *introducirt und conformiret werden*
> *Zum dritten Im die nachgelassene wedtfrawen an die handt vorbunden werden*
> *Zum lesten die verehrunge den Mennern*
> *Ussgang der kinderbetchen und brauthauss sölt alles zusammen gehalten, und darbei der Abt zum Amelunxborn der Generalis Superintendens unnd der meiste teil der pastorum meae inspectionis darzu gebeten und geheschet werden, und sodannes alles uff ein mael usrichten das der unkost nit zuveil darauff gehen dorfften*[181].

178 Vgl. zu Hildebrand Schmidt die Ausführungen im Anhang 11.8.

179 Vgl. zu einer knappen Ausführung zu Hildebrand Schmidt und seiner Amtszeit in Dielmissen und Hunzen Guthe, Nachrichten von einigen Dörfern, Stück 99, Sp. 1650–1654.

180 Sehling, Ev. KO, VI/1, S. 189–192.

181 HS 2, fol. 142v [Reg.-Nr. 202].

Zeitgleich informierte Jovius den Generalissimus Kirchner, dass die Gemeinden einstimmig Schmidt vozieren und die Vorbereitungen für die Ordination beginnen könnten.[182]

Der Umstand, dass die Pfarrwitwe keinen Pastor heiraten wollte und ihren Anteil aus der Witwenkasse forderte, wurde anscheinend berücksichtigt oder der neue Bewerber hatte bereits eine eigene Pfarrfamilie oder wollte eine andere Frau ehelichen. Unter dem entworfenen Ablaufplan für Schmidts Amtseinführung vermerkte Jovius daher nachträglich, dass die Vermählung nicht vollzogen wurde, allerdings ohne Angabe weiterer Gründe.

Im Juli 1576 kontaktierte Ostercamps Pfarrwitwe den Superintendenten und berichtete ihm von einem Vertrag, den sie und Schmidt geschlossen hatten. Dieser Vertrag regelte die Aufteilung der Einnahmen und besagte, dass Schmidt das Amt rechtmäßig ausführen sollte. Nach diesem Gespräch wandte sich Jovius umgehend an den Generalsuperintendenten. Er informierte ihn, dass er der Pfarrwitwe zu einem Besuch in Alfeld geraten habe, um *alles selbst ordentlich, unndt mundtlich*[183] zu erzählen.[184] Am 2. August war der Superintendent beim Wickensener Amtmann, um die Angelegenheit zwischen dem Dielmissener Pastor und der Pfarrwitwe zu vergleichen. Über die Verhandlung notierte Jovius nichts. Er vermerkte nur, dass er sich auf Grund seines schlechten Gesundheitszustandes nach Halle zurückfahren lassen musste.[185] Bei seiner Ankunft in Halle fand er ein Schreiben des Dielmissener Pastors vor. Ohne genauere Ausführungen zum Inhalt dieses Schriftstücks entwarf Jovius *uff Er Hillebrandes zorniges schreiben*[186] Fragen, die dieser beantworten sollte.

1. Ob er zu seinem Wort und Schreiben stehe?
2. Ob Schmidt sich mit der Witwe verträgt?
3. Ob er die Aussagen von Jovius' oder der Witwe beweisen könne?
4. Ob im Todesfall seiner Ehefrau später auch so mit ihr umgegangen werden soll?
5. Ob er die Pfarre einem anderen Pastor für ein halbes Jahr überlassen würde?
6. Will er in Hunzen und Dielmissen ein Leben lang bleiben?
7. Wann seine Einführung stattfinden soll?
8. Ob er sich gegenüber Jovius und den benachbarten Pfarrern bescheiden verhalte?
9. Warum er die Pfarrgüter in Hunzen und Dielmissen verpfändet hatte und ob er die Pfändung rückgängig mache?
10. Wie er mit Ostercamps Witwe fortfahren will?

182 HS 2, fol. 143r [Reg.-Nr. 203].
183 HS 2, fol. 171v [Reg.-Nr. 238].
184 HS 2, fol. 171r f. [Reg.-Nr. 238].
185 HS 2, fol. 172r [Reg.-Nr. 239].
186 HS 2, fol. 173v [Reg.-Nr. 241].

11. Und ob der nicht näher bezeichnete Vertrag vom Amtmann oder der vorherige ebenfalls nicht weiter erläuterte Vertrag in Kraft treten soll?[187]

Diese Fragenliste, die vermutlich im August 1576 entstand, belegt, dass Schmidt anscheinend noch nicht offiziell in das Amt eingeführt worden war, obwohl Jovius vom Konsistorium den Immissionsbefehl erbeten hatte. Gleichermaßen kritisierte der Superintendent das unkultivierte Benehmen des Pastors gegenüber der Pfarrwitwe und ihren Kindern. Unter Verweis auf mehrere Bibelstellen[188] ermahnt er ihn mit Nachdruck, sich angemessen gegenüber der Pfarrwitwe sowie ihren Kindern zu verhalten und sie nicht respektlos zu behandeln.[189]

Zumindest konnte die *irrige sache welche zwischen Pastori und der nechst hindergelassennen wedfrawen zu Didilmissen*[190] beigelegt werden. Jovius gab dem Amtmann am 16. August 1576 einige Anweisungen für die Vertragsausführung und dessen Inhalt. Sowohl für Schmidt als auch für die Witwe sollte jeweils eine Ausfertigung ausgearbeitet werden. Im Vertrag sollte festgehalten werden, dass erstens Schmidt das Winter- und Sommerkorn mit der Witwe gerecht zu teilen habe und er von 2 Morgen Land, das der Witwe entzogen wurde, den Zehnten allein erhalte. Zweitens sollten die nicht näher bezeichneten Kosten aufgeteilt werden. Drittens sollte sich der Vertrag nur auf die Pfarre in Dielmissen beziehen. Viertens sollten beide Parteien versprechen, sich an den Vertrag zu halten. Beide haben *sodannes angelobt, und ein dem anderen darauff die hende gegeben unde also damit abgescheidenn*[191]. Die Vertragsregelungen bezüglich des Weizens gaben beiden erneut Anlass, sich zu streiten. Um sich zu versorgen, würde Ostercamps Witwe bereits für sich und ihre zwei Kinder bei Bauern um Brot betteln. Deshalb forderte sie im Januar 1577 wiederholt ihre rechtmäßig zustehende Versorgung aus der Witwenkasse und ihren Anteil vom *grabegelde, Jegergeld lanschatze wasengeld Kirchmessengeld*[192]. Jovius ersuchte den Alfelder Generalsuperintendenten, die Angelegenheit an das Konsistorium weiterzuleiten.[193] Nachdem sich beide Parteien wieder vertragen hatten, hielt der Superintendent es für ratsam, ihnen den geltenden Vertrag auszuhändigen. Sollte sich allerdings einer der beiden nicht an diesen halten, so hätten sie mit der Strafe zu rechnen, die für *friedebrecher nach landesgebrauch billich ohn gnade*[194]

187 HS 2, fol. 173v [Reg.-Nr. 241].
188 Ps. 145; Ex. 22,21–24; Lev. 19,33ff.; Sach. 7,10ff.; Jes. 1,17 u. 10,2; Jak. 1,27.
189 HS 2, fol. 175v f. [Reg.-Nr. 244].
190 HS 2, fol. 174v [Reg.-Nr. 243].
191 HS 2, fol. 175r [Reg.-Nr. 243].
192 HS 2, fol. 196r [Reg.-Nr. 271].
193 HS 2, fol. 196r [Reg.-Nr. 271].
194 HS 2, fol. 175r [Reg.-Nr. 243].

vorgesehen war.[195] Sechs Mitglieder der Gemeinden in Hunzen und Dielmissen[196] bezeugten nachträglich am 31. März 1578, dass der Vertrag zwischen dem Pastor und der Pfarrwitwe in Gegenwart des Superintendenten, des Amtmanns und des Generalsuperintendenten ordnungsgemäß geschlossen wurde. Allerdings hatte sich Schmidt nicht an diesen Vertrag gehalten und sich gegenüber der Witwe respektlos benommen, denn er hatte *der wedfrawen Ihr Zeug uss dem hauss gesetzet und sie usgeweiset*[197], alle Zäune verbrennen und den Acker verderben lassen.[198]

Entsprechend der normativen Vorgaben der Kirchenordnung war der Superintendent in der Pflicht, bei krankheitsbedingter Dienstunfähigkeit eines Pastors einen Amtskollegen aus der Nachbarschaft als Stellvertreter zu organisieren.[199] Als Schmidt am 4. Dezember 1577 auf Grund eines Beingeschwürs in Alfeld lag, kümmerte sich Jovius um einen Stellvertreter.[200]

Der Haller Geistliche informierte den Generalsuperintendenten am 31. Januar 1578, dass er mit den Gemeinden Dielmissen und Hunzen wegen eines stellvertretenden Pastors verhandelt hatte. Der Kirchbraker Pastor Caspar Hasenjäger werde die Vertretung übernehmen und solle seinen Lohn von beiden Gemeinden erhalten. Jovius verteidigte seine Wahl des Stellvertreters, denn niemand könne besser das Pastorenamt in Dielmissen vertreten, als der sehr erfahrene Pastor Hasenjäger, *den es sein ein hauffen heilloser Bauren die Godtes Wort und diener* […] *geringer als Ihre hunde achten leben also die Schweine derwegen woll von nöten das Man bald Inen widder einen scharffen schulmeister zuschickete.*[201]

Jovius bat Hasenjäger am 1. Januar 1578, die Vertretung zu übernehmen, da Schmidt wegen eines Beingeschwürs Alfeld sobald nicht verlassen könne. Obwohl er noch keine endgültige Zusage von Hasenjäger erhalten hatte, ermahnte er zuversichtlich die Gemeinden, ihr Benehmen zu überdenken, da sie sich seit 6 Jahren ungerecht gegenüber ihrem Pastor und den Pfarrwitwen verhalten hatten. Er forderte sie auf, sich im neuen Jahr 1578 zu bessern, den Streit beizulegen, zu büßen sowie sich zu Gott, dem Evangelium und dem richtigen Glauben zu bekennen. Damit die Gemeinden die Möglichkeit zum Besuch des Gottesdienstes bekamen, sollte Hasenjäger bis zum 10. Februar die Vertretung übernehmen. Die Gemeinden mussten ihrerseits versichern, den Stellvertreter ord-

195 HS 2, fol. 174v f. [Reg.-Nr. 243].
196 Hans Beyen, Hermann Lendthoves, Jacob Honnigsisk, Curd Scharnbergk aus Dielmissen sowie die Hunzener Hans Heinemeier und der Altermann Hans Eylerdes.
197 HS 2, fol. 256v [Reg.-Nr. 333].
198 HS 2, fol. 256v [Reg.-Nr. 333], fol. 256v f. [Reg.-Nr. 334].
199 Sehling, Ev. KO, VI/1, S. 199.
200 HS 2, fol. 249v [Reg.-Nr. 314].
201 HS 2, fol. 291r [Reg.-Nr. 380].

nungsgemäß zu bezahlen. Hasenjägers Forderungen beliefen sich auf 1 Scheffel Roggen wöchentlich oder den monetären Gegenwert. Nach jeder Predigt eine Mahlzeit, das Beicht- und Opfergeld sowie die Einnahmen von Taufen, Hochzeiten und Beerdigungen. Falls sich die Vertretung bis Ostern hinziehen sollte, bestand der Vertreter auf die Auszahlung der vierteljährlichen Abgabe, des sog. Vierzeitenpfennigs[202]. Abschließend wies der Superintendent die Gemeinden an, ihn zu benachrichtigen, wenn Schmidt aus Alfeld zurückkehre bzw. ob dieser sein Amt wiederaufnehmen könne.[203]

Am 23. Januar 1578[204] erlag der Dielmissener Pastor Hildebrand Schmidt *unter der Artzte hende*[205] in Alfeld seinem Beingeschwür und Jovius übermittelte pflichtgemäß seinem Vorgesetzten die Nachricht von Schmidts Tod. Da Hasenjägers Stellvertretung beendet war, verpflichtete der Superintendent den Stadtoldendorfer Lehrer Erasmus Mori den Gottesdienst in der Gemeinde abzuhalten und eine Predigt über die Hochzeit zu Kana für den folgenden Sonntag, den 2. März 1578, vorzubereiten. Er würde die Gemeinde über den genauen Zeitpunkt rechtzeitig informieren und wünschte nach der Predigt Mori in Halle zu sehen, um den Gottesdienst zu besprechen.[206]

Das Zusammenleben zwischen dem Pastor und der Pfarrwitwe des Amtsvorgängers gestaltete sich sehr schwierig. Trotz eines ausgehandelten Vertrages über die Aufteilung der Güter und Einkünfte sowie einer erneuten Schlichtung hielt sich der Pastor nicht an die Vorgaben, verweigerte der Pfarrwitwe ihren zustehenden Anteil und warf sie aus dem Pfarrhaus. Zwischen einem neuen Pastor und der Pfarrwitwe waren häufig die Einkünfte aus dem Gnadenjahr der Konfliktauslöser, der nicht nur im Fürstentum Braunschweig-Wolfenbüttel bekannt war, sondern auch z. B. im 18. Jahrhundert im Herzogtum Mecklenburg-Schwerin zu zahlreichen Kontroversen führte.[207]

Der Superintendent hatte gemäß der Norm im Krankheitsfall des Pastors die Stellvertretung organisiert und die Entschädigung für den Vertreter geregelt. Hervorzuheben ist, dass die detaillierte Lohnforderung des Stellvertreters für seinen Aufwand mit Hilfe des Konzeptbuchs aufzeigt, wie viel ein Pastor für seine Vertretungszeit, die er mit seinem bestehenden Pastorenamt koordinieren musste, fordern konnte. Nach dem Tod des Pastors hatte der Haller Superintendent zudem pflichtbewusst, die frei gewordene Stelle umgehend dem Kon-

202 Vgl. zum Vierzeitenpfennig, die vierteljährlich zu leistende Abgabe von Geld oder Naturalien an den Pastor DWB, Lemma: Vierzeiten, Bd. 26, Sp. 347.
203 Vgl. dazu auch Hölscher, Kirche und ihren Pastoren, S. 7f.
204 LAW OA Dielmissen Nr. 2, fol. 40r (eigene Zählung).
205 LAW OA Dielmissen Nr. 2, fol. 40r (eigene Zählung).
206 HS 2, fol. 250r [Reg.-Nr. 315], fol. 250v [Reg.-Nr. 316], fol. 251r [Reg.-Nr. 317], fol. 251v [Reg.-Nr. 318], fol. 254r [Reg.-Nr. 324].
207 Vgl. Würth, Pfarrwitwenkonservierung, S. 99–102.

sistorium gemeldet und der Pfarrwitwe die Einkünfte aus dem Gnadenjahr gesichert.[208]

Mit dem Tod des Pastors ergab sich eine neue Besonderheit, mit der sich der neue Pfarrstellenanwärter, Curd Vrithoff, auseinandersetzen musste.

7.1.3. Curd Vrithoffs Auseinandersetzungen mit drei Pfarrwitwen und das Problem eines gestohlenen Kelchs

Curd Vrithoff war von 1578 bis zu seinem Tod am 10. Juni 1604 Pastor in Dielmissen und Hunzen.[209] Nach Hildebrand Schmidts Tod äußerte der Alfelder Generalsuperintendent gegenüber dem Konsistorium seine Bedenken: Es werde schwierig, einen geeigneten und ungebundenen Pastor zu finden, der sich auf die Stelle bewerben würde, da der Ort abgelegen, die Stelle schlecht dotiert und die Wohnung sehr baufällig sei. Die Gemeinde vertrat die Ansicht, dass *die Jungste, als Ern Hildebrandts seligen Witwe, welche noch Jung, schon und wolerzogen, und eines jungen Predigers wol werd*[210] wäre. Curd Vrithoff wurde als geeigneter Kandidat vorgeschlagen, obwohl er verheiratet war.[211] Nach dessen Probepredigt entschieden sich beide Gemeinden[212] am 9. Februar 1578 für diesen Kandidaten[213] und Jovius leitete ordnungsgemäß das Ergebnis an den Generalsuperintendenten weiter.[214]

Im März/April 1578 erhielt der Haller Superintendent die Aufforderung der Dielmissener Gemeinde, dass der von ihnen erwünschte, neue Pastor Vrithoff umgehend in das Amt eingeführt werden sollte, da das Pfarrland bestellt und der Pfarrhaushalt geordnet werden müssen. Als Vrithoff seine Stelle antrat, stand er vor der Herausforderung, sich mit insgesamt drei Pfarrwitwen auseinanderzusetzen. Er hatte bereits eine eigene Ehefrau und Kinder und konservierte somit keine der Witwen, sondern musste sich mit der Pfarrwitwe seines direkten Vorgängers auseinandersetzen und mit ihr über das Gnadenjahr verhandeln. Am 2. März 1578 hatte Hildebrand Schmidts Witwe Ephra den Alfelder Generalsuperintendenten Esaias Krüger[215] noch gebeten, sie *uff der Pfarr zue lassenn,*

208 Sehling, Ev. KO, VI/1, S. 193f., 199.
209 Vgl. zu Curd Vrithoff die Ausführungen im Anhang 11.8.
210 LAW OA Dielmissen Nr. 2, fol. 29r (eigene Zählung).
211 LAW OA Dielmissen Nr. 2, fol. 29r–30v (eigene Zählung).
212 Aus Hunzen waren Hans Heinemeier sowie der Altermann Hans Eylerdes und aus Dielmissen Jordan Koch sowie Heinrich Fricken anwesend.
213 HS 2, fol. 252r [Reg.-Nr. 319], fol. 252v [Reg.-Nr. 320], fol. 253v [Reg.-Nr. 323], fol. 254r [Reg.-Nr. 324].
214 Dieses Schreiben befindet sich nicht nur im Konzeptbuch, sondern liegt ebenfalls als Reinschrift im Original vor, vgl. LAW OA Dielmissen Nr. 2, fol. 28r (eigene Zählung).
215 Vgl. zu den Esaias Krüger Kapitel 7.3.2. und die Ausführungen im Anhang 11.8.

viele doch albereidt widtwen, da pfarrheren gehabt, da sitzenn lassen[216]. Deswegen hoffte sie, dass die Konsistorialräte sie als *arme Widtwe midt meinem kinde nicht gantz muchte ins Elende vortrossten werden*[217], sondern sie im Dielmissener Pfarrhaus wohnen lassen.[218] Die Pfarrwitwe forderte ihre Rechte ein, die ihr der Kirchenordnung zufolge zustanden.

Jovius stellte fest, dass inzwischen drei Pfarrwitwen in Dielmissen lebten, aber die Kirchenordnung nichts über deren Versorgung regelte. Bei zwei Witwen sah die Ordnung vor, dass die jüngere Pfarrwitwe, *so lang verziehen, biß die alte verstorben, und nach ihrem tode die Wohnung auch haben*[219].[220] Dieses konnte aber nur gewährleistet werden, wenn die Gemeinde überhaupt ihrer Pflicht nachgekommen war und eine Wohnung für die Pfarrwitwe bereitgestellt hatte. Er forderte Vrithoff daher auf, sich mit der letzten Pfarrwitwe Ephra gütlich über das Gnadenjahr und die Wohnsituation im Pfarrhaus zu einigen. Er war zuversichtlich, dass sich beide ordnungsgemäß und zur Zufriedenheit beider Parteien einigen werden.

Die Verhandlung zwischen dem Pastor und der Pfarrwitwe fand am 28. April 1578 statt, zu der neben dem Haller Superintendenten auch der Alfelder Generalsuperintendent und der Wickensener Amtmann anwesend waren. Der Generalsuperintendent hatte vom Konsistorium die Vollmacht für diese Verhandlung erhalten und war somit in der Lage, über Einzelheiten zu entscheiden.[221] Am gleichen Tag wurde nach erfolgreicher Besprechung ein Vertrag zwischen Vrithoff und der Pfarrwitwe aufgesetzt, der im Konzeptbuch überliefert ist. *Laut unser Christlichen Kirchenordnung nach Ires Herrn absterben ein halb Jahr lank, welches sich auff Jacobe*[222] *endiget, in der Pfarrbehausung muss gelassen werdenn*[223].

Vrithoff räumte der Witwe ein, sie im Pfarrhaus aufzunehmen und sie dort sogar bis zum Winter wohnen zu lassen. Außerdem dürfe sie das Korn bei ihm lagern und während des ganzen Sommers ihre Kühe auf dem Meierhof oder der Wiese weiden lassen. Ephra erhielt die ganze Wintersaat, während die Sommersaat und das Heu zu gleichen Teilen aufgeteilt wurden. Die Einnahmen aus Hunzen[224] konnte Vrithoff für sich allein verbuchen.[225] In diesem Vertrag wurden

216 LAW OA Dielmissen Nr. 2, fol. 36r (eigene Zählung).
217 LAW OA Dielmissen Nr. 2, fol. 36r (eigene Zählung).
218 LAW OA Dielmissen Nr. 2, fol. 36r (eigene Zählung).
219 Sehling, Ev. KO, Bd. VI/1, S. 194.
220 Sehling, Ev. KO, Bd. VI/1, S. 194.
221 HS 2, fol. 257r [Reg.-Nr. 334].
222 25. Juli.
223 HS 2, fol. 257v [Reg.-Nr. 335].
224 Die Einnahmen beliefen sich auf 1 Malter Weizen, 3 Malter Roggen, 3 Malter Hafer sowie 1 Malter Gerste.
225 HS 2, fol. 257v [Reg.-Nr. 335].

die beiden anderen Witwen nicht berücksichtigt oder erwähnt, da sie mit Ablauf des Gnadenjahres über keine weiteren Ansprüche verfügten.

Hervorzuheben ist, dass die Dielmissener Gemeinde immer noch keine Wohnung oder ein Haus für die Pfarrwitwe, bzw. für die inzwischen drei Pfarrwitwen bereitgestellt hatte, obwohl sie der Kirchenordnung zufolge dieses hätte leisten müssen. Über den Wohnort der beiden älteren Pfarrwitwen findet sich kein weiterer Anhaltspunkt. Das Wohnrecht der Pfarrwitwe im Pfarrhaus stellte bereits Vrithoffs Vorgänger, Ostercamp und Schmidt, vor diverse Probleme.[226] Um diese Differenzen zu umgehen, setzten der neue Dielmissener Pastor und die Pfarrwitwe die Bedingungen für das Zusammenleben und die Einkünfte vertraglich fest. Im Gegensatz zu Schmidt, der vertragsbrüchig wurde und die Pfarrwitwe respektlos behandelte, hielt sich Vrithoff an diesen Vertrag. Es ist zumindest kein Verstoß im Konzeptbuch oder in anderen Quellen überliefert.

Konflikt mit Margareta Seligmann

Dieser Konflikt mit den Pfarrwitwen blieb nicht der einzige, der Vrithoffs Amtszeit prägte. Er war im Jahr 1583 in eine Auseinandersetzung mit Margareta Seligmann, der Witwe Jacob von Halles, verwickelt, die aus der Kirche einen Kelch entwendet hatte. Bereits ein Jahr zuvor, am 12. Januar 1582, wurde Seligmann von dem Haller Superintendenten ermahnt. Er hatte sie aufgefordert, den silbernen Kelch im Wert von 10 Talern zurückzugeben, den ihr verstorbener Ehemann Jacob von Halle in Kriegszeiten aus der Dielmissener Kirche entfernt hatte. Seligmann hatte schon im Jahr 1581 dem Superintendenten versprochen, den Kelch wieder zurückzugeben. Da sich dieser Kelch im Januar 1583 immer noch in ihrem Besitz befand, unterstellte ihr Jovius, *als woltet Ihr es mit der zeit vergessen*[227]. Er ermahnte sie, dass der Kelch für den kirchlichen und nicht für den weltlichen Gebrauch bestimmt sei. *Wie die heilige Schriefft mit vielen exempel bezeuget*[228], ist so ein Verhalten unangemessen, da man sonst der Kirchenräuberei bezichtigt werden könne. Im Zuge der demnächst stattfindenden Kirchenrechnungsprüfung werde er kontrollieren, ob sie den Kelch wirklich zurückgebracht habe.[229]

Am 22. März 1583 setzte Jovius den Wickensener Amtmann und den Oberamtmann in Kenntnis, dass der Dielmissener Pastor Vrithoff wegen einiger Kirchengüter und eines entwendeten Kelchs mit Margareta Seligmann *in Irrunge und Spaltung*[230] lag. Mit Hilfe der Kirchenregister konnte eindeutig be-

226 Sehling, Ev. KO, Bd. VI/1, S. 194, 209.
227 HS 3, fol. 52v [Reg.-Nr. 539].
228 HS 3, fol. 52v [Reg.-Nr. 539].
229 HS 3, fol. 52v f. [Reg.-Nr. 539].
230 HS 3, 97v [Reg.-Nr. 607].

wiesen werden, dass Seligmanns verstorbener erster Ehemann der Kirche diesen Kelch gestiftet hatte. Seligmann verteidigte sich und verklagte daraufhin den Pastor wegen der falschen Unterstellung vor dem Landgericht.[231] Jovius informierte die beiden Amtsträger und ordnete an, dass beide Kontrahenten jeweils eine schriftliche Stellungnahme einreichen sollten. Er erwartete von den Amtmännern unterstützt zu werden, damit die Klage nicht öffentlich verhandelt werden müsse. Falls in diesem Konflikt keine gütliche Einigung erzielt werden könne, sollte umgehend das Konsistorium hinzugezogen werden.[232]

Am 24. März 1583 überreichte Margareta Seligmann Jovius ihre Stellungnahme, die als Kopie im Konzeptbuch vorhanden ist und so in diesen Konflikt einbezogen werden kann. Sie schilderte dem Haller Superintendenten und dem Amtmann, was am 4. Dezember 1582 in ihrem Haus in Dielmissen mit dem Pastor Curd Vrithoff vorgefallen war: Vrithoff war an diesem Tag in ihrem Haus, hatte mit ihr und ihren Kindern eine Mahlzeit eingenommen. *Wie nhun gedachte Vridthof sich mitt dem druncke wollbeladenn, hatt ehr seiner alten gewonnheit /: als das ehr seltenn friedlich lebenn kann /: nicht fuhrgelassen*[233], und fragte im betrunkenen Zustand nach einem gestohlenen großen *Schussellpott*[234], der ursprünglich im Besitz der Kirche gewesen sei. Er erhielt als Antwort, dass der *Schussellpott* zu Zeiten Herzog Heinrichs d. J. aus einer Büchse, die sich in der Kirche befand, angefertigt wurde und sie ihn nicht habe. Seligmann fragte Vrithoff anschließend, wer solche Anschuldigungen gegen sie vorbringe und solche Gerüchte verbreite. Der Pastor verwies auf seinen Altermann, der am folgenden Morgen von zwei Männern im Auftrag Seligmanns zu dieser *Ehrenschendung*[235] befragt wurde. Der Befragte wies jedoch jegliche Schuld von sich. Kurz danach hätte Vrithoff versucht, den Küster, Hermann Hundertmark[236], am Sonntagmorgen auf dem Rückweg von der Predigt in Hunzen, gegen sie aufzuwiegeln. Seligmann sah, wie beide vor ihrem Hof stehen blieben, sich kurz unter vier Augen unterhielten, danach in ihr Haus kamen und sie zu dem gestohlenen Kelch befragten. Sie ging aber davon aus, dass Hundertmark *Ihm* [= dem Pastor] *diese Iniurien nicht stercken helfenn wollen unndt darmitt Ihnn*

231 Vgl. allgemein zum Landgericht LANDWEHR, Landgerichte.

232 HS 3, fol. 97v f. [Reg.-Nr. 607].

233 HS 3, fol. 99r [Reg.-Nr. 608].

234 HS 3, fol. 99r [Reg.-Nr. 608]. Vermutlich handelte es sich um eine Patene, da diese auch gelegentlich als Schüssel bezeichnet wurde, vgl. DWB, Lemma: Patene, Bd. 13, Sp. 1500.

235 Unter dem Begriff der »Ehrenschändung« ist hier eine Art von Beleidigung zu verstehen, vgl. DRW, Lemma: Ehrenschändung, Bd. 22, Sp. 1286. Vgl. zu den unterschiedlichen Ehrkonflikten SCHREINER, SCHWERHOFF, »Verletzte Ehre«; BACKMANN, KÜNAST, ULLMANN, TLUSTY, Ehrkonzepte; WETTLAUFER, Schand- und Ehrenstrafen, S. 265–280. S. a. JÜRGENS, WELLER, Streitkultur und Öffentlichkeit.

236 Vgl. zu Hermann Hundertmark Kapitel 7.2.

unwillen gerathen[237]. Sie hatte zwar den Superintendenten um Hilfe gebeten, doch Vrithoff bezichtigte sie erneute des Kelchdiebstahls. Seligmann konnte das Verhalten des Pastors nicht nachvollziehen, verglich ihn mit einer Sau und ließ *diesem unruigem Pastor mit sulchem unerfindlichen lugenn und schendunge ahnngegriffen*[238] am 12. März vor das am 15. März 1583 tagende Landgericht in Eschershausen vorladen. Aber Vrithoff erschien trotz Zitation nicht, sondern verfasste eine schriftliche Stellungnahme, in der er auf die Regelung in der Kirchenordnung verwies, dass für ihn als Pastor das Konsistorium zuständig sei. Seligmann jedoch hoffte, dass dieser Fall nicht in Helmstedt vor dem Konsistorium verhandelt werden würde, da sie als arme und alte Witwe nicht so weit reisen könne und deshalb benachteiligt sei. Darüber hinaus konnte sie nicht begreifen, dass Vrithoff die von Herzog Julius erlassene Kirchenordnung mit den vorgeschriebenen Anweisungen so abweichend deuten und ausleben dürfe. Sie verteidigte sich, dass sie weder den *Schussellpott* noch den Kelch aus der Kirche entwendet habe. Sie versicherte, dass sie den Pott von Heinrich von Konigem genannt zu Luchtringen gekauft und den Kelch der Kirche zurückzugeben hatte. Abschließend forderte sie, dass der Pastor für die Schmähungen bestraft werden sollte.[239]

Nachdem Jovius über den Inhalt von Seligmanns Klageschrift in Kenntnis gesetzt worden war, informierte er den Dielmissener Pastor am 10. April 1583, dass gleichzeitig mit der Prüfung der Kirchenrechnung am Freitag, den 12. April um 9 Uhr morgens in Halle versucht werden sollte, einen gütlichen Vergleich in der Auseinandersetzung zwischen ihm und Seligmann herbeizuführen. Zu diesem Zweck sollte sich auch Seligmann am 12. April in Halle einfinden, allerdings erst um 12 Uhr.[240] Die Beschuldigte kam der Aufforderung nicht nach, weshalb sich Jovius am 24. April persönlich an sie wandte. Er lud sie erneut zum Freitag, den 26. April, um 12 Uhr in Hans Alschwedens Haus in Dielmissen zum Verhör vor. Jovius und der Amtmann forderten sie gemeinsam auf, an diesem Termin zu erscheinen und hofften inständig, dass beide Seiten zu einer gütlichen Einigung bereit wären.[241]

Nachdem Curd Vrithoff das Problem mit den drei Pfarrwitwen vertraglich geregelt hatte, wurde seine Amtszeit vorrangig von dem Konflikt mit Margareta Seligmann geprägt. Seligmann sah sich durch die Anschuldigungen gezwungen, den Pastor vor dem Landgericht am 15. März 1583 in Eschershausen anzuklagen. Vrithoff folgte der Vorladung nicht, sondern erklärte, dass

237 HS 3, fol. 99v [Reg.-Nr. 608].
238 HS 3, fol. 102r [Reg.-Nr. 608].
239 HS 3, fol. 98v–102v [Reg.-Nr. 608].
240 HS 3, fol. 104r [Reg.-Nr. 611].
241 HS 3, fol. 105v [Reg.-Nr. 613].

mein gnediger Furst undt her, ein furstliche Kirchenordnunge publicieren und ausgebenn lassen, das Ihm dem Pastoren die Gnade beireisen, Wo fernn sie Jemandt fuhr gerichten oder sunstenn zubesprechen gemeinet das solchs fuhr dem geistlichenn Consistorio zu Helmstede gescheenn sollte, derowegen ehr sich nicht schuldig erdachtete alda fuhr landt undt leutte auf meine Klage zu andtwortenn[242].

Da Pastoren gemäß der Kirchenordnung nicht vor das Landgericht gestellt werden durften[243], bat der Superintendent den Amtmann und Oberamtmann im März 1583, dass sie

sodanne dinge nach ihrem verstand und weisheit erwegen und nit lasse fur das Landgerichte kommen, Söndern do jo der Pastor sölt zureden darob gesetzet werde als ich nit hoffe das sodannes dann zu Wickensen, und non in facie totius populi, vel in publico foro iudicii geschehe[244].

Zu einer Verhandlung vor dem Landgericht in Eschershausen kam es nicht. Die Landgerichtsverzeichnisse bestätigen, dass am 15. März 1583 in Eschershausen getagt wurde, enthalten aber keinen Hinweis zu diesem Fall.[245]

Neben Vrithoff wurden auch der Superintendent und die Pastoren Caspar Hasenjäger sowie Johannes Bolenius vor dem Landgericht angeklagt.[246] Die Kirchenordnung gewährte den Pastoren, dass sie sich nur in Güterangelegenheiten mit anderen Untertanen vor den Gerichten zu verantworten hatten.[247] Der Superintendent hatte sich über diese unzulässige Vorladung beschwert, weil diese zur *schmelerunge und verachtunge des heiligen Ministerii gereichen, und die Pfarherrn dadurch vorachtet werden, es auch kegenn unser Christliche Kirchenordnunge und unser gewissen und eÿde ist*[248].[249]

242 HS 3, fol. 100v [Reg.-Nr. 608].
243 HS 3, fol. 97v f. [Reg.-Nr. 607]. Vgl. zur Befreiung der Geistlichkeit vom Landgericht Landwehr, Landgerichte, S. 27ff.
244 HS 3, fol. 98r [Reg.-Nr. 607].
245 NLAH Cal. Br. 21 Nr. 49, fol. 184r–187r.
246 HS 2, fol. 224v [Reg.-Nr. 286]. Vgl. zu einem ähnlichen Fall einer Landgerichtsvorladung zweier Pastoren Lippelt, Hoheitsträger, S. 152.
247 Sehling, Ev. KO, Bd. VI/1, S. 193.
248 HS 2, fol. 226v [Reg.-Nr. 288].
249 Das Konsistorium ermahnte z.B. Andreas Ziegenbein streng, weil er den Harlingeroder Pastor Severin Schell vor dem Landgerichte verklagt hatte (NLAH Cal. Br. 21, Nr. 1936, fol. 47r–49v). So erinnerte auch das Konsistorium am 18. Juni 1593 den Superintendenten von Königsdahlum, dass alle Kirchendiener nicht der Landgerichtsfolge unterstanden (NLAH Cal. Br. 21, Nr. 1961, fol. 138).

7.1.4. Rudolph Vogt und die Annullierung eines Eheversprechens

Rudolph Vogt war von ca. 1570 bis 1590 Pastor in Kemnade.[250] 1576 war er in den Konflikt zwischen Hans Beyen und Ilsebeth, der Witwe Hans Losens, verwickelt, die ihr Eheversprechen auflösen wollten. Durch die archivalische Überlieferung ist es möglich, die Perspektive um die der beiden Eheleute zu ergänzen, da diese beim Konsistorium schriftliche Stellungnahmen und Klagen einreichten.

Die in der Kirchenordnung enthaltene Eheordnung setzt zu allen Eheangelegenheiten Normen fest, wie z. B. Ehescheidungen und Versöhnungen von zerrütteten Ehen.[251] Der Pastor Rudolph Vogt meldete pflichtgemäß seinem vorgesetzten Superintendenten[252] den Konflikt zwischen Hans Beyen und Ilsebeth. Die Probleme, auf die die verschiedenen geistlichen und weltlichen Instanzen bei dieser Annullierung stießen und wie die Konsistorialräte letztendlich urteilten, werden im Folgenden erörtert.

Hans Beyen und Ilsebeth, Hans Losens Witwe, hatten sich am 16. Mai 1574 verlobt. Die Witwe beabsichtigte daraufhin, auf den Hof ihres zukünftigen Ehemannes zu ziehen und ihr Hab und Gut innerhalb ihrer Familie unter ihren Schwiegersöhnen, Ernst Kustermann und Bartold Mensen, aufzuteilen. Nach der langen Verhandlung über Bargeldvermögen, Güter und die Nutzungsrechte wurde der Eherezess mit *bewilligung beiderlei freundschafft*[253] verhandelt. Als Zeugen waren der Amtmann Grevert Koch sowie der Kemnader Pastor Rudolph Vogt anwesend.[254] Jovius wurde von Ernst Kustermann am 31. Oktober 1576 informiert, dass die Verlobung zwischen Beyen und der Witwe seit zwei Jahren bestehe, aber Beyen inzwischen seine Meinung diesbezüglich geändert und sich nach einer anderen Frau umgeschaut hatte. Der Superintendent befahl daraufhin dem Pastor, am nächsten Tag nach Halle zu kommen, um alle weiteren Einzelheiten in diesem Fall zu klären und das öffentliche Aufgebot so lange auszusetzen, bis er mit beiden Parteien gesprochen habe.[255]

Am 3. November 1576 notierte Jovius unter der Überschrift *Gegenbericht uff Kustermans Inbringen*[256] in seinem Konzeptbuch, dass er von dem Kemnader Pastor und dem dortigen Amtmann informiert wurde, dass Ilsebeth niemals ihre volle Zustimmung zum Ehevertrag gegeben und sich *widderspennig*[257] verhalten hatte. Der Superintendent informierte die Konsistorialräte schriftlich über

250 Vgl. zu Rudolph Vogt die Ausführungen im Anhang 11.8.
251 Sehling, Ev. KO, Bd. VI/1, S. 214–225.
252 Sehling, Ev. KO, Bd. VI/1, S. 217.
253 HS 2, fol. 185r [Reg.-Nr. 257].
254 HS 2, fol. 184v f. [Reg.-Nr. 257].
255 HS 2, fol. 185v f. [Reg.-Nr. 258].
256 HS 2, fol. 186r [Reg.-Nr. 259].
257 HS 2, fol. 186r [Reg.-Nr. 259].

diesen Sachverhalt und erhielt als Antwort, dass die Witwe vielleicht ein erneuerter Überredungsversuch überzeugen könnte, die Ehe mit Beyen einzugehen.[258]

Das war der letzte Eintrag zu diesem Fall im Konzeptbuch. Allerdings erlauben sowohl Beyens Supplik als auch die Stellungnahme des Amtmannes Grevert Koch sowie die überlieferte Entscheidung des Konsistoriums, den Konflikt aus verschiedenen Perspektiven weiter zu verfolgen.

Am 5. November 1576 schilderte Beyen dem Konsistorium in seiner Supplik seine Sicht des Vorfalls. Er hob hervor, dass 1574 die Witwe dem *Handel dieser verheiartunge so auss Ihrer Volmacht durch Ihre beiden Sohne, mit beschlossen*[259]. Nachdem der erste Konsens *öffentlich rectratirt*[260] worden war, überließ er ihr die Wahl des Hochzeitstermins. Da sie aber kein Datum festlegte, kontaktierte Beyen seine Verlobte regelmäßig, die aber auf keine seiner Fragen oder Aufforderungen reagierte.

Stattdessen wandte sich Ilsebeth an den Haller Superintendenten und legte ihm dar, dass sie Beyen den Brautapfel[261] *zugespendet, denenn hette* [= Beyen] *nicht auffnemmen wollen*[262]. Neben dem Amtmann und dem Pastor wurden auch die beiden Verlobten von Jovius nach Halle gebeten. Bei diesem Treffen händigte Beyen dem Superintendenten seine erste Supplik aus, die er zuvor ebenfalls beim Konsistorium eingereicht hatte. Ilsebeth unterstellte ihrem Zukünftigen, er würde sich bereits nach einer anderen Frau umschauen. Gleichzeitig forderte sie ihn auf, er *solle erstlich sie abfinden*[263], wozu sich Beyen nicht bereit erklärte. Er bat hingegen das Konsistorium, dem Kemnader Pastor zu befehlen, ihn trotz dieser Klage nicht abzuweisen, wenn er sich mit einer anderen Frau zum Altar begeben würde.[264]

Auf Befehl des Konsistoriums verfasste der Kemnader Amtmann am 6. November 1576 einen erneuten Bericht und schilderte den gesamten Verlauf seit der ersten Verhandlung am 16. Mai 1574. Ilsebeth, eine betagte Frau von 60 Jahren, und Beyen verhandelten über die Ausbezahlungen und ihre wirt-

258 HS 2, fol. 186r [Reg.-Nr. 259].

259 LAW OA Kemnade Nr. 7,1, Teil 2 (unfoliiert), Hans Beyens Schreiben an das Konsistorium (5. November 1576).

260 LAW OA Kemnade Nr. 7,1, Teil 2 (unfoliiert), Hans Beyens Schreiben an das Konsistorium (5. November 1576).

261 In den ›Brautapfel‹ wurde von jedem Hochzeitsgast Münzen gesteckt und auf dem Altar platziert, vgl. Benecke, Benecke, Lüneburger Heimatbuch, S. 386.

262 LAW OA Kemnade Nr. 7,1, Teil 2 (unfoliiert), Hans Beyens Schreiben an das Konsistorium (5. November 1576).

263 LAW OA Kemnade Nr. 7,1, Teil 2 (unfoliiert), Hans Beyens Schreiben an das Konsistorium (5. November 1576).

264 LAW OA Kemnade Nr. 7,1, Teil 2 (unfoliiert), Hans Beyens Schreiben an das Konsistorium (5. November 1576).

schaftlichen Güter. Die Witwe war mit dem Ergebnis nicht einverstanden, was sie auch in Gegenwart des Amtmannes und Pastors äußerte. Sie verließ das Haus, ohne eine Entscheidung zu treffen. Nachdem der erste Konsens am 1. Juni 1574 widerrufen worden war, konnte kurz darauf ein Abschluss mit geänderten Bedingungen gefunden werden. Da kein Termin für eine kirchliche Trauung festgesetzt wurde und die Witwe Beyen nicht mehr ehelichen wollte, wandte dieser sich anderen Frauen zu. Als die Witwe vom Amtmann und dem Pastor am 28. Oktober 1574 über Beyens Absichten informiert wurde, gab sie zu, dass sie ihn von Anfang an nicht heiraten wollte. Der Amtmann resümierte in seinem Bericht, dass

> *Lauts ihrer* [= Ilsebeth] *eigene rede, konnte derhalben meines erachtens keine ehe sein, dan es konnte keine ehebette absque puro et absolution consensu bestehen, darum wollte ich ihr rathen sie wolle von Ihrem vornemen abstehen und Hanse Beien nicht hindern*[265].

Der Amtmann ermahnte sie, dass die Ehe, welche *auss beides Contrahenten freiwilligen Consent beschehen muss mit gelde gebunden, weil weniger entbunden werden solte*[266]. Er informierte das Konsistorium abschließend, dass er zusammen mit dem Kemnader Pastor den Superintendenten Jacob Jovius über diesen Fall in Kenntnis gesetzt hatte.[267]

Am 14. Dezember 1576 reichte Hans Beyen eine weitere Supplik beim Konsistorium ein, in der er den gesamten Vorfall schilderte: *In Summa sich also erzeigt das ir der handen gantz und gahr entkegen und sie zu der vorheiratung keine willen noch beliebung gehabtt.*[268] Er gesteht, dass sie sich nie darüber unterhalten hätten,

> *ob einer den andern zur Ehe haben wolthen oder nicht.* […] *Sie hielt drei gantzer Jahr gar muttwillich und fursetzlich uffgehalthen und bei der nasen umbgefuret, ungeachtete das sie vonn dem hern Ambtmann zur Kemnade auch von dem Pastor daselbst offtmals vormanet, die dinge uff andere wege zurichten, aber sie zu nirgents hat kunnen bewogen werden, wie sie dan zu dem Herrn Pastori selbst gesagt, Es wurde nummer mehr gut werden, wen sie Hanse Beien zur Ehe nehmen solt* […] *Obgleich uber der Ehevorsprechnus unter beiden Partheien etwas gehandelt wurdenn, das es dennoch für keine bestendige Ehevorsprechnus ad Sponsalia kann geachtet werden.*[269]

---

265 LAW OA Kemnade Nr. 7,1, Teil 2 (unfoliiert), Schreiben des Amtmanns Grevert Koch an das Konsistorium (5. November 1576).

266 LAW OA Kemnade Nr. 7,1, Teil 2 (unfoliiert), Schreiben des Amtmanns Grevert Koch an das Konsistorium (5. November 1576).

267 LAW OA Kemnade Nr. 7,1, Teil 2 (unfoliiert), Schreiben des Amtmanns Grevert Koch an das Konsistorium (5. November 1576).

268 LAW OA Kemnade Nr. 7,1, Teil 2 (unfoliiert), Hans Beyens Supplik an das Konsistorium (14. Dezember 1576).

269 LAW OA Kemnade Nr. 7,1, Teil 2 (unfoliiert), Hans Beyens Supplik an das Konsistorium (14. Dezember 1576).

Beyen berief sich in seiner Supplik auf die Rechtsregel »Consensus facit nuptias«, die besagt, »dass der Konsens der Brautleute (und nicht der Beischlaf) das entscheidende Element der Eheschließung sei.«[270]. Auch die Kirchenordnung stärkte das Verlöbnis als eigentliche Ehestiftung im Sinne des römischen Rechts, während Hochzeit und Beilager zweitrangig waren.[271] Er plädierte darauf, dass *dis keine bestendige und folkommene Sponsalia sein und dan ferner vorstatten, das sie diesser angezogenen Ehevorsprechnus gescheiden und von einander gesetze mugen sein und pleiben*[272].

Nachdem die Supplik im Konsistorium verhandelt worden war[273], wiesen die Räte am 17. Dezember 1576 den Alfelder Generalsuperintendenten, den Haller Superintendenten und den Amtmann von Kemnade an, die Verlobten zu einer gütlichen Vereinbarung zu bewegen und anschließend einen Bericht anzufertigen.[274] Das Konsistorium vertrat die Ansicht, dass das öffentliche Verlöbnis der Kirchenordnung zufolge nicht widerrufen werden könne. Beide Parteien sollten dazu bewogen werden, *die mit einander angefangene ehe zu vollziehen*[275].

Mit Problemen des vorehelichen Geschlechtsverkehrs musste sich der Haller Superintendent immer wieder auseinandersetzen. Beispielsweise übergab Jovius im Januar 1580, in seiner Funktion als Superintendent, Franz Koch, dem Pastor in Wangelnstedt, eine detaillierte Instruktion, wie er gemäß der Kirchenordnung mit der Unzucht des Gemeindemitgliedes namens Kroppel und einer nicht genannten Witwe umzugehen hatte, die sich jetzt *entlich begeret zu verehelichen*[276]. Frassek stellte bereits fest, dass Unzuchtsfälle nicht so häufig verhandelt wurden, da sie mehrheitlich unter die Verlöbnisfragen fielen, weil sie meist in Verbindung mit einem fehlenden oder nur suggerierten Eheversprechen standen.[277] In diesem Wangelnstedter Beispiel läuft es ebenfalls auf eine Vermählung hinaus, aber es wird vorher in der Instruktion noch detailliert erläutert, welche Bedingungen die Unzüchtigen vor der Vermählung zu erfüllen haben. Vor der Trauung sollte der Pastor Kroppel die sündhaften Vergehen in Gegenwart zweier Alterleuten und zwei weiterer Männer aufzeigen. Er sollte zur

---

270 Frassek, Artikel: Consensus facit nuptias. Die im klassischen römischen Recht von Ulpian aufgestellte Regel überliefert das Corpus Iuris Civilis (D 50.17.30).

271 Sehling, Ev. KO, Bd. VI/1, S. 218. S. a. Butt, Von Angesicht zu Angesicht, S. 66f.

272 LAW OA Kemnade Nr. 7,1, Teil 2 (unfoliiert), Hans Beyens Supplik an das Konsistorium (14. Dezember 1576).

273 LAW V238, S. 193–196.

274 LAW V238, S. 193; LAW OA Kemnade Nr. 7,1 Teil 2 (unfoliiert), Schreiben des Konsistoriums an den Alfelder Generalsuperintendenten, den Haller Superintendenten und den Amtmann von Kemnade (17. Dezember 1576).

275 LAW OA Kemnade Nr. 7,1, Teil 2 (unfoliiert), Konsistorium an den Alfelder Generalsuperintendenten, den Haller Superintendenten und den Amtmann von Kemnade (30. Dezember 1576).

276 HS 2, fol. 320v [Reg.-Nr. 421].

277 Vgl. Frassek, Eherecht und Ehegerichtsbarkeit, S. 232.

Verdeutlichung einige Beispiele aus der Bibel anführen: die Sintflut[278], Sodom und Gomorrha[279], Dinas Entehrung[280] sowie Davids Ehebruch und Buße[281]. Explizit auch die Beispiele von der Hurerei im Neuen Testament, als Paulus zu den Ephesern[282], zu den Korinthern[283] und zu den Galatern[284] sprach. Kroppel sollte nach diesen Beispielen im Beisein der Zeugen gefragt werden, ob er *begere in zeitlicher und ewiger straffe wegen der hurereÿ zu bleiben odder ob er begere* […] *christliche busse zu thun*[285]. Wenn Kroppel der Buße zustimmen würde, sollte der Pastor ihm die Bedingungen erklären. Demnach sollten beide Sünder an drei aufeinander folgenden Sonntagen in der Kirche erscheinen und während der gesamten Predigt für alle sichtbar an der Seite stehen. Zudem wurde der Pastor angewiesen, ihre Namen zu nennen, *mit fingernn uff sie weisen*[286] und die Gemeinde über ihre Sünden zu unterrichten. Die Sünder sollten büßen und sich anschließend verpflichten *sie wollen ihr leben bessern, und sich nach Godtes ordnung lassen zusamen geben, sie wollen keine hurereÿ nit meher begehen und treiben*[287]. Vor dem letzten Sonntag sollten beide ihre private Beichte ablegen und der Pastor sollte sie erneut am Altar fragen, ob sie ihre Sünden ernsthaft bereuen und sich bessern wollten. Wenn sie dieses bejahen, würde der Pastor das Gebet aus dem Kapitel von der Zensur oder Disziplin der Kirchen vorlesen, wie es in der Kirchenordnung auf fol. 254[288] abgedruckt wurde. Anschließend sollten beide zum Abendmahl zugelassen und ohne Musik vermählt werden. Der Superintendent verlangte von dem Pastor, ihn umgehend zu informieren, wenn sich Kroppel oder die Witwe widersetzen sollten, dann würden den Beiden *andere wege geweiset*[289].[290]

Der Haller Superintendent musste sich mit vielen Problemen hinsichtlich Annullierungen, Verlöbnisfragen, ungültigen Eheversprechen oder vorehelichem Geschlechtsverkehr auseinandersetzen. Insbesondere diese Fälle, in denen ein Eheversprechen annulliert werden sollte, wurden vermehrt vor dem Konsistorium verhandelt.[291] Das Konsistorium war gemäß der Eheordnung dazu

278 1. Mo. 7.
279 1. Mo. 19.
280 1. Mo. 34.
281 2. Sam. 11.
282 Eph. 5.
283 1. Kor. 6.
284 Gal. 5.
285 HS 2, fol. 320v [Reg.-Nr. 421].
286 HS 2, fol. 320v [Reg.-Nr. 421].
287 HS 2, fol. 321r [Reg.-Nr. 421].
288 Vgl. zu diesem Gebet Sehling, Ev. KO, Bd. VI/1, S. 206.
289 HS 2, fol. 321r [Reg.-Nr. 421].
290 HS 2, fol. 320v f. [Reg.-Nr. 421].
291 Vgl. Butt, Von Angesicht zu Angesicht, S. 70ff.; Frassek, Eherecht und Ehegerichtsbar-

verpflichtete, Eheleute, die sich in *grossen unwillen, neid, haß, grimmen und unfreundschaft*[292] befanden, zu versöhnen. Eine Ehescheidung wurde bei solchen Vorkommnissen nicht in Betracht gezogen, sondern die Ehe sollte *durch turn oder ander gebürende straff in freundschaft*[293] gebracht werden.[294] Diesen Normen folgend verwehrte das Konsistorium Hans Beyen trotz eingereichter Suppliken die Annullierung und wies die geistlichen wie weltlichen Instanzen an, beide Parteien dazu zu bewegen, die versprochene Ehe weiterzuführen.

Das Konsistorium und auch der Haller Superintendent waren aber nicht nur in Fragen bezüglich Verlöbnissen oder vorehelichem Geschlechtsverkehr involviert, sondern auch explizit in Fällen des Ehebruchs, wie im Folgenden gezeigt wird.

7.1.5. Engelbert Bigenius als Ehebrecher im konsistorialen Zeugenverhör

Engelbert Bigenius war von 1572 bis zu seinem Tod am 25. September 1581 Pastor in Stadtoldendorf.[295] Er trat seinen Dienst im November 1572 in Stadtoldendorf an und konservierte die Pfarrwitwe seines Amtsvorgängers.[296] Am 8. Mai 1576 unterrichtete Jovius den Stadtoldendorfer Rat, dass er *durchs gemeine Geschrey*[297] erfahren hatte, dass ihr Pastor Bigenius sündige, der Gemeinde kein gutes Vorbild sei und mit seiner Magd Geschlechtsverkehr habe. Um für diese Sünde nicht belangt zu werden, hatte Bigenius einem anderen Mann Geld geboten, der die Schuld auf sich nehmen sollte. Das von dem Pastor vorgelebte schlechte Ideal nahm sich auch der dortige Diakon, Matthäus Wedding, zum Vorbild. Obwohl der Diakon verheiratet war, hatte er eine Affäre, für die er seine Ehefrau verließ. *Weil diess gar gross grobe Schadtstücke sein*[298], forderte Jovius vom Rat als *gebitende Öbrigkeit* Unterstützung und sie sollten offenlegen, ob die Gerüchte wahr seien.[299] Am selben Tag informierte er Bigenius, dass er über alle seine Vergehen informiert sei. Da sich dessen Lebensstil

---

keit, S. 231ff., 241f.; Müller-Vollbehr, Geistliche Gerichte, S. 278f.; Dieterich, Eherecht in Deutschland, S. 52–60; Lutz, Ehepaare, S. 65–99.

292 Sehling, Ev. KO, Bd. VI/1, S. 217.

293 Sehling, Ev. KO, Bd. VI/1, S. 218.

294 Vgl. Butt, Von Angesicht zu Angesicht, S. 66f.

295 Vgl. zu Engelbert Bigenius die Ausführungen im Anhang 11.8.

296 Das entsprach der frühneuzeitlichen Praxis der sog. Pfarrwitwenkonservierung, bei der der Amtsnachfolger bei Amtsantritt die Witwe oder sogar eine Tochter seines Vorgängers heiraten sollte. Vgl. zur Literatur und zum Zusammenleben mit den Witwen des Amtsvorgängers ohne diese Konservierung die Ausführungen in den vorherigen Teilkapiteln.

297 HS 2, fol. 157v [Reg.-Nr. 223].

298 HS 2, fol. 157v [Reg.-Nr. 223].

299 HS 2, fol. 157v f. [Reg.-Nr. 223].

bereits auf den Diakon ausgewirkt habe, ermahnte er beide, sich vor ihm, dem Rat und dem Konsistorium zu verantworten.[300]

Erst ein Jahr später verhörte Jovius am 12. Februar 1577 Hermann Dornemeiers Tochter wegen des Geschlechtsverkehrs mit dem Stadtoldendorfer Pastor Bigenius. Daraufhin wollte er mit Bigenius ein persönliches Gespräch führen, doch weder am 14. Februar noch ein paar Tage später war er erfolgreich, da der Pastor ab dem 16. Februar für mindestens 8 Tage verreist war.[301]

Mutmaßlich wegen neuer Vorwürfe verhörte Jovius im Januar 1578 Erasmus Mori, den Stadtoldendorfer Lehrer. Nach anfänglichem Zögern berichtete Mori dann schließlich:

1. Bigenius hatte seit 5 Jahren kein Abendmahl empfangen.
2. Er hatte des Riemenschneiders Sohn Engelbert öffentlich gedemütigt.
3. Er lebte mit seiner Frau *in grossem unwillen* zusammen, die er darüber hinaus *ofte ubel begehen*[302].
4. Beim Geschlechtsverkehr mit Hans Holtensens Tochter, Gesa, wurde er von seiner eigenen Ehefrau in flagranti erwischt.
5. Seit dem 25. Januar 1578 hatten Bigenius und Gesa Holtensen an geheimen Orten und in der Kirche Geschlechtsverkehr, wo sie von Barthold Stillen und dessen Sohn gesehen wurden.[303]

Obwohl der Haller Superintendent Bigenius oft ermahnt hatte, missachtete dieser alle Belehrungen und änderte sein sündhaftes Verhalten nicht. Im Juni 1578 hatte Jovius wieder durch Gerüchte erfahren, die sogar schon von Kindern erzählt wurden, dass der Pastor seinen ehelichen Pflichten nicht nachkam, sein Amt vernachlässigte und ein *eherloses huren leben soll furenn.*[304] Da er sich erneut nicht auf Gerüchte verlassen wollte, forderte er den Stadtoldendorfer Rat auf, ihm einen ausführlichen und aufrichtigen Bericht über Bigenius' sämtliche Sünden zu schreiben.[305]

Diese Gerüchte erreichten das Konsistorium allerdings erst am 28. März 1581, das sich darauf sofort des Falles annahm und seinerseits den Rat um einen ausführlichen Bericht bat[306], der im Konsistorium am 6. Mai 1581 von den Räten Daniel Hoffmann, Basilius Sattler und Johann Jagemann diskutiert wurde.

Jagemann entnahm dem Bericht, dass es nicht allein Gerüchte seien, sondern

300 HS 2, fol. 158v f. [Reg.-Nr. 224].
301 HS 2, fol. 220v [Reg.-Nr. 279], fol. 221r [Reg.-Nr. 280].
302 HS 2, fol. 290v [Reg.-Nr. 379]. ›ubel begehen‹ im Sinne von gewalttätigem Geschlechtsverkehr, vgl. DWB, Lemma: begehen, Bd. 1, Sp. 1284ff.
303 HS 2, fol. 290v [Reg.-Nr. 379], beide Zitate fol. 290v.
304 HS 2, fol. 259r [Reg.-Nr. 338].
305 HS 2, fol. 259r [Reg.-Nr. 338].
306 NLAH Cal. Br. 21 Nr. 240, fol. 389v.

tatsächliche Indizien für einen Ehebruch des Pastors vorliegen würden. Er sprach sich für eine Untersuchung des Falls und für die Vorladung des Pastors zu einer Befragung aus. Falls sich die Gerüchte bewahrheiteten, sollte der Pastor des Amts und des Landes verwiesen werden. Hoffmann erwog ebenfalls eine Untersuchung, denn *es heiße, quod iustum est iuste prosequaris*[307]. Das Konsistorium könne sich nicht erlauben, in solch einem Fall die Gerüchte zu ignorieren.[308]

Daraufhin luden sie Engelbert Bigenius vor, der am 24. Mai 1581 zur Befragung in Helmstedt vor dem Konsistorium erschien.[309] Er wurde aufgefordert zu berichten, wie *erh Inn diss geschrei gerathen, unnd nicht dengkenn, dass ehr es uffs leugnen setzen wolle, dann darmit erzürne ehr Gott noch mehr.*[310] Bigenius antwortete, dass Johannes Riemenschneider, den er wegen seines sündigen Lebens bestraft habe, diese Gerüchte über ihn verbreitet und sogar behauptet hätte, ihn mit einer anderen Frau gesehen zu haben. Riemenschneider hätte seine Gerüchte damit begründet, dass er gesehen haben will, dass Gesa Holtensen oft im Pfarrhaus ein- und ausgehe. Unabhängig von dieser Befragung bestätigte Erasmus Mori in Jovius' Befragung von 1578, dass Gesa Holtensen tatsächlich oft zum Spinnen im Pfarrhaus war und Bigenius Riemenschneiders Sohn öffentlich gedemütigt hatte.[311]

Da Gesa nun von Bigenius geschwängert worden sei, er dieses aber leugnete, wollte das Konsistorium wissen, wie er in solchen Fällen in seiner Funktion als Pastor im Allgemeinen vorgehe. Der Pastor antwortete:

> *Lege ihnen poenitentiam publicam uff.*
> *Consistorium: Das habe ehr nicht macht.*
> *Ille: Hallte es, wie es der Herr Abt zu Amelungsborn hallte.*
> *Consistorium: Weill ehr es mit andernn /: wiewol ohn Recht :/ also gehallten, warumb ehr dann diesser Personen nicht auch publicam poenitentiam uffgelegt, wie hette ehr sich besser aus dem verdacht wirgkenn konnen, wenn ehr die dirne aus dem Gesetz angesprochen hette.*
> *Ille: Es hab sich ein fall zugetragen, dass einer, so ein offener Sünder, zu Ihm zur Beicht kommen, dem hette ehr gesagt, ehr könte ihn also nichts zulassen.*
> *C: Das sei ein frembdes, soll respondiren, warumb ehr diese dirn nicht auch zur poenitentiam gezogen.*

307 NLAH Cal. Br. 21 Nr. 240, fol. 420r. Die Redewendung »*quod iustum est iuste prosequaris*« stammt aus Dtn. 16,20.
308 NLAH Cal. Br. 21 Nr. 240, fol. 420r–421v.
309 NLAH Cal. Br. 21 Nr. 240, fol. 430v–437r. Diese Befragung befindet sich in NLAH Hann. 83 IV Nr. 3, fol. 111r–117r.
310 NLAH Cal. Br. 21 Nr. 240, fol. 430v.
311 HS 2, fol. 290v [Reg.-Nr. 379].

Ille: Weill ehr die Elternn ermahnet, und sie sich daruf miht geschickt, hette ehr gedacht, dass es Ihm nicht gebürenn wolle, sie zur poenitentiam zu ziehen.[312]

Das Konsistorium urteilte nach der Befragung, dass Bigenius' Aussage nicht im Geringsten mit dem Bericht des Rats übereinstimme. Dieser Ratsbericht führte nämlich aus, dass ein weiterer Zeuge namens Curd Ruthen ihn allein mit Gesa an der Mauer gesehen hätte. Der Stadtoldendorfer Pastor verteidigte sich, dass er mit Gesa nicht alleine war, denn es sei noch eine zweite Magd, Gesa Reiniken, anwesend gewesen. Zu der Anschuldigung, dass Gesa Holtensen oft im Pfarrhaus sei, rechtfertigte sich Bigenius, dass er dieses unterbunden hätte. Das Konsistorium beschloss, dass dieser Fall weiter untersucht werden sollte. Nach diesem Verhör bat Bigenius die Räte, ihm ein Zeugnis seiner Unschuld und Loszählung[313] auszustellen. Die Räte antworteten:

Sie konnen Ihm kein Zeugnis geben, dass erh unschuldig sei, darumb dass ehr Nein sage, sondern es musse die Sach weiter getrieben werden, und dahin kommen, da sie ausgefuret werde, wisse ehr sich schuldig, so werde er inn elend und noth geraten, were ehr unschuldig so gonneten sie es ihm gerren.[314]

Die Konsistorialräte beauftragten den Stadtoldendorfer Rat, die zweite Magd Gesa Reiniken zu den Vorkommnissen an der Mauer zu befragen, und informierten ihn, dass sie nach der Befragung des Pastors keine stichhaltigen Beweise hätten, weshalb sie *ihn noch zur zeit anders nicht dann unschuldig halten kondte.*[315]

Am 5. Juli 1581 wurde der Lehrer und Stadtschreiber aus Stadtoldendorf Erasmus Mori vor das Konsistorium geladen.[316] Mori gab am 11. Juli zu Protokoll, dass vor Kurzem der Pastor bei ihm gewesen sei und aus dem Fenster Gesa Holtensen gegrüßt habe. Da sie aber von einigen Leuten begleitet wurde, beachtete sie ihn nicht. Gesa sei öfters auf dem Hauptweg, der zwischen dem Pfarrhof und der Schule liege, unterwegs gewesen, aber der Pastor hätte sie nie angesprochen, wenn er in der Schule war. Außerdem bestätigte Mori Ruthens Aussage, dass die zweite Magd, die der Lehrer für manipuliert hielt, nicht an der Mauer stand. Auf die Frage des Konsistoriums nach der Ehe des Pastors, antwortete Mori, dass er es nicht genau wisse, aber sie wohl miteinander Geschlechtsverkehr hätten und die Pfarrfrau über die Gerüchte nicht erfreut sei. Dem Lehrer wurde das Ratsschreiben von den Räten vorgelesen. Anschließend fragten sie ihn, ob der Pastor den Ermahnungen Folge geleistet hätte, aber Mori

312 NLAH Cal. Br. 21 Nr. 240, fol. 433v f.
313 ›Loszählung‹ im Sinne einer Freisprechung, vgl. DRW, Lemma: Loszählung, Bd. 8, Sp. 1465f.
314 NLAH Cal. Br. 21 Nr. 240, fol. 436r.
315 NLAH Cal. Br. 21 Nr. 240, fol. 436v.
316 LAW V292, S. 5–15.

verneinte dies. Die Räte erkundigten sich außerdem bei Mori zu Gesas Kind, ob sie den Namen des Vaters genannt hätte, aber auch dazu konnte der Befragte nichts sagen.

Zu diesem Fall wurde schließlich auch Gesa Holtensen am 9. August vorgeladen. Sie gab in der Befragung an, dass das Kind vom Knecht ihres Vaters sei und nicht von dem Stadtoldendorfer Pastor. Außerdem informierte sie die Räte über den Ehebruch des Diakons, Matthäus Wedding. Um diesen Anschuldigungen nachzugehen, lud das Konsistorium den Diakon und den Pastor zum 23. August vor.[317] Am genannten Termin erhielten die Konsistorialräte ein Schreiben des Amelungsborner Abts, der *dem Pastorn und Caplan zu Stadtoldendorff entschuldiget, dass sie dissmal nicht erscheinen konnen der Epidemie und Pest halber nicht abkommen, will sie aber dahin halten, wann sie wider citirt werden zuerscheinen*[318].

Doch zu einem weiteren Termin im Konsistorium kam es zumindest mit Engelbert Bigenius nicht, da dieser an der Pest am 25. September in Stadtoldendorf im Alter von 35 Jahren verstarb.[319]

Die Anzahl der Vorfälle und Beschuldigungen suggeriert, dass der Stadtoldendorfer Pastor Bigenius vielleicht nicht so unschuldig war, wie die Konsistorialräte zunächst glaubten. Bevor der Fall jedoch abgeschlossen werden konnte, starb der Pastor.

Es wandten sich häufiger Personen direkt an das Konsistorium, die von ihrem Partner wegen Ehebruchs geschieden werden wollten.[320] In diesem geschilderten Fall wandten sich weder der Pastor selbst, noch der Superintendent oder der Amelungsborner Abt als zuständiger Kollator[321] an die Konsistorialräte. Obwohl der Haller Superintendent zum Ehebruch des Pastors bereits 1578 den Stadtoldendorfer Lehrer befragt hatte, erfuhr das Konsistorium von dem in der Gemeinde kursierenden Gerücht erst im Jahr 1581, woraufhin die Räte sofort aktiv wurden. Dieses Beispiel bestätigt die Annahme Butts, dass bereits ein kursierendes Gerücht über einen Ehebruch ausreichte, damit sich das Konsistorium eines Falls annahm.[322] Ebenso reichte es auch dem Superintendenten aus, der diese Gerüchte ebenfalls zum Anlass nahm, den Vorfall genauer zu untersuchen.

Hervorzuheben ist, dass in der Befragung des Schulmeisters der Name der

317 LAW V292, S. 60f.

318 LAW V292, S. 71.

319 HS 3, fol. 30r–33r [Reg.-Nr. 519]. Vgl. Rauls, Stadtoldendorf, S. 226.

320 Vgl. Frassek, Eherecht und Ehegerichtsbarkeit, S. 231ff., 241f.; Müller-Vollbehr, Geistliche Gerichte, S. 278f.; Butt, Von Angesicht zu Angesicht, S. 70ff.; Dieterich, Eherecht in Deutschland, S. 69f. Vgl. zum protestantischen Ehescheidungsrecht Westphal, Auflösung ehelicher Beziehungen, S. 193ff.

321 Vgl. zum Begriff ›Kollator‹ Kapitel 3.2.

322 Vgl. Butt, Von Angesicht zu Angesicht, S. 68.

Magd, Gesa Holtensen, bereits 1578 fiel. Der Lehrer bezeugte, dass *Hans Holtensen tochter kumpft zu Ihm* [= dem Pastor] *Spinnen bleibt des nachts da lieggen, beii der hatt In sein eigen Fraw gefunden.*[323] Nicht nur erwähnte er 1578 den Ehebruch mit der Magd und dass beide in flagranti erwischt wurden, sondern bestätigte auch, dass die Magd im Pfarrhaus öfter ein- und ausging. Diese Tatsache bestritt der angeklagte Pastor jedoch beim Verhör im Konsistorium.

Die Kirchenordnung sah vor, dass ein bewiesener Ehebruch als Grund für eine Ehescheidung ausreichte.[324] Das Konsistorium führte dem Stadtoldendorfer Pastor vor Augen, dass er bei einem Schuldspruch damit zu rechnen hätte, nicht nur des Amtes, sondern auch des Landes verwiesen zu werden. In einem anderen Fall hatte das Konsistorium am 9. September 1575 bei einem bewiesenen Ehebruch eines Pastors schon einmal die Amtsenthebung angeordnet.[325]

7.1.6. Johannes Bolenius und ein Ehebruch

Johannes Bolenius war von 1570 bis 1589 Pastor in Heyen.[326] In seiner Gemeinde gab es einen prekären Fall des Ehebruchs, der sich von 1575 bis 1579 hinzog. Damit die Ortsgeistlichen wussten, wie sie mit Ehebrechern verfahren sollten, setzte die Eheordnung die entsprechenden Normen fest.[327] Bei Verdacht des Ehebruchs sollten beide Eheleute vor das Konsistorium geladen und verhört werden. Wurde bei dieser Verhandlung der Ehebruch bewiesen, reichte dieses als Grund für eine Ehescheidung aus.[328] Der folgende Fall des Heyener Ehebrechers Otto Wachtel kann mit Hilfe der Konzeptbücher detailliert verfolgt und darüber hinaus durch die Konsistorialprotokolle und archivalische Überlieferung ergänzt werden. Hier wird besonders die Zusammenarbeit aller beteiligten Instanzen deutlich, vom Pastor über den Superintendenten, dem Generalsuperintendent, dem Amtmann bis hin zum Konsistorium.

Der Ehebruch von Otto Wachtels Ehefrau

Im November 1575 wandte sich der Heyener Pastor Johannes Bolenius wegen einer Eheangelegenheit an seinen direkten Vorgesetzten, den Haller Superintendenten. Otto Wachtel aus Heyen hatte seine Ehefrau in flagranti beim Geschlechtsverkehr mit einem *Jungen gast*[329] erwischt und sie daraufhin aus dem

323 HS 2, fol. 290v [Reg.-Nr. 379].
324 Sehling, Ev. KO, Bd. VI/1, S. 217.
325 Vgl. zu diesem Fall LAW V239, S. 136.
326 Vgl. zu Johannes Bolenius die Ausführungen im Anhang 11.8.
327 Vgl. Sehling, Ev. KO, Bd. VI/1, S. 214–225.
328 Sehling, Ev. KO, Bd. VI/1, S. 217. Vgl. Butt, Von Angesicht zu Angesicht, S. 68.
329 HS 2, fol. 131v [Reg.-Nr. 193].

Haus geworfen. Außerdem sei Wachtel ein Wucherer, verweigere den Gottesdienst sowie das Abendmahl und führe ein unchristliches Leben mit *fressen, sauffen, fluchen*[330]. Bolenius hatte ihn bereits öffentlich in der Predigt ermahnt und persönlich auf sein gottloses Leben hingewiesen, aber erfolglos. Jovius riet dem Pastor, sich wegen eines Strafmaßes umgehend an das Konsistorium zu wenden, *damit nit gar zulinde mit Inen gefaren unndt anderen die fenster zur Sunde unde Schande weiter mochte uffgespeeret werden*[331]. In der Zwischenzeit sollte der Heyener Pastor überprüfen, ob Otto Wachtel und dessen Ehefrau bereit wären zu büßen, *das auch andere hernacher eine schew, an derselbigen nhemen, unndt wir vorzuwenden haben das es nicht uss unserm intento herrfliesse, söndern das unser g. f. undt h. wille*[332] sei. Besonderen Wert legte der Superintendent auf die Prävention, dieses Beispiel sollte andere Personen abschrecken. Er wies Bolenius darauf hin, dass öffentliche Laster Konsequenzen hatten, die im Kapitel Zensur und Disziplin der Kirchenordnung auf den Seiten 249, 251 und 252[333] festgelegt wurden.[334] Johannes Bolenius folgte der Anweisung seines Vorgesetzten und wandte sich Hilfe suchend am 25. November 1575 an die Konsistorialräte.[335]

Bis Ende November 1575 hatte das Konsistorium nicht auf das Schreiben des Heyener Pastors reagiert. Dieses veranlasste den Superintendenten den Fall nochmals dem Alfelder Generalsuperintendenten und am 5. Juli 1576 wiederholt den Räten zu schildern und ein Strafmaß für das Ehepaar Wachtel zu verlangen.[336]

Am 17. Dezember 1576 verhandelten die Konsistorialräte den Fall. Sie beschlossen, dass alle involvierten Parteien vorgeladen werden und der Superintendent, der Wickensener Amtmann und der Generalsuperintendent die Zeugenverhöre durchführen sollten. Hervorzuheben ist, dass in diesem Zusammenhang der Name Claus Kopper, der Linser Gograf, erwähnt wurde, der mit Wachtels Ehefrau Geschlechtsverkehr gehabt haben soll.[337] Ende März 1577 übersandte Jovius schließlich dem Konsistorium die Zeugnisse des Verhörs, das in Alfeld in Gegenwart der geforderten Amtsträger stattgefunden hatte, und bat die Räte, auf Grundlage dieser Zeugenaussagen ein abschließendes Urteil zu

330 HS 2, fol. 131v [Reg.-Nr. 193].
331 HS 2, fol. 131r [Reg.-Nr. 192].
332 HS 2, fol. 131r [Reg.-Nr. 192].
333 Jovius' Angaben stimmen mit der Kirchenordnung überein, vgl. Sehling, Ev. KO, Bd. VI/1, S. 205–208, Abschnitt: *Census oder disciplin der kirchen* (entspricht fol. 249–252).
334 HS 2, fol. 131r f. [Reg.-Nr. 192].
335 HS 2, fol. 131v [Reg.-Nr. 193]. Dieses Schreiben mit Johannes Bolenius' nachempfundener Unterschrift wurde von Jovius' abgeschrieben und befindet sich im Konzeptbuch.
336 HS 2, fol. 136v f. [Reg.-Nr. 198], fol. 167r f. [Reg.-Nr. 234].
337 LAW V238, S. 183.

fällen.[338] Gleichzeitig informierte Jovius den Generalsuperintendenten, dass er mit dem Amtmann über den Wachtel-Fall gesprochen hatte. Der Amtmann hatte versichert, alle Fallunterlagen nach Wolfenbüttel geschickt zu haben.

Am 11. Mai 1577 empfing Jovius einen Konsistorialbescheid, dass der Konflikt zwischen Otto Wachtel und Claus Kopper beigelegt werden konnte. Welche Strafen im Einzelnen festgesetzt wurden, wurde in dem Bescheid nicht eigens erwähnt.[339]

Otto Wachtels Affäre mit der Magd

Das konsistoriale Schreiben vom 11. Mai 1577 beinhaltete für den Superintendenten aber noch eine weitere Aufforderung. Er sollte im Auftrag des Konsistoriums einen Bericht über die Affäre von Otto Wachtel und seiner Magd verfassen. Über diese Affäre hatte bereits der Heyener Pastor das Konsistorium am 27. Januar 1577 informiert und am 13. März eine Klage eingereicht.

Jovius und der Amtmann kamen der Aufforderung nach und informierten das Konsistorium, dass einige Männer aus Heyen für die Magd aussagen würden. Die Zeugen berichteten, dass nach Beendigung der Predigt der Pastor Bolenius der Gemeinde von einer Sünderin erzählte, die das Abendmahl verweigerte. Darauf stand Wachtels Magd auf, rechtfertigte sich lautstark und verließ die Kirche ohne das Abendmahl zu empfangen. Der Amtmann, der die Magd wegen ihres Verhaltens *gefenglich hatt eingezogen*[340] und gegen eine entsprechende Gebühr wieder frei gelassen hatte, übermittelte dem Konsistorium die von ihm aufgezeichnete schriftliche Aussage der Magd zu diesem Vorfall. Am 26. März 1577 übersandte Bolenius dem Generalsuperintendenten die Drohschriften, die die Magd und einige ihrer Freunde dem Pastor geschickt hatten.[341]

Erneut erhielt Jovius am 3. Mai 1577 vom Konsistorium, neben dem gleichen Bescheid über den beigelegten Konflikt zwischen Wachtel und Kopper, dieselbe Aufforderung, über die Affäre zwischen Wachtel und seiner Magd zu berichten. Allerdings wusste der Superintendent nicht, was er den Räten mitteilen sollte, da ihnen alle aktuellen Berichte und Zeugenaussagen vorliegen würden.[342] Dennoch wies er am 21. Mai 1577 den Amtmann an, auf Befehl der Konsistorialräte ein zweites Mal alle Berichte zu Wachtels Fall und eine von ihm verfasste zweite Stellungnahme umgehend mit einem Boten nach Alfeld zu schicken.[343]

Einen Tag später informierte Jovius den Alfelder Generalsuperintendenten über den verworrenen Fall mit Otto Wachtels Magd und der wiederholten

338 HS 2, fol. 225r [Reg.-Nr. 287].
339 HS 2, fol. 240v [Reg.-Nr. 297].
340 HS 2, fol. 240v [Reg.-Nr. 297].
341 HS 2, fol. 240v [Reg.-Nr. 297].
342 HS 2, fol. 238v f. [Reg.-Nr. 296], fol. 239v–241r [Reg.-Nr. 297].
343 HS 2, fol. 241v [Reg.-Nr. 299].

Aufforderung des Konsistoriums. Er bat seinen Vorgesetzten den Konsistorialräten vorzuschlagen, für weitere Informationen die Kläger und die Angeklagten vorzuladen. Abschließend unterrichtete er ihn über das kursierende Gerücht, dass Wachtel seine Magd geschwängert habe.[344]

Zu diesem Schwangerschaftsgerücht liegt eine Stellungnahme eines Unbekannten vor, der als Zeuge im Zuge der Untersuchung der Amtsführung des Wickensener Amtmanns im Jahr 1578 befragt wurde. Der Unbekannte gab zu Protokoll, dass der Amtmann benachrichtigt wurde, dass Wachtel schon während seiner bestehenden Ehe mit der Magd eine Affäre hatte. Er beschrieb außerdem die Situation in der Heyener Kirche während des Gottesdiensts, bei der die Magd die Kirche verließ. Der Amtmann habe darauf die Magd in Gewahrsam genommen und sie nach kurzer Zeit gegen eine Bürgschaft wieder entlassen. Ein paar Monate später hatte sie ein Kind zur Welt gebracht, das ihre Affäre schließlich bestätigte. Damit Wachtel nicht weiter belastet wurde, hatte er den Amtmann heimlich mit 60 Talern bestochen, der das Geld dem Unbekannten zufolge auch angenommen hatte.[345]

Die Affäre zwischen Otto Wachtel und seiner Magd wurde schon im Oktober 1578 vom Heyener Pastor gemeldet, als er die Verzeichnisse der Abendmahls- und Gottesdienstverweigerer angefertigt und als Grund für das Fernbleiben die Affäre angegeben hatte.[346] Die Angelegenheit wurde aber nicht durch das Konsistorium verfolgt, weshalb Jovius am 8. Februar 1579 diesen Sachverhalt gegenüber dem Generalissimus Kirchner erneut zu Sprache brachte.[347]

Otto Wachtel führte währenddessen weiterhin ein sündiges Leben und wurde am 19. Mai 1579 auf dem Landgericht in Anwesenheit des Oberamtmanns, des Wickensener Amtmanns und des Landfiskals Ernst Garsse verurteilt, weil er sich im stark betrunkenen Zustand mit dem ebenfalls betrunkenen Heinrich Sagebeil geprügelt hatte. Zwar hätten sie sich, als sie am nächsten Morgen wieder nüchtern waren, vertragen, doch mussten beide die Strafe in Höhe von 6 Gulden zahlen.[348]

Das Vorgehen der einzelnen Instanzen bei dem dargestellten Ehebruch folgt der von der Kirchenordnung vorgeschriebenen Vorgehensweise und belegt, dass die postulierten Hierarchien und Strukturen eingehalten wurden. Explizit hob der Haller Superintendent hervor, dass er sich mit seinem unterstellten Pastor über diesen Fall beraten hatte, bevor er ihn anwies, sich an das kirchenleitende Konsistorium zu wenden. Auf Anweisung der Konsistorialräte führten der Generalsuperintendent, der Superintendent und der Amtmann in Kooperation die

344 HS 2, fol. 241r [Reg.-Nr. 298].
345 NLA WF 3 Alt Nr. 37, fol. 27r–28r.
346 HS 2, fol. 265r [Reg.-Nr. 347].
347 HS 2, fol. 268v–270v [Reg.-Nr. 350].
348 NLAH Cal. Br. 21. Nr. 47, fol. 84v, 90r.

Zeugenverhöre durch und übersandten anschließend alle Unterlagen an das Konsistorium, das auf dieser Grundlage ein Urteil hätten erlassen können. Obwohl die Unterlagen abgeschickt wurden, kamen sie nicht in Helmstedt an oder waren nicht mehr auffindbar, weshalb alle Beteiligten ein weiteres Mal aufgefordert wurden, die Unterlagen erneut einzusenden.[349] Hervorzuheben ist, dass sich der Haller Superintendent jeweils wieder an die einzelnen beteiligten Instanzen wandte und die Koordination der erneuten Übersendung übernahm.

Obwohl alle Berichte in doppelter Ausführung vorlagen und die beteiligten Parteien vorgeladen wurden, ist über das gefällte Urteil nichts bekannt. Die Kirchenordnung sah in solchen Fällen vor, dass die Ehe wenn möglich fortgeführt sowie eine gütliche Einigung herbeigeführt werden sollte und eine Strafe des Ehebrechers zu leisten war.[350] Bevor das Verfahren des Ehebruchs von Wachtels Ehefrau strafrechtlich verfolgt werden konnte, wurde bekannt, dass Otto Wachtel selbst eine Affäre hatte. In solch einem Fall, wenn beide Eheleute einen Ehebruch begangen hatten, hatte die Kirchenordnung festgesetzt, dass der Prozess der Ehescheidung fallen gelassen werden sollte und die Eheleute *einander widerumb eheliche beywonung zu thun, schüldig sein und nicht dest weniger sie beide vermöge unser landesordnung gestraft werden.*[351] Es ist sehr wahrscheinlich, dass das Konsistorium auch im Fall des Ehepaars Wachtel so urteilte. Interessant ist, dass die archivalisch überlieferte Stellungnahme des Unbekannten die Angaben von Jovius nicht nur bestätigt, sondern um einzelne Vorfälle ergänzt, wie z. B. Wachtels Bestechung.

Auch der Haller Superintendent hielt sich in einem anderen Fall von Ehebruch im Dorf Linse an die vorgegebenen Hierarchien. Er referierte dem Generalsuperintendenten, dass Ilsken Tragab[352] zusammen mit ihrem Ehemann in Linse lebte. Sie verließ ihn im Mai 1577 *im kreige umb Ihrer hurereÿ villen*[353] und wollte sich scheiden lassen. Nachdem außerdem die 15-jährige Affäre mit Hermann Ebbrechts aus Bodenwerder beendet worden war, verlobte sich Tragab mit Jacob Ronden. Die frisch Verlobten baten nun im Oktober 1577 den Haller Superintendenten, sie zu trauen. Er weigerte sich allerdings, ohne die Zustimmung des Generalsuperintendenten oder des Konsistoriums die Trauung vorzunehmen. Er riet den Verlobten auf den Konsistorialbescheid zu warten, doch

349 Vgl. zum Verhältnis zwischen Jovius und dem Konsistorium die Ausführungen weiter unten in diesem Kapitel.

350 Vgl. dazu auch Butt, Von Angesicht zu Angesicht, S. 68f.; Frassek, Eherecht und Ehegerichtsbarkeit, S. 240f., 250f.

351 Sehling, Ev. KO, Bd. VI/1, S. 217. S. a. Butt, Von Angesicht zu Angesicht, S. 65.

352 Vgl. zu Ilsken Tragab in den Listen der Abendmahls- und Gottesdienstverweigerer Kapitel 6.1.

353 HS 2, fol. 243r [Reg.-Nr. 301].

die *unzuchtige bestia*[354] Tragab wollte nicht warten und suchte sich einen anderen Pastor für die Vermählung. Mit Balthasar Guden, dem Pastor aus Bodenwerder, hatte sie schließlich einen geistlichen Amtsträger für die Trauung gefunden. Obwohl Jovius den Pastor und den Rat der Stadt am 8. Juni persönlich gewarnt und darauf hingewiesen hatte, dass das Konsistorium der Vermählung noch nicht zugestimmt hatte, vollzog Guden die Trauung am 9. Juni 1577, wofür ihn Jovius rügte und mit Amtsentsetzung drohte. Nach ihrer unrechtmäßigen Trauung lebte das Paar wieder in Linse und ihre Ehe wurde von *schlahen und reuffen*[355] dominiert. Ebenso versicherten die Nachbarn in Linse dem Haller Geistlichen glaubhaft, dass Tragab wieder eine Affäre mit Hermann Ebbrechts hätte, zumal er *uss unnd ein beÿ tagk unndt nacht*[356] gehe. Jovius hatte den Generalsuperintendenten bezüglich des Falls über alles *mündtlich*[357] in Kenntnis gesetzt und bat abschließend um ein Urteil, damit die Angelegenheit endlich beendet und Tragab des Landes verwiesen werden könnte. Am 4. Dezember 1577 wiederholte Jovius gegenüber den Konsistorialräten seine Forderung, für die *Linsische Hure*[358] ein Strafmaß festzusetzen.[359]

Die Kirchenordnung bestimmte tatsächlich, dass nach einer Scheidung beide Personen nur mit Zustimmung des Konsistoriums wieder heiraten durften. Wurde dem unschuldigen Ehepartner diese Zustimmung erteilt, hatte die schuldige Person das Land zu verlassen.[360] Die *Hure* wollte bewusst ohne Genehmigung des Konsistoriums heiraten und dem Landesverweis entgehen, den sie als Schuldige schließlich zu erwarten hatte. Dem Superintendenten war vorgeschrieben, nichts ohne einen entsprechenden Konsistorialbeschluss zu unternehmen. Diese Vorgabe berücksichtigte er und übte in einem Schreiben an die Konsistorialräte Druck auf sie aus. Er gab zu verstehen, dass er nur bedingt auf ein Urteil warten könne, da das Paar beabsichtige, sich von einem anderen Pastor trauen zu lassen. Obwohl er in diesem Fall die Trauung vorab hätte unterbinden können, setzt er sich dennoch nicht über seine Befugnisse hinweg, sondern wartete auf ein rechtzeitiges Einschreiten des Konsistoriums.

Das Konsistorium wurde durch die Kirchenordnung zur obersten gerichtliche Instanz für alle Eheangelegenheiten bestimmt, mit Ausnahme in Sachen des Ehegüterrechts.[361] Beide dargestellten Fälle veranschaulichen, dass sich der

354 HS 2, fol. 271r [Reg.-Nr. 351].
355 HS 2, fol. 286v [Reg.-Nr. 376].
356 HS 2, fol. 287r [Reg.-Nr. 376].
357 HS 2, fol. 287r [Reg.-Nr. 376].
358 HS 2, fol. 249r [Reg.-Nr. 314].
359 HS 2, fol. 243r [Reg.-Nr. 301], fol. 245v [Reg.-Nr. 304], fol. 249v [Reg.-Nr. 314], fol. 271r [Reg.-Nr. 351], fol. 275r [Reg.-Nr. 356], fol. 286v f. [Reg.-Nr. 376].
360 Sehling, Ev. KO, Bd. VI/1, S. 217. S. a. Butt, Von Angesicht zu Angesicht, S. 65.
361 Vgl. zur ehegerichtlichen Praxis des Konsistoriums Butt, Von Angesicht zu Angesicht, S. 67–74.

Haller Superintendent an die entsprechenden vorgeschriebene Hierarchien der Kirchenordnung hielt. Alle Schritte in den Ehebruchs-Fällen besprach er zuerst mit seinem Vorgesetzten sowie bei Bedarf mit dem Amtmann und informierte anschließend das Konsistorium mit ausführlichen Berichten und Stellungnahmen.

7.1.7. Valentin Schlegels Armut und die mögliche Zusammenlegung zweier Pfarreien

Valentin Schlegel war von 1572 bis zu seinem Tod am 8. Dezember 1612 Pastor in Vorwohle.[362] Während seiner gesamten Amtszeit beklagte er sich über die schlecht dotierte Pfarre und seine daraus resultierende ärmliche wirtschaftliche Lage. Neben diesen finanziellen Sorgen führten die Auseinandersetzungen zwischen ihm und der Gemeinde dazu, dass der Pastor weder die Witwenkassenbeiträge regelmäßig zahlte, noch seinen Anteil für die Instandhaltung des Pfarrhauses oder der Kirche aufbringen konnte.[363] Dargestellt wird die Situation des Pfarrers auf dem Land, wie sich der übergeordnete Superintendent um dessen Lohnbeschwerden kümmerte und wie er den Beschwerden der Gemeinde über den Alkoholkonsum ihres Ortsgeistlichen nachging.

Armut und Alkoholkonsum

Der Lohn des Vorwohler Pastor setzt sich gemäße der von Herzog Julius 1568 veranlassten wirtschaftlichen Bestandsaufnahme aus den zur Pfarre gehörigen Ländereien, 33 Morgen Land und 2 Wiesen, noch $1\frac{1}{2}$ Malter Hafer, zwei Umgänge[364] und den Vierzeitenpfennig, die vierteljährlich zu leistende Abgabe von Geld oder Naturalien an den Pastor, zusammen.[365] Ergänzt wurde der Lohn durch die gewährten Freiheiten und Immunitäten.[366]

Im Mai 1577 beschwerte sich Valentin Schlegel beim Haller Superintendenten über den Baustillstand an dem Vorwohler Pfarrhaus und über sein geringes Einkommen. Jovius nahm sich der Beschwerde an und legte seinem Bericht an den Alfelder Generalsuperintendenten Schlegels Schreiben als Kopie bei, den er

362 Vgl. zu Valentin Schlegel die Ausführungen im Anhang 11.8.

363 Vgl. zu Valentin Schlegels Zahlung der Witwenkassenbeiträge die Ausführungen weiter unten im Kapitel.

364 ›Umgang‹ bezeichnet einen Rundgang eines Küster bzw. Pastors in der Gemeinde, um den ihnen zustehenden Lohn, meistens in Naturalien, einzusammeln, vgl. DWB, Lemma: Umgang, Bd. 23, Sp. 890.

365 LAW V448, fol. 103v, dort auch die Angaben zum Einkommen der Kirche und des Küsters. Vgl. Schorn-Schütte, Evangelische Geistlichkeit, S. 230. Vgl. die Auseinandersetzungen um Jovius' Lohn Kapitel 6.3. (dort mit weiterführender Literatur).

366 Vgl. zu den Immunitäten Kapitel 6.3.

zugleich um Unterstützung bat. Der Superintendent referierte die aktuelle Situation: Das Vorwohler Pfarrhaus wurde soweit gerichtet und die Arbeiter könnten die Bauarbeiten schneller beenden, *wan sie etwas des harten herrendienstes*[367] befreit würden. Diese Anfrage hatte Jovius zwar schon an den Wickensener Amtmann weitergeleitet, aber noch keine Antwort erhalten. Nun hatte sich allerdings die Gemeinde über Schlegel beklagt, er verhalte sich *gantz wunderlich*[368]. Sie könne ihm nichts recht machen, er *lauffe hin wolle nicht darbeÿ sein*[369]. Die Gemeinde verweigerte ihm wegen seines Verhaltens ohnehin schon dessen Lohn, eine Erhöhung wollte sie erst recht nicht akzeptieren. Jovius habe bereits mit dem Wickensener Amtmann über die Lohnzulage gesprochen, dieser sei jedoch der Ansicht, dass vom Konsistorium ein Mandat erlassen werden müsse, damit die Gemeindemitglieder zahlten. Darüber hinaus konnte er dem Generalsuperintendenten nicht verschweigen, dass Schlegel *beginnet sich voll zusauffen*[370] und im betrunkenen Zustand wider die Kirchenordnung sowie die Anweisungen des Konsistoriums handele, mit seiner Kündigung drohe und sich respektlos verhalten habe. Der Superintendent sah sich nach mehrmaligen Vorfällen gezwungen, Schlegel zu ermahnen und zu bestrafen, *in der nuchternheit ists Ihm leidt gewesen, aber er bedenckts nicht.*[371]

Der Alkoholkonsum war ein sehr weit verbreitetes Phänomen unter den Pfarrern im Fürstentum Braunschweig-Wolfenbüttel. Die Kirchenordnung sah vor, dass kein Pastor übermäßig Alkohol konsumieren sollte, dieses sollte von den Superintendenten nicht zuletzt in den stattfindenden Visitationen regelmäßig überprüft werden. Sie sollten sich über den Lebenswandel des Pastors ein Bild machen und ausdrücklich fragen, ob er *zenkisch, weinsüchtig, bierseufer*[372] sei.[373]

Nachdem der Generalsuperintendent den Bericht erhalten hatte, leitete er am 31. August 1577 die Angelegenheit an das Konsistorium weiter. Er schilderte den Räten, dass der Vorwohler Pastor im Zuge seiner Klage über sein geringes Einkommen um eine Lohnzulage gebeten habe. Im Vorfeld hatte er auf Befehl des Konsistoriums bereits mit dem Wickensener Amtmann verschiedene Möglichkeiten erörtert, wie die Zulage gewährt werden könne, ohne dass der Herzog und *die kirche daselbst vom dem Ihrem nichts darzu leggen dörfften. Wie*

367 HS 2, fol. 242r [Reg.-Nr. 300].
368 HS 2, fol. 242r [Reg.-Nr. 300].
369 HS 2, fol. 242r [Reg.-Nr. 300].
370 HS 2, fol. 242v [Reg.-Nr. 300].
371 HS 2, fol. 242r f. [Reg.-Nr. 300].
372 Sehling, Ev. KO, Bd. VI/1, S. 198.
373 Vgl. zum Alkoholkonsum bei Pastoren Schmidt, Glaube – Herrschaft – Disziplin, S. 84ff. S. a. Stolleis, »Laster der Trunckenheit«, S. 176–191. Nicht nur Pastoren wurden vom Konsistorium wegen übermäßigem Alkoholkonsum ermahnt, sondern auch Schulmeister (vgl. LAW V1923, fol. 81ff.) oder Superintendenten (LAW V237, fol. 349f.).

dan unser furschlag etwan furm Jahr ins Consistorium ist eingebracht worden[374]. Die Vorwohler könnten die nötige Zulage leisten, würden aber der Forderung erst auf Befehl des Konsistoriums nachkommen. Deshalb bat der Generalsuperintendent die Räte umgehend um einen Beschluss, damit er zusammen mit dem Amtmann alles Weitere umsetzen könne.[375]

Am 19. September 1577 entschieden die Konsistorialräte über die Lohnerhöhung für den Vorwohler Pastor und teilten ihren Beschluss Jovius, dem Amtmann und dem Generalsuperintendenten mit. Sie beschlossen, dass die Vorwohler *Pfarkinderenn* den Zuschlag bezahlen sollten, damit Schlegel *sein ampt nit mit seufftzen und trenen verrichten möge*[376]. Über die mit der Gemeinde ausgehandelte Erhöhung sollten Jovius, der Amtmann und der Generalsuperintendent dem Konsistorium einen Bericht anfertigen[377], den sie am 21. Oktober 1577 einreichten. Dieser Bericht war von den drei *vororndten Comissarien*[378] bestätigt und unterschrieben worden. Sie vereinbarten mit dem Inhaber vom Mainzholzener Meierhof eine jährliche Abgabe von 2 Maltern Roggen, 2 Maltern und 1 Himpten Hafer. Von der Kirche sollte jährlich am 29. September jeweils 1 Malter Roggen und Gerste gezahlt werden. Abschließend vermerkte Jovius unter diesem Bericht, dass die Lohnverhandlung erfolgreich beendet wurde, und er nun hoffe, dass die Bauarbeiten *auch schleunig vorthgehenn.*[379]

Diese Hoffnung erfüllte sich nicht. In einer Gravamina-Liste, die Jovius am 8. Februar 1579 im Zuge seiner Visitation angelegt hatte, wurden erneut der unvollendete Pfarrhausbau in Vorwohle und der geringe Lohn des Pastors thematisiert.[380]

Trotz erfolgreicher Verhandlung beschwerte sich Schlegel im Jahr 1579 und wiederholt am 22. September 1581 über seine fehlende Lohnzulage. Diese sei von großer Bedeutung für ihn, da er seine acht Kinder und seine Ehefrau mit nur 1 Hufe Land versorgen müsse. Er müsse bereits Korn dazu kaufen, da er mit seinem Land keine ausreichende Nahrungsgrundlage erwirtschafte. Außerdem sei neben dem Pfarrhaus und dem Küsterhaus die Kirche in einem so schlechten

374 HS 2, fol. 246r [Reg.-Nr. 305].

375 Jovius' Kopie des Schreibens: HS 2, fol. 246r [Reg.-Nr. 305]. Das originale Schreiben Krügers befindet sich im LAW OA Vorwohle Nr. 10, fol. 1r: Esaias Krügers Schreiben an das Konsistorium vom 31. August 1577.

376 HS 2, fol. 246r [Reg.-Nr. 306], (Zitate fol. 246r).

377 Jovius' Kopie des Schreibens: HS 2, fol. 246r f. [Reg.-Nr. 306]. Das originale Schreiben des Konsistoriums liegt im LAW OA Vorwohle Nr. 10, fol. 2r–3v: Schreiben des Konsistoriums an Esaias Krügers (19. September 1577). Dieses Schreiben kann nicht anhand der Konsistorialprotokolle verifiziert werden, da die Protokolle für das Jahr 1577 fehlen. (Auf freundlichen Hinweis von Dr. Arne Butt, Institut für Historische Landesforschung, Universität Göttingen).

378 HS 2, fol. 246r [Reg.-Nr. 305], fol. 246r f. [Reg.-Nr. 306], fol. 246v [Reg.-Nr. 307].

379 HS 2, fol. 246v [Reg.-Nr. 307].

380 HS 2, fol. 268v–270v [Reg.-Nr. 350].

und baufälligen Zustand, dass er bei Regen nicht mehr auf der Kanzel predigen könne. Darüber hinaus könne er einige seiner Kinder nicht zur Schule schicken, da seine finanzielle Situation es nicht erlaube.[381]

Zusammenlegung von zwei Pfarreien

Der Konsistorialsekretär Johann Molinus referierte den Konsistorialräten am 29. September 1581 Schlegels eingereichte Supplik. Daraufhin wurde beschlossen, dass der Pastor vor dem Konsistorium erscheinen sollte, *ob ehr tuglich dass ehr Hofcaplan sein konne.*[382] Neben dem Wickensener Amtmann wurde auch der Amtmann in Greene aufgefordert, über die Vorwohler Pfarrei und deren wirtschaftliche Situation Bericht zu erstatten.[383]

Am 14. Dezember 1581 erschien Schlegel vor dem Konsistorium und ihm wurde in Aussicht gestellt, dass er nach erfolgreicher Befragung das Amt des Hofkaplans übernehmen könne. Die Räte fragten, *welches die vornembste streitige artickell seien, daruber man mit den Calvinisten streitigk sei.*[384] Schlegel kannte aber den Unterschied zum Calvinismus nicht, sondern versuchte sich mit seiner Lebenssituation zu rechtfertigen. Er habe acht Kinder, *habe keinen Unterhalt darzu, musse arbeiten als ein Drescher könne des studirens nicht wartenn*[385]. Nach dieser Antwort wurde er für ungeeignet befunden, *aber soviel studiret, das Er dem gemeinen Man auf einem Dorff dienen konne.*[386]

Der Konsistorialrat Daniel Hoffmann schlug vor, dass, wenn in der Nähe ebenfalls eine arme Pfarrei sei, beide Pfarreien zusammenlegt werden könnten, damit der Lohn für einen Pastor ausreiche.[387] Am 18. Dezember 1581 wurde Herzog Julius über Schlegels Inkompetenz in theologischen Fragen und Hoffmanns Vorschlag informiert, aus Wirtschaftlichkeit die Vorwohler Pfarrei mit einer in der Nähe liegenden und ebenfalls schlecht dotierten Pfarrei zusammenzulegen.[388] Diese Zusammenlegung hatte der Herzog schon am 7. April 1571 auf Grund des Visitationsberichts des Haller Superintendenten angeordnet. Ebenso war in diesem Jahr die nicht ausreichende Besoldung für die Pastoren der beiden Gemeinden der Anlass für die herzogliche Entscheidung, doch wurde sie nicht umgesetzt.[389] Hoffmann bezog sich bei seinem Vorschlag auf die Wangelnstedter Pfarrei, die von dem Pastor Franz Koch versorgt wurde. Koch

381 HS 2, fol. 33v–25r [Reg.-Nr. 520]; LAW OA Vorwohle Nr. 10, fol. 4r–5v. Vgl. zur Schule in Halle Kapitel 6.4.
382 LAW V215, S. 233.
383 LAW V215, S. 233f.
384 NALH Cal. Br. 21 Nr. 243, fol. 110v f.
385 NALH Cal. Br. 21 Nr. 243, fol. 111r.
386 NALH Cal. Br. 21 Nr. 243, fol. 111r.
387 NALH Cal. Br. 21 Nr. 243, fol. 110v f.
388 LAW OA Vorwohle Nr. 10, fol. 13r.
389 HS 2, fol. 50v–52r [Reg.-Nr. 73].

hatte sich ebenfalls immer wieder über sein geringes Einkommen beklagt und war wegen seiner finanziellen Notlage mit den Beitragszahlungen für die Witwenkasse ständig im Rückstand, worüber Hoffmann spätestens durch die von Jovius geführten Beitragslisten informiert war.[390]

Die Zusammenlegung wurde noch konkreter verfolgt, als Anfang des Jahres 1582 das Vorwohler Pfarrhaus abbrannte. Schlegel konnte seine Familie retten und bat den Herzog um Hilfe.[391] Der Herzog beauftragte daraufhin den Wickensener Amtmann, die mögliche Vereinigung der beiden Pfarreien zu überprüfen. Die in dem Bericht aufgeführten Einwände, dass einige Einwohner der Filialdörfer einen beschwerlichen und weiten Weg zum Gottesdienst hätten, nahm Julius zur Kenntnis und forderte aber, dass dieser Plan auf dem nächsten Generalkonsistorium weiter verfolgt und eine Lösung gefunden werden sollte.[392] Auf dem am 16. Mai 1582 stattfindenden Generalkonsistorium wurde dem Herzog empfohlen, auf Grund der wirtschaftlichen Lage und durch den Vorwohler Pfarrhausbrand die Pfarreizusammenlegung vorzunehmen. Am 21. September 1582 wurde der Vorschlag wiederholt im Konsistorium thematisiert. Nachdem auch der Abt von Amelungsborn die Zusammenlegung befürwortet hatte, wurde sie beschlossen, mit der Bedingung, dass der künftige Pastor in Wangelnstedt wohnen und in beiden Kirchen den Gottesdienst am Vor- oder Nachmittag halten sollte.[393] Doch selbst der erneute Beschluss führte nicht zu diesem Ziel, denn Valentin Schlegel blieb bis zum 8. Dezember 1612[394] im Amt und der Wangelnstedter Franz Koch bis zum Jahr 1609[395].

Das referierte Beispiel zeigt, dass nicht nur der Superintendent mit seiner Haller Gemeinde die Auseinandersetzung um seinen Lohn oder um die Bauarbeiten am Pfarrhaus führte, sondern auch die Pastoren seiner Inspektion. Jeder der beiden Geistlichen wandte sich an den entsprechenden Vorgesetzten gemäß dem von der Kirchenordnung beschriebenen Dienstweg. In beiden Fällen wurden die beiden Geistlichen zwar vom Konsistorium gehört, doch die Gemeinden befolgten weder den Konsistorialbeschluss noch die herzoglichen Mandate.

Schlegel beklagte sich noch bei Jovius' Amtsnachfolger, Johannes Corvinus,

390 Vgl. zu Franz Koch die Ausführungen im Anhang 11.8. und zu seinen Beitragsleistungen für die Witwenkasse die Ausführungen im folgenden Kapitel.

391 HS 3, fol. 88r [Reg.-Nr. 589], vgl. zu Schlegels Schreiben an Herzog Julius NLA WF 2 Alt Nr. 11004, fol. 22r f.

392 LAW OA Vorwohle Nr. 10, fol. 8r ff.

393 LAW V233, S. 100–102.

394 Freist, Seebaß, Pastoren, Bd. 1, S. 197; Bd. 2, S. 273.

395 Freist, Seebaß, Pastoren, Bd. 1, S. 101, 200; Bd. 2, S. 162.

in der Visitation am 26. Juli 1586 sowie am 4. Februar 1587 über seine geringe Besoldung und den erlittenen Brandschaden.[396]

Generell lassen sich Verhandlungen um Lohnzulagen oder ausbleibenden Lohn mit Pastoren vielfach in den Konzeptbüchern belegen. Beispielsweise arbeitete Jovius für seinen unterstellten Kemnader Pastor Rudolph Vogt ein Modell für eine Lohnzulage aus, die kostenneutral für die herzogliche Rentei sein solle, und unterbreitete diesen Vorschlag am 8. Dezember 1573 seinem vorgesetzten Generalsuperintendenten.[397] Landpfarrer lebten offenbar im Gegensatz zur Stadtgeistlichkeit vielfach in ärmlichen Verhältnissen.[398]

Zur Milderung dieser Armut wurde die Zusammenlegung von zwei armen Pfarreien seitens des Konsistoriums im Fall Schlegels als probates Mittel angesehen. Aber es gab auch andere Wege, wie der folgende Fall zeigt. Im Amt Greene brannte 1582 das Pfarrhaus des Pastors in Delligsen ab. Das Konsistorium forderte in diesem Fall alle Geistlichen des Fürstentums auf, für den Pastor und seine Familie zu spenden, was durch die Konsistorialprotokolle und Jovius' Konzeptbücher belegt werden kann.[399] Bleibt die Frage, ob Schlegels schlechte wirtschaftliche Lage der einzig ausschlaggebende Grund für die Zusammenlegung war und ihm deshalb kein Spendenaufruf nach dem Pfarrhausbrand gewidmet wurde oder ob der Herzog, der die Zusammenlegung bereits seit 1571 geplant hatte, diese endlich umsetzen wollte.

Hervorzuheben ist noch Schlegels nicht wahrgenommene Chance, die Stelle eines Hofkaplans zu erhalten. Er scheiterte an der theologischen Inkompetenz, denn – wie bereits ausgeführt – konnte er die Frage nach dem Unterschied zu den Calvinisten nicht beantworten. Er rechtfertigte sich damit, dass ihm für das Eigenstudium keine Zeit mehr bliebe, weil er sich auf seine landwirtschaftliche Arbeit konzentrieren müsste, um die Familie zu versorgen.[400] Interessanterweise würde Schlegel genügend Kenntnisse für die Gemeinde auf dem Land besitzen, aber nicht für den Dienst am Hof geeignet sein. Hier wird deutlich, dass für die Stadt ein anderes Bildungsniveau vorausgesetzt wurde, zumindest vom Kon-

396 NLA WF 14 Alt Nr. 889, fol. 41r f., 48v–49r (eigene Zählung).

397 HS 2, fol. 85r f. [Reg.-Nr. 126].

398 Vgl. dazu DÜRR, Politische Kultur, S. 158f.; SCHORN-SCHÜTTE, Evangelische Geistlichkeit, S. 229; HOLZEM, Religion und Lebensformen, S. 184–195. HOLZEM verweist auf gut dotierte Landpfarrstellen mit ausreichend Einkommen und hebt damit hervor, dass der Unterschied innerhalb der Landpfarrer groß sei und diese These der armen Landpfarrer nicht zu generalisieren sei und von jeweiligen Rahmenbedingungen geprägt werde, vgl. HOLZEM, Religion und Lebensformen, S. 191.

399 Vgl. HS 3, fol. 81r f. [Reg.-Nr. 577], fol. 82r [Reg.-Nr. 578], fol. 82v [Reg.-Nr. 579]. Vgl. zum Konsistorialbeschluss LAW V233, S. 162.

400 Zu diesem Ergebnis, dass Zeitmangel der Grund für die vernachlässigte theologische Weiterbildung der Pfarrer war, kam auch PTASZYNSKI, Geistlichkeit in den Herzogtümern Pommern, S. 73f.

sistorium. Allerdings sollte ein Pastor durchaus den dogmatischen Unterschied zu den Calvinisten kennen. Seine Talente lagen vielmehr auf einem anderen Gebiet, wie die Konzeptbücher deutlich machen. Der Haller Superintendent bat Schlegel im Januar 1577, die Worte: *Rogamus Deum patrem et filium ut nos gubernet suo spiritu, ac conservet in veritate verbi sui ac concordia non ficta propter sanctum nomen suum amen*[401] für eine nicht näher bezeichnete Predigt als ein vierstimmiges Lied zu komponieren. Schlegel hatte bereits 12 Lieder veröffentlicht und seine Sammlung mit »Forwoldae 4. Nonas Septemb. 1578 Valent. Slegelius Walhusanus«[402] unterzeichnet.

Neben der wirtschaftlichen schlechten Lage sah sich der Superintendent auf Grund von Schlegels Alkoholkonsum gezwungen ihn zu ermahnen. Er solle sich wie *in allweg unergerlichem ihrem heiligen beruff und hohen ampt gemess verhalten.*[403] Die Maßregelung betraf nicht nur Schlegel, sondern beispielsweise auch Curd Vrithoff, der in Margareta Seligmanns Haus Bier trank[404], oder den Eschershausener Pastor Johannes Plumbius[405]. Durch Gerüchte hatte der Superintendent im Mai 1576 erfahren, dass Plumbius durch sein *schlemmen fressen undt sauffen*[406] kein gutes Vorbild für die Gemeinde sei. Er forderte den Eschershausener Rat auf, eine schriftliche Beschwerde beim Konsistorium einzureichen, damit die Räte den Pastor ordnungsgemäß straften. Den Eschershausener Pastor benachrichtigte der Haller Superintendent ebenfalls am gleichen Tag, dass er die Gerüchte gehört habe, dass dieser sich sechs Tage die Woche betrinke und somit kein gutes Beispiel abgebe. Er ermahnte ihn streng und forderte ihn auf, sein Verhalten zu korrigieren, sein Amt gewissenhaft auszuüben und nichts zu unternehmen, was *contra reformationem nostrarum Ecclesiarum*[407] sei.[408]

Das Konsistorium im Fürstentum Braunschweig-Wolfenbüttel musste regelmäßig Vergehen wegen übermäßigen Alkoholkonsums nachgehen.[409] Solche Fehltritte von Geistlichen, die damit nicht nur ihrem Ansehen und Amt schadeten, sondern auch auf übergeordneter Ebene dem Konsistorium, stellte

401 HS 2, fol. 193v [Reg.-Nr. 267].

402 Eitner, Quellen-Lexikon der Musiker und Musikgelehrten, S. 187: Valentin Schlegels Werk: Duodecim cantilenae ex sacrosancta Scriptura desumptae ac musices numeris, quam jucundissime, per […] verbi divini Ministrum redditae, Mühlhausen 1578, G. Hantzsch.

403 Sehling, Ev. KO, Bd. VI/1, S. 85f.

404 Vgl. zum Konflikt zwischen Margareta Seligmann und Curd Vrithoff die vorigen Ausführungen in diesem Kapitel.

405 Vgl. zu Johannes Plumbius die Ausführungen im Anhang 11.8.

406 HS 2, fol. 156v [Reg.-Nr. 221].

407 HS 2, fol. 157r [Reg.-Nr. 222].

408 HS 2, fol. 156v [Reg.-Nr. 221], fol. 157r [Reg.-Nr. 222].

409 Z.B. Vorladung des Superintendenten aus Salzdahlum wegen Trunksucht (LAW V237, S. 349, 13. Mai 1580); Strenge Ermahnung des Pfarrers zu Upstedt wegen übermäßigen Alkoholkonsums (LAW V2015, S. 5f., 19. Januar 1582).

SCHMIDT ebenso für die Ämter Siegen und Dillenburg dar.[410] Er hob hervor, dass die Kirchenleitung nicht nur von dem geistlichen Personal einen ordentlichen Lebenswandel, sondern auch von allen Gemeindemitgliedern erwartet, weshalb auch deren Lebensführung in der Visitation überprüft werden sollte.[411] Der Haller Superintendent verfolgte diesen Gedanken auch in seiner Gemeinde. Der Krug in dem Dorf Linse führte seiner Meinung nach zu einem übermäßigen Alkoholkonsum, da solch ein Betrieb die Leute zu sehr verleite und zu vielen Sünden, zur Verachtung des göttlichen Worts und zur Wucherung führe. Deshalb schlug er dem Wolfenbütteler Hofprediger Johann Malsius vor, den Krug schließen zu lassen.[412]

7.1.8. Die Beitragszahlungen in die Witwen- und Waisenkasse

Für die Versorgung der Witwen hatte die Kirchenordnung festgesetzt, dass die Pfarrwitwe mit ihren Kindern ein halbes Jahr nach dem Tod des Pastors in dem Haus oder der Wohnung bleiben und über das Einkommen verfügen sollte. Jede Gemeinde sollte eine Wohnung bzw. ein Haus bereitstellen, in der die Witwe *zeit ihres lebens die freye wohnung haben, auch schatzfrey sitzen und nicht desto weniger der gemeinen huet und weyde, mastung und nottürftiger feurung, wie andere zu genisssen haben*[413].

Auf Grund einiger Klagen über den Umfang des Gnadenjahres der Pfarrwitwen wurde im Konsistorium am 5. September 1580 über ein Mandatsentwurf diskutiert. Am 9. Dezember 1580 stimmte der Herzog zu, dass die Witwen im ersten Gnadenhalbjahr die *fructus nhemen, nicht ratione des gnadenJahrs, sondern des diensts undt dan die andere sechs Monat ratione privilegii.*[414]

Natürlich gab es für die Pfarrwitwen auch die Option der Wiederverheiratung, indem sie oder auch eine der Töchter den Amtsnachfolger ehelichte, die sog. Pfarrwitwen- bzw. Pfarrtöchterkonservierung. Neben diesen Bestimmungen richtete Herzog Julius eine Pfarrwitwen- und Waisenkasse[415] zur Versorgung

410 SCHMIDT, Glaube – Herrschaft – Disziplin, S. 88ff.
411 SCHMIDT, Glaube – Herrschaft – Disziplin, S. 93.
412 HS 3, fol. 133r f. [Reg.-Nr. 652].
413 SEHLING, Ev. KO, Bd. VI/1, S. 194. Vgl. auch SCHORN-SCHÜTTE, Evangelische Geistlichkeit, S. 232.
414 NLAH Cal. Br. 21 Nr. 241, fol. 66v–67r, 140v ff.
415 Vgl. allgemein zur Witwenversorgung WÜRTH, Pfarrwitwenkonservierung, S. 103ff.; INGENDAHL, Witwen, S. 421ff.; KRUSE, Witwen, S. 223ff., 504ff.; WUNDER, Pfarrwitwenkassen, S. 427–457. S. a. PTASZYNSKI, Lebenssituation der Pfarrwitwen, S. 319–346. Vgl. zur öffentlichen Fürsorge LORENTZEN, Johannes Bugenhagen als Reformator, S. 144ff., 417ff.

der Hinterbliebenen ein, in die jeder Pastor regelmäßig einen Beitrag zu zahlen hatte.[416]

Quartalsweise Beitragszahlungen

Der Superintendent sollte die Beiträge vierteljährlich von den Pastoren und Diakonen[417] für die Witwen- und Waisenkasse einsammeln. Im November 1572 wurde auf herzoglichen Befehl der Beitrag von 3 auf 9 Groschen[418] pro Quartal wegen grundlegender Veränderungen des Münzwerts (*propter mutationem monetarum*)[419] erhöht.[420] Die Quartale erstreckten sich über folgende Zeiträume: Das 1. Quartal war von Weihnachten des Vorjahres bis Ostern, das 2. Quartal von Ostern bis Johannis[421], das 3. Quartal von Johannis bis Michaelis[422] und das 4. Quartal von Michaelis bis Weihnachten.

Die erste in den Konzeptbüchern überlieferte Zahlungsanweisung für die Beiträge richtete Jovius am 14. November 1571 an seine Pastoren. Am 24. Dezember 1571 sandte er dem Alfelder Generalsuperintendenten, die eingesammelten Beiträge inklusive einer Beitragsliste zu.[423] Anscheinend zahlten die Pastoren ihre Beiträge für die nächsten Quartale nicht regelmäßig, da der Superintendent ihnen z.B. am 12. April 1572 befahl, den Beitrag in Höhe von 9 Groschen sofort zu zahlen, damit nicht er für ihre Nachlässigkeit zur Verantwortung gezogen werde. Die Quittung des Generalsuperintendenten bestätigt, dass die Beiträge am 15. April in Alfeld ankamen. Da einige Pastoren mit ihren Zahlungen im Rückstand waren, wurden sie im Zuge der Zahlungsaufforderung für das folgende Quartal von Ostern bis Johannes 1572 wiederholt ermahnt, neben den Beiträgen auch ihre Schulden des letzten Quartals zu begleichen.[424]

416 Vgl. zur Entwicklung der Pfarrwitwenkasse Wunder, Pfarrwitwenkassen, S. 441 ff. Vgl. zur Einrichtung von Pfarrwitwenkassen und Pfarrwitwenkonservierung in Herzogtum Mecklenburg-Schwerin Würth, Pfarrwitwenkonservierung, S. 103 ff. Vgl. zu den Pfarrwitwenkassen in Kur-Pfalz, Kur-Sachsen, Württemberg, ehemalige freie Reichsstädte und protestantische Gebiete in Bayern den Überblick bei Würth, Pfarrwitwenkonservierung, S. 153–175.

417 Vgl. zu den Pastoren, die während der Amtszeit des Superintendenten Jovius in der Inspektion tätig waren, den Überblick im Anhang 11.7.

418 9 Groschen entsprechen einem Ortsthaler (= 1/4 Taler), vgl. Verdenhalven, Maße und Gewicht, S. 99 ff.

419 HS 2, fol. 57r [Reg.-Nr. 80].

420 HS 2, fol. 57r [Reg.-Nr. 80], fol. 67v f [Reg.-Nr. 95], fol. 68r [Reg.-Nr. 96].

421 24. Juni.

422 29. September.

423 HS 2, fol. 24v [Reg.-Nr. 38], fol. 36r [Reg.-Nr. 52]. Insgesamt zahlten in diesem Quartal die Pastoren aus Halle, Vorwohle, Wangelnstedt, Dielmissen, Kirchbrak, Kemnade, Hehlen, Harderode, Bisperode, Heyen sowie Eschershausen und Stadtoldendorf zusammen mit ihren Diakonen.

424 HS 2, fol. 43r [Reg.-Nr. 62], fol. 44r f. [Reg.-Nr. 64], fol. 45r [Reg.-Nr. 65].

Die Abgabenproblematik für die Witwen- und Waisenkasse zog sich durch Jovius' gesamte Amtszeit. Das Konsistorium schaltete sich auf Grund des bestehenden Problems am 20. Dezember 1574 ein und ermahnte alle Generalsuperintendenten ernsthaft, die Superintendenten anzuhalten, die Beiträge für die Witwen- und Waisenkasse pflichtgemäß und rechtzeitig einzusammeln.[425] Aber in den folgenden Jahren änderten sich weder die nachlässige Zahlungsmoral der Pastoren noch die träge Einsammlung des Haller Superintendenten. Am 9. September 1577 stellte das Konsistorium wiederholt fest, dass viele Pastoren die Witwenkassenbeiträge ohne Angaben von Gründen gar nicht zahlten oder nachlässig waren, z. B. verweigerten in der Haller Superintendentur im 2. und 3. Quartal 1577 fünf Pastoren ihren Beitrag.[426] Daher beschlossen die Konsistorialräte am 5. September auf dem Generalkonsistorium in Schöningen eine *Moderation Fisci viduarum*, dass an Weihnachten 1577 jeder Pastor jährlich eine zusätzliche *Contribution* von $\frac{1}{2}$ Taler in den *wedtwenkasten* zahlen sollte. Zudem befahl das Konsistorium, dass alle Superintendenten die *gesetzten Ordnunge* durchsetzen und eine Beitragsliste anlegen sollten, *was ein jedder gegeben, und wie die heissen, wer auch hinderstellig geblieben.*[427] Diese Beitragslisten, die der Haller Superintendent für die verschiedenen Quartale seit 1571 anfertigte, variierten. Listete er 1571 nur die Dienstorte auf, wurden im Lauf der 1570er Jahre mehrere Details hinzugefügt. Neben dem exakten Tag, an dem die Zahlung getätigt wurde, wurden auch die Höhe, teilweise der Typ der Münzen sowie der vollständige Name und der Dienstort aufgeführt oder sogar wer für wen Geld ausgelegt hatte oder welche Gründe für die Zahlungsverweigerung vorgebracht wurden.

Der Haller Superintendent übermittelte die jeweiligen Quartalsbeiträge an den Alfelder Generalsuperintendenten und erhielt dafür Quittungen, die zum Teil in den Konzeptbüchern überliefert sind. Einige Quittungen, wie z. B. die vom 21. Oktober 1578 lassen sich zwar nicht in den Konzeptbüchern finden, jedoch bestätigte Jovius den Empfang der Quittung gegenüber dem Konsistorium.[428] Eine besondere Quittung ist vom 9. Oktober 1572 überliefert. Der Generalsuperintendent nahm für diese Quittung die Rückseite der von Jovius mitgesandten Beitragsliste und schickte diese Liste mitsamt der Quittung wieder zurück.[429] Im Januar 1577 erhielt der Superintendent eine Quittung, die abermals

425 LAW V262, S. 333.

426 HS 2, fol. 283r [Reg.-Nr. 368], fol. 283v [Reg.-Nr. 369], fol. 285r [Reg.-Nr. 373]. Im Rückstand waren die Pastoren aus Dielmissen, Kemnade, Heyen, Vorwohle und Wangelnstedt.

427 Alle Zitate des Abschnitts: HS 2, fol. 247r [Reg.-Nr. 308].

428 HS 2, fol. 262v [Reg.-Nr. 345], fol. 268v–270v [Reg.-Nr. 350].

429 HS 2, fol. 56v [Reg.-Nr. 79], fol. 59r f. [Reg.-Nr. 82], fol. 60r f. [Reg.-Nr. 83].

den Empfang des Beitrags *neben einer Vorzeichnis, wer und wie viel ein iglicher seiner pastoren conferiret, oder nicht*[430] bestätigte.[431]

Zahlungsprobleme

Bei Verzögerungen, Nachlässigkeit oder Unregelmäßigkeiten wurde der Superintendent von dem Generalsuperintendenten durch strenge Ermahnungen geahndet. Die Zahlungsrückstände wurden stets thematisiert und führten sogar dazu, dass sich der Dielmissener Pastor über die Langsamkeit seines vorgesetzten Superintendenten bei der Einsammlung der Beiträge beschwerte.[432] Jovius verteidigte sich gegenüber dem Generalsuperintendenten und schob die Schuld für die Verzögerung auf dringende, anderweitige Amtsgeschäfte, schlechte Witterungsbedingungen, seinen schlechten Gesundheitszustand, die nachlässige Arbeit der Boten, die allgemeine Armut und vor allem auf die schlechte Zahlungsmoral der Pastoren. Er war nicht verlegen, immer wieder um Entschuldigung zu bitten, sich zu rechtfertigen und jegliche Schuld von sich zu weisen. Er bat für seine eigenwillige Art und Weise um Verzeihung, die Beiträge für zwei Quartale zusammen einzusammeln, anstatt sie vierteljährlich einzukassieren und abzuliefern. Anfang Februar 1582 bat er erneut um Verzeihung und machte neben den gewohnten Ausreden sogar die Hochzeit des Oberamtmanns für die hinausgezögerte Abgabe verantwortlich. Rechtfertigen musste sich Jovius darüber hinaus auch für einzelne Pastoren, wie z. B. für die fehlenden Zahlungen von Christoph Gervinus, der noch nicht einmal eine Erklärung abgegeben hatte, und für Johann Ostercamp, der Zahlungserinnerungen gänzlich missachtete.[433]

Die Achtlosigkeit der Pastoren wurde mehr und mehr zum Problem. Am 27. April 1573 verzeichnete Jovius neben den Beiträgen auch die Motive, warum z. B. der Vorwohler Pastor Valentin Schlegel, der Wangelnstedter Pastor Franz Koch und der Kirchbraker Pastor Caspar Hasenjäger nicht der Zahlungsaufforderung nachkamen. *Die Herren des consistorii zu Gandersheim*[434] hatten Hasenjäger den Beitrag erlassen. Schlegel könne nichts beisteuern, da er keinen Lohn bekommen hatte, und Koch hatte noch nicht einmal Geld, um sich und seiner Familie Brot zu kaufen.[435]

430 HS 2, fol. 195r [Reg.-Nr. 270].
431 HS 2, fol. 190v–193r [Reg.-Nr. 265], fol. 193r [Reg.-Nr. 266], fol. 194v [Reg.-Nr. 269], fol. 195r [Reg.-Nr. 270], fol. 196r [Reg.-Nr. 271].
432 HS 3, fol. 86v [Reg.-Nr. 587].
433 HS 2, fol. 60r [Reg.-Nr. 98], fol. 69v [Reg.-Nr. 99], fol. 102v [Reg.-Nr. 151], fol. 103r [Reg.-Nr. 152], fol. 103v [Reg.-Nr. 153], fol. 104r [Reg.-Nr. 154], fol. 180r [Reg.-Nr. 249]. HS 3, fol. 52r [Reg.-Nr. 538], fol. 54v f. [Reg.-Nr. 542], fol. 57r [Reg.-Nr. 546], fol. 57v [Reg.-Nr. 547], fol. 58r [Reg.-Nr. 548].
434 HS 2, fol. 77r [Reg.-Nr. 114].
435 HS 2, fol. 76v [Reg.-Nr. 113], fol. 77r [Reg.-Nr. 114].

Auf Grund der ständigen Unzuverlässigkeit der Pastoren wies Jovius sie an, regelmäßiger ihre Beiträge passend zu zahlen und

> *es gilt nach des heilig RomRechts dem unge*[achtet] *ein acht Groschen stucke nit mehr als* $7\frac{1}{2}$ *Groschen und denselbigen Summa was ein Clevisch new Grosslein für einen Fürstengroschen gelegt, derwegen soviel wie gemeldet mangelt dasselbige wollen sie, die Herren, nachschicken odder lassen das Geld widderholen, und leggen anders an die stedde, Ich hab nit allwege boten, odder eine wechselbanck bei Mir*[436].

Einzelne Pastoren lieferten ihre Beiträge mit so einer enormen Verspätung ab, dass der Superintendent sich gezwungen sah, z. B. dem Bisperoder Pastor dessen Beitrag zurückzuschicken, da er bereits alle eingesammelten Beiträge an den Generalsuperintendenten geschickt hatte. Dieser sollte selbst dafür sorgen, seinen Obolus nach Alfeld zu bringen und sich für die entstandene Verzögerung persönlich vor dem Generalsuperintendenten zu verantworten.[437]

Stellungnahmen der Pastoren

Der Superintendent wurde sowohl für seine Trägheit bei der Einsammlung der Beiträge als auch für die Unzuverlässigkeit der Pastoren seiner Inspektion zur Verantwortung gezogen. Ihm wurde im November 1581 vorgehalten, bei der Beitragseinsammlung fahrlässig zu sein, weshalb ihm befohlen wurde, umgehend die Schulden einzutreiben. Der Superintendent verteidigte sich, indem er wiederholt auf die große Armut der Pastoren verwies, und schlug deshalb vor, dass jeder Pastor seinen Zahlungsrückstand selbst erklären sollte. In diesen Stellungnahmen sollten sie ihre Beweggründe für die Zahlungsverweigerung schildern. Sie waren somit für sich selbst verantwortlich und mussten sich falls erforderlich sogar persönlich vor dem Konsistorium in Helmstedt für ihre nachlässige Zahlungsmoral rechtfertigen.

Die erste im Konzeptbuch dokumentierte Stellungnahme verfasste der Vorwohler Pastor Valentin Schlegel. Auf Grund seiner Armut könne er weder seine zehnköpfige Familie vor dem Hungern bewahren, noch einige seiner Kinder auf die Schule schicken. Als er sich über fehlendes Mitleid beschwerte, wurde ihm nur gesagt: *contribue, aut quere tibi aliud regnum*[438]. Nach der von Jovius angefertigten *Copia de literis Dominus Valentini Slegilii*[439], listete er dessen Witwenkassenbeiträge von 1572 bis 1581 auf.[440] Schlegel legte wiederholt am

436 HS 2, fol. 314v [Reg.-Nr. 411].

437 HS 2, fol. 254r [Reg.-Nr. 324], fol. 254v [Reg.-Nr. 325], fol. 291r [Reg.-Nr. 380].

438 HS 3, fol. 34r [Reg.-Nr. 520].

439 HS 3, fol. 33v [Reg.-Nr. 520].

440 Aus der Liste geht hervor, dass der Vorwohler Pastor für das Jahr 1572 insgesamt 27 Groschen zahlte, von 1573–1577 jeweils 1 Taler und von 1578–1581 nur 18 Groschen pro Jahr bezahlte, vgl. HS 3, fol. 30r–33r [Reg.-Nr. 519], fol. 33v–35r [Reg.-Nr. 520], fol. 36v–37v [Reg.-Nr. 522].

10. September 1582 Rechenschaft über seine fehlenden Beiträge ab.[441] Er versicherte gegenüber dem Herzog, dass er den fürstlichen Befehl befolgen wolle und bereits wegen der Beiträge *in fiscum viduarum kegen hall zu meinem Specialsuperintendenten gereiset*[442] war. Allerdings wurde sein Haus *von einem plötzlichen feuer, welchs ursprung kein mensch, dan gode allein weis, angegangen*[443], weshalb er den Beitrag nicht aufbringen könne, da er das wenige Geld für die Ernährung der Familie ausgeben müsse.[444]

Ein zweiter Pastor, der Stellung bezog, war der Kemnader Pastor Rudolph Vogt. Im Jahr 1575 hatten die Konsistorialräte ihm im Kloster Mariental 2 Taler des Kassenbeitrages erlassen, als er in der Nähe des Klosters bei Helmstedt in einer Herberge auf die Konsistorialsitzung wartete und sich selbst verpflegen musste. Diese Angabe, dass Vogt die Schulden 1575 erlassen wurden, konnte durch die Konsistorialprotokolle für die Generalkonsistoriumssitzung am 9. September 1575 in Mariental verifiziert werden[445]. Vogt gab als weitere Gründe für seine Nachlässigkeit seine anhaltende Armut und seine geringe Besoldung an. Zum Schluss bat er die Räte, ihm die Schulden der Jahre 1576 bis 1581 in Höhe von insgesamt $5\frac{1}{2}$ Taler zu erlassen.[446]

Der dritte Pastor war der Wangelnstedter Pastor, Franz Koch. 1582 begründete er seine nicht getätigte Abgabe damit, dass er ebenfalls kein Geld für ausreichend Nahrungsmittel habe, da seine Kornernte verhagelt war. Er flehte Jovius um Hilfe an und wies darauf hin, dass er seinen Beitrag leisten könne, wenn ihm nicht das Gnadengeld[447] des Klosters Amelungsborn verweigert worden wäre.[448] Auf Grund der vielen fehlenden Beitragszahlungen beschlossen die Konsistorialräte Anfang Dezember 1582, dass jeder, der die Beiträge nicht aufbringen konnte, sich persönlich in Helmstedt dafür zu verantworten hatte.[449] Trotz dieser Androhung zahlten in den folgenden Quartalen allerdings weder der Vorwohler noch der Wangelnstedter Pastor ihre Beiträge.[450]

Der Superintendent musste während seiner 16-jährigen Amtszeit die Pastoren seiner Inspektion stets ermahnen und sie wiederholt auffordern, ihre Bei-

441 HS 3, fol. 88r [Reg.-Nr. 589].
442 NLA WF 2 Alt Nr. 11004, fol. 22r.
443 NLA WF 2 Alt Nr. 11004, fol. 22r.
444 NLA WF 2 Alt Nr. 11004, fol. 22r f.
445 LAW V239, S. 123.
446 HS 3, fol. 39r f. [Reg.-Nr. 525].
447 Der Begriff ›Gnadengeld‹ bezeichnet eine Art Pension vgl. DRW, Lemma: Gnadengeld, Bd. IV, Sp. 977.
448 HS 3, fol. 88r [Reg.-Nr. 590].
449 HS 3, fol. 84v [Reg.-Nr. 582], fol. 85r [Reg.-Nr. 584], fol. 85v [Reg.-Nr. 585], fol. 86r [Reg.-Nr. 586], fol. 86v [Reg.-Nr. 587], fol. 87r [Reg.-Nr. 588].
450 HS 3, fol. 116v [Reg.-Nr. 632], fol. 122r [Reg.-Nr. 637], fol. 127v [Reg.-Nr. 643], fol. 128r f. [Reg.-Nr. 644], fol. 129r [Reg.-Nr. 645].

träge für die Witwen- und Waisenkasse zu zahlen. Dieses neue Versorgungssystem für die Hinterbliebenen musste zunächst im ländlichen Gebiet implementiert werden. Jeder Pastor hatte von seinem Gehalt einen Beitrag pro Quartal zu zahlen. Ein konkretes Beispiel für die Auszahlung aus der Versorgungskasse an eine Witwe belegen die Konzeptbücher für das Jahr 1575 in Dielmissen. Der Superintendent bat das Konsistorium der Witwe *uss dem Fisco viduarum das Jennige wider lassen zustellen was Ihr seliger herr dareingelegt als nemlich iii taler*[451].

Der Superintendent war in seiner Inspektion dafür verantwortlich, einen reibungslosen Ablauf zu gewährleisten. Die geschilderten Beispiele zeigen, dass die Realisierung schwierig war. Alle Pastoren wurden zwar über dieses neue System informiert, die Kassenbeiträge zahlten sie trotzdem nicht alle regelmäßig oder sogar mit verschiedenen Münzen bzw. Währungen. Die Gründe für die träge Zahlungsmoral waren vielfältig und konnten erstmals mit Hilfe der in den Konzeptbüchern überlieferten Stellungnahmen einiger Pastoren dokumentiert werden. Auf Grund dieser unregelmäßigen Zahlungen kontrollierte das Konsistorium stets den Ablauf der Witwenkasseneinnahmen und mahnte wiederholt alle Superintendenten des Fürstentums, die Zahlungen sorgfältig zu beaufsichtigen.

7.2. Die Küster

Im Gegensatz zur Forschung wird das Verhältnis eines leitenden Geistlichen zu dem Küster, also den nicht-geistlichen Kirchendienern, in den Konzeptbüchern greifbar.[452] Sie beleuchten die Aufgaben der Küster, ihre Amtsführung sowie ihre Position als Schnittstelle zwischen Pastor und Gemeinde und die dabei entstehenden Konflikte.[453]

Die Aufgaben der Küster

Die Aufgaben der Küster oder Opfermänner[454] werden in der Kirchenordnung definiert. Sie sollen durch den Superintendenten in ihr Amt eingeführt[455] werden

451 HS 2, fol. 135v [Reg.-Nr. 196]. Vgl. zu diesem Beispiel Kapitel 7.1.1.

452 Vgl. zu den wenigen Forschungen zum Küsteramt Kötting, Küster, S. 209–229; Rügge, Küster und das Dorf, S. 195–209.

453 Vgl. zur These Kötting, Küster und sein Amt, S. 209f.; Rügge, Küster und das Dorf, S. 208f.

454 Vgl. zu den Amtsbezeichnungen Schäfer, Küster, S. 163–178; Kötting, Küster, S. 209–223, 227f.; Rügge, Küster und das Dorf, S. 195–209; Reitemeier, Pfarrkirchen, S. 525ff.

455 Sehling, Ev. KO, Bd. VI/1, S. 190.

und waren für den Katechismusunterricht an jedem Samstag zuständig.[456] Sie hatten die Glocken zu läuten und den Pastor beim Gesang zu unterstützen.[457] Daneben waren die Küster in der Frühpredigt für die Kollekte verantwortlich.[458] Eine weitere besondere Aufgabe des Küsters bestand darin, die Exkommunizierten, die während der Predigt stehen mussten, *nach der predigt und gebet vor anfang des nachtmals aus der kirchen durch das volk hinaußführen, biß der sünder sich lernet schemen und ein züchtigen, christenlichen wandel an sich nehmen.*[459]

Der Küster hatte sich – so die Aufforderung des Konsistoriums – an die Kirchenordnung zu halten, was im Rahmen der Visitation vom Superintendenten zu überprüfen war. Dabei musste er Auskunft über seinen Pfarrherrn geben, nämlich über dessen Amtsführung und Lebenswandel.[460]

Bei Streitigkeiten der Kirchendiener untereinander oder mit Amtmännern bzw. sonstigem Personal waren zunächst der Superintendent und der Amtmann, sofern sie nicht selbst in diesen Konflikt involviert waren, zuständig. Sie sollten als höhergestellte Instanz eine gütliche Einigung herbeiführen. Im Hinblick auf die Klagen der Kirchendiener über vorenthaltene Einkünfte regelte die Kirchenordnung, dass der Superintendent die Hilfe des zuständigen Amtmanns einfordern sollte.[461] Scheiterten die Bemühungen, musste die Angelegenheit mit einem schriftlichen Bericht an das Konsistorium übergeben werden. Der Küster verfügte über dieselben Freiheiten und Immunitäten, wie die anderen Kirchendiener, wie z. B. Pastoren oder Superintendenten.[462]

In der Instruktion für den Haller Superintendenten 1571[463], wurde den Küstern eine weitere Aufgabe übertragen. Sie wurden im 4. Artikel aufgefordert, sich mit ihrem Pastor über die Kirchenrechnung für jedes einzelne Jahr auszutauschen. Außerdem wurden alle Küster, neben den Pastoren und dem Schulpersonal, ausdrücklich von Herzog Julius am 6. August 1577 aufgefordert, die am 27. Juni im Kloster Riddagshausen verabschiedete Konkordienformel[464] am 26. August im Kloster Amelungsborn zu unterschreiben.[465]

456 Sehling, Ev. KO, Bd. VI/1, S. 210.
457 Sehling, Ev. KO, Bd. VI/1, S. 154f., 175.
458 Sehling, Ev. KO, Bd. VI/1, S. 142.
459 Sehling, Ev. KO, Bd. VI/1, S. 207. Vgl. zu den Aufgaben der Küster auch Rügge, Küster und das Dorf, S. 203–208.
460 Sehling, Ev. KO, Bd. VI/1, S. 183, 198f., 200. Vgl. HS 3, fol. 11v [Reg.-Nr. 498]: Der Bisperoder Pastor Christoph Gervinus wurde am 17. Mai 1581 zu seinem Küster befragt und wurde gebeten, einige nicht näher bezeichnete Fragen schriftlich zu beantworten.
461 Sehling, Ev. KO, Bd. VI/1, S. 199.
462 Sehling, Ev. KO, Bd. VI/1, S. 193.
463 Vgl. ausführlich zur Instruktion Kapitel 3.6.5.
464 Vgl. Mager, Konkordienformel, S. 165–324.
465 HS 2, fol. 12v–13r [Reg.-Nr. 20], fol. 278v [Reg.-Nr. 361].

Im Oktober 1580 erwähnte Jovius in einem Brief an seinen Schwager Franz Düvel[466], dass er über die bevorstehende Kirchenrechnungsprüfung der Pastoren seiner Inspektion unterrichtet wurde, bei der er auch die Einkünfte der Küster überprüfen solle. Am 3. bzw. 4. Januar 1583 wurden die nötigen Vorbereitungen für die am 9. Januar 1583 bevorstehende Kirchenrechnungsprüfung getroffen, u. a. wurde erneut darauf hingewiesen, dass bei der Prüfung die jeweiligen Alterleute und Küster anwesend sein sollten.[467]

Botengänge der Küster

Eine ganz wesentliche Aufgabe der Küster, die weder in der Kirchenordnung noch in Jovius' Instruktion von 1571 ausgeführt war, waren Botengänge. Sehr häufig beauftragte der Superintendent dafür Küster seiner Inspektion. Im Dezember 1571 schickte er z. B. den Haller Küster zum Eschershausener Pastor mit der Bitte, die Taufe seiner Tochter vorzunehmen und zusammen mit seiner Ehefrau zur Taufe zu kommen. Die Küster hatten unter anderem auch die Beiträge für die Witwen- und Waisenkasse an den Alfelder Generalsuperintendenten zu überbringen, wie z. B. der Wangelnstedter Küster am 31. Januar 1576 oder der Harderoder Küster am 14. Januar 1577.[468] Jovius war mit der Botenleistung der Küster nicht immer zufrieden. Gegenüber dem Dielmissener Pastor, äußerte er am 8. Dezember 1572 seine Verärgerung über die Nachlässigkeit und Langsamkeit, die die Küster beim Transport von Briefen an den Tag legten, obwohl er sie bereits mehrmals zur Eile ermahnt hatte.[469]

Neben dem Superintendenten bediente sich auch der Generalsuperintendent der Botentätigkeit der Küster und ließ Zahlungsaufforderungen für die Witwen- und Waisenkasse[470], wie z. B. an seine unterstellten Superintendenten in Holzminden und Halle am 21. Mai 1573, überbringen.[471] Ebenso beauftragte er den Heyener Opfermann Johann Medico am 11. Oktober 1576 bzw. den Eschershausener Küster am 3. Januar 1579, um Jovius die Quittung für die Kassenbeitragszahlungen zustellen zu lassen.[472] Der Alfelder Diakon Conrad Peinc quittierte stellvertretend Jovius am 6. Februar 1582 den Empfang der übersandten Beiträge und beauftragte den Kemnader Küster Conrad Leuck, die Quittung nach Halle zu transportieren.[473]

466 Vgl. zu Franz Düvel Kapitel 4.5.2. und die Ausführungen im Anhang 11.8.

467 HS 2, fol. 346r–347v [Reg.-Nr. 461], fol. 351v f. [Reg.-Nr. 467]. HS 3, fol. 1r [Reg.-Nr. 483], fol. 91r f. [Reg.-Nr. 596], fol. 93r [Reg.-Nr. 599].

468 HS 2, fol. 146v [Reg.-Nr. 209], fol. 195r [Reg.-Nr. 270].

469 HS 2, fol. 29r [Reg.-Nr. 49], fol. 69v [Reg.-Nr. 99], fol. 78v [Reg.-Nr. 116].

470 Vgl. zur Witwen- und Waisenkasse Kapitel 7.1.8.

471 HS 2, fol. 78r [Reg.-Nr. 115].

472 HS 2, fol. 182r f. [Reg.-Nr. 253], fol. 267r [Reg.-Nr. 348].

473 HS 3, fol. 58r [Reg.-Nr. 548].

Der Superintendent forderte die Küster auf, neben diesem Botendienst, gelegentlich Informationen zu verschiedenen Angelegenheiten an den Generalsuperintendenten weiterzuleiten. Solch einen Auftrag erhielt beispielsweise am 19. April 1577 der Bisperoder Küster, der den Generalsuperintendenten in einer nicht näher bezeichneten Angelegenheit über den Pastor Christoph Gervinus[474] mündlich informieren sollte.[475] Am 9. Dezember 1579 ermöglichte Jovius dem Heyener Küster sich im Rahmen seines Botengangs nach Alfeld persönlich beim Generalsuperintendenten über den Heyener Pastor zu beklagen.[476] Außer für Botendienste zog Jovius seinen Küster am 22. Juli 1577 zur Abholung und Bezahlung von bestellten Exemplaren des Corpus Doctrinae heran.[477] Am 9. Februar 1578 wandte sich Jovius direkt an den Dielmissener Küster Hermann Hundertmark und bat um dessen Mitarbeit bei der Organisation der Probepredigt eines möglichen neuen Pastors und der Übermittlung der gemeindlichen Beurteilung.[478]

Der Haller Küster

Der Küster in Halle war Franz Schilffen, der vermutlich seit 1577 das Küsteramt innehatte. Am 11. August 1578 wurde er von Jovius mit Margarethe Cuthmans vermählt. Die Ehestiftung dokumentierte alle verhandelten Einzelheiten und abschließend wurde vermerkt, dass diese nicht nur im Protokoll des Haller Pastors, sondern auch im Wickensener Amtshandelsbuch verzeichnet worden sei.[479]

Wie sich im konkreten Fall der Haller Gemeinde die Zusammenarbeit zwischen Jovius und seinem Küster gestaltete, zeigen die folgenden Beispiele. Am 8. November 1572 wurde der Haller Superintendent von seinem Küster informiert, dass viele in der Gemeinde ihre Neugeborenen länger als drei Tage ungetauft ließen, dieses Verhalten aber wider die Kirchenordnung sei sowie dem fürstlichen Befehl widerspreche.[480]

Neben der Informationsbeschaffung assistierte der Küster Jovius bei einer Trauung in der Haller Kirche im Jahr 1578. Dabei entstand ein Konflikt mit dem Bräutigam, da dieser die fällige Gebühr nicht entrichten wollte und begann stark alkoholisiert *blasphemien usszuspeÿen*[481]. Erst nach mehreren Ermahnungen und unter Androhung des Kirchenverweises konnten sie die Trauung beenden.[482]

474 Vgl. zu Christoph Gervinus die Ausführungen im Anhang 11.8.
475 HS 2, fol. 237v f. [Reg.-Nr. 295].
476 HS 2, fol. 316v f. [Reg.-Nr. 415].
477 HS 2, fol. 277v [Reg.-Nr. 359].
478 HS 2, fol. 252v [Reg.-Nr. 320].
479 HS 2, fol. 294r–295r [Reg.-Nr. 384].
480 HS 2, fol. 64r f. [Reg.-Nr. 89].
481 HS 2, fol. 296r [Reg.-Nr. 385].

Jovius informierte ebenfalls umgehend den Amtmann, nachdem der Linser Gograf Claus Kopper[483] ihn bei der Vorbereitung des Abendmahls gehindert hatte. Kopper nehme sich das Recht heraus, dem Küster den Kauf von Wein und Oblaten zu verbieten, obwohl ihm in diesem Bereich *ist nit bevolen zu herschen*[484]. Der Superintendent forderte daher den Amtmann am 16. Juli 1577 auf, den Gografen erneut über seinen Zuständigkeitsbereich aufzuklären und ihn für seine Handlung zu bestrafen.[485]

Schilffens weitere Tätigkeit bestand darin, eingehende Zahlungen, wie z. B. am 7. November 1579, für die Witwen- und Waisenkasse zu verwalten und Jovius darüber in Kenntnis zu setzen.[486]

Jovius und Schilffen gerieten am 17. April 1581 unter Verdacht, mehr als die ihnen zugewiesene Holzmenge im Wald geschlagen zu haben.[487] Gegenüber dem Amtmann versicherte der Superintendent, dass weder er noch der Küster mehr als die ihnen zugestandene Menge abgeholzt hätten. Er übernahm für sich und seinen Küster die Verteidigung, was auf ein einvernehmliches Verhältnis hindeutete. Zu den Freiheiten, über die neben Jovius auch der Küster Schilffen verfügte, gehörte u. a. die freie Mast.[488] Doch am 24. März 1582 wurde der Haller Superintendent von einigen Dorfvorstehern angehalten, dass er für seine Schweine sowie für die Schweine des Küsters im Haller Wald Mastgeld zahlen solle. Er wandte sich daraufhin an den Amtmann, der zusammen mit dem Oberamtmann die Konsistorialräte über diesen Vorfall informieren sollte, und hoffte, dass er und sein Küster Unterstützung erhalten würden.[489]

Das funktionierende Verhältnis wird auch durch ihre Zusammenarbeit bei einem Einbruch in die Haller Kirche in der Nacht von Donnerstag den 8. auf Freitag den 9. Juni 1581 deutlich. Neben einem entwendeten Kelch wurden dem Küster die gesamten, nicht näher bezeichneten Kleider und ein Leinengewand gestohlen. Jovius erhielt von verschiedenen Leuten Hinweise auf mit Säcken bepackte Männer, die Richtung Alfeld unterwegs seien. Daraufhin schickte er den Küster sofort nach Alfeld, in der Hoffnung, dass der dortige Diakon Peine Schilffen bei der Suche nach seinen Kleidern und dem übrigen gestohlenen Gut behilflich sein könne.[490]

482 HS 2, fol. 295v f. [Reg.-Nr. 385]. Vgl. zu den Stolgebühren Kapitel 6.3.
483 Vgl. zu Claus Kopper Kapitel 6.3. und die Ausführungen im Anhang 11.8.
484 HS 2, fol. 271r [Reg.-Nr. 351].
485 HS 2, fol. 271r [Reg.-Nr. 351].
486 HS 2, fol. 312r [Reg.-Nr. 408].
487 HS 3, fol. 10v f. [Reg.-Nr. 497].
488 Vgl. zu den Freiheiten und Immunitäten der Pastoren Kapitel 7.1.1 und zu Jovius' Konflikt mit seinen Freiheiten Kapitel 6.3.
489 HS 3, fol. 62r [Reg.-Nr. 553].
490 HS 3, fol. 15r [Reg.-Nr. 504].

Lohn

Die Besoldung und die ordnungsgemäße Wohnung für einen Küster[491] waren grundlegend durch die Kirchenordnung geregelt. So verfügte der Haller Küster, wie der wirtschaftlichen Bestandsaufnahme 1568 zu entnehmen ist, über 6 Malter Roggen, 2 Malter Hafer und einen *umbgang*[492]. Er klagte bereits zu dieser Zeit, *das seine besoldung gering, etzliche geben Ime nichts, bittet verbesserung seins lohns.*[493] Dieser Umstand wurde dem Amtmann mitgeteilt, der dem nicht näher genannten Küster die Zulage gewähren sollte.[494] Der Haller Küster erhielt die Zulage wahrscheinlich nicht, da in einer Monita-Liste vom 13. November 1571 unter Nr. 3 immer noch die nicht vorgenommene Auszahlung des Küsterlohns aufgeführt wurde. Wie der Pfarrer hatte also auch der Küster Probleme, seinen Lohn zu erhalten.[495]

Auch dies war ein generelles Problem: Am 3. September 1577 beschwerte sich der Hehlener Küster über sein schlecht bezahltes Amt. Jovius schickte zusammen mit diesem Küster neben den Beiträgen für die Witwen- und Waisenkasse eine Supplik zum Alfelder Generalsuperintendenten, in der er daran erinnerte, dass sie beide über die Lohnangelegenheit des Küsters persönlich in Amelungsborn gesprochen hatten. Nach dem persönlichen Gespräch mit dem Küster sollte der Generalsuperintendent beim Konsistorium für diesen interzedieren, da trotz einer eingereichten Supplik noch kein Urteil von den Konsistorialräten gefällt worden sei. Bereits 1568 hatte sich der Küster aus Hehlen beklagt, dass ihm der Pastor nichts von dem Umgang abgebe. Daraufhin wurde dem Hehlener Pastor auferlegt, dass er dem Küster ein Drittel der Einnahmen des Umgangs aushändigen solle.[496]

Amtsführung der Küster

Der erste Konflikt, in den ein Küster involviert war, beschäftigte den Superintendenten am 13. Februar 1571. Der Bisperoder Küster Conrad Tile hatte den jüngeren Sohn N. N. von Werder beleidigt. In diesem Fall bat Jovius den Alfelder Generalsuperintendenten um eine Verfahrensanweisung. Am 7. März erfuhr er durch den zuständigen Pastor, Christoph Gervinus, dass die Herren von Wer-

491 Vgl. zur Besoldung und zu den Wohnhäusern der Küster im 17. Jahrhundert im nordlippischen Amt Varenholz Rügge, Küster und das Dorf, S. 198ff.

492 ›Umgang‹ bezeichnet einen Rundgang eines Küster bzw. Pastors in der Gemeinde, um den ihnen zustehenden Lohn, meistens in Naturalien, einzusammeln, vgl. DWB, Lemma: Umgang, Bd. 23, Sp. 890. Vgl. dazu auch Kapitel 7.1.7.

493 LAW V448, fol. 109v.

494 LAW V448, fol. 109v.

495 HS 2, fol. 22r f. [Reg.-Nr. 35].

496 HS 2, fol. 283v [Reg.-Nr. 369]. Vgl. zum Lohn des Küsters in Hehlen in der wirtschaftlichen Bestandsaufnahme von 1568 LAW V448, fol. 104v. Er verfügte laut der Aufstellung über 1 Morgen Land, erhielt vom Ackermann 1 Himpten Roggen, vom Köter 1 Himpten Hafer.

der[497] Conrad Tile eigenmächtig seines Amtes enthoben hatten. Daraufhin wandte er sich umgehend an die von Werder und äußerte seine Verwunderung über Tiles Amtsenthebung, da sowohl der Pastor als auch die Gemeinde mit dessen Arbeit zufrieden seien. Zudem könnten sie nicht ohne Zustimmung des Konsistoriums einen Küster eigenmächtig absetzen. Jovius ordnete an, dass Tile sein Amt weiterführen und die Herren von Werder dieses respektieren sollten.[498]

In einem anderen Fall im benachbarten Kirchbrak war ebenfalls das Küsteramt im März 1574 unbesetzt. Jovius unterbreitete dem Patron Heinrich und dessen Neffen Johann von Grone[499] sowie Heinrich und Johann vom Blumberg, Jobst d. J. von Werder den Vorschlag, Caspar Schlegel, einen armen Waisen, aber frommen und gottesfürchtigen jungen Mann, für die freie Küsterstelle einzusetzen. Neben guten Zeugnissen qualifiziere sich dieser durch Fähigkeiten wie Schreiben, Rechnen und Singen. Mit der Witwe des alten Küsters solle sich bezüglich der Besoldung gütlich geeinigt werden, ohne dass der Witwe ein Schaden entstehe. Das abschließende Urteil schriftlich sollten die Herren nach Gandersheim schicken, wo über die endgültige Einsetzung entschieden werde.[500]

Im Januar 1583 erfuhr der Superintendent von dem Streit zwischen dem Dielmissener Pastor Curd Vrithoff und dem dortigen Küster Hermann Hundertmark, woraufhin er den Pastor direkt zurechtwies und ihm befahl, seine Ermahnungen ernst zu nehmen. Er bedauerte, dass er Vrithoff immer wieder maßregeln musste, aber er könne die nicht näher beschriebene Verfehlung nicht ungeahndet lassen. Hundertmark versicherte am 3. Januar 1583 mit seiner eigenhändig unterschriebenen Erklärung, dass der Konflikt zwischen ihm und Vrithoff nach einem Verhör durch den Haller Superintendenten und den Wickensener Amtmann *gutlich beigelegt und vertragen*[501] wurde.[502] Zudem beteuerte der Küster, den beigelegten Konflikt nicht wieder aufleben zu lassen und

> *das Ich Mein ampt, wo des von nöthen zu Didilmissen und Huntsen trewlich ohn all seumnuss mit leuten singen und godtsdienst zuverichten vleissig will vertrawen, Auch verpflichte Ich Mich hirmit, wan Jemands Kinder zu mir in die Schule will lassen gehen, das Ich die nach Meinen besten vormögen unterrichten und leren will, Will Mich auch halten gegen meinen Pastorem, das Er sich nit billich soll uber mich zu beclagen haben, Will auch sönst was das Ampt erfördert gern und willig verrichten, das kein Mangel in Mir soll gespuret werden*[503].

497 Ein Adelsgeschlecht in Südhannover, vgl. WERDER, Chronik des Adelsgeschlechts von Werder.
498 HS 2, fol. 8r f. [Reg.-Nr. 13], fol. 49v f. [Reg.-Nr. 72].
499 Vgl. zu Heinrich und Johann von Grone Kapitel 8.3.2.
500 HS 2, fol. 89v f. [Reg.-Nr. 135].
501 HS 3, fol. 92v [Reg.-Nr. 597].
502 HS 3, fol. 90v [Reg.-Nr. 595], fol. 92r [Reg.-Nr. 597].
503 HS 3, fol. 92v [Reg.-Nr. 597].

7.2.1. Der »Küsterstreit«

Auch Auseinandersetzungen unter Küstern hatte der Superintendent zu schlichten. Aus einem Schreiben an den Alfelder Generalsuperintendenten im Dezember 1571 geht hervor, dass der alte Eschershausener Küster Johann Schleibeil und der amtierende Heinrich bezüglich einer Wiese in Eschershausen Streit hatten. Mit dem Einverständnis des Superintendenten und des Wickensener Amtmanns hatte der dortige Pastor, Johannes Plumbius, einen Teil der Wiese dem Küster Schleibeil zur lebenslangen Nutzung abgetreten. Bevor der Superintendent mit der Untersuchung des Falls begann, führte er gegenüber seinem Vorgesetzten noch an, dass Schleibeil weder bei der Visitation von 1569 noch bei der von 1570 negativ aufgefallen sei oder sich jemand über dessen Arbeit beklagt habe. Allerdings sei der Küster inzwischen alt und gebrechlich, außerdem sei *ihm auch das gesichte fast vorgangen, und die stimme weiter nicht fugen will. Uss diesen ursachen und keinen anderen ist ein entlassunge seins dienstes geschehen.*[504]

Bereits am 19. Juli 1570 hatte das Konsistorium die Entlassung des Küsters und die Neubesetzung der Stelle angeordnet.[505] Um den Streit zu beenden und den rechtmäßigen Besitzer der Wiese zu ermitteln, schlug der Superintendent ein Zeugenverhör vor.[506] Der Vorschlag wurde vom Konsistorium[507] angenommen, das ihm am 14. Juli 1572 den Auftrag erteilte, folgende Zeugen zu verhören: Johann Randolphs (80 Jahre), Tile Witkops (55 Jahre), der Eschershausener Altermann Hans Wustefeldes (44 Jahre); Heinrich Cur (53 Jahre); Hermann Göman (50 Jahre), Bertram Kögler (60 Jahre) sowie Hermann Bodenthael (ohne Altersangabe).

Der Zeugenverhöer in dieser sachen die wiesen alangende ist gestalt uf volgengend frage.

I *Wie, wan, wovon die wiesen an die Custerei sei kommen und wo der geheissen der sie erst gebrauchet*
II *Wo lange das sie woll dabei gewesen*
III *Ob auch iemal in vorzeiten sei Zank und unwillen gewesen der wiesen halbern*
IV *Ob sie uf die kirchen etwan warumb ist eingethan worden*
V *Ob der alte custos auch der kirchen (weil er spricht es sei gefordert) ihr den zins gegeben habe*[508]

504 HS 2, fol. 31r [Reg.-Nr. 49].
505 LAW V262, S. 59.
506 HS 2, fol. 30r [Reg.-Nr. 47].
507 NLAH Cal. Br. 21 Nr. 237, fol. 12v.
508 HS 2, fol. 31v [Reg.-Nr. 49].

Der 1. Zeuge, Johann Randolphs, äußerte im Verhör, dass die Aufgaben des Küsters vor Einführung der Reformation vom Vikar übernommen wurden. Die Gemeinde und der Rat in Eschershausen hatten beim Bischof suppliziert, der darauf einen Küster eingesetzt habe. Der erste Küster war Johann Germens, der die Wiese von der Kirche gepachtet hatte. Nach dessen Tod heiratete dessen Witwe den nicht näher benannten Jacob, der bis zum Tod als Küster über die Wiese verfügte. Ihm folgte als Besitzer der bereits genannte Küster Johann Schleibeil. Da Randolphs der Schwager des alten Küsters Schleibeil war, hielt Jovius ihn für befangen und ordnete seine Aussagen als nicht besonders aussagekräftig ein.

Der 2. Zeuge, Tile Witkops, wusste nicht genau, wie und wann der Küster das Land erhalten hatte. Er gab zu Protokoll, dass Schleibeils Vorgänger Jacob war, der über das Land verfügte. Vor ca. 35 Jahren erzählte ihm Hans Lohmanns, dass die Wiese Kirchenbesitz sei. Während Witkops das Amt des Altermanns innehatte, habe Schleibeil keinen Zins bezahlt und die Wiese wurde nicht im Kirchenregister verzeichnet.

Der 3. Zeuge und jetzige Altermann Hans Wustefeldes ergänzte, dass er nicht mehr als die ersten beiden Zeugen wisse. Dennoch gab er im Verhör preis, dass zu der Zeit als die Pest grassierte, Johann Schleibeil in Gegenwart von Zeugen ungefragt zugab, dass die Wiese der Kirche und nicht der Küsterei gehöre, außerdem belief sich der Zins auf 4 Körtlinge, die der Kirche zustehen würden. Schleibeil behielt den Zins ein, da er für das Glockenläuten von den Alterleuten nicht entlohnt wurde.

Der 4. Zeuge, Heinrich Cur, sagte aus, dass Schleibeil oft das Heu von der Wiese geholt habe und er nichts über andere Besitzer wisse.

Der 5. Zeuge, Hermann Göman, gab zu Protokoll, dass er 35 Jahre in Eschershausen gewohnt habe, aber ebenfalls nichts weiter über die Wiese wisse, als dass sie dem alten Küster gehöre.

Der 6. Zeuge, Bertram Kögler, antwortete im Verhör, dass er über 45 Jahre in Eschershausen gewohnt habe und er davon ausging, dass die Wiese Schleibeil gehöre.

Der 7. Zeuge, Hermann Bodenthael, der Eschershausener Vogt und Richter, verwies noch einmal darauf, dass in den von Johann Olsen[509] geführten, alten Kirchenregistern die Wiese nicht als Kirchenlehen verzeichnet worden war. Außerdem würde niemand anderes als der Küster diese Wiese benutzen, zumal sie weder in den Erbregistern, noch in den Zinsregistern als Eigentum der Kirche aufgelistet sei. Spätestens aber sollte mit Hilfe der Zinsregister geklärt werden, warum der Zins nicht gezahlt wurde.

509 Lippelt, Hoheitsträger, S. 381, weist einen in Eschershausen wohnenden Johann Olsen als Amtmann von Wickensen für den Zeitraum vor 1579 nach.

Jovius übersandte dem Generalsuperintendenten dieses Zeugenverhör am 1. August 1572 und resümierte, dass die Zeugen die Wiese Schleibeil zuschreiben würden. Vermutlich wurde auch zu dessen Gunsten entschieden.[510]

Der Superintendent erfüllte seine Aufgaben gegenüber den Küstern in den vorgegebenen Strukturen. Neben den Pflichten, die den Küstern in der Kirchenordnung auferlegt worden waren, nutzten der Superintendent sowie der Generalsuperintendent die Kirchenbediensteten vor allem für Botengänge und für die Weitergabe von Informationen.

Wie die Zusammenarbeit in der Praxis zwischen dem Haller Superintendenten und seinem Küster funktionierte, zeigte das dargestellte Beispiel eindrucksvoll. Die Kooperation der beiden funktionierte sowohl bei geistlichen Amtshandlungen, als auch in der Situation, in der eine unautorisierte Person den Küster in der Ausübung seines Amtes behindert hatte.

Wie bei den anderen Geistlichen führte auch bei den Küstern die ökonomische Versorgung häufig zu Auseinandersetzungen. Insbesondere das Ausbleiben des Lohns veranlasste die Geschädigten sich beim Superintendenten zu beklagen, der wegen eigener fehlender Entscheidungsgewalt die Klagen an die nächst höheren Instanzen weiterleiten musste.[511] Neben Problemen mit dem Amt oder dem Lohn, führte die Amtsführung der Küster zu weiteren Konflikten. Diese Auseinandersetzungen besonders zwischen Küster und Ortspastor hatte der Superintendent als Güteinstanz zu schlichten. Interessanterweise wurde im Zusammenhang mit einer Neubesetzung der Küsterstelle betont, dass der neue Amtsinhaber sich gütlich mit der Witwe des Amtsvorgängers einigen solle, ihr somit ein gewisser Lebensunterhalt zugestanden werden sollte. Dieser Sachverhalt erinnert stark an die Versorgung von Pfarrwitwen.

Dem Superintendenten wurde die Einschränkung seines Machtbereichs auch bei der Ein- oder Absetzung von Küstern bewusst. Er durfte die Empfehlung geeigneter Nachfolger für vakante Stellen aussprechen, die endgültige Entscheidung oblag aber dem Konsistorium in Abstimmung mit dem Patron. Dem Superintendenten wurde dann lediglich die auszuführende Immission des Kandidaten vom kirchenleitenden Gremium befohlen. Bei einer regelwidrigen Amtsentsetzung eines Küsters musste sich der Superintendent ebenfalls Hilfe suchend an die obrigkeitlichen Instanzen wenden, um beispielsweise die widerrechtliche Kündigung rückgängig machen zu lassen. Der Haller Superintendent war nicht der einzige im Fürstentum Braunschweig-Wolfenbüttel, der Probleme mit seiner Weisungsbefugnis gegenüber den Küstern hatte. Z. B. beschwerte sich der Superintendent Ludolf Wagenführer im Jahr 1572 über einen Küster und dessen Handeln. Er bemängelte vor allen Dingen, dass ihm als Su-

510 HS 2, fol. 31r–33v [Reg.-Nr. 49].
511 Vgl. Rügge, Küster und das Dorf, S. 198ff.

perintendenten die entsprechenden Befugnisse fehlten, ihn des Amtes zu entsetzen.[512]

7.3. Die Generalsuperintendenten in Alfeld

Der Generalsuperintendent war Jovius direkter Vorgesetzter, dessen Amtssitz Alfeld durch eine Bergkette getrennt etwa 35 Kilometer von Halle entfernt lag. Während Jovius' Amtszeit hatten die Generalsuperintendenten – Nicolaus Erbenius (17. Dezember 1568 bis 29. August 1573), Esaias Krüger (15. November 1574 bis April 1581), Nikolaus Groscurdt (April 1581 bis 19. Februar 1596)[513] – die Aufsicht über seine Inspektion und ihn als Vertreter der mittleren geistlichen Führungsebene.

Basis der Untersuchung sind 110 in den Konzeptbüchern aufgezeichnete Korrespondenzen, die eine rege Kontaktintensität belegen. Der Superintendent richtete an den ersten Generalsuperintendenten, Nicolaus Erbenius 21 Schreiben und erhielt von ihm 5 Schriftstücke. An Esaias Krüger adressierte Jovius 51 Schreiben und bekam von ihm 11 Benachrichtigungen. Nikolaus Groscurdt wurden bis zu Jovius' Tod am 26. Februar 1585 17 Schreiben geschickt und er selbst verfasste 5 Schriftstücke an Jovius.[514] Insgesamt wurden somit 89 Schreiben an den jeweiligen vorgesetzten Generalsuperintendenten gerichtet und 21 Schreiben empfing der Superintendent. Die gesamte Korrespondenz allein zwischen diesen beiden Instanzen entspricht damit einem Anteil von 16,61 % an der gesamten Korrespondenz (668 Schreiben).[515]

Bevor das Verhältnis zu den Generalsuperintendenten in Alfeld während der 16-jährigen Amtszeit des Superintendenten untersucht wird, werden zunächst die normativen Vorgaben der Generalsuperintendenten dargelegt. Exemplarisch wird die Zusammenarbeit mit dem ersten Generalsuperintendenten, Nicolaus Erbenius, detailliert beleuchtet. Die Kooperationen mit den beiden folgenden Vorgesetzten werden wegen inhaltlicher Redundanzen auf die wichtigsten Erlebnisse zusammengefasst. Abschließend wird beurteilt, ob sich die Generalsuperintendenten in ihrer Amtsführung voneinander unterschieden und ob sie ihre Aufgaben und Pflichten gegenüber dem Superintendenten erfüllten.

512 Vgl. Wolters, Kirchenvisitationen, Bd. 43 (1938), S. 225. S. a. Butt, Norm und Praxis, S. 385.

513 Vgl. zu den Angaben und den Personen die Ausführungen im Anhang 11.8.

514 Vgl. zu den einzelnen Schreiberhänden der Generalsuperintendenten Kapitel 2.1.

515 Vgl. zur Darstellung Anhang 11.6., Diagramm 3.

Normative Vorgaben für das Generalsuperintendentenamt

An oberster Stelle der Kirchenhierarchie im Fürstentum Braunschweig-Wolfenbüttel[516] stand der Herzog, dem das Konsistorium unterstand. Diesem war der Generalsuperintendent[517] unterstellt, dem die Superintendenten nachgeordnet waren. Der Generalsuperintendent in Alfeld hatte die Aufsicht über die Superintendenten in Halle, Holzminden, Wrisbergholzen (ehem. Dietrichholzen) und Lamspringe[518]; Sitz der Lamspringer Superintendentur war Groß-Freden.

Im Einzelnen legte die Kirchenordnung von 1569 in dem Abschnitt mit der Überschrift *Der generalsuperintendenten officium*[519] folgende Aufgaben für den Generalsuperintendenten fest:

Der Generalsuperintendent sollte kontrollieren, inwieweit die Superintendenten die Kirchenordnung befolgten, insbesondere ob er die Pfarrer und Küster richtig über die Austeilung der Sakramente instruierte. Weiterhin oblag ihm die Aufsicht über die regelkonforme Durchführung des Katechismusunterrichts. Er hatte die Superintendenten bei der Bewältigung von Konflikten zu beraten und zu gütlichen Einigungen anzuhalten. Falls eine Einigung, Lösung oder Schlichtung nicht gelang, sollte der Generalsuperintendent den Fall an das Konsistorium weiterleiten.[520] Die wichtigste Aufgabe der Generalsuperintendenten war die Einsammlung der Visitationsberichte der Superintendenten, zu den sie sich eventuell noch ergänzend zu einzelnen Punkten mündlich Bericht erstatten lassen sollten. Darauf musste der Generalsuperintendent einen *general auszug*[521] anfertigen und diesen zusammen mit den eingesammelten Berichten zum halbjährlich in Wolfenbüttel stattfindenden Synodus vorlegen. Dort wurde über die Visitationsberichte und über die ausgewiesenen Mängel mit den Konsistorialräten diskutiert, beraten und entschieden.[522]

Neben der Kirchenordnung wurden die fünf Generalsuperintendenten am 14. April 1569 mit der Chemnitz-Instruktion[523] in ihr Amt eingewiesen. Bereits der 1. Artikel der Instruktion legte fest, dass auf die einheitliche Umsetzung und Einhaltung der lutherischen Lehre geachtet werden sollte. Alle Generalsuper-

516 Vgl. zur Abbildung der Hierarchie SCHON-SCHÜTTE, Evangelische Geistlichkeit, S. 465, Abb. 2.

517 Vgl. zum Generalsuperintendentenamt RELLER, Kirchenverfassung, S. 61–94; NOBBE, Superintendentenamt I, S. 424ff.; DERS., Superintendentenamt II; BOCKISCH, Landeskirche, S. 64.

518 SEHLING, Ev. KO, Bd. VI/1, S. 205; RELLER, Kirchenverfassung, S. 167–170.

519 SEHLING, Ev. KO, Bd. VI/1, S. 200–202.

520 SEHLING, Ev. KO, Bd. VI/1, S. 200–202.

521 SEHLING, Ev. KO, Bd. VI/1, S. 200.

522 SEHLING, Ev. KO, Bd. VI/1, S. 198, 200; 208f. Der Synodus wurde später durch die Generalkonsistorien verdrängt, vgl. dazu BUTT, Norm und Praxis, S. 380f.

523 Vgl. zur Chemnitz-Instruktion Kapitel 3.6.5.

intendenten wurden verpflichtet, sich an die Ausführungen des Corpus Doctrinae[524] zu halten. Ebenso sollten sie nicht ihre eigenen Aufgaben, die sie zugleich als Pfarrer hatten, vernachlässigen: u.a. Predigt, Lehre, Austeilung der Sakramente, Beichtabnahme, Verlesung der Eheordnung sowie die Aufsicht über die Schule. Artikel 14 und 17 der Instruktion bestimmten, dass die Generalsuperintendenten die Superintendenten auffordern sollten, besonders auf die Lebens- und Amtsführung geduldeter Pfarrer zu achten und schlecht dotierte Pfarreien zu melden. Die Verpflichtung auf die Kirchenordnung musste von jedem kirchlichen Amtsträger abgelegt werden, d.h. der Alfelder Generalsuperintendent hatte seine Unterschrift unter ein Exemplar der Kirchenordnung zu setzen, das beim hierarchisch übergeordneten Konsistorium deponiert wurde.[525]

Der Alfelder Generalsuperintendent wies unter Zuhilfenahme dieser Chemnitz-Instruktion die ihm untergeordneten Superintendenten in ihr Amt ein, d.h. auch den Haller Superintendenten Jacob Jovius, der am 18. Mai 1569 für Halle ordiniert wurde.[526] Im Konzeptbuch ist eine 15 Artikel umfassende Instruktion überliefert, die Nicolaus Erbenius wahrscheinlich im Jahr 1571 an den Haller Superintendenten weitergeleitet hatte.[527]

7.3.1. Nicolaus Erbenius

Ein ganz wesentliches Thema der Korrespondenz zwischen Jovius und dem Generalsuperintendenten war die Suche nach geeigneten Kandidaten für vakante Pfarrstellen.

Den ersten Kontakt diesbezüglich nahm der Haller Superintendent am 11. Januar 1570 mit dem Generalsuperintendenten Erbenius auf. Er informierte ihn, dass der Pastor Nikolaus Operinus das Kemnader Kloster[528] verlassen werde und somit die Stelle unbesetzt sei. Als ersten möglichen Kandidaten schlug Jovius seinem Vorgesetzten einen nicht näher bezeichneten Pastor Heinrich aus Bodenwerder vor, den er allerdings für ungeeignet hielt, da weder dessen Gottesdienst noch der Katechismusunterricht mit der Kirchenordnung übereinstimme. Als weiteren potenziellen Nachfolger benannte er seinen Amtsvor-

524 Vgl. dazu die Angaben im Kapitel 1. S. a. MAGER, Corpus Doctrinae, S. 111–122, 139–143.
525 NLAH Cal Br. 21 Nr. 232, fol. 1v–4r. Die Instruktion ist abgedruckt bei BUTT, Norm und Praxis, S. 392–395. S. a. RELLER, Kirchenverfassung, S. 128f.
526 Vgl. zur überlieferten Einweisung des Seesener Superintendenten Heinrich Dalemius vom Generalsuperintendenten Hermann Hamelmann die Ausführungen bei BUTT, Norm und Praxis, S. 372–374.
527 Vgl. ausführlicher zur Instruktion von 1571 für Jovius Kapitel 3.6.5.
528 Vgl. zum Kloster Kemnade MAMSCH, Kemnade, S. 875–881.

gänger Franz Koch[529], der zwar zu jung und unerfahren sei, aber vom Kemnader Konvent unterstützt werde. Als letzter Kandidat stand Joachim Grauwert aus Lanzen aus der Altmark zur Auswahl, den der Superintendent favorisierte, die endgültige Entscheidung jedoch Erbenius überließ.[530] Nachdem der Synodus stattgefunden hatte, erkundigte er sich am 18. Februar 1570 bei seinem Vorgesetzten, ob Grauwert die Stelle als Kemnader Pastor erhalten werde, da er ihm gerne das Ergebnis persönlich mitteilen wollte.[531]

Franz Koch erhielt die Stelle in Kemnade nicht, denn im März 1572 informierte Jovius Erbenius, dass die Gemeinde in Wangelnstedt Koch als Amtsnachfolger wünsche. Außerdem sorgte sich der Haller Superintendent um die Gemeinden in Vorwohle und Mainzholzen, deren letzter Pastor Adam Mercator[532] vom Konsistorium zum 29. September 1570 gekündigt und noch kein geeigneter Nachfolger gefunden worden war. Auf die freie Stelle als Pastor in Vorwohle bewarb sich der ehemalige Pastor aus Ellensen[533], Justus Holtegel[534]. Jovius klärte seinen Vorgesetzten darüber auf, dass er von dem Wickensener Amtmann erfahren hatte, dass Holtegel wegen Ehebruchs des Fürstentums Calenberg-Göttingen von Herzog Erich II. verwiesen worden war, aber die Konsistorialräte über Holtegels Einstellung entscheiden müssten. Am 8. Oktober 1572 bewarb sich außerdem der aus Wallhausen[535] stammende Valentin Schlegel[536]. Da Schlegel aus gutem Elternhaus stammte, gebildet und bereits als Diakon tätig war, hielt Jovius ihn für den geeigneteren Nachfolger. Daher bat er Erbenius, Schlegel dem Generalissimus vorzuschlagen und zugleich für diesen zu interzedieren.[537]

Diese Indizien belegen zum einen, dass Jovius seinem Vorgesetzten nichts vorenthielt, sei es Gerüchte über mögliche Bewerber oder gar seine Bewertung einzelner Bewerber. Zum anderen zeigen sie, dass sich die Entscheidungsebenen noch nicht verfestigt hatten und letztendlich alles vom Konsistorium entschieden werden musste.

Nicht nur über mögliche Bewerber wurde Erbenius pflichtgemäß in Kenntnis

529 Vgl. zu Franz Koch Kapitel 7.1.8. sowie die Ausführungen im Anhang 11.8.

530 HS 2, fol. 3r [Reg.-Nr. 3].

531 HS 2, fol. 2r f. [Reg.-Nr. 2].

532 Adam Mercator wurde am 5. November 1568 examiniert. Die Kündigung beschloss das Konsistorium am 7. Juli 1570, vgl. LAW V262, S. 45; V458, S. 39; NLAH Cal. Br. 21 Nr. 229, fol. 22r; Spanuth, Quellen, S. 280. S. a. Freist, Seebaß, Pastoren, Bd. 1, S. 197; Bd. 2, S. 202.

533 Ellensen ist ein Dorf in der Nähe von Dassel, Landkreis Northeim (Niedersachsen).

534 Vgl. zu Justus Holtegel Meyer, Pastoren Bd. 1, S. 142; Bd. 2, S. 356. Holtegel war vor 1564 Pastor in Bühren (Dransfeld) und in Schoningen, bevor er ab 1564 das Pastorenamt in Ellensen innehatte.

535 Wallhausen liegt im Landkreis Mansfeld-Südharz (Sachsen-Anhalt).

536 Vgl. zu Valentin Schlegel Kapitel 7.1.7. und die Ausführungen im Anhang 11.8.

537 HS 2, fol. 42v [Reg.-Nr. 61], fol. 60r f. [Reg.-Nr. 83].

gesetzt, sondern auch in den verschiedensten Eheangelegenheiten. Jovius informierte seinen Vorgesetzten über einen gescheiterten Vergleich in einem Konflikt zwischen dem Eschershausener Pastor und einer nicht näher genannten Witwe. Jovius begleitete den Pastor im April 1572 zum Verhör und schlug in Anwesenheit des Holzmindener Rats einen Vergleich vor, der allerdings abgelehnt wurde. Abschließend bat er seinen Vorgesetzten, diesen Konflikt für eine schnelle Beendigung an das Konsistorium weiterzuleiten.[538]

In einem prekären Fall von Unzucht bedurfte Jovius Anfang 1570 Erbenius' dringende Unterstützung. Ein nicht näher benannter Knecht beabsichtigte, die Stieftochter eines Bauern aus Hunzen zu heiraten. Der Bauer stimmte der Hochzeit nicht zu, woraufhin der Knecht die Stieftochter zu vorehelichem Geschlechtsverkehr verführte. Nachdem der Bauer von der Unzucht und der Schwangerschaft seiner Stieftochter erfahren hatte, gab er widerwillig seine Zustimmung. Jovius sicherte sich bezüglich der Hochzeit bei seinem Vorgesetzten ab, ob er die Trauung gemäß der Kirchenordnung vornehmen dürfe. Erbenius antwortete Jovius, der unter dem Konzept notierte: *Es ist die Copulatio zugelassen vom Generali*[539].[540]

Der Superintendent sah es am 17. November 1572 als seine Pflicht an, den Generalsuperintendenten über einen Fall zu informieren und seine Gemeinde zu einem ordentlichen christlichen Lebenswandel ernsthaft zu ermahnen. Anlass war ein zu dieser Zeit in Halle tätiger Briefbote, der eine kurz vor der Geburt stehende Magd entehrt hatte und sie heiraten wollte. Da die Kirchenordnung solche Verbindungen untersagte, bevor nicht beide für ihre Strafen gebüßt hatten, forderte der Superintendent von Erbenius eine schriftliche Anweisung, wie er in dem Fall ordnungsgemäß zu verfahren habe.[541] Interessant ist, dass er um eine niedergeschriebene Direktive bat. Möglicherweise wollte er sie in seinem Konzeptbuch für zukünftige Fälle notieren, um zu gegebener Zeit nachzuschlagen und nicht seinen Vorgesetzten erneut befragen zu müssen.

Er benachrichtigte Erbenius am 12. September 1572 ebenso über den Wangelnstedter Küster, der mit einer Prostituierten geflohen war und seine Ehefrau sowie zwei Kinder zurückgelassen hatte. Da ihm das Vorgehen in solch einem Fall nicht ganz klar war, fragte er beim Generalsuperintendenten nach, wie zu verfahren sei. Doch sein Vorgesetzter antwortete ihm lediglich, dass er den Sachverhalt an den Generalissimus Selnecker weitergeleitet habe, der sich um die Angelegenheit kümmern werde. Der Superintendent war sich darüber im Klaren, dass diese Eheangelegenheit ohnehin im Zuständigkeitsbereich des

538 HS 2, fol. 43v [Reg.-Nr. 63], fol. 45r [Reg.-Nr. 65], fol. 46r [Reg.-Nr. 67].
539 HS 2, fol. 4r [Reg.-Nr. 5].
540 HS 2, fol. 4r [Reg.-Nr. 5].
541 HS 2, fol. 67r f. [Reg.-Nr. 94].

Generalissimus lag und nicht von seinem Vorgesetzten entschieden werden könnte. Erbenius antwortete Jovius einen Tag später, am 13. September 1572, dass Selnecker zwar noch in der Gunst des Herzogs stehe und er ihn über die Angelegenheit informiert habe, aber bereits ein Nachfolger für Selnecker berufen worden sei, nämlich Timotheus Kirchner. Anscheinend hatte Jovius in der Zwischenzeit erneut wegen des entflohenen Küsters nachgefragt, denn gegenüber seinem Kollegen, dem Holzmindener Superintendenten, bemerkte er am 1. Oktober, dass er von seinem Vorgesetzten informiert worden war, dass Selnecker die Angelegenheit noch bearbeite, obwohl Kirchner zukünftig dessen Amt übernehme.[542]

Der Superintendent wandte sich nicht immer nur in einem konkreten Fall an seinen Vorgesetzten, sondern summierte auch diverse Anliegen in einem einzigen Schreiben, wie z. B. am 1. Februar 1571. Zuerst schilderte er, dass es in Dielmissen Probleme mit der Behausung für den neuen Pastor Johann Ostercamp gab.[543] Des Weiteren informierte er ihn, dass der Harderoder Pastor Caspar Densking die Kündigung angenommen hatte. Als geeigneten Nachfolger schlug er seinen Schwager Johannes Tenzelius vor und bat seinen Vorgesetzten für diesen zu interzedieren.[544] Im Allgemeinen beschwerte sich der Superintendent darüber hinaus über ständige Beleidigungen und den hohen Bierkonsum nach dem Gottesdienst in den Filialgemeinden. Die Gemeinden missachteten die von ihm ausgesprochenen Ermahnungen und sogar der nicht näher benannte Vogt sowie der Gograf Claus Kopper[545] würden sich dieser regelmäßigen Trinkgesellschaft anschließen. Offenbar wusste Jovius nicht, wie er in derartigen Anliegen verfahren solle. Abschließend setzte er Erbenius noch über die Überschwemmung in Kenntnis, die jenseits der Weser viele Brücken sowie Dörfer beschädigt hatte und mehrere Menschen in Höxter, Bodenwerder, Grohnde, Ohr und Hameln sowie diesseits der Weser in Heyen und Frenke zugesetzt hatte.[546]

Fortwährend suchte der Superintendent seinen Vorgesetzten immer wieder wegen des Konflikts zwischen ihm und seiner Gemeinde hinsichtlich der Instandhaltung der Pfarrgebäude auf. Ausdrücklich hob er hervor, dass zwar durch ein herzogliches Mandat und die Regelung in der Kirchenordnung die Gemeinde und die Kirche zu einer anteiligen Kostenübernahme aufgefordert waren, doch befolgten sie weder das eine noch das andere. Um die Direktiven

542 HS 2, fol. 55v [Reg.-Nr. 77], fol. 56r [Reg.-Nr. 78]. Vgl. zur Auseinandersetzung zwischen Selnecker und Herzog Julius Mager, Konkordienformel, S. 142–162, bes. S. 155–157.

543 Vgl. zu diesem Fall Kapitel 7.1.1.

544 Vgl. zu Johannes Tenzelius Kapitel 4.5.3. und die Ausführungen im Anhang 11.8.

545 Vgl. zu Claus Kopper Kapitel 6.3. und die Ausführungen im Anhang 11.8.

546 HS 2, fol. 8r f. [Reg.-Nr. 13].

wirklich durchzusetzen, benötigte er offenbar die Unterstützung seines Vorgesetzten.[547]

Regelmäßig wandte sich der Generalsuperintendent, wenn er z. B. über einen Sachverhalt aufgeklärt werden wollte, gezielt an den ihn unterstellten Superintendenten, wie das folgende Beispiel verdeutlicht. Erbenius fragte am 21. Mai 1573 bei dem Haller Superintendenten nach, warum sich beide nicht über eine problematische Trauung in Kirchbrak ausgetauscht hätten, Jovius sei ihm immer noch eine Erklärung schuldig. Daraufhin verteidigte sich der Superintendent einen Tag später, dass sich der Kirchbraker Pastor Hasenjäger im Falle einer Trauung nicht an die Anweisungen gehalten hatte, da er Zweifel gegenüber der Hochzeit hegte, über die der Pastor aber zunächst mit Erbenius persönlich sprechen wollte. Sollten sich Hasenjäger Vorwürfe bewahrheiten, sei Erbenius in der Pflicht, umgehend das Konsistorium zu informieren. Interessanterweise gab Jovius seinem Vorgesetzten bezüglich dieser Eheangelegenheit den Literaturhinweis, bei Erasmus Sarcerius[548] nachzuschlagen[549].

Ebenso kam der Generalsuperintendent seinen Aufgaben nach und leitete pflichtgemäß herzogliche Instruktion, z. B. für eine bevorstehende Visitation, an seine Superintendenten weiter. Die beiden Superintendenten in Halle und in Holzminden wurden am 31. Juli 1571 aufgefordert umgehend oder spätestens nach der Ernte mit der Visitation zu beginnen, diese ordnungsgemäß durchzuführen und abschließend den geforderten Bericht zügig entweder schriftlich oder persönlich in Alfeld abzugeben. Für die Bereitstellung von Pferd und Wagen für die Visitation sollten sie sich an den Wickensener Amtmann wenden. Bei Problemen wollte Erbenius benachrichtigt werden, um die Konsistorialräte darüber in Kenntnis zu setzen. Am 13. September 1571 entschuldigte sich der Haller Superintendent bei seinem Vorgesetzten für die entstandene Verzögerung und versicherte, ihm spätestens am 15. September, nach Beendigung seiner dritten Visitation, seinen Bericht zu übersenden.[550]

Nach fünfjähriger Amtszeit kündigte Nicolaus Erbenius sein Generalsuperintendentenamt. Am 27. Oktober 1573 wurde Jovius vom Generalissimus Selnecker informiert, dass Erbenius dem Ruf nach Thüringen in seine Heimat annehme und folglich Alfeld verlasse. Selnecker stellte Erbenius ein Zeugnis aus und bescheinigte ihm, dass er die Sprachen Hebräisch, Griechisch und Latein gut beherrsche und sich durch hervorragende Bildung, Frömmigkeit, Aufrich-

547 HS 2, fol. 73r [Reg.-Nr. 106]. Vgl. zum Konflikt zwischen Jovius und der Haller Gemeinde Kapitel 6.2.

548 Vermutlich bezog sich Jovius auf Sarcerius, Buch vom heiligen Ehestande, vgl. zu diesem Werk auch HS 3, fol. 47r [Reg.-Nr. 530] und die folgenden Ausführungen bei Nikolaus Groscurdt im Kapitel 7.3.3.

549 HS 2, fol. 78r [Reg.-Nr. 115], fol. 79r–80r [Reg.-Nr. 117].

550 HS 2, fol. 14v f. [Reg.-Nr. 26], fol. 15v f. [Reg.-Nr. 27], fol. 16v [Reg.-Nr. 28].

tigkeit und Urteilskraft auszeichne. Erbenius war in der Grafschaft Schwarzenberg und in Höxter tätig, bevor er 1568 das Amt des Generalsuperintendenten in Alfeld übernahm, das er ordnungsgemäß ausgeführt hatte. Selnecker war sich sicher, dass Erbenius sein neues Amt genauso wie das bisherige tadellos ausführen werde. Darunter vermerkte die Schreiberhand N. N. 1[551], dass dieses Zeugnis von Selnecker erstellt wurde und als Zeuge der Eschershausener Pastor Johannes Plumbius fungierte, der das Zeugnis nach Halle transportiert hatte.[552] Jovius war von Erbenius' Kündigung überrascht und teilte sein Erstaunen nicht nur seinen Pastoren mit, sondern auch seinem Amtskollegen in Holzminden. Bevor er aber das von Selnecker verfasste Gutachten unterschreibe, würde er Erbenius erst noch persönlich bitten, zu bleiben oder ihm zumindest die Gründe für den Weggang darzulegen. Daher hoffte Jovius, dass sein Kollege ebenfalls das Zeugnis noch nicht unterzeichne und zusammen mit ihm beim Herzog die Gründe hinterfrage.[553] Es entsteht der Eindruck, dass Jovius mit der Arbeit seines Vorgesetzten zufrieden war, da er die Gründe für die Kündigung infrage stellte und offenbar dessen Verbleiben in Alfeld begrüßt hätte.[554] Im Konsistorium wurde Erbenius eiliger Fortgang am 22. September 1573 ebenfalls thematisiert und beschlossen, umgehend über einen möglichen Nachfolger zu beraten.[555]

7.3.2. Esaias Krüger

Erbenius' Nachfolger Esaias Krüger wurde am 15. November 1574 ordiniert und nahm am 20. Dezember am Generalkonsistorium teil.[556] Jovius wandte sich zum ersten Mal am 29. April 1575 an ihn und bat ihn, einen nicht näher beschriebenen Fall an das Konsistorium weiterzuleiten[557].

Regelmäßig kontaktierte der Haller Superintendent seinen Vorgesetzten in eherechtlichen Fragen oder Fällen von Unzucht. Er wurde z. B. von dem Stadtoldendorfer Rat am 19. Mai 1576 hinsichtlich einer nicht näher beschriebenen problematischen Hochzeit um ein Urteil gebeten. Bevor er in dieser Angelegenheit eine Entscheidung treffen konnte, hatte er Krüger gebeten, den Fall dem

551 Vgl. zur Schreiberhand N. N. 1 Kapitel 2.1.
552 HS 2, fol. 82v f. [Reg.-Nr. 122].
553 HS 2, fol. 83v [Reg.-Nr. 123], fol. 84r [Reg.-Nr. 124].
554 Vgl. zu Erbenius' Kündigung Reller, Kirchenverfassung, S. 185.
555 LAW V235, fol. 76v.
556 LAW V240, S. 312–386.
557 HS 2, fol. 102v [Reg.-Nr. 151].

Konsistorium vorzustellen und ihm die daraus resultierende Anweisung mitzuteilen.[558]

Die Kooperation zwischen den beiden geistlichen Instanzen verlief aber keineswegs konfliktfrei. So unterstellte Krüger Jovius Nachlässigkeit. Der Superintendent entschuldigte sich seinerseits am 31. Januar 1578 für seine verspätete Antwort, da er in den letzten acht Tagen wegen *Ehehafften geschefte* unterwegs war.[559]

Der Superintendent kam seiner Pflicht nach und unterrichtete den Generalsuperintendenten auch Ende Januar 1580 über skandalöse Nachrichten, wie der folgende Fall zeigt. Die Ehefrau des Pastors in Eschershausen, Johannes Moller[560], brachte sechs oder sieben Wochen vor der legitimen Zeit einen Sohn zur Welt. Er wandte sich umgehend an seinen Vorgesetzten und überließ diesem das weitere Vorgehen. Am 8. Februar 1580 setzte er auch den Amelungsborner Abt Steinhauer darüber in Kenntnis und erhoffte sich vom Abt einen Rat, ob sie dieses Anliegen verschweigen sollten oder doch dem Konsistorium melden müssten.[561] Einen ähnlichen Fall, in dem ein Kind elf Wochen nach der Hochzeit geboren wurde, schilderte auch BUTT. Das Konsistorium unterstellte dem Ehepaar Unzucht und beide wurden zu einer öffentlichen Buße und einer Geldstrafe verurteilt.[562] Die Zuständigkeit bei solch einem Vergehen wurde in der Kirchenordnung klar geregelt: der Pastor bzw. Superintendent hatte sich direkt an das Konsistorium zu wenden. Im Fall des Eschershausener Pastors ist nicht bekannt, ob sich der zuständige Superintendent an das Konsistorium wandte oder es seinem Vorgesetzten überließ, über das weitere Vorgehen zu entscheiden.[563]

Der Superintendent vergewisserte sich häufiger bei seinem Vorgesetzten, ob sein Vorgehen in den jeweiligen Fällen richtig sei. Am 25. September 1575 fragte er z. B. beim Generalsuperintendenten nach, ob er einer nicht näher genannten Person die öffentliche Buße auferlegen solle und ihn danach zum Gottesdienst zulassen dürfe.[564] In einem anderen Fall, in dem ein verurteilter Vergewaltiger wieder am Gottesdienst teilnehmen wollte und um Absolution bat, besprach sich Jovius im November 1575 ebenfalls zuerst mit seinem Vorgesetzten und forderte anschließend vom Konsistorium auf Grund der Schwere des Falls eine Instruktion zur öffentlichen Buße.[565]

558 HS 2, fol. 160r [Reg.-Nr. 226].
559 HS 2, fol. 241r [Reg.-Nr. 298], fol. 291r [Reg.-Nr. 380].
560 Vgl. zu Johannes Moller die Ausführungen im Anhang 11.8.
561 HS 2, fol. 322v [Reg.-Nr. 424], fol. 324r [Reg.-Nr. 427].
562 BUTT, Von Angesicht zu Angesicht, S. 71.
563 HS 2, fol. 322v [Reg.-Nr. 424].
564 HS 2, fol. 116r f. [Reg.-Nr. 172].
565 HS 2, fol. 136v f. [Reg.-Nr. 198].

Die Arbeitsgemeinschaft der beiden bestand auch in der Vermittlung und Weitergabe von Informationen. Am 4. Dezember 1577 forderte der Superintendent Krüger auf, ihn über einen nicht näher beschriebenen Fall zu informieren. Im Gegenzug setzte er Krüger in Kenntnis, dass der Dielmissener Pastor auf Grund einer Krankheit in Alfeld verweilte, und er sich um einen Stellvertreter kümmern werde.[566] Als Jovius im Juni 1579 wegen einiger Familienkonflikte zur Flarichsmühle[567] reisen musste, entschuldigte er sich auch bei seinem Vorgesetzten für die Abwesenheit. Für eventuelle Vorkommnisse in seiner Inspektion in Bezug auf kirchliche Angelegenheiten bat er im Vorfeld um Nachsicht, da er sich um diese während seiner Abwesenheit nicht kümmern könne.[568]

Neben der Koordination von Bestellungen der Corpus Doctrinae-Exemplaren oder die Weiterleitung der Verzeichnisse der Abendmahls- und Gottesdienstverweigerer am 9. April 1577[569] bzw. am 21. Oktober 1578[570] entstanden auch bei der Visitationsorganisation zwischen den Amtsträgern Missverständnisse.

1580 gab es wegen der bevorstehenden Visitation Probleme, da dem Superintendenten kein Visitationsbefehl vorlag. Jovius erkundigte sich daher am 31. Januar 1580 direkt bei Esaias Krüger, ob das Konsistorium bezüglich der alljährlich, von den Superintendenten durchzuführenden Visitation einen Befehl erlassen habe. Sobald er diesen erhalte, werde er seine Berichte und die seiner Pastoren übersenden.[571] Daraufhin ließ das Konsistorium Jovius am 1. März 1580 über den Generalsuperintendenten den Visitationsbefehl des Herzogs Julius überbringen, mit dem Zusatz, Krüger solle den herzoglichen Befehl umgehend an die Superintendenten weiterleiten. Der Generalsuperintendent kam dieser Anweisung nach und Jovius vermittelte die herzogliche Aufforderung an seine Pastoren.[572]

Im November 1580 forderte er bezüglich der bevorstehenden Visitation von seinem Vorgesetzten einen Ansprechpartner an den jeweiligen Visitationsorten. Zudem mahnte er die schlechte Führung der Register an, obwohl diese für die Visitation geordnet werden sollten, und verlangte, dass die bei der Visitation und Kirchenrechnungsprüfung aufgezeigten Vergehen mit Nachdruck verfolgt und bestraft werden sollten. Hier wird sehr deutlich, wie die Kirchenhierarchie funktionierte und der Generalsuperintendent pflichtgemäß die herzoglichen Mandate an seine Superintendenten weiterzuleiten hatte, damit diese die Visi

566 HS 2, fol. 249v [Reg.-Nr. 314]. Vgl. zur Stellvertretung Kapitel 7.1.2.
567 Vgl. zum Konflikt innerhalb der Familie Götze Kapitel 4.1.
568 HS 2, fol. 305r [Reg.-Nr. 398].
569 HS 2, fol. 231r–237r [Reg.-Nr. 293].
570 HS 2, fol. 263v–266v [Reg.-Nr. 347].
571 HS 2, fol. 322v [Reg.-Nr. 424].
572 HS 2, fol. 326v [Reg.-Nr. 431]. Vgl. zu Durchführung der Visitation die vorigen Ausführungen in diesem Kapitel.

tationsberichte einsammeln und dem Konsistorium zuleiten konnten. Deutlich wird ebenfalls, dass sich der Superintendent vorrangig mit seinen Anliegen in erster Instanz an seinen zuständigen Vorgesetzten wandte und somit den vorgeschriebenen Dienstweg befolgte.

Einen ersten Hinweis auf ein persönlicheres Verhältnis zwischen Jovius und Krüger bietet das Schreiben vom 12. Oktober 1576, indem Krüger darauf hinwies, dass am 15. Oktober die feierliche Eröffnung der Universität in Helmstedt stattfinden werde. Der Generalsuperintendent verschwieg Jovius nicht, dass Herzog Julius ihn nicht persönlich eingeladen hatte, begründete aber dem Superintendenten gegenüber, dass er ohnehin nicht, vorwiegend aus gesundheitlichen Gründen, an der Feier teilnehmen werde.[573] Die Diskussion über die herzogliche Einladung lässt eine gewisse Vertrautheit erkennen. Auch drückte Krüger mehrfach Jovius gegenüber sein Mitleid bezüglich dessen Gesundheitszustand oder der Krankheitsfälle im Haller Pfarrhaus aus. Aber trotz der Krankheit forderte er den Superintendenten auf, einen nicht weiter ausgeführten Konflikt zwischen dem Heyener Pastor Johannes Bolenius und seinem Küster Johann Medico zu klären.[574] Kurze Zeit später wandte sich Jovius neben einem geschäftlichen auch mit einem persönlichen Anliegen an den Generalsuperintendenten Krüger. Nach der Schilderung des Streits zwischen der Heyener Gemeinde und dem dortigen Pastor beglückwünschte er Krüger abschließend noch zur Geburt seines Sohnes und wünschte ihm und seiner Ehefrau alles Gute.[575] Diese Glückwünsche geben einen weiteren Hinweis auf eine gewisse persönliche Beziehung, die über das rein amtliche hinausgeht.

Wie sein Vorgänger kündigte auch Esaias Krüger 1581 sein Amt als Generalsuperintendent. Er teilte Jovius sein Vorhaben im Gegensatz zu Erbenius in einem persönlichen Schreiben mit.[576] Der Superintendent war verwundert und bestürzt über dessen Kündigung nach nur 6-jähriger Amtszeit, wünschte ihm dennoch viel Erfolg und Gottes Segen für sein neues Amt.[577] Er informierte nicht nur seinen Holzmindener Amtskollegen, den Superintendenten Caspar Kayser, sondern auch seine Pastoren über Krügers Kündigung am 18. April 1581. Die Gründe hatte Krüger in seinem Schreiben ausführlich geschildert. Er referierte, dass weder er noch sein Diakon Conrad Peine ihren Lohn in Höhe von ca. 70 Talern erhalten hätten und dass seine Arbeit und Mühe nicht gewürdigt werde. Als er daher vor einem halben Jahr den Ruf nach Gera erhalten hatte, folgte er

573 HS 2, fol. 183r f. [Reg.-Nr. 254].
574 HS 2, fol. 190v–193r [Reg.-Nr. 265].
575 HS 2, fol. 196v [Reg.-Nr. 272].
576 Vgl. zur Kündigung von Esaias Krüger Reller, Kirchenverfassung, S. 185.
577 HS 3, fol. 7v [Reg.-Nr. 493].

ihm. Jovius verabschiedete sich von Krüger in der Hoffnung, dass umgehend ein geeigneter Nachfolger für das Generalsuperintendentenamt gefunden werde.[578]

7.3.3. Nikolaus Groscurdt

Krügers Nachfolger wurde Nicolaus Groscurdt, der am 9. September 1581 als Generalsuperintendent installiert wurde.[579] Den ersten Kontakt nahm Jovius am 2. November 1581 mit seinem neuen Vorgesetzten auf, da er nach Krügers Kündigung nicht wusste, ob sein eingereichter Bericht über die einzelnen Pfarreien an das Konsistorium übergeben wurde. Vorsorglich schickte er den Bericht erneut nach Alfeld, mit der Bitte um die Weiterleitung an die Räte.[580]

Die Korrespondenz mit dem Generalsuperintendenten thematisierte vor allem die Rechtmäßigkeit von Verlobung, Trauungen sowie Inzestprüfungen.

Am 15. November 1581 hatte der Superintendent von einem anderen *ergerliche und abscheuliche*[581] Fall in Hehlen erfahren. Die Trauung zweier Personen sollte der dortige Pastor Henning Hennecke solange aussetzen, bis er die Erlaubnis hätte. Ein frisch verlobtes Paar wurde vor ihrer Hochzeit beim vorehelichen Geschlechtsverkehr vom Hehlener Amtmann in flagranti erwischt. Nachdem sich der Amtmann im Vorfeld zusammen mit dem Hehlener Patron, Fritz von der Schulenburg, und dem Pastor über diesen Fall beraten hatten, wandten sie sich schließlich in dieser Eheangelegenheit an den Haller Superintendenten, da sie an der Rechtmäßigkeit der Trauung auf Grund des vorehelichen Geschlechtsverkehrs zweifelten.[582] Jovius wandte sich wiederum an seinen Vorgesetzten und erhielt am 18. November die Antwort.[583] Der Generalsuperintendent kommentierte diesen Fall mit dem Sprichwort: *Dan Wan ein Vogel in sein eigen nest hoffieret, so muss Er hernach darinne sitzen odder liegen*[584]. Danach führte Groscurdt Luthers Ansichten zum vorehelichen Beischlaf aus:

> *so uff das verlöbnusse geschieht, kann nicht für eine Hurerreÿ gerechnet werden, das es geschieht in dem Namen der Ehe, welchs Hertz und Meinunge, oder Name die Hurerei nit hatt, Darumb grosser underscheidt ist zwischen der Hurerreÿ, und heimlichen beischlaffen auff verlobte Ehe.*[585]

578 HS 3, fol. 9r f. [Reg.-Nr. 495], fol. 14v [Reg.-Nr. 503].
579 NLAH Cal. Br. 21 Nr. 284, fol. 24r; Cal. Br. Nr. 291, fol. 1r–18r. S. a. LAW V292, S. 64.
580 HS 3, fol. 30r–33r [Reg.-Nr. 519], fol. 38v f. [Reg.-Nr. 524].
581 HS 3, fol. 45r [Reg.-Nr. 527].
582 HS 3, fol. 45r [Reg.-Nr. 527], fol. 45v [Reg.-Nr. 528], fol. 46r f. [Reg.-Nr. 529].
583 Sehling, Ev. KO, Bd. VI/1, S. 217.
584 HS 3, fol. 46r [Reg.-Nr. 529].
585 HS 3, fol. 46r [Reg.-Nr. 529].

Diese Antwort hatte der Generalsuperintendent bis auf einige kleine Veränderungen wörtlich Luthers Werk *von den Ehesachen*[586] entnommen und riet dem Superintendenten, auf dieser Grundlage die Trauung der beiden erst in der Kirche öffentlich vorzunehmen, nachdem beide die öffentliche Kirchenbuße geleistet hätten. Bezüglich der Geldstrafe sollte der Wickensener Amtmann entscheiden, ob er den Sündern die Strafe erlassen oder zur Abschreckung für andere Verlobte einfordern werde.[587] Zusätzlich zu der Antwort des Generalsuperintendenten notierte sich Jovius im Konzeptbuch, dass sich dessen Auffassung an Martin Luthers Werk *vonn den Ehesachen* sowie im Buch von Erasmus Sarcerius über *Ehesachenn* im 3. Teil auf fol. 82[588] orientiere.[589] Hervorzuheben ist, dass der Generalsuperintendent zur Beantwortung dieser Frage neben der Kirchenordnung bzw. der Eheordnung die einschlägigen Werke Luthers und Sarcerius', die sich mit dem Thema Ehe befassen, heranzog, um ein entsprechendes, fundiertes Urteil zu fällen.

Am 6. Dezember 1581 versicherte sich der Superintendent wegen zweifelhafter Verwandtschaftsverhältnisse bei einer anderen Hochzeit erneut bei seinem Vorgesetzten. Er fragte sich, ob die Hochzeit aus Inzestgründen verboten werden müsse. Nachdem er sich in das Thema eingelesen hatte[590], kam er zu dem Ergebnis, dass gemäß den Regeln der Juristen eine Hochzeit beim 4. Verwandtschaftsgrad nicht erlaubt sei. In der herzoglichen Kirchenordnung hingegen sei dieser Grad, soweit er es verstehe, kein Hindernis für eine Hochzeit. Jovius bat Groscurdt daher um eine schnelle Antwort.[591] Erneut wandte er sich am 26. August 1583 in einer Inzest-Frage wegen einer bevorstehenden Hochzeit an Groscurdt, schilderte ihm die Verwandtschaftsverhältnisse und bat abschließend um ein Urteil. Am gleichen Tag antwortete der Generalsuperintendent, dass bei einer Verwandtschaft 2. Grades dem kanonischen Recht und der Weisheit Salomos[592] zufolge die Hochzeit nicht durchgeführt werden sollte.[593]

Der Superintendent unterhielt zu allen Generalsuperintendenten regelmäßigen Kontakt, nicht zuletzt bedingt durch die regelmäßig zu leistenden Beiträge für

586 Vgl. WA 30,3, S. 205–248, hier S. 226f. (Von den Ehesachen, 1530).

587 HS 3, fol. 46r f. [Reg.-Nr. 529].

588 Sarcerius, Buch vom heiligen Ehestande, fol. 82r.

589 HS 3, fol. 47r [Reg.-Nr. 530].

590 Jovius gab an, dass sowohl bei Herzog August [von Sachsen] in seinem Kur- und Fürstentum als auch bei Sarcerius, Buch vom heiligen Ehestande oder Klings, Tractatus Matrimonialium, die Hochzeit bei diesem Verwandtschaftsgrad erlaubt sei.

591 HS 3, fol. 266v f. [Reg.-Nr. 662].

592 Sap. 3,16: *Filii autem adulterorum in consummationem erunt, et ab iniquo thoro semen exterminabitur.*

593 HS 3, fol. 272r [Reg.-Nr. 666].

die Witwen- und Waisenkasse.[594] Die meisten Angelegenheiten, mit denen sich der Superintendent an die drei Generalsuperintendenten wandte, betrafen erwartungsgemäß die Visitation, die Dienstaufsicht über Pastoren, Küster und Schuldiener bzw. Fragen des Umgangs mit der Gemeinde und Streitigkeiten um Güter, Einkünfte oder Amtsführung, kirchengerichtliche oder eherechtliche Probleme sowie Kirchen- und Sittenzuchtsangelegenheiten. In den einzelnen Amtszeiten der Generalsuperintendenten ergaben sich thematisch verschiedene Schwerpunkte. So lag der Schwerpunkt der Anliegen in Groscurdts Amtszeit z. B. bei Eheangelegenheiten.

Umgekehrt unterstützen die Generalsuperintendenten den Superintendenten bei den vorgebrachten Konflikten und Angelegenheiten und versuchten in Kooperation eine gütliche Einigung zu erzielen. Sie gaben dem Superintendenten gelegentlich Rat und Hilfestellungen; die meisten Angelegenheiten jedoch leiteten sie an das Konsistorium weiter, da ihnen bei den verschiedenen Sachverhalten – wie den Superintendenten – gänzlich die Entscheidungsgewalt fehlte.

7.4. Das Konsistorium

Jovius war in seiner Rolle als Pastor und Superintendent dem Konsistorium[595] als Kirchenleitung und oberstes Kirchengericht des Fürstentums Braunschweig-Wolfenbüttel untergeordnet.[596] Abläufe, Aufgaben und Befugnisse des Konsistoriums werden in der Kirchenordnung nicht nur in dem mit *Verordnung des kirchenraths oder consistorii unser kanzley, auch expedition desselbigen* überschriebenen Abschnitt dargelegt, sondern auch in dem Abschnitt *Von demm secretario des kirchenraths.*[597] Darüber hinaus lassen sich zu weiteren Rechten

594 Vgl. zur Kooperation bei den Abgaben der Witwenkassenbeiträge Kapitel 7.1.8.

595 Das Konsistorium wird im Rahmen des DFG geförderten Forschungsprojekts »Kirchenherrschaft als Aushandlungsprozess. Die Arbeit des Konsistoriums im Fürstentum Braunschweig-Wolfenbüttel von 1568 bis 1617« von Dr. Arne Butt am Institut für Historische Landesforschung der Universität Göttingen untersucht.

596 Das Konsistorium im Fürstentum Braunschweig-Wolfenbüttel war zunächst in Wolfenbüttel angesiedelt. Mit Errichtung der Universität Helmstedt wurde es 1575 zunächst dorthin verlegt, bis die Behörde ab 1589 wieder in Wolfenbüttel eingerichtet wurde. Vgl. zum Konsistorium Butt, Protestantische Kirchenleitungsmodelle und Ordnungsprinzipien, S. 50ff.; Schoß, Stellung, Struktur und Funktion der Konsistorien, S. 234–244, 381–384; Lück, Justus Jonas als Jurist, S. 145–162. Zum Begriff ›evangelisches Konsistorium‹ vgl. Krusch, Entwicklung der Herzoglichen Braunschweigischen Centralbehörden, S. 96–130; Reller, Kirchenverfassung. S. 136ff.; Müller-Volbehr, Geistlichen Gerichte, S. 263–302. Vgl. zur älteren, inzwischen überholten Darstellung des Konsistoriums Dettmer, Konsistorium.

597 Sehling, Ev. KO, Bd. VI/1, S. 210–213 (*Verordnung des kirchenraths oder consistorii unser kanzley, auch expedition desselbigen*), S. 213f. (*Von demm secretario des krichenraths*).

und Pflichten des Konsistoriums einige Erwähnungen in der Ordnung finden.[598] Zusammengefasst war das Konsistorium zuständig für: Visitation, Synodus bzw. später die Generalkonsistorien, Auswahl sowie Examinierung und Bestallung der Geistlichen, Kontrolle und Aufsicht über das gesamte Kirchenpersonal sowie Schul- und Universitätspersonal sowie kirchliche Güterverwaltung, Kirchen- und Ehegerichtsbarkeit.[599]

Nach Martin Chemnitz' Weggang bekleidete Nicolaus Selnecker ab dem 14. Juli 1570 das Amt des Generalissimus. Als höchster Geistlicher leitete er zusammen mit dem Kanzler und dem Statthalter das Konsistorium. Selneckers Kompetenzen betrafen die Einsetzung der Generalsuperintendenten und der Superintendenten sowie die Ordination der Geistlichen. Ende 1572 splittete Herzog Julius das oberste Kirchenamt auf. Neben Selnecker, der auf Grund seiner neuen Bestallung vom 9. Dezember 1572 nur noch für die Generalsuperintendenturen Alfeld und Gandersheim zuständig war, erhielt Timotheus Kirchner gemäß seiner Bestallung vom 23. Oktober 1572 die Generalsuperintendenturen Wolfenbüttel, Helmstedt und Bockenem. Selnecker verließ im Oktober 1573 das Fürstentum, während Kirchner bis zu seiner Entlassung 1579 das Amt bekleidete. Der Generalissimus Daniel Hoffmann, der zu diesem Zeitpunkt Professor an der Universität Helmstedt war und blieb, übernahm als Konsistorialrat Kirchners Platz im Konsistorium.[600]

Wie sich das Verhältnis zwischen dem Haller Superintendenten und dem Konsistorium als übergeordnete Instanz darstellte, wird im Folgenden betrachtet. Die Konzeptbücher bieten die Möglichkeit aufzuzeigen, in welchen Fällen sich der Haller Geistliche an das Konsistorium wandte und ob er sich an die ihm übermittelten konsistorialen Instruktionen hielt. Anhand der Konsistorialprotokolle kann im Gegensatz dazu überprüft werden, ob einige Angelegenheiten der Haller Superintendentur im Konsistorium thematisiert wurden. Namentlich wird Jovius in den Konsistorialprotokollen nur im Zusammenhang mit seinem Tod erwähnt, sonst nur in seiner Funktion als Haller Superintendent.

---

598 Sehling, Ev. KO, Bd. VI/1, S. 86–88, 182–188, 193, 195, 199f., 206–210. Weitere Zuständigkeiten des Konsistoriums in der Kirchenordnung stellte schon Butt, Protestantische Kirchenleitungsmodelle und Ordnungsprinzipien, S. 51, Anm. 8, zusammen: Ehesachen (S. 214–225), Schule und Klosterschule (S. 225–261), Spitäler (S. 275–277). Vgl. zur Gerichtsbarkeit des Konsistoriums Müller-Volbehr, Geistlichen Gerichte, S. 263–302.

599 Vgl. zu den Aufgaben des Konsistoriums Butt, Protestantische Kirchenleitungsmodelle und Ordnungsprinzipien, S. 54ff.; Müller-Volbehr, Geistlichen Gerichte, S. 263ff.; Schoß, Stellung, Struktur und Funktion der Konsistorien, S. 235ff.

600 Vgl. Reller, Kirchenverfassung. S. 135f; Mager, Konkordienformel, S. 155f., 353f. Vgl. zu Daniel Hoffmann Lau, Daniel Hoffmann, S. 404.

Visitation

Am 22. Dezember 1569 beschloss das Konsistorium, das *verzeichniss der desolaten zu Kemnade aus des Specialii zu Halle verzeichnuss ufzusuchen*[601]. Vermutlich ist mit dem genannten Verzeichnis Jovius' erster Visitationsbericht gemeint, den das Konsistorium von allen Superintendenten am 13. August 1569 eingefordert hatte.[602] Dass der Haller Superintendent 1569 eine Visitation durchgeführt hatte, wird außerdem durch seine eigene Angabe im Konzeptbuch bestätigt. Wann die nächste Visitation stattfinden sollte, teilte das Konsistorium den Generalsuperintendenten am 23. Dezember 1569 mit. Die Superintendenten sollten innerhalb des nächsten Monats, d.h. im Januar 1570, eine Visitation durchführen.[603] Der Haller Superintendent führte 1570 definitiv eine Visitation durch, nur der genaue Zeitpunkt lässt sich nicht mehr rekonstruieren.[604]

Die Visitationsvorschriften übersandte der Generalsuperintendent im Juli 1571 dem Haller Superintendenten und orientierte sich somit an der von der Kirchenordnung vorgeschriebenen Kirchenhierarchie.[605] Dies galt auch für die Visitationsberichte, die der Superintendent an den Generalsuperintendenten abzuliefern hatte, der sie wiederum an das Konsistorium übermittelte. Am 1. März 1575 hatte das Konsistorium im Hinblick auf die bevorstehende Generalvisitation alle Superintendenten um eine vorausgehende Berichterstattung gebeten. Anhand der Quellen lässt sich aber belegen, dass diese Generalsvisitation dann letztendlich doch nicht durchgeführt wurde.[606]

Dass der Kontakt zwischen dem Generalissimus Kirchner und dem Haller Superintendenten nicht immer konfliktfrei war, wird durch eine Situation zu Beginn des Jahres 1579 besonders deutlich. Kirchner hatte im Auftrag des Konsistoriums zwei Schreiben im November 1578 und im Januar 1579 an den Superintendenten geschickt, auf die dieser nicht antwortete. Am 8. Februar 1579 wird die Verzögerung in einem Konzept aufgeklärt. Kirchners erstes Schriftstück, das auf den 25. November 1578 datiert war, hatte Jovius erst am 4. Januar 1579 erhalten. Der Haller Geistliche bezog in seiner Antwort zu den verschiedenen Nachfragen Stellung. Über die sonstigen Konfliktfälle, zu denen Kirchner Antworten haben wollte, hatte er das Konsistorium bereits informiert. Da neben den Schreiben auch der Visitationsbefehl wieder verzögert eintraf, war der Haller Superintendent von einer Einstellung der Visitation ausgegangen und entschuldigte sich, mit dem Beginn gewartet zu haben. Das zweite vom 9. Januar

601 LAW V301, S. 18.

602 LAW V1923, S. 18.

603 LAW V301, S. 26; Butt, Norm und Praxis, S. 375.

604 Jovius erwähnte, dass er die Visitationen 1569 und 1570 durchgeführt habe, vgl. HS 2, fol. 31r–33v [Reg.-Nr. 49].

605 HS 2, fol. 14v f. [Reg.-Nr. 26], fol. 15v [Reg.-Nr. 27].

606 HS 2, fol. 102r [Reg.-Nr. 150]; LAW V239, S. 33.

1579 datierte Schreiben hatte Halle erst am 24. Januar mit der Anweisung erreichte, alle Leute, die dem Gottesdienst und Abendmahl fern blieben, aufzulisten. Solche Verzeichnisse hatte er aber schon am 9. April 1577 und am 21. Oktober 1578 an den Alfelder Generalsuperintendenten geschickt, zusammen mit der Bitte, diese an die entsprechenden Stellen im Konsistorium weiterzuleiten.[607]

Neben Urteilen, Entscheidungen oder Strafen musste der Haller Superintendent auch auf den regelmäßigen Visitationsbefehl warten. Bereits Anfang 1579 ging ein Befehl, der die Visitation anordnete, verspätet an die Superintendenten heraus, sodass Jovius eine Einstellung der Visitation vermutet hatte und deshalb keine durchführte. Im Januar 1580 forderte er den Alfelder Generalsuperintendenten auf, ihn umgehend zu benachrichtigen, sobald das Konsistorium den Termin für eine Visitation festgelegt hätte. Im März 1580 leitete der Generalsuperintendent den erlassenen Visitationsbefehl an Jovius weiter. Am 29. November 1580 gab es erneut Unstimmigkeiten wegen der Visitation. Dieses Mal beschwerte sich Jovius nicht über den Zeitpunkt des Befehls, sondern ebenso darüber, dass er die Visitation zwar durchgeführt habe, doch die aufgezeigten Vergehen und Mängel vom Konsistorium nicht mit Nachdruck verfolgt und bestraft würden.[608] Diese Nachlässigkeit des kirchenleitenden Gremiums kommentierte Jovius abschließend mit dem Sprichwort: *Mandatum absque executione est quasi campana absque pistillo*[609].[610]

Allerdings gab es nicht nur auf Seiten des Konsistoriums Nachlässigkeiten bei der Ausstellung von Visitationsanweisungen. Im Juli 1581 entschuldigte sich der Haller Superintendent beim Konsistorium für seine verzögerte Übermittlung seines Visitationsberichts sowie der Kirchenrechnungsprüfung. Auf Grund seiner eigenen Erkrankung, der Größe seiner Inspektion und der schlecht geführten oder gar fehlenden Register der einzelnen Pfarreien sowie der geschäftsbedingten Abwesenheit des Amtmannes sei es ihm nicht möglich gewesen, die Visitation schneller abzuschließen. Er regte an, dass die Konsistorialräte den Pastoren befehlen sollten, *das sie schleuniger gehorsam leisten, und ohn*

607 HS 2, fol. 268v–270v [Reg.-Nr. 350]. Vgl. zu den Verzeichnissen allgemein Kapitel 7.1. und zur Auswertung von den Verzeichnissen des Haller Superintendenten Kapitel 6.1.

608 HS 2, fol. 268v–270v [Reg.-Nr. 350], fol. 322v [Reg.-Nr. 424], fol. 326v [Reg.-Nr. 431], fol. 365v [Reg.-Nr. 473].

609 HS 2, fol. 365r [Reg.-Nr. 472].

610 HS 2, fol. 365r [Reg.-Nr. 472]. Ein Befehl ohne Vollstreckung ist wie eine Glocke ohne Klöppel bzw. Gesetze ohne Strafen sind Glocken ohne Klöppel, vgl. Wander, Sprichwörterlexikon, Bd. 1, Sp. 1614, Nr. 48. S. a. zur lateinischen Sentenz »mandatum sine executione est tanquam campana sine pistillo« Tütken, Schulen des Herzogtums Braunschweig-Wolfenbüttel, S. 234, Anm. 484.

verzog inschicken was von Ihnen gefordert wirdet, dan Ihrer etzliche so nachlassig und halstarrig die lenger als ein Mondzeits harren ehe sie andtwort geben[611].

Außerdem schlug Jovius der kirchenleitenden Behörde vor, dass ihm während der Visitation ein Pastor zur Unterstützung zugewiesen werden sollte, dass *geschworenne BadeMömen*[612] – also Hebammen – beschäftigt werden sollten, damit *grosse ehebrechereÿ und blutschanden*[613] eingedämmt und den Angaben zum Kindsvater vertraut werden könne. Ebenso sollte ein neues Register angelegt werden, das in jedem Ort der Herrschaft Homburg die Ländereien, Wiesen und Höfe mitsamt ihren Besitzern und Erträgen verzeichnete, damit Donationen, Besitzerwechsel und Verkäufe nachvollziehbar blieben. Ob diese Vorschläge allerdings im Konsistorium besprochen wurden, kann anhand der Konsistorialprotokolle nicht beantwortet werden. Jovius' verspätet eingereichter Bericht kam aber definitiv im Konsistorium an, denn Daniel Hoffmann bestätigte im Auftrag des Konsistoriums am 24. Juli 1581 den Empfang der *Kirchenrechnung sampt etlicher schreiben*, wie die Abb. 5 belegt.[614]

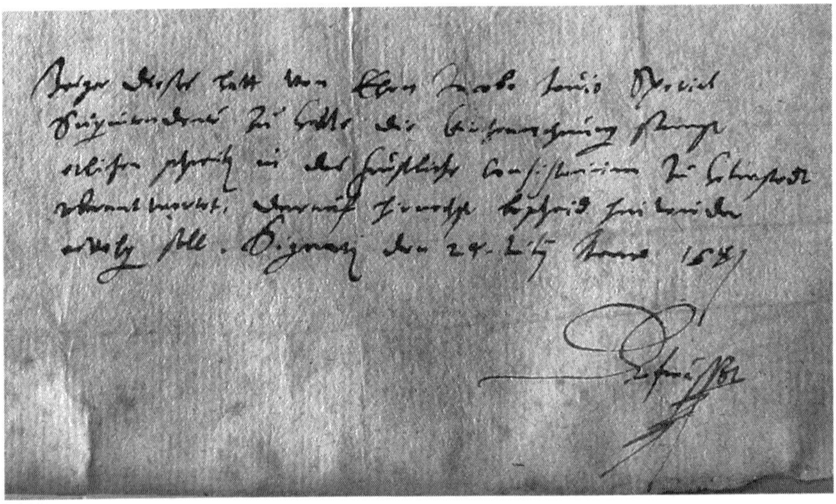

Abbildung 5: Empfungsbestätigung Daniel Hoffmann. Quelle: © Kirchenkreis Holzminden-Bodenwerder, HS 3, fol. 20r [Reg.-Nr. 506], Foto: Julia Zech.

Obwohl einige konsistoriale Instruktionen oder Anweisungen den Haller Superintendenten nur indirekt betrafen, erhielt er dennoch Kenntnis davon. Einige

611 HS 3, 16v [Reg.-Nr. 505].

612 HS 3, fol. 17v [Reg.-Nr. 505]. Vgl. zum Begriff »Bademuhme« für Hebamme DWB, Lemma: Bademuhme, Bd. 1, Sp. 1071.

613 HS 3, fol. 17v [Reg.-Nr. 505].

614 HS 3, fol. 17v [Reg.-Nr. 505].

dieser Direktiven sind als Kopie im Konzeptbuch überliefert, wie z. B. die Anweisung des Konsistoriums im Mai 1582 für den Oberamtmann und Amtmann in Wickensen[615], die einen unparteiischen Bericht über den geplanten Neubau der Pfarrscheune in Halle, gegen den die Haller Gemeinde klagte, anfertigen sollten.[616] Der Haller Superintendent nutzte auch in dieser Angelegenheit seinen Freund am Wolfenbütteler Hof, Heinrich Temme[617], um durch dessen direkte Subvention bei Hofe die Sache im Konsistorium weiter voranzutreiben.[618]

Ehe- und Kirchengerichtsbarkeit

In Eheangelegenheiten trat der Superintendent neben dem Kommunikationsweg über seinen direkten Vorgesetzten, dem Alfelder Generalsuperintendenten, ebenso mit dem Generalissimus Selnecker in Kontakt, z. B. wegen einer Eheangelegenheit am 4. Januar 1572. Nicht unerwähnt ließ Jovius, dass er bereits zum zweiten Mal das Konsistorium um eine schnelle Entscheidung in dieser Angelegenheit ersucht hatte. Das Konzeptbuch belegt, dass er sich in dieser Angelegenheit im Vorfeld mit dem zuständigen Pastor beraten und Zeugen befragt hatte, bevor er sich sowohl am 4. als auch am 12. Januar direkt an Selnecker wandte. Ein endgültiges Urteil des Konsistoriums, dass die erste Frau zu ehelichen sei, der zuerst die Ehe versprochen wurde, erhielt Jovius am Abend des 19. Januar, das er pflichtgemäß umgehend an den zuständigen Pastor weiterleitete.[619]

Die Trägheit des Konsistoriums bekamen Jovius und der Heyener Pastor Johannes Bolenius zu spüren. Sie hatten am 25. November 1575 das Konsistorium über einen Ehebruch informiert, doch die Räte hatten *biss daheer gegen sodanne scandalosos noch nichts vorgenommen*[620]. Der Superintendent sah sich auf Grund einer ausbleibenden Reaktion dazu gezwungen, die Räte mehrmals an diesen Fall zu erinnern.[621]

Dass der Superintendent in unterschiedlichen Konfliktfällen so lange auf ein Urteil oder die beteiligten Akteure auf ihre Strafe warten mussten, missfiel ihm. Wie bereits erwähnt, reichte Jovius in dem Fall von Ilsken Tragab Ende Mai 1577 eine Anfrage beim Konsistorium ein. Er könne *in diesem fall Ihren* [Konsisto-

615 Vgl. zu den Wickensener Amtmännern Kapitel 8.2.
616 Vgl. zu dieser Kontroverse Kapitel 6.2.
617 Vgl. zu Heinrich Temme Kapitel 5.1.1. und die Ausführungen im Anhang 11.8.
618 HS 3, fol. 68v [Reg.-Nr. 561], fol. 73r [Reg.-Nr. 568], fol. 74v f. [Reg.-Nr. 571].
619 HS 2, fol. 30v [Reg.-Nr. 48], fol. 34r [Reg.-Nr. 50], fol. 36v [Reg.-Nr. 53], fol. 37r [Reg.-Nr. 54], fol. 38r [Reg.-Nr. 55].
620 HS 2, fol. 131v [Reg.-Nr. 193].
621 HS 2, fol. 131r [Reg.-Nr. 192], fol. 131v f. [Reg.-Nr. 193], fol. 136v f. [Reg.-Nr. 198], fol. 167r f. [Reg.-Nr. 234], fol. 224v [Reg.-Nr. 286], fol. 225r [Reg.-Nr. 287], fol. 225v [Reg.-Nr. 288], fol. 238v f. [Reg.-Nr. 296], fol. 239v f. [Reg.-Nr. 297], fol. 241r [Reg.-Nr. 298], fol. 241v [Reg.-Nr. 299]. Vgl. zu diesem Konflikt mit Otto Wachtel Kapitel 7.1.6.

rial]*abscheidt nicht abwarten und dorf trotziglich sagen, will man sie* [= Tragab] *nicht zusammen geben so will sie es an einen anderen Orte thun*[622]. Da er auch in diesem Fall keine Antwort erhalten hatte, brachte er diesen Fall wiederholt im November 1577 und noch am 21. Oktober 1578 beim Konsistorium vor und forderte mit Nachdruck ein strafendes Urteil.[623]

Dienstaufsicht

Am 17. Juli 1570 richtete das Konsistorium mehrere Anweisungen an den Superintendenten, die vom Alfelder Generalsuperintendenten übermittelt wurden. Der Befehl an den Generalsuperintendenten beinhaltete, Jovius aufzuerlegen, sich mit dem Wickensener Amtmann und dem Amtsschreiber über deren Verhalten zu unterhalten und *Item dem Spetial zu bevelenn, das Volk in der kunfftig Visitation zur Schule und lehr des Catechismi zu vormanen.*[624]

Nur zwei Tage später, am 19. Juli 1570, erhielt Jovius zusammen mit dem Amelungsborner Abt und dem Amtmann erneut eine Aufforderung der kirchenleitenden Behörde. Diesmal sollte der Superintendent die Einsetzung des Pfarrers in Stadtoldendorf vornehmen und einen neuen Bewerber für das Küsteramt vorschlagen. Anfang August 1570 wurde er von den Konsistorialräten abermals aufgefordert, über das Pfarrgut in Vorwohle einen Bericht zu verfassen und mitzuteilen, an welchem Ort der Kalk zu bekommen sei, um den die Kirche gebeten hatte. Ebenso befahlen sie ihm, zusammen mit dem Amtmann einen Report über verschiedene Güter anzufertigen, einen nicht näher bezeichneten Küster einzusetzen und die Wangelnstedter Gemeinde und Älterleute zur Instandhaltung des Pfarrhauses zu ermahnen.[625] Diese Erwähnungen in den Konsistorialprotokollen belegen, dass diverse Angelegenheiten, die den Haller Superintendenten betrafen, im Konsistorium im Jahr 1570 verhandelt und entschieden wurden.

Den ersten Befehl des Konsistoriums, der nicht in den Protokollen[626], dafür aber in den Konzeptbüchern überliefert wurde, erhielt Jovius Anfang Februar 1571. Er sollte die Amtseinführung des neuen Dielmissener Pastors am 13. Fe-

622 HS 2, fol. 243r [Reg.-Nr. 301].

623 HS 2, fol. 243r [Reg.-Nr. 301], fol. 243v–244v [Reg.-Nr. 302], fol. 245v [Reg.-Nr. 304], fol. 249v [Reg.-Nr. 314]. Vgl. zu diesem Konflikt mit Ilsken Tragab Kapitel 7.1.6.

624 LAW V262, S. 55f.

625 LAW V262, S. 59, 72, 76, 77f.

626 Die Überlieferungslücken der Konsistorialprotokolle: April 1570–Oktober 1570 (nur Verzeichnis der ausgefertigten Schreiben des Konsistoriums); Oktober 1570–Juni 1571; August 1571–Juni 1572; August 1573–März 1574; November 1575–November 1578. Während der Lücken ab 1573 weisen die überlieferten Protokolle des Generalkonsistoriums auf eine vorhandene Sitzungstätigkeit des Konsistoriums hin – die Protokolle sind also verloren gegangen oder wurden nicht angefertigt. (Mein Dank für die Aufschlüsselung gilt Dr. Arne Butt, Institut für Historische Landesforschung, Universität Göttingen).

bruar 1571 morgens um 9 Uhr vornehmen. Gegenüber dem Alfelder Generalsuperintendenten bestätigte er anschließend, dass er gemäß der Kirchenordnung die Immission vorgenommen habe.[627]

Einen erneuten Immissionsbefehl erhielt der Haller Superintendent am 2. Juni, nachdem er pflichtbewusst das Konsistorium über den Tod des Eschershausener Pastors am 3. Februar 1577 unterrichtet hatte und ein geeigneter Nachfolger gefunden worden war. Dieser Befehl ist zwar nicht im Konzeptbuch, dafür aber archivalisch in der Ortsakte Eschershausen im LAW überliefert.[628]

Neben diesem Immissionsbefehl im Jahr 1577 erhielt Jovius am 29. April 1582 den Befehl den neuen Stadtoldendorfer Pastor zu installieren:

> *Ahn den SpecialSuper Intendenten zu Halle Jacobum Jovius, und Amptman zu Wickensen Burchart Friesen* […] *wir geben euch hirmit freundlich zuerkennen, Nachstehende pfar zu Stadtoldendorff durch Ern Engelberti Bigenii todtlichen abgang erlediget worden, daß die gemein daselbst* […] *Ern Reinholden Trosten,* […] *umb confirmation und Inmmissionem bei uns bittlich angehalten, die weill es nun mit der vocation und belehnung richtig und ordentlich* […] *Begeren demnach* […] *Ihr wollet euch furderlichst kegen Stadtoldendorf zusamen bescheiden* […] *und der einfurunge, sovil ihnen geburet beiwohnen mussen und wann Ihr daselbst ankommen seidt, als dann vilgedachten Ern Reinholden Trosten vermag und nach der FS Kirchenordnung* […] *einfuhren undt anweisent, den Rath und gemein zu schuldiger ehrerpitung und folge In sachen so sein ampt betreffen, ermahnen auch sonsten alles ambs thun und vornehmen.*[629]

Dass der Superintendent die Anweisung des Konsistoriums befolgte, wird in einem Schreiben des Stadtoldendorfer Rats an die Konsistorialräte vom 25. April 1590 bestätigt. Darin erklärte der Rat, dass *Anno 82 unsern Pfarhern* [= Reinhold Trost] *von dem seligern Hern Abte* [= Andreas Steinhauer], *von Ern Jacobo Jovius Specialii Superintendenten zu Halle* […] *die immissio*[630] erhalten hatte.

Im Februar 1571 wandte sich Jovius in verschiedenen Angelegenheiten, u. a. wegen einer Lohnzahlung an einen Pastor, der Kündigung eines anderen Pastors – beide namentlich nicht genannt – und der Scheffelschatzbefreiung im Allgemeinen, unvermittelt an den Generalissimus Nicolaus Selnecker. Er hoffte, dass das Konsistorium auf dem nächsten Synodus diese Angelegenheiten besprechen und darüber entscheiden werde.[631] Für die Lohnzahlung wurde tatsächlich ein vom Herzog Julius unterschriebener Konsistorialbeschluss am 21. November

627 HS 2, fol. 6r [Reg.-Nr. 9], fol. 8r f. [Reg.-Nr. 13]. Vgl. zur Einsetzung des Dielmissener Pastors Kapitel 7.1.1.

628 LAW OA Eschershausen Nr. 21, fol. 31r.

629 LAW OA Stadtoldendorf Nr. 65, 1, fol. 5r–6v.

630 LAW OA Stadtoldendorf Nr. 65, 1, fol. 8v.

631 HS 2, fol. 6v [Reg.-Nr. 11], fol. 9v f. [Reg.-Nr. 15].

1571 ausgefertigt, der dem Pastor eine Lohnerhöhung zubilligte. Hinsichtlich der Kündigung des anderen Pastors und der damit verbundenen freien Stelle übersandte Selnecker ein Bewerberschreiben eines möglichen Nachfolgers, für das Jovius sich bei ihm am 23. Oktober 1571 bedankte.[632]

Natürlich informierte der Haller Superintendent nicht nur das Konsistorium über verschiedene Angelegenheiten oder war Empfänger von Instruktionen, sondern leitete die konsistorialen Anweisungen an die Pastoren seiner Inspektion weiter. Das Konsistorium instruierte den Superintendenten z. B. am 21. Mai 1571, alle seine Pastoren vor dem fehlerhaften Wittenberger Katechismus zu warnen, was Jovius umgehend umsetzte.[633]

Die Zuständigkeiten und Befugnisse des Konsistoriums sowie die Einhaltung der Kirchenordnung verteidigte der Haller Superintendent im März 1571 auch gegenüber den Adligen in seiner Inspektion. Die Herren von Werder hatten in ihrer Funktion als Patrone – wie bereits erwähnt – eigenmächtig den Küster in Bisperode abgesetzt, woraufhin sie ermahnt wurden. Jovius verdeutlichte ihnen, dass sie nicht befugt seien, ohne Wissen und Zustimmung des Konsistoriums einen Küster eigenmächtig abzusetzen.[634]

Die Unzufriedenheit des Haller Superintendenten darüber, dass das Konsistorium für einige Urteile zu viel Zeit in Anspruch nahm, drückte sich noch einmal in einem Schreiben vom 8. Oktober 1572 aus. Wiederholt wies er die Räte darauf hin, dass er bezüglich des Konflikts mit Tile Poitzen[635] und mit der Gemeinde und den Alterleuten in Halle[636] bereits *Anno 70 kortz nach Jacobi den herren des Consitorii deshalben beneben anderen dingen bericht gethan.* Obwohl er ein herzogliches Mandat erhalten hatte, wurde es nicht befolgt, weshalb er die Konsistorialräte erneut aufforderte, *meinen gegenbericht nicht vor ungut nhemen Sondern mir gunstig unnd behulflich erscheinen.*[637]

Doch nicht nur dem Konsistorium wurde Nachlässigkeit in seiner Arbeit unterstellt, sondern umgekehrt wurde auch Jovius Trägheit vorgeworfen. Der Haller Geistliche erhielt vom Alfelder Generalsuperintendenten oder direkt vom Konsistorium regelmäßig Ermahnungen, die Beiträge für die Witwen- und Waisenkasse einzusammeln und abzugeben.[638] Gerade in diesem Zusammen-

632 HS 2, fol. 23r [Reg.-Nr. 36], fol. 17r [Reg.-Nr. 29].

633 HS 2, fol. 11v [Reg.-Nr. 18], fol. 12r [Reg.-Nr. 19], fol. 13r f. [Reg.-Nr. 21], fol. 13v f. [Reg.-Nr. 22], fol. 14r [Reg.-Nr. 23], fol. 14r [Reg.-Nr. 24], fol. 14v [Reg.-Nr. 25]. Vgl. zu dieser Instruktion Kapitel 3.6. S. a. zur Warnung vor dem Wittenberger Katechismus im Fürstentum Braunschweig-Wolfenbüttel Hund, Wort ward Fleisch, S. 233–237.

634 HS 2, fol. 39v [Reg.-Nr. 72]. Vgl. zur Küsterabsetzung ausführlich Kapitel 7.2.

635 Vgl. zum Konflikt zwischen Jovius und Tile Poitzen Kapitel 6.3.1.

636 Vgl. zur Auseinandersetzung zwischen Jovius und der Haller Gemeinde Kapitel 6.2.

637 HS 2, fol. 57v f. [Reg.-Nr. 81], Zitate fol. 57v.

638 Siehe z. B. HS 2, fol. 119r [Reg.-Nr. 177]: 30. August 1575, fol. 145r [Reg.-Nr. 206]: 21. Januar 1576, fol. 166v [Reg.-Nr. 233]: 5. Juli 1576.

hang wurde der Superintendent wegen seiner *nachlessigkeit halber ubel angefaren*[639] und zur Verantwortung gezogen.[640]

In einem anderen Konflikt, der sich zwischen dem Dielmissener Pastor und einem Dorfbewohner zugetragen hatte, wandte sich der Superintendent am 1. Juli 1577 wieder an den Generalissimus. Dieses Schreiben ist sowohl im Konzeptbuch als auch in der Ortsakte Dielmissen im LAW überliefert. Auf dem abgeschickten Schreiben im LAW findet sich der Vermerk des Konsistoriums:

> *Der Superintendens zu halle vorschreiben dem pastor zu diermessen der irrung wegen, so sich zwischen Im und etzlich Hans Alschweden zugetragen und bittet ein geburlich einsehen zu haben. Soll ufs negste consistorium weiter berhadschlaget werden. Praesentiert Holtzminden den 2 Juli a(nn)o 1577*[641].

Ob auf der nächsten Konsistorialsitzung diese Angelegenheit besprochen wurde, lässt sich nicht nachweisen, da die Konsistorialprotokolle für 1577 fehlen.

Der Haller Superintendent unterhielt nicht nur zu den Konsistorialräten direkten Kontakt, sondern auch zum Konsistorialsekretär Martin Steffens, der von 1573 bis 1576 das Amt innehatte.[642] Der Kontakt entstand im Zuge des Konflikts zwischen Jovius und der Haller Gemeinde sowie den Alterleuten wegen der Instandhaltungskosten für die Pfarrgebäude. Am 31. Juli 1574 wandte sich Jovius direkt an den Sekretär, bestätigte den Erhalt der Klageschrift, und bat Steffens, die Sache weiter im Konsistorium zu verfolgen.[643]

Wegen einer Pfarrbelehnung wandte sich Jovius am 24. Januar 1575 umgehend an *das gantze Consistorium zu Wolffenbeuttel* und schlug vor, dass der Pastor Johannes Plumbius ordentlich mit der Pfarre belehnt werden solle, da der vorherige Lehensinhaber gestorben sei.[644] Die Konsistorialprotokolle belegen aber, dass das Konsistorium diese Information schon am 17. Januar erhalten hatte, da sie bereits während einer Sitzung die Belehnung thematisiert und beschlossen hatte, die Entscheidung auf das nächste Generalkonsistorium im März zu vertagen. Tatsächlich entschieden die Räte daraufhin am 1. März 1575, dass Plumbius durch den Bischof von Hildesheim ordentlich mit der Pfarre belehnt werden sollte.[645]

Die Zusammenarbeit zwischen dem Haller Superintendenten und dem kirchenleitenden Gremium wird anhand der Besetzung neuer Pfarrstellen beson-

639 HS 2, fol. 194r [Reg.-Nr. 268].
640 HS 3, fol. 54v f. [Reg.-Nr. 542]. Vgl. zur Witwen- und Waisenkasse Kapitel 7.1.8.
641 HS 2, fol. 271v [Reg.-Nr. 352]. Das abgeschickte Schreiben an Kirchner findet sich auch im LAW OA Dielmissen Nr. 2, fol. 6r (eigene Zählung). Vgl. zu diesem Schreiben auch Kapitel 2.3.1.
642 Vgl. Samse, Zentralverwaltung, S. 218f.
643 HS 2, fol. 90v [Reg.-Nr. 136], fol. 92r–94v [Reg.-Nr. 139], fol. 95r [Reg.-Nr. 140].
644 HS 2, fol. 98r f. [Reg.-Nr. 145].
645 LAW V239, S. 18; V 1923, S. 103.

ders sichtbar, wie z. B. bei der Bewerberauswahl für das Pfarramt in Dielmissen. Jovius befolgte die Anweisung der Kirchenordnung und teilte dem Generalissimus am 30. November 1575 mit, für welchen Bewerber sich die Dielmissener Gemeinde entschieden hatte.[646]

In diversen Angelegenheiten wandte sich der Haller Superintendent zuerst an seinen direkten Vorgesetzten, den Alfelder Generalsuperintendenten, wie z. B. am 16. April 1572 wegen eines Verhörs eines Pastors oder wegen einer Trauung am 19. Mai 1576. Er bat seinen Vorgesetzten, die jeweiligen Fälle an das Konsistorium weiterzuleiten.[647] Gelegentlich erhielt Jovius dafür eine Bestätigung, dass der Generalsuperintendent die Schreiben resp. die Fälle an die Kirchenräte weitergeleitet hatte, wie z. B. am 19. September 1577. Im Auftrag des Konsistoriums verfasste der Generalissimus Bestätigungen, dass das Konsistorium vom Generalsuperintendenten über einzelne Fälle, z. B. über die Lohnzulage für den Vorwohler Pastor, informiert wurde.[648]

Einige Hinweise in den Konzeptbüchern belegen oder ergänzen sogar, wann das Konsistorium an welchen Orten tagte. Einen ersten Anhaltspunkt lieferte z. B. Jovius' Schreiben vom 16. Juli an den Amelungsborner Abt Steinhauer. Darin wurde explizit erwähnt, dass das Konsistorium am 18. Juli 1576 im Kloster Amelungsborn tagen sollte. Nachträglich notierte der Superintendent unter diesem Konzept, dass die Räte sich dort am 18. Juli 1576 wirklich versammelt hatten, was die überlieferten Konsistorialprotokolle ebenfalls bestätigen.[649] Ebenso verhielt es sich mit dem Generalkonsistorium in Schöningen. Timotheus Kirchner erwähnte, dass bezüglich der Abgaben für die Witwenkassen eine Veränderung *mit Rath aller Consistorialen negst am funften diese szu Schöningen versamlet*[650] beschlossen wurde.[651] Die Protokolle für dieses Generalskonsistorium am 5. September 1577 fehlen. Die Bestätigung, dass es stattfand, liefert aber nicht nur Kirchners Schreiben, sondern auch die überlieferte Einladung zum Generalkonsistorium in Schöningen vom August 1577. Ebenfalls im Jahr 1577 drängte Jovius seine Pastoren am 27. November die Abgabe für die Witwenkasse zu entrichten, damit der Alfelder Generalsuperintendent diese erhalte, bevor er zu dem in Kürze stattfindenden Generalkonsistorium in Schöningen aufbrechen werde. Für dieses Generalkonsistorium am 11. Dezember 1577

646 HS 2, fol. 132v [Reg.-Nr. 194], fol. 133r [Reg.-Nr. 195], fol. 133v–135v [Reg.-Nr. 196], fol. 135v f. [Reg.-Nr. 197], fol. 141v f. [Reg.-Nr. 202], fol. 143r [Reg.-Nr. 203]. Vgl. zu Ostercamps Nachfolge Kapitel 7.1.1.

647 HS 2, fol. 46r [Reg.-Nr. 67], fol. 160r [Reg.-Nr. 226].

648 HS 2, fol. 26r [Reg.-Nr. 305], fol. 246r f. [Reg.-Nr. 306], fol. 246v [Reg.-Nr. 307]. Vgl. zum Konflikt mit Valentin Schlegel Kapitel 7.1.7.

649 HS 2, fol. 165v [Reg.-Nr. 232]; LAW V238, S. 83–124.

650 HS 2, fol. 247r [Reg.-Nr. 308].

651 HS 2, fol. 247r [Reg.-Nr. 308], fol. 247v [Reg.-Nr. 309].

fehlen ebenfalls die Protokolle, wieder ist hier aber die Einladung zu dieser Versammlung vom 16. November 1577 überliefert.[652]

Der Haller Superintendent entschuldigte sich bei Missverständnissen ebenso für sein Fernbleiben von Sitzungen oder Versammlungen. Hier wählte er nicht den Weg über den Generalissimus oder das Konsistorium. Für seine Abwesenheit bei einer Versammlung in Riddagshausen entschuldigte er sich am 4. August 1576 bei seinem Kollegen, dem Seesener Superintendenten Heinrich Dalemius[653], dem Amelungsborner Abt und seinem Vorgesetzten, dem Alfelder Generalsuperintendenten.[654] Am 15. April 1580 rechtfertigte er sein Wegbleiben für eine am 20. April in Wolfenbüttel einberufene Versammlung nur bei seinem direkten Vorgesetzten und nicht beim Konsistorium. Er bat den Generalsuperintendenten allerdings explizit darum, *Mich gutlich beÿ den Ehrwirdigen Hern des Ehrnwerten Consistorii* [zu] *entschuldigen* [...] [und hinterher] *schriftlich wissen* [zu] *lassen was furgefallen.*[655]

Eine andere Art einer konsistorialen Anweisung erhielt der Haller Superintendent am 13. März 1578. Er wurde darüber unterrichtet, dass in diesem Jahr der Feiertag Mariä Verkündigung[656] auf den Dienstag nach Palmsonntag falle und mit Ostern kollidiere. Daher wurde angeordnet, diesen Feiertag mit der Gemeinde am Abend vor Palmsonntag, den 22. März 1578, zu feiern. Über diese Verlegung setzte Jovius nicht nur seine Pastoren sofort in Kenntnis, sondern auch den Amelungsborner Abt Steinhauer. In den Jahren 1581 und 1583 ordneten die Konsistorialräte auf Grund der überschneidenden Feiertagskonstellation erneut eine Verlegung des Feiertags auf den Abend vor Palmsonntag an.[657] Am 20. Dezember 1580 ergriff Jovius die Initiative und erkundigte sich bei den Räten, ob Mariä Verkündigung im folgenden Jahr 1581 auf den Palabend[658] verlegt werde, da sich in diesem Jahr der Feiertag wieder mit den Osterfeierlichkeiten überschneide.[659]

Am 12. November 1580 erließ das Konsistorium mehrere Instruktionen, die alltägliche und praktische Anweisungen enthielten und über die Generalsuperintendenten an die Superintendenten vermittelt werden sollten. Für den Fall, dass Pastoren ihre Anliegen persönlich dem Konsistorium vortragen wollten,

652 HS 2, fol. 248v [Reg.-Nr. 312]; LAW V1954, S. 13, 23 (auf freundlichen Hinweis von Dr. Arne Butt, Institut für Historische Landesforschung, Universität Göttingen).

653 Vgl. zu Heinrich Dalemius Kapitel 3.6.5.

654 HS 2, fol. 172r f. [Reg.-Nr. 239].

655 HS 2, fol. 331r f. [Reg.-Nr. 438].

656 25. März.

657 HS 2, fol. 255v [Reg.– Nr. 329], fol. 256r [Reg.-Nr. 332]. HS 3, fol. 4v [Reg.-Nr. 487], fol. 96r [Reg.-Nr. 604].

658 Der Palabend ist der Sonnabend vor Palmsonntag. Im Jahr 1581 fällt dieser Tag auf den 18. März.

659 HS 2, fol. 366v f. [Reg.-Nr. 475].

wurde von den Räten empfohlen immer *uff die donnerstage gegen abend gen Helmstad*[660] zu kommen, dann könnte am folgenden Freitag auf der Sitzung direkt über eine Lösung beratschlagt werden.

Das Konsistorium griff sogar explizit auf die Hilfe des Haller Superintendenten zurück. Der Befehl der Räte vom 25. Juli 1576 findet sich im Konzeptbuch unter dem Titel:

> *Copia Was Mir von dem Ehrwirdigen Consistoris wegen Meister Michel Schulzen itzten zu Stadtoldendorff seine verlauffende frawe angehende durch den auch Ehrwirdigen wolgelarten Hern Superintendenten zu Alvelde ist zugeschickte*[661].

Hier wird deutlich, wie sich das Konsistorium in der von der Kirchenordnung postulierten Hierarchie bewegte. Jovius wurde aufgefordert, Michael Schultz zu einer Supplik zu raten. Schultz sollte seine Ehefrau anklagen und über die Umstände des Weglaufens berichten. Für die Vorladung benötigte das Konsistorium den Namen seiner Frau, ihren Geburtsort sowie den Beginn und die Dauer ihrer Beziehung, in welchem Jahr die Frau Michael verließ und ob er noch Kontakt zu ihr habe.[662] Jovius' Bericht muss die geforderten Angaben geliefert haben, da das Konsistorium am 18. September 1576 beide Beteiligte vorlud und im Dezember 1576 Schultz gegen seine Ehefrau Klage wegen ihrer Desertion erhob.[663]

Ein weiteres Mal forderte das Konsistorium den Haller Superintendenten zur Mitarbeit auf und informierte ihn am 12. Mai 1577, dass in *Hojen* mit einer Leiche und deren Bestattung nicht ordnungsgemäß umgegangen worden sei. Jovius sollte zu diesem Fall zwar einen ausführlichen Bericht erstatten, jedoch kannte er weder diesen Ort, der nicht innerhalb seiner Superintendentur lag, noch war ihm dieser Fall bekannt. Am 22. Mai 1577 und am 6. Juni 1577 erhielt er trotz seiner Auskunft wiederholt die Aufforderung, dem Fall der *Hojener* Leiche nachzugehen und einen Bericht diesbezüglich an den Alfelder Generalsuperintendenten zu schicken. Er gab den Räten wiederholt zu verstehen, dass er die

660 HS 2, fol. 362r [Reg.-Nr. 470].
661 HS 2, fol. 176v [Reg.-Nr. 245].
662 HS 2, fol. 176v f. [Reg.-Nr. 245].
663 LAW V238, S. 135, 191. Es wurde 1585 bekannt, dass der Wundarzt Schultz, der vor neun Jahren in den Branbantischen Krieg gezogen war, mit Catharina Kramers verheiratete war. Da sie ihren Ehemann nie wieder gesehen hatte, desertierte sie, sprach von seinem Tod und ging eine neue Beziehung mit Jakob Wandtscherer ein, aus der ein Kind hervorging. Die beiden wollten heiraten, doch der Stadtoldendorfer Pastor Reinhold Trost untersagte den beiden die Trauung. Deshalb liefen sie nach Corvey, ließen sich doch vermählen und zogen zurück nach Stadtoldendorf. Reinhold Trost informierte am 25. März 1586 den Herzog, der daraufhin Wandtscherer und die ihm in Corvey angetraute, entlaufene Ehefrau des in Brabant im Kriegsdienst stehenden Wundarztes Michel Schultz aus Stadtoldendorf des Landes verwies, vgl. NLA WF 2 Alt Nr. 15144; NLAH Cal. Br. 21 Nr. 1936, fol. 135r f.

Nachforschungen durchaus verstehen könne, aber das Dorf *Hojen* nicht in seiner Superintendentur liege und er nichts über diesen Vorfall zu berichten wisse.[664]

Das Verhältnis zwischen dem Konsistorium als übergeordnete Instanz und dem Superintendenten war ambivalent. Das geistliche Gremium war auf den unterstellten Superintendenten angewiesen, da es durch dessen Visitationsberichte, allgemeine Beschwerden und durch dessen regelmäßigen Kontakt zu den Ortspfarrern wichtige Informationen erhielt, die »das Konsistorium als oberstes Kirchen- und Ehegericht sowie für die Ausübung seiner obersten Dienstaufsichtsbefugnisse benötigte«.[665] Diese wichtigen Auskünfte nutzten die Konsistorialräte, um ihre Befugnisse richtig ein- und umzusetzen sowie fundierte Urteile zu fällen und Strafmaße festzusetzen. Der Superintendent war somit aus der Perspektive des normsetzenden Konsistoriums eine Kombination aus Informationsquelle und Normadressat bzw. -vermittler zugleich.[666] Besaßen die Konsistorialräte in einigen konkreten Fällen weiteren Klärungsbedarf oder sollten Normen resp. Direktiven vermittelt werden, griffen sie direkt auf den Superintendenten als lokale Vermittlerinstanz am Ort zurück, häufig in Kombination mit dem Amtmann und bzw. oder dem Generalsuperintendenten.[667]

Das Konsistorium bewahrte sich die Möglichkeit, in sämtliche Aufgabenbereiche der Superintendenten als übergeordnete Instanz einzugreifen und seine Machtüberlegenheit sowie seine Autorität zu demonstrieren. Egal welche Rolle der Superintendent einnahm, sei es als Visitator, Inhaber der Dienstaufsicht, Schlichter, Kontrolleur oder Aufseher in Kirchen, Sittenzuchts- oder Eheangelegenheiten, besaß in alle Fällen das Konsistorium die endgültige Entscheidungsbefugnis. Besonders in Bezug auf die Nachlässigkeit und Verzögerungen bei den Beitragszahlungen für die Witwenkasse maßregelte die Kirchenleitung den Haller Superintendenten.[668] Gerade zum Ende der 1570er Jahren richtete das Konsistorium die Direktiven öfter an den Superintendenten, ohne Umweg über den Generalsuperintendenten. Hervorzuheben ist, dass der Superintendent umgekehrt in einigen Fällen den direkten Kontakt mit dem Konsistorium, dem Generalissimus oder sogar dem Konsistorialsekretär suchte, ohne sich der Vermittlung des Alfelder Generalsuperintendenten zu bedienen.

Das Verhältnis zwischen Konsistorium und Superintendent war zuweilen durchaus angespannt. Konflikte gab es vorrangig bei fehlerhaften Abläufen oder Versäumnisse des Konsistoriums, rechtzeitig ein Urteil zu fällen. Diese langsamen Entscheidungs- bzw. Urteilsfindungen in einzelnen Konfliktfällen bemän-

664 HS 2, fol. 238v f. [Reg.-Nr. 296], fol. 241r [Reg.-Nr. 298], fol. 242r [Reg.-Nr. 300], fol. 243r [Reg.-Nr. 301], fol. 243v–244v [Reg.-Nr. 302].

665 Butt, Norm und Praxis, S. 391.

666 Vgl. Landwehr, Normdurchsetzung, S. 149ff.; Ders., Policey im Alltag, S. 33ff.

667 Vgl. Butt, Norm und Praxis, S. 390f.

668 Vgl. Butt, Norm und Praxis, S. 387–392.

gelte der Superintendent wiederholt. Erst mit der Unterstützung des Superintendenten, seiner Berichte und seiner Funktion als wichtigste Informationsquelle konnten die Räte effektiv arbeiten und ein fundiertes Urteil fällen, auch wenn das für den Superintendenten bedeuten konnte, Unterlagen zu einem bestimmen Fall doppelt einzureichen. Trotz seiner Kritik konnte er sich der normsetzenden Konsistorialanweisung nicht eigenmächtig entziehen oder gar widersetzen. Ihm war durchaus bewusst, dass er bei einer Überschreitung seiner Kompetenzen nicht nur vom Konsistorium ermahnt, sondern auch entlassen werden konnte.[669]

7.5. Zusammenfassung

Mit Hilfe der Konzeptbücher konnten erstmals die Konflikte und die Interaktion des Superintendenten mit den einzelnen geistlichen Amtsträgern innerhalb dieser hierarchischen Strukturen sowie in alltäglichen Amtsangelegenheiten und bei der Beilegung diverser Auseinandersetzungen dargestellt werden. Der Haller Superintendent entsprach dem von der Kirchenordnung entworfenen Superintendenten-Profil eines Normadressaten bzw. -vermittlers[670] und einer Kontrollinstanz.

Die Pastoren

Die Pastoren der Haller Inspektion wurden vom Superintendenten stetig beaufsichtigt, nicht nur während der Visitationen. Sie beklagten sich bei ihm hauptsächlich über ihre schlechte ökonomische Situation und über ihre Gemeindemitglieder, die sich dem kirchlichen Leben widersetzten.

Neben diesen Klagen beschwerten sich die Pastoren häufig über das Zusammenleben oder Arrangieren mit der Pfarrwitwe des Amtsvorgängers. Die geschilderten Einzelbeispiele einiger Pastoren verdeutlichten, wie der Anspruch auf ein Pfarrhaus oder eine Wohnung mit dem zeitlich begrenzten Wohnungsrecht der Pfarrwitwe, während des Gnadenhalbjahrs im Pfarrhaus zu leben, im Widerspruch stand. Ein Zusammenwohnen der Parteien sah die Kirchenordnung nicht vor, da jede Gemeinde eigentlich verpflichtet war, für die Pfarrwitwe ein Witwenhaus oder eine Wohnung bereitzustellen, was oftmals nicht geschah und im gesamten Fürstentum vermehrt zu ähnlichen Problemen führte. Im

669 Vgl. zur Entlassung eines Superintendenten Butt, Norm und Praxis, S. 390. Dir Gründe für eine Entlassung waren vielfältig, u. a. sündiger Lebenswandel, Nachlässigkeit im Dienst oder eine falsche Lehrmeinung.

670 Vgl. zum Normgebungsprozess Landwehr, Normdurchsetzung, S. 149 ff.; Ders., Policey im Alltag, S. 29–38.

Konsistorium häuften sich die Konflikte zwischen Pastoren und Pfarrwitwen.[671] In der Haller Inspektion gelang es dem Superintendenten durch seinen Einsatz zumindest vorläufig die Auseinandersetzungen beizulegen. Hervorzuheben ist, dass die Kirchenordnung für die geschilderte Ausnahmesituation der drei Pfarrwitwen an einem Ort keine Regelungen festgesetzt hatte. Anhand der im Konzeptbuch dokumentierten vertraglich ausgehandelten Vereinbarung zwischen einem Pastor und einer Pfarrwitwe kann detailliert aufgezeigt werden, über welche Ansprüche eine Witwe während ihres Gnadenhalbjahrs verfügen konnte.

Die frühneuzeitliche Praxis der Pfarrwitwenversorgung griff in den dargestellten Fällen nicht, da die jeweiligen Kandidaten bereits verheiratet waren. Bevor ein Nachfolger für das Pastorenamt gefunden wurde, hatte sich der Bewerber, wenn dieser noch keine Familie hatte, mit der Pfarrwitwe im Vorfeld über eine mögliche Wiederverheiratung zu einigen. Würth stellt heraus, dass sich im 17. Jahrhundert die Pfarrwitwen im Herzogtum Mecklenburg-Schwerin zum großen Teil eine Konservierung erhofften, es sei denn »daß Standesbewußtsein und ein gewisse Wohlstand es ihr erlaubten, von der Heirat«[672] abzusehen und so eine »Versorgungsehe«[673] zu vermeiden. Dieses steht im Widerspruch zu dem oben dargestellten Fall der Pfarrwitwe Ostercamps, die durchaus gewillt war, eine weitere Ehe einzugehen. Wie die Konflikte der Witwe mit dem später amtierenden Pastor zeigen, lässt sich hier Wohlstand nicht als Motiv für die Ablehnung einer Konservierung anführen.

Der Superintendent wurde seiner Rolle als Normvermittler zwischen den normsetzenden Instanzen, wie z. B. dem Konsistorium oder dem Herzog, und seinen Pastoren als Normadressaten gerecht, insbesondere im Hinblick auf die Anweisungen zur Führung der Listen der Abendmahls- und Gottesdienstverweigerer. Ebenso verursachte die Etablierung neuer reformationsbedingter Veränderungen Probleme, wie z. B. der Einrichtung einer Witwen- und Waisenkasse. Seine Pastoren leisteten den Instruktionen Folge, aber nicht ohne vom Superintendenten wiederholt ermahnt oder explizit aufgefordert zu werden, sei es wegen der nachlassigen Zahlungsmoral, der Einhaltung von Fristen oder der generellen Aufforderung, die Anweisungen zu befolgen. Ein gewisser routinierter Ablauf der regelmäßigen Beitragszahlungen lässt sich zwar ab Mitte der 1570er Jahre feststellen, dennoch blieb sie konfliktträchtig. Die Kooperation

671 Siehe u.a. LAW V262, S. 40: Versorgung der Pfarrwitwe in Klein Stöcken (3. März 1570); LAW 1923, S. 161f.: Ansprüche der Pfarrwitwe (16. Februar 1573); LAW V237, S. 350f.: Verhandlungen um Ausgleich mit der Pfarrwitwe zu Eitzum (13. Mai 1580); LAW V292, S. 20: Verhandlungen über Abfindung der Pfarrwitwe (12. Juli 1581). Vgl. zum Umgang mit Pfarrwitwen allgemein Wunder, Er ist die Sonn', sie ist der Mond, S. 184f.

672 Würth, Pfarrwitwenkonservierung, S. 88.

673 Würth, Pfarrwitwenkonservierung, S. 88.

zwischen Superintendent und Pastor verlief während der Visitation oder der Kirchenrechnungsprüfungen ebenfalls nicht ohne Mahnungen und ständigen Erinnerungen, insbesondere weil die Pastoren die zu prüfenden Rechnungen gar nicht oder mangelhaft vorbereitet hatten, nicht zum genannten Termin erschienen oder während der Visitation Fragen nicht beantworten konnten.

Neben Kirchenangelegenheiten war der Superintendent vor allem für die Eheangelegenheiten in seiner Inspektion zuständig. Ebenso wie der Ehebruch eines Pastors verdeutlicht der dargelegte Fall der Annullierung einer Verlobung den komplexen Sachverhalt, mit dem sich ein Geistlicher auseinandersetzen musste. In den jeweiligen Fällen wandten sich die Pastoren an den Superintendenten, der die Angelegenheiten auf dem Dienstweg an die höheren obrigkeitlichen Instanzen weiterleitete, da er in eherechtlichen Kontroversen keine eigenständigen Handlungsbefugnisse besaß, sondern nur die kirchenleitende Behörde. Neben dem Pastor bewegte sich ebenso der Haller Superintendent in der von der Kirchenordnung festgesetzten Struktur, berücksichtigte diese bei seinen Amtshandlungen und überschritt seine Kompetenzen nicht.[674]

Schwierigkeiten gab es auch, wenn eine freie Stelle mit einem neuen Pastor besetzt werden sollte oder wenn für einen amtsunfähigen Pfarrer eine Vertretung organisiert werden musste. Ein gewisses Maß an Entscheidungskompetenzen besaß der Superintendent, wenn ein Pastor seinen Dienst krankheitsbedingt nicht mehr ausüben konnte und er sich um einen Stellvertreter kümmern musste. Als Vertreter wählte er einen Pastor aus einer Nachbargemeinde aus, so wie es die Kirchenordnung vorschrieb.

Im Gegensatz dazu leitete der Superintendent die Information einer vakanten Pfarrstelle, sei es durch Tod oder Krankheit des Amtsinhabers, an das kirchenleitende Gremium weiter. Er koordinierte die Suche nach geeigneten Kandidaten, schlug diesen der Gemeinde sowie im Konsistorium vor und organisierte die Probepredigten, bei denen er anwesend zu sein hatte. Er fasste alle Informationen zur Pfarrei sowie den Bewerbern und den aktuellen Stand des Verfahrens für das Konsistorium in einem gesonderten Bericht zusammen und übermittelte die Entscheidung der Gemeinde, nachdem sie die Probepredigt gehört hatte. Das Urteil der Gemeinde wurde bei solchen Verfahren berücksichtigt, wie die angeführten Beispiele gerade im Hinblick auf die Sprache verdeutlicht haben.[675] Die detaillierte Beschreibung der Stelle, der wirtschaftlichen Verhältnisse und der einzelnen Bewerber sowie die Einigung mit der Pfarrwitwe und der Beteiligung der Gemeinde verdeutlichen, wie aufwendig solche Ver-

674 Vgl. dazu Butt, Von Angesicht zu Angesicht, S. 67–74; Frassek, Eherecht und Ehegerichtsbarkeit, S. 231 ff.

675 Vgl. zum Einfluss der Gemeinde auf die Pastorennachfolge Dürr, Politische Kultur, S. 187 ff., 221 ff.; Schorn-Schütte, Evangelische Geistlichkeit, S. 336.

fahren waren und wie weit das Aufgabenspektrum des Superintendenten war. Die endgültige und maßgebliche Entscheidungsgewalt behielt in sämtlichen Schritten der Stellenbesetzung das Konsistorium resp. der Herzog. Dadurch zeigt sich die landesherrliche Kontrolle und ebenso »eine gewisse Bürokratisierung der Stellenbesetzung«[676], für deren aufwendige Koordination in der Inspektion Halle der Superintendent verantwortlich war.

Die Küster

Die Rolle des übergeordneten Superintendenten nahm der Haller Geistliche auch gegenüber den Küstern seiner Inspektion ein. Das dargestellte Beispiel des Verhältnisses zwischen dem Haller Superintendenten und seinem Küster bestätigte die Annahme, dass die Küster zwischen Pastor und Gemeinde vermittelten. Darüber hinaus wurde gezeigt, dass die Zusammenarbeit in der Praxis auch bei diffizilen Amtshandlungen funktionierte. Der Superintendent nutzte die Küster neben Botentätigkeiten auch, um an Informationen zu den unterschiedlichsten Sachverhalten zu gelangen.[677] Er fungierte als Güteinstanz und schlichtete Konflikte, die die Amtsausübung oder die ökonomische Situation der Küster betrafen. Gerade die Besoldung der Küster war ein ständiges Problem, das sogar schon bei der wirtschaftlichen Bestandsaufnahme im Jahr 1568 in Erscheinung trat und stets obrigkeitlichen Handlungsbedarf erforderte. Wie am Beispiel des sog. »Küsterstreits« über die Nutzung einer Wiese gezeigt werden konnte, bewegte sich der der Haller Geistliche in den vorgegebenen kirchenhierarchischen Strukturen und leitete seine Ergebnisse an die höheren Instanzen zur Urteilsfindung weiter. Trotz seiner übergeordneten Amtsposition über die Küster besaß der Superintendent keine Entscheidungsgewalt, über diese verfügte nur das Konsistorium. Sein Handeln als Geistlicher der mittleren Leitungsebene blieb im Rahmen seiner Tätigkeiten auf die Informationsübermittlung beschränkt.[678]

Die Generalsuperintendenten

Der Kontakt zwischen den Generalsuperintendenten und dem Haller Superintendenten war beständig. Die meisten Probleme oder Auseinandersetzungen, die Gegenstand der 110 Korrespondenzen waren, drehten sich wie erwartet um die Visitation, die Dienstaufsicht über das Kirchenpersonal, Streitigkeiten um Güter, Besoldung oder Amtsführung, eherechtliche Probleme sowie Kirchen- und Sittenzuchtsangelegenheiten. Gerade die Beitragszahlungen für die Witwen- und Waisenkasse oder die Ermahnungen des Superintendenten wegen der

676 Arend, Pfarreranstellung, S. 51.
677 Vgl. Kötting, Küster und sein Amt, S. 209f.; Rügge, Küster und das Dorf, S. 208f.
678 Vgl. Butt, Norm und Praxis, S. 391.

nachlässigen Abgabe der Beiträge forderte eine ständige Kommunikation zwischen diesen beiden Amtsinstanzen. Der Superintendent rechtfertigte sich gegenüber seinem Vorgesetzten und wurde es nicht Leid, die Schuld für seine Säumigkeit auf die Pastoren, deren Zahlungsmoral oder Armut, sowie auf die Witterungsbedingungen, seine Krankheiten, die Größe seiner Inspektion oder auf die Boten zu weisen.

Neben dieser Kontrolle der Abgabe für die Versorgungskasse und der übergeordneten Lehraufsicht gehörten auch die Einsammlung und die Begutachtung der Visitationsberichte der Superintendenten sowie deren Einreichung beim Synodus zu den wichtigsten Aufgaben der Generalsuperintendenten. Diese Arbeit wurde aber überflüssig, als diese synodale Verfahrensweise nach 1575 eingestellt wurde. Damit verlor der Generalsuperintendent eine seiner wichtigsten Aufgaben.[679]

Besonders deutlich wurde, wie oft sich der Superintendent auf Grund seiner fehlenden Befugnisse an den Generalsuperintendenten wandte, des Öfteren aber mit der Bitte, den Sachverhalt an das Konsistorium weiterzuleiten und wiederum ihm dessen Urteil zu übermitteln. Dem Superintendenten war durchaus bewusst, dass der Generalsuperintendent nur in einzelnen Angelegenheiten über begrenzte Kompetenzen verfügte und nur das kirchenleitende Konsistorium die uneingeschränkte Entscheidungsgewalt besaß. Deshalb wandte er sich in diversen Fällen direkt an die Räte und überging somit seinen Vorgesetzten. Sowohl dem Generalsuperintendenten als auch dem Superintendenten fehlten in allen Angelegenheiten die entsprechenden Machtbefugnisse und sie waren immer auf das Konsistorium angewiesen.[680]

Das Konsistorium

Das Verhältnis zwischen dem Konsistorium als kirchenleitendes Gremium und dem Superintendenten als ausführendes Organ in den Gemeinden war ambivalent. Es wurde einerseits durch die Informationsvermittlung an die Kirchenleitung und andererseits durch die Annahme des Superintendenten von herzoglichen oder konsistorialen Instruktionen sowie deren Weiterleitung geprägt. Durch Visitationen, durch Aufforderungen der Räte in bestimmten Angelegenheiten zu ermitteln oder durch den alltäglichen Kontakt zu den lokalen Pfarrern beschaffte der Superintendent die benötigen Informationen und Auskünfte über die, an der Peripherie des Fürstentums gelegene, Superintendentur, die das Konsistorium zur Ausführung seiner Arbeit benötigte und einforderte.[681]

679 Vgl. Reller, Kirchenverfassung, S. 140; Butt, Norm und Praxis, S. 380f.

680 Butt, Norm und Praxis, S. 388f.; Reller, Kirchenverfassung, S. 140f. S. a. Bockisch, Landeskirche, S. 64, die, an Reller orientiert, die Generalsuperintendenten ebenfalls durch das Fehlen konkreter Befugnisse charakterisierte.

681 Vgl. Butt, Norm und Praxis, S. 391.

Der Superintendent wandte sich pflichtgemäß in den entsprechenden Amtsangelegenheiten an das Konsistorium und forderte Entscheidungen, sei es ein Urteil zu fällen, eine Verfahrensanweisung zu geben oder ein Strafmaß festzulegen. Besonders in den ersten Amtsjahren wurden verschiedene Angelegenheiten, die die Haller Superintendentur betrafen, im Konsistorium verhandelt, was die überlieferten Konsistorialprotokolle belegen. Gelegentlich bemängelte der Superintendent auch die Arbeit der Kirchenleitung, insbesondere über die langsamen Urteilsfindungen oder die ausbleibenden Entscheidungen.

Der Zugriff des Konsistoriums auf alle Tätigkeitsbereiche des Superintendenten als geistlicher Amtsträger der mittleren Leitungsebene war nicht nur durch die hierarchische Struktur vorgegeben, sondern auch durch dessen Rolle als Pastor einer Gemeinde. In dieser untergeordneten Rolle als Normadressat war er mit anderen Pastoren auf eine Ebene gestellt und unterlag automatisch der Kontrolle des Generalsuperintendenten, der Gerichtsbarkeit sowie der Dienstaufsicht der kirchenleitenden Instanz. Hingegen war er in seiner Position als Superintendent als Normvermittler den Pastoren bzw. Küstern aber übergeordnet.[682]

Die Angelegenheiten, mit denen der Haller Geistliche der mittleren Leitungsebene die Räte aufsuchte, unterschieden sich nicht von denen seiner unterstellten Pfarrer, z.B. Streit um die Übernahme von Baukosten, Konflikte um die Besoldung, die Amtsführung oder Beschwerden über einzelne Gemeindemitglieder, die dem Gottesdienst fernblieben, ein sündiges Leben führten oder das Abendmahl verweigerten.[683]

Das Konsistorium demonstrierte seine Macht gegenüber den untergeordneten geistlichen Amtsträgern und ermahnte bzw. entließ diese sogar bei massivem Fehlverhalten.[684] Der Superintendent hielt sich zwar an die Anweisungen und berücksichtigte diese bei seiner Amtsausführung, dennoch bekam auch er die konsistoriale Zurechtweisung zu spüren, wenn er wegen seiner Nachlässigkeit bei den Beitragszahlungen für die Versorgungskasse der Pfarrwitwen streng ermahnt wurde.[685] Diese Ermahnung entsprach »exakt dem Selbstverständnis und auch der gängigen Praxis des Konsistoriums im Fürstentum Braunschweig-Wolfenbüttel«.[686]

682 Vgl. Landwehr, Policey im Alltag, S. 29.

683 Vgl. Butt, Norm und Praxis, S. 389. Butt weist darauf hin, dass die Unterordnung unter das Konsistorium auch die Generalsuperintendenten in ihrer Eigenschaft als Pfarrer betraf.

684 Reller, Kirchenverfassung, S. 181, stellte dar, dass es von Herzog Julius gewollt war, dass die Superintendenten, wie auch die Generalsuperintendenten, in ihrer rechtlichen Stellung in einem »persönlichen, jederzeit kündbaren Dienstverhältnis stehen« sollten.

685 Vgl. Butt, Norm und Praxis, S. 387–390.

686 Butt, Norm und Praxis, S. 392.

8. Konfliktfeld E – Weltliche Amtsträger

Herzog Julius verlangte für den Aufbau einer eigenen Landeskirche die enge Kooperation zwischen der Geistlichkeit und den weltlichen Amtsträgern. Die wichtigste Aufgabe für die herzoglichen Amtsträger bestand darin, die fürstlichen Herrschaftsvorstellungen umzusetzen.

Die Geistlichen waren neben ihrer Hauptfunktion als Pastor und Verkünder des Evangeliums gleichzeitig Akteur und Repräsentant der fürstlichen Herrschaft.[1] Der Haller Geistliche sollte als Vertreter des Herzogs im Dorf die herzoglichen Anweisungen implementieren. Herzogliche Mandate wurden aber offenbar längst nicht immer umgesetzt, so dass nun mit Hilfe der Konzeptbücher erstmals die Frage nach der Rezeption fürstlicher Ausschreiben auf dem Land verfolgt werden kann.

Ein Geistlicher der mittleren Leitungsebene musste sich darüber hinaus in diversen Bereichen mit den Vertretern der weltlichen Administration auseinandersetzen, insbesondere mit den Amtmännern und den Patronatsherren[2]. Der Superintendent sowie sein Verhältnis zu der weltlichen Administration wurden bei Reller und Schorn-Schütte in ihren jeweiligen Untersuchungen nur sehr kurz dargestellt.[3] In der Darstellung Lippelts[4] über die Amtmänner im Fürstentum Braunschweig-Wolfenbüttel wird vorrangig die Beziehung zwischen Amtmann und Pastor ausführlich berücksichtigt, während Klingebiel[5] diesen Aspekt in seiner Untersuchung nicht erörtert. Lediglich Bockisch[6] und Nobbe[7] gehen flüchtig auf die Beziehung und Kooperation zwischen Amtmann bzw. Patronatsherr und Superintendent ein; eine detaillierte Darstellung fehlt.

---

1 Lippelt, Hoheitsträger, S. 155.

2 Die Patronatsherren werden, ungeachtet ihrer weiteren Positionen oder Ämter, in ihrer Funktion als Patron zu den weltlichen Amtsträgern gezählt.

3 Reller, Kirchenverfassung, S. 145ff.; Schorn-Schütte, Evangelische Geistlichkeit, S. 72ff.

4 Lippelt, Hoheitsträger, bes. S. 149–158.

5 Klingebiel, Lokale Amtsträger.

6 Bokisch, Landeskirche, S. 58f.

7 Nobbe, Superintendentenamt I, S. 563–568.

8.1. Die Rezeption der Mandate des Herzogs Julius von Braunschweig-Wolfenbüttel

Über das Verhältnis zwischen dem Haller Superintendenten und Herzog Julius von Braunschweig-Wolfenbüttel lassen sich nur wenige Aussagen treffen, da nur Aktenschriftstücke in den Konzeptbüchern überliefert sind, die vom Herzog verfasst bzw. in Auftrag gegeben wurden.[8] Jovius entwarf zwar ein einziges, direkt an den Herzog Julius adressiertes Konzept, jedoch wurde es nicht beendet und umfasste lediglich die Inscriptio und Salutatio.[9] Anhand von Inhalt, Rezeption und Realisierung der in den Konzeptbüchern dokumentierten herzoglichen Mandate wird die funktionale Beziehung zwischen Superintendent und Herzog betrachtet. Das Augenmerk richtet sich auf die Vermittlung um aufzuzeigen, ob und wie die herzoglichen Direktiven in die peripher gelegene Haller Superintendentur gelangten und welche Probleme dabei auftraten.

Das erste Mandat erhielt der Haller Superintendent Jovius am 7. April 1571 als Reaktion seines eingereichten Visitationsberichts. Für alle dort aufgeführten Mängel wurde ihm vom Herzog Julius befohlen, dass er diese *gebrechen, uf diesen itzigen unserem beveel wie dir angezeiget wirdet, ins werck selbest und richtigk machest*[10]. Ein weiteres, vom Herzog unterschriebenes Mandat bezog Jovius am 28. Juni 1571. Neben der Klagekopie der Haller Gemeinde über die Bauvorhaben am Haller Pfarrhaus forderte der Herzog den Superintendenten auf, in dieser Angelegenheit zu kooperieren.[11] Nachdem Jovius zur Klage Stellung genommen hatte, befolgte er diese Anweisung und ließ den Zustand des Pfarrhauses von einer objektiven Kommission begutachten.[12] Diese nur an den Haller Superintendenten versandten herzoglichen Instruktionen erteilten ihm direkte Handlungsanweisungen, die er zu beachten und auszuführen hatte.

Neben speziell an den Haller Superintendenten gerichtete Mandate sind im Konzeptbuch aber auch allgemeinere Direktiven erhalten. Hinsichtlich der Ehestiftungen wurde in einer Instruktion gegenüber allen Geistlichen im Mai 1581 präzisiert, dass zusätzlich exakte Angaben über die Anzahl der ab 1580 vorgenommenen Ehestiftungen, die ehelich oder unehelich gezeugten sowie verstorbenen Kinder aufgelistet werden sollten.[13] Der Haller Superintendent machte die Instruktion in seiner Inspektion bekannt und setzte nachweislich in

8 HS 2, fol. 50v–52r [Reg.-Nr. 73], fol. 52v [Reg.-Nr. 74], fol. 247v f. [Reg.-Nr. 310], fol. 259v [Reg.-Nr. 339], fol. 278r [Reg.-Nr. 360], fol. 278v [Reg.-Nr. 361]. HS 3, fol. 72r [Reg.-Nr. 565].

9 HS 2, fol. 282r [Reg.-Nr. 367]. Vgl. zum Formular der Konzepte Kapitel 2.2.

10 HS 2, fol. 50v [Reg.-Nr. 73].

11 HS 2, fol. 52r [Reg.-Nr. 73], fol. 52v [Reg.-Nr. 74].

12 Vgl. zu diesem Konflikt um die Pfarrhausinstandhaltung Kapitel 6.2.

13 HS 2, fol. 259v [Reg.-Nr. 339]. HS 3, fol. 11v f. [Reg.-Nr. 499].

seiner persönlichen Arbeit diese Aufforderung um, indem er im Konzeptbuch sein eigenes Register anlegte.[14]

Wie alle anderen Geistlichen des Fürstentums wurde Jovius als Superintendent zusammen mit allen anderen Pastoren, Diakonen, Lehrern sowie Schulgesellen am 6. August 1577 aufgefordert, die Konkordienformel im Kloster Amelungsborn am 26. August zu unterschreiben. Am 12. August erhielten alle Pastoren der Haller Inspektion das herzogliche Ausschreiben als Kopie mitsamt einem Anschreiben, in dem Jovius die Inhalte des Mandats noch einmal prägnant zusammenfasste.[15]

Ein weiteres allgemeines Ausschreiben, das an alle Geistlichen des Fürstentums gerichtet war, wurde Jovius am 13. November 1577 zugestellt. Der Herzog ordnete an, alle Pastoren und Gemeinden sowie die Schüler in den Dorfschulen darüber zu unterrichten, dass sie nach allen Sonntags- und Wochenpredigten nicht nur allgemein für die Universität Helmstedt und für die Schifffahrt, sondern auch für die schwangere Herzogin Hedwig, seine Ehefrau[16], beten sollten. Außerdem sollten die angesprochenen Gläubigen ebenso für die *heimfurunge*[17] der Herzogin Sophia Hedwig, die jetzige Herzogin von Pommern-Wolgast[18], und für Herzog Erich II. von Braunschweig-Lüneburg und seine Gemahlin Dorothea von Lothringen beten, damit sie mit einem Kind gesegnet würden. Zwei Wochen später, am 27. November, setzte Jovius seine Pastoren über diese Instruktion in Kenntnis und forderte sie zur sofortigen Umsetzung auf. Im Dezember 1579 folgte eine weitere, sehr konkrete herzogliche Gebetsanweisung. Alle Pastoren sollten, nachdem sie der Haller Superintendent informiert hatte, sowohl im privaten als auch im öffentlichen Gebet für den Helmstädter Universitätsprofessor für Theologie Tilemann Hesshus und dessen schnelle Genesung beten, da dieser auf Grund eines Beinbruchs mehr als 7 Wochen im Bett liegen musste.[19] Am 1. Juni 1582 erhielt Jovius eine erneute Aufforderung des Herzogs, seine Pastoren an die zu haltenden Fürbitten zu erinnern, diesmal aber ohne den

14 Vgl. zum Verzeichnis der Ehestiftungen Kapitel 7.1.

15 HS 2, fol. 278v [Reg.-Nr. 361], fol. 280r [Reg.-Nr. 362].

16 Die angesprochene Schwangerschaft der Herzogin Hedwig im November 1577 führte am 9. Februar 1578 zur Geburt von Julius Augustus, wie die Angaben auf dem Epitaph für Herzog Julius belegen, vgl. zu den Angaben den Epitaphaltar für Herzog Julius zu Braunschweig-Lüneburg und seiner Familie von Hans Vredeman de Vries (Herzog August Bibliothek Wolfenbüttel B 72; URL: http://diglib.hab.de/?gemaelde=b-072 (Eingesehen am 02.02.2017). Vgl. zum Epitaphaltar Uppenkamp, Pentagon, S. 177ff.

17 Die ›Heimführung‹ bezeichnet das feierliche Geleiten der Braut in ihre neue Heimat und das bei dieser Gelegenheit veranstaltete Fest, vgl. DWB, Lemma: Heimführung, Bd. 10, Sp. 870.

18 Sophia Hedwig hatte am 20. Oktober 1577 in Wolgast Herzog Ernst Ludwig von Pommern-Wolgast geheiratete, vgl. dazu Schleinert, Hochzeit des Herzogs Ernst Ludwig von Pommern, S. 7–15.

19 HS 2, fol. 216r [Reg.-Nr. 276].

Inhalt für das *gemeinen gebet*[20] zu präzisieren. Er dokumentierte die Anweisung im Konzeptbuch, folgte dem Auftrag und leitete das Mandat am 7. Juni 1582 an die Pastoren seiner Inspektion weiter. In dem Begleitschreiben findet sich der Hinweis, dass die herzogliche Anweisung als mitgesandtes Original oder als angefertigte Kopie dem Schreiben beigelegt wurde; die Pastoren die exakten Ausführungen *uss obbeschriebennen mandato*[21] entnehmen konnten.[22]

Im Gegensatz zu den vorherigen Instruktionen, die für die Geistlichkeit bestimmt waren, ist in den Konzeptbüchern auch ein Mandat vom 5. Juni 1578[23] überliefert, das an die gesamte Öffentlichkeit gerichtet war, insbesondere an Prälaten, Herren, die Ritterschaft, Haupt-, Ober- und Amtleute, Amtsschreiber, Befehlshaber und Verwaltern und *auch allen andern unser lands unterthanen*[24]. Es wurde bekannt gegeben, dass die große Anzahl an fehlerhaft geschlossenen Verträgen über jegliche Art von Verkäufen, Überlassungen im Erbfall oder bei der Heirat zu einer großen Menge an Klagen geführt habe. Um die Ratsstuben zu entlasten, werden künftig nur noch Kontrakte oder Ehestiftungen akzeptiert, die von *der gebürlichen Obrigkeit insinuirt und in die Regiments und contractbücher eingeschrieben*[25] seien. Jovius kommentierte das herzogliche Anliegen folgendermaßen: Wie der kluge Herr des Hauses Verbesserungen vornehme, sobald er bei der Arbeit von Verwalter oder Knecht Mängel festgestellt habe, korrigiere auch Herzog Julius ihre Arbeit im Fürstentum[26]. Er leitete dieses Mandat aber nicht an seine Pastoren weiter, sondern forderte sie dieses Mal auf, am 17. Juli morgens gegen 7 Uhr nach Halle zu kommen, um sie persönlich über die Inhalte zu unterrichten.[27] Hier fällt besonders die unterschiedliche Vorgehensweise des Haller Superintendenten bei der Vermittlung der Instruktionen auf.

Die Konzeptbücher belegen die Umsetzung von herzoglichen Instruktionen oder Mandaten. Der Haller Superintendent sollte einem herzoglichen Mandat zufolge die Angaben zu den Rechtsverhältnissen und Filialbeziehungen zur jeweiligen Pfarrei einholen, d.h. einschließlich der Verortung der geistlichen Lehen, des Sendkorns, Desolate, Kommenden, Vikarien, Bruderschaften oder Kalandsgüter.[28] Daher forderte er am 30. März 1573 seine Pastoren pflichtgemäß

20 HS 3, fol. 72r [Reg.-Nr. 565].
21 HS 3, fol. 72r [Reg.-Nr. 566].
22 HS 2, fol. 247v f. [Reg.-Nr. 310], fol. 248v [Reg.-Nr. 311]. HS 3, fol. 72r [Reg.-Nr. 565], fol. 72r [Reg.-Nr. 566].
23 Vgl. zur Schreiberhand des Originals Kapitel 2.1. S. a. zu dieser Verordnung LIPPELT, Hoheitsträger und Wirtschaftsbetrieb, S. 18.
24 HS 2, fol. 259v [Reg.-Nr. 339].
25 HS 2, fol. 259v [Reg.-Nr. 339].
26 HS 2, fol. 260r [Reg.-Nr. 340].
27 HS 2, fol. 260r [Reg.-Nr. 340].
28 LAW V235, fol. 49r. S. a. BUTT, Norm und Praxis, S. 383, Anm. 112. BUTT geht davon aus,

auf, diesem Befehl nachzukommen und ihm die Information zuzusenden.[29] Ein ähnlicher herzoglicher Befehl wurde dem Superintendenten am 12. November 1580 zugesandt.[30] Die Umsetzung erfolgte umgehend; für den 29. November 1580 ist im Konzeptbuch eine Auflistung der Pfarreien samt ihrer Lehnsverhältnisse überliefert.[31] Die Pastoren waren hingegen mit der Informationsweitergabe nachlässiger. Erst nach mehrmaliger Aufforderung übersandten zwei Pastoren ihre Angaben, die schließlich in einem gesonderten Schreiben nachträglich am 21. Dezember 1580 eingereicht wurden. Ein aktualisiertes und vervollständigtes Verzeichnis übermittelte der Haller Superintendent ein Jahr später am 2. November 1581, da er wegen der Kündigung des Generalsuperintendenten nicht sicher war, ob seine erste Ausführung des Verzeichnisses an das Konsistorium weitergeleitet wurde.[32]

Der Haller Superintendent erhielt trotz der peripheren Lage seiner Superintendentur die herzoglichen Mandate. Anhand des Vergleichs des Ausstellungsdatums sowie des Datums der Schreiben, die er an seine Pastoren weitergeleitet hatte, wurde festgestellt, dass die Zustellung der herzoglichen Instruktionen in der Haller Inspektion ohne größere Verzögerungen verlief. Die Anweisungen wurden vom Superintendenten innerhalb eines Zeitraums von ein paar Tagen bis zu 6 Wochen weitergeleitet. Sie wurden dabei den Rundschreiben an alle Pastoren entweder in Kopie oder Original beigelegt oder er bestellte seine Pastoren zu sich nach Halle, zu einer Art Kolloquium[33], um mit ihnen persönlich über die Anweisungen zu sprechen.

Die Rezeption ist insbesondere bei denjenigen Direktiven zu belegen, die die Geistlichen aufforderten Listen anzulegen, sei es die Abendmahls- und Gottesdienstverweigerer aufzulisten oder Auskunft über alle Pfarreien der Superintendentur samt ihrer Lehnsverhältnisse zu geben. Diese Listen wurden von Jovius mehr oder weniger vollständig im Konzeptbuch dokumentiert und an die entsprechenden Instanzen übermittelt. Neben den geforderten Verzeichnissen von Ehestiftungen, Taufen und Beerdigungen sowie der Dokumentation von Kontrakten jeglicher Art dienten auch die Verzeichnisse der Sakramentsemp-

dass dieses wohl nicht umgesetzt worden sei, da auch die Generalvisitation nicht stattfand, aber zumindest der Befehl an die Superintendenten wurde erlassen.

29 HS 2, fol. 72v [Reg.-Nr. 105].

30 Vermutlich ist dieser herzogliche Befehl identisch mit der Aufforderung vom 18. September 1580 an das Konsistorium, ein Verzeichnis, wer in jeder Pfarre der Patron sei, anzufertigen vgl. NLAH Cal. Br. 21 Nr. 240, fol. 179r.

31 HS 2, fol. 362v–364v [Reg.-Nr. 471]. HS 3, fol. 30r–33r [Reg.-Nr. 519]. Bereits am 26. August 1573 war im Konsistorium beschlossen worden, dass jeder Superintendent ein Wiedembuch (Verzeichnis der Pfarreien und Patrone) erhalten sollte, vgl. LAW V235, fol. 49r.

32 HS 2, fol. 366v f. [Reg.-Nr. 475].

33 Vgl. zu den Kolloquien in der Superintendentur Kapitel 7.1.

fänger und der Lehensverhältnisse einer von Herzog Julius verfolgten systematischen Datenerhebung, um umfassende Informationen und Kontrolle über das Fürstentum zu erlangen.[34]

Fraglich bleibt, aus welchen Gründen der Haller Geistliche nur einige wenige herzogliche Mandate in das Konzeptbuch aufnahm, da die angefertigten Abschriften weder einer bestimmten Adressatengruppe zuzuordnen sind noch inhaltliche Muster aufweisen. Allerdings bestätigen die abgeschriebenen Direktiven, dass der Superintendent sein Konzeptbuch zur Dokumentation und als Arbeitsinstrument nutzte. Er verlieh seinen Abschriften höchstwahrscheinlich einen offiziellen Charakter, da er sogar die Unterschrift des Herzogs möglichst wirklichkeitsgetreu wiedergab, wie ein Vergleich mit der herzoglichen Originalunterschrift belegt.[35]

8.2. Die Amtmänner im herzoglichen Amt Wickensen

Während Jovius' 16-jähriger Amtszeit als Superintendent sind für den Weserdistrikt[36] im Amt Wickensen vier Amtmänner und ein Oberamtmann nachweisbar: Hans Tolcken (1570–1571)[37], Johann von Halle (1571–1575, Oberamtmann über die Ämter bei der Leine und Weser[38] 1579–1596), Johannes Tolcken (1576–1578) und Burchard Friesen (1578–1584).[39]

In den Konzeptbüchern sind insgesamt 65 Schreiben des Haller Superintendenten an die Wickensener Amtmänner bzw. den Oberamtmann überliefert. Die gesamte Korrespondenz allein zwischen Superintendent und Amtmann entspricht damit einem Anteil von 9,73 % an Jovius' gesamter Korrespondenz (668 Schreiben).[40] Während der Amtmann Hans Tolcken auf Grund seiner kurzen Amtszeit nur 1 Schreiben erhielt, adressierte Jovius an dessen Nachfolger Johann von Halle 22 Schreiben, unberücksichtigt welche Funktion dieser

34 Vgl. Reitemeier, Herzog Julius, S. 49.

35 Insgesamt lassen sich 7 herzogliche Unterschriften finden, vgl. HS 2, fol 50v–52r [Reg.-Nr 73], fol. 52v [Reg.-Nr. 74], fol. 247v f. [Reg.-Nr. 310], fol. 259v [Reg.-Nr. 339], fol. 278r [Reg.-Nr. 360], fol. 278v [Reg.-Nr. 361]. Ein Vergleich mit einer originalen Unterschrift, z. B. NLAH Cal. Br. 21 Nr. 462, fol. 3v, belegt die wirklichkeitsgetreue Nachzeichnung der herzoglichen Unterschrift.

36 Vgl. zum Weserdistrikt Kapitel 1.4. und die Karten im Anhang 11.1.

37 Vgl. zu den exakten Amtszeiten die Überblickstabelle im Anhang 11.7.

38 Johann von Halle behielt den Posten des Oberamtmannes bis zum 14. Juli 1596, vgl. Lippelt, Hoheitsträger, S. 320. Vgl. zu den Aufgaben der Oberamtmänner Klingebiel, Lokale Amtsträger, S. 128–131.

39 Vgl. zu Hans Tolcken, Johann von Halle, Johannes Tolcken und Burchard Friesen die Ausführungen im Anhang 11.8.

40 Vgl. zur prozentualen Aufteilung der einzelnen Schreiben an die jeweiligen Amtmänner Anhang 11.6., Diagramm 4.

bekleidete. Johannes Tolcken bekam 7 Schreiben und Burchard Friesen insgesamt 35. Die Antworten der Amtmänner auf die Schreiben des Superintendenten sind zwar nicht in den Konzeptbüchern als Kopien dokumentiert, Jovius nahm aber z. B. am 12. Januar 1574 explizit auf ein Antwortschreiben eines Amtmannes Bezug. An anderer Stelle findet sich beispielsweise die Bestätigung, dass der Haller Geistliche die auf den 13. Januar datierte Antwort eines Amtmannes am 17. Januar 1574 erhalten hatte.[41]

Die Betrachtung der Kooperation von Pastor und Amtmann wurde in der Forschung eher berücksichtigt, als die zwischen Amtmann und Superintendent.[42] Lippelt betonte in seiner Untersuchung die Bedeutung der Amtmänner »für die Festigung eines landesherrlichen Kirchenregiments«[43] und hob hervor, dass sich die Pastoren – und dies gilt auch für die Superintendenten in ihrer Tätigkeit als Pfarrgeistliche – »zur Wahrnehmung ihrer geistlichen und wirtschaftlichen Interessen der Exekutivgewalt der Amtleute bedienen«[44] mussten.

Auf der Grundlage der normativen Vorgaben wird untersucht, ob und wie intensiv Jovius als Superintendent mit den Amtmännern zusammenarbeitete, da die Kirchenordnung von 1569 zwar ihre jeweiligen Amtsbereiche klar voneinander trennte, aber ebenso die Bereiche der Zusammenarbeit definierte. Ebenso wird erörtert, ob der Superintendent gemäß der bisherigen Forschungsmeinung erst nach 1590 mit den Amtmännern zusammen visitierte bzw. die Kirchenrechnung abnahm und ob die Kooperation zwischen den Instanzen erst in den späten 1580er Jahren zu funktionieren begann und konfliktfrei war.[45]

8.2.1. Normative Vorgaben

Die normative Grundlage für die Tätigkeit der Amtmänner stellte unter Herzog Julius die bereits 1547/48 von seinem Vater Heinrich d. J.[46] erlassene Amtsordnung dar, die sich stark an der Amtsordnung vom 10. August 1541 orientierte.[47]

41 HS 2, fol. 88r [Reg.-Nr. 131], fol. 88v [Reg.-Nr. 132].

42 Vgl. Lippelt, Hoheitsträger, S. 149–158; Schorn-Schütte, Evangelische Geistlichkeit, S. 72–76. Schorn-Schütte, auf Reller und der Kirchenordnung basierend, verweist ohne zeitliche Eingrenzung lediglich auf die Zusammenarbeit zwischen Amtmann und Superintendent während der Visitation und der Kirchenrechnungsprüfung, vgl. Schorn-Schütte, Evangelische Geistlichkeit, S. 75.

43 Lippelt, Hoheitsträger, S. 151.

44 Lippelt, Hoheitsträger, S. 151.

45 Vgl. zu diesen Aussagen Schorn-Schütte, Evangelische Geistlichkeit, S. 75; Reller, Kirchenverfassung, S. 143, 148.

46 Vgl. zu Heinrich d. J. Lippelt, Heinrich d. J., S. 322f.; vgl. auch Schmidt, Heinrich der Jüngere, S. 351f.

47 Vgl. Lippelt, Hoheitsträger, S. 73–84, bes. S. 76f.; Ders., Hoheitsträger und Wirtschafts-

An die Stelle des Lehneides trat unter Julius' Regentschaft der Diensteid, auf den sich die Beamten verpflichten mussten.[48] Eine Ergänzung bezüglich der Zusammenarbeit von Amtmann und Superintendent stellte die Kirchenordnung von 1569 dar, die aber an vielen Stellen keine präzisen Handlungsanweisungen gab, so dass sich ein konkreter Kooperationsmodus erst entwickeln musste. Die Amtmänner sollten die Kirchendiener in allen ihren Belangen unterstützen[49] und wurden verpflichtet, den Superintendenten bei der Visitation zu assistieren und schwere Verfehlungen, wie z. B. Frevel oder Friedensbruch, dem Konsistorium zu melden. Des Weiteren wurde in der Instruktion für die Generalsuperintendenten von 1569[50] festgelegt, dass die Kirchenrechnung in Gegenwart des Superintendenten, des jeweiligen zuständigen Amtmanns sowie des entsprechenden Ortspfarrers überprüft werden sollte. Hierfür sollte ein herzoglicher Gewaltbrief[51] ausgestellt werden, der die zuständigen Amtmänner explizit zur Kooperation mit den Superintendenten bei der Visitation und der Kirchenrechnungsprüfung verpflichtete. Darüber hinaus sollte der Superintendent mit dem Amtmann die gemeindliche Vokation dem kirchenleitenden Gremium anzeigen, nachdem die Gemeinde über die öffentliche Probepredigt eines Bewerbers geurteilt hatte. Auseinandersetzungen zwischen Kirchendienern oder zwischen ihnen und den Amtmännern sollten sowohl durch den Superintendenten als auch durch den Amtmann, wenn er nicht selbst in den Konflikt involviert war, gütlich beigelegt werden. Konnten diese beiden Amtsträger den Konflikt nicht lösen, sollten sie den Fall an die Konsistorialräte abgeben. Für Klagen, die die Besoldung der Kirchendiener betrafen, sah die Kirchenordnung vor, dass der Superintendent direkt die Hilfe des zuständigen Amtmanns einfordern sollte. Falls der Amtmann sich weigerte, sollte der Superintendent dieses umgehend dem Konsistorium melden.[52]

Allgemein hatte der Superintendent die Pastoren zu ermahnen, die Amtmänner nicht in ihrer Amtsführung zu behindern und sich *gegen ihnen auch schiedlich und bescheidentlich zu halten.*[53] Gleichzeitig legte aber die Kirchen-

---

betrieb, S. 22; Klingebiel, Lokale Amtsträger, S. 122–133; Oehr, Ländliche Verhältnisse, S. 91–97. Vgl. zur Amtsordnung Herzogs Heinrichs d. J. Lippelt, Amtsordnung, S. 11–34. S. zur Entwicklung der Amtsverfassung die Ausführungen bei Klingebiel, Lokale Amtsträger, S. 35–83.

48 Vgl. zum Eid und den Bestallungen ausführlich Lippelt, Hoheitsträger, S. 84–89. S. a. Samse, Zentralverwaltung, S. 29.

49 Sehling, Ev. KO, Bd. VI/1, S. 86, 194f. Vgl. ausführlicher zu den in der Kirchenordnung vorgesehenen Aufgaben für die Amtmänner Lippelt, Hoheitsträger S. 151–158. Zu den allgemeinen Aufgaben der Amtmänner, vgl. Lippelt, Hoheitsträger, S. 76–84, 91–125. S. a. Bokisch, Landeskirche, S. 58–60.

50 Vgl. zur Instruktion von 1569 Kapitel 3.6.5.

51 Vgl. zu den Gewaltbriefen Reller, Kirchenverfassung, S. 148.

52 Sehling, Ev. KO, Bd. VI/1, S. 187f., 193, 199.

53 Sehling, Ev. KO, Bd. VI/1, S. 195.

ordnung den Amtmännern nahe, *unsere kirchendiener in allem ihrem anligen getreulichen zu handhaben und zu der billicheit zu verhelfen*[54], und offenbarte hierin ihre generelle Ausrichtung, die auf eine funktionale und reibungslose Zusammenarbeit der beiden Instanzen abzielte, insbesondere bei der Kirchenrechnungsprüfung und der Visitation. Für die Umsetzung dieses Kooperationsgebots in der Praxis bieten die Konzeptbücher des Jacob Jovius zahlreiche Hinweise.

Visitation und Kirchenrechnung

Der Amtmann sollte den Superintendenten bei der Visitation und Kirchenrechnungsprüfung unterstützen. Wie diese Unterstützung aussah, belegt ein Beispiel vom 31. Juli 1571. Der Alfelder Generalsuperintendent[55] beauftragte den Haller und den Holzmindener Superintendenten die Visitation durchzuführen. Er wies sie darauf hin, dass der Wickensener Amtmann ihnen Pferd und Wagen für die Visitation bereitzustellen habe. Bei eventuell auftretenden Problemen mit dem Amtmann sollten die Superintendenten ihre Beschwerden zunächst an den Generalsuperintendenten senden, der sie dann umgehend dem kirchenleitenden Konsistorium referieren werde. Thematisiert wurde hier nicht vorrangig die Assistenz des Amtmannes, sondern dessen Bereitschaft, die Fortbewegungsmittel bereitzustellen. Nachdem Jovius diese herzogliche Visitationsanweisung von seinem Vorgesetzten erhalten hatte, schlug er seinem Holzmindener Kollegen vor, den Amtmann wegen des Wagens direkt anzusprechen. Er war zuversichtlich, dass sich dieser einer herzoglichen Anweisung nicht widersetzen würde.[56]

Bezüglich der anstehenden Visitation im Frühjahr 1579 gab es einige Missverständnisse und Verzögerungen bei der Kommunikation, weshalb Jovius dem Generalissimus Timotheus Kirchner erst am 8. Februar auf das am 25. November 1578 ausgestellte Schreiben antwortete:

> *aber die Speciales Visitationes so, wie vor nit geschenen seind, ist die ursach, das hiebevorn allewege ein Special Mandat von dem Consistorio ist dem Speciali dieses Orth zugestelt, Unnd auch dem Amptmann vormeldet das Er die Visitation solle hellfen befördern mit fhur und wo man dess sonsten zuthunde hette. Weil nhun so dan beveel und beförderunge*

54 Sehling, Ev. KO, Bd. VI/1, S. 194.

55 Vgl. zu den Alfelder Generalsuperintendenten, die während der Amtszeit des Superintendenten Jovius tätig waren, den Überblick im Anhang 11.7.

56 HS 2, fol. 14v f. [Reg.-Nr. 26], fol. 15v f. [Reg.-Nr. 27]. Ebenso machte Butt, Norm und Praxis, S. 378, Anm. 86, darauf aufmerksam, dass der Barumer Superintendent ebenfalls beim zuständigen Amtmann um einen Wagen gebeten hatte. Da dieser die Forderung aber verweigerte, da ihm kein herzogliches Mandat vorlag, besorgte sich der Superintendent selbst einen Wagen.

zurück geblieben, hab ich für mein Person gedacht das die Specialesvisitationes hinfurder ingestelt weren.[57]

Jovius entschuldigte sich für seine falsche Annahme und versicherte, dass dieses weder aus Nachlässigkeit noch aus Mutwillen geschehen sei. Dieses ist der erste Konzeptbuchbeleg für die angeordnete Visitation im Jahr 1578, bei der der Amtmann den Superintendenten bei der Beförderung und überall dort, wo seine Hilfe benötigt wird, assistieren sollte.

Die Visitation als zentrale Aufgabe eines Superintendenten führte Jovius demnach nicht aus eigenem Antrieb, sondern nur auf entsprechende Anweisung aus. Er wartete auf den bereits in der Instruktion von 1569 vorgeschriebenen, herzoglichen Gewaltbrief, der unter anderem den Amtmann zu umfassender Assistenz und zur Zusammenarbeit verpflichtete, und wandte sich im Gegensatz zu anderen Amtskollegen wegen des Patents nicht aktiv an das Konsistorium.[58] Die Formulierung in diesem Schreiben, dass es für das Jahr 1579 keine Visitationsanweisung gab, lässt darauf schließen, dass solche Patente für die vorhergehenden Visitationen ausgestellt wurden und dementsprechend der Amtmann nicht zuletzt durch die Kirchenordnung schon vor dem Jahr 1579 zur Zusammenarbeit mit dem Superintendenten bei der Visitation verpflichtet war.

Weil ich soll die Kirchenrechnunge von den vorstehern der kirchen laut Furstlichs bevhel in Meiner Inspection nhemen und visitieren, das den an den Amptman geschrieben, odder mir ein offen Patent mit des Consistorii Secret befestigt geben werden das Mir zu der behuff notturfftigk gute furderunge mit furhe und dergleichen möge geschehen[59].

Es entwickelte sich aber weder beim Superintendenten noch in der Zusammenarbeit mit den Amtmännern eine Routine bei der Durchführung der Visitation. Daher forderte Jovius explizit von den Konsistorialräten,

das an örten do ich soll hinziehen die Personen bei der hand mögen sein, der Amptman auch selbst nicht dörffe sich absentiren. [...] *das auch der nachdruck und execution mit geburendem ernst darauff möge erfolgen, den viel visitiren, und rechnunge nhemen, und keine beforderunge kriegen bringt Contemptum ministerii und mercklichen grossen Schaden.*[60]

Bei der ca. 14 Tage dauernden Visitationsreise prüfte der Haller Superintendent 1580 zusammen mit dem Wickensener Amtmann gleichzeitig auch die Kirchenrechnung, die von den Alterleuten geführt wurde und einen Einblick in die

57 HS 2, fol. 269r [Reg.-Nr. 350].

58 Butt, Norm und Praxis, S. 376, Anm. 79, führt den Superintendenten von Werlaburgdorf (LAW V292, S. 98: 14. September 1581) und den von Königslutter (NLAH Cal. Br. 21 Nr. 1936, fol. 206r–207v: 27. Juli 1586) an, die von sich aus an das Konsistorium schrieben und einen Visitationsbefehl erbaten.

59 HS 2, fol. 365r [Reg.-Nr. 472].

60 HS 2, fol. 365r [Reg.-Nr. 472].

Ökonomie der Kirchenfabrik gewährte.[61] Obwohl die bereits erwähnten Instruktionen von 1569 Amtmann und Superintendent gleichermaßen aufforderten, sich an der Kontrolle der Kirchenrechnung zu beteiligen[62], wurde am 21. Juli 1570 nur dem Amtmann vom Konsistorium aufgetragen, die Alterleute in Eschershausen zur *jherlichen rechnung*[63] anzuhalten, dabei konnte es sich durchaus auch um eine Rechnungslegung vor dem Superintendenten handeln.

Nach der Prüfung sollten die Rechenschaftsberichte vom Superintendenten gesammelt und an das Konsistorium geschickt werden. Diese Berichte reichte Jovius aber nur unregelmäßig ein, worüber sich der Generalissimus Daniel Hoffmann am 5. September 1580 im Konsistorium beschwerte.

> *Die kirchen undt kasten rechnungen bei allen kirchen jerlich zu gewisser Zeidt genommen und dem Consistorio abschrifften darvon zugeschickt werdenn solle, solches geschehen nicht. Es solle ein gemein ausschreiben ahn die Superintendenten und Amptleuth gefertiget werden, daß sie Jerlich zu rechtenn zeitenn die Kirchen Rechnung vonn dem vorstehern nhemen, die original Register bei den Kirchen vorwahren lassen und die Copeienn ins Consistorium schicken sollen*[64].

Einen solchen Befehl muss Jovius erhalten haben, da er in einem Schreiben an seinen Schwager am 26. Oktober 1580 davon sprach, dass Herzog Julius gefordert habe, alle Kirchenrechnungen zu prüfen.[65] Eine generelle Verbesserung trat aber wohl nicht ein, da am 21. September 1582 erneut alle Superintendenten und Amtmänner aufgefordert wurden, die Berichte der Rechnungslegung umgehend einzureichen.[66]

Die Durchführung der Kirchenrechnungsprüfung sollten der Superintendent und der Amtmann in Absprache organisieren. Wie die Kommunikation zwischen ihnen funktionierte, lässt sich am folgenden Beispiel verdeutlichen. Jovius übersandte am 6. Januar 1581 dem Wickensener Amtmann Burchard Friesen drei gleichlautende Schreiben, die die Pastoren über die bevorstehende Prüfung informieren sollten, damit sie am genannten Termin zusammen mit ihren Alterleuten bei der Kontrolle anwesend seien. Da die Prüfung gemeinsam von ihnen beiden vorgenommen werden sollte, bat Jovius Friesen, die Schreiben durchzusehen, zu besiegeln und zu verschicken. Bis zum 8. Februar 1581 hatte

61 HS 2, fol. 351v f. [Reg.-Nr. 467], fol. 365r [Reg.-Nr. 472]. Reller, Kirchenverfassung, S. 143, sieht für die Kooperation von Superintendent und Amtmann in den ersten Jahren, sprich nach 1569, keine Anzeichen.

62 Vgl. Butt, Norm und Praxis, S. 384, gibt den Hinweis, dass der Synodus 1569 tatsächlich die Alterleute von Lewe angewiesen hat, einen der beiden Funktionsträger hinzuzuziehen, während ein herzogliches Mandat die Alterleute und den Pfarrer in die Pflicht nahm.

63 LAW V262, S. 60f.

64 NLAH Cal. Br. 21 Nr. 241, fol. 67r. S. a. Butt, Norm und Praxis, S. 384, Anm. 114.

65 HS 2, fol. 346r–347v [Reg.-Nr. 461].

66 LAW V233, S. 161f. S. a. Butt, Norm und Praxis, S. 384, Anm. 114.

der Amtmann noch keinen Zeitpunkt für die Prüfung festgelegt, weshalb der Superintendent den 15. Februar in Dielmissen vorschlug, damit noch ausreichend Zeit für die Pastoren bestehe, den Termin wahrzunehmen.

Neben der Kooperation von Superintendent und Amtmann bei dieser Kontrolle belegt das Konzeptbuch auch eine weitere Besonderheit bei der Durchführung der Rechnungslegung. Am 12. Februar 1581 bat Jovius den Wickensener Amtsschreiber Michael Marcus den Amtmann bei der Prüfung in Dielmissen am Mittwoch, den 15. Februar, zu vertreten, da dieser kurzfristig nach Wolfenbüttel reisen musste. Nachdem der Amtsschreiber die Stellvertretung wahrgenommen hatte, informierte der Haller Geistliche den Amtmann über den Verlauf der Rechnungsprüfung.[67]

Da im Februar 1581 nur die Rechnungen der Kirchen in der Niederbörde geprüft wurden, kontaktierte Jovius am 14. März den Amtmann erneut und schlug vor, die Kontrolle für die Oberbörde erst nach Ostern, am 30. März in Heyen vorzunehmen, da sie sonst mit seinen Predigten während der Osterfeiertage kollidiere.[68] Einen geeigneten Termin für die Rechnungslegung zu finden gestaltete sich schwierig. Von der Prüfung am 30. März hatte Jovius noch keinen Rechenschaftsbericht eingereicht, obwohl solch ein Bericht nach jeder Prüfung umgehend dem Konsistorium vorgelegt werden sollte. Nachdem der Superintendent nämlich von dem Generalissimus Daniel Hoffmann ermahnt worden war, die Berichte endlich einzuschicken, rechtfertigte er sich am 21. Juli 1581 für seine verspätete Abgabe. Er machte neben dem Winterwetter vor allem die geschäftsbedingte Abwesenheit des Amtmanns für die Verzögerung verantwortlich, wobei er die Vertretung durch den Amtsschreiber aber verschwieg.[69] Am 24. Juli 1581 erhielt er vom Generalissimus eine Bestätigung, dass sein Bericht über die Kirchenrechnungslegung in Helmstedt beim Konsistorium eingegangen sei.[70]

Vermutlich führten diese Ausführungen des Haller Superintendenten dazu, dass im Konsistorium am 14. Dezember 1581 folgende Anordnung für den Wickensener Amtmann erlassen wurde:

> *Soll an den Ambtman zu Wickensen geschrieben werden, das er sich zuerInnern wisse welches gestalt Il(lustrissi)m(us) ein scharf schreiben der kirchenrechnung halben ausgetahn lassen. Sie vernehmen aber das er nichts darzu thue solle hirmit verwarnt*

67 HS 2, fol. 369v [Reg.-Nr. 478], fol. 370v [Reg.-Nr. 480]. HS 3, fol. 1r [Reg.-Nr. 483], fol. 2r f. [Reg.-Nr. 484].

68 HS 3, fol. 5v [Reg.-Nr. 489]. Vgl. zur Nieder- und Oberbörde Kapitel 1.4.

69 HS 3, fol. 15v–19v [Reg.-Nr. 505].

70 HS 3, fol. 20r [Reg.-Nr. 506]. Vgl. zur abgebildeten Empfangsbestätigung Kapitel 7.4., Abb. 5.

HS 3, fol. 20r [Reg.-Nr. 506].

sein, dem Mandat nach zukommen undt den Kirchenrechnungen beizuwohnen. Sonste musste das Consistorium es an Ill(usstrissi)mi gelangen lassen[71].

Aus diesem zitierten Beschluss in den Konsistorialprotokollen formulierte Hoffmann noch am gleichen Tag ein Schreiben an den Amtmann, das sich als Kopie im Konzeptbuch befindet:

wir machen uns keinen Zweiffel, Ir werdet Euch woll zu erinnern wissen das unser g. f. und. h. furm Jar ein gemein schreiben hatt usgehen lassen, darin sein f g. Euch und allen anderen Amptleuten ufferlegt alle Jar zu Rechter Zeit die Kirchenrechnunge zu nhemen und ins Consistorium einzuschicken[72].

Der Generalissimus ermahnte den Amtmann, die Kirchenrechnung jährlich, immer zur gleichen Zeit zu prüfen und einen abschließenden Bericht an das Konsistorium zu schicken. Dass diese Problematik häufiger im Konsistorium verhandelt wurde, bestätigte der Verweis von Hoffmann auf das Mandat, das diesbezüglich schon im letzten Jahr erlassen worden war und welches die Amtmänner längst befolgen sollten.

Nhun befinden wir [= das Konsistorium], *das demselbigen nicht mit geburendem ernste beÿ der Kirchen ewres Ambtes nachgesetzet wirdet, Welchs, da es an hoch gemelten u. g. f. und hern gelangen sölt Euch beÿ s. f. g. etwa zu ungnaden gereichen möchte, wollen Euch demnach freundlich ermhanet haben, das Ihr hinfure, die Kirchenrechnungen, der Furstlichen Kirchenordnunge und usgangennen bevheel zuvolge selbst beÿwonet, und die kirchen hebungen richtigk einzupringen die leute mit ernst anhalten*[73].

Diese Anordnung zeigte eine nachvollziehbare Wirkung, denn der Amtmann kontrollierte zusammen mit dem Haller Superintendenten im Jahr 1582 die Kirchenrechnungen der Kirchen in Harderode, einschließlich der Filiale Bremke, sowie Bisperode und Bessingen. Ausführlich erklärte Jovius gegenüber den Pastoren Justus Hartung und Christoph Gervinus, dass ihm und dem Amtmann vom *Consistorio ufferlegt die Kirchenrechnunge von jeder Kirche Unserer inspection zunehmen, und inzufördern*[74]. Als Termin wurde der 7. März morgens um 7 Uhr vorgesehen, worüber Hartung und Gervinus am 3. März informiert wurden. An diesem festgesetzten Datum sollten sich die beiden Pastoren mit ihren Alterleuten in Harderode einfinden, zusammen mit ihren vorbereiteten Rechnungen. Nachdem diese Prüfung erfolgreich abgeschlossen worden war, erkundigte sich Jovius am 23. März 1582 beim Amtmann, ob sie vom 27. bis 29. März mit der Prüfung der Kirchenrechnungen in Halle und

71 NLAH Cal. Br. 21 Nr. 243, fol. 111v. Dieser Beschluss des Konsistoriums findet sich ebenfalls in den Konsistorialprotokollen in LAW V292, fol. 178f.
72 HS 3, fol. 59r [Reg.-Nr. 549].
73 HS 3, fol. 59r [Reg.-Nr. 549].
74 HS 3, fol. 59v [Reg.-Nr. 550].

Kirchbrak einschließlich der Filialen fortfahren wollten. *Wans dem Amptmann gefellig* [...] *wolle Mich die selbige wissen lassen damit ichs an genennten Örten desto eher möge anmelden*[75]. Die Rechnungen der Kirchen in Eschershausen, Vorwohle und Stadtoldendorf konnten *wegen vielveltiger eingefalllender gescheffte, dem Amptman, und auch Meiner*[76] nicht geprüft werden, weshalb dies am Mittwoch den 5. September um 9 Uhr in Eschershausen nachgeholt wurde.[77]

Die exakte Vorgehensweise und Reiseroute für die Form der Rechenschaftskontrolle wurde im Januar 1583 erläutert. Jovius schlug dem Amtmann vor, die Prüfung am Mittwoch den 9. Januar in der Niederbörde der Herrschaft Homburg zu beginnen. Von diesem Termin waren die Pastoren in Dielmissen, in Harderode und Bisperode einschließlich der Filialen betroffen. Am folgenden Tag, Donnerstag dem 10. Januar, sollten die Rechnungen der Kirchen in Heyen, Hehlen, Kemnade und Kirchbrak[78] geprüft werden. Jovius übernahm die Aufgabe, die Pastoren zu informieren, dass die Prüfung am 9. Januar im Pfarrhaus des Harderoder Pastors um 8 Uhr und am 10. Januar ebenfalls um 8 Uhr morgens im Pfarrhaus des Heyener Pastors zusammen mit den jeweiligen Alterleuten und Küstern stattfinden sollte. Falls Friesen Fragen oder Änderungsvorschläge habe, solle er umgehend Bescheid geben, damit die Pastoren rechtzeitig darüber informiert werden könnten. Mutmaßlich hatte der Amtmann an diesem Vorschlag nichts auszusetzen, denn zwei Tage später benachrichtigte der Superintendent die Pastoren der Inspektion über den Ablauf der Prüfung und ermahnte sie, zusammen mit den Alterleuten und Küstern pünktlich zu erscheinen und die Rechnungen ordnungsgemäß vorzubereiten. Der Haller Superintendent ließ also an ausgewählten Orten jeweils die Rechnungslegung mehrerer Pfarreien überprüfen und praktizierte somit eine Mischform aus Mittelpunkt- und Reiserechnungsprüfung[79]. Während Jovius wegen seiner schmerzenden Füße reiseunfähig war, disponierte er die Rechnungslegung der Dörfer Dielmissen, Hunzen, Kirchbrak und Halle um und wählte die Form einer Mittelpunktrechnungsabnahme. Nachdem er mit Friesen die Veränderungen abgestimmt hatte, bestellte er die jeweiligen Pastoren am 30. Januar 1583 um 8 Uhr nach Halle.[80] Die Prüfung fand aber offensichtlich nicht statt; im April 1583 informierte der Amtmann Jovius, dass er die Abnahme der Kirchenrechnungen von Dielmissen, Hunzen und Kirchbrak in Halle durchzuführen ge-

75 HS 3, fol. 59v [Reg.-Nr. 550].
76 HS 3, fol. 80r [Reg.-Nr. 575].
77 HS 3, fol. 59v [Reg.-Nr. 550], fol. 60v–61v [Reg.-Nr. 552], fol. 80r [Reg.-Nr. 575].
78 Vgl. zu den jeweiligen Pastoren, die während der Amtszeit des Superintendenten Jovius in der Inspektion tätig waren, den Überblick im Anhang 11.7.
79 Der Begriff ›Mittelpunkt- bzw. Reiserechnungsprüfung‹ ist an den Begriff der ›Mittelpunktvisitation‹ bzw. ›Visitationsreise‹ angelehnt, vgl. dazu Kapitel 7.1.
80 HS 3, fol. 91r f. [Reg.-Nr. 596], fol. 93r [Reg.-Nr. 599].

denke. Daraufhin schlug der Haller Superintendent als Termin Freitag, den 12. April, um 9 Uhr vor und bat um die Anwesenheit des Amtmanns, *so kann ich auch nach verichtete Rechnunge weiter mit ewer a(chtbar) g(naden) von meinem anliggen gereden und rath begeren.*[81] Die Ergebnisse dieser Kirchenrechnungsprüfung sowie die der Jahre 1581 und 1582 legte der Haller Superintendent am 24. Juni 1584 dem Alfelder Generalsuperintendenten vor und versicherte ihm, dass auch der Amtmann zugegen gewesen sei, auch wenn dessen Unterschrift unter dem Bericht fehle.[82]

Eheangelegenheiten

Die Wickensener Amtmänner wurden regelmäßig vom Superintendenten über diverse Vorfälle informiert, da sie für die Exekution der weltlichen Strafen zuständig waren. In Bezug auf Eheangelegenheiten bedeutete dies, dass der Amtmann z.B. für die Einziehung der Geldstrafe, die die Sünder zu zahlen hatten, verantwortlich war.[83] Besonders in Fällen von Ehebruch forderte Jovius den Amtmann auf, ihn zu unterstützen, wie z.B. am 24. Januar 1575. Heinrich Borcherdes aus Bremke hatte seine Ehefrau, die im Siechenhaus war, betrogen. Dieser Sünder ließ sich aber weder von Jovius noch vom zuständigen Harderoder Pastor ermahnen. Da dieses nicht länger ungestraft bleiben sollte, baten beide Geistliche den Amtmann

> *anstad u. g. f. und herren, auch Ewres bevolennen ampts halben obgemelten losen tropfen mit sampt seinem Hurenbalge in die Haffte nhemen, und mit geburlichem er*[n]*ste straffet, darmit lasteren und schaden gestewret, und anderen ein abschew darob gegeben werde*[84].

In einer weiteren Eheangelegenheit kontaktierte Jovius den Amtmann Burchard Friesen am 7. Juli 1581. In Linse sei ein uneheliches Kind gezeugt worden. Da diese Straftat nicht nur den verantwortlichen Sündern, sondern auch der Kirche, den Familien und Freunden schade, sollten die beiden Personen heiraten, bevor sie wieder den Gottesdienst besuchen und das Abendmahl empfangen durften. Abschließend überließ Jovius es dem Amtmann *noch weiteres*[85] gemäß der Kirchenordnung zu unternehmen.[86]

In einem anderen Fall wurde dem Amtmann die Entscheidung selbst überlassen, die Geldstrafe für ein verlobtes Paar, das bei vorehelichem Geschlechtsverkehr erwischt wurde, zu verhängen. Nachdem der Alfelder Gene-

81 HS 3, fol. 103v [Reg.-Nr. 610].
82 HS 3, fol. 134v [Reg.-Nr. 653].
83 Vgl. Butt, Von Angesicht zu Angesicht, S. 68, 71.
84 HS 2, fol. 98v f. [Reg.-Nr. 146].
85 HS 3, fol. 23r [Reg.-Nr. 511].
86 HS 3, fol. 23r [Reg.-Nr. 511].

ralsuperintendent Jovius am 18. November 1581 die Anweisungen bezüglich der öffentlichen Buße und der anschließenden vorzunehmenden Trauung für das Paar übersandt hatte, sollte der Amtmann endgültig entscheiden, ob zur Abschreckung eine Geldstrafe auszusprechen oder angesichts der Beilegung der Ehesache von kirchlicher Seite davon abzusehen sei.[87] Dieses Strafmaß lag also nachweislich im Ermessen des Amtmannes und bedeutete zugleich, dass in Eheangelegenheiten beide Instanzen kooperieren mussten.

8.2.2. Die Kooperation zwischen dem Superintendenten und den Amtmännern

Jovius sah sich ob ausbleibender Antworten bzw. Amtshandlungen gezwungen, den Amtmann Johannes Tolcken am 27. Juli 1576 persönlich in Wickensen aufzusuchen, um diverse liegengebliebene Angelegenheiten zu besprechen. Da Tolcken jedoch nicht anzutreffen war, kehrte der Superintendent unverrichteter Dinge nach Halle zurück.[88] Der Amtmann verweigerte offensichtlich die Kooperation mit dem Superintendenten, was in der Folgezeit immer offensichtlicher wurde, wie diverse Beispielen aus dem Jahr 1577 zeigen. Weder kümmerte Tolcken sich z.B. im Mai 1577 um Jovius' Anfragen in Bezug auf die Herrendienstbefreiung, noch im Juli 1577 um die nicht näher beschriebene Klage des Dielmissener Pastors.[89] Kurz darauf wandte sich der Haller Geistliche erneut in einem andern Fall Hilfe suchend an Tolcken. Er berichtete ihm, dass sich der Vorwohler Pastor über seine Gemeinde beschwert habe, die kein Geld zur Erhaltung der Kanzel beisteuern wolle. Der Amtmann verwies Jovius schlicht an das Konsistorium, ohne ihm einen Rat zu geben.[90]

Während sich der Amtmann den Anfragen und Bitten des Superintendenten verschloss, fügte er sich jedoch durchaus den Anweisungen der Kirchenleitung als übergeordnete Instanz, wie sich im Herbst 1577 zeigte. Das Konsistorium erteilte Tolcken und Jovius den gemeinsamen Auftrag, mit der Vorwohler Gemeinde die finanzielle Zulage für den dortigen Pastor auszuhandeln und einen abschließenden Bericht zu verfassen. Das Konsistorium erhielt tatsächlich am 21. Oktober 1577 den geforderten Bericht, der zusammen von Jovius, dem Amtmann Tolcken und dem Generalsuperintendenten verfasst worden war.[91]

Es verwundert daher nicht, dass erst recht die unterhalb des Superintendenten stehenden Pastoren von Tolcken keine Rückendeckung erhielten, wie zahlreiche Beschwerden der Pfarrer zeigen. Z. B. beklagte sich der Eschers-

87 HS 3, fol. 46r f. [Reg.-Nr. 529].
88 HS 2, fol. 171r f. [Reg.-Nr. 238], fol. 174v f. [Reg.-Nr. 243].
89 HS 2, fol. 271v [Reg.-Nr. 352], fol. 286v f. [Reg.-Nr. 376].
90 HS 2, fol. 242r f. [Reg.-Nr. 300].
91 HS 2, fol. 242r f. [Reg.-Nr. 300], fol. 246r f. [Reg.-Nr. 306], fol. 246v [Reg.-Nr. 307].

hausener Pastor zusammen mit seinen Alterleuten im August 1576 bei Jovius über den Amtmann Tolcken, der einen Teil der Kirchengüter für die Nutzung gesperrt hatte. Jovius hatte wohl den Eindruck gewonnen, dass er in der Hierarchie zu niedrig stünde und bei Tolcken nichts erreichen könne. Er verwies daher den Pfarrer direkt an seinen vorgesetzten Generalsuperintendenten, obwohl er der Kirchenordnung zufolge für solche Konflikte der richtige Ansprechpartner war.[92] Er bat seinen Vorgesetzten, dem Amtmann zu schreiben, dass dieser den Pastor und die Alterleuten nicht behindern, sondern unterstützen solle.[93]

Neben dem Pastor und den Alterleuten beschwerte sich im Oktober 1577 die Gemeinde Eschershausen erneut über den Amtmann Tolcken, da dieser die Traditionen nicht berücksichtigte und beim Auszug von bewaffneten Einwohnern kein halbes Fass Bier gewähren wollte.[94] Ebenfalls beklagten sich Anfang Januar 1577 in einer Supplik Justus Hartung, Pastor aus Harderode, und Christoph Gervinus, Pastor aus Bisperode, über den Amtmann Tolcken, der den Bierzins vehement und mit Nachdruck eingefordert habe.[95] Gervinus hatte den Gedächtnistag Herzogs Heinrich d. J.[96] und weitere Feste gefeiert, zu diesen er niemals einen Bierzins entrichten musste. Jovius äußerte sich dazu in einem Bericht an seinen Vorgesetzten, dass er sich ebenfalls nicht erinnern könne, dass Pastoren oder Küster solch eine Steuer je zahlen mussten. Er sprach sich gegen diese Gebühr aus, da sie nur eine unnötige Last für die Bürger sei, und war der Meinung, dass Tolcken wider die Kirchenordnung handele, jegliche Ermahnungen ignoriere oder Übertreter des 6. Gebots[97] nicht rechtmäßig bestrafe. Im Gegenteil der Amtmann bestärke noch die *Gotlosen Bawren*[98], wenn sie sich gegen Konsistorium oder Pfarrer auflehnten. Als Beleg für seine Anschuldigungen führte Jovius an, Tolcken habe ein Rind des Kirchbraker Pastors gepfändet, weil dieser eine des vorehelichen Geschlechtsverkehrs mit Johann von Grone[99] beschuldigte Frau als Hure bezeichnet habe.[100]

Diese massiven Mängel an Tolckens Amtsführung waren schließlich der Anlass für eine obrigkeitliche Untersuchung. Der Amtmann verteidigte sich

92 Sehling, Ev. KO, Bd. VI/1, S. 189.

93 HS 2, fol. 174r [Reg.-Nr. 242].

94 NLA WF 2 Alt Nr. 6766.

95 Die Herren von Werder aus Bisperode klagten schon 1576 gegen den Amtmann Johannes Tolcken wegen der ihnen zustehenden hohen und niederen Gerichtsbarkeit und insbesondere wegen der Maßnahmen des Amtmanns zur Betreibung von Rückständen an Bierzinsen, vgl. zu dieser Klage ausführlich NLA WF 2 Alt Nr. 4946.

96 11. Juni.

97 Vgl. 2. Mo. 20,14: *Du sollst nicht ehebrechen.*

98 HS 2, fol. 192r [Reg.-Nr. 265].

99 Vgl. zu Johann von Grone Kapitel 8.3.2.

100 HS 2, fol. 190v–193r [Reg.-Nr. 265].

zwar noch in einer Stellungnahme, dass er weder im Fall Otto Wachtels[101] das Bestechungsgeld angenommen, noch dass er gegen die geltende Amtsordnung verstoßen habe. Dennoch kamen der Herzog und das Konsistorium zu dem Schluss, dass Tolcken im November 1577 seines Amtes enthoben werden müsse.[102]

Trotz dieses Negativbeispiels Tolckens lässt sich die Kooperation im Allgemeinen zwischen dem Haller Superintendenten und den Wickensener Amtmännern schon Anfang der 1570er nachweisen.

Noch vor dem frühesten Beleg im Konzeptbuch, wurde bereits am 17. Juli 1570 in den Konsistorialprotokollen ein nicht näher beschriebener Konflikt zwischen Jovius und dem Amtmann Hans Tolcken verzeichnet. Das Konsistorium befahl dem Superintendenten, er solle *mit dem Amptmann zu Wickensen dahin reden, das er seinem schreiber und andern gesinde nicht gestatte, in den durffen ergerlich umbzugehen*[103]. Dieser Beleg bestätigt zwar nicht in erster Linie die Zusammenarbeit, aber er führt die offizielle Mahnerfunktion des Superintendenten gegenüber dem Amtmann an.

Zum ersten Mal befahl das Konsistorium am 17. August 1570 die Zusammenarbeit der beiden Amtsträger. Sie sollten als Untersuchungskommission gemeinsam Erkundigungen über 15 Morgen Land einholen und anschließend über ihre Ergebnisse schriftlich berichten.[104]

In den Konzeptbüchern findet sich am 12. November 1571 ein weiterer Hinweis auf die funktionierende Kommunikation und die Kooperation in den alltäglichen Amtsgeschäften. Insgesamt notierte sich Jovius verschiedene Punkte, die er mit dem Amtmann Johann von Halle dringend besprechen wollte, u. a. die Strafen für die Beherbergung *loser weiber*[105] und die Instandhaltung der Kirchhöfe und der Kirchen in Dohnsen und Linse. Der Amtmann Johann von Halle war auf Grund zahlreicher Amtsgeschäfte zwar sehr eingespannt, aber Jovius forderte trotzdem einen Gesprächstermin. Nachdem der Amtmann diese Liste empfangen hatte, antwortete er innerhalb von drei Tagen und bekundete sein Interesse an einem Gespräch.[106] Explizit erwähnt Jovius eine Zusammen-

101 Vgl. zum Fall Otto Wachtel und zur Stellungnahme N. N. im Hinblick auf die Untersuchung der Amtsführung des Amtmannes Kapitel 7.1.6.

102 NLA WF 3 Alt Nr. 37, fol. 10r–14r. S. a. Lippelt, Hoheitsträger, S. 431. Vgl. zu den weiteren Problemen, die Johannes Tolcken als Amtmann hatte, die Ausführungen zu seiner Person im Anhang 11.8.

103 LAW V262, S. 57.

104 LAW V262, S. 76.

105 HS 2, fol. 22r [Reg.-Nr. 35]. Der Begriff ›lose weiber‹ meint im weiteren Sinne sittenlose, leichtfertige Frauen, vgl. DWB, Lemma: Los, Bd. 12, Sp. 1161, Nr. 9; Lemma: Lose, Bd. 12, Sp. 1185, Nr. 8.

106 HS 2, fol. 22r [Reg.-Nr. 35], fol. 23v f. [Reg.-Nr. 37].

arbeit mit Johann von Halle erstmals am 6. März 1572, allerdings ohne den Sachverhalt oder den Namen des Amtsträgers zu nennen.[107]

Der Haller Superintendent kontaktierte in den folgenden Jahren regelmäßig die Amtmänner bzw. ab 1579 den Oberamtmann vor allem in Bezug auf die in den vorherigen Kapiteln erwähnten Konflikte, wie z. B. die Auseinandersetzung mit dem Pfarrmeier oder um die Kostenerstattung für die Pfarrgebäudeinstandhaltung. Da es der Kirchenordnung zufolge die Aufgabe des Amtmannes war, dem Kirchendiener bei der Einziehung der Einkünfte zu assistieren, nutzte Jovius dieses Privileg ausgiebig und beschwerte sich beim Amtmann als Vertreter der weltlichen Administration über seine ausbleibenden Gelder und Einnahmen.[108] Er hielt die jeweiligen Amtmänner über neue Entwicklungen in diesen Konflikten auf dem Laufenden und forderte häufig ihre Unterstützung.

Über ausbleibenden Beistand und fehlende Zusammenarbeit seitens der Amtmänner beschwerte sich Jovius beispielsweise im Dezember 1577 bei den Konsistorialräten. Während zu Beginn des Konflikts der Amtmann Hans Tolcken die Amtsausführung behinderte, da er – wie bereits erwähnt – das herzogliche Mandat drei Monate unter Verschluss gehalten hatte, vernachlässigte dessen Nachfolger Johann von Halle die Kommunikation mit dem Superintendenten. Nach einer Einarbeitungsphase kooperierte von Halle schließlich, war u. a. Gutachter zur Taxierung des Pfarrhauses und wurde vom Konsistorium zu weiteren Berichten in dieser Angelegenheit aufgefordert. Die Zusammenarbeit funktionierte dabei so reibungslos, dass die Gemeinde hieraus den Vorwurf konstruierte, Jovius verschaffe sich dadurch einen erheblichen Vorteil. Dieser Vorbehalt war aber keineswegs unbegründet, denn der Superintendent bestach in der Kontroverse mit seinem Pfarrmeier den Amtmann Burchard Friesen mit einem Goldgulden, um die Konfliktbeilegung zu beschleunigen.[109] Dieser Bestechungsversuch deutet darauf hin, dass Jovius seine Verbindung zum Amtmann tatsächlich zu seinem Vorteil nutzte.

Zur Verwaltungsroutine gehörten ebenfalls die bereits erwähnten gemeinsamen Aufträge des Konsistoriums, die den Superintendenten und den Amtmann zur Zusammenarbeit verpflichteten.[110] Die Konzeptbücher belegen, dass diese Konsistorialaufträge von beiden Amtsträgern tatsächlich gemeinsam durchgeführt wurden. Z. B. waren der Superintendent und der Amtmann im März 1577 im bereits ausgeführten Fall von Otto Wachtel am Zeugenverhör beteiligt und verfassten einen gemeinsamen Bericht, den der Amtmann Jo-

107 HS 2, fol. 42v [Reg.-Nr. 61]: *cum praefecto in Wickensen ego laboraverim*. Auf Grund des herangezogenen Bestallungsreverses kommt nur Johann von Halle als Amtmann in Frage.
108 Vgl. zu diesen Konflikten Kapitel 6.3.
109 Vgl. zu diesen Kontroversen die Erläuterungen im Kapitel 6.3.2.
110 Vgl. Butt, Norm und Praxis, S. 391.

hannes Tolcken am 23. November nach Wolfenbüttel schickte.[111] Ebenso war der Amtmann im Januar 1583 bei dem Verhör des Küsters Hermann Hundertmark[112] anwesend. Die Kooperation setzte sich auch anlässlich des Konflikts zwischen dem Dielmissener Pastor Curd Vrithoff und Margareta Seligmann fort, die von beiden Amtsträgern eine Vorladung zu einem Verhör erhielt, das Jovius und der Amtmann Friesen gemeinsam durchführten.[113] Allerdings ist auch belegt, dass der Superintendent den Amtmann ersuchte, Zeugenbefragungen allein durchzuführen, wie z. B. am 19. März 1581. Der Hehlener Pastor und seine Alterleute wurden angeklagt, zu viele Fische gefangen zu haben. Daraufhin sollte der Amtmann, da diese Angelegenheit in dessen Amtsbereich fiel, beide Parteien allein verhören und abschließend ein gerechtes Urteil fällen.[114] Auch in privaten Angelegenheiten bat Jovius den Wickensener Amtmann um Hilfe. Dieser sollte z. B. im März 1582 wegen unerlaubten Pflügens auf dem *Dominio und proprietet*[115] des Haller Superintendenten, den nicht genannten Verursacher verhören und ein Strafmaß festsetzen.[116]

Darüber hinaus lässt sich mit Hilfe weiterer Akten, z. B. aus einem Aktenvermerk vom 25. April 1590, belegen, dass der Amtmann Burchard Friesen bei der Einführung des Stadtoldendorfer Pastors Reinhold Trost am 29. April 1582 anwesend war.[117] Dies entsprach den Vorgaben der Kirchenordnung, die neben dem Superintendenten und einem Pastor als Zeugen, den Amtmann dazu verpflichtete, anwesend zu sein.[118]

Immer wieder benötigte der Haller Superintendent in diversen Angelegenheiten und Konfliktfällen die Unterstützung des Wickensener Amtmanns und ggf. des Oberamtmanns. So griff Jovius im Jahr 1577 auf den Amtmann Johannes Tolcken zurück, um andere weltliche Amtsträger wie z. B. den Linser Gograf Claus Kopper zu ermahnen. Kopper hatte seine Befugnisse selbstständig ausgedehnt und sich in geistliche Aufgaben eingemischt, weshalb der Amtmann ihn erneut in seine Aufgabenbereiche einweisen sollte.[119] Ebenso fordert der Superintendent den Beistand der weltlichen Administration bei der Abfindung seiner Magd Metke, der er wegen Diebstahls gekündigt hatte.[120] Deren Vater, der Tischler Simon Schrader, hatte bereits wegen des noch ausstehenden Lohns vor dem Landgericht geklagt. Nach der Verhandlung des Landgerichts in Heyen bat

111 HS 2, fol. 225r [Reg.-Nr. 287], fol. 225v–227r [Reg.-Nr. 288].
112 HS 3, fol. 92r [Reg.-Nr. 597]. Vgl. dazu Kapitel 7.2.
113 HS 3, fol. 103v [Reg.-Nr. 610], fol. 105v [Reg.-Nr. 613]. Vgl. dazu Kapitel 7.1.3.
114 HS 3, fol. 6v [Reg.-Nr. 491].
115 HS 3, fol. 60v [Reg.-Nr. 552].
116 HS 3, fol. 60v–61v [Reg.-Nr. 552].
117 LAW OA Stadtoldendorf Nr. 65, 1, fol. 8v–9r.
118 Sehling, Ev. KO, Bd. VI/1, S. 189f.
119 HS 2, fol. 271r [Reg.-Nr. 351]. Vgl. dazu Kapitel 7.2.
120 Vgl. zur Magd Metke Kapitel 4.2.

Jovius am 7. Juni 1577 den Amtmann Johannes Tolcken, dem Vater seiner ehemaligen Magd den ausstehenden Lohn von 2 Gulden zu übergeben. Mit Nachdruck wies er Tolcken noch einmal darauf hin, dass er sich in der Kirchenordnung über die Immunitäten und Freiheiten der Geistlichen informieren sollte. Damit er die richtigen Abschnitte lese, nannte Jovius ihm gleich die dafür relevanten Seiten 221 und 235.[121]

Mangelhafte Amtsführung war einer der wichtigsten Gründe, die ausgangs des 16. Jahrhunderts zu Entlassungen von Amtmännern führten. Als Hans Tolcken 1571 das Dienstverhältnis aufgekündigt wurde, hatte er nicht nur die Privilegien der Geistlichen missachtet.[122] Bei der Eintreibung des Scheffelschatzes[123] verhielt sich Tolcken Anfang des Jahres 1570 regelwidrig und drohte sogar, die Tiere des Superintendenten zu pfänden, sollte dieser der Forderung nicht nachkommen.[124] Gerade dieses Verhalten des Amtmanns bemängelte Jovius gegenüber dem Generalsuperintendenten auch noch ein Jahr später.

Generell ist zu beachten, dass viele Probleme nicht durch Obstruktion oder Eigennutz der Amtleute hervorgerufen wurden, sondern durch schlichte Unkenntnis der rechtlichen Grundlagen ihrer Arbeit.

Neben den Amtmännern waren aber auch die Gografen nicht über die Freiheiten der Pastoren informiert, wie ein Beispiel aus dem Jahr 1573 belegt. Ein nicht näher bezeichneter Gograf hatte erneut einen Pastor aufgefordert, den Scheffelschatz zu zahlen. Jovius führte diese Forderung auf die Unwissenheit zurück und fordert Tolckens Nachfolger, Johann von Halle, auf, diesen Amtsträger über die Freiheiten der Pastoren erneut zu unterweisen. Damit dem neuen Amtmann keine Fehler unterliefen, übersandte der Superintendent ihm einen nicht näher bezeichneten angefertigten Auszug aus der Kirchenordnung, der die Bestimmungen der Immunitäten der Pastoren enthielt.[125] Nach mehrfachen Zurechtweisungen stellte Jovius resigniert fest, dass er bei nächster Gelegenheit unbedingt das Konsistorium fragen müsse, ob ein generelles Schreiben an alle Amtmänner verfasst werden sollte, damit diese über die Freiheiten der Pastoren informiert wären.[126]

121 HS 2, fol. 227r [Reg.-Nr. 289], fol. 227v f. [Reg.-Nr. 290], fol. 245r [Reg.-Nr. 303]. Zu Jovius' Angaben vgl. Sehling, Ev. KO, Bd. VI/1, S. 194 und 199. Vgl. zur Vorladung der Geistlichen vor das Landgericht Kapitel 7.1.3.

122 HS 2, fol. 22r f. [Reg.-Nr. 35], fol. 52r [Reg.-Nr. 73], fol. 57v–60r [Reg.-Nr. 81], fol. 63r [Reg.-Nr. 87], fol. 64r f. [Reg.-Nr. 89].

123 Vgl. dazu Kapitel 6.3.

124 HS 2, fol. 2r [Reg.-Nr. 2], fol. 3v [Reg.-Nr. 4], fol. 6v [Reg.-Nr. 11].

125 HS 2, fol. 82r [Reg.-Nr. 121].

126 HS 2, fol. 224v [Reg.-Nr. 286].

Die vielfältigen Aufgabenbereiche erforderten eine konstruktive Zusammenarbeit zwischen Superintendent und den Vertretern der weltlichen Administration.

Der erste Amtmann Hans Tolcken führte sein Amt unzuverlässig und fehlerhaft, weshalb er schließlich gekündigt wurde. Dessen Nachfolger, Johann von Halle, war ein geschäftiger Amtmann, der nach seiner Einarbeitungszeit mit dem Superintendenten kooperierte. Seine Bemühungen werden besonders in dem Konflikt um die Haller Pfarrhausinstandhaltung deutlich, in dem er z.B. mehrere Verhandlungen führte. Neben der guten Zusammenarbeit spricht nicht zuletzt seine Beförderung 1579 zum Oberamtmann für eine tadellose Arbeitsweise. Das vakante Amt des Amtmannes erhielt Johannes Tolcken, mit dem der Haller Superintendent die meisten Probleme hatte. Tolcken missachtete vor allem die Rechte und Pflichten der Pastoren und vernachlässigte die Zusammenarbeit sowie sein Amt. Jovius war überzeugt, dass Tolcken *keine bescheidenheit undt rechte*[n] *verstandt*[127] besitzen würde. Nachdem auch andere Pastoren der Haller Inspektion Probleme mit Tolcken hatten, führten die Mängel in seiner Amtsführung schließlich im Dezember 1578 zu seiner Entlassung.

Die mangelnde oder nachlässige Kooperation seitens der weltlichen Administration ist keineswegs unüblich. Die Konsistorialprotokolle führen in Bezug auf die gemeinsam durchzuführende Visitation viele Fälle an, die durch die mangelnde Kooperation der Amtsträger entstanden.[128] Die Zusammenarbeit zwischen den Instanzen änderte sich, als Burchard Friesen 1578 das Amt übernahm. Trotz einiger Auseinandersetzungen in Bezug auf die Koordination der Kirchenrechnungsprüfung engagierte sich Friesen und arbeitete mit dem Superintendenten zusammen.

Der Haller Superintendent führte die Abnahme der Kirchenrechnung mit dem Amtmann in Kooperation durch. Obwohl Butt bereits darlegte, dass die Hinweise auf die Beteiligung des Superintendenten bei einer Prüfung der Kirchenrechnung sehr selten seien, nahm der Haller Superintendent daran teil, zumal er die Rechnungslegung und Visitation bereits im Jahr 1580 zusammengelegt hatte.[129] Neben der Teilnahme des Superintendenten konnte außerdem die exakte Koordination und Organisation der Rechnungsprüfung dargestellt werden, insbesondere wie die beiden Instanzen dabei zusammenarbeiteten und welche Probleme auftraten. Hingegen nahm Reller noch an, dass die Visitation vom Superintendenten und die Kirchenrechnung vom Amtmann bis

127 HS 2, fol. 192r [Reg.-Nr. 265].

128 Zuletzt gab Butt, Norm und Praxis, S. 375, das Beispiel des Superintendenten von Neustadt am Rübenberge an, der sich 1593 über die Weigerung des Amtmanns von Wölpe beschwerte, da dieser ihm nicht bei der Durchführung der Visitation unterstützte.

129 Butt, Norm und Praxis, S. 384, konnte diese identische Verfahrensweise nur noch einmal für das Jahr 1596 für den Seesener Superintendenten belegen.

Anfang der 1590er Jahre jeweils allein durchgeführt wurden.[130] Eine rege und funktionierende Zusammenarbeit der beiden Amtsträger in Bezug auf die Kirchenrechnung lässt sich also ab dem Jahr 1580 nachweisen und kann damit um ca. 10 Jahre früher datiert werden als in der Forschung.[131]

Allerdings rückte gegen Ende der 1580er Jahre die Abnahme der Rechnung in den Konzeptbüchern in den Vordergrund, während die Visitation nicht mehr gesondert erwähnt wurde. Durch die Probleme, die es bei der Koordination der Termine und Reiserouten sowie der Durchführung der Kontrollen gab, war der rege Kontakt zwischen Amtmann und Superintendent zwingend notwendig. Zusätzlich zur Instruktion vom Mai 1569 forderte Jovius für die Kontrolle der Rechnungen neben dem Wickensener Amtmann und dem Ortspfarrer auch die Alterleute und Küster auf, der Prüfung beizuwohnen.[132] Um einen reibungslosen Ablauf zu garantieren, wurden insbesondere die Pastoren zur aktiven Mit- bzw. Vorarbeit aufgefordert.

Die nachweisliche Zusammenarbeit bei alltäglichen Amtsaufgaben verlief in den ersten Jahren noch ein wenig langsam und unkoordiniert. In einigen Fällen wurde die Kooperation der beiden Amtsträger ausdrücklich vom Konsistorium befohlen, wie z. B. Verhöre oder Untersuchungen gemeinsam durchzuführen. Erst im Laufe der 1570er kann eine gewisse eigenständige Routine bei der Kooperation zwischen Superintendent und Amtmann festgestellt werden, die dann endgültig ab der Mitte der 1570er Jahre funktionierte.[133]

8.3. Die Patrone

Das *Ius Patronatus* wurde als Rechtsinstitut von dem Kirchenrechtslehrer Gratian in der Mitte des 12. Jahrhundert im Zuge der Auseinandersetzung der Kirchenreformer gegen die Eigenkirchenherrschaft entwickelt.[134] Zum ersten

130 Reller, Kirchenverfassung, S. 148f.

131 Vgl. Schorn-Schütte, Evangelische Geistlichkeit, S. 75; Butt, Norm und Praxis, S. 383f.

132 Vgl. zu dieser Bestimmung der Anwesenden den 23. Artikel bei Reller, Kirchenverfassung, S. 148; Schönijahn, Rückerinnerungen aus der Reformations-Geschichte, S. 19; Butt, Norm und Praxis, S. 397. Ein herzogliches Mandat von 1570 bestimmte hingegen auch als Prüfer die Alterleute und den Pfarrer, vgl. dazu Butt, Norm und Praxis, S. 384, Anm. 114; Reller, Kirchenverfassung, S. 143.

133 Butt, Norm und Praxis, S. 378f., stellte ebenfalls eine gewisse Routine in der Zusammenarbeit der beiden Instanzen ab Ende der 1580er Jahre fest.

134 Vgl. Landau, Ius Patronatus, S. 3–7; Petke, Kirchenpatronate in städtischer Hand, S. 434; Dürr, Politische Kultur, S. 221. Vgl. zum Patronatsrecht allgemeine Landau, Ius Patronatus, S. 3–38, 145ff.; Ders., Patronat, S. 106–114; Petke, Kirchenpatronate in städtischer Hand, S. 433–465; Otte, Patronat, S. 405–429. Vgl. zur hannoverschen Landeskirche Mahrenholz, Patronat in der Landeskirche Hannover. S. a. Henske, Patronat der Hansestadt Rostock, S. 1–78.

Mal wurde das Patronatsrecht um das Jahr 1164 von dem Bologneser Kanonisten Rufinus systematisch dargestellt und 1171 von dem Dekretisten Johannes Faventinus definiert.[135] Mit dieser Definition wurde die Fürsorge für die Kirche und das damit verbundene Recht des Kirchenherrn, den Pfarrer zu präsentieren, besonders hervorgehoben.[136] Das Patronatsrecht mit dem dazugehörigen Nominations- bzw. Präsentationsrecht, d.h. dem Konsistorium einen möglichen Pastor zu nennen bzw. vorzustellen[137], wurde im Zuge der Einführung des lutherischen Bekenntnisses 1568 im Fürstentum Braunschweig-Wolfenbüttel von Herzog Julius übernommen. Die endgültige Entscheidung über die Annahme oder Ablehnung eines Kandidaten oblag aber der Kirchenordnung zufolge dem kirchenleitenden Konsistorium.[138] Darüber hinaus hatten die Patrone das Recht, einen Begräbnisplatz oder ein besonderes Gestühl in der Kirche für sich zu beanspruchen.[139]

Am konkreten Fall der Haller Superintendentur soll gezielt aufgezeigt werden, welche Konfliktpotentiale das übernommene Patronatsrecht in seiner Anwendung auf die neuen kirchenpolitischen Hierarchien und Strukturen bot. Einzelne Pfarreien in der Superintendentur hatten Patrone, die nicht wie die Ortschaft Halle unter bischöflichem Patronat standen, sondern die der landsässige Adel innehatte. Jovius verzeichnete folgende Patronatsherrn: Das Patronat lag in Hehlen bei der Familie von der Schulenburg[140], in Hunzen bei der Familie von Bevern, in Kirchbrak bei der Familie von Grone sowie in Bisperode und Harderode bei der Familie von Werder[141].[142] Eine ausreichende Untersuchungsbasis bieten die Konzeptbücher lediglich für die unmittelbar benachbarten Pfarreien Hunzen und Kirchbrak.

135 Faventinus definierte das Patronatsrecht folgendermaßen: *Ius patronatus est auctoritas vel potestas providendi ecclesie veniens ex beneficiis ante consecrationem collatis*, zitiert nach Landau, Ius Patronatus, S. 13; Petke, Kirchenpatronate in städtischer Hand, S. 434.

136 Vgl. Landau, Ius Patronatus, S. 9–14; Petke, Kirchenpatronate in städtischer Hand, S. 434.

137 Vgl. dazu DRW, Lemma: Präsentationsrecht, Bd. 10, Sp. 1212f.; Lemma: Nomination, Bd. 9, Sp. 1532.

138 Sehling, Ev. KO, VI/1, S. 182f.

139 Vgl. Otte, Patronat, S. 412.

140 NLA WF 19 Alt Nr. 215, fol. 75r–78r.

141 NLA WF 19 Alt Nr. 215, fol. 52r–62r.

142 HS 2, fol. 362r–364v [Reg.-Nr. 471], fol. 366v f. [Reg.-Nr. 475]. Vgl. dazu auch LAW S659, fol. 9v.

8.3.1. Das Patronat in Hunzen

Brun Arndt von Bevern war Patronatsherr der Kirche in Hunzen.[143] In den Jahren von 1571 bis 1578 konnte er gleich in drei Bewerbungsverfahren von seinem Patronatsrecht Gebrauch machen und war darüber hinaus für die Besoldung des Pastors, der neben Dielmissen auch die Pfarrei in Hunzen zu versorgen hatte, zuständig. Gemäß der wirtschaftlichen Bestandsaufnahme von 1568 erhielt der Pastor von einem 2 Hufe umfassenden Ackerhof 2 Scheffel und 4 Himpten Roggen, 6 Himpten Gerste, 2 Scheffel Hafer. Von diesem Ackerhof *nimbt das ander korn* Brun Arndt von Bevern in Höhe von 6 Himpten Roggen, 6 Himpten Weizen, 1 Scheffel Hafer, 4 Groschen, 6 Hühnern und 120 Eiern. Das Hunzener Pfarrhaus war 1568 für 1 Gulden vermietet.[144]

Einen vertieften Einblick in die Verhältnisse der Gemeinde Hunzen erhielt Jovius, als er nach dem Tod des Pastors Johann Ostercamp am 13. August 1571, als zuständiger Superintendent die Vakanzvertretung übernahm. Er hält aus dieser Zeit folgendes fest:[145]

> *So hab ich als ein vorordenter Superintendens etzliche mangele zu huntzen befunden, als nemlich mit einem Kelche der kupfern ist, und nit dienlich hinfurder leute darauss zu speisen, den es kupfert der wein so bald der darin gegossen wird, Undt die kirch hat etzliche silber das man in vorzeiten zur abgötterei*[146] *gebraucht.*[147]

Nachdem er diesen Mangel festgestellt hatte, setzte er sich am 12. Dezember 1575 umgehend mit dem Patronatsherrn in Verbindung. Er forderte ihn auf, das vorhandene Silber zu *nhemen unnd einen Kilch darauss lassen machen, das es in Christlichen gebrauch gebracht werde*[148]. Der unbrauchbare, kupferne Kelch war nicht der einzige Kritikpunkt, den der Superintendent gegenüber dem Patron im Dezember 1575 anführte. Des Weiteren sei der Anbringungsort der Kanzel unglücklich gewählt, da

> *mitten in der Kirchen gegen den Altar das die Gemeine nit sehen mag, was uf dem Altar, gehandelt, benimpt darzu den rahum des die communicanten nicht fur den altar wol kommen können zu der Adhortation so fur der reichunge des heiligen Sacraments geschieht, darumb Ich für gut ansehe das man den uff die halbe setze, unnd den altar*

143 NLA WF 19 Alt Nr. 215, fol. 68v–70v. Vgl. zu Brun Arndt von Bevern die Ausführungen im Anhang 11.8.

144 LAW V448, fol. 105r.

145 Vgl. zu Johann Ostercamp Kapitel 7.1.1. und die Ausführungen im Anhang 11.8.

146 ›Abgötterei‹ bezeichnet die Verehrung von bildlichen Götter-Darstellungen, Götzendienst, vgl. DWB, Lemma: Abgötterei, Bd. 1. Sp. 51.

147 HS 2, fol. 137v [Reg.-Nr. 199].

148 HS 2, fol. 137v [Reg.-Nr. 199].

daran er stehet bei thur unnd gestulte dafür an die Stedde ordenne, darinne leute stahn mögen gottes wort zu hören.[149]

Offenbar hatte der Patron die Mängel behoben. Als Hildebrand Schmidt[150] das Pastorenamt Anfang 1576 in Dielmissen und Hunzen antrat, stand ihm für das Abendmahl in der Hunzener Kirche tatsächlich ein neuer Kelch zur Verfügung.[151] Von Bevern war der Aufforderung des Superintendenten, zusammen mit den Adligen Hartung Hake[152] und Heinrich von der Wense, tatsächlich nachgekommen, was eine Stifterinschrift auf dem heute in der Gemeinde Hunzen noch vorhandenen Kelch belegt:

I D(EDIT) // HARTVNGk · HAkEN · // Ił D(EDIT) // BRVN ARENT VON BEVERN · // I D(EDIT) // HENRICH · VON · DER · WENSE · 1576 ·[153]

Neben der Kirche in Hunzen war Brun Arndt von Bevern maßgeblich an der Ausstattung der Kirche in Bevern beteiligt, wo er ebenfalls das Patronat besaß. Am 12. März 1569 stiftete er zusammen mit seiner Ehefrau, Gertrud von Falkenberg, eine Kanzel für die Beverner Kirche, renovierte sie mit der Gemeinde im Jahr 1576 und stiftete 1583 ein Kirchenfenster. Bereits Jovius' Freund Johannes Letzner[154] hob in seiner Chronik die frommen und mildtätigen Stiftungen des Ehepaares hervor.[155] Zu der Kelch-Stiftung in Hunzen folgte 1584 kein weiteres Ausstattungsstück, aber die Möglichkeit, einen neuen Uhrzeiger zu kaufen. Der Superintendent hatte im Auftrag des Patrons den Alterleuten und der Gemeinde in Hunzen einen Uhrzeiger für ihr noch funktionierendes Uhr-

149 HS 2, fol. 137v [Reg.-Nr. 199].

150 Vgl. zu Hildebrand Schmidt Kapitel 7.1.2. und die Ausführungen im Anhang 11.8.

151 Während Hildebrand Schmidt in Hunzen einen neuen Kelch zur Verfügung hatte, beschwerte er sich im Jahr 1577 über die Ausstattung der Dielmissener Kirche, die er ebenfalls zu versorgen hatte. Bei Amtsantritt hatte die Kirche in Dielmissen weder ein Inventar über die Kirchen- und Küstergüter, noch einen Bargeldvorrat oder einen *Predigtstuell sondern alleine eine ungebawete wuste kirche*. Daraufhin hatte er von den jährlichen Einnahmen der Kirche ein *predigtstuell an einen gelegen ort gebawet, der Chör mit Schrankenwerck neben zweien thuren von der kirchen abgescheiden und die kriche mit frawen stuelen gehiret* [Zitate: LAW OA Dielmissen Nr. 2, fol. 20r (eigene Zählung)]. Nach Fertigstellung der Frauenstühle konnten sich die Frauen nicht auf eine Sitzordnung einigen. Deshalb legte Schmidt zusammen mit den Alterleuten eine Ordnung fest, die aber in der Gemeinde auf Widerstand stieß, da sich einige Familien durch die zugewiesenen Sitze benachteiligt sahen, obwohl Schmidt explizit hervorhob, dass der Zweck der Sitzordnung sei, keine Spaltung zwischen Reich und Arm zu provozieren, vgl. dazu die weiteren Ausführungen LAW OA Dielmissen Nr. 2, fol. 1r–27v (eigene Zählung).

152 Vgl. zu Hartung Hake Kapitel 5.2. und die Ausführungen im Anhang 11.8.

153 Die Inschrift ist zitiert nach DI 83 (Landkreis Holzminden), Nr. 80 (Jörg Lampe, Meike Willing).

154 Vgl. zu Johannes Letzner Kapitel 5.1.

155 Vgl. Letzner, Dasselische Chronica, fol. 183r. S. a. Honselmann, Notizen, S. 290–296; DI 83 (Landkreis Holzminden), Nr. 80 (Jörg Lampe, Meike Willing).

werk angeboten, doch ihnen waren die Kosten für den Zeiger und die folgenden Reparaturen zu hoch. Er wandte sich daraufhin an den Beverner Pastor Johannes Sagittarius und hoffte, dass dieser das Angebot noch einmal überdenken und die Gemeinde eventuell umstimmen würde, damit das Uhrwerk endlich wieder genutzt werden könnte.[156] Das Angebot wurde abgelehnt, woraufhin Jovius die Gelegenheit ergriff und den Hunzener Patron ersuchte, ihm und seiner Haller Gemeinde das Uhrwerk zu überlassen, weil *es sonst unrecht were das gleichwoll das Uhrwerck, weil es noch töcht, sölt gebrauchet werden.*[157]

Neben der Ausstattung der Kirche war der Patron für die Besoldung des Pfarrers zuständig, was beispielsweise im Januar 1576 zu einem Problem zwischen Brun Arndt von Bevern und dem für seine Patronatskirche zuständigen Pastor Hildebrand Schmidt führte. Wie Schmidt dem Superintendenten persönlich mitteilte, benutzte der Patron die kirchlichen Güter zur anderweitigen Nutzung und zahlte ihm seinen Lohn nicht. Im Juli 1576 beschwerte sich Schmidt erneut darüber, dass er aus Hunzen keinen Lohn erhalten hatte. Jovius informierte auf herzoglichen Befehl den Patron von Bevern, dass die Güter der Hunzener Pfarre Schmidt zu überlassen seien, da die Ausstattung der Dielmissener Pfarre alleine nicht für den Lebensunterhalt ausreiche.[158] Im April ergänzte Schmidt in seiner an den Generalissimus Timotheus Kirchner gerichteten Klage, dass er *zu huntzen nicht wenige sondern viell mehr muhe und erbeit habe alse zu didilmessen.* Einen Teil des Verdienstes *verreiste ich* [= Schmidt] *auff dem wege zwi*[schen] *Didilmessen und huntzen*[159] *an Kleider und schuen*[160]. Er bat um Unterstützung, da er sich ohne den Lohn *nicht enthalten kan, man müsse den arbeiten wie ein ander baursman.*[161] In diesen Konflikt schaltete sich neben Jovius, dem Alfelder Generalsuperintendenten und Kirchner auch das Konsistorium resp. Herzog Julius selbst ein. Dem Haller Superintendenten wurde befohlen, den Patronatsherrn zu ermahnen. Von Bevern solle den Pastor ordnungsgemäß mit der Pfarre belehnen, die Güter nicht anderweitig nutzen und den Lohn bezahlen. Jovius verdeutlichte dem Patron in einem gesonderten Schreiben, dass insbesondere die Verteilung der geistlichen Güter an nichtgeistliche Personen das Konsistorium als *Sacrilegium*[162] auslegen und dementsprechend bestrafen würde.[163]

156 HS 3, fol. 134v [Reg.-Nr. 654].
157 HS 3, fol. 135v [Reg.-Nr. 656].
158 HS 2, fol. 168r–169r [Reg.-Nr. 235], fol. 170r f. [Reg.-Nr. 237].
159 Der Weg entspricht einer Entfernung von ca. 2 Kilometer.
160 LAW OA Dielmissen Nr. 2, fol. 19r (eigene Zählung).
161 LAW OA Dielmissen Nr. 2, fol. 19r (eigene Zählung).
162 ›Sakrilegium‹ bezeichnet eine Entweihung religiöser Gegenstände, vgl. DRW, Lemma: Sakrilegium, Bd. XI, Sp. 1428.
163 HS 2, fol. 168r–169r [Reg.-Nr. 235], fol. 170r f. [Reg.-Nr. 237]. LAW OA Dielmissen Nr. 2, fol. 1r f., 22r f., 24r ff. (eigene Zählung). Vgl. zum Konflikt zwischen dem Superintendenten

Obwohl dem Patron das Nominations- bzw. Präsentationsrecht zustand, hielt sich Brun Arndt von Bevern bei der Suche nach einem geeigneten Pastor zurück.[164] Am 9. Februar 1578 wurde der Patron von der Hunzener bzw. Dielmissener Gemeinde, dem Superintendenten und dem Konsistorium aufgefordert, sich am Auswahlverfahren für einen neuen Bewerber zu beteiligen und seine Entscheidung bezüglich eines neuen Pastors zu treffen.[165] Vorgeschlagen wurde Curd Vrithoff. Da von Bevern sich mit seiner Entscheidung zurückhielt, bat Jovius am selben Tag den Generalsuperintendenten, den Konsistorialbeschluss für Vrithoffs Einsetzung an den Patron zu schicken, damit dieser endlich der Einsetzung zustimme. Der Generalsuperintendent leitete Jovius' Schreiben weiter und der Generalissimus äußerte sich dazu am 16. Februar 1578. Er gab zu verstehen, dass Vrithoff gemäß der Kirchenordnung nicht ohne die Zustimmung des Patrons als Pastor bestätigt werden könne. Sobald sich nämlich die Patrone in ihren Rechten, die die Kirchenordnung ihnen gewährte, benachteiligt fühlten, würden sie in Gegenwart des Fürsten die Konsistorialräte anklagen, denen aber eine entsprechende Antwort auf die Anklagen der Patrone fehlen würde.[166] Um endlich die Zustimmung des Patrons zu erhalten, teilte Jovius Brun Arndt von Bevern am 20. Februar mit, dass Vrithoff die Bestätigung des Konsistoriums für die Pfarre in Dielmissen, dessen Patron der Mindener Bischof war, und Hunzen erhalten hatte. Er zweifelte nicht, dass der Hunzener Patron den Nachfolger anerkenne und den Lohn ordnungsgemäß bezahlen werde, damit die Gemeinden zukünftig mit Gottesdienst und Abendmahl versorgt seien. Neben einem Empfehlungsschreiben des Konsistoriums an von Bevern schickte Jovius am selben Tag ein Schreiben an den Beverner Pastor Sagittarius. Er hoffte, dass der Pastor den Patron dazu bewegen könnte, Vrithoff mit der Pfarre zu belehnen.[167] Letztendlich gab Brun Arndt von Bevern tatsächlich seine Zustimmung.

Eine weitere Pflicht bestand für die Patrone darin, bei der Rechnungslegung ihrer Kirchenrechnungen anwesend zu sein, wie das folgende Beispiel belegt. Im Februar 1581 hatte Jovius zusammen mit dem Wickensener Amtmann, Burchard Friesen[168], die Kirchenrechnungsprüfung durchgeführt und dies in Abwesenheit des Patrons Brun Arndt von Bevern. Im Auftrag des Hunzener Patrons

Johannes Hütterodt und den Patronatsherrn hinsichtlich der Pfarrbesoldung im 17. Jahrhundert Ebert, Diehl, Rogmann, Konkurrierende Obrigkeit, S. 105–108.

164 Vgl. zur Suche eines Nachfolgers für Dielmissen und Hunzen Kapitel 7.1.1., 7.1.2. und 7.1.3.

165 Vgl. zum Konflikt zwischen dem Superintendenten Johannes Hütterodt und den Patronatsherrn hinsichtlich der Pfarrstellenbesetzung im 17. Jahrhundert Ebert, Diehl, Rogmann, Konkurrierende Obrigkeit, S. 100–105.

166 HS 2, fol. 255v [Reg.-Nr. 330].

167 HS 2, fol. 253v [Reg.-Nr. 323], fol. 254r [Reg.-Nr. 324], fol. 255r [Reg.-Nr. 327], fol. 255r [Reg.-Nr. 328], fol. 255v [Reg.-Nr. 330].

168 Vgl. zu Burchard Friesen und die Kooperation bei den Kirchenrechnungsprüfungen Kapitel 8.2.

bat der Amtmann des Gerichts Allersheim stellvertretend um einen Aufschub für die Rechnungsprüfung der Gemeinde Hunzen, den der Superintendent gewährte.[169] Zu einer Kirchenrechnungsprüfung wurden also neben Küstern und Alterleuten auch explizit Patrone geladen, was zumindest für die Superintendentur Halle belegt ist.

8.3.2. Das Patronat in Kirchbrak

Der Patron Heinrich von Grone[170] belehnte den Pastor Caspar Hasenjäger *Freitags post Misericordias*[171] *domini 1567 [...] mit der Pfar alhir zu Kirchbrack*[172]. Der Pastor hatte sein Amt bis zu seinem Tod am 14. Juli 1597 inne. Während dieser Amtszeit gab es ständig Auseinandersetzungen zwischen ihm und seinem Patron sowie mit dessen Neffen Johann von Grone.

Heinrich von Grone wollte die Pfarre mit in das *Rittermessig gudt ziehen, welchs sie vom obgemelten Bischoff zu Minden zu Lehen haben, wollen Pfarhern an- und absetzen wen sie wollen*[173]. Mit dieser Begründung hatte Heinrich von Grone den Kirchbraker Pastor Caspar Hasenjäger kurzerhand des Amtes enthoben. Am 6. November 1572 wandte sich Hasenjäger wegen seiner unrechtmäßigen Suspendierung Hilfe suchend an den Haller Superintendenten. Er wehrte sich vehement gegen die in der Klage erhobenen Vorwürfe, da er bereits auf der Generalvisitation um Ostern 1571 in Amelungsborn und während Jovius' Visitation Rechenschaft abgelegt hatte, sowohl über die Kirchengüter als auch über seine Probleme mit Heinrich von Grone. Er hatte Grone des Öfteren ermahnt, da dieser seit 16 Jahren weder das Abendmahl empfangen hatte, noch beim Gottesdienst anwesend war. Außerdem würden die Herren von Grone nicht näher bezeichnete *vortribene*[174] beherbergen und zur Arbeit auf dem Hof heranziehen. Als Reaktion auf Hasenjägers Ermahnungen bedrohte Heinrich von Grone ihn und warf ihm vor, für das Pastorenamt völlig ungeeignet zu sein. Im

169 HS 2, fol. 370v [Reg.-Nr. 480].

170 Vgl. zu Heinrich von Grone die Ausführungen im Anhang 11.8. Vgl. zu den Herren von Grone Hölscher, Herren von Grone; Hölscher, Kirche und ihre Pastoren, S. 1–12. Vgl. zur Grabplatte für Heinrich von Grone (*1512 – †1617) DI 83 (Landkreis Holzminden), Nr. 204 (Jörg Lampe, Meike Willing); vgl. zur Grabplatte für den am 16. Februar 1593 ermordeten Johann von Grone DI 83 (Landkreis Holzminden), Nr. 129 (Jörg Lampe und Meike Willing). Der Nachweis im Wickensener Erbregister von 1580 bestätigt Jovius' Angaben, dass die Familie von Grone das Patronatsrecht besaßen, vgl. NLA WF 19 Alt Nr. 215, fol. 30r. S. a. Hölscher, Kirchbrak 1580.

171 18. April.

172 LAW OA Kirchbrak Nr. 32, Nr. 6.

173 HS 3, fol. 30v [Reg.-Nr. 519]. Vgl. zur identischen Auflistung vom 29. November 1580 HS 2, fol. 364r [Reg.-Nr. 471]. Vgl. dazu auch Hölscher, Kirche und ihre Pastoren, S. 1ff.

174 HS 2, fol. 66r [Reg.-Nr. 91].

Zuge der Kirchenrechnungsprüfung mischte sich Grone darüber hinaus in Hasenjägers Amtsangelegenheiten ein und gab zu verstehen: *Ich bin Oberster Olderman, Ihr soltes machen wi Ichs wil haben*[175]. Ebenso hatte er Hasenjäger bei seiner Amtsausführung behindert, als er bei einer Ehestiftung im Sommer 1572 den Kirchenschlüssel nicht herausgab und somit die Kirche verschlossen hielt, weil er Einwände gegen diese Hochzeit hegte. Hasenjäger ermahnte ihn darauf, woraufhin von Grone den Pastor beim Konsistorium anklagte. Der Kirchbraker Pastor bat Jovius um ein persönliches Gespräch mit dem Alfelder Generalsuperintendenten und hoffte, unterstützt zu werden. Nachdem der Haller Superintendent über den Sachverhalt aufgeklärt worden war, benachrichtigte er den Generalsuperintendenten über den Vorfall und äußerte seine Verwunderung darüber, dass Hasenjäger noch nicht vom Konsistorium zu einer Stellungnahme aufgefordert wurde. Die Angelegenheit zwischen Pastor und Patronatsherr kommentierte er abschließend mit einem abgewandelten Zitat Luthers: *Man söllt Ihnen* [= den Edelherren] *sönderliche Pfarherren malen.*[176]

Im Auftrag des Kirchbraker Pastors kümmerte sich der Haller Superintendent und kontaktierte am 30. März 1573 mit einem Schreiben den Wickensener Amtmann Johann von Halle. Er informierte ihn über den Vorfall und führte aus, dass Heinrich von Grone den Pastor immer noch belästige und in seiner Amtsführung behindere. Die Klage wurde zwar beim Konsistorium eingereicht, aber trotz einer Vorladung sei kein entsprechendes Urteil gefällt worden. Der Generalissimus Nicolaus Selnecker werde, wenn er wieder in Gandersheim sei, beide Parteien erneut zu einer Verhandlung vorladen. Jovius bat den Amtmann, Heinrich von Grone zu verwarnen. Dieser solle bis zum Urteilspruch des Konsistoriums den Pastor in Ruhe lassen. Johann von Halle kam der Aufforderung nach und äußerte gegenüber dem Superintendenten seine Zweifel, ob Grone überhaupt das Recht besitze, den Pastor des Amtes zu entheben. Er bat den Superintendenten, erneut an das Konsistorium zu schreiben, damit eine schnelle Einigung in der Sache herbeigeführt werden könne. Ohne einen Befehl des Herzogs oder des Konsistoriums könne er nicht einschätzen, inwiefern er sich als Amtmann überhaupt in Konflikte bezüglich geistlicher Güter einmischen dürfe, zumal die Verhandlung noch nicht abgeschlossen sei.

Auf die Ermahnung des Amtmannes hatte Heinrich von Grone mit einem Schreiben geantwortet, das der Amtmann zusammen mit seiner eigenen Antwort am 18. April 1573 an Jovius schickte.[177] Die vorsichtige Vorgehensweise des Amtmannes und die Zweifel seiner Zuständigkeit in dieser Angelegenheit re-

175 HS 2, fol. 66r [Reg.-Nr. 91].
176 HS 2, fol. 62r [Reg.-Nr. 85]. Zitat nach: WABr 8, S. 97f., Nr. 3161 (Martin Luther an Johann Schreiber, Pastor in Grimma, 9. Juli 1537): *Sagt doch* […] *den Edelleuten und wer sie sind, daß man nicht kann Pfarrherrn malen, wie sie gerne wollten.*
177 HS 2, fol. 73v [Reg.-Nr. 107], fol. 74r [Reg.-Nr. 108].

sultierten vielleicht aus einem Konflikt zwischen ihm und dem Patron Heinrich von Grone im Jahr 1572. Der Patron hatte sich damals über das eingreifende Verhalten des Amtmannes beschwert, der auf seinem Hof in Kirchbrak ein Paar der Unzucht überführte und deswegen dort in Haft gesetzt hatte. Der Amtmann beließ es aber nicht bei der Inhaftierung, sondern hatte sich mit der Frage bezüglich der weiteren Vorgehensweise an den Herzog gewandt, sehr zum Missfallen des Patrons.[178]

Jovius kopierte Heinrich von Grones Schreiben und betitelte es im Konzeptbuch mit folgenden Worten: *Gar zornige Schriefft des Junckern Henrich von Grona uber den Pfarhern zu Hall und Kirchbrak an den Amptmann Johann von Hall zu Wickensen*[179]. In diesem Schreiben bestätigte von Grone dem Amtmann am 14. April 1573, dass er die Nachricht des Haller Superintendenten mit den *ußvorschembten lögen*[180] erhalten hatte. Er habe dem Kirchbraker Pastor in Absprache mit seinen Vettern zwar die Kündigung ausgesprochen, aber ihm keine Gewalt zugefügt. Wegen Hasenjägers eingereichter Klage musste der Patron zu jeder Verhandlung vor dem Konsistorium erscheinen und die Unkosten für die Reise selber tragen. Der Pastor hingegen war bei keinem einzigen Verhandlungstermin anwesend, woraufhin das Konsistorium auf Heinrich von Grones Bitten hin Hasenjäger des Amtes enthob. Abschließend wies der Patron in seinem Schreiben den Amtmann darauf hin, dem erlogenen Bericht des *Pfaffen zu Hall* bloß nicht zu glauben.[181]

Nach Erhalt beider Antworten wandte sich Jovius am 22. April 1573 mit diesem Fall an den Generalissimus Nicolaus Selnecker. Er schilderte, dass der Patronatsherr nicht nur den Kirchbraker Pastor verleugne, sondern auch das ganze Konsistorium und wider die Kirchenordnung handle. Als Beweis legte er Heinrich von Grones Schreiben bei und bat Selnecker, den Pastor in dieser Angelegenheit zu unterstützen. Die Verhandlung mit unbekanntem Ergebnis zwischen den beiden Kontrahenten fand tatsächlich Ende April 1573 in Gandersheim statt.[182]

Die Auseinandersetzung zwischen dem Kirchbraker Pastor und dem Patron setzte sich in den folgenden Jahren fort. Die Ermahnungen in Bezug auf die Gottesdienstbesuche und den Empfang des Abendmahls zeigten am 9. April 1577 minimale Auswirkungen bei Heinrich von Grone. Hasenjäger bescheinigte dem Patron gelegentlich den Gottesdienst zu besuchen, während sich dessen Vetter Johann trotzt Mahnung komplett von der Kirche fernhielt. Trotz ihres Versprechens, häufiger das Abendmahl zu empfangen und den Gottesdienst zu

178 NLA WF 26 Alt Nr. 1278, fol. 1r–4v.
179 HS 2, fol. 74v [Reg.-Nr. 109].
180 HS 2, fol. 74v [Reg.-Nr. 109].
181 HS 2, fol. 74v f. [Reg.-Nr. 109].
182 HS 2, fol. 75r f. [Reg.-Nr. 110], fol. 76v [Reg.-Nr. 113]. HS 3, fol. 35v [Reg.-Nr. 521].

besuchen, waren weder Heinrich von Grone noch sein Vetter Johann ein Jahr später am 21. Oktober 1578 beim Abendmahl gewesen.[183]

Nachdem sich der Hasenjäger bei Jovius über die Herren von Grone beschwert hatte, weil sie immer noch den Besuch der Predigt und das Abendmahl verweigerten, sich ihm gegenüber *ufsetzig und gehessig*[184] verhielten, den Zehnten nicht zahlten und kirchlichen Güter zur anderweitigen Nutzung gebrauchten, informierte der Superintendent am 21. Dezember 1580 den Generalsuperintendenten und bat diesen, den Pastor anzuhören und ihm *mit gutem Rathe zu hulffe* [zu] *kommen*[185].[186]

Caspar Hasenjäger hatte neben Heinrich von Grone auch Probleme mit dessen Neffen Johann von Grone. Im Jahr 1577 hatte der Pastor – wie bereits erwähnt – Johanns *beischlefferin eine Hure* genannt, weshalb der Wickensener Amtmann ihm ein Rind aus dem Stall nahm und der Pastor vor das Landgericht geladen wurde.[187] Im Jahr 1584 informierte Hasenjäger den Haller Superintendenten über einen weiteren Vorfall mit Johann von Grone. Dieser habe die Tochter des Bauern [Hans] Arends geschwängert *und zu Fall gebracht*, führe ein unzüchtiges Leben, bleibe der Predigt sowie dem Abendmahl fern und halte sich seine Köchin als *Concubinam*. Trotz mehrerer Ermahnungen änderte er sein Leben erst durch *einen Jemmerlichen Todschlag*, von dem er sich durch eine Geldbuße freikaufte. Da Johann von Grone beabsichtigte, sich in den Ehestand zu begeben, wandte sich Jovius umgehend an den Alfelder Generalsuperintendenten und hoffte, dass er durch sein ordnungswidriges Benehmen von den Konsistorialräten verhört werde und außerdem solle er die *iudicium de publica poenitentia hörenn, den die Nobiles wollen aller zins* [und] *Zoll frei seÿn.*[188]

Neben diesen Auseinandersetzungen war der Haller Superintendent durchaus auf die Herren von Grone angewiesen. Am 27. November 1576 bedankte er sich bei Heinrich von Grone, dass er für eine gewisse Zeit gegen entsprechende Gebühr Feuerholz aus dem Wald mit seinem Esel abtransportieren durfte. Daran anschließend fragte er, ob er im nächsten Jahr wieder *Lessholt odder falholtz*[189] mit zwei Eseln einsammeln dürfte.[190]

183 HS 2, fol. 231r–237r [Reg.-Nr. 293], fol. 263v–266v [Reg.-Nr. 347].
184 HS 2, fol. 367r f. [Reg.-Nr. 475].
185 HS 2, fol. 367r f. [Reg.-Nr. 475].
186 HS 2, fol. 342r f. [Reg.-Nr. 455], fol. 366v f. [Reg.-Nr. 475].
187 HS 2, fol. 190v–193r [Reg.-Nr. 265], fol. 225v–227r [Reg.-Nr. 288]. Vgl. zu Landgerichtsvorladung andere Pastoren Kapitel 7.1.3.
188 Alle Zitate des Abschnitts HS 2, fol. 273v [Reg.-Nr. 668]. HS 3, fol. 129r [Reg.-Nr. 645], fol. 273v f. [Reg.-Nr. 668]. Vgl. zu diesem Fall auch, auf Jovius' Konzeptbuch basierend, Hölscher, Kreuz- oder Sühnestein, S. 4; DI 83 (Landkreis Holzminden), Nr. 129 (Jörg Lampe und Meike Willing).
189 HS 2, fol. 190v [Reg.-Nr. 264]. ›Lessholt‹ ist dünnes Holz zum Auflesen, vgl. DWB, Lemma:

Der Patron war für die Kirchenausstattung, für die Besoldung der Geistlichen verantwortlich und beteiligte sich an der Einsetzung eines neuen Pastors. Sie durften nicht eigenmächtig Pastoren einsetzen oder suspendieren, aber wiederum durfte das Konsistorium nicht ohne die Zustimmung der adligen Patrone einen Kandidaten für eine Stelle bestätigen. Beide Instanzen hatten sich im Hinblick auf das geltende Nominations- bzw. Präsentationsrecht sowie auf eine regelmäßige Besoldung der Pastoren[191] zu arrangieren.[192] Aber gerade ausbleibende Lohnzahlungen mussten die Ortspastoren erst mit Hilfe der übergeordneten Instanzen einfordern.[193] Allgemein waren die Patrone nicht verpflichtet, mehr als die Gemeinde zur Instandhaltung bzw. Ausstattung der Kirche oder gar mehr zum Unterhalt des Pastors beizusteuern. Wie auch schon der Hunzener Patron, der nach Ermahnung des Superintendenten einen neuen Kelch stiftete, trug auch der Kirchbraker Patron zur Ausstattung der Kirche bei; dieser hatte im Juli 1583 bei Andreas Götze, dem Bruder des Haller Superintendenten, einen Uhrzeiger für die Kirche in Kirchbrak in Auftrag gegeben.[194]

8.4. Zusammenfassung

Neben der Verkündigung des Evangeliums sowie der Verwaltung der Sakramente bestand eine weitere wichtige Aufgabe, wie bereits Lippelt annahm, für die Geistlichen wie für die Vertreter der weltlichen Administration darin, die fürstlichen Herrschaftsvorstellungen umzusetzen und zu verbreiten.[195] Die Konzeptbücher belegen, dass die Mandate im peripher gelegenen Halle rezipiert und vom dortigen Superintendenten an die Pastoren seiner Inspektion weitergeleitet wurden. Die herzoglichen Anordnungen, die an den Amtmann gerichtet waren, sollten auf den Landgerichten verlesen werden, während die Geistlichen einem herzoglichen Ausschreiben vom 26. März 1571 zufolge diese von den Kanzeln verlesen sollten.[196] Dieser Anordnung wurde noch 1582 entsprochen, als

Leseholz, Bd. 12, Sp. 773. ›Fallholtz‹ ist abgefallenes Holz, vgl. DWB, Lemma: Fallholz, Bd. 3, Sp. 1287.

190 HS 2, fol. 190v [Reg.-Nr. 264].

191 Vgl. Otte, Patronatsrecht, S. 412.

192 Vgl. Arend, Pfarreranstellungen, S. 36. Zum Konflikt zwischen Patron und einem hessischen Superintendenten im 17. Jahrhundert Ebert, Diehl, Rogmann, Konkurrierende Obrigkeit, S. 93ff.

193 In diese Probleme war auch der hessische Superintendent Johannes Hütterodt im 17. Jahrhundert verwickelt, vgl. Ebert, Diehl, Rogmann, Konkurrierende Obrigkeit, S. 105–108.

194 HS 3, fol. 110r [Reg.-Nr. 620]. Vgl. zu Andreas Götze und seiner Uhrzeigerproduktion die Ausführungen im Anhang 11.8.

195 Vgl. Lippelt, Hoheitsträger, S. 155.

196 Vgl. Lippelt, Hoheitsträger und Wirtschaftsbetrieb, S. 16, Anm. 31.

der Superintendent detailliert schilderte, dass er zwar über zwei herzogliche Mandate mit dem fürstlichen Handzeichen und Secret verfüge, diese aber nicht befolgt würden, obwohl sie *promulgiret vorgelesen und angeschlagen* [...] *sodannes ins werck gesetzet und gebracht*[197] wurden.

Der Haller Superintendent beachtete die herzoglichen Anordnungen aber auch in seiner eigenen Amtsführung. Zumindest kann die Umsetzung für die Anweisung in Bezug auf die Ehestiftung oder die Auflistung der Personen, die das Abendmahl verweigerten oder dem Gottesdienst fernblieben, belegt werden. Gerade diese Auskünfte halfen dem Herzog, möglichst viele Details über sein Fürstentum und seine Untertanen zu erlangen.[198] Obwohl die Pastoren über die entsprechenden Direktiven von ihrem vorgesetzten Superintendenten in Kenntnis gesetzt wurden, befolgten nicht alle den jeweiligen Befehl. Deshalb war es die Aufgabe des Superintendenten die Verweigerer zu ermahnen, den Anordnungen Folge zu leisten.

Neben diesen eher praktisch orientierten Instruktionen bat der Herzog ebenfalls um Fürbittengebete. Nach der Etablierung der reformatorischen Neuerungen war das Gebet für die weltliche Obrigkeit immer noch Bestandteil der Fürbitten im Gottesdienst. Im Gegensatz zur Forschungsmeinung, personalisierte Fürbitten seien erst nach dem Dreißigjährigen Krieg nachzuweisen, konkretisierte und personalisierte der Herzog seine Gebetsaufträge schon 1577, indem er für die Schwangerschaft der Herzogin im Fürstentum Braunschweig-Wolfenbüttel oder 1579 für den Theologieprofessor der Helmstädter Universität beten ließ. Es zeigt sich damit eine deutliche Abwendung vom Formelhaften hin zu einer Personalisierung der Gebetsaufträge für einzelne Personen und deren Genesung.[199] Diese Gebetsaufträge wurden somit von Herzog Julius »als politisches Instrument gehandhabt und als Mittel zur Herrschaftsstabilisierung gezielt eingesetzt«[200].

Die Untersuchung der Kooperation zwischen dem Haller Superintendenten und den weltlichen Amtmännern zeigte insbesondere das ambivalente Verhältnis. Herzog Julius von Braunschweig-Wolfenbüttel verlangte für den Ausbau der Landeskirche die Zusammenarbeit zwischen der Geistlichkeit und den weltlichen Amtsträgern. Schon Lippelt hob in seiner Untersuchung die Bedeutung der Amtmänner »für die Etablierung und Durchsetzung der frühneuzeitlichen Fürstenherrschaft [...] [und] für die Festigung eines landesherrlichen Kirchenregiments«[201] hervor.

Der Amtmann sollte bei diversen Auseinandersetzungen in der Pfarrei, be-

197 HS 3, fol. 70v [Reg.-Nr. 564].
198 Vgl. Reitemeier, Herzog Julius, S. 49.
199 Vgl. Blicke, Interzession, S. 312.
200 Blicke, Interzession, S. 313.
201 Lippelt, Hoheitsträger, S. 151; Ders., Hoheitsträger und Wirtschaftsbetrieb, S. 17.

sonders in Fragen der Besoldung, Visitation und Kirchenrechnungsprüfung oder in Eheangelegenheiten den Superintendenten unterstützten. Tat er dieses nicht und häuften sich die Beschwerden über ihn, wurde die Amtsführung des Amtmannes untersucht. Die weltliche Zentralverwaltung war darauf angewiesen, dass aus der Provinz Meldungen über die Arbeit der weltlichen Amtsträger kamen. Dieses erfüllte der Haller Superintendent, der die Defizite aufdeckte, die über das Konsistorium an die Zentralverwaltung gelangten.

Ebenso bediente sich der Haller Superintendent der Exekutivgewalt des Amtmannes, um die wirtschaftlichen und geistlichen Interessen durchsetzen zu können, besonders in Eheangelegenheiten.[202] Zwischen der kirchlichen und weltlichen Verwaltung am Ort gab es in den ersten Jahren nach 1569 noch keine enge Kooperation, doch wurde sie mit der Zeit routinierter.[203] Gerade diese sich ab Mitte der 1570er Jahre ausbildende Routine in der Zusammenarbeit zwischen den Instanzen spiegelt die allmähliche Festigung der kirchlichen Hierarchien wieder. Ihre Kooperation musste sich schließlich entwickeln, da sie einzelne Aufträge des Konsistoriums gemeinsam auszuführen oder sich bei ihren alltäglichen Aufgaben zu arrangieren hatten. Beide Instanzen führten nachweislich schon ab 1580 die Kirchenrechnungsprüfung und die Visitation gemeinsam durch. Gerade diese Kooperation bei der Visitation sahen bereits Schorn-Schütte und Lippelt als einen Nachweis dafür an, dass die vom Herzog Julius geforderte »Institutionalisierung der Reformation [...] bis in die Amtsebene hinein wirkte«[204].

Für die Haller Superintendentur konnte die Organisation der Prüfungsreise verdeutlicht werden und die sich daraus ergebenden Probleme zwischen Superintendent und Amtmann über die Koordination von Reiseroute, Ort, Datum und Uhrzeit. Der Superintendent war entsprechend der Kirchenordnung darauf bedacht, nicht ohne vorherige Absprache und der expliziten Zustimmung des Amtmanns die Abnahme der Rechnung durchzuführen.[205] Allerdings verlief die Kooperation in der Praxis nicht immer unkompliziert oder konfliktfrei. War der weltliche Amtsträger beispielsweise aus geschäftlichen Gründen verhindert, wurde er zumindest in der Haller Superintendentur durch einen Amtsschreiber vertreten. Fehlte der Amtmann unentschuldigt bei einer Prüfung, wurde er vom Konsistorium ermahnt, regelmäßig bei den Rechenschaftsabnahmen präsent zu sein.

Die routinierte und erfolgreiche Zusammenarbeit hing nachweislich zu einem großen Teil auch von der Person ab, die das Amt bekleidete. Hierbei zeigte

202 Lippelt, Hoheitsträger, S. 151.
203 Vgl. Butt, Norm und Praxis, S. 378.
204 Schorn-Schütte, Evangelische Geistlichkeit, S. 75. Vgl. Lippelt, Hoheitsträger, S. 156.
205 Vgl. Schorn-Schütte, Evangelische Geistlichkeit, S. 75; Reller, Kirchenverfassung, S. 148; Butt, Norm und Praxis, S. 383f.

Jacob Jovius allein in den 16 Jahren des Superintendenten eine große Bandbreite. Während einige Amtmänner die Zusammenarbeit komplett verweigerten, kooperierten andere umso mehr. Lippelt sieht für die Streitigkeiten zwischen den beiden Instanzen ebenfalls »persönliche Verstimmungen«[206] verantwortlich. Er vermutet als Konfliktauslöser, dass beide Amtsträger »einer systembedingten gegenseitigen Kontrolle und in ihrer Verantwortung für den ›gemeinen Nutzen‹ einer Konkurrenzsituation innerhalb des Amtsbezirks ausgesetzt waren«[207]. Eine solche Rivalität lässt sich zumindest für den Fall des Haller Superintendenten nicht belegen. Die Auslöser liegen neben der Unkenntnis der Normen eher in der mangelnden oder fehlenden Kooperationsbereitschaft, in den unterschiedlichen Erwartungshaltungen bezüglich der Zusammenarbeit oder in der schwierigen Abgrenzung des jeweiligen Zuständigkeitsbereiches.

Die Konzeptbücher bieten eine detaillierte Einsicht in die Differenzen und das kooperierende Verhältnis zwischen dem Haller Superintendenten und den Patronen der Haller Inspektion. Die Auslöser für die Konflikte waren in erster Linie das im *ius patronatus* enthaltene Nominations- bzw. Präsentationsrecht, das von den Patronen unterschiedlich ausgelegt wurde. Besonders die geforderte Zusammenarbeit bei der Einsetzung neuer Pastoren führte zu Auseinandersetzungen. Im März 1581 wurde im Konsistorium in der herzoglichen Instruktion für die Patronatsherren in Bezug auf die Pfarrstellenbesetzung beschlossen, dass *die ordinanden erstliche zu Helmstedt vor dem Consistorio probpredigt thuen, auch examinirt, unnd darnach erst* […] *zur probpredigt geschickte werden*[208] sollten.[209]

Dennoch hatte das Konsistorium vermehrt Auseinandersetzungen mit Patronatsherrn und den Grenzen ihres Rechts. Es sei *in der Kirchenordnung und durch das Fürstliche Mandat wol und heilsamlich verordnet, daß kein undertan wes standes der sei, keinen pastor absetzenn oder Insetzenn durffe*[210].

Dieses bestätigte auch Otte und er warf die Frage auf, ob »die Visitatoren die von den Patronen geführten Rechnungen prüfen«[211] durften. Hervorzuheben ist, dass der Haller Superintendent beabsichtigte, dass neben dem Amtmann, Pastor, Küster und den Alterleuten explizit die Patronatsherren bei der Rechnungslegung anwesend zu sein hatten.[212] Ihre Abwesenheit schien nicht mit einem Verbot der Prüfung einherzugehen, sondern es wurde ggf. ein Aufschub gewährt. Im Juli 1581 beschwerte sich der Superintendent bei den Konsistori-

206 Lippelt, Hoheitsträger, S. 157.
207 Lippelt, Hoheitsträger, S. 157.
208 LAW V215, S. 14.
209 LAW V215, S. 14.
210 NLAH Cal. Br. 21 Nr. 240, fol. 471v f.
211 Otte, Patronatsrecht, S. 411.
212 Vgl. Otte, Patronatsrecht, S. 411.

alräten über die mühsame Kooperation bei der Visitation und der Kirchenrechnungsprüfung mit allen Patronatsherren[213] seiner Superintendentur.[214] Negativ war der Kirchbraker Patron bei einer Rechnungslegung 1572 aufgefallen, als er sich in die Terminfindung einmischte und sich während der Prüfung unkooperativ zeigte.

Ebenso hatten auf untergeordneter Ebene der Ortspfarrer mit seinem Patron, der dem landsässigen Adel angehörte, Probleme, besonders wenn der Patron, wie im Kirchbraker Fall, gleichzeitig noch das Amt des Altermanns bekleidete. Dieser hatte den Pastor sogar in der Ausübung seines Amtes behindert, in dem er den Kirchenschlüssel anstelle des Küsters besaß, der eigentlich über die Schlüsselhoheit verfügen sollte. Der Patron benutzt diesen Schlüssel für seine Zwecke, hielt die Kirchentür verschlossen und verwehrte dem Pastor somit den Zutritt.[215]

Beide Patrone beteiligten sich pflichtgemäß an der Renovierung der Kirche. Genau über diese Beteiligung der Patrone gab es aber eine ständige Diskussion, nicht nur im Fürstentum Braunschweig-Wolfenbüttel.[216] Die Patrone behaupteten von der Last, für die Instandhaltung aufzukommen, befreit zu sein, aber gleichzeitig über das Patronatsrecht zu verfügen, während das Konsistorium der Ansicht war, dass nur diejenigen das Recht für sich beanspruchen könnten, die auch für die Baulast aufkamen. Erst 1601 wurde dieser Konflikt unter Herzog Heinrich Julius auf dem Landtag in Gandersheim beendet. Der Herzog entschied, dass jeder Patron das *ius patronus* für sich beanspruchen dürfe, egal ob er lastenfrei oder -pflichtig sei.[217] Für die beiden Patronatsherren spielte diese Diskussion keine Rolle; beide kamen für die Ausstattung bzw. für das Altargerät ihrer Kirche auf.

213 Fritz von der Schulenburg aus Hehlen, Brun Arndt von Bevern aus Hunzen, Heinrich von Grone aus Kirchbrak sowie Jobst d. J. von Werder aus Bisperode.

214 HS 3, fol. 15v–19v [Reg.-Nr. 505].

215 Dürr, Politische Kultur, S. 231, stellte für die Hildesheimer Stadt- und Landgemeinden fest, dass die Schlüsselgewalt 1610 dort beim Oppermann (Küster), als Bevollmächtigter der Gemeinde, und nicht beim Pastor lag.

216 Vgl. zu diesem Konflikt im 17. Jahrhundert in der Landgrafschaft Hessen-Kassel Ebert, Diehl, Rogmann, Konkurrierende Obrigkeit, S. 108–110.

217 Vgl. dazu ausführlicher Otte, Patronatsrecht, S. 410f., Anm. 22. S. a. Saalfeld, Ländliche Wirtschafts- und Sozialgeschichte, S. 644f.

9. Schluss

Jacob Jovius trat als Ortsfremder am 18. Mai 1569 die neu geschaffene Stelle des Superintendenten in Halle im Gericht Wickensen im Fürstentum Braunschweig-Wolfenbüttel an. Er stand vor der Herausforderung, sich mit seiner Frau sowie seinen Kindern im Dorf einzugewöhnen und die von Herzog Julius im Fürstentum eingeführte Reformation einschließlich der damit einhergehenden Veränderungen in seiner ländlichen Inspektion zu implementieren. Dieser Umsetzungsprozess verlief nicht ohne Widerstand, so dass nun zum ersten Mal mit Hilfe der Konzeptbücher des Haller Superintendenten, die er während seiner 16-jährigen Amtszeit angefertigt hatte, detailliert gezeigt werden konnte, wie ein Geistlicher der mittleren Leitungsebene arbeitete und mit welchen Konflikten er sowohl im privaten wie im beruflichen Alltag konfrontiert wurde. 70 % des 668 Konzepte umfassenden Corpus entfallen auf den geschäftlichen Bereich und 24 % der Schreiben betreffen Privatangelegenheiten. Lediglich 6 % sind Notizen oder Abschriften von Schreiben, die Jovius weder als Adressaten noch als Empfänger hatten.[1] Diese Verteilung belegt zum einen, dass die Konzeptbücher nicht nur für Privatangelegenheiten, sondern hauptsächlich für die Dokumentation von Amtsaufgaben und -geschäften genutzt wurden. Zum anderen, dass sie dem Superintendenten als Arbeitsinstrument dienten, z. B. für die Recherche zu verschiedenen Konflikten, um einzelne Details oder vertraglich geregelte Abkommen nachzuschlagen oder wiederholt präsent zu haben. Diese Konzeptbücher wurden im 16., 17. und 18. Jahrhundert durch weitere Haller Superintendenten fortgeführt und waren für sie von großem Nutzen, um während ihrer Amtszeit über dokumentierte Sachverhalte der Vergangenheit zu recherchieren.

Die Konzeptbücher bergen viel Potential für weitere mögliche Forschungsfragen. Anhand dieser Quelle könnte der Frage nachgegangen werden, wie in der Haller Superintendentur das Superintendentenamt nach 1585 von einzelnen Amtsträgern entwickelt bzw. geprägt wurde und welche Veränderungen sich für

1 Vgl. Anhang 11.6., Diagramm 1.

das Amt im Zuge politischer, ökonomischer und gesellschaftlicher Neuerungen in einer inzwischen gefestigten Landeskirche abzeichneten. Darüber hinaus könnte eine weitere Forschungsaufgabe darin bestehen, weitere Superintendenten in ihren individuellen, privaten wie beruflichen Lebensbereichen außerhalb des Fürstentums Braunschweig-Wolfenbüttel intensiv und unter Heranziehung verschiedener Quellen vergleichend zu betrachten, um zu einer Einschätzung zu gelangen, wie andere Geistliche in ihrer Funktion als Norm- bzw. Informationsvermittler der mittleren Leitungsebene arbeiteten und die Herausforderung »Reformation« auf dem Land bewältigten.

Die der Untersuchung zugrunde gelegte Quelle gewährt einen einmaligen, detaillierten und perspektivenreichen Einblick in den tatsächlichen Arbeitsalltag sowie in die Amtshandlungen und Arbeitsabläufe eines Superintendenten im ländlichen Raum einschließlich der dabei entstehenden vielfältigen Kontroversen. In den Fokus der mikrogeschichtlich orientierten Analyse rückte der Superintendent als Individuum in unterschiedlichen sozialen Kontexten sowie Konflikten. Mit Hilfe der zentralen Begriffe ›Konflikt‹ und ›Alltag‹ sowie der damit verbundenen methodischen Konzentration neben den Inhalten auf die Auslöser und die Hintergründe, konnten die Schwierigkeiten des Superintendenten in Folge der Umsetzung der reformatorischen Neuerungen dargestellt werden.

Die methodische Differenzierung der Schriftstücke in Briefe oder Aktenschriftstücke erwies sich als vorteilhaft. Sie ermöglichte nicht nur die Trennung zwischen privater und dienstlicher Korrespondenz sowie zwischen Jacob Jovius' verschiedenen Handlungsebenen, sondern ließ zugleich Rückschlüsse auf die verschiedenen Akteure seines Netzwerks zu. Das soziale Netzwerk des Superintendenten wurde mit Hilfe der qualitativen, egozentrierten, sozialen Netzwerkanalyse rekonstruiert. Diese Methode passte sich den unvollständigen Informationen zu einzelnen Personen in den Konzeptbüchern flexibel an. Mit ihr wurden die wichtigsten privaten wie geschäftlichen Beziehungen zwischen dem Superintendenten und den häufig kontaktierten Akteuren des Netzwerks herausgestellt. Mittels weiterer archivalischer Quellen wurde das Verhältnis zu einigen Korrespondenzpartnern kontextualisiert und präzisiert.[2] Somit wurden die privaten und geschäftlichen Konturen des Netzwerks eines Geistlichen der mittleren Leitungsebene im Fürstentum Braunschweig-Wolfenbüttel am Ende des 16. Jahrhunderts sichtbar. Als Superintendent, der landfremd war und sich nicht auf eine feste Struktur verlassen konnte, musste er intensiv neue Verbindungen knüpfen und pflegen, um möglichst ohne Reibung die reformatorischen Vorstellungen von einer guten kirchlichen Ordnung zusammen mit den An-

2 Vgl. HERTNER, Netzwerkkonzept, S. 69ff.

ordnungen des landesherrlichen Konsistoriums bzw. Fürsten durchzusetzen. Er wusste dieses Netzwerk darüber hinaus für seine Anliegen differenziert zu nutzen. Hieraus resultierten Konflikte sowie Entwicklungen innerhalb einiger Netzwerkbeziehungen zu Familienmitgliedern, Freunden, geistlichen oder weltlichen Amtsträgern.

Die durch die Netzwerkuntersuchung begünstigte Methode der Konfliktfeldanalyse trennte neben den involvierten Akteuren in einem Feld vorrangig die Funktionen des Superintendenten sowie die private und berufliche Konfliktebene voneinander, so dass ein Gesamtbild des Superintendentenamtes im 16. Jahrhundert entstand. Die dargestellten diversen Kontroversen, die der Superintendent innerhalb der Konfliktfelder mit den verschiedenen Akteuren um soziales, symbolisches, ökonomisches oder kulturelles Kapital[3] hatte, sind daher als alltäglicher »Normalfall gesellschaftlichen Zusammenlebens«[4] und beruflichen Handelns anzusehen.[5]

Familie und Freunde

Der Superintendent stand auf privater Ebene vor der Herausforderung, sich mit seiner Herkunftsfamilie bezüglich des Erbes auseinanderzusetzen. Er wollte als vollständiges, gleichwertiges Mitglied mit den entsprechenden Rechten akzeptiert werden, trotz der räumlichen Entfernung und seines durch die Ausbildung zum Theologen gesteigerten Ansehens innerhalb der Familie. Nachdem der Konflikt um die Erbnachfolge geregelt werden konnte, gab es aber zugleich eine innerfamiliäre Machtverschiebung, die zu erneuten Kontroversen um die Auszahlung der Geschwister führte und die Beziehung zwischen der neuen und alten Generation belastete.

Das neue Amt sowie die damit einhergehende Autorität ermöglichten es dem Superintendenten darüber hinaus seine neue Position zu nutzen, um die berufliche Förderung einzelner Familienmitglieder zu forcieren und für diese bei höheren Instanzen zu interzedieren oder für seine eigenen Kinder Hauslehrer bzw. eine Hauslehrerin zu engagieren. Besonders die Ausbildung seiner Söhne und seiner Töchter gleichermaßen sowie die Versorgung seiner Ehefrau, mit der er sich in eine neue Gemeinde in einem fremden Fürstentum einleben musste, nahm bei dem Superintendenten einen hohen Stellenwert ein. Im Dorf Halle konnten weder er noch seine Pfarrfrau im Jahr 1569 auf ein bestehendes verwandtschaftliches oder soziales Netzwerk zurückgreifen, weshalb für die Auswahl von Paten zunächst ältere Freunde herangezogen wurden.[6] Der Geistliche

3 Vgl. Bourdieu, Kapital.
4 Häberlein, Brüder, Freunde, Konflikte, S. 35.
5 Vgl. dazu Häberlein, Brüder, Freunde, Konflikte, S. 32, 35.
6 Vgl. dazu Seidel, Freunde und Verwandte, S. 136f.

schloss neue Freundschaften, die er ebenso wie alte Freundschaften pflegte, was die fürsorgliche Sterbebegleitung seines neuen Freundes im Pfarrhaus belegt. Dieser einmalige, retrospektive Bericht einer Sterbebegleitung in den Konzeptbüchern schildert eindrucksvoll das alltägliche Leben im Pfarrhaus und die letzten Wochen eines Sterbenden einschließlich der detailliert dargelegten medizinischen Versorgung und seelsorgerischen Betreuung.[7]

Gemeinde

Erstmals wurde mit Hilfe der Konzeptbücher explizit dargestellt, wie ein Superintendent den Balanceakt bewältigte, sowohl den Ansprüchen der durch die reformatorische Veränderung neu geschaffenen Familie gerecht zu werden, als auch der Gemeinde als Pastor und gleichzeitig als administrativer, übergeordneter Superintendent vorzustehen. Neben der pastoralen Betreuung der Gemeinde war er in seiner beruflichen Doppelfunktion ebenso für das Funktionieren des Pfarrmeierhofs wie für die Verwaltung seiner Inspektion verantwortlich. Diese vielen verschiedenen Pflichten führten unvermittelt zu Konflikten zwischen dem Geistlichen und der Gemeinde im dörflichen Alltag und belegen eindeutig ein ambivalentes und konfliktgeladenes Verhältnis.[8] Die Familie allein barg schon das »spezifische protestantische Konfliktpotential«[9], sie kam mit der Pfarrhausausstattung bzw. dem Platz in den meist maroden Pfarrhäusern nicht mehr aus. Für die Instandhaltung sahen die normativen Vorgaben eine anteilige Kostenbeteiligung der Gemeinde und der Kirche vor, ebenso wie die ökonomische Versorgung ihres Ortsgeistlichen. Die Gemeinde war jedoch »nicht bereit, die Konsequenzen des reformatorischen Umbruchs«[10] ohne Widerstand zu akzeptieren, und stand ihrem Geistlichen unkooperativ und ablehnend gegenüber. Weder zahlte sie regelmäßig dessen Lohn, noch kam sie den herzoglichen Aufforderungen bzw. Direktiven nach und erstattete ihren Anteil an den Instandhaltungskosten oder war regelmäßig im Gottesdienst. Der Superintendent konnte sich trotz unterstützender herzoglicher Mandate, trotz Konsistorialbeschlüsse oder Vorschriften der Kirchenordnung kein Recht verschaffen; weder in den Konflikten mit dem Pfarrmeier um sein ökonomisches noch um sein symbolisches Kapital, das Pfarrhaus.

Während der gesamten Amtszeit des Superintendenten beharrte die Gemeinde auf ihrem »alten Recht«. Sie wusste, mit welchen strafrechtlichen Konsequenzen sie wegen ihres Widerstandes und der eingereichten Klagen zu rechnen hatte. Sie war aber nicht nur in der Lage sich den geltenden Normen zu

7 Vgl. dazu Kapitel 5.2.
8 Vgl. Fätkenheuer, Lebenswelt und Religion, S. 299–356, 357–363.
9 Schorn-Schütte, Evangelische Geistlichkeit, S. 272.
10 Schorn-Schütte, Evangelische Geistlichkeit, S. 273.

widersetzen, sondern diese ebenso für sich zu instrumentalisieren.[11] Beispielsweise forderte sie mit Nachdruck ihr in der Kirchenordnung zugesichertes Recht ein, bei der Auswahl eines neuen Pastors über ein gewisses Mitbestimmungsrecht zu verfügen. Trotz dieser Normentziehung kooperierten die Gemeinde, die Kirche und der Superintendent bei der Errichtung einer Schule im Dorf. Die der Arbeit zugrunde liegende Quelle zeigt erstmals, wie die Organisation dieses Vorhabens erfolgte und wie der Superintendent das Problem der Finanzierung mit Rücksicht auf die finanzielle Belastung der Gemeinde u. a. mit der Bitte um Almosen löste.

Geistliche und weltliche Amtsträger

Die reformatorischen Neuerungen strukturierten die Kooperation des Superintendenten mit den weltlichen ebenso wie mit den geistlichen Amtsträgern. Die von Herzog Julius in Auftrag gegebene Kirchenordnung definierte die Bereiche der Zusammenarbeit ebenso, wie sie die amtsspezifischen Aufgabenbereiche voneinander trennte. Gegenüber den unterstellten Pastoren und Küstern vermittelte der Superintendent als übergeordnete Instanz die Normen, während er gegenüber seinen Vorgesetzten, den Generalsuperintendenten oder dem Konsistorium, Normadressat und Informant war. Die dadurch geforderte umfangreiche Kommunikation und Kooperation führte zu diversen Konflikten über Verantwortung, Machtgrenzen, Amtsführung, Arbeitsabläufe, Zuständigkeitsbereiche und Umsetzung von Instruktionen.

Der Superintendent war gemäß der kirchlichen Hierarchie den Pastoren und Küstern vorgesetzt und wurde zur Verantwortung gezogen, wenn diese seine bzw. die herzoglichen Anweisungen nicht befolgten. Im Rahmen seiner Amtsaufgaben fungierte er bei Problemen oder Auseinandersetzungen zwischen Pastor und Gemeinde als erste Instanz, war aber auf Grund seiner stark eingeschränkten Machtbefugnisse auf die Kooperation mit seinem vorgesetzten Generalsuperintendenten angewiesen und dazu verpflichtet, das Konsistorium als kirchenleitende Behörde einzubeziehen. Während der Generalsuperintendent weiter nichts als die Dienstaufsicht über den Superintendenten ausübte, unterlag der Superintendent jedoch in seiner Funktion als Geistlicher der mittleren Leitungsebene, vor allem aber in seiner Rolle als Pastor, der Gerichtsbarkeit, der ständigen Kontrolle sowie der Dienstaufsicht des Konsistoriums. Diese kirchenleitende Behörde beauftragte gewöhnlich den Superintendenten, um zu bestimmten Sachverhalten zu recherchieren und entsprechende Berichte anzufertigen. Sie maßregelte ihn, wenn dieser die Aufgaben seines Amtes nicht erfüllte, oder instruierte ihn, konsistoriale Entscheidungen resp. Strafen auszuführen. Anhand der Konzeptbücher wurde auch das konfliktgeladene Ver-

11 Vgl. LANDWEHR, Normdurchsetzung, S. 161; DERS., Policey im Alltag, S. 317, 323–329.

hältnis zwischen diesen beiden Instanzen nachgewiesen. Jovius kritisierte, dass das übergeordnete Konsistorium weder konsequent auf einige seiner Forderungen eingehe, noch schnelle Urteilsentscheidungen treffe. Diese Verzögerungen waren der umfangreichen Informationsbeschaffung und der langen Kommunikationswege zwischen Herzog bzw. kirchenleitender Behörde und dem lokalen Amtsträger am Ort geschuldet. Diese regelmäßige Kommunikation und Interaktion zwischen den Akteuren förderte die Herrschaftsverdichtung im Fürstentum.[12]

Darüber hinaus belegen die Konzeptbücher die Rezeption der normativen und rechtssetzenden Kirchenordnungen bzw. Mandate der frühneuzeitlichen Obrigkeit in alltäglichen administrativen Abläufen und deren Vermittlung an die jeweiligen Akteure der Superintendentur. Die schwierige Verwirklichung von Mandaten offenbart aber, dass sich das landesherrliche Kirchenregiment unter Herzog Julius erst langsam etablierte und ihre Wirkung in den Anfangsjahren weit weniger weitreichend war. Diese Normimplementation »bedurfte regelmäßiger Kooperation zwischen Obrigkeit und Untertanen«[13]. Diese Vermittlerrolle oblag dem Superintendenten, der den direkten Zugriff auf die verschiedenen Untertanen hatte. Da die Kirchenordnung aber für einige Bereiche keine präzisen Handlungsanweisungen gab, musste sich ein konkreter Kooperationsmodus mit den Vertretern der weltlichen Administration erst entwickeln. Während zwischen dem Superintendenten und den Patronatsherren hauptsächlich Auseinandersetzungen über das Altargerät, die Innenausstattung der Kirchen sowie ihr eigenmächtiges Eingreifen in geistliche Amtsangelegenheiten das Verhältnis prägten, entwickelte sich die Zusammenarbeit mit den Amtmännern langsam zur Gewohnheit und wurde durch die wiederkehrende Organisation der Visitationen und der gemeinsamen Abnahme und Prüfung der Kirchenrechnungen gefestigt. Diese geforderte Kooperation von Amtmännern und Superintendenten wurde insbesondere vom kirchenleitenden Konsistorium explizit verlangt. Die Anweisungen für die beauftragten Amtsträger hatten verschiedene Schwerpunkte. Vorwiegend sollten sie gemeinsam zu verschiedenen Sachverhalten recherchieren oder Verhöre durchführen. Eigenständige oder selbstständige Ermittlungen eines Superintendenten wurden nicht gewünscht. Wurden solche Recherchen dennoch durchgeführt, wurden die entsprechenden Superintendenten vom Konsistorium für ihr eigenmächtiges Handeln belangt. Die Konzeptbücher belegen, dass die Konsistorialräte ab den 1575er Jahren sogar die instanzenübergreifende Zusammenarbeit von Superintendent, Amtmann und Generalsuperintendent forderten, um u. a. Zeugenbefragungen

12 Vgl. Brakensiek, Akzeptanzorientierte Herrschaft, S. 405; Ders., Herrschaft Einleitung, S. 11; Hochedlinger, Verfassungs-, Verwaltungs- und Behördengeschichte, S. 26.

13 Brakensiek, Akzeptanzorientierte Herrschaft, S. 401.

durchzuführen oder Lohnzulagen für Pastoren zu verhandeln. Diese konsistorialen Anweisungen beinhalteten stets einen abschließenden Ergebnisbericht der Untersuchung, der an das kirchenleitende Gremium geschickt werden sollte. Auf Grundlage dieser Berichte setzten die Konsistorialräte ein abschließendes Urteil oder eine entsprechende Strafe fest. Dem Superintendenten wurde in dieser Hinsicht keine eigene Entscheidung abverlangt, sondern lediglich die Rolle als Informationsvermittler zugewiesen. Dieser Verwaltungsapparat »bot den Fürsten die Möglichkeit, durch die Nutzung der kirchlichen Informations- und Befehlsstränge auf die Untertanten einzuwirken«[14]. Diese Verfahrensweise und die ständig notwendige Kommunikation zwischen den weltlichen und geistlichen Instanzen belegt die sich stark herausbildende Bürokratisierung innerhalb der frühneuzeitlichen landeskirchlichen Strukturen im Fürstentum.

Obwohl der Superintendent sein Examen nicht bestanden hatte und vom Konsistorium nachweislich abgelehnt worden war, hatte er das Amt 16 Jahre inne. Er stieß bei der Etablierung seines neu geschaffenen Amts sowie der Implementierung von Normen auf Widerstand. Diese Schwierigkeiten wurden ihm aber nicht zu seinem Nachteil ausgelegt; weder wurde seine Amtsführung seitens der Gemeinde oder der geistlichen oder weltlichen Amtsträger in Frage gestellt, noch wurde er gekündigt oder versetzt. Jovius nahm 1569 die Herausforderung an, die mit diesem Amt verbunden war, und wuchs mit seinen Aufgaben; er integrierte sich als Superintendent in die sich ausbildende Kirchenhierarchie.

Die Aufgabenfelder eines Superintendenten umfassten die Visitation, die Pfarrökonomie sowie die Dienstaufsicht über Pfarrer, Küster und Schulpersonal. Darüber hinaus war er besonders als erste Güteinstanz für die kirchengerichtlichen und eherechtlichen Probleme sowie als Aufseher für Kirchen- und Sittenzucht verantwortlich. Er hatte weitere wichtige Funktionen, die weder explizit in der Kirchenordnung noch in den anderen Instruktionen erwähnt wurden. Der Superintendent war als kirchlicher Funktionär »nicht nur und ausschließlich »Staatsagent«, sondern auch Moderator, Vermittler, Verstärker des herrschaftsbegrenzenden theologisch-politischen Potentials»[15] sowie Kontrollinstanz. Er befand sich »in einer janusköpfigen Situation«[16], da er nicht nur Superintendent, sondern auch Pfarrer war; er war Normadressat und Normanwender bzw. Normvermittler in einer Person. Gleichzeitig war er für die Obrigkeit von enormer Bedeutung, da er als wichtigster Informant und Vermittler fungierte. Über den Superintendenten konnte der Landesherr, die

14 Butt, Herrschaft über Kirche, S. 72.
15 Schorn-Schütte, Geistliche Amtsträger und regionale Identität, S. 13.
16 Landwehr, Normdurchsetzung, S. 155.

weltliche Zentralverwaltung bzw. das kirchenleitende Konsistorium auf das lokale Geschehen sowie einzelne weltliche wie geistliche Amtsträger einwirken.

Neben dieser informativen Berichterstattung dienten vor allem die vom Superintendenten angefertigten Verzeichnisse von Ehestiftungen, Taufen und Beerdigungen, die Dokumentation von Kontrakten, die Listen der Sakramentsempfänger, der Gottesdienstverweigerer und der Lehnsverhältnisse in der Inspektion einer von Herzog Julius übergeordnet verfolgten Herrschaftsverdichtung und gezielten Datenerhebung, um umfassende Informationen, Einsicht und Kontrolle über sein Fürstentum und seine Untertanen zu erlangen.[17]

Diese von der Obrigkeit idealisierten normativen Vorgaben und Aufgaben für das Superintendentenamt waren für den Haller Geistlichen verpflichtend und wurden von ihm in der Praxis nachweislich befolgt. Er war besonders durch die Visitationen und die Prüfung der Kirchenrechnungen regelmäßig auf dem Land in seiner Inspektion präsent. Sein Auftreten und sein Verhalten prägten für die Gemeinde und das untergeordnete Kirchenpersonal das Bild kirchlicher Autorität. Eigenmächtige Entscheidungen oder Verfahrensweisen des Superintendenten, die nicht nur gegen die Kirchenordnung gerichtet waren, sondern auch die Autorität des Konsistoriums beschnitten, wurden nicht geduldet. Deshalb wandte sich der Haller Superintendent neben seinen Visitationsberichten pflichtgemäß und die hierarchischen Strukturen berücksichtigend direkt an das Konsistorium, wenn er zu bestimmten Sachverhalten konsistoriale Entscheidungen oder ein Strafmaß forderte. Aus seiner Stellung heraus unterbreitete er den Konsistorialräten einzelne Vorschläge, z. B. für effektivitätssteigernde Arbeitsabläufe. Dieses Vorgehen zeigt ein minimales Anzeichen individueller Ausgestaltung des Amtes und verdeutlicht, dass der Superintendent seine eigene Amtsführung reflektierte und optimieren wollte.[18]

Um Jacob Jovius in seiner Funktion als Geistlicher der mittleren Leitungsebene zu bewerten sowie seine Amtsführung mit anderen Superintendenten des Fürstentums zu vergleichen, war neben den Konzeptbüchern ein weiterer Blick auf die Konsistorialprotokolle, die zahlreiche Aspekte der alltäglichen Arbeit thematisieren, von Nutzen.[19]

Die Implementation reformatorischer Neuerungen sowie die Vermittlung der Lehre stellten sich jedem neu berufenen Geistlichen im Fürstentum Braunschweig-Wolfenbüttel ab 1568. Alle Superintendenten wurden für Informationen oder zur Berichterstattung vom Konsistorium herangezogen, in einigen Fällen wurden sie auch, wie der Haller Superintendent, direkt zur Kooperation

17 Vgl. Reitemeier, Herzog Julius, S. 49.

18 HS 3, fol. 17v [Reg.-Nr. 505]. Vgl. Butt, Norm und Praxis, S. 391.

19 Vgl. zu einigen Beispielen von Superintendenten des Fürstentums, deren Beschwerden oder Probleme im Arbeitsalltag oder bei der Amtsführung in den Protokollen dokumentiert wurden, Butt, Norm und Praxis, S. 374–390; Wolters, Kirchenvisitation.

mit geistlichen oder auch weltlichen Amtsträgern aufgefordert. Betrachtet man die in den Konsistorialprotokollen dokumentierten Anliegen anderer Superintendenten, werden viele Parallelen sichtbar. Viele Geistliche der mittleren Leitungsebene beschwerten sich beispielsweise über die Schwierigkeiten bei der Durchführung der Visitation oder der Abnahme der Kirchenrechnungen. Sie hatten ebenfalls mit der Sanierung maroder Pfarrgebäude, mit dem Pfarrmeier oder mit ihrer ökonomischen Versorgung Probleme. Darüber hinaus beklagten sie sich regelmäßig über die konfliktträchtige Zusammenarbeit mit den weltlichen und geistlichen über- sowie untergeordneten Amtsträgern. Mit ähnlichen Aufgaben und Kontroversen war beispielsweise auch der Superintendent Johannes Hütterodt während seiner Amtszeit von 1638 bis 1672 in der Landgrafschaft Hessen-Kassel konfrontiert.[20] Obwohl Hütterodt innerhalb einer gefestigten Landeskirche sein Amt ausübte, hatte er mit den Patronen, die dem landsässigen Adel angehörten, die gleichen Auseinandersetzungen wie der Haller Superintendent. Die Konflikte drehten sich auch hier u. a. um die Grenzen des Patronatsrechts sowie um die Besoldung der Pfarrer.[21]

Der Haller Superintendent fiel nicht wegen seiner ungewöhnlichen Konflikte oder abweichenden Probleme in seinem Arbeitsalltag auf, sondern er war ein einfacher, jedoch repräsentativer Superintendent, der wie seine Kollegen innerhalb der gleichen Rahmenbedingungen sein Amt ausübte und mit den gleichen Konflikten sowie alltäglichen Schwierigkeiten im Fürstentum konfrontiert wurde. Das Superintendentenamt wurde entscheidend durch die sich im Lauf des 16. Jahrhunderts verfestigenden hierarchischen Kirchenstrukturen und insbesondere durch die zunehmende Bürokratisierung geprägt.[22]

Die Bedeutung des Superintendenten als Teil der kirchlichen Funktionselite[23] für die Implementierung der obrigkeitlichen Normen und der Vermittlung der Lehre war sehr groß. Mehr und mehr wurde er zum funktionierenden und stark abhängigen Verwaltungslakaien in einer stark hierarchisch geprägten Landeskirche[24], ohne jedoch über eigenständige Entscheidungsbefugnisse zu verfügen. In allen Aufgabenbereichen berücksichtigte der Superintendent tatsächlich bei

20 Vgl. ARNOLD, Hütterodt. In Hütterodts Diensttagebuch finden sich aber nur selten persönliche Nachrichten und wenige Hinweise zu Hütterodts Familie oder zu seinen Freunden, vgl. ARNOLD, Kirchenordnung, S. 59.

21 Vgl. EBERT, DIEHL, ROGMANN, Konkurrierende Obrigkeit, S. 100–127.

22 Vgl. dazu HOCHEDLINGER, WINKELBAUER, Herrschaftsverdichtung; BAHLCKE, Landesherrschaft, S. 25ff., 34. S. a. AREND, Pfarreranstellung, S. 51, die bereits eine Bürokratisierung bei der Stellenbesetzung von Pfarrern feststellte.

23 Vgl. SCHORN-SCHÜTTE, Evangelische Geistlichkeit, S. 31–42, 390–406; DROSTE, Kommentar, S. 222.

24 Vgl. dazu BÜNZ, »Die Kirche im Dorf lassen ...«, S. 77–167. Für BÜNZ zeichnete es sich bereits in der Frühen Neuzeit ab, dass »der Pfarrer vollends zum Verwaltungsbeamten im Dienste von Kirche und Welt werden« würde, vgl. ebd., S. 165.

seiner Amtsführung die postulierten, normativen Idealvorstellungen der Obrigkeit. Für jegliches Vorgehen über seine Handlungsgrenzen hinaus sicherte er sich schriftlich beim Generalsuperintendenten oder beim Konsistorium ab bzw. holte deren Zustimmungen ein. Der Superintendent wusste, dass er bei eigenmächtig vorgenommenen Handlungen, Mängel in der Amtsführung oder im Lebenswandel mit obrigkeitlichen Sanktionen zu rechnen hatte, da das Konsistorium Kompetenzüberschreitungen sehr streng ahndete und dieses zu einer Entlassung führen konnte. Letzten Endes waren die Amtsführung des Superintendenten sowie seine Kompatibilität für die Umsetzung der Reformation und der damit einhergehenden Veränderungen ausschlaggebend.[25]

Jacob Jovius nahm mit Amtsantritt 1569 die private wie berufliche Herausforderung an, sich mit seiner Familie in einem anderen Fürstentum einzuleben und dort innerhalb der neu geschaffenen Strukturen die obrigkeitlichen Normen sowie die reformatorischen Neuerungen zu implementieren. Trotz der zahlreichen und langanhaltenden Konflikte blieb er bis zu seinem Tod am 26. Februar 1585 im Amt. Noch im Frühjahr 1584 äußerte der Superintendent seinen Unmut über die beständig große Anzahl von Personen, die weder den Gottesdienst besuchten noch das Abendmahl empfingen. In einer Zeit, in der Kirche und Religion das öffentliche und alltägliche Leben bestimmten, bestand 16 Jahre nach Einführung der Reformation weiterhin eine gewisse Unsicherheit ob der neuen kirchlichen Strukturen und der lutherischen Lehre. Jovius war der Ansicht, dass sich die Gemeinde fortwährend mit den vielen neuen Veränderungen, *die vorhin nicht sein Im brauch gewesenn*[26], arrangieren musste. Es war für den Superintendenten und blieb für dessen Nachfolger eine mühsame und fortdauernde Herausforderung, die Reformation einschließlich ihrer verändernden Neuerungen im ländlichen Alltag in der zweiten Hälfte des 16. Jahrhunderts im Fürstentum Braunschweig-Wolfenbüttel zu implementieren.

---

25 Vgl. dazu Fätkenheuer, Lebenswelt und Religion, S. 360, der ebenfalls »das Verhalten der Pfarrer für den Erfolg oder Nichterfolg der konfessionalisierenden Maßnahmen« ansah. Landwehr zufolge ist es aber kompliziert nach Erfolg oder Misserfolg der »Normdurchsetzung« zu fragen, vgl. Landwehr, Normdurchsetzung, S. 151ff.

26 HS 3, fol. 134r [Reg.-Nr. 652].

10. Verzeichnisse

10.1. Abkürzungsverzeichnis

Abb.	Abbildung
ADB	Allgemeine Deutsche Bibliographie
Bd.	Band
BBKL	Biographisch-Bibliographische Kirchenlexikon
d. Ä.	der Ältere
d. J.	der Jüngere
DI	Die Deutschen Inschriften
DRW	Deutsches Rechtswörterbuch
DWB	Deutsches Wörterbuch
Ev.	Evangelisch
e.f.g.	e(uer) f(ürstlich) g(naden)
fol.	Folio
LAW NRW W	Landesarchiv Nordrhein-Westfalen, Abteilung Westfalen
LAW	Landeskirchliches Archiv Wolfenbüttel
NDB	Neue Deutsche Bibliographie
NLAH	Niedersächsisches Landesarchiv - Standort Hannover
NLA WF	Niedersächsisches Landesarchiv - Standort Wolfenbüttel
OA	Ortsakte
o. J.	ohne Jahr
o. S.	ohne Seite
r	recto (= Vorderseite)
S.	Seite
s.f.g.	s(eine) f(ürstlich) g(naden)
Sp.	Spalte
StadtA Hild.	Stadtarchiv Hildesheim
TRE	Theologische Realenzyklopädie
u.f.g.	u(nser) f(ürstlich) g(naden)
v	verso (= Rückseite)
V	Bestand »Voges«
VD 16	Verzeichnis der im deutschen Sprachbereich erschienenen Drucke des 16. Jahrhunderts

VD 17	Verzeichnis der im deutschen Sprachraum erschienenen Drucke des 17. Jahrhunderts
WA	Weimarer Ausgabe
WABr	Weimarer Ausgabe, Abteilung Briefe
WATr	Weimarer Ausgabe, Abteilung Tischreden
Z.	Zeile

10.2. Quellenverzeichnis

10.2.1. Archivalische Quellen

Pfarrarchiv der ev. luth. Petrus-Gemeinde, Halle

Handschrift HS 1: Rechnungsbuch (1570–1596)
Handschrift HS 2: Konzeptbuch des Jacob Jovius (1569–1580)
Handschrift HS 3: Konzeptbuch des Jacob Jovius (1580–1585), Johannes Corvinus (1585–1601), Tilemann Lensius (1601–1612)

Landeskirchliches Archiv Wolfenbüttel (LAW)

Ortsakten (OA)

Bessingen	Nr. 48	Pfarrhausbau (1589)
Dielmissen	Nr. 2	Pfarrerbestellung (1577–1611)
Eschershausen	Nr. 21	Pfarrerbestellung (1382, 1566–1609)
Hehlen	Nr. 4, Nr. 1.	Pfarrerbestellung (1580–1595)
Kemnade	Nr. 7,1, Teil 2	Einkünfte und Güter der Kirche, Pfarre und Opferei (1507, 1557, 1577–1658)
Kirchbrak	Nr. 32, Nr. 6	Pfarrerbestellung (1567–1886, 1942)
Stadtoldendorf	Nr. 17	Bestellung der Pfarre (1569–1570)
Stadtoldendorf	Nr. 65, 1	Pfarrerbestellung (1581–1888)
Vorwohle	Nr. 10	Pfarrerbestellung (1577–1582)

Spezialia

S659 Verordnung des Herzogs Julius über die Belehnung der Pfarren durch die Patrone/Collatoren (1580) Nr. 10

Bestand »Voges« (V)

V213 Konsistorialprotokolle (1584)
V215 Konsistorialprotokolle (1581)

V227	Konsistorialprotokolle (1573)
V233	Konsistorialprotokolle (1582)
V234	Konsistorialprotokolle (1578–1579)
V235	Konsistorialprotokolle (1573)
V237	Konsistorialprotokolle (1578–1580)
V238	Konsistorialprotokolle (Generalkonsistorium) (1576)
V239	Konsistorialprotokolle (1575)
V240	Protokolle der Generalkonsistorien in Amelungsborn, Riddagshausen, Mariental und Clus (1574)
V262	Verzeichnis der beim fürstlichen Konsistorium angefertigten Sachen (1570)
V292	Konsistorialprotokolle (4.7.1581–11.1.1582)
V299	Verzeichnisse der Pfarr- und Kirchengüter in den einzelnen Ämtern von März und Michaelis 1568, Nr. 13. Wickensen/Herrschaft Homburg
V300	Kopialbuch Pfarrerbestallungen und Belehnungen (1568–1575)
V301	Konsistorialprotokolle (1569–1570)
V448	Protokoll der Kirchen- und Schulvisitation im Fürstentum Braunschweig-Wolfenbüttel im Jahr 1568 (11. Oktober - 15. November) (1568–1570)
V458	Protokoll der Kirchen- und Schulvisitation im Fürstentum Braunschweig-Wolfenbüttel sowie Visitationsexamen der Pfarrer (Reinschrift des Wolfenbütteler Examens; s. V457; vgl. Spanuth, Quellen) (1573–799)
V459	Examensprotokolle der zum Pfarrdienst gemeldeten Personen und bei der Visitation entlassenen Pfarrer (vgl. Spanuth, Examensprotokolle)
V460	Verzeichnis der Unterzeichner des Corpus Doctrinae (1573–1799)
V464	Verordnungen, Verträge und Abschiede in Kirchensachen (Reformation u.a.) wegen einiger Stifte (insb. Gandersheim), Klöster und Pfarren, darin 1. Protokoll der Einführung und Amtsverpflichtung der Generalsuperintendenten 1569; 2. Einweisung der Knaben in die Klosterschulen 1569 (1569–1591)
V1923	Konsistorialprotokolle (1568–1569, 1571–1575, 1579–1580, 1583, 1589)
V1929	Underthenige Relation (Bericht über die Visitation der Kirchen und Klöster des Fürstentums Braunschweig-Wolfenbüttel vom 23. November 1568) (1568)
V1935	Verwendbarkeit der Pastoren und Pfarrherrn, Besetzung, Güter und Einkünfte der Pfarrstelle und Desolate sowie Beschwerden der Klöster (1568)
V1954	Abhaltung der Generalkonsistorien sowie Verhandlungen und Geschäftsführung des Konsistoriums in Helmstedt (1577–1579)
V2015	Konsistorialprotokolle (18.01.1582–09.03.1583)

Niedersächsisches Landesarchiv – Standort Wolfenbüttel (NLA WF)

1 Kb Nr. 524	Kirchenbuch der Kirchengemeinde Halle (a.d. Weser) mit Dohnsen, Kreipke, Linse, Tuchtfeld und Wegensen, Begräbnisse 1585–1734 (Lücken 1625–1629) (1585–1734)
1 Alt 31a Nr. 141	Verschiedene Familienbetreffe von Oldershausen (1527–1613)
2 Alt	Kanzlei, Geheime Ratsstube (1472–1839)
2 Alt Nr. 4695	Allgemeine Ämtersachen aus den Regierungszeiten der Herzöge Julius und Heinrich Julius; Tätigkeit der zu den Amtssachen ver-

	ordneten Räte (1580–1613). Darin: Gogrefe Klaus Kopper wegen Abspülung an seinem Lehnlande durch die Leine, des Gogrefenkornes aus den 4 von d. Schulenburgischen Dörfern und wegen Mitbelehnung seiner Brüder (1580)
2 Alt Nr. 4722	Akten der »zun Amtsachen verordneten Räte« betreffend Kautionsgestellung der Amtleute und Amtsschreiber (1594–1596)
2 Alt Nr. 4946	Die von Werder in Bisperode gegen Amt Wickensen (Amtmann Johann Tolcke) wegen der ihnen zustehenden hohen und niederen Gerichtsbarkeit, auch Hoheit über Bisperode und Bessingen, insbesondere wegen der Maßnahmen des Amtmanns zur Beitreibung von Rückständen an Bierziese und Kopenschilling (1575–1576)
2 Alt Nr. 6766	Beschwerde des Bleks Eschershausen über den Amtmann Johannes Tolcke in Wickensen wegen Verweigerung eines halben Fass Bieres, das bei Auszügen von bewaffneten Einwohnern seit den Zeiten der Edlen von Homburg und der früheren genannten Amtleute gewährt wurde (1577)
2 Alt Nr. 7732	Hausverschreibung mit Rückkaufsvorbehalt für Magister Christoph Wolf, Kammer- und Bergsekretär, und dessen Revers (1581)
2 Alt Nr. 9668	Gesuch des Bürgers Johannes Leopold in Ellrich um Annahme als Küchenmeister im Kloster Walkenried.– Schreiben des Rates Dr. iuris Heinrich Petreus und des Sekretärs Heinrich Hartwieg an den Kammersekretär Johann Bodemeier wegen neuer Vermeierung der »Flerichdorfsmühle« [= Flarichsmühle bei Klein Wechsungen] des Klosters Walkenried an Johann Götze, Diener des Rates Dr. Borcholte (1600)
2 Alt Nr. 10253	Verschiedene ältere Nachrichten über das Postwesen in den braunschweigischen Landen (1564–1601). Darin: Hauptmann Heinrich Temme in Wolfenb. wegen der Postannahme in der Pförtnerei des Heinrichstadt-Tores (1579)
2 Alt Nr. 11004	Gesuche von Städten, Dörfern und Einzelpersonen um Unterstützungen, Beihilfen, Bauholz zur Beseitigung von Schäden durch Feuersbrünste (1570–1734)
2 Alt Nr. 15144	Die gegen Jakob Wandtscherer in Stadtoldendorf und die ihm in Corvey angetraute entlaufene Ehefrau des in Brabant im Kriegsdienst stehenden Wundarztes Michel Schult aus Stadtoldendorf verfügte Landesverweisung (1585–1586)
2 Alt Nr. 15783	Eingaben der Geistlichen und des Rates in Alfeld wegen der Pfarrerbesoldung (1578–1579)
2 Alt Nr. 19393	Einige Gesuche um Entlassung und um Übernahme in den Kriegsdienst, auch Angebote zur Gestellung von geworbenen Reitern aus der Regierungszeit des Herzog Julius (1580–1587)
3 Alt	Bestallungen (1508–1907)
3 Alt Nr. 14	General-Bestallungsbuch des Herzogs Julius für Beamte und Diener aller Art, enthaltend Abschriften der Bestallungen und Reverse (1577–1586)

3 Alt Nr. 37	Die gegen den Amtmann Hans Tolke in Wickensen geführte Untersuchung und die Bestallung des Bürgers Johann Tolke in Alfeld zum Unteramtmann in Wolfenbüttel (1577–1585)
3 Alt Nr. 116	Die Kriegsdienste des Heinrich Temme aus Bodenwerder in den Jahren (1544) 1556–1576, seine Bestallung zum Landsknechtshauptmann in der Festung Wolfenbüttel (1577), über ihn erteilte Auskünfte, seine Wohnung, Besoldung und Deputate, Vermeierung seines Hofes in Bodenwerder und verschiedene persönliche Angelegenheiten (1576–1591)
4 Alt 1 Nr. 968	Oberamtmann Johann von Halle aus Wickensen berichtet über Kornpreise im Stift Münster und Osnabrück (1580)
4 Alt 1 Nr. 994	Befehl an Johann von Halle, Amtmann von Wickensen, das Armenhaus »Zum Heiligen Geist« in der Stadt Alfeld/Leine zu besichtigen, wegen des vom Rest der Stadt beantragten Reparaturholzes (14.05.1580)
4 Alt 2 Wick	Kammer betreffend Amt Wickensen (1587–1827)
4 Alt 3 Am. Nr. 5841	Priore, Subpriore und Konventualen beim Kloster Amelungsborn (1579–1703)
5 Urk Nr. 191	Herzogs Julii zu Br. u. Lüneb. Schuldverschreibung an Hilmer von Münchhausen, des sel. Hilmer Sohn, über 11000 Taler, so dieser Ihm auf 6 Jahre gegen 5 % vorgeliehen. Wobei dem Creditori das Haus, Amt u. Gericht Wickensen, wo zur Zeit Burkhard Friesen Amtmann ist, zum Unterpfand gesetzt wird (20.04.1584)
6 Alt Nr. 253	Erich Herzog zu Braunschweig und Lüneburg und Burchardt Rauscheplat ./. Julius Herzog zu Braunschweig und Lüneburg, Johann von Halle Oberamtmann und Burckhard Frieß Unteramtmann zu wegen angemaßter Gerichtsbarkeit über Denkiehausen und die Wüstung Hiesiehausen durch Festnahme des Rauscheplat'schen Vogtes Hans von Olden bei Ausübung seines Amtes (1579–1584)
8 Alt Wick	Amt Wickensen (1551–1806)
8 Alt Wick Nr. 22c	Anweisungen für die Amtleute Burghart Friese, Hennig Diestel und Peter Amelung (1576–1610)
8 Alt Wick Nr. 22i	Anweisungen für den Amtmann Burghart Friese über Ausgabe von Brotgetreide an die arme Bevölkerung (1582–1583)
8 Alt Wick Nr. 61	Berichte der Amtleute Hans Tolke und Peter Amelung über Mißwachs und Hagelschaden u.a. in Dielmissen (1577–1797)
11 Alt Am Nr. 61	Tod und Beerdigung des Abtes Andreas Steinhauer von Amelungsborn (1586–1588)
11 Alt Mart. Nr. 502	Klosterschule Mariental: Anweisungen für den Lehrbetrieb, Examina u. Visitationen, Schulberichte und Versorgung der Schüler (1569–1657)
11 Alt Walk Nr. 32	Vertrag zwischen dem Flarchmüller Curd Götze und der Gemeinde Klein-Wechsungen über die Flurabgrenzung (1594)
14 Alt	Konsistorium (1544–1952)

14 Alt Nr. 369	Aufnahme und Einweisung von Schülern in die Klosterschule Amelungsborn (1587–1594)
14 Alt Nr. 884	Kirchen- und Schulvisitationen in der Generalsuperintendentur Holzminden (1554–1571)
14 Alt Nr. 887	Kirchen- und Schulvisitationen in der Generalsuperintendentur Holzminden (1578–1579)
14 Alt Nr. 889	Kirchen- und Schulvisitationen in der Generalsuperintendentur Holzminden (1581–1603)
14 Alt Fb. 4 Nr. 28, Bd. 1–4	Die Pfarre, das Kaplanat und Desolate in Alfeld. Schriftwechsel des Herzogs Julius und des Konsistoriums mit dem Abt zu Marienrode, dem Rate und dem Superintendenten Mag. Nikolaus Erbe in Alfeld, Bd. 1 (1568–1569), Bd. 2 (1569–1570), Bd. 3 (1571–1573), Bd. 4 (1573–1574)
19 Alt Nr. 215	Erbregister des Amtes Wickensen (1580)
26 Alt Nr. 1233	Aufhebung der Leiche eines vom Blitze innerhalb der Herrschaft Homburg erschlagenen Mannes aus Behrensen durch das Amt Coppenbrügge und Bestattung in Coppenbrügge und die Wiederausgrabung durch das Amt Wickensen
26 Alt Nr. 1247	Beschwerden der v. Werder (mit Fürschriften Herzog Wilhelms d. J. zu Braunschweig und Lüneburg) über die Hägerleute in Harderode und den Amtmann in Wickensen wegen Verwüstung des Harderoder Holzes, auch wegen der Gerichtsbarkeit und des vom Amtmann gegen Leute der Junker ausgeübten Zwanges, zur Festsetzung der Schatzung nach Wickensen zu kommen (1577)
26 Alt Nr. 1250	Beschwerde der v. Werder in Bisperode über das Amt Wickensen, insbes. den Amtmann Burkhart Friese, wegen Eingriffs in die ihnen über Bisperode und Bessingen zustehende obere und niedere Gerichtsbarkeit und der durch den Pastor zu Bisperode bekanntgemachten Nachricht, dass den v. Werder nur die Hägergerichtsbarkeit zustehe (1584)
26 Alt Nr. 1278	Streit zwischen Heinrich v. Grone und dem Amt Wickensen wegen der Jurisdiktion anlässlich der Fortführung eines auf v. Grones Hof [in Kirchbrak] der Unzucht überführten und deswegen dort in Haft gesetzten Paares durch das Amt.-Pfändung des Amt Wickensen gegen die v. Grone wegen Jagdvergehens und Interzession Herzog Philipps von Grubenhagen für sie; die Jagd der v. Grone bei Kirchbrak, die Grenze ihrer Holzung am Vogeler, auch der Holzhieb für Glashütten daselbst (1577–1644)
26 Alt Nr. 1430	Güteverfahren unter Verwendung Herzog Wilhelms d.J. zu Braunschweig und Lüneburg. Enthält: in Sachen Brun Arndt v. Bevern ./. Ämter Forst und Fürstenberg wegen seines lüneburgischen Lehens Rungelshagen, Hegershöfen und der »Grund zu Bachtenstede« [= Buxter Grund (gegenüber Grave am östl. Weserufer)= Bockenstedt?], auch wegen diesseitiger Verlehnung des Rühler Rottzehnten, Fortnahme seiner am Hasekenbruche (bei Bevern) abgehauenen Eiche von seinem dortigen Hofe durch den

	Grenzhauptmann und Jägermeister Antonius Kreb(e)s und anderer Punkte (1577–1581)
26 Alt Nr. 1431	Streit zwischen Brun Arndt v. Bevern und dem Gogrefen der Herrschaft Homburg, Klaus Kopper in Wickensen, wegen einer zwischen Halle und Linse gelegenen, zur Steinmühle gehörenden Wiese, calenberg. Lehen der v. Bevern
27 Alt Nr. 1171	Das Lehen der Familie Kopper (1490–1590)
41 Alt Fb. 1 Nr. 12	Von Herzog Julius angelegte Klosterschulen und Bewerbungen um Aufnahme (1579–1587)

Niedersächsisches Landesarchiv – Standort Hannover (NLAH)

Hann. 27 Hildesheim Nr. 1404	1. Kläger/Appellant: Christina geb. von Berlepsch, Witwe des Hermann von Oldershausen [gest. 1536] zu Brunstein (Kl.) 2. Beklagter/Appellat: Hans von Oldershausen [gest. 1557] zu Seesen, Sohn des Hermann von Oldershausen aus erster Ehe (Bekl.).
Cal. Br. 7 Nr. 5	Testimonia und Commendationes der Knaben, die in den Klöstern unterhalten werden, nebst fürstlichen und Konsistorial-Reskripten und allerhand Befehlen (1568–1575)
Cal. Br. 21 Nr. 47	Fürstliche Kanzlei in Wolfenbüttel: Verzeichnisse der gehaltenen Landgerichte mit den Brüchte-Registern der Gerichte Forst, Fürstenberg, Gandersheim, Holzminden, Schladen, Steinbrück, Wickensen, Winzenburg (1577–1579)
Cal. Br. 21 Nr. 48	Fürstliche Kanzlei in Wolfenbüttel: Verzeichnisse der gehaltenen Landgerichte mit den Brüchte-Registern der Gerichte Forst, Fürstenberg, Gandersheim, Holzminden, Schladen, Steinbrück, Wickensen, Winzenburg (1579–1581)
Cal. Br. 21 Nr. 49	Fürstliche Kanzlei in Wolfenbüttel: Verzeichnisse der gehaltenen Landgerichte mit den Brüchte-Registern der Gerichte Forst, Fürstenberg, Gandersheim, Holzminden, Schladen, Steinbrück, Wickensen, Winzenburg (1581–1583)
Cal. Br. 21 Nr. 229	Verzeichnis aller Pfarrer und wie dieselben bei der 1568 stattgefundenen Visitation beurteilt wurden (1568)
Cal. Br. 21 Nr. 300	Bitte der Gemeinde Eschershausen an den Abt von Amelungsborn um Versorgung mit einem Pfarrer (11.02.1579)
Cal. Br. 21 Nr. 231	Verschiedene Bittschriften in Kirchen- und Schulsachen an Herzog Julius und seine Kirchenräte (1568–1575)
Cal. Br. 21 Nr. 232	Protokolle und Akten in kirchlichen Angelegenheiten (1569)
Cal. Br. 21 Nr. 233	Synodalprotokolle (1569–1570)
Cal. Br. 21 Nr. 237	Konsistorialprotokolle (1572)
Cal. Br. 21 Nr. 240	Helmstedter Konsistorialprotokolle (1580–1581)
Cal. Br. 21 Nr. 241	Konsistorialprotokolle (1580–1584)
Cal. Br. 21 Nr. 243	Helmstedter Konsistorialprotokolle (1581–15813)
Cal. Br. 21 Nr. 275	Verhandlungen des Konsistoriums mit Esaias Krüger, Pfarrer in Alfeld, wegen seiner Besoldung (1574–1582)

Cal. Br. 21 Nr. 282	Klage des Superintendenten in Alfeld, Esaias Krüger, über die Feier des Pfingstfestes (7.5.1580)
Cal. Br. 21 Nr. 284	Entlassung des Alfelder Generalsuperintendenten Esaias Krüger (1580–1581)
Cal. Br. 21 Nr. 291	Akten der Kirchenräte in Helmstedt: Ernennung des Magisters Nikolaus Grosscorth zum Superintendenten in Alfeld (1581–1582)
Cal. Br. 21 Nr. 462	Bestallung des Kosmographen Magister Gottfried Mascopius als Professor in Gandersheim und Anfertigung der ihm übertragenen Karten (1571–1575)
Cal. Br. 21 Nr. 1474	Fürstliche Kanzlei in Wolfenbüttel: u. a. Gesuch des Burchard Friese um Urlaubsverlängerung, Urlaubsgesuch des Hans Frese für seinen Sohn Burchard (1579)
Cal. Br. 21 Nr. 2028	Akten des Konsistoriums in Wolfenbüttel: Erledigung der Superintendentur in Alfeld durch den Tod des Nikolaus Großcurd und Wiederbesetzung der Stelle mit Andreas Leopoldus (1596)
Cal. Br. 21 Nr. 1936	Protokolle der Spezial-Konsistorial-Sitzungen in Helmstedt und Wolfenbüttel 1584–1631 (1584–1588)
Cal. Br. 21 Nr. 1961	Protokolle der General-Konsistorial-Sitzungen in Gandersheim und Wolfenbüttel (1593)
Cal. Br. 21 Nr. 1994	Feststellung der das Heilige Abendmahl nicht Besuchenden und ein deshalb erlassenes herzogliches Mandat (1584–1585)
Cal. Br. 22 Nr. 1038	Fürstliche Kanzlei zu Wolfenbüttel: General-Hofordnung des Herzogs Julius von Braunschweig (1587)
Celle Br. 64 Nr. 21	Teil 12. Beschwerde des Jobst vom Werder über die gemeinen Bauersleute des Dorfes Harderode wegen geschehenen Eingriffs und Verwüstung des Harderoder Holzes (1577)
Dep. 82 A Nr. 36	Heinrich der Jüngere, Herzog zu Braunschweig und Lüneburg, als Lehnsherr und Landesfürst bestätigt auf Bitten des Jost von dem Werder einen zwischen dessen Mutter (Witwe Heinrichs von dem Werder) und dessen Vetter Aschen von dem Werder geschlossenen Rezeß, der den letztgenannten »für den Fall« zur Erstattung aller bis dahin eingelösten Pfandsummen an Jost von dem Werder und seine Schwestern verpflichtet (17. Juni 1566, Wolfenbüttel)
Hann. 27 Hildesheim Nr. 1404	1. Kläger/Appellant:Christina geb. von Berlepsch, Witwe des Hermann von Oldershausen [gest. 1536] zu Brunstein (Kl.) 2. Beklagter/Appellat: Hans von Oldershausen [gest. 1557] zu Seesen, Sohn des Hermann von Oldershausen aus erster Ehe (Bekl.) (1551)
Hann. 83 IV Nr. 3	Protokolle des Konsistoriums Helmstedt (1579–1581)

Landesarchiv Nordrhein-Westfalen, Abteilung Westfalen (LAW NRW W)

Fürstabtei Corvey, Akten, Nr. 627	Pfarrei zu Lüthorst (1566–1657)
Minden Ravensberg, Konsistorium, Nr. IV, 295	Die zum preußischen landesherrlichen Patronat gehörige Pfarre zu Halle im hannoverschen Amte Wickensen (1568–1741)

10.2.2. Gedruckte und edierte Quellen

Augustinus, Sermones = Migne, Jacques Paul: [Opera omnia] Sancti Aurelii Augustini, Hipponensis episcopi, opera omnia, post Lovaniensium theologorum recensionem castigata denuo ad manuscriptos codices Gallicos, Vaticanos, Belgicos, etc., necnon ad editiones antiquiores et castigatiores, Patrologia cursus completes [2], Series Latina 38, Paris 1841, ersch. 1865. Online: https://books.google.de/books?id=_P5Win6wF0wC&hl=de&source=gbs_navlinks_s (Eingesehen am 15.2.2016).

Avicenna, Liber Canonis = Avicenna: Liber Canonis, De medicinis cordialibus et Cantica, Drucker: Johannes Herwagen, Basel 1556 (VD16 H 6184).

Behrens, Stamm-Baum der Herrn von Grone = Behrens, Conrad Berthold: Stamm-Baum und Geschlechts-Historie des Hoch-Wohlgeborenen Hauses der Herrn von Grone / Auff Wester- und Kirchbrake. Von deren Uhrsprung, Ausbreitung, Hohen geistlichen Würden […] Aus alten Briefen und andern glaubwürdigen Uhrkunden von neuen zusammengetragen, Hildesheim 1726.

Breunle, Formular und Cantzleybuechlin = Breunle, Mauritius: Ain kurtz Formular und Cantzleybuechlin, darinn begriffen wirdt, wie man ainem yegklichen, was Stands, Würde, Eeren und wesen er ist, schreiben sol, o. O. 1546.

Cicero, Laelius de amicitia = Ciceronis, M. Tulli: De Re Publica, De Legibus, Cato Maior de senectute, Laelius de amicitia, recogn. brevique adnotatione critica instruxit Jonathan G. F. Powell, (Scriptorum Classicorum Bibliotheca Oxoniensis), Oxford 2006, S. 317–365.

Cordus, Novum Dispensatorium = Cordus, Valerius: Novus Dispensatorium, Venedig 1570. Online: http://www mdz-nbn resolving.de/urn/resolver.pl?urn=urn:nbn:de:bvb:12-bsb10186464-6 (Eingesehen am 1.4.2016).

Disticha Catonis = Disticha Catonis. ed. Otto Mazal, 1981. Online [Bibliotheca Augustana, Harsch, Ulrich]: http://www.hs-augsburg.de/~harsch/Chronologia/Lspost15/Maximilianus/max_inca.html (Eingesehen am 18.3.2016).

DI 28 (Stadt Hameln) = Die Inschriften der Stadt Hameln, ges. u. bearb. v. Christine Wulf, (Deutsche Inschriften 28), Wiesbaden 1989.

DI 83 (Landkreis Holzminden) = Die Inschriften des Landkreises Holzminden, bearb. v. Jörg H. Lampe und Meike Willing, (Deutsche Inschriften 83), Wiesbaden 2012.

DI 96 (Landkreis Northeim) = Die Inschriften des Landkreises Northeim, ges. u. bearb. v. Jörg H. Lampe und Christine Wulf, (Deutsche Inschriften 96), Wiesbaden 2016.

Eckstorm, Chronicon = Eckstorm, Heinrich: Chronicon Walkenredense, Sive Catalogus Abbatum, qui ab anno Christi MCXXVII, Helmstedt 1617.

Erasmus, Adagia = Rotterdam, Erasmus von: Adagia: lateinisch/deutsch. Ausw., Übers. und Anm. von Anton J. Gail. Stuttgart 1983. Online [Bibliotheca Augustana, Harsch, Ulrich]: http://www.hs-augsburg.de/~harsch/Chronologia/Lspost16/Erasmus/era_ad a0.html (Eingesehen am 1.4.2016).

Frangk, Cantzley und Titel buechlin = Frangk, Fabian: Ein Cantzley und Titel buechlin, Wittenberg 1531.

Groscurdt, Epithalamion […] Domini Joannis Menten = Groscurdt, Nikolaus: Epithalamion […] Domini Joannis Menten & Sponsi, et […] virginis Annae Bavmans […] A M. Nicolao Groscort Diacono Ecclesiae, quae est Henricopoli, Drucker: Conrad Horn, Wolfenbüttel 1575 (VD16 G 3482).

Groscurdt, Epithalamion […] Viri D. Lvcae Weischners = Groscurdt, Nikolaus: Epithalamion […] Viri D. Lvcae Weischners, Ienensis, […] virginis Susannae, […] Conradi Horn Typographi filiae, sponsae, & Scriptum amicitiae ergò. A M. Nicolao Groscort, Diacono Henricopolitano, Drucker: Conrad Horn, Wolfenbüttel 1575 (VD16 G 3481).

Horaz, Epistulae = Horaz, Flaccus Q: Epistulae/Briefe, ed. by. Kytzler, Stuttgart 1986. Online [Bibliotheca Augustana, Harsch, Ulrich]: http://www.hs-augsburg.de/~harsch/Chronologia/Lsante01/Horatius/hor_ep00.html (Eingesehen am 30.3.2016).

Hugen, Rhetorica vnd Formulare = Hugen, Alexander: Rhetorica vnd Formulare Teütsch dergleichen nie gesehen ist durch Alexander Hugen vil jaerigen Stattschreiber zu mindern, Basel […] bey nach alle Schreiberey betreffend […], Tübingen 1557.

Kayser, Kirchenvisitationen 1542–1544= Kayser, Karl: Die reformatorischen Kirchenvisitationen in den welfischen Landen 1542–1544. Instructionen, Protokolle, Abschiede und Berichte der Reformatoren, Göttingen 1897.

Kling, Tractatus Matrimonialium = Kling, Melchior: Tractatus Matrimonialium causarum, Drucker: Christian d. Ä. (Erben) Egenolff, Frankfurt a. M. 1577 (VD16 K 1336).

Krüger, Leichenpredigt Bey der Begrebnüs des […] Caspar Habermas = Krüger, Esaias: Leichenpredigt Bey der Begrebnüs des Ehrnvhesten und Achtbarn Herrn Caspar Habermas, Reußischen Schöffers zu Geraw, Jena 1602 (VD17 1:027210M).

Krüger, Leichenpredigten bey der […] begrebnis der […] Gräfin zu Hohenloe = Krüger, Esaias: Zwo christliche Leichenpredigten bey der […] begrebnis der […] Magdalena, geborner Gräfin zu Hohenloe […] Die erste durch Esaias Krügern, Drucker: Tobias Steinmann, Jena 1596 (VD16 ZV 21598).

Lactantius, Divinae institutiones, = Lactantius, Lucius Caecilius Firmianus: Lucii Caecilii Firmiani Lactantii Opera omnia ad praestantissimam Lengleth-Dufresnoy ed. expressa; Bunemanni, O. F. Fritzche, N. Le Nourry cum emendationibus tum disquisitionibus crit. Aucta Parisiis (1844) Online: http://www.mdz-nbn-resolving.de/urn/resolver.pl?urn=urn:nbn:de:bvb:12-bsb10800897-9 (Eingesehen am 30.3.2016).

Leuckfeld, Antiquitates = Leuckfeld, Jo. Georg: Antiquitates Michaelsteinenses et Amelunxbornenses. Das ist Historische Beschreibung Derer vormahls berühmten Cistercienser Abteyen Michaelstein und Amelunxborn, Wolfenbüttel 1710.

Leichenpredigt Clara von Braunschweig-Wolfenbüttel und Philipp II. = Leichenpredigt für Clara von Braunschweig-Wolfenbüttel und ihren Mann Philipp II: Neun Christliche Leichpredigten, Gehalten bey den Begrebnussen vnd trawrigen Begengnussen dreyer Fürstlichen Personen, so jnnerhalb einem Jahr […] in einem Fürstlichen Hause, auff dem Schloß Hertzberg Seliglich entschlaffen sein: Als Nemlich,

Des […] Herrn Wolffgangen, Hertzogen zu Braunschweig vnd Lüneburg. Deßgleichen, Der […] Frawen Clara, gebornen vnd vermehlten Hertzogin zu Braunschweig vnd Lüneburg. Vnd endlich, Des […] Herrn Philipsen des Jüngern, Hertzogen zu Braunschweig vnd Lüneburg, Verfasser: Andreas Leopold, Drucker: Conrad Horn, Heinrichstatd 1596, Niedersächsische Staat- und Universitätsbibliothek, Signatur: 8 H Hann I, 3495 (VD16 L 1246). Online: https://books.google.de/books?id=RBA8AAAAcAAJ&printsec=frontcover&hl=de&source=gbs_ge_summary_r&cad=0#v=onepage&q&f=false (Eingesehen am 20.06.2016).

Leichenpredigt für Justus Groscurdt = Eine Christliche Leichpredigt: Bey der Begräbniß / Des weylandt Ehrwürdigen/ VorAchtbaren und Hochgelahrten Herrn M. Justi Großcurdten / Wolverordneten General Superintendenten im Landes Göttingen/ primarii Pastoris zu S. Johannis in Göttingen / und Professoris Theologiae im Paedagogio doselbsten / So den 16 Julii Anno 1626 / Morgens umb 7 Uhr selig im Herrn entschlaffen/ und den 19 eiusdem in der Häupt Kirchen S. Johannis / mit Christlichen Ceremonien zur Erden bestattet worden, Verfasser: Johann Crollius, Drucker: Joachim Grössel, Hildesheim 1627, Niedersächsische Staat- und Universitätsbibliothek, Signatur: 4 CONC FUN 85 (16), fol. 1–36 (VD17 7:686816T). Online: http://gdz.sub.uni-goettingen.de/dms/load/img/?PPN=PPN632232625&DMDID=DMDLOG_0000&LOGID=LOG_0000&PHYSID=PHYS_0003 (Eingesehen am 08.04.2016).

Leichenpredigt Spiegelberg = Leichenpredigt für Andreas Spiegelberg: Historia Lazari, Johannis am Eilfften Capitel. Bey dem Christlichen Begrebnis des Ehrenvesten […] Andreae Spigelbergs, […] Welcher Anno 87. den 21. Martij, in Christo seliglichen entschlaffen ist. Und auch ferner bey der Christlichen Leich des Erbarn […] Salomonis Rauhen, Verfasser: Johannes Schellhammer, Wittemberg 1589, Niedersächsische Staats- und Universitätsbibliothek Göttingen, Signatur: 4 CONC FUN 242 (10) (VD16 S 2251).

Letzner, Desselische Chronica = Letzner, Johannes: Dasselische und Einbeckische Chronica. Das ist: Historische Beschreibung der Uhralten Graffen unnd Herrn zu Dassel, derselben Graff und Herrschafft in Sachsen, zwischen der Weser und Leina, dem Landt zu Göttingen und den Graff und Herrschafften Eberstein und Humburg gelegen, Erfurt 1596.

Letzner, Klösterchronik (Cod. Ms. Hist. 248) = Letzner, Johannes: Braunschw.-Lüneburgischen und Göttingischen Chronic, darinnen die Klöster selbiger Fürstenthümer beschrieben, ibdm. die Geistlichen Orden, [Abschrift des späten 17. Jh. mit alter Seitenzählung]. Niedersächsische Staats- und Universitätsbibliothek Göttingen, Signatur: Cod. Ms. Hist. 248.

Lonitzer, Kreuterbuch = Lonitzer, Adam: Kreuterbuch, Kunstliche Conterfeytunge der Bäume, Stauden, Hecken Kräuter, Getreyde, Gewürtze, Frankfurt a. M. 1573 (VD16 L 2420). Online: http://daten.digitale-sammlungen.de/bsb00091273/image_332 (Eingesehen am 01.4.2016).

Melanchthon, Instructio visitatorum = Melanchthon, Philipp: Instructio visitatorum. Ed. In: Ph. Melanchthonis opera quae supersunt omnia 26 (Corpus Reformatorum), Bindseil, H.E. (Hrsg.) Braunschweig 1858.

Ovid, Tristia = Naso, Publius Ovidus: Tristia (Text- und Kommentarband), Luck, G. (Hrsg.) Heidelberg 1967–77. Online [Bibliotheca Augustana, Harsch, Ulrich]: http://

www.hs-augsburg.de/~harsch/Chronologia/Lsante01/Ovidius/ovi_tr00.html (Eingesehen 13.3.2016).

Ovid, Fasti = Naso, Publius Ovidus: Fasti, Ehwald, Rudolf, 1903; Goold, G. P., 1977 (Hgg.). Online [Bibliotheca Augustana, Harsch, Ulrich]: http://www.hs-augsburg.de/~harsch/Chronologia/Lsante01/Ovidius/ovi_fa00.html (Eingesehen 13.3.2016).

Ovid, Metamorphosen = Naso, Publius Ovidus: Metamorphosen: lateinisch-deutsch. Albrecht, Michael von (Übers. und hrsg.), Stuttgart 2012.

Pauli, Methodi = Pauli, Simon: Methodi aliquot locorum Doctrinae Ecclesiae Dei, Rostock 1569 (VD16 P 1008).

Publilius Syrus, Sent. = Syrus, Publilius: Die Sprüche des Publilius Syrus, Lateinisch und Deutsch, Beckby, Hermann (Hrsg.), München, 1969. Online: [Bibliotheca Augustana, Harsch, Ulrich] http://www.hs-augsburg.de/~harsch/Chronologia/Lsante01/Publilius/pub_sent.html (Eingesehen am 30.3.2016).

Sarcerius, Buch vom heiligen Ehestande = Sarcerius, Erasmus: Ein Buch vom heiligen Ehestande und von Ehesachen, Drucker: Jakob Bärwald, Leipzig 1553 (VD16 S 1669).

Schofer, Pfister, Artzney Buch 1568 des Christoph Wirsung = Schofer, Ulrike; Pfister, Kathrin (Hrsg.): Das Heidelberger Artzney Buch 1568 des Christoph Wirsung: Naturheilkunde in der Frühen Neuzeit, Knittlingen: Bibliotheca-Palatina 2011.

Sehling, Ev. KO, Bd. VI/1 = Sehling, Emil (Hrsg.): Die evangelischen Kirchenordnungen des XVI. Jahrhunderts. Niedersachsen: Die welfischen Lande: Die Fürstentümer Wolfenbüttel und Lüneburg mit den Städten Braunschweig und Lüneburg, Bd. VI/1, Tübingen 1955.

Sehling, Ev. KO, Bd. VI/2 = Sehling, Emil (Hrsg.): Die evangelischen Kirchenordnungen des XVI Jahrhunderts. Niedersachsen: Die welfischen Lande. Die Fürstentümer Calenberg-Göttingen und Grubenhagen mit den Städten Göttingen, Northeim, Hannover, Hameln und Einbeck. Die Grafschaften Hoya und Diepholz. Anhang: Das Freie Reichsstift Loccum, Bd. VI/2, Tübingen 1957.

Seneca, De Beneficiis = Senecae, Lucius Annaei: Opera. ad Libros Manuscriptos Et Impressos Recensuit, Commentarios Criticos Subiecit, Disputationes Et Indices Addidit, Fickert, Carl Rudolf (Hrsg.), Bd. 1–3, Leipzig 1842–1845. Bd. 2: Ad Aebutium Liberalem De Beneficiis Libri VII. Ad Neronem Caesarem De Clementia Libri II. Ad Novatum De Ira Libri III, Fickert, Carl Rudolf (Hrsg.), Leipzig 1843. Online: https://books.google.de/books?id=4adEAQAAIAAJ&printsec=frontcover&dq=De+beneficiis+libri+II.&hl=de&sa=X&ved=0ahUKEwj2nfrV9LDMAhXEQZoKHQUfAd4Q6AEIPDAD#v=onepage&q&f=false (Eingesehen am 12.2.2016).

Spanuth, Quellen = Spanuth, Friedrich: Quellen zur Durchführung der Reformation (Verzeichnis aller Pfarrer und wie dieselben bei der 1568 stattgehabten Visitation befunden sind). In: Zeitschrift der Gesellschaft für niedersächsische Kirchengeschichte, Bd. 42 (1937), S. 241–288.

Spanuth, Examensprotokolle = Spanuth, Friedrich: Wolfenbütteler Examensprotokolle aus den Jahren 1569 und 1570. In: Zeitschrift der Gesellschaft für niedersächsische Kirchengeschichte, Bd. 43 (1938), S. 186–203.

Terentius, Andria = Afer, Publius Terentius: Komödien. Lateinisch und deutsch, übersetzt und kommentiert von Peter Rau, 2 Bde., Darmstadt 2012.

WA = D. Martin Luthers Werke. Kritische Gesamtausgabe (Weimarer Ausgabe), Abteilung 1: Werke 73 Bde., Weimar 1883–2009.

WABr = D. Martin Luthers Werke. Kritische Gesamtausgabe (Weimarer Ausgabe), Abteilung 4: Briefwechsel, 18. Bde., Weimar 1930–1985.

WATr= D. Martin Luthers Werke. Kritische Gesamtausgabe (Weimarer Ausgabe), Abteilung 2: Tischreden, 6 Bde., Weimar 1912–1921.

Wolters, Kirchenvisitation = Wolters, E.: Die Kirchenvisitationen der Aufbauzeit (1570–1600) im vormaligen Herzogtum Braunschweig-Wolfenbüttel. In: Zeitschrift der Gesellschaft für niedersächsische Kirchengeschichte, Bd. 43 (1938), S. 204–237; Bd. 44 (1939), S. 64–85; Bd. 45 (1940), S. 153–202; Bd. 46 (1941), S. 99–153; Bd. 48 (1950), S. 62–85.

10.3. Literaturverzeichnis

Achilles, Entstehung des niedersächsischen Meierrechts nach Werner Wittich = Achilles, Walter: Die Entstehung des niedersächsischen Meierrechts nach Werner Wittich. Ein kritischer Überblick. In: Zeitschrift für Agrargeschichte und Agrarsoziologie, Bd. 25 (1977), S. 145–169.

ADB = Historische Commission bei der Königl. Akademie der Wissenschaften (Hrsg.): Allgemeine Deutsche Biographie, 56 Bde., Berlin 1875–1912.

Algermann, Leben = Algermann, Franz: Leben des Herzogs Julius zu Braunschweig und Lüneburg. Friedrich Karl von Strombeck (Hrsg.), Helmstedt 1823.

Anonym, Predigersynoden im Herzogthume Braunschweige= Anonym: Die Predigersynoden im Herzogthume Braunschweige, Geschichte derselben bis zum Anfange des gegenwärtigen Jahrhunderts. In: Braunschweigisches Magazin, Bd. 79 (1866), S. 209–224.

Antenhofer, Müller, Briefe in Politischer Kommunikation = Antenhofer, Christina; Müller, Mario (Hgg.): Briefe in politischer Kommunikation vom Alten Orient bis ins 20. Jahrhundert. Le lettere nella comunicazione politica dall'Antico Oriente fino al XX secolo, (Schriften zur politischen Kommunikation, Bd. 3), Göttingen 2008.

Arend, Entstehung des württembergischen Kirchenrats = Arend, Sabine: Die Entstehung des württembergischen Kirchenrats und sein Export in andere Territorien während des 16. Jahrhunderts. In: Wischmeyer, Johannes (Hrsg.): Zwischen Ekklesiologie und Administration. Modelle territorialer Kirchenleitung und Religionsverwaltung im Jahrhundert der europäischen Reformationen, (Veröffentlichungen des Instituts für Europäische Geschichte Mainz 100), Göttingen 2013, S. 125–153.

Arend, Pfarreranstellung = Arend, Sabine: Pfarreranstellung in 15. und 16. Jahrhundert. Württemberg und andere Territorien im Vergleich. In: Arend, Sabine; Dörner, Gerald (Hgg.): Ordnungen für die Kirche – Wirkungen für die Welt. Evangelische Kirchenordnungen des 16. Jahrhunderts, Tübingen 2015, S. 29–51.

Arnold, Hütterodt = Arnold, Martin; Kollmann, Karl (Hgg.): Alltag reformierter Kirchenleitung. Das Diensttagebuch des Eschweger Superintendenten Johannes Hütterodt (1599–1672), Marburg 2009.

Arnold, Kirchenordnung = Arnold, Martin: Zwischen Kirchenordnung und kirchlicher Wirklichkeit. Das Amt des Superintendenten im Rahmen der hessischen Kirchenverfassung des 17. Jahrhunderts. In: Arnold, Hütterodt, S. 47–76.

Arnold, Briefe aus dem Mittelalter = Arnold, Klaus: In Liebe und Zorn – Briefe aus dem Mittelalter, Stuttgart 2003.

Asch, Freist, Staatsbildung als kultureller Prozess = Asch, Ronald; Freist, Dagmar (Hgg.): Staatsbildung als kultureller Prozess: Strukturwandel und Legitimation von Herrschaft in der Frühen Neuzeit, Köln 2005.

Asheim, Gold, Kirchenpräsident oder Bischof? = Asheim, Ivar; Gold, Victor R. (Hgg.): Kirchenpräsident oder Bischof? Untersuchungen zur Entwicklung und Definition des kirchenleitenden Amtes in der lutherischen Kirche, Göttingen 1968.

Aufgebauer, Tilemann Heßhusen = Aufgebauer, Peter: Artikel: »Tilemann Heßhusen«. In: Jarck, Lexikon, S. 347f.

Backmann, Künast, Ullmann, Tlusty, Ehrkonzepte = Backmann, Sibylle; Künast, Hans-Jörg; Ullmann, Sabine; Tlusty, B. Ann (Hgg.): Ehrkonzepte in der Frühen Neuzeit. Identitäten und Abgrenzungen, Berlin 1998.

Bader, Rechtsgeschichte des mittelalterlichen Dorfes = Bader, Karl S.: Studien zur Rechtsgeschichte des mittelalterlichen Dorfes, 3 Teile, 1957–1981.

Bahlcke, Landesherrschaft = Bahlcke, Joachim: Landesherrschaft, Territorien und Staat in der Frühen Neuzeit, (Enzyklopädie Deutscher Geschichte, Bd. 91), München 2012.

Barlösius, Bourdieu = Barlösius, Eva: Pierre Bourdieu, Frankfurt a. M. 2011.

Barnes, Social Networks = Barnes, John: Social Networks, [Addison-Wesley Publishing Company] 1972.

Bauer Gründung einer Hohen Schule = Bauer, Joachim: Von der Gründung einer Hohen Schule in »elenden und betrübten Zeiten«. In: Bauer, Joachim; Blaha, Dagmar; Walther, Helmut G. (Hgg.): Dokumente zur Frühgeschichte der Universität Jena 1548 bis 1558, (Quellen und Beiträge zur Geschichte der Universität Jena), Weimar 2003, S. 31–88.

Bauer, Kampf um das »wahre« Luthertum = Bauer, Joachim: Der Kampf um das »wahre« Luthertum. Jena und Wittenberg 1548. In: Schorn-Schütte, Luise (Hrsg.): Das Interim 1548/50: Herrschaftskrise und Glaubenskonflikt, (Schriften des Vereins für Reformationsgeschichte, Bd. 203), Heidelberg 2005, S. 277–291.

Becher, Plassmann: Streit am Hof = Becher, Matthias; Plassmann, Alheydis (Hgg.): Streit am Hof im frühen Mittelalter, (Super alta perennis. Studien zur Wirkung der Klassischen Antike 11), Göttingen 2011.

Beck, Beck, Lateinische Schrift = Beck, Friedrich; Beck, Lorenz Friedrich: Die Lateinische Schrift. Schriftzeugnisse aus dem deutschen Sprachgebiet vom Mittelalter bis zur Gegenwart, Köln 2007.

Beck, Schrift = Beck, Friedrich: Schrift. In: Beck, Friedrich; Henning, Eckart (Hgg.): Die archivalische Quelle. Mit einer Einführung in die Historischen Hilfswissenschaften, 3. Aufl., Köln 2003, S. 179–230.

Beck, Pfarrer und Dorf = Beck, Rainer: Der Pfarrer und das Dorf. Konformismus und Eigensinn im katholischen Bayern des 17. und 18. Jahrhunderts. In: Dülmen, Richard van (Hrsg.): Armut, Liebe, Ehre. Studien zur historischen Kulturforschung, Frankfurt a. M. 1988, S. 107–143.

Beer, Eltern und Kinder = Beer, Mathias: Eltern und Kinder des späten Mittelalters in ihren Briefen: Familienleben in der Stadt des Spätmittelalters und der Frühen Neuzeit mit besonderer Berücksichtigung Nürnbergs (1400–1550), Nürnberg 1990.

Beer, Private Briefe = Beer, Mathias: »Wenn ych eynen naren hett zu eynem man, da fragen dye freund nyt vyl danach«. Private Briefe als Quelle für die Erschließung bei den stadtbürgerlichen Familien des 15. und 16. Jahrhunderts. In: Bachorski, Hans-Jürgen (Hrsg.): Ordnung und Lust. Bilder von Liebe, Ehe und Sexualität in Spätmittelalter und Früher Neuzeit, Trier 1991, S. 71–94.

Bei der Wieden, Ausstrahlung der Reformation = Bei der Wieden, Helge (Hrsg.): Die Ausstrahlung der Reformation. Beiträge zu Kirche und Alltag in Nordwestdeutschland, (Studien zur Kirchengeschichte Niedersachsens 43), Göttingen 2011.

Benecke, Benecke, Lüneburger Heimatbuch = Benecke, Otto; Benecke, Theodor: Lüneburger Heimatbuch, Bd. 2: Volk und geistiges Leben, Bremen 1914.

Bentzinger, Syntax der Reformationsdialoge = Bentzinger, Rudolf: Untersuchungen zur Syntax der Reformationsdialoge 1520–1525. Ein Beitrag zur Erklärung ihrer Wirksamkeit, (Bausteine zur Sprachgeschichte des Neuhochdeutschen 67), Berlin 1992.

Berliner Geschichtswerkstatt, Alltagskultur = Berliner Geschichtswerkstatt (Hrsg.): Alltagskultur, Subjektivität und Geschichte. Zur Theorie und Praxis von Alltagsgeschichte, Münster 1994.

Berndorff, Prediger der Grafschaft Mansfeld = Berndorff, Lothar: Die Prediger der Grafschaft Mansfeld. Eine Untersuchung zum geistlichen Sonderbewusstsein in der zweiten Hälfte des 16. Jahrhunderts, Potsdam 2010.

Beste, Landeskirche = Beste, Johannes: Geschichte der Braunschweigischen Landeskirche von der Reformation bis auf unsere Tage, Wolfenbüttel 1889.

Beyer, Täubrich, Der Brief = Beyer, Klaus; Täubrich, Hans-Christian (Hgg.): Der Brief, eine Kulturgeschichte der schriftlichen Kommunikation, Heidelberg 1996.

Beyer, Luthers Ehelehre = Beyer, Michael: Luthers Ehelehre bis 1525. In: Treu, Martin (Hrsg.): Katharina von Bora, die Lutherin: Aufsätze anläßlich ihres 500. Geburtstages, Wittenberg 1999, S. 59–82.

Biermann, Scheffler, Hermann Hamelmann = Biermann, Andreas; Scheffler, Jürgen: Hermann Hamelmann - ein streitbarer Theologe in Lemgo: Begleitschrift zur Kabinettaustellung »Hermann Hamelmann - ein streitbarer Theologe in Lemgo« im Museum Hexenbürgermeisterhaus Lemgo (2009/2010), (Museumshefte: Schriften und Kataloge aus dem Städtischen Museum Hexenbürgermeisterhaus Lemgo 9), Bielefeld 2010.

Blauert, Schwerhoff, Kriminalitätsgeschichte = Blauert, Andreas; Schwerhoff, Gerd; (Hgg.): Kriminalitätsgeschichte. Beiträge zur Sozial- und Kulturgeschichte der Vormoderne, (Konflikte und Kultur - Historische Perspektiven 1), Konstanz 2000.

Blickle, Bauernkrieg = Blickle, Peter: Der Bauernkrieg. Die Revolution des Gemeinen Mannes, 4. überarbeitete Aufl., München 2012.

Blickle, Das Alte Europa = Blickle, Peter: Das Alte Europa. Vom Hochmittelalter bis zur Moderne, München 2008.

Blickle, Kommunalismus = Blickle, Peter: Kommunalismus: Skizzen einer gesellschaftlichen Organisationsform, 2. Bde., München 2000.

Blickle, Revolution von 1525 = Blickle, Peter: Die Revolution von 1525, 3. Aufl., München 1993.

Blickle, Artikel: Gemeinde = Blickle, Peter: Art. Gemeinde, Gemeindeverfassung. In: Albrecht Cordes; Heiner Lück; Dieter Werkmüller (Hgg.), Handwörterbuch zur deutschen Rechtsgeschichte (HRGdigital), URL: https://www.hrgdigital.de/HRG.gemeinde_ gemeindeverfassung (Eingesehen am 19.10.2016).

Blickle, Interzession = Blickle, Renate: Interzession. Die Fürbitte als Element der Herrschaftsbeziehung. In: Nubola, Cecilia; Würgler Andreas: Bittschriften und Gravamina. Politik, Verwaltung und Justiz in Europa (14.–18. Jahrhundert), (Schriften des Italienisch-Deutschen Historischen Instituts in Trient, Bd. 19), Berlin 2005, S. 293–322.

Blickle, Supplikationen und Demonstrationen = Blickle, Renate: Supplikationen und Demonstrationen. Mittel und Wege der Partizipation im bayerischen Territorialstaat. In: Rösener, Werner (Hrsg.): Kommunikation in der ländlichen Gesellschaft von Mittelalter bis zur Modern, (Veröffentlichungen des Max-Planck-Instituts für Geschichte 156), Göttingen 2000, S. 263–318.

Blockmans, Holenstein, Mathieu, Schläppi, Empowering interactions = Blockmans, Wim; Holenstein, André; Mathieu, Jon; Schläppi, Daniel (Hgg.): Empowering interactions: political cultures and the emergence of the state in Europe 1300–1900, Farnham 2009.

Bock, Pfarrer und Mönche in Gewissensnot = Bock, Heike: Pfarrer und Mönche in Gewissensnot: Eidgenössische Geistliche zwischen den Konfessionen im 17. Jahrhundert. In: Lotz-Heumann, Ute (Hrsg.): Konversion und Konfession in der frühen Neuzeit: [Tagung »Konversion und Konfession in der Frühen Neuzeit« 9.–11.12. 2004], (Schriften des Vereins für Reformationsgeschichte 205), Gütersloh 2007, S. 353–392.

Bockisch, Landeskirche = Bockisch, Sabine: Die Braunschweigische Landeskirche: geistliche Belange und weltliche Administration in der frühen Neuzeit. In: Lippelt, Christian; Schildt, Gerhard (Hgg.): Braunschweig-Wolfenbüttel in der Frühen Neuzeit, (Quellen und Forschungen zur Braunschweigischen Landesgeschichte, Bd. 41), Braunschweig 2003, S. 51–66.

Bodemann, Herzog Julius = Bodemann, Eduard: Herzog Julius von Braunschweig. Kulturbild deutschen Fürstenlebens und deutscher Fürstenerziehung im 16. Jahrhundert. In: Zeitschrift für deutsche Kulturgeschichte, NF 4 (1875), S. 193–239.

Böhme, Barkhoff, Riou, Netzwerke. Eine Kulturtechnik = Böhme, Hartmut; Barkhoff, Jürgen; Riou, Jeanne (Hgg.): Netzwerke. Eine Kulturtechnik der Moderne, Köln 2004.

Bommes, Tacke, Netzwerke in der Gesellschaft = Bommes, Michael; Tacke, Veronika (Hgg.): Netzwerke in der funktional differenzierten Gesellschaft, Wiesbaden 2010.

Bonacker, Einleitung und Überblick = Bonacker, Thorsten: Sozialwissenschaftliche Konflikttheorien – Einleitung und Überblick. In: Ders. (Hrsg.): Sozialwissenschaftliche Konflikttheorien. Eine Einführung, 4. Aufl., Wiesbaden 2008, S. 9–29.

Bonacker, Imbusch, Sozialwissenschaftliche Konfliktforschung = Bonacker, Thorsten; Imbusch, Peter: Sozialwissenschaftliche Konfliktforschung. In: Sommer, Gert; Fuchs, Albert (Hgg.): Krieg und Frieden. Handbuch der Konflikt- und Friedenspsychologie, Weinheim 2004, S. 195–207.

Bongaerts, Grenzsicherung = Bongaerts, Gregor: Grenzsicherung in sozialen Feldern – Ein Beitrag zu Bourdieus Theorie gesellschaftlicher Differenzierung. In: Schwinn, Thomas; (Hrsg.): Soziale Differenzeirungen. Handlungstheoretische Zugänge in der Diskussion, Wiesbaden 2011, S. 113–133.

Bott, Family and social network = Bott, Elizabeth: Family and social network: Roles, norms and external relationship in ordinary urban families, London 1964.

Bourdieu, Eigenschaften von Feldern = Bourdieu, Pierre: Über einige Eigenschaften von Feldern. In: Bourdieu, Pierre (Hrsg.): Soziologische Fragen, Dt. Erstausg., 1. Aufl. [Nachdr.], Frankfurt a. M. 2004, S. 107–114.

Bourdieu, Kapital = Bourdieu, Pierre: Ökonomisches Kapital, kulturelles Kapital, soziales Kapital. In: Kreckel, Reinhard (Hrsg.): Soziale Ungleichheiten, (Soziale Welt Sonderband 2), Göttingen 1983, S. 183–198.

Bourdieu, Praktische Vernunft = Bourdieu, Pierre: Praktische Vernunft: zur Theorie des Handelns, aus dem Franz. von Hella Beister, Frankfurt a. M. 1998.

Brakensiek, Akzeptanzorientierte Herrschaft = Brakensiek, Stefan: Akzeptanzorientierte Herrschaft. Überlegungen zur politischen Kultur der Frühen Neuzeit. In: Neuhaus, Helmus (Hrsg.): Die Frühe Neuzeit als Epoche, (Historische Zeitschrift, Beiheft 49), München 2009, S. 395–406.

Brakensiek, Generationengerechtigkeit? = Brakensiek, Stefan: Generationengerechtigkeit? Normen und Praxis im Erb- und Ehegüterrecht 1500–1850. Eine Einführung. In: Brakensiek, Stolleis, Wunder, Generationengerechtigkeit, S. 1–21.

Brakensiek, Einleitung Herrschaft = Brakensiek, Stefan: Einleitung: Herrschaft und Verwaltung in der Frühen Neuzeit. In: Brakensiek; von Bredow; Näther, Herrschaft und Verwaltung, S. 9–24.

Brakensiek; von Bredow; Näther, Herrschaft und Verwaltung = Brakensiek, Stefan; von Bredow, Corinna; Näther, Birgit (Hgg.): Herrschaft und Verwaltung in der Frühen Neuzeit, (Historische Forschungen, Bd. 101), Berlin 2014.

Brakensiek, Stolleis, Wunder, Generationengerechtigkeit = Brakensiek, Stefan; Stolleis, Michael; Wunder, Heide (Hgg.): Generationengerechtigkeit? Normen und Praxis im Erb- und Ehegüterrecht 1500–1850, (Zeitschrift für Historische Forschung, Beiheft 37), Berlin 2006.

Brändle, von Greyerz, Heiligensetzer, Leutert, Piller, Selbstzeugnisforschung = Brändle, Fabian; von Greyerz, Kaspar; Heiligensetzer, Lorenz; Leutert, Sebastian; Piller, Gudrun: Texte zwischen Erfahrung und Diskurs. Probleme der Selbstzeugnisforschung. In: von Greyerz, Kaspar; Medick, Hans; Veit, Patrice (Hgg.): Von der dargestellten Person zum erinnerten Ich. Europäische Selbstzeugnisse als historische Quelle (1500–1850), Köln u. a. 2001, S. 3–31.

Brandt, Werkzeug des Historikers = Brandt, Ahasver von: Werkzeug des Historikers. Eine Einführung in die Historischen Hilfswissenschaften, 17. Aufl., Stuttgart 2007.

Bräuer, Beginn = Bräuer, S.: Der Beginn der Reformation in Braunschweig: historiographische Tradition und Quellenbefund, Braunschweig 1994.

Brecher, Martin Chemnitz = Brecher, Adolf: Artikel: »Chemnitz, Martin«. In: ADB, Bd. 4 (1876), S. 116–118.

Breithaupt, Gestalten des 16. Jahrhunderts = Dr. Breithaupt: Gestalten des 16. Jahrhunderts im Spiegel der Briefe des Jakob Götzes. In: Northeimer Heimatblätter, 12 Jg. (1936), S. 65–90.

Briquet, Les Filigrans = Briquet, Charles M.: Les Filigranes. Dictionnaire historique des marques du papier dés leurs apparition vers jusqu'en 1600, 4 Bde., Paris 1907, 2. Aufl. Leipzig 1923. Neudruck Amsterdam 1968. Online: http://www.ksbm.oeaw.ac.at/_scripts/php/BR.php (Eingesehen am 7. 11. 2016).

Brockmann, Weiß, Einleitung = Brockmann, Thomas; Weiß, Dieter J.: »Konfessionsbildung« und »Konfessionalisierung« – Einleitung. In: Brockmann, Thomas; Weiß,

Dieter J. (Hgg.): Das Konfessionalisierungsparadigma. Leistungen, Probleme, Grenzen, (Bayreuther Historische Kolloquien, Bd. 18), Münster 2013, S. 1–22.

Brüdermann, Glaubensspaltung = Brüdermann, Stefan: Das Zeitalter der Glaubensspaltung (1495–1634). In: Jarck, Schildt, Landesgeschichte, S. 441–482.

Brüdermann, Heinrich Julius = Brüdermann, Stefan: Artikel »Heinrich Julius«. In: Jarck, Lexikon, S. 324f.

Bünz, Pfarrei = Bünz, Enno: Die mittelalterliche Pfarrei in Deutschland. Neue Forschungstendenzen und -ergebnisse. In: Kruppa, Nathalie; Zygner, Leszek (Hgg.): Pfarreien in Mitteleuropa im Mittelalter. Deutschland, Polen, Tschechien und Ungarn im Vergleich, (Veröffentlichungen des Max-Planck-Instituts für Geschichte 238 = Studien zur Germania Sacra 32), Göttingen 2008, S. 27–66.

Bünz, »Die Kirche im Dorf lassen …« = Bünz, Enno: »Die Kirche im Dorf lassen …«: Formen der Kommunikation im spätmittelalterlichen Niederkirchenwesen. In: Rösener, Werner (Hrsg.): Kommunikation in der ländlichen Gesellschaft vom Mittelalter bis zur Moderne, (Veröffentlichung des Max-Planck-Instituts für Geschichte, Bd. 156), Göttingen 2000, S. 77–167.

Butt, Herrschaft über Kirche = Butt, Arne: Herrschaft über Kirche, Herrschaft durch Kirche. Zur Entstehung des landesherrlichen Kirchenregiments im Herzogtum Braunschweig-Lüneburg vor dem 30-jährigen Krieg. In: Niedersächsisches Jahrbuch für Landesgeschichte (Neue Folge der »Zeitschrift des Historischen Vereins für Niedersachsen«), Bd. 88 (2016), S. 23–72.

Butt, Norm und Praxis = Butt, Arne: Norm und Praxis im frühneuzeitlichen Kirchenwesen. Die Superintendenten im Fürstentum Braunschweig-Wolfenbüttel im letzten Drittel des 16. Jahrhunderts. In: Blätter für deutsche Landesgeschichte, Bd. 150 (2014), S. 357–397.

Butt, Protestantische Kirchenleitungsmodelle und Ordnungsprinzipien = Butt, Arne: »Wir sehen nicht gerne unordnung«. Protestantische Kirchenleitungsmodelle und Ordnungsprinzipien in Konsistorialordnungen des 16. Jahrhunderts. In: Dingel, Kohnle, Gute Ordnung, S. 49–64.

Butt, Von Angesicht zu Angesicht = Butt, Arne: Von Angesicht zu Angesicht. Eherecht und Ehegerichtsbarkeit im Fürstentum Braunschweig-Wolfenbüttel vor dem 30-jährigen Krieg. In: Jahrbuch der Gesellschaft für niedersächsische Kirchengeschichte, Bd. 112 (2014), S. 51–74.

Camargo, Where's the Brief? = Camargo, Martin: Where's the Brief? The Ars Dictaminis and Reading/Writing Between the Lines. In: Poster, Carol; Utz, Richard (Hgg.), The Late Medieval Epistle, (Disputatio. An Interdisciplinary Journal of the Late Middle Ages 1), Evanston (USA, Illinois) 1996, S. 1–17.

Camargo, Ars Dictaminis = Camargo, Martin: Ars Dictaminis, Ars Dictandi, Turnhout (Belgien) 1991.

Campbell, Dialog und Dialogizität = Campbell, Fiona M. K.: Dialog und Dialogizität in den Flugschriften der frühen Reformation. In: Henkel, Nikolaus; Jones, Martin H. (Hgg.) et. al.: Dialoge: Sprachliche Kommunikation in und zwischen Texten im deutschen Mittelalter, Tübingen 2003, S. 337–348.

Casemir, Ohainski, Ortsnamen Holzminden = Casemir, Kirstin; Ohainski, Uwe (Hgg.): Die Ortsnamen des Landkreises Holzminden, Bielefeld 2007.

Clemens, Schuldenlast und Schuldenwert = Clemens, Gabriele B. (Hrsg.): Schuldenlast und Schuldenwert. Kreditnetzwerke in der europäischen Geschichte 1300–1900, (Trierer Historische Forschungen 65), Trier 2008.

Coser, Theorie sozialer Konflikte = Coser, Lewis A.: Theorie sozialer Konflikte, Berlin 1972.

Dauser, Informationskultur = Dauser, Regina: Informationskultur und Beziehungswissen – das Korrespondenznetz Hans Fuggers (1531–1598), (Studia Augustana 16), Tübingen 2008.

Davis, Martin Guerre = Davis, Natalie Z.: Die wahrhaftige Geschichte von der Wiederkehr des Martin Guerre, München 1984.

Dettmer, Konsistorium = Dettmer, Vitus: Das Konsistorium zu Wolfenbüttel: ein Beitrag zur Braunschweigischen Kirchen- und Kirchenverfassungsgeschichte, Braunschweig 1922.

Deutsche Inschriften, Terminologie = Deutsche Inschriften. Terminologie zur Schriftbeschreibung, erarbeitet von den Mitarbeitern der Inschriftenkommissionen der Akademien der Wissenschaften in Berlin, Düsseldorf, Göttingen, Heidelberg, Leipzig, Mainz, München und der Österreichischen Akademie der Wissenschaften in Wien, Wiesbaden 1999.

Deutsches Historisches Museum, Leben nach Luther = Deutsches Historisches Museum (Hrsg.): Leben nach Luther: eine Kulturgeschichte des evangelischen Pfarrhauses [eine Ausstellung des Deutschen Historischen Museums, in Kooperation mit der Evangelischen Kirche in Deutschland (EKD) und der Internationalen Martin Luther Stiftung, Erfurt], Konzept Bodo-Michael Baumunk, Berlin 2013.

DFG, Richtlinien = Richtlinien Handschriftenkatalogisierung: Deutsche Forschungsgemeinschaft Unterausschuss für Handschriftenkatalogisierung, 5. erw. Aufl., Bonn-Bad Godesberg: DFG 1992, S. 9–15. Online: http://www.manuscripta-mediaevalia.de/hs/katalogseiten/HSKRICH_a35_jpg.htm (Eingesehen am 26.01.2017).

Dierkes, Streitbar und ehrenfest = Dierkes, Frank: Streitbar und ehrenfest. Zur Konfliktführung im münsterländischen Adel des 16. und 17. Jahrhundert, Münster 2007.

Dietrich, Eherecht in Deutschland = Dietrich, Hartwig: Das protestantische Eherecht in Deutschland bis zur Mitte des 17. Jahrhunderts, (Jus Ecclesiasticum 10), München 1970.

Dingel, Bekenntnisschriften = Dingel, Irene: Die Bekenntnisschriften der evangelisch-lutherischen Kirche: Vollständige Neuedition, Göttingen 2014.

Dingel, Kohnle, Gute Ordnung = Dingel, Irene; Kohnle, Armin (Hgg.): Gute Ordnung. Ordnungsmodelle und Ordnungsvorstellungen in der Reformationszeit, (Leucorea-Studien zur Geschichte der Reformation und der lutherischen Orthodoxie 25), Leipzig 2014.

Dingel, Lies, Der Majoristische Streit = Dingel, Irene; Lies, Jan Martin: Der Majoristische Streit (1552–1570), Göttingen 2014.

Dixon, Transformation der Pfarreien = Dixon, Scott: Die religiöse Transformation der Pfarreien im Fürstentum Brandenburg-Ansbach-Kulmbach. Die Reformation aus anthropologischer Sicht. In: Haag, Norbert; Holtz, Sabine; Zimmermann, Wolfgang (Hgg.): Ländliche Frömmigkeit. Konfessionskulturen und Lebenswelten 1500–1850, Stuttgart 2002, S. 27–41.

Dohrn-van Rossum, Geschichte der Stunde, Uhren = Dohrn-van Rossum, Gerhard: Die Geschichte der Stunde, Uhren und moderne Zeitordnungen, Köln 2007.

Dolle, Entwicklung der Ämter = Dolle, Josef: Die Entwicklung der Ämter des Fürstentums Braunschweig-Wolfenbüttel bis zu ihrer Aufnahme durch Gottfried Mascop. In: Ohainski, Reitemeier, Gottfried Mascop, S. 65–82.

Dolle, Klosterbuch = Dolle, Josef: Niedersächsisches Klosterbuch: Verzeichnis der Klöster, Stifte, Kommenden und Beginenhäuser in Niedersachsen und Bremen von den Anfängen bis 1810, unter Mitarb. von Dennis Knochenhauer, (Veröffentlichungen des Instituts für Historische Landesforschung der Universität Göttingen, Bd. 56,1–4), 4 Teile, Bielefeld 2012.

Dolle, Walkenried = Dolle, Josef, Artikel: Walkenried. In: Ders., Klosterbuch, Teil 3, S. 1471–1487.

Domeier, Moringen 1753 = Domeier, Johann: Die Geschichte Der Churfürstl. Braunschweig-Lüneburgischen Stadt Moringen. und des umliegenden Amts dieses Namens, Göttingen 1753.

Domeier, Moringen 1786 = Domeier, Johann: Die Geschichte Der Churfürstl. Braunschweig-Lüneburgischen Stadt Moringen. und des umliegenden Amts dieses Namens, Hannover 1786.

Droste, Brief als Medium = Droste, Heiko: Brief als Medium symbolischer Kommunikation. In: Füssel, Marian; Weller, Thomas (Hgg.): Ordnung und Distinktion. Praktiken sozialer Repräsentation in der ständischen Gesellschaft, Münster 2005, S. 239–256.

Droste, Kommentar = Droste, Heiko: Kommentar. In: North, Michael (Hrsg.): Kultureller Austausch. Bilanz und Perspektiven der Frühneuzeitforschung, (Vorträger der 7. Arbeitstagung der Arbeitsgemeinschaft Frühe Neuzeit im Verband der Historikerinnen und Historiker Deutschland (20.–22. September 2007, Greifswald), Köln 2009, S. 219–228.

DRW = Königlich-Preußischen Akademie der Wissenschaften (Hrsg.): Deutsches Rechtswörterbuch: Wörterbuch der älteren deutschen Rechtsprache, Weimar ab Bd. 1 (1914/32) ff. Ab Bd. 6: Heidelberger Akademie der Wissenschaften (Hrsg.): Deutsches Rechtswörterbuch: Wörterbuch der älteren deutschen Rechtsprache, (Unveränderte photomechanische Nachdruck u. spätere Bände erschienen bei Hermann Böhlaus Nachfolger), Weimar 1998.

Dülmen, Historische Anthropologie = Dülmen, Richard van: Historische Anthropologie. Entwicklung – Probleme – Aufgaben, Köln 2000.

Dülmen, Kultur und Alltag = Dülmen, Richard vaon: Kultur und Alltag in der Frühen Neuzeit. Bd. 1: Das Haus und seine Menschen 16.–18. Jahrhundert, 4. Aufl., München 2005.

Düring, Eumann, Historische Netzwerkforschung = Düring, Marten; Eumann, Ulrich: Historische Netzwerkforschung: Ein neuer Ansatz in den Geschichtswissenschaften. In: Geschichte und Gesellschaft, Nr. 3 (2013), S. 369–390.

Dürr, Pastoren im Raumgefüge = Dürr, Renate: Pastoren im Raumgefüge ihres Dorfes. Zum Potential des ›spatial turn‹ in der Regionalforschung. In: Menne, Mareike; Ströhmer, Michael (Hgg.): Total Regional. Studien zur frühneuzeitlichen Sozial- und Wirtschaftsgeschichte, Festschrift für Frank Göttmann zum 65. Geburtstag, Regensburg 2001, S. 147–167.

DÜRR, Politische Kultur = Dürr, Renate: Politische Kultur in der frühen Neuzeit. Kirchenräume in Hildesheim Stadt- und Landgemeinde 1550–1750, (Quellen und Forschungen zur Reformationsgeschichte Bd. 77), Gütersloh 2006.

DWB = Grimm, Jacob und Wilhelm: Deutsches Wörterbuch, 16 Bde. in 32 Teilbänden, Leipzig 1854–1961, Quellenverzeichnis Leipzig 1971. Online: http://woerterbuchnetz.de/DWB/ (Eingesehen am 30.3.2016).

EBELING, Luthers Seelsorge = Ebeling, Gerhard: Luthers Seelsorge: Theologie in der Vielfalt der Lebenssituationen an seinen Briefen dargestellt, Tübingen 1998.

EBERT, DIEHL, ROGMANN, Konkurrierende Obrigkeit = Ebert, Jochen; Diehl, Thomas; Rogmann, Ingrid: Konkurrierende Obrigkeit. Kirchliche Amtsträger und adelige Herren zwischen Kooperation und Konflikt. In: ARNOLD, Hütterodt, S. 89–129.

ECKHARDT, Heinrich Julius = Eckhardt, Albrecht: Artikel: »Heinrich Julius«. In: NDB, Bd. 8 (1969), S. 352–354 [Onlinefassung]; URL: http://www.deutsche-biographie.de/ppn118709887.html (Eingesehen am 02.02.2016).

EHRENPREIS, LOTZ-HEUMANN, Reformation = Ehrenpreis, Stefan; Lotz-Heumann, Ute: Reformation und konfessionelles Zeitalter, (Kontroversen um die Geschichte 5), Darmstadt 2002.

EHRENPREIS, Elementarschulwesen = Ehrenpreis, Stefan: Das frühneuzeitliche Elementarschulwesen: Forschungsergebnisse und neue Fragestellungen. In: Jacobi, Juliane (Hrsg.): Zwischen christlicher Tradition und Aufbruch in die Moderne. Das Hallesche Waisenhaus im bildungsgeschichtlichen Kontext, Tübingen 2007, S. 147–167.

EHRENPREIS, Mischkonfessionalität = Ehrenpreis, Stefan: Mischkonfessionalität und Konfessionalisierungsforschung. Konzeptionelle Überlegungen. In: Brockmann, Thomas; Weiß, Dieter J. (Hgg.): Das Konfessionalisierungsparadigma. Leistungen, Probleme, Grenzen, (Bayreuther Historische Kolloquien, Bd. 18), Münster 2013, S. 117–126.

EITNER, Quellen-Lexikon der Musiker und Musikgelehrten = Eitner, Robert: Biographisch-bibliographisches Quellen-Lexikon der Musiker und Musikgelehrten der christlichen Zeitrechnung bis zur Mitte des neunzehnten Jahrhunderts, Bd. 9, Leipzig 1903.

ERIKSSON, KRUG-RICHTER, Streitkulturen = Eriksson, Magnus; Krug-Richter, Barbara (Hgg.): Streitkulturen. Gewalt, Konflikt und Kommunikation in der ländlichen Gesellschaft der frühen Neuzeit, (Potsdamer Studien zur Geschichte der ländlichen Gesellschaft 2), Köln 2003.

ESDERS, Mittelalterlicher Konfliktaustrag = Esders, Stefan: Mittelalterlicher Konfliktaustrag zwischen rechtlichem Verstehen und zielorientiertem Handeln. Zur Einführung in das Thema. In: Ders., (Hrsg.): Rechtsverständnis und Konfliktbewältigung. Gerichtliche und außergerichtliche Strategien im Mittelalter, Köln u.a. 2007, S. 1–13.

FANGERAU, HALLING, Netzwerke = Fangerau, Heiner; Halling, Thorsten (Hgg.): Netzwerke. Allgemeine Theorie oder Universalmetapher in den Wissenschaften? Ein transdiziplinärer Überblick, Bielefeld 2009.

FÄTKENHEUER, Lebenswelt und Religion = Fätkenheuer, Frank: Lebenswelt und Religion. Mirko-historische Untersuchungen an Beispielen aus Franken um 1600, (Veröffentlichungen des Max-Planck-Instituts für Geschichte, Bd. 198), Göttingen 2004.

Fertig, Familie, verwandtschaftliche Netzwerke und Klassenbildung = Fertig Christine: Familie, verwandtschaftliche Netzwerke und Klassenbildung im ländlichen Westfalen (1750–1874), (Quellen und Forschung zur Agrargeschichte, Bd. 54), Stuttgart 2012.

Fertig, Fertig, Bäuerliche Erbpraxis = Fertig, Christine; Fertig , Georg: Bäuerliche Erbpraxis als Familienstrategie: Hofweitergabe im Westfalen des 18. und 19. Jahrhunderts. In: Brakensiek, Stolleis, Wunder, Generationengerechtigkeit, S. 163–187.

Flackenheiner, Personen- und Ortsregister der Matrikel Marburg = Flackenheiner, Wilhelm: Personen- und Ortsregister zu der Matrikel und den Annalen der Universität Marburg 1527–1652, Marburg 1904.

Franck, Jakob Milich = Franck, Jakob: Artikel: »Milich, Jakob«. In: ADB, Bd. 21 (1885), S. 745.

Frassek, Eherecht und Ehegerichtsbarkeit = Frassek, Ralf: Eherecht und Ehegerichtsbarkeit in der Reformationszeit. Der Aufbau neuer Rechtsstrukturen in sächsischen Raum unter besonderer Berücksichtigung der Wirkungsgeschichte des Wittenberger Konsistoriums, (Ius Ecclesiasticum, Bd. 78), Tübingen 2005.

Frassek, Artikel: Consensus facit nuptias = Frassek, Ralf: Art. Consensus facit nuptias. In: Albrecht Cordes; Heiner Lück; Dieter Werkmüller (Hgg.), Handwörterbuch zur deutschen Rechtsgeschichte (HRGdigital), URL: www.HRGdigital.de/HRG.consensus_facit_nuptias (Eingesehen am 21.10.2016).

Freist, Seebaß, Pastoren = Seebaß, Georg; Freist, Friedrich-Wilhelm: Die Pastoren der Braunschweigischen Evangelisch-Lutherischen Landeskirche seit Einführung der Reformation, Bd. 1–3, Wolfenbüttel 1969–1980.

Friedland, Erich II.= Friedland, Klaus: Artikel: »Erich II.«. In: NDB, Bd. 4 (1959), S. 584f. [Onlinefassung]; URL: http://www.deutsche-biographie.de/ppn119098652.html (Eingesehen am 02.02.2016).

Friedrichs, Schulen nach der Reformation = Friedrichs, Christopher, R.: Deutsche Schulen nach der Reformation. In: Braunschweigisches Jahrbuch, Bd. 63 (1982), S. 127–135.

Friese, Geschichte der Stadt Northeim. = Friese, Ernst Georg: Andeutungen zur Geschichte der Stadt Northeim In: Brönnenberg, Adolph (Hrsg.): Vaterländisches Archiv des Historischen Vereins für Niedersachsen, Jg. 1840, Hannover 1841 (heute: Niedersächsisches Jahrbuch für Landesgeschichte), S. 193–398.

Fröhlich, Rehbein, Bourdieu Handbuch = Fröhlich, Gerhard; Rehbein, Boike (Hgg.): Bourdieu Handbuch: Leben – Werk – Wirkung, Stuttgart 2009.

Fuchs, Dörflicher Alltag = Fuchs, Franz: Dörflicher Alltag in der Hussitenzeit. Aus den Aufzeichnungen eines Oberpfälzer Landpfarrers. In: Becker, Hans-Jürgen (Hrsg.): Der Pfälzer Löwe in Bayern. Zur Geschichte der Oberpfalz in der kurpfälzischen Epoche, Regensburg 1997, S. 37–55.

Fuchs, Pfarrbücher = Fuchs, Franz: Spätmittelalterliche Pfarrbücher als Quelle für die dörfliche Alltagsgeschichte. In: Bünz, Enno; Fouquet, Gerhard (Hgg.): Die Pfarrei im späten Mittelalter, Ostfildern 2013, S. 213–232.

Fuchs, Schmid, Pfarrhausinventar = Fuchs, Franz; Schmid, Albrecht: Item ein kreull. Ein oberpfälzisches Pfarrhausinventar aus dem Jahre 1431. In: Reimann, S.; Kessel, K. (Hgg.): Wissenschaften im Kontakt. Kooperationsfelder der Deutschen Sprachwissenschaft, Tübingen 2007, S. 191–206.

FUNDRAISING AKADEMIE, Fundraising = Fundraising Akademie (Hrsg.), Fundraising, Handbuch für Grundlagen, Strategien und Instrumente, 2. Aufl. Wiesbaden 2003.

FURGER, Briefsteller = Furger, Carmen: Briefsteller. Das Medium »Brief« des 17. und frühen 18. Jahrhunderts, Köln 2010.

FÜSSEL, RÜTHER, Einleitung = Füssel, Marian; Rüther, Stefanie: Einleitung. In: Dartmann, Christoph; Füssel, Marian; Rüther, Stefanie (Hgg.): Raum und Konflikt: zur symbolischen Konstituierung gesellschaftlicher Ordnung in Mittelalter und frühe Neuzeit, (Symbolische Kommunikation und gesellschaftliche Wertesysteme 5), Münster 2004, S. 9–18.

FÜSSEL, Soziale Ungleichheit und ständische Gesellschaft = Füssel, Marian (Hrsg.): Soziale Ungleichheit und ständische Gesellschaft: Theorien und Debatten in der Frühneuzeitforschung, Frankfurt a. M. 2011.

GEBHARD, GEISLER, SCHRÖTER, Einleitung = Gebhard, Gunther; Geisler, Oliver; Schröter, Steffen (Hgg.): StreitKulturen - Eine Einleitung. In: GEBHARD, GEISLER, SCHRÖTER, Streitkulturen, S. 11–33.

GEBHARD, GEISLER, SCHRÖTER, Streitkulturen = Gebhard, Gunther; Geisler, Oliver; Schröter, Steffen (Hgg.): StreitKulturen: polemische und antagonistische Konstellationen in Geschichte und Gegenwart, Bielefeld 2008.

GEERTZ, Dichte Beschreibung = Geertz, Clifford: Dichte Beschreibung, Beiträge zum Verstehen kultureller Systeme, 2. Aufl., Frankfurt a. M. 1991.

GESENIUS, Meyerrecht = Gesenius, Carl: Das Meyerrecht mir vorzüglicher Hinsicht auf den Wolfenbüttelschen Theil des Herzogthums Braunschweig-Lüneburg. 2. Bde., Wolfenbüttel 1801–1803.

GESTRICH, KRAUSE, MITTERAUER, Geschichte der Familie = Gestrich, Andreas; Krause, Jens-Uwe; Mitterauer, Michael: Geschichte der Familie, Stuttgart 2013.

GIESE, Kompetitive Aspekte = Giese, Martina: Kompetitive Aspekte höfischer Jagdaktivitäten im Frühmittelalter. In: BECHER, PLASSMANN, Streit am Hof, S. 263–284.

GINZBURG, Käse und die Würmer = Ginzburg, Carlo: Der Käse und die Würmer: Die Welt eines Müllers um 1600, Frankfurt a. M. 1979.

GINZBURG, PONI, Was ist Mikrogeschichte? = Ginzburg, Carlo; Poni, Carlo: Was ist Mikrogeschichte?. In: Geschichtswerkstatt, Bd. 6 (1985), S. 48–52.

GLEBA, Ordnungsmodell = Gleba, Gudrun: Die Gemeinde als alternatives Ordnungsmodell, Köln 1989.

GOETZ, Geschichte des mittelalterlichen Alltags = Goetz, Hans Werner: Geschichte des mittelalterlichen Alltags. Theorie-Methoden-Bilanz der Forschung. In: Jaritz, Gerhard (Hrsg.): Mensch und Objekt im Mittelalter und in der frühen Neuzeit, (Veröffentlichungen des Instituts für Realienkunde des Mittelalters und der Frühen Neuzeit, Nr. 13), Wien 1990, S. 67–101.

GOLDENSTEIN, Entstehung des Superintendentenamtes = Goldenstein, Valentin: Entstehung des Superintendentenamtes in der Reformationszeit, (FAU Studien aus der Philosophischen Fakultät, Bd. 4), Erlangen 2015.

GOODALE, Pfarrer als Außenseiter = Goodale, Jay: Pfarrer als Außenseiter, Landpfarrer und religiöses Leben in Sachsen zur Reformationszeit. In: Historische Anthropologie, Bd. 7 (1999), S. 191–211.

Gorißen, Vom Handelshaus zum Unternehmen = Gorißen, Stefan: Vom Handelshaus zum Unternehmen. Sozialgeschichte der Firma J. C. Harkort 1720–1820, Göttingen 2002.

Gottschalk, Erbe und Recht = Gottschalk, Karin: Erbe und Recht. Die Übertragung von Eigentum in der frühen Neuzeit. In: Willer, Stefan; Weigel, Sigrid; Jussen, Bernhard (Hgg.): Erbe. Übertragungskonzepte zwischen Natur und Kultur, Berlin 2013, S. 85–125.

Gottschalk, Eigentum, Geschlecht, Gerechtigkeit = Gottschalk, Karin: Eigentum, Geschlecht, Gerechtigkeit. Haushalten und Erben im frühneuzeitlichen Leipzig, Frankfurt a. M. 2003.

Graefe, Forstleute = Graefe, Christa: Forstleute. Von den Anfängen einer Behörde und ihren Beamten. Braunschweig-Wolfenbüttel 1530–1607, Wiesbaden 1989.

Graf, Wissenschaftselite = Graf, Angela: Die Wissenschaftselite Deutschlands. Sozialprofil und Werdegänge zwischen 1945 und 2013, Frankfurt a. M. 2015.

Graf, Pfründe zur Pfarrerbesoldung = Graf, Sabine: Von der Pfründe zur Pfarrerbesoldung. Die Finanzierung der Pfarrseelsorge in Goslar vor und nach der Reformation. In: Jahrbuch der Gesellschaft für niedersächsische Kirchengeschichte, Bd. 94 (1996), S. 21–49.

Greving, Johann Ecks Pfarrbuch = Greving, Joseph: Johann Ecks Pfarrbuch für Unsere Liebe Frau in Ingolstadt, (Reformationsgeschichtliche Studien und Texte 4/5), Münster 1908.

Grochowina, Von Politik und Zucht = Grochowina, Nicole: Von Politik und Zucht. Konfliktpotentiale und Konflikte zwischen Geistlichen und Gemeinden in der Grafschaft Ostfriesland im 16. und 17. Jahrhundert. In: Jakubowski-Tiessen, Manfred (Hrsg.): Geistliche Lebenswelten: zur Sozial- und Mentalitätsgeschichte der Geistlichen im Spätmittelalter und Früher Neuzeit, (Schriften zur Wirtschafts- und Sozialgeschichte Schleswig-Holsteins, Bd. 37), Neumünster 2005, S. 141–161.

Grotefend, Taschenbuch = Grotefend, Hermann: Taschenbuch der Zeitrechnung, 13. Aufl., Hannover 1991.

Guthe, Leben und die Amtsverrichtung des ersten Superintendenten = Guthe, E. C.: Das Leben uns die Amtsverrichtung des ersten Superintendenten in der Herrschaft Homburg, Wolfenbütt. Antheils, Mag. Jacobi Jovii, alias Götzen zu Halle; aus seinen eigenen Handschriften und gehaltenen Protocoll-Buche zusammen getragen. In: Gelehrte Beyträge zu den Braunschweigischen Anzeigen, 1762, Stück 42–44, 46–47.

Guthe, Nachrichten von einigen Dörfern = Guthe, E. C.: Historische und geographische Nachrichten von einigen in einer Urkunde vom Jahre 1150 gedachten Dörfern der ehemaligen Herrschaft Homburg. In: Gelehrte Beyträge zu den Braunschweigischen Anzeigen, 1757, Stück 96–100, 102.

Haase, Lateinschulen in Niedersachsen = Haase, C.: Die Lateinschulen in Niedersachsen von der Reformation bis zur napoleonischen Zeit. In: Niedersächsisches Jahrbuch für Landesgeschichte, Bd. 51 (1979), S. 134–194.

Häberlein, Brüder, Freunde und Betrüger = Häberlein, Mark: Brüder, Freunde und Betrüger: soziale Beziehungen, Normen und Konflikte in der Augsburger Kaufmannschaft um die Mitte des 16. Jahrhunderts, (Colloquia Augustana 9), Berlin 1998.

Häberlein, Devianz = Häberlein, Mark (Hrsg.): Devianz, Widerstand und Herrschaftspraxis in der Vormoderne: Studien zu Konflikten im südwestdeutschen Raum (15.–18 Jahrhundert), Konstanz 1999.

Hake, Familiengeschichte = Hake, Friedrich August Gustav Adolph von: Geschichte der Freiherrlichen Familie von Hake in Niedersachsen (Hannover-Braunschweig), Hameln [1887].

Hamelmann, Geschichtliche Werke = Hamelmann, Hermann: Geschichtliche Werke: Schriften zur niedersächsisch-westfälischen Gelehrtengeschichte (bearb. Heinrich Detmer, Karl Hosius, Klemens Löffler), Bd. 1, Heft 1: De quibusdam Westphaliae viris scientia claris, qui explosa barbarie puritatem Romanae linguae toti Germaniae attulerunt, oratio, Münster 1902.

Hamm, Abschied vom Epochendenken = Hamm, Berndt: Abschied vom Epochendenken in der Reformationsforschung. Ein Plädoyer. In: Zeitschrift für Historische Forschung, Bd. 39 (2012), S. 373–411.

Hamm, Luther = Hamm, Berndt: Der frühe Luther: Etappen reformatorischer Neuorientierung, Tübingen 2010.

Hamm, Reformation »von unten« = Hamm, Berndt: Reformation »von unten« und Reformation »von oben«. Zur Problematik reformationshistorischer Klassifizierungen. In: Guggisberg, Hans R.; Krodel, Gottfried G.; Füglister, Hans (Hgg.): Die Reformation in Deutschland und Europa: Interpretationen und Debatten/The Reformation in Germany and Europe: Interpretations and Issues, (Archiv für Reformationsgeschichte, Sonderband), Gütersloh 1993, S. 256–293.

Hämmerle, Sauer, Briefkulturen = Hämmerle, Christa; Sauer, Edith (Hgg.): Briefkulturen und ihr Geschlecht. Zur Geschichte der privaten Korrespondenzen vom 16. Jahrhundert bis heute, Wien 2003.

Harders, Lipphardt, Kollektivbiografie in der Wissenschaftsgeschichte = Harders, Levke; Lipphardt, Veronika: Kollektivbiografie in der Wissenschaftsgeschichte als qualitative und problemorientierte Methode. In: Traverse: Zeitschrift für Geschichte – Revue d'histoire, Bd. 13 (2006), Heft 2, S. 81–91.

Härter, Policey = Härter, Klaus (Hrsg.): Policey und Frühneuzeitliche Gesellschaft, Frankfurt a. M. 2000.

Hartmann, Ars Dictaminis = Hartmann, Florian: Ars Dictaminis. Briefsteller und verbale Kommunikation in den italienischen Stadtkommunen des 11. bis 13. Jahrhunderts (Mittelalterliche Forschungen, Bd. 44), Ostfildern 2013.

Hartmann, Kloosterhuis, Amtsbücher = Hartmann, Josef; Kloosterhuis, Jürgen: Amtsbücher. In: Beck, Friedrich; Henning, Eckart (Hgg.): Die archivalische Quelle. Mit einer Einführung in die Historischen Hilfswissenschaften, 3. Aufl., Köln 2003, S. 40–73.

Heiligensetzer, Getreue Kirchendiener – gefährdete Pfarrherren = Heiligensetzer, Lorenz: Getreue Kirchendiener – gefährdete Pfarrherren. Deutschschweizer Prädikanten des 17. Jahrhunderts in ihren Lebensbeschreibungen, (Selbstzeugnisse der Neuzeit 15), Köln 2006.

Helbig, Postvermerke = Helbig, Joachim: Postvermerke auf Briefen 15.–18. Jahrhundert: neue Ansichten zur Postgeschichte der frühen Neuzeit und der Stadt Nürnberg, München 2010.

Heller, Thüringer Pfarrerbuch = Heller, Paul: Thüringer Pfarrbuch, hrsg. von der Gesellschaft für Thüringische Kirchengeschichte, Bd. 4: Die reußischen Herrschaften, Leipzig 2004.

Henke, Jacob Andreae = Henke, Ernst: Artikel: »Jacob Andreae«. In: ADB, Bd. 1 (1875), S. 436–441.

Hennigs, Zwischen Staat und Kirchengemeinde = Hennigs, Annette: Zwischen Staat und Kirchengemeinde. Ein frühneuzeitlicher Pfarrer im Konflikt um Ehre und Moral. In: Krug-Richter, Barbara; Morhmann, Ruth-E. (Hgg.): Praktiken des Konfliktaustrags in der Frühen Neuzeit, (Symbolische Kommunikation und gesellschaftliche Wertesysteme, Bd. 6), Münster 2004, S. 103–118.

Henny, Vom Leib geschrieben = Henny, Sundar: Vom Leib geschrieben: Der Mikrokosmos Zürich und seine Selbstzeugnisse im 17. Jahrhundert, (Selbstzeugnisse der Neuzeit 25), Köln u. a. 2016.

Henske, Patronat der Hansestadt Rostock = Henske, Doreen: Das Patronat der Hansestadt Rostock, (Rostocker rechtsgeschichtliche Reihe 11), Aachen 2013.

Hertner, Netzwerkkonzept = Hertner, Peter: Das Netzwerkkonzept in der historischen Forschung. Ein kurzer Überblick. In: Bommes, Tacke, Netzwerke in der Gesellschaft, S. 67–86.

Herold, Empfangsorientierung = Herold, Jürgen: Empfangsorientierung als Strukturprinzip. Zum Verhältnis von Zweck, Form und Funktion mittelalterlicher Briefe. In: Spieß, Karl-Heinz (Hrsg.): Medien der Kommunikation im Mittelalter, (Beiträge zur Kommunikationsgeschichte 15), Wiesbaden 2003, S. 265–287.

Herold, Diskurswandel im mittelalterlichen Briefwesen = Herold, Jürgen: Von der ›tertialitas‹ zum ›sermo scriptus‹. Diskurswandel im mittelalterlichen Briefwesen und die Entstehung einer neuen Briefform von der Mitte des 13. bis zum Ende des 15. Jahrhunderts. In: Antenhofer, Müller, Briefe in politischer Kommunikation, S. 83–113.

Hiebl, Langthaler, Mikrogeschichte in Theorie und Praxis = Hiebl, Ewald; Langthaler, Ernst (Hgg.): Im Kleinen das Große suchen. Mikrogeschichte in Theorie und Praxis, Innsbruck 2012.

Hill, Kopp, Familiensoziologie = Hill, Paul B.; Kopp, Johannes: Familiensoziologie: Grundlagen und theoretische Perspektiven, 5. überarbeitete Aufl., Wiesbaden 2013.

Hoche, Geschichte der Grafschaft Hohenstein = Hoche, Johann Gottfried: Vollständige Geschichte der Grafschaft Hohenstein, der Herrschaften Lohra und Klettenberg, Heeringen, Kelbra, Scharzfeld, Lutterberg; der beiden Stifter Ilfeld und Walkenried: nebst einer statistischen Beschreibung des Preußischen Antheils an dieser Grafschaft, Halle 1790.

Hoheisel, Reform = Hoheisel, P.: Reform und Reformation in Göttingen zwischen 1500 und 1530. In: Schubert, Ernst (Hrsg.): Festgabe für Dieter Neitzert zum 65. Geburtstag, Bielefeld 1998, S. 51–67.

Hochedlinger, Aktenkunde = Hochedlinger, Michael: Aktenkunde: Urkunden- und Aktenlehre der Neuzeit, Wien 2009.

Hochedlinger, Verfassungs-, Verwaltungs- und Behördengeschichte = Hochedlinger, Michael: Verfassungs-, Verwaltungs- und Behördengeschichte der Frühen Neuzeit. Vorbemerkungen zur Begriffs- und Aufgabenbestimmung. In: Hochedlinger, Winkelbauer, Herrschaftsverdichtung, S. 21–86.

Hochedlinger, Winkelbauer, Herrschaftsverdichtung, = Hochedlinger, Michael, Winkelbauer, Thomas (Hgg.): Staatsbildung, Bürokratisierung Verfassungs-, Verwaltungs- und Behördengeschichte der Frühen Neuzeit, (Veröffentlichungen des Instituts für Österreichische Geschichtsforschung, Bd. 57), Wien 2010.

Holenstein, Introduction: Empowering interactions = Holenstein, André: Introduction: Empowering interactions: Looking at Statebuilding from Below. In: Blockmans, Holenstein, Mathieu, Schläppi, Empowering interactions, S. 1–31.

Holenstein, Klagen, Anzeigen, Supplizieren = Holenstein, André: Klagen, Anzeigen, Supplizieren. Kommunikative Praktiken und Konfliktlösungsverfahren in der Markgrafschaft Baden im 18. Jahrhundert. In: Eriksson, Krug-Richter, Streitkulturen, S. 335–370.

Holenstein, Umstände der Normen = Holenstein, André: Die Umstände der Normen – die Normen der Umstände. Policeyordnungen im kommunikativen Handeln von Verwaltung und lokaler Gesellschaft in Ancien Régime, In: Härter, Policey, S. 1–46.

Hollstein, Qualitative Methoden = Hollstein, Bettina: Qualitative Methoden und Netzwerkanalyse. In: Hollstein, Straus, Qualitative Netzwerkanalyse, S. 11–35.

Hollstein, Straus, Qualitative Netzwerkanalyse = Hollstein, Bettina; Straus, Florian (Hgg.): Qualitative Netzwerkanalyse: Konzepte, Methoden, Anwendungen, Wiesbaden 2006.

Hölscher, Hakes in Bodenwerder = Hölscher, Hans: Die Hakes in Bodenwerder. In: Jahrbuch des Landkreises Holzminden, Bd. 8/9 (1990/91), S. 42–48.

Hölscher, Herren von Grone = Hölscher, Hans: Die Herren von Grone in Westerbrak. In: Ders,. 950 Jahre Westerbrak 1033–1983, (Gelbe Hefte 2), Kirchbrak [1983].

Hölscher, Kirche und ihre Pastoren = Hölscher, Hans: Von unserer Kirche und ihren Pastoren. St. Michael Kirchbrak, (Gelbe Hefte 6), Kirchbrak 1987.

Hölscher, Kirchbrak 1580 = Hölscher, Hans: Kirchbrak 1580. In: Ders., Kirchbrak im Wickensener Erbregister 1545 und 1580, (Gelbe Hefte 16), Kirchbrak 1994.

Hölscher, Kirchbrak = Hölscher, Hans: Kirchbrak. Wahre Begebenheiten aus drei Jahrhunderten, (Gelbe Hefte 18), Kirchbrak 1995.

Hölscher, Kreuz- oder Sühnestein = Hölscher, Hans: Ein Kreuz- oder Sühnestein in Kirchbrak, (Heimatkundliche Arbeitsgemeinschaft im Kreis Holzminden 1), [Kirchbrak] 1972.

Holzem, Religion und Lebensformen = Holzem, Andreas: Religion und Lebensform: katholische Konfessionalisierung im Sendgericht des Fürstbistums Munster 1570–1800, (Forschungen zur Regionalgeschichte 33), Paderborn 2000.

Holzem, Christentum in Deutschland 1550–1850 = Holzem, Andreas: Christentum in Deutschland 1550–1850: Konfessionalisierung, Aufklärung, Pluralisierung, 2 Bde., Paderborn 2015.

Holzem, Erfolgsgeschichte der »Konfessionalisierung« = Holzem, Andreas: Der »katholische Augenaufschlag beim Frauenzimmer« (Friedrich Nicolai). Oder: Kann man eine Erfolgsgeschichte der »Konfessionalisierung« schreiben?. In: Brockmann, Thomas; Weiß, Dieter J. (Hgg.): Das Konfessionalisierungsparadigma. Leistungen, Probleme, Grenzen, (Bayreuther Historische Kolloquien, Bd. 18), Münster 2013, S. 127–164.

Honselmann, Notizen = Honselmann, Wilhelm: Kirchen- und familiengeschichtliche Notizen aus einem Missale der Pfarrei Bevern. In: Westfälische Zeitschrift, Bd. 111 (1961), S. 287–300.

Hund, Wort ward Fleisch = Hund, Johannes: Das Wort ward Fleisch. Eine systematisch-theologische Untersuchung zur Debatte um die Wittenberger Christologie und Abendmahlslehre in den Jahren 1567 und 1574, (Forschungen zur systematischen und ökumenischen Theologie 114), Göttingen 2006.

Husserl, Krisis der europäischen Wissenschaften = Husserl, Edmund: Die Krisis der europäischen Wissenschaften und die transzendentale Phänomenologie (Mit einer Einleitung und Reg. hrsg. von Elisabeth Ströker), Hamburg 2012.

Imbusch, Zoll, Friedens- und Konfliktforschung = Imbusch, Peter; Zoll, Ralf (Hrsg.): Friedens- und Konfliktforschung: eine Einführung, 5. Aufl., Wiesbaden 2010.

Imbusch, Überblick = Imbusch, Peter: Sozialwissenschaftliche Konflikttheorien – ein Überblick. In: Imbusch, Zoll, Friedens- und Konfliktforschung, S. 143–178.

Ingendahl, Witwen = Ingendahl, Gesa: Witwen in der Frühen Neuzeit: eine kulturhistorische Studie, Frankfurt a. M. 2006.

Jacobi, Mädchen- und Frauenbildung = Jacobi, Juliane: Mädchen- und Frauenbildung in Europa: von 1500 bis zur Gegenwart, Frankfurt, New York 2013.

Jadatz, Reformation im Leipziger Land = Jadatz, Heiko: Wittenberger Reformation im Leipziger Land. Dorfgemeinden im Spiegel der evangelischen Kirchenvisitationen des 16. Jahrhunderts, (Herbergen der Christenheit, Bd. 10), Leipzig 2007.

Jarck, Lexikon = Jarck, Horst-Rüdiger (Hrsg.): Braunschweigisches Biographisches Lexikon: 8.–18. Jahrhundert, Braunschweig 2006.

Jarck, Schildt, Landesgeschichte = Jarck, Horst-Rüdiger; Schildt, Gerhard (Hgg.): Braunschweigische Landesgeschichte. Ein Jahrtausendrückblick einer Region, Braunschweig 2000.

Jancke, Patronage, Freundschaft, Verwandtschaft = Jancke, Gabriele: Patronage, Freundschaft, Verwandtschaft: Gelehrtenkultur in der Frühen Neuzeit. In: Schmidt, Johannes F. K.; Guichard, Martine; Schuster, Peter; Trillmich, Fritz (Hgg.): Freundschaft und Verwandtschaft. Zur Unterscheidung und Verflechtung zweier Beziehungssysteme, Konstanz 2007, S. 181–200.

Jancke, Patronagebeziehungen = Jancke, Gabriele: Patronagebeziehungen in autobiographischen Schriften. In: Greyerz, Kaspar von (Hrsg.): Selbstzeugnisse in der Frühen Neuzeit, München 2007, S. 13–32.

Jung, Reformation = Jung, Martin H.: Reformation und Konfessionelles Zeitalter (1517–1648), Göttingen 2012.

Jung, Stellung des Pfarrers = Jung, Martin H.: Der neue Stellung des Pfarrers. In: Bei der Wieden, Ausstrahlung der Reformation, S. 53–60.

Junghans, Die evangelische Ehe = Junghans, Helmar: Die evangelische Ehe. In: Treu, Martin (Hrsg.): Katharina von Bora, die Lutherin: Aufsätze anläßlich ihres 500. Geburtstages, Wittenberg 1999, S. 83–92.

Junghans, Kryptocalvinisten = Junghans, Helmar: Artikel: »Kryptocalvinisten«. In: TRE, Bd. 20 (1990), S. 123–129. TRE Online (n.d.), Berlin, Boston 2001, (Lizensierter Zugang über die SUB Göttingen), http://www.degruyter.com.theologischerealenzyklopdie.han.sub.uni-goettingen.de/view/TRE/TRE.20_123_16 (Eingesehen am 16.11.2015).

JUNGHANS, Superintendent = Junghans, Helmar: Artikel: »Superintendent«. In: TRE, Bd. 32 (2001), S. 463–467. TRE Online (n.d.), Berlin, Boston 2001, (Lizensierter Zugang über die SUB Göttingen), http://www.degruyter.com.theologischerealenzyklopdie.han.sub.uni-goettingen.de/view/TRE/TRE.32_463_2 (Eingesehen am 16.11.2015).

JÜNKE, Bugenhagens Einwirken = Jünke, W. A.: Bugenhagens Einwirken auf die Festigung der Reformation in Braunschweig (1528–32). In: Stadtkirchenverband Braunschweig (Hrsg.): Die Reformation in der Stadt Braunschweig, Festschrift 1528–1978, Braunschweig 1978, S. 71–82.

JÜNKE, Luther und Braunschweig = Jünke, W. A.: Luther und die Stadt Braunschweig 1517–1546. In: Braunschweigische Heimat 69 (1983), S. 66–78.

JÜRGENS, Eheordnungen - Ordnungen für die Ehe = Jürgens, Henning P.: Eheordnungen - Ordnungen für die Ehe als »weltlich Ding«. In: DINGEL, KOHNLE, Gute Ordnung, S. 221–237.

JÜRGENS, Reformation Braunschweig = Jürgens, K.: Die Reformation in der Stadt Braunschweig von den Anfängen bis zur Annahme der Kirchenordnung. In: Stadtkirchenverband Braunschweig (Hrsg.): Die Reformation in der Stadt Braunschweig, Festschrift 1528–1978, Braunschweig 1978, S. 25–70.

JÜRGENS, Um Gottes Ehre = Jürgens, K.: Um Gottes Ehre und unser aller Seelen Seligkeit. In: Jürgens, K.; Jünke, W. A. (Hgg.): Die Geschichte der Reformation in der Stadt Braunschweig, (Quellen und Beiträge zur Geschichte der Evangelisch-lutherischen Landeskirche in Braunschweig 13), Wolfenbüttel 2003.

JÜRGENS, WELLER, Streitkultur und Öffentlichkeit = Jürgens, Henning P.; Weller, Thomas (Hgg.): Streitkultur und Öffentlichkeit im konfessionellen Zeitalter, (Veröffentlichungen des Instituts für Europäische Geschichte Mainz. Abt. für Abendländische Religionsgeschichte; Beiheft 95), Göttingen 2013.

KALUS, Pfeffer - Kupfer - Nachrichten = Kalus, Maximilian: Pfeffer - Kupfer - Nachrichten. Kaufmannsnetzwerke und Handelsstrukturen im europäisch-asiatischen Handel am Ende des 16. Jahrhunderts, (Materialien zur Geschichte der Fugger 6), Augsburg 2010.

KAPFERER, Norms and the manipulation of relationship = Kapferer, Bruce: Norms and the manipulation of relationship in a work context. In: MITCHELL, Social networks in urban situations, S. 181–244.

KAUFMANN, Anfang der Reformation = Kaufmann, Thomas: Der Anfang der Reformation. Studien zur Kontextualität der Theologie, Publizistik und Inszenierung Luthers und der reformatorischen Bewegung (Spätmittelalter, Humanismus, Reformation 67), Tübingen 2012.

KAUFMANN, Einordnung der Reformation = Kaufmann, Thomas: Zur geistes- und theologiegeschichtlichen Einordnung der Reformation. In: Pöppelmann, Heike; Rammler, Dieter; Braunschweigisches Landesmuseum, ev. Akademie Abt Jerusalem (Hgg.): Im Aufbruch. Reformation 1517 1617, Ausstellungskatalog zur Sonderausstellung, (Veröffentlichungen des Braunschweigischen Landesmuseum 117), Dresden 2017, S. 52–63.

KAUFMANN, Konfession und Kultur = Kaufmann, Thomas: Konfession und Kultur. Lutherischer Protestantismus in der zweiten Hälfte des Reformationsjahrhundert, Tübingen 2006.

Kaufmann, Reformationsforschung = Kaufmann, Thomas: Die deutsche Reformationsforschung seit dem Zweiten Weltkrieg. In: Archiv für Reformationsgeschichte, Bd. 100 (2009), S. 15–47.

Kaufmann (Hrsg.), Moeller, Reichsstadt und Reformation = Kaufmann, Thomas (Hrsg.): Moeller, Bernd: Reichsstadt und Reformation, Neue Ausgabe, Tübingen 2011.

Kaufmann, Dierken, Synergismus = Kaufmann, Thomas; Dierken, Jörg: Artikel: Synergismus. In: TRE, Bd. 32 (2001), S. 508–524. TRE Online (n.d.), Berlin, Boston 2001, (Lizensierter Zugang über die SUB Göttingen), http://www.degruyter.com.theologischerealenzyklopdie.han.sub.uni-goettingen.de/view/TRE/TRE.32_508_40 (Eingesehen am 18.10.2015).

Kaul, Undankbare Gäste = Kaul, Oliver: Undankbare Gäste. Abendmahlsverzicht und Abendmahlsausschluss in der Reichsstadt Ulm um 1600. Ein interkultureller Prozess, (Veröffentlichung des Instituts für europäische Geschichte Mainz 202), Mainz 2003.

Kayser, Anfänge des deutschen Volkschulwesens = Kayser, D.: Die Anfänge des deutschen Volkschulwesens in den altwelfischen Herzogthümern der Provinz Hannover. In: Zeitschrift des historischen Vereins für Niedersachsen, Bd. 69 (1904), S. 64–80.

Kayser, Generalvisitation Göttingen-Calenberg 1588 = Kayser, Karl: Die Generalvisitation 1588 im Lande Göttingen-Calenberg 1588. In: Zeitschrift der Gesellschaft für niedersächsische Kirchengeschichte, Bd. 8/9 (1904), S. 93–238.

Kayser, Hannoversche Pfarren und Pfarrer = Kayser, Karl (Hrsg.): Die hannoverschen Pfarren und Pfarrer seit der Reformation, Nr. 1: Generaldiöcese Hannover: Inspektion Gr.-Berkel, Braunschweig 1908.

Keck, Schulgeschichtliche Entwicklung = Keck, Rudolf W.: Schulgeschichtliche Entwicklung in der Frühen Neuzeit. In: Jacobi, Juliane (Hrsg.): Zwischen christlicher Tradition und Aufbruch in die Moderne. Das Hallesche Waisenhaus im bildungsgeschichtlichen Kontext, Tübingen 2007, S. 13–28.

Kieckbusch, Einwohner Beverns = Kieckbusch, Klaus: Die Einwohner Beverns zwischen 1575 und 1637 – Streiter für bäuerliches Recht –. In: Jahrbuch für den Landkreis Holzminden, Bd. 20 (2002), S. 69–86.

Kintzinger, Bildungswesen in Braunschweig = Kintzinger, Martin: Das Bildungswesen in der Stadt Braunschweig im Hohen und Späten Mittelalter, Köln u.a. 1990.

Kipf, Humanistische Freundschaft im Brief = Kipf, Johannes Klaus: Humanistische Freundschaft im Brief – Zur Bedeutung von *amicus*, *amicitia* und verwandter Begriffe in Briefcorpora deutscher Humanisten 1480–1520. In: Krieger, Gerhard (Hrsg.): Verwandtschaft, Freundschaft, Bruderschaft. Soziale Lebens- und Kommunikationsformen im Mittelalter, Berlin 2009, S. 491–509.

Kirstan, Letzner = Kirstan, Ralf: Die Welt des Johannes Letzner. Ein lutherischer Landpfarrer und Geschichtsschreiber im 16. Jahrhundert, Göttingen 2015.

Klinge, Johannes Letzner = Klinge, Hans: Johannes Letzner. Ein niedersächsischer Chronist des 16. Jahrhunderts. In: Niedersächsisches Jahrbuch, Bd. 24 (1952), S. 36–96.

Klinge, Christologie des Martin Chemnitz = Klinge, Hendrik: Verheißene Gegenwart. Die Christologie des Martin Chemnitz (Forschungen zur systematischen und ökumenischen Theologie, Bd. 152) Göttingen 2015.

Klingebiel, Lokale Amtsträger = Klingebiel, Thomas: Ein Stand für sich?: lokale Amtsträger in der Frühen Neuzeit. Untersuchungen zur Staatsbildung und Gesellschaftsentwicklung im Hochstift Hildesheim und im älteren Fürstentum Wolfenbüttel, (Veröffentlichung der Historischen Kommission für Niedersachsen und Bremen 207), Hannover 2002.

KLUETING, Glaubensspaltung = Klueting, Harm: Glaubensspaltung - Konfessionsbildung - Konfessionalisierung. Theologische und Historische Perspektiven. In: Brockmann, Thomas; Weiß, Dieter J. (Hgg.): Das Konfessionalisierungsparadigma. Leistungen, Probleme, Grenzen, (Bayreuther Historische Kolloquien, Bd. 18), Münster 2013, S. 45–65.

KLUETING, Konfessionelles Zeitalter = Klueting, Harm: Das Konfessionelle Zeitalter. Europa zwischen Mittelalter und Moderne. Kirchengeschichte und Allgemeine Geschichte, Bd.1, Darmstadt 2007.

KLOEDEN, Nikolaus Selnecker = Kloeden, Wolfdietrich von: Artikel: »Selnecker, Nikolaus«. In: BBKL, Bd. 9 (1995), Sp. 1376–1379.

KOCH, Selnecker = Koch, Ernst: Artikel: »Nikolaus Selnecker (1530–1592«. In: TRE, Bd. 31 (2000), S. 105–198. TRE Online (n.d.). Berlin, Boston 2000, (Lizensierter Zugang über die SUB Göttingen), http://www-1degruyter-1com-1evaepp8b049f.han.sub.uni-goettingen.de/view/TRE/TRE.31_105_32 (Eingesehen am 12.11.2015).

KOERNER, Bevölkerungsverteilung in Thüringen = Koerner, F.: Die Bevölkerungsverteilung in Thüringen am Ausgang des 16. Jahrhunderts. In: Wissenschaftliche Veröffentlichungen des Deutschen Instituts für Länderkunde, Bd. 15/16 (1958), S. 178–315.

KOLDEWEY, Geschichte des Pädagogium illustre = Koldewey, Friedrich: Die Geschichte des Pädagogium illustre in Gandersheim, Wolfenbüttel 1893.

KÖRBER, Ort des Briefs = Körber, Esther-Beate: Der soziale Ort des Briefs im 16. Jahrhundert. In: Wenzel, Horst (Hrsg.) in Zusammenarbeit mit Göhler, Peter: Gespräche-Boten-Briefe, Körpergedächtnis und Schriftgedächtnis im Mittelalter (Philologische Studien und Quellen 143), Berlin 1997, S. 244–258.

KÖTTING, Küster und sein Amt = Kötting, Sabine: »Aushängeschilder der Kirche«? Der Küster und sein Amt im Fürstbistum Münster dargestellt anhand von Visitationsakten und Statusberichten. In: Freitag, Werner; Helbich Christian (Hgg.): Bekenntnis, soziale Ordnung und rituelle Praxis, (Studien zur mittelalterlichen und frühneuzeitlichen Landesgeschichte, Bd. 4; Neue Forschungen zur Reformation und Konfessionalisierung in Westfalen), Münster 2009, S. 209–229.

KRASCHEWESKI, Julius = Kraschewski, Hans-Joachim: Artikel: »Julius, Herzog zu Braunschweig-Lüneburg (Wolfenbüttel)«. In: JARCK, Lexikon, S. 386.

KRASCHEWESKI, Julius, Herzog von Braunschweig-Lüneburg-Wolfenbüttel = Kraschewski, Hans-Joachim: Artikel: Julius, Herzog von Braunschweig-Lüneburg-Wolfenbüttel. In: NDB 10 (1974), S. 654f., [Onlinefassung]; URL: http://www.deutsche-biographie.de/pnd118558714.html (Eingesehen am 02.02.2016).

KRASCHWESKI, Wirtschaft und Gesellschaft = Kraschewski, Hans-Joachim: Wirtschaft und Gesellschaft vor dem Dreißigjährigen Krieg. In: JARCK, SCHILDT, Landesgeschichte, S. 483–512.

KRAUSE, Simon Pauli = Krause, Karl Ernst Hermann: Artikel: »Pauli, Simon«. In: ADB, Bd. 25 (1887), S. 273f.

KRUG-RICHTER, Familiäre Grenzziehung = Krug-Richter, Barbara: Unter Verschluss! Familiäre Grenzziehung in der ländlichen Gesellschaft. In: Hengratner, Thomas; Moser, Johannes (Hgg.): Grenzen & Differenzen. Zur Macht sozialer und kultureller

Grenzziehungen, 35. Kongress der dt. Gesellschaft für Volkskunde Dresden 2005, (Schriften zur Sächsischen Geschichte und Volkskunde, Bd. 17), Leipzig 2006, S. 65–78.

KRUG-RICHTER, Konflikte um Gut und (Haus-)Herrschaft = Krug-Richter, Barbara: »Als ein Knecht und Magd zu dienen« – Konflikte um Gut und (Haus-)Herrschaft in der westfälischen Grund- und Gerichtsherrschaft Canstein um 1700. In: BRAKENSIEK, STOLLEIS, WUNDER, Generationengerechtigkeit, S. 317–336.

KRUG-RICHTER, Konfliktregulierung = Krug-Richter, Barbara: Konfliktregulierung zwischen dörflicher Sozialkontrolle und patrimonialer Gerichtsbarkeit. Das Rügegericht in der westfälischen Herrschaft Canstein 1718/19. In: Historische Anthropologie, Bd. 5 (1997), S. 212–228.

KRUG-RICHTER, Streitkulturen = Krug-Richter, Barbara: Streitkulturen. Perspektiven der Volkskunde/Europäischen Ethnologie. In: Laureys, Marc; Simons, Roswitha (Hgg.): Die Kunst des Streitens. Inszenierung, Formen und Funktionen öffentlichen Streits in historischer Perspektive, Göttingen 2010, S. 331–351.

KRUMWIEDE, Entstehung = Krumwiede, Hans-Walter: Zur Entstehung des landesherrlichen Kirchenregimentes in Kursachsen und Braunschweig-Wolfenbüttel, (Studien zur Kirchengeschichte Niedersachsens 16), Göttingen 1967.

KRUMWIEDE, Kirchengeschichte Niedersachsens I = Krumwiede, Hans-Walter: Kirchengeschichte Niedersachsens, Band 1: 8. Jahrhundert–1806, Göttingen 1995.

KRUMWIEDE, Kirchenregiment = Krumwiede, Hans-Walter: Artikel: »Kirchenregiment, Landesherrliches«. In: TRE, Bd. 19 (1990), S. 59–68. TRE Online (n.d.). Berlin, Boston 2001, (Lizensierter Zugang über die SUB Göttingen), http://www.degruyter.com.theologischerealenzyklopdie.han.sub.uni-goettingen.de/view/TRE/TRE.19_059_1 (Eingesehen am 12.11.2015).

KRÜNITZ, Ökonomische Encyklopädie = Krünitz, Johann Georg: Ökonomische Encyklopädie oder allgemeines System der Staats- Stadt- Haus- und Landwirthschaft, 242 Bde., Berlin 1773–1858. Die DFG geförderte Online Edition der Universität Trier: http://www.kruenitz1.uni-trier.de/ (Eingesehen am 16.01. 2016).

KRUSCH, Entwicklung der Herzoglichen Braunschweigischen Centralbehörden = Krusch, Bruno: Die Entwicklung der Herzoglichen Braunschweigischen Centralbehörden, Canzlei, Hofgericht und Consistorium bis zum Jahre 1584, Teil II. In: Zeitschrift des Historischen Vereins für Niedersachsen, Jg. 1894, S. 39–179.

KRUSE, Witwen = Kruse, Britta-Juliane: Witwen. Kulturgeschichte eines Standes in Spätmittealter und Frühe Neuzeit, Berlin 2007.

KRUSENSTJERN, Selbstzeugnisse = Krusenstjern, Benigna von: Was sind Selbstzeugnisse? Begriffskritische und quellenkundliche Überlegungen anhand von Beispielen aus dem 17. Jahrhundert. In: Historische Anthropologie, Bd. 2 (1994), S. 462–471.

KÜHN, Wissen, Arbeit, Freundschaft = Kühn, Sebastian: Wissen, Arbeit, Freundschaft: Ökonomien und soziale Beziehungen an den Akademien in London, Paris und Berlin um 1700, Göttingen 2011.

KÜHNER, Politische Freundschaft = Kühner, Christian: Politische Freundschaft bei Hofe: Repräsentation und Praxis einer sozialen Beziehung im französischen Adel des 17. Jahrhunderts, Göttingen 2013.

KÜMIN, Englische Kirchgemeinde = Kümin, Beat: Parish und Local Government. Die englische Kirchgemeinde als politische Institution 1350–1650 [The English parish as a political institution [and] Gemeinde und Revolution. Die kommunale Prägung der englischen Levellers [The communal roots of the Leveller movement], and (with R. Fuhrmann and A. Würgler): Supplizierende Gemeinden. Aspekte einer vergleichenden Quellenbetrachtung [Supplicating communities: A comparative examination of the sources]. In: Blickle, Peter (Hrsg.): Gemeinde und Staat im Alten Europa, (Beiheft der Historischen Zeitschrift, München 1997), pp. 209–38, 361–96, 267–323.

KÜMIN, Entscheidungsfindung = Kümin, Beat: »By all the Whole Body of the Parish«. Entscheidungsfindung in der englischen Kirchgemeinde 1500–1550. In: Schmidt, H. R.; Holenstein, A.; Würgler, A. (Hgg.): Gemeinde, Reformation und Widerstand. Festschrift für Peter Blickle zum 60. Geburtstag, Tübingen 1998, S. 85–102.

KÜMIN, Parish finance = Kümin, Beat: Parish finance and the early Tudor clergy. In: Pettegree, A. (Ed.), The Reformation of the Parishes, Manchester 1993, pp. 43–62.

KÜMIN, Shaping of a Community = Kümin, Beat: The Shaping of a Community. The Rise and Reformation of the English Parish 1400–1560, Aldershot 1996.

KÜMIN, Voluntary religion = Kümin, Beat: Voluntary religion and Reformation change in eight urban parishes. In: Collinson, P.; Craig, J. (Eds.): The Reformation in English Towns, London 1998, pp. 175–189, 280–284, 311–312.

LANDAU, Ius Patronatus = Landau, Peter: Ius Patronatus. Studien zur Entwicklung des Patronats im Dekretalrecht und der Kanonistik des 12. und 13. Jahrhunderts, (Forschungen zur kirchlichen Rechtsgeschichte du zum Kirchenrecht, Bd. 12), Köln, u. a. 1975.

LANDAU, Patronat = Landau, Peter: Artikel: »Patronat«. In: TRE, Bd. 26 (1996), S. 106–114. TRE Online (n.d.). Berlin, Boston 2001, (Lizensierter Zugang über die SUB Göttingen), http://www.degruyter.com.theologischerealenzyklopdie.han.sub.uni-goettingen.de/view/TRE/TRE.26_106_5 (Eingesehen am 18.12.2015).

LANDWEHR, Normdurchsetzung = Landwehr, Achim: »Normdurchsetzung« in der Frühen Neuzeit. Kritik eines Begriffs. In: Zeitschrift für Geschichtswissenschaft, Bd. 48 (2000), S. 146–162.

LANDWEHR, Policey im Alltag = Landwehr, Achim: Policey im Alltag. Die Implementation frühneuzeitlicher Policeyordnungen in Leonberg, (Studien zur Policey und policeywissenschaft), Frankfurt a. M. 2007.

LANDWEHR, Policey vor Ort = Landwehr, Achim: Policey vor Ort. Die Implementation von Policeyordnungen in der ländlichen Gesellschaft der Frühen Neuzeit. In: HÄRTER, Policey, S. 47–70.

LANDWEHR, Landgerichte = Landwehr, Götz: Die althannoverschen Landgerichte, (Quellen und Darstellungen zur Geschichte Niedersachsen 62), Hildesheim 1964.

LANG, Kirchenvisitationen des 16. Jahrhunderts = Lang, Peter Thaddäus: Die Kirchenvisitationen des 16. Jahrhunderts und ihr Quellenwert. In: Rotenburger Jahrbuch für Kirchengeschichte, Bd. 6 (1987), S. 133–153.

LASSEN, REINKEMEIER, Suppliken als umwelthistorische Quellen = Lassen, Thore; Reinkemeier, Peter: Suppliken als umwelthistorische Quellen. In: Jakubowski-Tiessen, Manfred; Sprenger, Jana (Hgg.): Natur und Gesellschaft. Perspektiven der interdisziplinären Umweltgeschichte, Göttingen 2014, S. 59–81.

LAU, Daniel Hoffmann = Lau, Franz: Artikel: »Hoffmann, Daniel«. In: NDB, Bd. 9 (1972), S. 404, [Onlinefassung]; URL: http://www.deutsche-biographie.de/pnd104125365.html (Eingesehen am 25.9.2015).

LEMCKE, Geschichte Walkenried = Lemcke, Paul Friedrich: Geschichte des Freien Reichsstifts und der Klosterschule Walkenried, (Geschichte der Burgen und Klöster, Bd. 1), Leipzig 1895.

LENTHE, MAHRENHOLZ, Stammtafeln der Familie von Münchhausen = Lenthe, Gebhard von; Mahrenholz, Hans: Stammtafeln der Familie von Münchhausen. Teil II: Textband, (Schaumburger Studien 36), Rinteln 1976.

LENTZ, Konflikt, Ehre, Ordnung = Lentz, Matthias: Konflikt, Ehre, Ordnung: Untersuchungen zu den Schmähbriefen und Schandbildern des späten Mittelalters und der frühen Neuzeit (ca. 1350–1600), Hannover 2004.

LE ROY LADURIE, Montaillou = Le Roy Ladurie, Emmanuel: Montaillou: Ein Dorf vor dem Inquisitor 1294–1324, Frankfurt a. M. 1980.

LEUSCHNER, PISCHKE, Osterode, Welfensitz und Bürgerstadt = Leuschner, Jörg; Pischke, Gudrun: Osterode, Welfensitz und Bürgerstadt im Wandel der Jahrhunderte, Hildesheim 1993.

LIEBRECHT, Artikel: Gutes altes Recht = Liebrecht, Johannes: Artikel: Gutes altes Recht. In: Albrecht Cordes; Heiner Lück; Dieter Werkmüller (Hgg.), Handwörterbuch zur deutschen Rechtsgeschichte (HRGdigital), URL: http://www.hrgdigital.de/id/gutes_altes_recht/stichwort.html (Eingesehen am 13.9.2015).

LIEDTKE, Schule und Bildung in der Reformationszeit = Liedtke, Max: Schule und Bildung in der Reformationszeit. In: Hess, Daniel (Hrsg.): Mit Milchbrei und Rute. Familie, Schule und Bildung in der Reformationszeit, Nürnberg 2005, S. 51–74.

LIPP, Alltagsgeschichte = Lipp, Carola: Artikel: Alltagsgeschichte. In: Reinalter, Helmut; Brenner, Peter J. (Hgg.): Lexikon der Geisteswissenschaften. Sachbegriffe – Disziplinen – Personen, Wien, Köln u.a. 2011, S. 871–877.

LIPPELT, Amtsordnung = Lippelt, Christian: Die Amtsordnung Herzog Heinrichs des Jüngeren von Braunschweig-Lüneburg für das Fürstentum Braunschweig-Wolfenbüttel von 1541. In: Braunschweigisches Jahrbuch für Landesgeschichte, Bd. 83 (2002), S. 11–34.

LIPPELT, Franz Mutzelin = Lippelt, Christian: Artikel: »Mutzelin, Franz«. In: JARCK, Lexikon, S. 515.

LIPPELT, Heinrich d. J. = Lippelt, Christian: Artikel: »Heinrich der Jüngere, Herzog zu Braunschweig und Lüneburg (Wolfenbüttel)«. In: JARCK, Lexikon, S. 322–323.

LIPPELT, Hoheitsträger = Lippelt, Christian: Hoheitsträger und Wirtschaftsbetrieb. Die herzogliche Amtsverwaltung zur Zeit der Herzöge Heinrich der Jüngere, Julius und Heinrich Julius von Braunschweig-Wolfenbüttel 1547–1613, Hamburg 2008.

LIPPELT, Hoheitsträger und Wirtschaftsbetrieb = Lippelt, Christian: Hoheitsträger und Wirtschaftsbetrieb. Die herzogliche Amtsverwaltung zur Zeit der Herzöge Heinrich der Jüngere, Julius und Heinrich Julius von Braunschweig-Wolfenbüttel (1547–1613). In: LIPPELT, SCHILDT, Braunschweig-Wolfenbüttel, S. 11–28.

LIPPELT, SCHILDT, Braunschweig-Wolfenbüttel = Lippelt, Christian; Schildt, Gerhard (Hgg.): Braunschweig-Wolfenbüttel in der Frühen Neuzeit. Neue historische Forschungen, (Quellen u. Forschungen z. Braunschweigischen Landesgeschichte, Bd. 41). Braunschweig 2003.

LORENTZEN, Johannes Bugenhagen als Reformator = Lorentzen, Tim: Johannes Bugenhagen als Reformator der öffentlichen Fürsorge, (Spätmittelalter, Humanismus, Reformation, Bd. 44), Tübingen 2008.

LÜCK, Justus Jonas als Jurist = Lück, Heiner: Justus Jonas als Jurist und Mitbegründer des Wittenberger Konstistoriums. In: Dingel, Irene: Justus Jonas (1493–1555) und seine Bedeutung für die Wittenberger Reformation, Leipzig 2009, S. 145–162.

LUTZ, Ehepaare = Lutz, Alexandra: Ehepaare vor Gericht: Konflikte und Lebenswelten der Frühen Neuzeit, Frankfurt a. M. 2006.

MAASER, Humanismus und Landesherrschaft = Maaser, Michael: Humanismus und Landesherrschaft. Herzog Julius (1528–1589) und die Universität Helmstedt, Stuttgart 2010.

MACHILEK, Fränkische Gotteshausbücher = Machilek, Franz: Fränkische Gotteshausbücher des 15. und 16. Jahrhunderts. In: Borchardt, Karl; Bünz, Enno (Hgg.): Forschungen zur bayerischen und fränkischen Geschichte. Peter Herde zum 65. Geburtstag, Würzburg 1998, S. 249–255.

MAGER, Corpus Doctrinae = Mager, Inge: Das Corpus Doctrinae der Stadt Braunschweig. In: Stadtkirchenverband Braunschweig (Hrsg.): Die Reformation in der Stadt Braunschweig, Festschrift 1528–1578, Braunschweig 1978, S. 111–122 und 139–143.

MAGER, Einführung = Mager, Inge: Die Einführung der Reformation in Braunschweig-Wolfenbüttel und die Gründung der Universität Helmstedt. In: Staatsklugheit und Frömmigkeit: Herzog Julius von Braunschweig-Lüneburg – ein norddeutscher Landesherr des 16. Jahrhunderts (Ausstellungskataloge HAB 61), Weinheim 1989, S. 25–33.

MAGER, Konkordienformel = Mager, Inge: Die Konkordienformel im Fürstentum Braunschweig-Wolfenbüttel: Entstehungsbeitrag, Rezeption, Geltung, (Studien zur Kirchengeschichte Niedersachsen, Bd. 33), Göttingen 1993.

MAGER, Timotheus Kirchner = Mager, Inge: Artikel: Kirchner, Timotheus. In: NDB, Bd. 8 (1969), S. 352–354, [Onlinefassung]; URL: http://www.deutsche-biographie.de/ppn116187263.html (Eingesehen am 04.02.2015).

MAGER, Witwentrostbuch = Mager, Inge: »Wegert euch des lieben heiligen Creutzes nicht«. Das Witwentrostbuch der Herzogin Elisabeth von Calenberg-Göttingen. In: Hartmut Boockmann (Hg.), Kirche und Gesellschaft im Heiligen Römischen Reich des 15. und 16. Jahrhunderts (Abhandlungen der Akademie der Wissenschaften in Göttingen, Phil-hist., Dritte Folge, Nr. 206). Göttingen 1994, S. 207–224.

MAHRENHOLZ, Patronat in der Landeskirche Hannover = Mahrenholz, Christian: Das Patronat in der Ev.-lutherischen Landeskirche Hannover, 1968.

MAHRENHOLZ, Abtsliste I–IV = Mahrenholz, Christhard: Studien zur Amelungsborner Abtsliste I–IV. In: Jahrbuch der Gesellschaft für niedersächsische Kirchengeschichte, I: Bd. 61 (1963), S. 13–31; II: Bd. 63 (1965), S. 95–139; III: Bd. 65 (1967), S. 187–217; IV: Bd. 66 (1968), S. 141–171.

MAMSCH, Kemnade = Mamsch, Stefanie: Artikel: Kemnade. In: DOLLE, Klosterbuch, Teil 2, S. 875–881.

MAURER, Europa als Kommunikationsraum = Maurer, Michael: Europa als Kommunikationsraum in der Frühen Neuzeit. In: Herbst, Klaus-Dieter; Kratochwil, Stefan (Hgg.): Kommunikation in der Frühen Neuzeit, Frankfurt a. M. 2009, S. 11–23.

MEDICK, »Missionare im Ruderboot?« = Medick, Hans: »Missionare im Ruderboot?« Ethnologische Erkenntnisweisen als Herausforderung an die Sozialgeschichte. In: Lüdtke, Alf (Hrsg.): Alltagsgeschichte. Zur Rekonstruktion historischer Erfahrungen und Lebensweisen, Frankfurt a. M. 1989, S. 296–319.

Meinhardt, Fürstentreue, Gruppeninteresse und Eigensinn = Meinhardt, Matthias: Fürstentreue, Gruppeninteresse und Eigensinn – Der Hofprediger Basilius Sattler in politischen Konflikten im Fürstentum Braunschweig-Wolfenbüttel. In: Meinhardt, Matthias; Gleixner, Ulrike; Jung, Martin H.; Westphal, Siegrid (Hgg.): Religion Macht Politik. Hofgeistlichkeit im Europa der Frühen Neuzeit (Wolfenbütteler Forschungen 137), Wiesbaden 2014, S. 289–306.

Meinhold, Jakob Andreae = Meinhold, Peter: Artikel: »Andreae, Jakob«. In: NDB 1 (1953), S. 277, [Onlinefassung]; URL: http://www.deutsche-biographie.de/pnd11899669X.html (Eingesehen am 02.02.2016).

Menne, Visitationsakten = Menne, Mareike: Was bergen Visitationsakten? Kritische Überlegungen anhand der Visitation im Fürstentum Paderborn in der zweiten Hälfte des 17. Jahrhunderts. In: Freitag, Werner; Helbich, Christian (Hgg.): Bekenntnis, soziale Ordnung und rituelle Praxis, (Studien zur mittelalterlichen und frühneuzeitlichen Landesgeschichte, Bd. 4; Neue Forschungen zur Reformation und Konfessionalisierung in Westfalen), Münster 2009, S. 175–187.

Mentz, Matrikel Jena = Mentz, Georg: Die Matrikel der Universität Jena, Bd. 1, 1548–1652, Weimar 1944.

Merkel, Julius = Merkel, Johannes: Julius, Herzog zu Braunschweig und Lüneburg 1528–1589. In: Zeitschrift der Gesellschaft für niedersächsische Kirchengeschichte, Bd. 1 (1896), S. 20–44.

Metzke, Krankheitsbezeichnungen = Metzke, Hermann: Lexikon der historischen Krankheitsbezeichnungen, Neustadt/Aisch 1995.

Metzler, Textsorte = Metzler, Regine: Zur Textsorte Privatbrief in der ersten Hälfte des 16. Jahrhunderts. In: Grosse, Rudolf (Hrsg.): Untersuchungen zur Pragmatik und Semantik von Texten aus der ersten Hälfte des 16. Jahrhundert, Berlin 1987, S. 1–74.

Meyer, Johann Weyer = Meyer, Thomas, Artikel: »Weyer, Johann«. In: BBKL, Bd. 20 (2002), Sp. 1537–1544.

Meyer, Pastoren = Meyer, Philipp (Hrsg.): Die Pastoren der Landeskirchen Hannovers und Schaumburg-Lippes seit der Reformation, Bd. 1–3, Göttingen 1941, 1942 u. 1953.

Michel, Unterricht der Visitatoren = Michel, Stefan: Der ›Unterricht der Visitatoren‹ (1582) – Die erste Kirchenordnung der von Wittenberg ausgehenden Reformation? Beobachtungen zur Entstehung und Funktion eines Wittenberger Gruppentextes. In: Dingel, Kohnle, Gute Ordnung, S. 153–167.

Mitchell, Social networks in urban situations = Mitchell, James Clyde: Social networks in urban situations: analyses of personal relationship in Central African towns, Manchester 1974.

Moeller, Reichsstadt und Reformation = Moeller, Bernd: Reichsstadt und Reformation, Gütersloh 1962.

Moraw, Entfaltung = Moraw, Peter: Die Entfaltung der deutschen Territorien im 14. und 15. Jahrhundert. In: Silagi, Gabriel (Hrsg.): Landesherrliche Kanzleien im Spätmittelalter. Referate zum VI. internat. Kongreß für Diplomatik, (Münchener Beiträge zur Mediävistik und Renaissance-Forschung 35), München 1984, Teilbd. 1, S. 61–108.

Moraw, Organisation und Funktion = Moraw, Peter: Organisation und Funktion von Verwaltung im ausgehenden Mittelalter (ca. 1350–1500). In: Jeserich, Kurt G. A.; Pohl, Hans; Unruh, Georg-Christoph von (Hgg.): Deutsche Verwaltungsgeschichte, Bd. 1: Vom Spätmittelalter bis zum Ende des Reiches, Stuttgart 1983, S. 21–65.

MORAW, Verfassung zu gestalteter Verdichtung = Moraw, Peter: Von offener Verfassung zu gestalteter Verdichtung. Das Reich im späten Mittelalter 1250 bis 1490, (Propyläen Geschichte Deutschlands, Bd. 3.) Berlin 1985.

MÖRKE, Rat und Bürger = Mörke, Olaf: Rat und Bürger in der Reformation, Soziale Gruppen und kirchlicher Wandel in den welfischen Hansestädten Lüneburg, Braunschweig und Göttingen, Hildesheim 1983.

MÖRKE, Reformation = Mörke, Olaf: Die Reformation. Voraussetzung und Durchsetzung (Enzyklopädie Deutscher Geschichte 74), 2. Aufl., München 2011.

MÜLLER, Besiegelte Freundschaft = Müller, Mario: Besiegelte Freundschaft: die brandenburgischen Erbeinungen und Erbverbrüderungen im späten Mittelalter, Göttingen 2010.

MÜLLER, Timotheus Kirchner = Müller, F.-W: Artikel: »Timotheus Kirchner«. In: JARCK, Lexikon, S. 396f.

MÜLLER-VOLBEHR, Geistliche Gerichte = Müller-Volbehr, Jörg: Die geistlichen Gerichte in den Braunschweig-Wolfenbüttelschen Landen, (Göttinger Studien zur Rechtsgeschichte 3), Göttingen u.a. 1973.

MÜLLER, Basilius Sattler = Müller, F.-W: Artikel: »Basilius Sattler«. In: JARCK, Lexikon, S. 609f.

NDB = Historische Kommission der Bayerischen Akademie der Wissenschaften (Hrsg.): Neue deutsche Biographie, Bd. 1–24, Berlin 1953–2010.

NEUMANN, Öffentliche Sünder = Neumann, Friederike: Öffentliche Sünder in der Kirche des späten Mittelalters. Verfahren, Sanktionen, Rituale, Köln 2008.

NEURATH, KREMPEL, Geschichtswissenschaft und Netzwerkanalyse = Neurath, Wolfgang; Krempel, Lothar: Geschichtswissenschaft und Netzwerkanalyse: Potentiale und Beispiele. In: Unfried, Berthold (Hrsg.): Transnationale Netzwerke im 20. Jahrhundert: Historische Erkundungen zu Ideen und Praktiken, Individuen und Organisationen, Leipzig 2008, S. 59–79.

NICKISCH, Stilprinzipien = Nickisch, Reinhard: Die Stilprinzipien in den deutschen Briefstellern des 17. und 18. Jahrhunderts, Mit einer Bibliographie zur Briefschreiblehre (1474–1800), Göttingen 1969.

NOBBE, Superintendentenamt I= Nobbe, Heinrich: Das Superintendentenamt, seine Stellung und Aufgabe nach den evangelischen Kirchenordnungen des 16. Jahrhunderts. In: Zeitschrift für Kirchengeschichte, Bd. 14 (1894), S. 404–429 u. 556–572.

NOBBE, Superintendentenamt II= Nobbe, Heinrich: Das Superintendentenamt, seine Stellung und Aufgabe nach den evangelischen Kirchenordnungen des 16. Jahrhunderts. In: Zeitschrift für Kirchengeschichte, Bd. 15 (1895), S. 44–93.

NOLTE, Pey eytler finster = Nolte, Cordula: Pey eytler finster in einem weichen pet geschrieben. Eigenhändige Briefe in der Familienkorrespondenz der Markgrafen von Brandenburg (1470–1530). In: Heimann, Heinz-Dieter (Hrsg.): Adelige Welt und familiäre Beziehungen. Aspekte der »privaten Welt« des Adels in böhmischen, polnischen und deutschen Beispielen vom 14. bis 16. Jahrhundert, (Quellen und Studien zur Geschichte und Kultur Brandeburg-Preußens und des Alten Reichs 7), Potsdam 2000, S. 177–202.

NUBOLA, WÜRGLER, Einführung = Nubola, Cecilia; Würgler Andreas: Einleitung. In: Dies. (Hgg): Bittschriften und Gravamina. Politik, Verwaltung und Justiz in Europa

(14.–18. Jahrhundert), (Schriften des Italienisch-Deutschen Historischen Instituts in Trient, Bd. 19), Berlin 2005, S. 7–16.

Ohainski, Klosterordnung = Ohainski, Uwe: Die zweite Braunschweig-Wolfenbüttelsche Klosterordnung vom 9. Januar 1573. In: Braunschweigisches Jahrbuch für Landesgeschichte, Bd. 80 (1999), S. 56–72.

Ohainski, Reitemeier, Gottfried Mascop = Ohainski, Uwe; Reitemeier, Arnd (Hgg.): Das Fürstentum Braunschweig-Wolfenbüttel im Jahr 1574. Der Atlas des Gottfried Mascop, Bielefeld 2012.

Oehr, Ländliche Verhältnisse = Oehr, Gustav: Ländliche Verhältnisse im Herzogtum Braunschweig-Wolfenbüttel im 16. Jahrhundert: nach Akten des herzoglichen lüneburgischen Landeshauptarchivs zu Wolfenbüttel und des Stadtarchivs zu Braunschweig, (Quellen und Darstellungen zur Geschichte Niedersachsens 12), Hannover 1903.

Oelsen, Kirchenleitung in den lutherischen Kirchen Skandinaviens = Oelsen, Jens E.: Die Kirchenleitung in den lutherischen Kirchen Skandinaviens. In: Wischmeyer, Johannes (Hrsg.): Zwischen Ekklesiologie und Administration. Modelle territorialer Kirchenleitung und Religionsverwaltung im Jahrhundert der europäischen Reformationen, (Veröffentlichungen des Instituts für Europäische Geschichte Mainz 100), Göttingen 2013, S. 211–224.

Oschema, Einführung = Oschema, Klaus: Einleitung, In: Oschema, Freundschaft oder »amitié«?, S. 7–21.

Oschema, Freundschaft oder »amitié«? = Oschema, Klaus (Hrsg.): Freundschaft oder »amitié«? Ein politisch-soziales Konzept der Vormoderne im zwischensprachlichen Vergleich, (Zeitschrift für Historische Forschung, Beiheft 40), Berlin 2007.

Otte, Patronat = Otte, Hans: Fürsorge oder Selbstbestimmung? Das Patronat in der hannoverschen Landeskirche. In: Zeitschrift für evangelisches Kirchenrecht, Bd. 56 (2011), S. 405–429.

Pallas, Registraturen der Kirchenvisitationen = Pallas, K: Die Registraturen der Kirchenvisitationen im ehemals sächsischen Kurkreise. Zweite Abtheilung, Erster Teil. Die Ephorien Wittenberg, Kemberg und Zahna, (Geschichtsquellen der Provinz Sachsen, Bd. 41, 2,1), Halle 1906.

Padgett, Ansell, Robust Action = Padgett, John F.; Ansell, Christopher: Robust Action and the Rise of the Medici, 1400–1434. In: American Journal of Sociology 98 (1993), S. 1259–1319.

Patze, Bürgertum und Frömmigkeit = Patze, Hans: Bürgertum und Frömmigkeit im mittelalterlichen Braunschweig. In: Braunschweigisches Jahrbuch für Landesgeschichte, Bd. 58 (1977), S. 9–30.

Patze, Geschichte Niedersachsens 3.2 = Patze, Hans (Hrsg.): Geschichte Niedersachsens. Band 3, Teil 2: Kirche und Kultur von der Reformation bis zum Beginn des 19. Jahrhunderts, Hildesheim 1983.

Patzold, Konflikte im Kloster = Patzold, Steffen: Konflikte im Kloster. Studien zu Auseinandersetzungen in monastischen Gemeinschaften des ottonisch-salischen Reichs, (Historische Studien 463), Husum 2000.

Peters, Lautes Kirchenleben = Peters, Jan: Lautes Kirchenleben und die leisen Seelensorgen. Beobachtungen an zwei Dörfern und einer Stadt (Priegnitz, 17. Jahrhundert).

In: Dülmen, Richard van (Hrsg.): Arbeit, Frömmigkeit und Eigensinn, Studien zur historischen Kulturforschung, Frankfurt a. M. 1990, S. 75–105.

PETKE, Kirchenpatronate in städtischer Hand = Petke, Wolfgang: Kirchenpatronate in städtischer Hand: Göttingen. In: Reitemeier, Arnd; Ohainski, Uwe (Hgg.): Aus dem Süden des Nordens. Studien zur niedersächsischen Landesgeschichte für Peter Aufgebauer zum 65. Geburtstag, (Veröffentlichungen des Instituts für Historische Landesforschung der Universität Göttingen, Bd. 58), Bielefeld 2013, S. 431–465.

PETKE, Obligationen, Stolgebühren, Pfarreinkünfte = Petke, Wolfgang: Obligationen, Stolgebühren, Pfarreinkünfte. In: Boockmann, Hartmut (Hrsg.): Kirche und Gesellschaft im Heiligen Römischen Reich des 15. und 16. Jahrhunderts, (Abhandlungen der Akademie der Wissenschaften in Göttingen, Phil-hist., Dritte Folge, Nr. 206), Göttingen 1994, S. 26–58.

PFEIFER, Alte Dorfkirchen und Kapellen = Pfeifer, Hans: Alte Dorfkirchen und Kapellen im Lande Braunschweig. In: Braunschweigische Heimat, Bd. 18 (1927), H. 4, S. 109–114.

PISCHKE, Landesteilung der Welfen = Pischke, Gudrun: Die Landesteilung der Welfen im Mittelalter, (Veröffentlichungen des Instituts für Historische Landesforschung der Universität Göttingen 24), Hildesheim 1987.

PISCHKE, Von Gauen zum Landkreis = Pischke, Gudrun: Von Gauen zum Landkreis: Historische Wurzeln, Entstehung und Veränderung von Verwaltungseinheiten im Kreisgebiet Holzminden. In: Jahrbuch des Landkreises Holzminden, Bd. 25 (2007), S. 1–40.

POHLIG, Reformation = Pohlig, Matthias (Hrsg.): Reformation, (Basistexte Frühe Neuzeit, Bd. 2), Stuttgart 2015.

PRIETZEL, Alterleute und Kastenherren = Prietzel, Malte: Alterleute und Kastenherren: die Rechnungen der Kirche St. Jacobi in Göttingen von 1523/24 und 1534. In: Göttinger Jahrbuch, Bd. 41 (1993), S. 61–96.

PTASZYNSKI, Geistlichkeit in den Herzogtümern Pommern = Ptaszynski, Maciej: »Prediger seyn mit jhrem Ampte etwa der Welt kützel«. Soziale Herkunft, Bildung und theologisches Selbstverständnis der evangelischen Geistlichkeit in den Herzogtümern Pommern. In: Schorn-Schütte, Luise (Hrsg.): Intellektuelle in der Frühen Neuzeit, (Wissenskultur und gesellschaftlicher Wandel, Bd. 38), Berlin 2010, S. 67–104.

PTASZYNSKI, Lebenssituation der Pfarrwitwen = Ptaszynski, Maciej: »…was für große sorge und mühe ein heiliger ehestandt wehre (Pfarrwitwe 1599)«. Zur Lebenssituation der Pfarrwitwen am Ende des 16. und Anfang des 17. Jahrhunderts. In: Kaufmann, Thomas; Schubert, Anselm; Greyerz, Kaspar von (Hgg.): Frühneuzeitliche Konfessionskulturen, (Schriften des Vereins für Reformationsgeschichte 207), Gütersloh 2008, S. 319–346.

PTASZYNSKI, Lutherisches Kirchenregiment im Kreuzfeuer = Ptaszynski, Maciej: Lutherisches Kirchenregiment im Kreuzfeuer interner Kritik?: Konfliktsituationen zwischen dem Stralsunder Superintendenten und dem pommerschen Generalsuperintendenten in der zweiten Hälfte des 16. Jahrhunderts. In: Wischmeyer, Johannes (Hrsg.): Zwischen Ekklesiologie und Administration. Modelle territorialer Kirchenleitung und Religionsverwaltung im Jahrhundert der europäischen Reformationen, (Veröffentlichungen des Instituts für Europäische Geschichte Mainz 100), Göttingen 2013, S. 155–192.

Rachoinig, Briefe, Urkunden und Akten = Rachoinig, Sigrid: Wir tun kund und lassen dich wissen: Briefe, Urkunden und Akten als spätmittelalterliche Grundformen schriftlicher Kommunikation, dargestellt anhand der Lebenszeugnisse Oswalds von Wolkenstein, Frankfurt a. M. 2009.

Rahn, Bruderschaften = Rahn, K.: Religiöse Bruderschaften in der spätmittelalterlichen Stadt Braunschweig, (Braunschweiger Werkstücke 91), Braunschweig 1994.

Ranke, Deutsche Geschichte im Zeitalter der Reformation = Ranke, Leopold von: Deutsche Geschichte im Zeitalter der Reformation, 6. Bde., Berlin 1838–1847.

Rauls, Stadtoldendorf = Rauls, Wilhelm: Stadtoldendorf unter der Homburg und das Kloster Amelungsborn, Stadtoldendorf 1974.

Reinhard, Freunde und Kreaturen = Reinhard, Wolfgang: Freunde und Kreaturen. »Verflechtung« als Konzept zur Erforschung historischer Führungsgruppen. Römische Oligarchie um 1600, München 1979.

Reinhard, Zwang zur Konfessionalisierung? = Reinhard, Wolfgang: Zwang zur Konfessionalisierung? Prolegomena zu einer Theorie des konfessionellen Zeitalters. In: Zeitschrift für Historische Forschung, Bd. 10 (1983), S. 257–277.

Reitemeier, Einfluss und Funktion = Reitemeier, Arnd: Einfluss und Funktion der »Gemeinden« in Norddeutschland bei der Einführung der Reformation. In: Jahrbuch der Gesellschaft für niedersächsische Kirchengeschichte, Bd. 107 (2009), S. 53–77.

Reitemeier, Hofordnung = Reitemeier, Arnd u. a.: Die Hofordnung von Herzog Julius von Braunschweig-Lüneburg (Wolfenbüttel) von 1587. In: Braunschweigisches Jahrbuch für Landesgeschichte, Bd. 94 (2013), S. 101–135.

Reitemeier, Herzog Julius = Reitemeier, Arnd: Herzog Julius von Braunschweig-Lüneburg (Wolfenbüttel): Herrscher und Herrschaft. In: Ohainski, Reitemeier, Gottfried Mascop, S. 43–63.

Reitemeier, Reformation in Norddeutschland = Reitemeier, Arnd: Reformation in Norddeutschland: Gottvertrauen zwischen Fürstenherrschaft und Teufelsfurcht, Göttingen 2017.

Reitemeier, Pfarrkirchen = Reitemeier, Arnd: Pfarrkirchen in der Stadt des späten Mittelalters: Politik, Wirtschaft und Verwaltung, (Vierteljahrschrift für Sozial- und Wirtschaftsgeschichte, Bd. 177), Stuttgart 2005.

Reitemeier, Pfarrgemeinde = Reitemeier, Arnd: Die Pfarrgemeinde im späten Mittelalter. In: Bünz, Enno; Fouquet, Gerhard (Hgg.): Die Pfarrei im späten Mittelalter, Ostfildern 2013, S. 341–375.

Reitemeier, Reformation = Reitemeier, Arnd: Reformation in Norddeutschland. In: Pöppelmann, Heike; Rammler, Dieter; Braunschweigisches Landesmuseum, ev. Akademie Abt Jerusalem (Hgg.): Im Aufbruch. Reformation 1517 1617, Ausstellungskatalog zur Sonderausstellung, (Veröffentlichungen des Braunschweigischen Landesmuseum 117), Dresden 2017, S. 38–51.

Reitemeier, vertikale Einheiten = Reitemeier, Arnd: Kirchspiele und Viertel als »vertikale Einheiten« der Stadt des späten Mittelalters. In: Blätter für Deutsche Landesgeschichte, Bd. 141/142 (2005/2005), S. 603–640.

Reller, Kirche und Jugend = Reller, Horst: Kirche und Jugend. In: Vier Jahrhunderte Lutherische Landeskirche in Braunschweig, Wolfenbüttel 1968.

RELLER, Kirchenverfassung = Reller, Horst: Vorreformatorische und reformatorische Kirchenverfassung im Fürstentum Braunschweig-Wolfenbüttel, (Studien zur Kirchengeschichte Niedersachsens 10), Göttingen 1959.

RESCH, Trost = Resch, Claudia: Trost im Angesicht des Todes: frühe reformatorische Anleitungen zur Seelsroge an Kranken und Sterbenden, (Pietas liturgica: interdisziplinäre Beiträge zur Liturgiewissenschaft 15), Tübingen 2006.

RESCH, Verwandtschaft und Freundschaft = Resch, Claudia: Verwandtschaft und Freundschaft im Angesicht des Todes: »Vmbstender« am Kranken- und Sterbebett. In: Krieger, Gerhard (Hrsg.): Verwandtschaft, Freundschaft, Bruderschaft: soziale Lebens- und Kommunikationsformen im Mittelalter, Berlin 2009, S. 189–210.

REUSCHEL, Ithbörde = Reuschel, Andreas: Hagenhufensiedlungen oder »Hägerhufensiedlungen« in der Ithbörde? Ein Beitrag zur Ausdifferenzierung eines siedlungsgeographischen Terminus und Phänomens, Dissertation der Mathematisch-naturwissenschaftlichen Fakultät der Rheinischen Friederich-Wilhelms-Universität zu Bonn, Bonn 2009.

REXROTH, SCHMIDT, Freundschaft und Verwandtschaft = Rexroth, Frank; Schmidt, Johannes F.K.: Freundschaft und Verwandtschaft. Zur Theorie zweier Beziehungssysteme In: Schmidt, Johannes F.K.; Guichard, Martine; Schuster, Peter; Trillmich, Fritz (Hgg.): Freundschaft und Verwandtschaft. Zur Unterscheidung und Verflechtung zweier Beziehungssysteme, Konstanz 2007, S. 7–14.

RIEGER, Teufel im Pfarrhaus = Rieger, Miriam: Der Teufel im Pfarrhaus. Gespenster, Geisterglaube und Besessenheit im Luthertum der Frühen Neuzeit, Stuttgart 2011.

RIEGG, Konfliktbereitschaft = Riegg, Ernst: Konfliktbereitschaft und Mobilität. Die protestantischen Geistlichen zwölf süddeutscher Reichsstädte zwischen Passauer Vertrag und Restitutionsedikt, (Schriften zur südwestdeutschen Landeskunde, Bd. 43), Leinfelden-Echterdingen 2002.

RITTER, Calenberger Kirchenordnung = Ritter, A.: Die sog. Calenberger Kirchenordnung und ihre Vorbilder. In: Jahrbuch der Gesellschaft für Niedersächsische Kirchengeschichte, Bd. 49 (1951), S. 79–102.

RÖSENER, Bauernaufstände, bäuerlicher Widerstand = Rösener, Werner: Bauernaufstände, bäuerlicher Widerstand und Tradition im Spätmittelalter. In: Rösener, Werner (Hrsg.): Tradition und Erinnerung in Adelsherrschaft und bäuerlicher Gesellschaft, Göttingen 2003, S. 131–152.

ROGGE, Wettinische Familienkorrespondenz = Rogge, Jörg: muterliche liebe mit ganzen truwen allecit. Wettinische Familienkorrespondenz in der zweiten Hälfte des 15. Jahrhunderts. In: Heimann, Heinz-Dieter (Hrsg.): Adelige Welt und familiäre Beziehungen. Aspekte der »privaten Welt« des Adels in böhmischen, polnischen und deutschen Beispielen vom 14. bis 16. Jahrhundert, Potsdam 2000, S. 203–239.

ROSENHAGEN, SPAARNAY, Artikel: »Dörperliche Dichtung« = Rosenhagen, Gustav; Spaarnay, Hendricus: Artikel: »Dörperliche Dichtung«. In: Reallexikon der deutschen Literaturgeschichte, 2. Aufl., Bd. 1, (1958), S. 269–274.

RÖSSLER, Pfarrhaus und Medizin = Rössler, Dietrich: Pfarrhaus und Medizin. In: Greiffenhagen, Martin (Hg.): Das evangelische Pfarrhaus, Eine Kultur- und Sozialgeschichte, Stuttgart 1984, S. 231–246.

ROTH, Leichenpredigten = Roth, Fritz: Restlose Auswertungen von Leichenpredigten und Personalschriften für genealogische Zwecke, 10 Bde., Boppard 1959–1980.

RÜGGE, Küster und das Dorf = Rügge, Nikolaus: der Küster und das Dorf, In: Halle, Uta; Huismann, Frank; Linde, Roland (Hgg.): Dörfliche Gesellschaft und ländliche Siedlung. Lippe und das Hochstift Paderborn in überregionaler Perspektive, (Schriftenreihe des Kreismuseums Wewelsburg, Bd. 5), Bielefeld 2001, S. 195–209.

RUSTENBACH, Häger und Hägergerichte = Rustenbach, Robert: Häger und Hägergerichte in den braunschweigischen Weserlanden. In: Zeitschrift des Historischen Vereins für Niedersachsen, Bd. 68 (1903), S. 557–645.

RUTZ, Ego-Dokumnet oder Ich-Konstruktion = Rutz, Andreas: Ego-Dokument oder Ich-Konstruktion? Selbstzeugnisse als Quellen zur Erforschung des frühneuzeitlichen Menschen. In: Zeitenblicke, Online-Journal für die Geschichtswissenschaften, 1 (2002), Nr. 2. URL: http://www.zeitenblicke.de/2002/02/rutz/index.html (Eingesehen am 15.09.2016).

SAALFELD, Ländliche Wirtschafts- und Sozialgeschichte = Saalfeld, Diedrich: Ländliche Wirtschafts- und Sozialgeschichte vom Beginn des 16. Jahrhunderts bis zur Mitte des 17. Jahrhunderts. In: van den Heuvel, Christine; Boetticher, Manfred (Hrsg.): Geschichte Niedersachsens, Bd. 3,1: Politik, Wirtschaft und Gesellschaft von der Reformation bis zum Beginn des 19. Jahrhunderts, Hannover 1998, S. 637–688.

SABEAN, Herrschaft = Sabean, David: Das zweischneidige Schwert, Herrschaft und Widerspruch im Württemberg der frühen Neuzeit, Berlin 1986.

SALDERN, Netzwerkökonomie = Saldern, Adelheid von: Netzwerkökonomie im frühen 19. Jahrhundert. Das Beispiel der Schoeller-Häuser, Stuttgart 2009.

SAMSE, Zentralverwaltung = Samse, Helmut: Die Zentralverwaltung in den südwelfischen Landen vom 15. bis zum 17. Jahrhundert. Ein Beitrag zur Verfassungs- und Sozialgeschichte Niedersachsens, (Quellen und Darstellungen zur Geschichte, Bd. 49), Hildesheim 1940.

SAUTER, Rechtfertigung IV = Sauter, Gerhard: Artikel: Rechtfertigung IV: Das 16. Jahrhundert. In: TRE, Bd. 28 (1997), S. 315–328. TRE Online (n.d.), Berlin, Boston 2001, (Lizensierter Zugang über die SUB Göttingen), http://www.degruyter.com.theologi scherealenzyklopdie.han.sub.uni-goettingen.de/view/TRE/TRE.28_282_1 (Eingesehen am 28.9.2015).

SCHÄFER, Küster = Schäfer, Heinrich: Zur Entwicklung von Namen und Beruf des Küsters. In: Annalen des Historischen Vereins für den Niederrhein, Bd. 74 (1902), S. 163–178.

SCHÄFER, Paedagogium illustre I = Schäfer, Dieter: Gründung und Einweihung des Paedagogium illustre in Gandersheim 1569–1571. In: Jahrbuch für niedersächsische Kirchengeschichte, Bd. 64 (1966), S. 97–128.

SCHÄFER, Paedagogium illustre II = Schäfer, Dieter: Das Paedagogium illustre in Gandersheim bis zu seiner Verlegung nach Helmstedt 1571–1575. In: Jahrbuch für niedersächsische Kirchengeschichte, Bd. 66 (1968), S. 107–164.

SCHEDENSACK, Nachbarn im Konflikt = Schedenksack, Christine: Nachbarn im Konflikt: zur Entstehung und Beilegung von Rechtsstreitigkeiten um Haus und Hof im frühneuzeitlichen Münster, (Quellen und Forschungen zur Geschichte der Stadt Münster, N.F. 24), Münster 2007.

SCHILDT, Artikel: Anerbenrecht = Schildt, Bernd, Art. Anerbenrecht. In: Albrecht Cordes; Heiner Lück; Dieter Werkmüller (Hgg.), Handwörterbuch zur deutschen

Rechtsgeschichte (HRGdigital), URL: http://www.hrgdigital.de/id/anerbenrecht/stichwort.html (Eingesehen am 7.9.2015).

Schilling, Konfessionalisierung als gesellschaftlicher Umbruch = Schilling, Heinz: Konfessionalisierung als gesellschaftlicher Umbruch. Inhaltliche Perspektiven und massenmediale Darstellung. In: Quandt, Siegfried (Hrsg.): Luther, die Reformation und die Deutschen. Wie erzählen wir unsere Geschichte?, (Geschichte, Politik und Massenmedien, Bd. 1), Paderborn 1982, S. 35–51.

Schindling, Verwaltung, Amt und Beamter = Schindling. Anton: ›Verwaltung‹, ›Amt‹ und ›Beamter‹ in der Frühen Neuzeit. In: Brunner, Otto; Conze, Werner; Koselleck, Reinhart (Hgg.): Geschichtliche Grundbegriffe. Historisches Lexikon zur politisch-sozialen Sprache in Deutschland, Bd. 7, Stuttgart 1992, S. 47–69.

Schleinert, Hochzeit des Herzogs Ernst Ludwig von Pommern = Schleinert, Dirk: Die Hochzeit des Herzogs Ernst Ludwig von Pommern mit Sophia Hedwig von Braunschweig-Wolfenbüttel im Jahre 1577. In: Pommern. Zeitschrift für Kultur und Geschichte, Bd. 37 (1999), Heft 4, S. 7–15.

Schmid, Schreiben für Status und Herrschaft = Schmid, Barbara: Schreiben für Status und Herrschaft. Deutsche Autobiographik in Spätmittelalter und früher Neuzeit, Zürich 2006.

Schmid, Briefe = Schmid, Irmtraud: Briefe. In: Beck, Friedrich; Henning, Eckart (Hgg.): Die archivalische Quelle. Mit einer Einführung in die Historischen Hilfswissenschaften, 3. Aufl., Köln 2003, S. 111–118.

Schmid, Was ist ein Brief = Schmid, Irmtraud: Was ist ein Brief? Zur Begriffsbestimmung des Terminus »Brief« als Bezeichnung einer quellenkundlichen Gattung. In: Editio 2 (1988), S. 1–7.

Schmidt, Soziologie der Verwandtschaft = Schmidt, Johannes F. K.: Soziologie der Verwandtschaft: Forschung und Begriff. In: Schmidt, Johannes F. K.; Guichard, Martine; Schuster, Peter; Trillmich, Fritz (Hgg.): Freundschaft und Verwandtschaft. Zur Unterscheidung und Verflechtung zweier Beziehungssysteme, Konstanz 2007, S. 15–44.

Schmidt, Glaube – Herrschaft – Disziplin = Schmidt, Sebastian: Glaube – Herrschaft – Disziplin. Konfessionalisierung und Alltagskultur in den Ämter Siegen und Dillenburg (1538–1683), Paderborn 2005.

Schmidt, Sühne oder Sanktion = Schmidt, Christine D.: Sühne oder Sanktion? Die öffentliche Kirchenbuße in den Fürstbistümern Münster und Osnabrück während des 17. und 18. Jahrhunderts, Münster 2009.

Schmidt, Heinrich der Jüngere = Schmidt, Heinrich: Artikel: Heinrich der Jüngere. In: NDB 8 (1969), S. 351f. [Onlinefassung]; URL: http://www.deutsche-biographie.de/ppn119024918.html (Eingesehen am 02.02.2016).

Schmolinsky, Sich schreiben = Schmolinsky, Sabine: Sich schreiben in der Welt des Mittelalters. Begriffe und Konturen einer mediävistischen Selbstzeugnisforschung, (Selbstzeugnisse des Mittelalters und der beginnenden Neuzeit 4), Bochum 2012.

Schnath, Herrschaften = Schnath, Georg: Die Herrschaften Everstein, Homburg und Spiegelberg. Grundlegung zur historischen Geographie der Kreise Hameln und Holzminden, (Studien und Vorarbeiten zum Historischen Atlas Niedersachsens, H. 7), Göttingen 1922.

Schneider, Paläographie/Handschriftenkunde = Schneider, Karin: Paläographie und Handschriftenkunde für Germanisten, Tübingen 1999.

SCHNEIDER, Ius Reformandi = Schneider, Bernd Christian: Ius Reformandi. Die Entwicklung eines Staatskirchenrechts von seinen Anfängen bis zum Ende des Alten Reichs, (Ius ecclesiasticum, Bd. 68), Tübingen 2001.

SCHÖNIJAHN, Rückerinnerungen aus der Reformations-Geschichte = Schönijahn, H. C.: Rückerinnerungen aus der Reformations-Geschichte der Herzoglichen Braunschweig-Wolfenbüttelschen Lande nebst einem noch ungedruckten Beitrage zu derselben vom Jahre 1569: Ein Beitrag zur Reformations-Secularfeier in hiesigen Landen am 31sten Oktober u. f. T. 1817, 1817.

SCHORN-SCHÜTTE, Amtsverständnis = Schorn-Schütte, Luise: Forschungsbericht zum Amtsverständnis und zum sozialen Ort der Geistlichkeit in der Frühen Neuzeit. In: Göttingische Gelehrte Anzeigen, Jg. 257 (2005), S. 50–58.

SCHORN-SCHÜTTE, Das ganze Haus = Schorn-Schütte, Luise: Das ganze Haus. Evangelische Pfarrhäuser im 16. und 17. Jahrhundert. In: SPEHR, evangelische Pfarrhaus, S. 37–53.

SCHORN-SCHÜTTE, Drei-Stände-Lehre = Schorn-Schütte, Luise: Die Drei-Stände-Lehre im reformatorischen Umbruch. In: Moeller, Bernd; Buckwalter, Stephen E. (Hgg.): Die Reformation in Deutschland als Umbruch, (Symposiums des Vereins für Reformationsgeschichte, Nr. 199), Gütersloh 1998, S. 435–461.

SCHORN-SCHÜTTE, Evangelische Geistlichkeit = Schorn-Schütte, Luise: Evangelische Geistlichkeit in der Frühneuzeit: deren Anteil an der Entfaltung frühmoderner Staatlichkeit und Gesellschaft, dargestellt am Beispiel des Fürstentums Braunschweig-Wolfenbüttel, der Landgrafschaft Hessen-Kassel und der Stadt Braunschweig, (Quellen und Forschungen zur Reformationsgeschichte 62), Gütersloh 1996.

SCHORN-SCHÜTTE, Gefährtin und Mitregentin = Schorn-Schütte, Luise: »Gefährtin und Mitregentin«. Zur Sozialgeschichte der evangelischen Pfarrfrau in der Frühen Neuzeit. In: Wunder, Heide; Vanja, Christina (Hgg.): Wandel der Geschlechterbeziehungen zu Beginn der Neuzeit, Frankfurt a. M. 1991, S. 109–153.

SCHORN-SCHÜTTE, Geistliche Amtsträger und regionale Identität = Schorn-Schütte, Luise: Geistliche Amtsträger und regionale Identität im 16. Jahrhundert. Ein Widerspruch? In: Dingel, Irene; Wartenberg, Günther (Hgg.): Kirche und Regionalbewusstsein in der Frühen Neuzeit, konfessionell bestimmte Identifikationsprozesse in den Territorien, (Leucorea-Studien zur Geschichte der Reformation und der Lutherischen Orthodoxie, Bd. 10), Leipzig 2009, S. 11–22.

SCHORN-SCHÜTTE, Vorbild Pfarrhaus = Schorn-Schütte, Luise: Vorbild Pfarrhaus. In: DEUTSCHES HISTORISCHES MUSEUM, Leben nach Luther, S. 113–123.

SCHOTTROFF, Bereitung zum Sterben = Schottroff, Luise: Bereitung zum Sterben. Studien zu den frühen reformatorischen Sterbebüchern, Göttingen 2012.

SCHOẞ, Stellung, Struktur und Funktion der Konsistorien = Schoß, Carl Wolfgang Huismann: Die rechtliche Stellung, Struktur und Funktion der frühen evangelischen Konsistorien nach den evangelischen Kirchenordnungen des 16. Jahrhunderts. Eine rechtsgeschichtlich-rechtsvergleichende Untersuchung, Heidelberg 1980.

SCHREINER, SCHWERHOFF, »Verletzte Ehre«. = Schreiner, Klaus; Schwerhoff, Gerd (Hrsg.): »Verletzte Ehre«. Ehrkonflikte in Gesellschaften des Mittelalters und der Frühen Neuzeit, Köln 1996.

SCHRÖDER, Kollektivbiographie = Schröder, Wilhelm Heinz: Kollektivbiographie: Spurensuche, Gegenstand, Forschungsstrategie. In: Historical Social Research, Supplement, Bd. 23 (2011), S. 74–152.

SCHUBERT, Geschichte Niedersachsens = Schubert, Ernst: Geschichte Niedersachsens vom 9. bis zum ausgehenden 15. Jahrhundert. In: Ders. (Hrsg.): Geschichte Niedersachsen, Bd. 2/1: Politik Verfassung, Wirtschaft vom 9. bis zum ausgehenden 15. Jahrhundert, (Veröffentlichungen der Historischen Kommission für Niedersachsen u. Bremen 36), Hannover 1997, S. 1–904.

SCHULZE, Ego-Dokumente = Schulze, Winfried: Ego-Dokumente. Annäherung an den Menschen in der Geschichte? Vorüberlegungen für die Tagung »Ego-Dokumente«. In: Schulze, Winfried (Hrsg.): Ego-Dokumente. Annäherung an den Menschen in der Geschichte, Berlin 1996, S. 11–30.

SCHULZE, Konfessionalisierung als Paradigma = Schulze, Winfried: Konfessionalisierung als Paradigma zur Erforschung des Konfessionellen Zeitalters? In: Dietz, Burkhard; Ehrenpreis, Stefan (Hgg.): Drei Konfessionen in einer Region. Beiträge zur Geschichte der Konfessionalisierung im Herzogtum Berg vom 16. bis zum 18. Jahrhundert, Köln 1999, S. 15–30.

SCHUSTER, STROBEL, Briefkultur = Schuster, Jörg; Strobel, Jochen (Hgg.): Briefkultur. Texte und Interpretationen – Von Martin Luther bis Thomas Bernhard, Berlin, Boston 2013.

SCHÜTZ, LUCKMANN, Strukturen der Lebenswelt= Schütz, Alfred; Luckmann, Thomas: Strukturen der Lebenswelt, Konstanz 2003.

SCHWERHOFF, Historische Kriminalitätsforschung = Schwerhoff, Gerd: Historische Kriminalitätsforschung, Frankfurt a. M. 2011.

SCHWERHOFF, Kölner Supplikenwesen = Schwerhoff, Gerd: Das Kölner Supplikenwesen in der Frühen Neuzeit. Annäherungen an ein Kommunikationsmedium zwischen Untertanen und Obrigkeit. In: Mölich, Georg; Schwerhoff, Gerd (Hgg.): Köln als Kommunikationszentrum. Studien zur frühneuzeitlichen Stadtgeschichte, Köln 2000, S. 473–496.

SCHWINGEL, Analytik der Kämpfe = Schwingel, Markus: Analytik der Kämpfe. Macht und Herrschaft in der Soziologie Bourdieus, Hamburg 1993.

SCRIBNER, Religion und Kultur = Scribner, Robert: Religion und Kultur in Deutschland 1400–1800. Hrsg. von Lyndal Roper, (Veröffentlichungen des Max-Planck-Instituts für Geschichte, Bd. 175), Göttingen 2002.

SEEBAß, Reformation als Epoche = Seebaß, Gottfried: Die Reformation als Epoche. In: Ehrenpreis, Stefan; Lotz-Heumann, Ute, u. a. (Hgg.): Wege der Neuzeit. Festschrift für Heinz Schilling zum 65. Geburtstag, Berlin 2007, S. 21–32.

SEIDEL, Freunde und Verwandte = Seidel, Kerstin: Freunde und Verwandte: soziale Beziehungen in einer spätmittelalterlichen Stadt, Frankfurt a. M. 2009.

SEIDEL, SCHUSTER, Freundschaft und Verwandtschaft in historischer Perspektive = Seidel, Kerstin; Schuster, Peter: Freundschaft und Verwandtschaft in historischer Perspektive. In: Schmidt, Johannes F.K.; Guichard, Martine; Schuster, Peter; Trillmich, Fritz (Hgg.): Freundschaft und Verwandtschaft. Zur Unterscheidung und Verflechtung zweier Beziehungssysteme, Konstanz 2007, S. 145–156.

SICHELSCHMIDT, Entwicklung des Superintendentenamtes = Sichelschmidt, Karla: Zur Entwicklung des Superintendentenamtes. Einige Betrachtungen am Beispiel Braunschweig-Wolfenbüttels von der Reformation bis zum Ende des landesherrlichen Kirchenregiments. In: Zeitschrift der Savigny-Stiftung für Rechtsgeschichte, Kanonistische Abteilung, Bd. 122 (2005), S. 625–649.

Simmel, Streit = Simmel, Georg: Der Streit. In: Ders., Soziologie. Untersuchungen über die Formen der Vergesellschaftung, Leipzig 1908, S. 247–336.

Simmel, Untersuchungen = Simmel, Georg: Untersuchungen über die Formen der Vergesellschaftung, Leipzig 1908.

Spehr, evangelische Pfarrhaus = Spehr, Christian (Hrsg.): Das evangelische Pfarrhaus: Mythos und Wirklichkeit, Leipzig 2013.

Sprengler-Ruppenthal, Kanonische Recht in Kirchenordnungen = Sprengler-Ruppenthal, Anneliese: Das Kanonische Recht in Kirchenordnungen des 16. Jahrhunderts. In: Dies., Gesammelte Aufsätze: zu den Kirchenordnungen des 16. Jahrhunderts, (Ius Ecclesiasticum, Bd. 74), Tübingen 2004, S. 298–373.

Spohn, Pfarrhäuser in Nordwestdeutschland = Spohn, Thomas: Pfarrhäuser in Nordwestdeutschland, (Beiträge zur Volkskultur in Nordwestdeutschland 100), Münster 2000.

Spory, Familie im Wandel = Spory, Anke: Familie im Wandel. Kulturwissenschaftliche, soziologische und theologische Reflexionen, Münster 2007.

Staudenmaier, Implementation = Staudenmaier, Johannes: Zur Implementation frühneuzeitlicher Handwerksordnungen. Das Beispiel der Bamberger Handwerksordnung von 1582. In: Häberlein, Mark; Kech, Kerstin; Staudenmaier, Johannes (Hgg.): Bamberg in der frühen Neuzeit: neue Beiträge zur Geschichte von Stadt und Hochstift, Bamberg 2008, S. 49–76.

Stayer, Goertz, Täufer/Täuferische Gemeinschaften = Stayer, James M.; Goertz, Hans-Jürgen: Artikel: Täufer/Täuferische Gemeinschaften. In TRE, Bd. 32 (2001), S. 597–623. TRE Online (n.d.). Berlin, Boston 2001, (Lizensierter Zugang über die SUB Göttingen), http://www.degruyter.com.theologischerealenzyklopdie.han.sub.uni-goettingen.de/view/TRE/TRE.32_597_1 (Eingesehen am 31.10.2015).

Steinhausen, Deutsche Privatbriefe = Steinhausen, Georg (Hrsg.): Deutsche Privatbriefe des Mittelalters. Band 1. Fürsten und Magnaten, Edle und Ritter, Berlin 1899; Band 2. Geistliche, Bürger, Berlin 1907.

Stegbauer, Häußling, Handbuch Netzwerkforschung = Stegbauer, Christian; Häußling, Roger (Hgg.): Handbuch Netzwerkforschung, Wiesbaden 2010.

Stolberg, Harnschau = Stolberg, Michael: Die Harnschau. Eine Kultur- und Alltagsgeschichte, Köln 2009.

Stolleis, »Laster der Trunckenheit« = Stolleis, Michael: »Von dem grewlichen Laster der Trunckenheit« – Trinkverbote im 16. und 17. Jahrhundert. In: Völger, Gisela; von Welck, Karin (Hgg.): Rausch und Realität. Drogen im Kulturvergleich, Bd. 3, Hamburg 1982, S. 176–191.

Stolt, Kulturbarrieren = Stolt, Birgit: Kulturbarrieren in der historischen Textsortenforschung. Zur Textsorte <Trostbrief> im 16. Jahrhundert. In: Simmler, Franz (Hrsg.): Textsorten deutscher Prosa vom 12./13. bis 18. Jahrhundert und ihre Merkmale, (Jahrbuch für internationale Germanistik, Reihe A, Kongressberichte, Bd. 67), Bern 2002, S. 631–642.

Streiter, Superintendentenamt = Streiter, Axel: Das Superintendentenamt: Ursprung, geschichtliche Entwicklung und heutige Rechtsgestalt des mittleren Ephoralamtes in den deutschen evangelischen Landeskirchen, Köln 1973.

Svensson, Latin Letters from Clergymen = Svensson, Johanna: Latin Letters from Clergymen in the Province of Scania (Eastern Denmark - Southern Sweden) in the Seventeenth Century. A Critical Edition with Introduction, Translation and Commentaries, (Studia Graeca et Latina Lundensia 19), Lund 2015.

Tacke, Holzminden = Tacke, Eberhard: Der Landkreis Holzminden (Regierungsbezirk Hildesheim), (Die deutschen Landkreise: Die Landkreise in Niedersachsen, Bd. 4), Bremen-Horn 1951.

Tacenko, Geschichte der deutschen Kursive = Tacenko, Tamara N.: Zur Geschichte der deutschen Kursive im 16. Jahrhundert. In: Archiv für Diplomatik, Bd. 38 (1998), S. 357–380.

Teuteberg, Alltägliche Daseinsformen = Teuteberg, Hans-Jürgen: Alltägliche Daseinsformen der Menschen als Objekte einer Neuen Kulturgeschichte. In: Hartmann, Andreas; Höher, Peter; Cantauw, Christiane; Meiners, Uwe; Meyer, Silke (Hgg.): Die Macht der Dinge: symbolische Kommunikation und kulturelles Handeln, Festschrift für Ruth-E. Mohrmann, (Beiträge zur Volkskultur in Nordwestdeutschland 116), Münster 2001, S. 45–66.

Teuscher, Bekannte, Klienten, Verwandte = Teuscher, Simone: Bekannte, Klienten, Verwandte: Soziabilität und Politik in der Stadt Bern um 1500, (Norm und Struktur: Studien zum sozialen Wandel in Mittelalter und früher Neuzeit 9), Köln 1998.

Thomas, Ausbau und Umgestaltung des Superintendentialsystems = Thomas, Ralf: Ausbau und Umgestaltung des Superintendentialsystems in der sächsischen Landeskirche bis 1815. In: Ders.: Stiftsland Wurzen. Sächsische Kirchenverfassung. Historische Kirchenkunde. Aufsätze zur sächsischen Kirchengeschichte (Herbergen der Christenheit, Sonderbd. 15), Leipzig 2011, (Wiederabdruck aus Herbergen der Christenheit 10 (1975/76), S. 99–144), S. 156–203.

Trappmann, Humell, Sodeur, Strukturanalyse sozialer Netzwerke = Trappmann, Mark; Hummell, Hans J.; Sodeur, Wolfgang: Strukturanalyse sozialer Netzwerke. Konzepte, Modelle, Methoden, Wiesbaden 2005.

TRE = Balz, Horst; Cameron, James K.; Hall, Stuart G.; Hebblethwaite, Brian L.; Hoheisel, Karl; Janke, Wolfgang; Nowak, Kurt; Schäferdiek, Knut; Schröer, Henning; Seebaß, Gottfried; Spieckermann, Hermann; Stemberger, Günter; Stock, Konrad; u. a. (Hgg.): Theologische Realenzyklopädie, 36 Bde. Berlin, New York 1976–2004.

Troßbach, Zimmermann, Dorf = Troßbach, Werner; Zimmerman, Clemens: Die Geschichte des Dorfes: von den Anfängen im Frankenreich zur bundesdeutschen Gegenwart, Stuttgart 2006.

Tschipke, Lebensformen = Tschipke, I.: Lebensformen in der spätmittelalterlichen Stadt. Untersuchungen anhand von Quellen aus Braunschweig, Hildesheim, Göttingen, Hameln und Duderstadt, (Schriftenreihe des Landschaftsverbandes Südniedersachsen 3), Hannover 1993.

Tütken, Schulen des Herzogtums Braunschweig-Wolfenbüttel = Tütken, Johannes: Höhere und mittlere Schulen des Herzogtums Braunschweig-Wolfenbüttel, der Herrschaft Dannenberg und der Grafschaft Blankenburg im Spiegel der Visitationsprotokolle des Generalschulinspektors Christoph Schrader (1650–1666), (Wolfenbütteler Forschungen 76), Wiesbaden 1997.

Ulbrich, Unartige Weiber = Ulbrich, Claudia: Unartige Weiber. In: Dülmen, Richard van, Arbeit, Frömmigkeit und Eigensinn, Frankfurt a. M. 1990, S. 13–42.

Ulbrich, Medick, Schaser, Selbstzeugnis = Ulbrich, Claudia; Medick, Hans; Schaser, Angelika: Selbstzeugnis und Person. Transkulturelle Perspektiven, Köln u. a. 2012.

Ulbricht, Mikrogeschichte = Ulbricht, Otto: Mikrogeschichte. Menschen und Konflikte in der Frühen Neuzeit, Frankfurt a. M. 2009.

Ulbricht, Supplikationen = Ulbricht, Otto: Supplikationen als Ego-Dokumente. Bittschriften von Leibeigenen aus der ersten Hälfte des 17. Jahrhunderts als Beispiel. In: Schulze, Winfried (Hrsg.): Ego-Dokumente. Annäherung an den Menschen in der Geschichte, (Selbstzeugnisse der Neuzeit, Bd. 2), Berlin 1996, 149–174.

Uppenkamp, Pentagon = Uppenkamp, Barbara: Das Pentagon von Wolfenbüttel: der Ausbau der welfischen Residenz 1568–1626 zwischen Ideal und Wirklichkeit, (Veröffentlichungen der Historischen Kommission für Niedersachen u. Bremen 229), Hannover 2005.

Vennigerholz, Geschichte der Stadt Northeim = Vennigerholz, G. J.: Beschreibung und Geschichte der Stadt Northeim in Hannover und ihrer nächsten Umgebung, Northeim 1894.

Verdenhalven, Maße und Gewicht = Verdenhalven, Fritz: Alte Meß- und Währungssysteme aus dem deutschen Sprachgebiet: was Familien- und Lokalgeschichtsforscher suchen, 2., wesentl. verm. u. völlig überarb. Aufl. d. Schr. »Alte Maße, Münzen und Gewichte aus dem deutschen Sprachgebiet«, Neustadt an der Aisch 1998.

Vierhaus, Rekonstruktion historischer Lebenswelten = Vierhaus, Rudolf: Die Rekonstruktion historischer Lebenswelten. Probleme moderner Kulturgeschichtsschreibung. In: Lehmann, Hartmut (Hrsg.): Wege zu einer neuen Kulturgeschichte, Göttingen 1995, S. 5–28.

Vogel, »Et qualis Pastor talis et auditor« = Vogel, Anna-Carolina: »Et qualis Pastor talis et auditor«. Konfliktlinine zwischen Pastor, Gemeinde und Obrigkeit am Beispiel des Seelsorger Andreas Backhaus. In: Fenske, Michaela (Hrsg.): Alltag als Politik – Politik als Alltag. Dimensionen des Politisches in Vergangenheit und Gegenwart, (Studien zur Kulturanthropologie/Europäische Ethnologie, Bd. 5), Berlin 2010, S. 487–511.

Volkmar, Reform statt Reformation = Volkmar, Christoph: Reform statt Reformation. Die Kirchenpolitik Herzog Georgs von Sachsen 1488–1522, Tübingen 2008.

Volquarts, Daten-Sammlung zu Theodor (Dietrich) Schmidt = Volquarts, Axel Rafael Francisco: Theodor (Dietrich) Schmidt: 1625–1692; Pastor prim. in Northeim; seine Vorfahren und seine Nachkommen: Schmidt, Schmidt von Leda gen. Hattenstein, von Schmidt-Phiseldeck; eine Daten-Sammlung, Hamburg 1996.

Von Boetticher, »Nordwestdeutsche Grundherrschaft« = Von Boetticher, Manfred: »Nordwestdeutsche Grundherrschaft« zwischen Frühkapitalismus und Refeudalisierung. In: Blätter für Deutsche Landesgeschichte, Bd. 22 (1986), S. 207–228.

Von Boetticher, Niedersachsen im 16. Jahrhundert = Von Boetticher, Manfred: Niedersachsen im 16. Jahrhundert. In: Ders.; van den Heuvel, Christine (Hrsg.): Geschichte Niedersachsens. Band 3, Teil 1: Politik, Wirtschaft und Gesellschaft von der Reformation bis zum Beginn des 19. Jahrhunderts, (Veröffentlichungen der Historischen Kommission für Niedersachsen u. Bremen, 36), Hannover 1998, S. 21–216.

von Greyerz, Jakubowski-Tiessen, Kaufmann, Lehmann, Interkonfessionalität = von Greyerz, Kaspar; Jakubowski-Tiessen, Manfred; Kaufmann, Thomas; Lehmann, Hartmut (Hgg.): Interkonfessionalität - Transkonfessionalität - binnenkonfessionelle Pluralität. Neue Forschungen zur Konfessionalisierungsthese, Heidelberg 2003.

von Greyerz, Selbstzeugnisse = von Greyerz, Kaspar (Hrsg.), Selbstzeugnisse in der Frühen Neuzeit. Individualisierungsweisen in interdisziplinärer Perspektive, München 2007.

Wacker, Arznei und Confect = Wacker, Gabriele: Arznei und Confect. Medikale Kultur am Wolfenbütteler Hof im 16. und 17. Jahrhundert, (Wolfenbütteler Forschungen 134), Wiesbaden 2013.

Wahl, Distanz = Wahl, Johann: Kulturelle Distanz und alltägliches Handeln. Öknomie und Predigt im Spannungsfeld von Pfarrerfamilie und Laien. In: Haag, Norbert: Holtz, Sabine; Zimmermann, Wolfgang (Hgg.): Ländliche Frömmigkeit, Konfessionskulturen und Lebenswelten 1500–1850, Stuttgart 2002, S. 43–58.

Walther, Proverbia = Walther, Hans (Hrsg.): Proverbia sententiaeque latinitatis medii aevi. Lateinische Spichwörter und Sentenzen des Mittelalters in alphabetischer Anordnung, 6 Bde., (Carmina medii aevi posterioris latina II/1–6), Göttingen 1963–1969; Proverbia sententiaeque latinitatis medii ac recentioris aevi. Lateinische Sprichwörter und Sentenzen des Mittelalters und der frühen Neuzeit in alphabetischer Anordnung, aus dem Nachlaß von Hans Walther hrsg. von Paul Gerhard Schmidt, 3 Bde., (Carmina medii aevi posterioris latina II/7–9), Göttingen 1982–1986.

Wander, Sprichwörterlexikon = Wander, Karl Friedrich: Deutsches Sprichwörterlexikon, 5 Bde., Leipzig 1867–1880, Ndr. Aalen 1963.

Wasserzeichen-Informationssystem = Wasserzeichen-Informationssystem. Online: http://www.wasserzeichen-online.de/wzis/struktur.php (Eingesehen am 07.11.2016).

Weber, Hoffmann, Engelking, Taufe = Weber, F.; Hoffmann, B.; Engelking, H.-J. (Hgg.): Von der Taufe der Sachsen zur Kirche in Niedersachsen: Geschichte der Ev.-luth. Landeskirche in Braunschweig, Braunschweig 2010.

Weichert, Gauger, 100 Jahre lutherische Geistlichkeit = Weichert, Lukas; Gauger, Maike: 100 Jahre lutherische Geistlichkeit in den welfischen Territorien. Eine prosopographische Studie. In: Jahrbuch der Gesellschaft für niedersächsische Kirchengeschichte, Bd. 112 (2004), S. 27–36.

Weide, Georg Spalatins Briefwechsel = Weide, Christine: Georg Spalatins Briefwechsel: Studien zu Überlieferung und Bestand (1505–1525), Leipzig 2014.

Weingart, Wissenschaftssoziologie = Weingart, Peter: Wissenschaftssoziologie, Bielefeld 2003.

Weismann, Handbuch zum ev. Kirchenbuch = Weismann, Eberhard: Handbuch zum evangelischen Kirchenbuch: Liederkunde, Bd. 3, Teil 1: Lied 1 bis 175, Göttingen 1970.

Weiß, Alltagskultur = Weiß, Ralph: Alltagskultur. In: Hügel, Hans-Otto (Hrsg.): Handbuch Populäre Kultur. Begriffe, Theorien und Diskussionen. Stuttgart, Weimar 2003, S. 23–32.

Wellmann, Studying Personal Communities = Wellmann, Barry: Studying Personal Communities. In: Marsden, Peter von; Nan, Lin (Hgg.): Social Structure and Network Analysis, Beverly Hills 1982, S. 61–80.

WERDER, Chronik des Adelsgeschlechts von Werder = Werder, Richard von: Chronik des niedersächsischen zur Hildesheimer Ritterschaft gehörenden Adelsgeschlechts von Werder, [Berlin 1962].

WESTPHAL, Auflösung ehelicher Beziehungen = Westphal, Siegried: Die Auflösung ehelicher Beziehungen in der Frühen Neuzeit. In: Westphal, Siegrid; Schmidt-Voges, Inken; Baumann, Anette (Hgg.): Venus und Vulcanus. Ehen und ihre Konflikte in der Frühen Neuzeit, Oldenburg 2011, S. 163–236.

WETTLAUFER, Schand- und Ehrenstrafen = Wettlaufer, Jörg: Schand- und Ehrenstrafen des Spätmittelalters und der Frühneuzeit. Erforschung der Strafformen und Strafzwecke anhand von DRW-Belegen. In: Deutsch, Andreas (Hrsg.): Das Deutsche Rechtswörterbuch – Perspektiven, im Auftrag der Heidelberger Akademie der Wissenschaften, Akademie der Wissenschaften des Landes Baden-Württemberg, Heidelberg 2010, S. 265–280.

WIESNER, Jakob Andreae = Wiesner, Johannes: Artikel: »Andreae, Jakob«. In: JARCK, Lexikon, S. 43f.

WIETHÖLTER, BOHNENKAMP, Brief = Wiethölter, Waltraud; Bohnenkamp, Anne (Hgg.): Der Brief – Ereignis & Objekt. Frankfurter Tagung, Basel, Frankfurt a. M. 2010.

WILLER, WEIGEL, JUSSEN, Erbe, Erbschaft, Vererbung = Willer, Stefan; Weigel, Sigrid; Jussen, Bernhard: Erbe, Erbschaft, Vererbung. Eine aktuelle Problemlage und ihr historischer Index. In: Willer, Stefan; Weigel, Sigrid; Jussen, Bernhard (Hgg.): Erbe. Übertragungskonzepte zwischen Natur und Kultur, Berlin 2013, S. 7–36.

WILLOWEIT, Entwicklung und Verwaltung = Willoweit, Dietmar: Die Entwicklung und Verwaltung der spätmittelalterlichen Landesherrschaft. In: Jeserich, Kurt G. A.; Pohl, Hans; Unruh, Georg-Christoph von (Hgg.): Deutsche Verwaltungsgeschichte, Bd. 1: Vom Spätmittelalter bis zum Ende des Reiches, Stuttgart 1983, S. 66–142.

WOLF, Martin Chemnitz = Wolf, Ernst: Artikel: »Chemnitz, Martin, evangelischer«. In: NDB 3 (1957), S. 201f., [Onlinefassung]; URL: http://www.deutsche-biographie.de/pnd118829157.html (Eingesehen am 02.02.2016).

WOLGAST, Reformation = Wolgast, Eike: Reform, Reformation. In: Brunner, Otto; Conze, Werner; Koselleck, Reinhart (Hgg.): Geschichtliche Grundbegriffe. Historisches Lexikon zur politisch-sozialen Sprache in Deutschland, Bd. 5, Stuttgart 1984, S. 313–360.

WOLTERS, Pastoren-Büchereien = Wolters, E.: Pastoren-Büchereien 1572. In: Jahrbuch für niedersächsische Kirchengeschichte, Bd. 42 (1937), S. 289–301.

WUNDER, Geschlechtsidentitäten = Wunder, Heide: Geschlechtsidentitäten. Frauen und Männer im späten Mittelalter und am Beginn der Neuzeit. In: Hausen, Karin; Wunder, Heide (Hgg.): Frauengeschichte – Geschlechtergeschichte, Frankfurt a. M. 1992 (Reihe Geschichte und Geschlechter, Bd. 1), S. 131–136.

WUNDER, Pfarrwitwenkassen = Wunder, Bernd: Pfarrwitwenkassen und Beamtenwitwen-Anstalten vom 16.–19. Jahrhundert. Die Entstehung der staatlichen Hinterbliebenenversorgung in Deutschland. In: Zeitschrift für Historische Forschung, Bd. 12 (1985), Heft 1, S. 427–498.

WUNDER, Er ist die Sonn', sie ist der Mond = Wunder, Heide: »Er ist die Sonn', sie ist der Mond«. Frauen in der Frühen Neuzeit, München 1992.

WÜRGLER, Bitten und Begehren = Würgler, Andreas: Bitten und begehren. Suppliken und Gravamina in der deutschsprachigen Frühneuzeitforschung. In: Nubola, Cecilia; Würgler Andreas: Bittschriften und Gravamina. Politik, Verwaltung und Justiz in

Europa (14.–18. Jahrhundert), (Schriften des Italienisch-Deutschen Historischen Instituts in Trient, Bd. 19), Berlin 2005, S. 17–52.

Würth, Pfarrwitwenkonservierung = Würth, Hannah: Pfarrwitwenkonservierung im Herzogtum Mecklenburg-Schwerin von der Reformation bis zum 20. Jahrhundert, Göttingen 2003.

Zeeden, Konfessionsbildung = Zeeden, Ernst Walter: Grundlagen und Wege der Konfessionsbildung im Zeitalter der Glaubenskämpfe. In: Historische Zeitschrift, Bd. 185 (1958), S. 249–299.

Ziegler, Braunschweig-Lüneburg = Ziegler, Walter: Braunschweig-Lüneburg, Hildesheim. In: Schindling, Anton; Ziegler, Walter (Hgg.): Die Territorien des Reichs im Zeitalter der Reformation und Konfessionalisierung. Land und Konfession 1500–1650, Bd. 3: Der Nordwesten, Münster 1991.

Zimmermann, Matrikel Helmstedt I = Zimmermann, Paul: Album Academiae Helmstadiensis, Bd. 1, Abt. 1: Studenten, Professoren etc. der Universität Helmstedt von 1574–1636: voran geht ein Verzeichnis der Schüler und Lehrer des Pädagogium Illustre in Gandersheim 1572–74, Hannover 1926.

10.4. Abbildungsverzeichnis

11. Anhang

11.1. Karten

11.1.1. Übersichtskarte des Amts Wickensen

Für die Umgrenzung des Wickensener Amts wurde von dem Ersteller der Karte Uwe Ohainski als Grundlage die »Grundkarte von Deutschland« und die »Historisch-Statistische Grundkarte des Deutschen Reiches« im Maßstab 1:100.000 gewählt.[1]

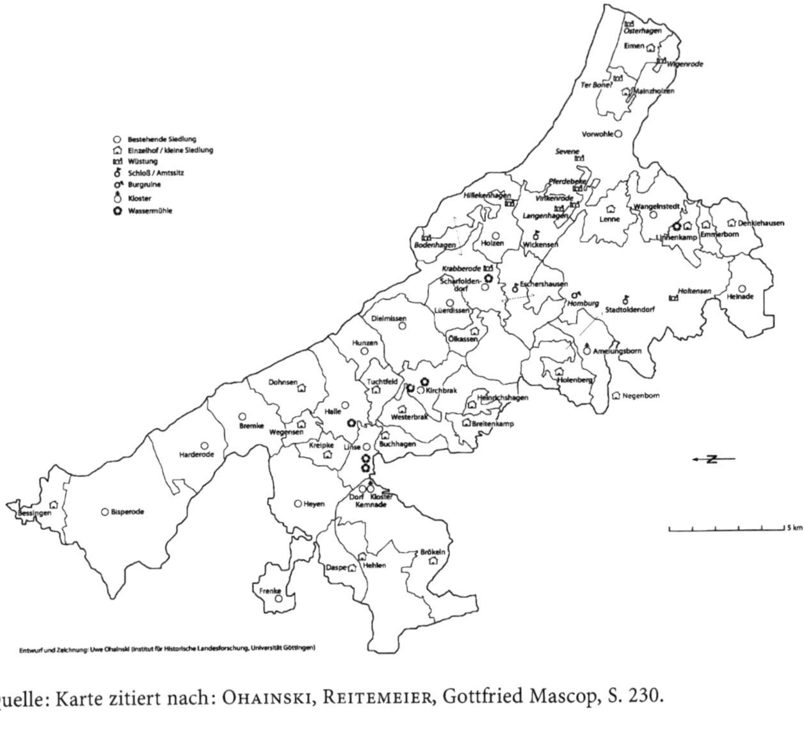

Quelle: Karte zitiert nach: Ohainski, Reitemeier, Gottfried Mascop, S. 230.

1 Aufgenommen wurden in die Umzeichnungen neben den Grenzlinien und einem stark vereinfachten Flußnetz alle bei Gottfried Mascop verzeichneten Siedlungen, Wüstungen, Burgen, Amtssitze, Wasser- und Windmühlen, Bergbau- und Hüttenanlagen mit je verschiedenen Symbolen. Die Beschriftung erfolgte mit den heutigen Namen. Nicht in die Umzeichnung eingetragen wurden Berge, Wälder, Steinbrüche, Sägewerke usw. Vgl. zu den ausführlichen Hinweisen Ohainski, Reitemeier, Gottfried Mascop, S. 163f.

11.1.2. Gottfried Mascops Karte des Amts Wickensen 1574

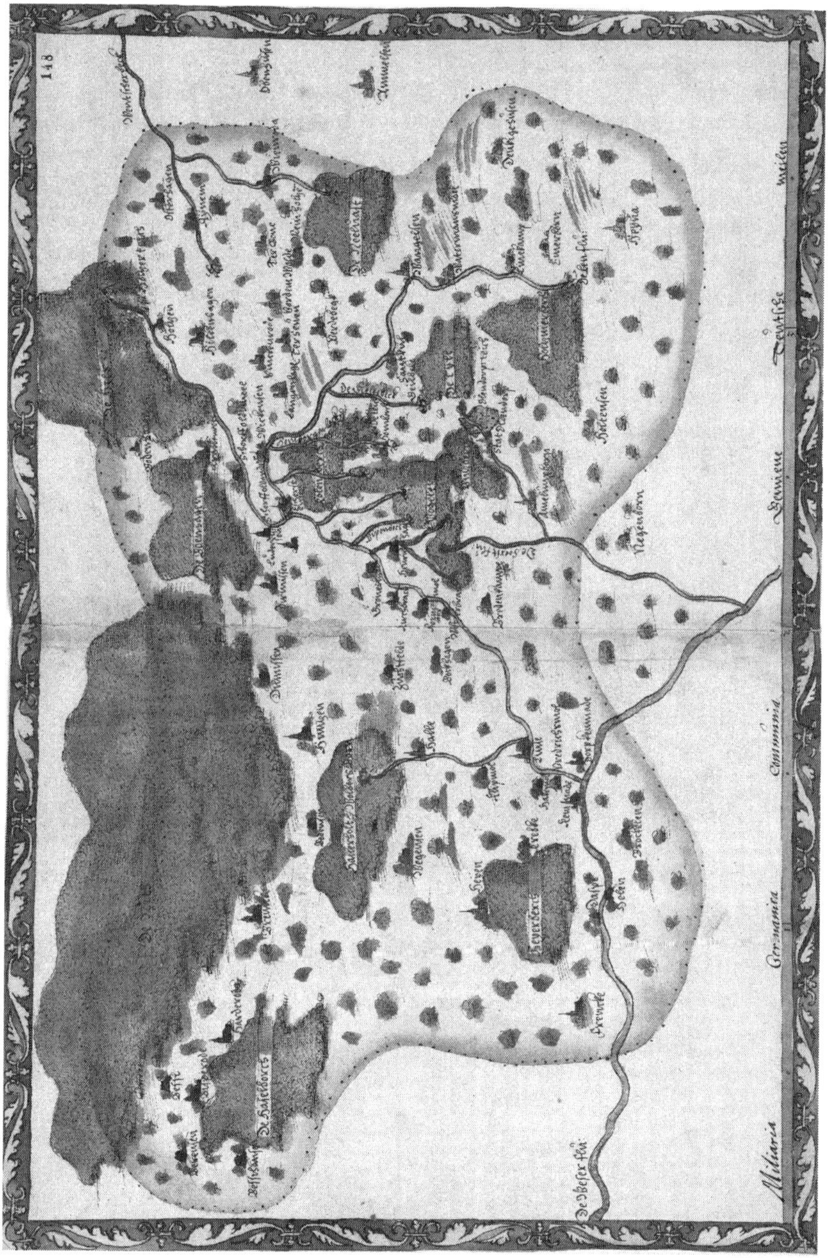

Karte zitiert nach: Ohainski, Reitemeier, Gottfried Mascop, Tafel 148 (Quelle: StadtA Hild. Bestand 950 Nr. 187, Bl. 147/148).

11.2. Die Quelle

11.2.1. Die Beschreibung der Handschriften[2]

Handschrift HS 1

Überschrift: *Kirchenregister tzu Halle und der Capellen darselbst Anno domini MDLXXX Mense Novembri*[3]

Sprache: Latein, Deutsch

Überlieferungsart: Original

Entstehungszeit: Grundtext 1569–1585, Fortführungen, Nachträge u. Ergänzungen bis 1663[4]

Beschreibstoff: Papier

Umfang: 91 gezählte Blätter

Format: 20,5 x 16 cm (Quart)

Lagenformel: 13 Lagen[5]: $3xIV^{66} + III^{14} + (V+1)^{21} + (VIII+1)^{34} + (IV\text{-}1)^{39} + (I+1)^{55} + 3xV^{87} + 2xII^{91}$

Tinte: Schwarz, rot

Liniierung: variabel, Schriftspiegel sowohl durch einzelne oder mehrfache Linien oder Spalten begrenzt, vereinzelt Querstriche zur Unterteilung einzelner Abschnitte. Ohne Liniierung: fol. 33v–34r, 53r–76v, 83v, 84r, 87v.

Zusammensetzung der Handschrift: Die Texte wurden bei der Neubindung nachträglich neu geordnet, was die willkürliche, nicht chronologische Reihenfolge und der vermutlich aus dem 19./20. Jahrhundert stammende Einband bekräftigen. Eine moderne Blattzählung, offenbar gab es keine ursprüngliche Paginierung von der Hand Jovius', nummeriert die Blätter fortlaufend in der rechten oberen Blattecke jeder beschriebenen Rectoseite. Die Blätter 46, 50, 84, 88–91 zeigen eine handschriftliche Blattzählung, während die übrigen gestempelt sind. Blatt 46 wurde doppelt gezählt, zur Un-

2 Die folgende, an einigen Punkten ausführlicher gestaltete Beschreibung der Handschriften HS 1, HS 2 und HS 3 richtet sich nach den DFG Richtlinien zur Beschreibung neuzeitlicher Buchhandschriften; vgl. DFG, Richtlinien, S. 35–41. Online: http://www.manuscripta-mediaevalia.de/hs/katalogseiten/HSKRICH_a35_jpg.htm (Eingesehen am 26.01.2017).

3 HS 1, fol. 1r. Stempel der Gemeinde mit der Umschrift: EV · LUTH · ST · PETRI · KIRCHENGEMEINDE · HALLE ·. In der Mitte des Stempels befindet sich ein Stiel mit drei Blättern.

4 Vgl. zur genaueren Unterscheidung der einzelnen Nachträge Kapitel 2.1.

5 Zur Lagenbestimmung vgl. Schneider, Paläographie/Handschriftenkunde, S. 124f. Verteilung der 13 Lagen: fol. 2r- 8v Quaternio / fol. 46r–52v Quaternio / fol. 60r–66v Quaternio / fol. 9r–14 Tertio / fol. 15r–21v Quinio (+1) / fol. 21r–34v Octavio (+1) / fol. 35r–39v Quaternio (-1) / fol. 53r–55v Unio (+1 angeklebt) / fol. 41r–45v Quinio / fol. 67r–76v Quinio / fol. 77r–87v Quinio / fol. 56r–59v Binio / fol. 88r–91v Binio.

terscheidung wurde hinter die gestempelte Zahl ein handschriftliches *a* hinzugefügt. Ab fol. 53r beginnt oben rechts auf der Rectoseite mit der Nummer 2 eine zweite neuzeitliche, handschriftliche Zählung mit Bleistift, die auf fol. 91r mit der Nummer 41 endet. Auf fol. 7v und 8r treten die handschriftlichen lateinischen Ziffern 16 und 17 hinzu, auf fol. 16r die Zahl 32.

LEERSEITEN: 1v+1 fol.[6], 2r, 5v, 14v, 20v+5 fol., 21v, 29v, 34v+3 fol., 35v, 39r+2 fol., 45r+2 fol., 46v, 46Av+1 fol. r, 47v, 52v, 64r+v+ 1 fol. r, 67v, 77v, 87v, 91v.

ENTSTEHUNGSORT: Halle

ERHALTUNGSZUSTAND: gut, Beeinträchtigungen durch Abnutzung, wenige Gebrauchsspuren, Wasserfleck, Loch und minimalen Wurmfraß (fol. 1r–2v).

WASSERZEICHEN[7]: Nr. 1: einköpfiger, bezungter Adler mit den kapitalen Initialen G und H auf der Brust[8]. Nachweis: -

Nr. 2: verziertes, vierfach geteiltes Vollwappen mit Helm und einem Pferd vor einer Säule als Helmzier. In allen 4 Feldern Löwen und unter dem Schild die kapitalen Initialen A und B in Ligatur[9]. Nachweis: Braunschweig (1588)[10].

Nr. 3: Kreis mit den Initialen HH in Ligatur und Löwen als Kreishalter, darüber wachsend Fortuna mit geflügelten Füßen[11]. Nachweis: ohne geflügelte Füße in Goslar (1586), zwei Mal in Deutschland (1586)[12], u. a. findet sich dieses Wasserzeichen auf dem Papier der Hofordnung des Herzogs Julius von 1587[13].

Handschrift HS 2

ÜBERSCHRIFT: 1. Konzeptbuch des Superintendenten Jacob Jovius

SPRACHE: Latein (41,49 %), Deutsch (58,50 %[14]), einzelne Zitate[15] und Wörter in Griechisch[16]

6 Diese Angabe bezieht sich auf die Anzahl der unfoliierten Blätter.

7 Die Wasserzeichen werden auf Grund ihrer Überschneidungen in den Handschriften HS 1–3 fortlaufend nummeriert.

8 Siehe u. a. HS 1, fol. 22, 28, 34.

9 Siehe u. a. HS 1, fol. 14, 20.

10 Vgl. BRIQUET, Les Filigrans, Nr. BR 1985, http://www.ksbm.oeaw.ac.at/_scripts/php/loadRepWmarkImgPDF.php?rep=BR&refnr=1985&lang=de, (Eingesehen am 26.01.2016).

11 Siehe u. a. HS 1, fol. 17, 83, 84, 87.

12 Vgl. WASSERZEICHEN-INFORMATIONSSYSTEM http://www.wasserzeichen-online.de/wzis/struktur.php (Eingesehen am 26.01.2016). Figur 1: https://www.wasserzeichen-online.de/wzis/?ref=DE8370-PO-21453 (Goslar 1587); Figur 2: https://www.wasserzeichen-online.de/wzis/?ref=DE0960-Mm249_249 (Deutschland 1586); Figur 3: https://www.wasserzeichen-online.de/wzis/?ref=DE0960-Mm249_260 (Deutschland 1586), (Eingesehen am 07.11.2016).

13 NLAH Cal. Br. 22 Nr. 1038, fol. 2; REITEMEIER, Hofordnung, S. 106.

14 Insgesamt 482 Schriftstücke, davon sind 200 in lateinischer und 282 in deutscher Sprache.

15 Siehe u. a. HS 2, fol. 15v, 62v, 89r.

Überlieferungsart: Original

Entstehungszeit: 1569–1581

Beschreibstoff: Papier, der Handschrift vorangestellt eine ehemalige Einbandmakulatur aus Pergament, die von dem Superintendenten Jovius mit Notizen für eine Predigt beschrieben wurde.

Umfang: 372 Blätter

Format: 32,5 x 20 cm (Folio)

Lagenformel: Die Lagenzählung wird bei HS 2 durch eine straffe Neubindung und die damit einhergehende Beschneidung der Seiten, eine sehr starke und dicke Leimschicht, neu eingelegte oder entfernte Seiten, viele Gebrauchsspuren und ausgefranste sowie beschnittene Ecken unmöglich gemacht.

Tinte: Schwarz, rot

Liniierung: Der Schriftspiegel ist nur auf einzelnen Seiten links und rechts mit Linien in variierendem Abstand begrenzt. Auf den fol. 92r–94r und 229r ist der Schriftraum in zwei Spalten geteilt. Jeweils zwei kleine Spalten auf der linken und rechten Blattseite lassen sich auf fol. 229v und 362v finden.

Zusammensetzung der Handschrift: Die Texte wurden bei der Neubindung nachträglich neu geordnet, was die nicht stringent chronologische Reihenfolge, die thematisch passenden Einheftungen von an Jacob Jovius adressierte, originale Schreiben, die Restaurierungen der Blätter 1–6 und der vermutlich aus dem 19./20. Jahrhundert stammende Einband bekräftigen. Eine moderne Kugelschreiber-Zählung, offenbar gab es keine ursprüngliche Paginierung von der Hand Jovius', nummeriert in der rechten oberen Blattecke die Blätter fortlaufend, unter Auslassung der Nummern 279 und 299.

Leerseiten: 1r, 20r–21v, 48v, 109r, 116r, 116v, 128r–129r, 146r, 150r–151v, 182v, 186v, 195v, 217r–219v, 230v, 257v, 282v, 318v, 363v, 371v

Entstehungsort: Halle

Erhaltungszustand: gut, Beeinträchtigungen durch Abnutzung, starke Gebrauchsspuren, Wasserschäden am Rand (fol. 86r–97v, 120v–149r), minimalen Wurmfraß (fol. 138r–147r, 372r) und Textverlust durch nachträglichen Beschnitt.

Wasserzeichen: Nr. 4: identisch mit dem Wasserzeichen Nr. 2 (HS 1), verziertes, vierfach geteiltes Vollwappen mit Helm und einem Pferd vor einer Säule als Helmzier. In allen 4 Feldern Löwen und unter dem Schild die kapitalen Initialen A und B in Ligatur[17]. Nachweis: Braunschweig (1588)[18].

Nr. 5: fast identisch mit dem Wasserzeichen Nr. 4 (HS 2) und Nr. 2 (HS 1),

16 Siehe u. a. HS 2, fol. 9r, 15r, 18v, 37r, 63v, 71v, 78v, 84v, 86r, 111r, 149r, 155v, 184r, 222v, 224r, 250r, 275r, 300r, 312v, 328r.

17 Siehe u. a. HS 2, fol. 322, 349, 353, 362, 363.

18 Vgl. Briquet, Les Filigrans, Nr. BR 1985, http://www.ksbm.oeaw.ac.at/_scripts/php/loadRepWmarkImgPDF.php?rep=BR&refnr=1985&lang=de, (Eingesehen am 26.01.2016).

hier aber ohne Buchstaben[19]. Nachweis: Hoya (1575)[20], u. a. fand dieses Papier Verwendung für die Hofordnung des Herzogs Julius von 1587[21].
Nr. 6: identisch mit dem Wasserzeichen Nr. 3 (HS 1), ein Kreis mit den Initialen HH in Ligatur und Löwen als Kreishalter, darüber erwächst Fortuna mit geflügelten Füßen[22]. Nachweis: ohne geflügelte Füße in Goslar (1586), zwei Mal in Deutschland (1586)[23]. Das Papier mit diesem Wasserzeichen und den geflügelten Füßen wurde 1587 ebenfalls für die Hofordnung des Herzogs Julius'[24] verwendet.
Nr. 7: einköpfiger Adler mit dem kapitalen Buchstaben G auf der Brust, darunter ein Spruchband mit der Inschrift *langeisem*[25]. Nachweis: Braunschweig (1571, 1574)[26].
Nr. 8: geteilter Wappenschild, in der Mitte gekreuzte Schwerter, darüber die kapitalen Initialen G und S[27]. Nachweis: Sachsen (1571)[28], Hofheim (1570)[29].
Nr. 9: Schild mit schrägliegendem Pfeil mit der Spitze nach rechts, oben links im Schild die kapitalen Buchstaben HE in Ligatur[30]. Nachweis: Braunschweig (1578)[31].
Nr. 10: schreitender, bezungter Bär mit Halsband und einem Horn über dem Rücken[32]. Nachweis: Braunschweig (1588)[33].

19 Siehe u. a. HS 2, fol. 249, 251.
20 Vgl. Briquet, Les Filigrans, Nr. BR 1983, http://www.ksbm.oeaw.ac.at/_scripts/php/loadRepWmarkImgPDF.php?rep=BR&refnr=1983&lang=de, (Eingesehen am 26.01.2016).
21 NLAH Cal. Br. 22 Nr. 1038, fol. 2; Reitemeier, Hofordnung, S. 106.
22 Siehe u. a. HS 2, fol. 115.
23 Vgl. Wasserzeichen-Informationssystem, Figur 1: http://www.wasserzeichen-online.de/wzis/?ref=DE8370-PO-21453 (Goslar 1596); Figur 2: http://www.wasserzeichen-online.de/wzis/?ref=DE0960-Mm249_249 (Deutschland 1586); Figur 3: http://www.wasserzeichen-online.de/wzis/?ref=DE0960-Mm249_260 (Deutschland 1586), (Eingesehen am 07.11.2016).
24 Vgl. NLAH Cal. Br. 22 Nr. 1038, fol. 2; Reitemeier, Hofordnung, S. 106.
25 Siehe u. a. HS 2, fol. 171, 218, 282, 310, 370.
26 Vgl. Briquet, Les Filigranes, Nr. BR 165, http://www.ksbm.oeaw.ac.at/_scripts/php/loadRepWmarkImgPDF.php?rep=BR&refnr=165&lang=de, (Eingesehen am 26.01.2016); Nr. BR 166, http://www.ksbm.oeaw.ac.at/_scripts/php/loadRepWmarkImgPDF.php?rep=BR&refnr=166&lang=de, (Eingesehen am 26.01.2016).
27 Siehe u. a. HS 2, fol. 7, 9–14, 18–21, 26, 28, 30, 48, 50, 55, 61.
28 Vgl. Briquet, Les Filigrans, Nr. BR 1408, http://www.ksbm.oeaw.ac.at/_scripts/php/loadRepWmarkImgPDF.php?rep=BR&refnr=1408&lang=de, (Eingesehen am 26.01.2016).
29 Vgl. Wasserzeichen-Informationssystem, http://www.wasserzeichen-online.de/wzis/?ref=DE8085-PO-123236 (1570, Hofheim (nicht näher bezeichnet)), (Eingesehen am 07.11.2016).
30 Siehe u. a. HS 2, fol. 367.
31 Vgl. Briquet, Les Filigranes, Nr. BR 1497, http://www.ksbm.oeaw.ac.at/_scripts/php/loadRepWmarkImgPDF.php?rep=BR&refnr=1497&lang=de, (Eingesehen am 26.01.2016)].
32 Siehe u. a. HS 2, fol. 183.
33 Sowohl bei Briquet (http://www.ksbm.oeaw.ac.at/_scripts/php/loadWmIcons.php?rep=briquet&IDsubtypes=1018&lang=de, [Eingesehen am 07.11.20166]), als auch beim Wasserzeichen-Informationssystem sind zahlreiche Einträge zu diesem Zeichen vorhanden.

Nr. 11: bezungter Doppeladler mit zweikonturigen Fängen und Haube[34]. Nachweis: Berlin (1561)[35].
Nr. 12: bezungter Doppeladler mit zweikonturigen Fängen und Krone[36] Nachweis: mit dem Buchstaben G auf der Brust für Hannover (1564)[37], mit dem Buchstaben W auf der Brust für Hessen (1568)[38].

Handschrift HS 3

ÜBERSCHRIFT: 2. Konzeptbuch des Superintendenten Jacob Jovius

SPRACHE: Latein (30,64 %), Deutsch (69,35 %[39]), einzelne Zitate[40] und Wörter in Griechisch[41]

ÜBERLIEFERUNGSART: Original

DATIERUNG: 1581–1585 (Jovius), Fortsetzungen von den Amtsnachfolgern Johannes Corvinus[42] (1585–1601) und Tilemann Lensius[43] (1601–1612)[44]

BESCHREIBSTOFF: Papier

UMFANG: 324 Blätter

FORMAT: 32,5 x 20 cm (Folio)

LAGENFORMEL: Die Lagenzählung wird bei HS 2 durch eine straffe Neubindung und die damit einhergehende Beschneidung der Seiten, eine sehr starke und dicke Leimschicht, neu eingelegte oder entfernte Seiten, viele Gebrauchsspuren und ausgefranste sowie beschnittene Ecken unmöglich gemacht.

TINTE: Schwarz, Rot

LINIIERUNG: Der Schriftraum wird bei der Hälfte der Blätter links und rechts mit Linien in stark variierendem Abstand begrenzt, die andere Hälfte zeigt keine Liniierung.

Das Wasserzeichen mit der größten Übereinstimmung dokumentiert das WASSERZEICHEN-INFORMATIONSSYSTEM, http://www.wasserzeichen-online.de/wzis/?ref=DE1335-PO-85035 (1558, Braunschweig), (Eingesehen am 07.11.2016).

34 Siehe u. a. HS 2, fol. 120, 126, 128, 141.

35 Vgl. BRIQUET, Les Filigranes, Nr. BR 235, http://www.ksbm.oeaw.ac.at/_scripts/php/loadRepWmarkImgPDF.php?rep=BR&refnr=235&lang=de, (Eingesehen am 19.01.2016).

36 Siehe u. a. HS 2, fol. 87, 91, 93, 94, 96–97.

37 Vgl. BRIQUET, Les Filigranes, Nr. BR 270, http://www.ksbm.oeaw.ac.at/_scripts/php/loadRepWmarkImgPDF.php?rep=BR&refnr=270&lang=de, (Eingesehen am 19.01.2016).

38 Vgl. WASSERZEICHEN-INFORMATIONSSYSTEM, http://www.wasserzeichen-online.de/wzis/?ref=DE9150-PO-29875 (1568, Hessen), (Eingesehen am 07.11.2016).

39 Insgesamt 186 Schreiben, davon sind 57 in lateinischer und 129 in deutscher Sprache.

40 Siehe u. a. HS 3, fol. 2r-v, 123v.

41 Siehe u. a. HS 3, fol. 5r, 38r, 55v, 64r, 90v, 95v, 124r, 125v.

42 Vgl. zu Johannes Corvinus Kapitel 5.1.3.2.

43 Vgl. zu Tilemann Lensius FREIST, SEEBAẞ, Pastoren, Bd. 1, S. 101; Bd. 2, S. 180; MEYER, Pastoren, Bd. 1, S. 462; DI 83 (Landkreis Holzminden), Nr. 218 (Jörg Lampe und Maike Willing).

44 Vgl. zur Fortführungen Kapitel 2.1.

Zusammensetzung der Handschrift: Die Texte wurden bei der Neubindung nachträglich neu geordnet, was die nicht stringent chronologische Reihenfolge, die thematisch passenden Einheftungen von an Jacob Jovius adressierte, originale Schreiben, die Restaurierungen der Blätter 2–6 und der vermutlich aus dem 19./20. Jahrhundert stammende Einband belegen. Eine moderne Kugelschreiber-Zählung, offenbar gab es keine ursprüngliche Paginierung von der Hand Jovius', nummeriert in der rechten oberen Blattecke die Blätter fortlaufend. Den Ziffern der Versoseiten wurde nachträglich ein *a* hinzugefügt.

Leerseiten: 1v, 20v, 44v, 58v, 79v, 87v, 120v–121v, 128r, 143v, 210v, 215v, 218v–219v, 227v–228v, 233r, 249r, 249v, 251r–259r, 264v, 300v, 324v

Entstehungsort: Halle

Erhaltungszustand: gut, Beeinträchtigungen durch Abnutzung, starke Gebrauchsspuren, minimalen Tierfraß am Rand (fol. 1r–22v) und Wurmfraß (fol. 372).

Wasserzeichen: Nr. 13: identisch mit dem Wasserzeichen Nr. 7 (HS 2), einköpfiger Adler mit dem kapitalen Buchstaben G auf der Brust, darunter ein Spruchband mit der Inschrift *langeisem*[45]. Nachweis: Braunschweig (1571, 1574)[46].

11.2.2. Die Schreiberhand des Superintendenten Jacob Jovius

Zunächst wird die dominierende *Schreiberhand des Superintendenten Jacob Jovius* in den Handschriften HS 1, HS 2 und HS 3 genauer analysiert, um später eine Scheidung der Schreiberhände vorzunehmen.

Für die Nennung der Empfänger und ihrer entsprechenden Titulaturen über dem jeweiligen Text und für Hervorhebungen verwendet Jovius eine Auszeichnungsschrift, die unregelmäßig sowohl in Kanzlei[47], Fraktur, Renaissance-Kapitalis[48] als auch in einer Mischform aus diesen Schriftarten verfasst wurde.

45 Siehe u.a. HS 3, fol. 14, 34, 114.

46 Vgl. Briquet, Les Filigranes, Nr. BR 165, http://www.ksbm.oeaw.ac.at/_scripts/php/loadRepWmarkImgPDF.php?rep=BR&refnr=165&lang=de, (Eingesehen am 26.01.2016); Nr. BR 166, http://www.ksbm.oeaw.ac.at/_scripts/php/loadRepWmarkImgPDF.php?rep=BR&refnr=166&lang=de, (Eingesehen am 26.01.2016).

47 Siehe u.a. HS 2, fol. 65r, 81v, 88v, 89v, 98r, 123v, 127r, 152r, 160v, 172r, 265v–266v, 282r, 286r-v, 287v. HS 3, fol. 8r, 15v, 25r, 27v, 30r-v, 38v, 84v, 94v, 264r, 265r.

48 Siehe u.a. HS 2, fol. 23r, 68v, 71v, 193r.

Deutsche Kurrent bzw. Kursive

Jovius verwendet für seine deutschsprachigen Texte eine gerade Kurrent bzw. deutsche Kursive. Seine Schrift ist im Mittelband zentriert, flüssig und zeichnet sich durch eine leichte Linksneigung, kursive Schriftgestaltung, Schaftverbindungen, ausgeprägte Schleifenverwendung, längere Ober- und Unterlängen und aufrechte Buchstaben aus. Gelegentlich neigen seine Buchstaben mit Ober- bzw. Unterlänge zur Gegenläufigkeit, besonders Schaft-*s*, *h* und *f*. Neben Versalien und den aus der spätgotischen Kursive entwickelten Ligaturen verwendet er auch Anstriche an *b*, *l*, *r*, *d* und *z* sowie Anstriche oder *s*-förmige teilweise ausladende Anschwünge bei *v* und *w*. Zur Unterscheidung versieht er *u* durchgehend mit diakritischem Zeichen, benutzt regelmäßig *i*-Punkte und Satzzeichen, wobei ein Punkt oder ein großer Abstand das Satzende markieren.[49] Die Abbreviaturen folgen den im lateinischen Schriftsystem üblichen Abkürzungen. Jovius verwendet bei den Majuskeln der deutschen Kursive bzw. Kurrent kapitale Buchstaben, Versalien oder unziale Buchstabenformen. Besonders häufig sind unziale *H* oder *D* am Anfang eines Textes oder eines Absatzes zu sehen, während bei den Titulaturen der Anfangsbuchstabe *E* häufig als Versal gestaltet wird. Hervorzuheben ist noch das *S*, das er sowohl als kapitales *S* als auch als vergrößertes kursives *s* benutzt, wobei dort der obere, mit einem Anstrich versehene Bogen verkürzt ist und der zweite Bogen über den oberen Bogen hinausführt.

Die Analyse der Minuskel-Buchstaben[50] beschränkt sich auf folgende: *e*, *g*, *h*, *r*, *s*.

e = wird aus dem Schaft heraus verschleift und erhält die Form eines »Knospen-*e*«. Daneben die Form des *e* mit zwei Schäften, wobei der zweite *e*-Schaft lediglich als oberer Halbschaft bis auf halbe Höhe ausgeführt wird. Von dort wird über einen Schrägschaft eine kursive Verbindung zum nächsten Buchstaben hergestellt.[51]

g = Verwendung finden sowohl das runde *g*, als auch das *g* mit geschlossenem, oberen Bogen, Schaft und nach links gewendetem, unteren Bogen, der teilweise bis zum oberen Bogen zurückgeführt wird. Außerdem das gammaförmige *g*, das mit einem linken Anstrich beginnt, in einem Zug ausgeführt wird und sich rechts mit dem folgenden Buchstaben über einen rechten Schrägschaft verbindet.[52]

49 Vgl. Tacenko, Geschichte der deutschen Kursive, S. 357–362, 376ff.; Beck, Beck, Lateinische Schrift, S. 72ff., Abb. 131–146.

50 Die Beschreibung der Buchstaben folgt: Tacenko, Geschichte der deutschen Kursive, S. 362–371; Deutsche Inschriften, Terminologie.

51 Siehe z.B. HS 3, fol. 271r [Reg.-Nr. 664], Z. 20: *diesen zweien der eine.*

52 Siehe z.B. HS 2, fol. 99r [Reg.-Nr. 146], Z. 1: *e. a. g. von wegen.*

h = *h* hat sowohl nur Schaft und Bogen als auch Schlingen an Ober- und Unterlänge, wobei der Bogen bei der Schlingen-Form zu Gunsten des kursiven Schreibens aufgegeben wird. Bei der *ch*–Ligatur verbindet sich der obere Teil des *c*-Bogens direkt mit dem *h.*[53]

r = Jovius benutzt das Schaft-*r*, das aus einem mit einem Anstrich versehenen Schaft und einer Fahne besteht. Zudem gebraucht er das *r* mit Schaftspaltung: beginnend mit einem Anstrich am linken Schaft wird die Verbindung zum rechten Schaft durch einen gebogenen Balken hergestellt.

s = Als Schluss-*s* setzt Jovius das auf der Grundlinie stehende kursive *s* ein, das sowohl in der Form eines oben offenen Bogens als auch mit zwei geschlossen Bögen (»brezelförmig«) auftritt. Das Schaft-*s* hat eine ausgezogene Unterlänge und vereinzelt an der Mitte des Schafts einen Anstrich.[54] In der *sch*-Ligatur geht das *c* in der Fahne des Schaft-*s* auf und stellt eine direkte Verbindung zum *h* her. Die *ss*-Ligatur wird in der Form des doppelten Schaft-*s* ausgeführt, wobei teilweise das zweite *s* eine Schlinge erhält. Neben der *ss*-Ligatur benutzt Jovius eine besondere Form des Doppel-*s*, das erste *s* ist ein Schaft-*s* während das zweite ein kursives Schluss-*s* ist. Bei der gelegentlich gedehnten *st*- Ligatur wird die Fahne des Schaft-*s* weiter runtergezogen und geht somit direkt in das *t* ohne Querbalken über.

Die von Jovius verwendeten Schriftformen sind zeittypisch. So datiert beispielsweise die erste Verwendung des gammaförmigen *g* in der deutschen Kurrent bzw. Kursive auf die Mitte des 16. Jahrhunderts[55]. Ebenso ist der nicht nur im Wortinneren auftauchende Anstrich an der Mitte des Schaft-*s* der deutschen Kurrent bzw. Kursive ein generelles Charakteristikum der 1540er Jahre[56]. Diese beiden Merkmale stimmen mit dem Zeitraum überein, in dem Jovius' Schreibunterricht in der Schule stattgefunden haben muss.

Humanistische Kursive

Im Gegensatz zu seinen deutschen Texten verwendet Jovius für seine lateinischen Texte die humanistische Kursive[57], die sich bei ihm durch vereinzelte Buchstabenverbindungen von *m*, *n* und *i*, trotz leichter Linksneigung der Buchstaben, auszeichnet. Weiterhin wird sie durch teilweise kleine Umbiegungen an den kurz gehaltenen Unterlängen von *f*- und Schaft-*s*, durch Anstriche an den Schäften der Buchstaben *b*, *d*, *h*, *k* und *l*, ohne Schleifen an den kurzen

53 Siehe z.B. HS 2, fol. 270r [Reg.-Nr. 350], Z. 4: *etzliche*, Z. 5: *orth gewachsen.*
54 Siehe z.B. HS 2, fol. 261r [Reg.-Nr. 342], Z. 3: *diese sachen*, Z. 4: *besten.*
55 Vgl. Beck, Schrift, S. 212.
56 Vgl. Beck, Beck, Lateinische Schrift, S. 74; Beck, Schrift, S. 202f.
57 Die Beschreibung der Buchstaben folgt: Beck, Beck, Lateinische Schrift, S. 71ff.; Beck, Schrift, S. 206ff.

Oberlängen, charakterisiert. Seine humanistische Kursive zeichnet sich durch das einstöckige *a*, Kapitalis-Großbuchstaben, runde *s* am Wortanfang, keine *st*-Ligaturen und einen gedehnten Abstand zwischen den einzelnen im Mittelband zentrierten Buchstaben aus.[58]

Die Untersuchung der Buchstaben beschränkt sich auf folgende Minuskel-Buchstaben: *e*, *g*, *h*, *r*, *s*.

e = Jovius benutzt, wie in der deutschen Kursive bzw. Kurrent, das »Knospen-*e*«, das aus dem Schaft heraus verschleift wird und die Form des *e* mit zwei Schäften[59].

g = neben dem runden *g*, ohne oben rechts ansetzenden Haken, überwiegt das *g* mit oberem Bogen, Schaft und unterem, nach links gewendetem, geschlossenen Bogen, der vereinzelt fortgeführt die Verbindung zum nächsten Buchstaben herstellt.[60]

h = *h* besteht nur aus einem mit einem Anstrich versehenen Schaft und Bogen, im Gegensatz zur deutschen Kursive ohne verschleifte Ober- oder Unterlänge oder geschlossene Bögen.[61]

r = wie in der deutschen Kursive benutzt Jovius die Form des Schaft-*r* und des *r* mit Schaftspaltung.[62]

s = Jovius benutzt in seinen lateinischen Texten die Form des runden *s* und des Schaft-*s*, ohne Schleifen an den Ober- oder Unterlängen.[63]

Jovius verwendet für die Nennung der Empfänger und ihrer entsprechenden Titulaturen über dem jeweiligen Text und für Hervorhebungen eine Auszeichnungsschrift, die unregelmäßig sowohl in Kanzlei[64], Fraktur, Renaissance-Kapitalis[65] als auch in einer Mischform aus diesen Schriftarten verfasst wurde.

58 Vgl. Beck, Schrift, S. 206f.
59 Siehe u.a. HS 2, fol. 271r [Reg.-Nr. 664].
60 Siehe z.B. HS 2, fol. 102r [Reg.-Nr. 150], Z. 7: *significant*, fol. 122r, Z. 5: *gratus*.
61 Siehe z.B. HS 2, fol. 113v [Reg.-Nr. 168], Z. 12: *hinc*.
62 Siehe z.B. HS 2, fol. 102r [Reg.-Nr. 150], Z. 4: *Reverendi*, Z. 6: *viris*.
63 Siehe z.B. HS 2, fol. 102r [Reg.-Nr. 150], Z. 6: *viris*, Z. 7: *significant*.
64 Siehe u.a. HS 2, fol. 65r, 81v, 88v, 89v, 98r, 123v, 127r, 152r, 160v, 172r, 265v–266v, 282r, 286r-v, 287v. HS 3, fol. 8r, 15v, 25r, 27v, 30r-v, 38v, 84v, 94v, 264r, 265r.
65 Siehe u.a. HS 2, fol. 23r, 68v, 71v, 193r.

11.2.3. Abbildung einiger Konzepte aus den Konzeptbüchern

Bild 1

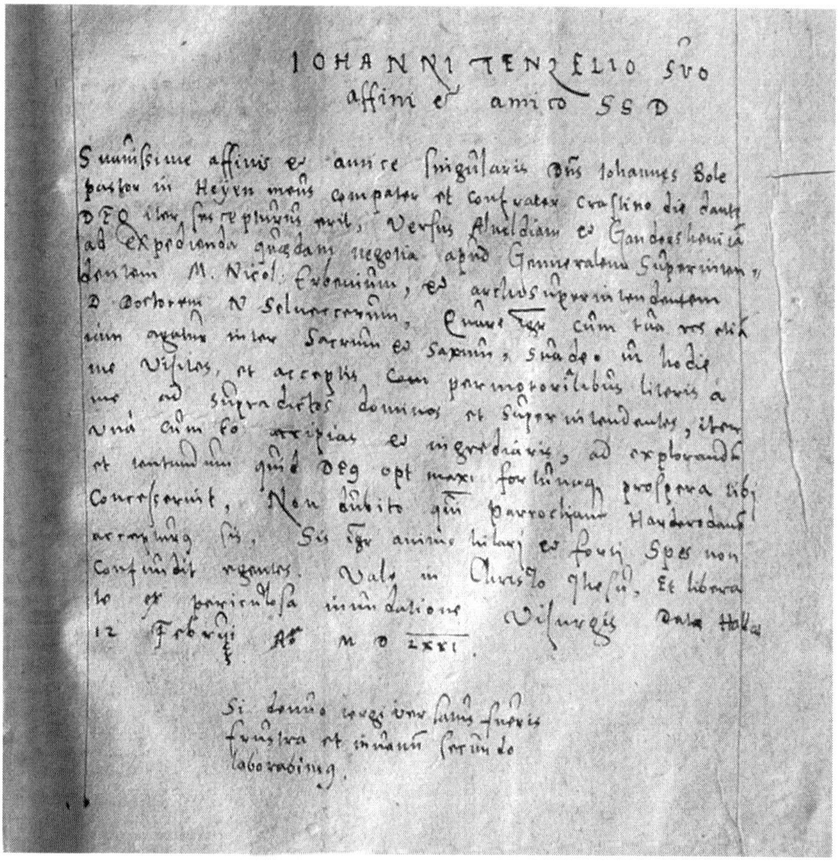

IOHANNI TENZELIO SVO
affini et amico SSD

Quelle: © Kirchenkreis Holzminden-Bodenwerder, HS 2, fol. 6r [Reg.-Nr. 10], Foto: Julia Zech.

Bild 2

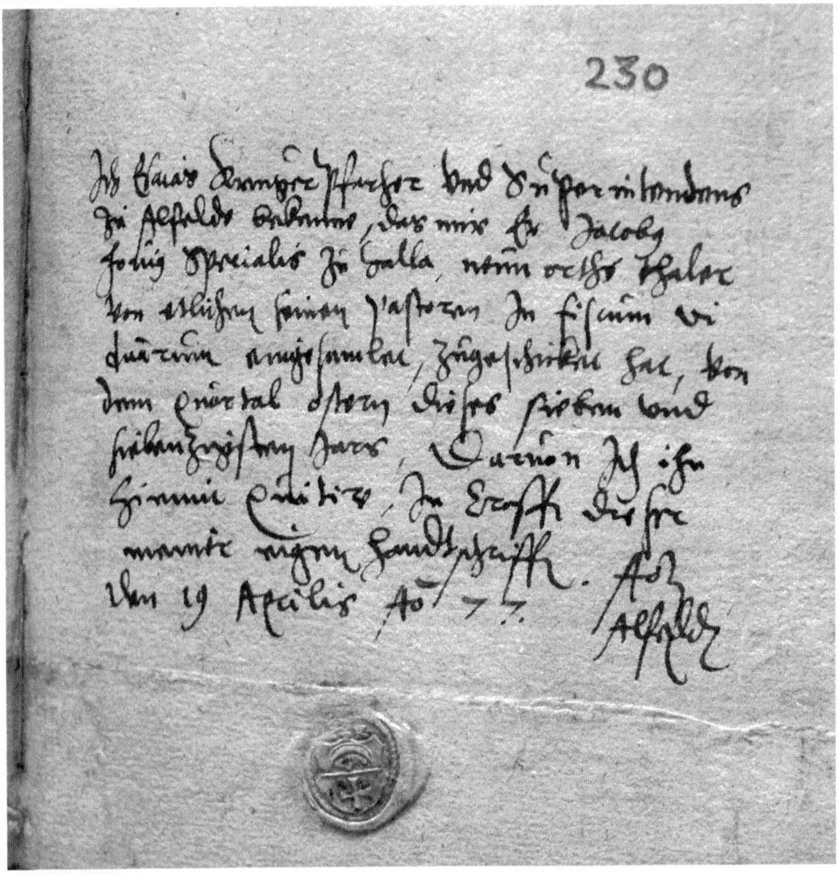
230

Ich Elias [illegible] Pfarher vnd Superintendens zu Alfeldt bekenne, das mir Er Jacoby [illegible] Specialis zu Halla, neun ortho thaler von etlichen seinen Pastoren In fiscum vi duarum angesamlet, zugeschickt hat, von dem quartal ostern dieses sieben vnd siebenzigsten Jars, Darvon Ich ihm hiermit quitire, In Craft dieser meiner eigen handschrifft. Den 19 Aprilis Ao 77. Zu Alfeldt

Quelle: © Kirchenkreis Holzminden-Bodenwerder, HS 2, fol. 230 [Reg.-Nr. 292], Foto: Julia Zech.

Bild 3

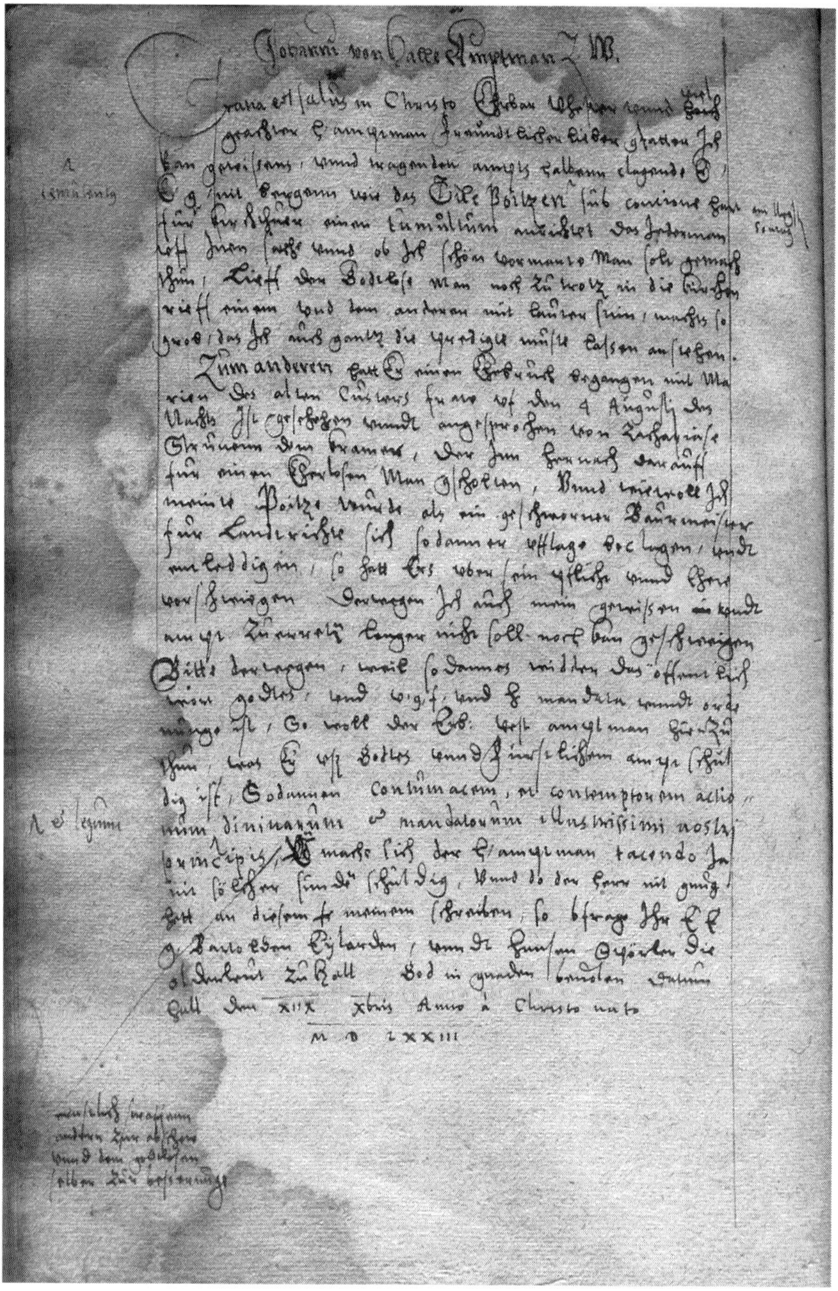

Quelle: © Kirchenkreis Holzminden-Bodenwerder, HS 2, fol. 86v [Reg.-Nr. 128], Foto: Julia Zech.

Bild 4

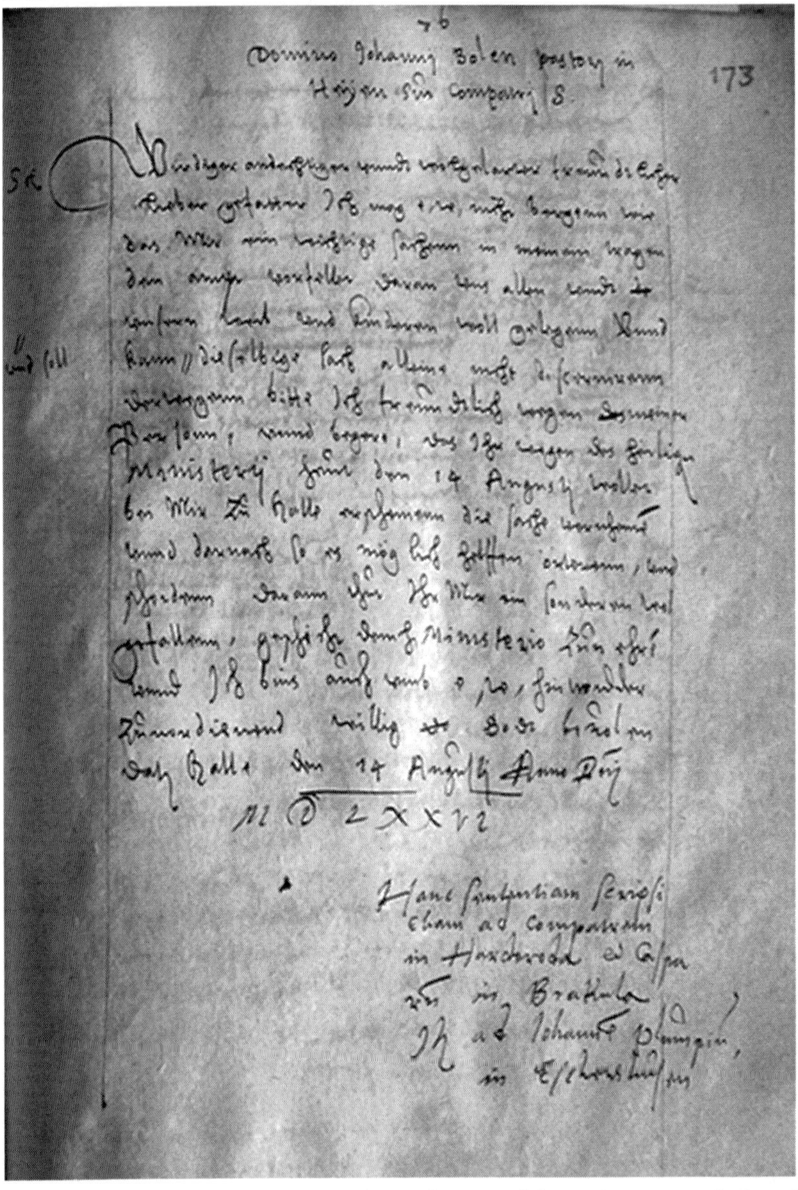

Quelle: © Kirchenkreis Holzminden-Bodenwerder, HS 2, fol. 173r [Reg.-Nr. 240], Foto: Julia Zech.

Bild 5

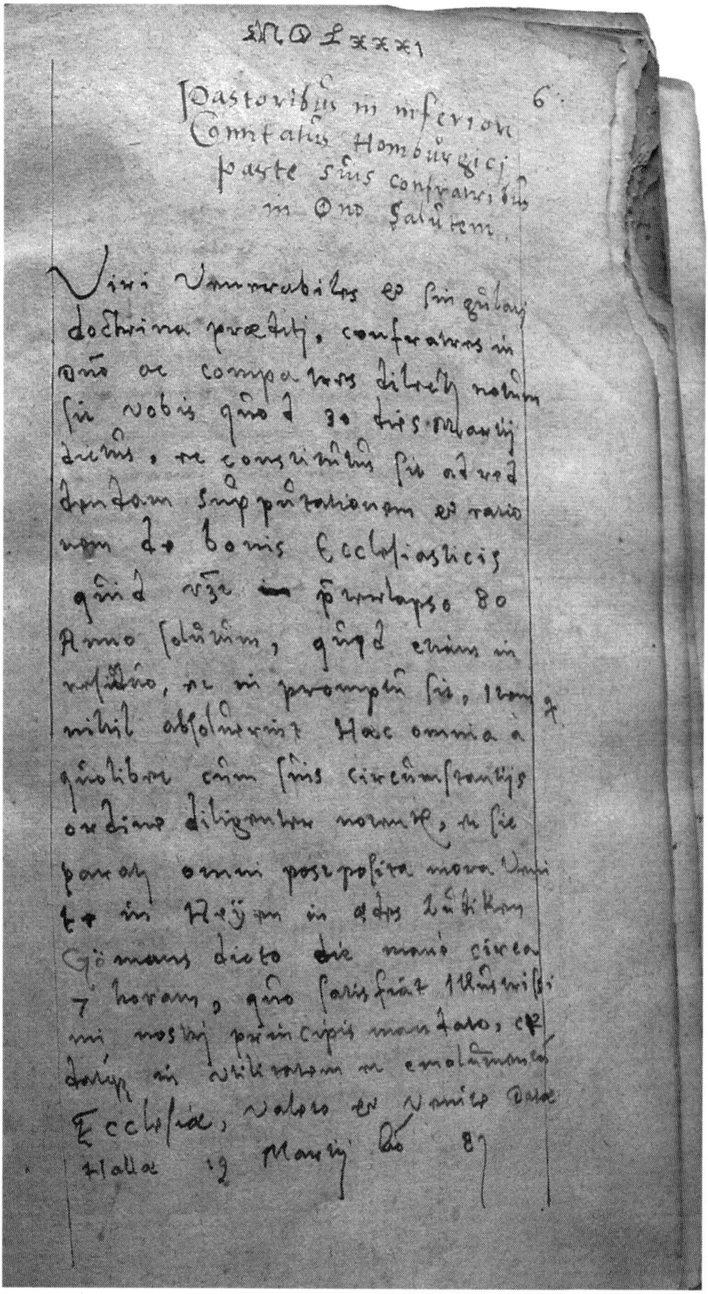

MDLXXXI

Pastoribus in inferiori Comitatus Homburgici parte suis confratribus in Dno Salutem. 6

Viri venerabiles et singulari doctrina praediti, confratres in Dno ac compatres dilecti, notum sit vobis quod 30 dies Martii dictus, ac constitutus sit ad reddendam supputationem et rationem de bonis Ecclesiasticis quid usque praelapso 80 Anno solutum, quid etiam in residuo, ac in promptu sit, item nihil absolverint. Haec omnia a quolibet cum suis circumstantiis ordine diligenter notate, et sic parati omni postposita mora venite in Heyen in aedes Lütken Gömans dicto die mane circa 7 horam, quo satisfiat Illustrissimi nostri principis mandato, et detur in utilitatem ac emolumentum Ecclesiae, valete et venite. Datae Hallae 19 Martii Ao 81

Quelle: © Kirchenkreis Holzminden-Bodenwerder, HS 3, fol. 6r [Reg.-Nr. 490], Foto: Julia Zech.

Bild 6

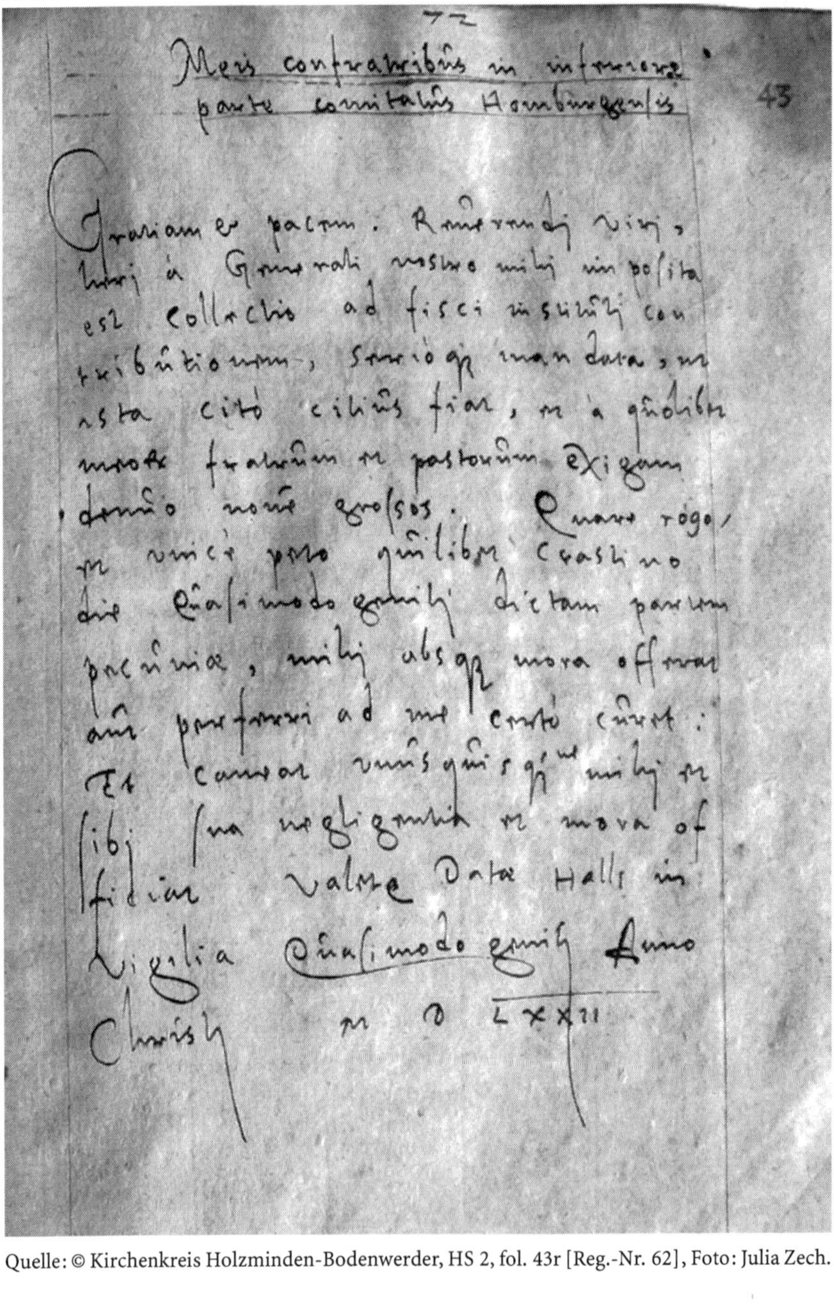
72

Meis confratribus in inferiore parte comitatus Homburgensis 43

Gratiam et pacem. Reverendi viri, [illegible] a Generali nostro mihi imposita est collectio ad fisci instituti contributionum, [illegible] mandata, ut ista cito citius fiat, ut a quolibet [illegible] fratrum et pastorum exigam [illegible] novos grossos. Quare rogo, ut [illegible] quilibet crastino die Quasimodogeniti dictam partem pecuniae, mihi absque mora offerat aut perferri ad me certo curet: Et caveat unusquisque [illegible] mihi et sibi sua negligentia et mora officiat. Valete Data Hallis in Vigilia Quasimodogeniti Anno Christi MDLXXII

Quelle: © Kirchenkreis Holzminden-Bodenwerder, HS 2, fol. 43r [Reg.-Nr. 62], Foto: Julia Zech.

Bild 7

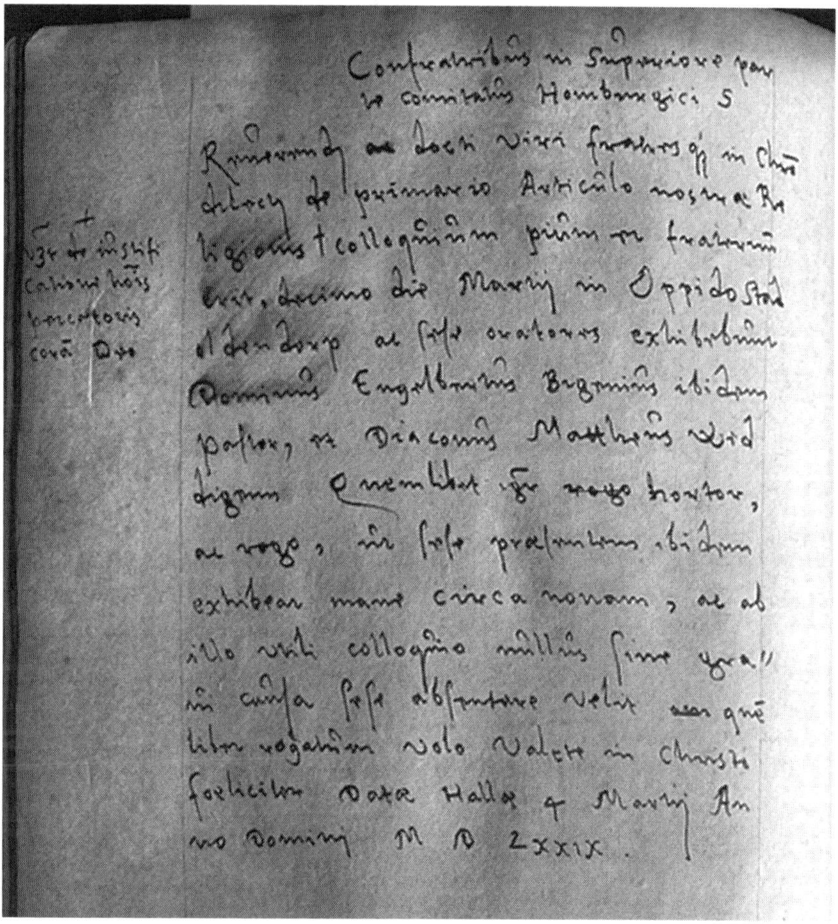
Confratribus in Superiore parte comitatus Homburgici S

Reverendi ac docti viri fratres [illegible] in Christo dilecti de primario Articulo nostrae Religionis collegium pium ac fraternum erit, decimo die Martij in Oppido Stad Oldendorp ac sese oratores exhibebunt Dominus Engelbertus Bergmanus ibidem pastor, et Diaconus Mattheus [illegible] dignum Quemlibet [illegible] rogo hortor, ac rogo, ut sese praesentem ibidem exhibeat mane circa nonam, ac ab illo utili colloquio nullus sine gravi in causa sese absentare velit [illegible] quem liber rogatum volo Valete in Christo foeliciter Datae Hallae 4 Martij Anno Domini M D LXXIX.

Quelle: © Kirchenkreis Holzminden-Bodenwerder, HS 2, fol. 302v [Reg.-Nr. 394], Foto: Julia Zech.

11.3. Der transkribierte Pachtvertrag der Flarichsmühle[66]

Copie einer verschreibunge uber die
Flarchimölnn vom Stifft Walkenredenn
gegebenn im Jahr M CCCC LXXXIX.

Wir Henricus Grebenstein abt, Conradum Mindenn prior Conradus Frankenberg underprior, darzu die gantze Samnunge des Closters zu Walckenreden bekennnenn in diesem offenen brieffe, vor uns und unsere nachkommen das Eberhardus itzund unser kelner thut, unnd ingethan hatt mit wolbedachtem muthe, und gutem Rathe, in und mit krafft dieses brieffes unser Godteshauses frei eigenne Molen, Genant die Fladeckendorffs Möln, mit alle Ihrer Zubehörunge in holtz in felde in wÿssen in triefftenn, in allermasse, alse sie seine vorfarenn gehatt habenn nichts ussgeschlossenn, dem bescheidennen Man Herman Götzen Barbaran seiner Ehelichen werthin, unnde Andrease seinen Bruder zu aller dreier Leibe, die weil sie leibenn und Lebenn In sölcher masse, dass sie dem Kelner dafur geben söllen, und reichen Jerlichen sechs Schock geldes Jeerlichs Zinses döringischer werunge alse im Lande zu Döringen genge unndt genheme ist, uff zwei tage zeit, halb uff Walpurgis, unnd halb uff Michaelis unnde die bezalenn in Unserm Hoffe zu Northausenn ohne geveerde, auch so sollen die vorgenantenn beide Brücken fur der Müllen holdenn bei wesen, und die Kelner soll sie [bawen][67] lassen, undt das holtz darzu geben, wo es in dem Holtze nicht were, das in die Mollen gehoret, so sollen das beÿde part zu helffen mit der fuere, alse dicke des noth geschud ohne geveerde / Forthneÿs bedingt das die obgenanten das gebawede, dachunge, Zeheune, themme, grabenn, wehere in besserunge und wesen holden söllen, Och ist breuech ob do mercklichs gebawedes noth were do sollen die genanten zu helffenn mit der kost, unnde die Kelner mit dem gelde: darenpoben söllen sie auch kein holtz uss dem holtze das zu der Möllen hördt zu marckte furen, noch verkauffen odder vergeben noch förder abehawen, wenn alleine so viele sie des zu feurwercke bedörffen unnd wo des ein Kelner sie hinderkeme söllen sie unserm Godteshause das verbussen. Och ob ein Kelner wolde ussthun seinen acker umb Korngelde einem frömbden, und sie selbern ackerwerck holden volden, söllen sie neher sein umb das Korngeldt wen ein ander. Och ist betheidingt wan diese drei Leibe die vorgenant sein von dieser welt verscheiden seint, das God lange frieste so soll die Mulle mit allen Molen gerechte unde besserunge unser Godeshuses wedder sein, frei leddig und loss, und heimkommen ohne argelest undt geverde, uff das diese Puncte unndt artickele dieses brieffs sted unndt gantz geholden werden haben wir obgenanten Henricus apt unsere Abtie

66 Pfarrarchiv der ev. luth. Petrus-Gemeinde, Halle, HS 2, fol. 152r f. [Reg.-Nr. 215].
67 Ergänzung am Rand.

Secret an diesen so offennen briefff wissentlich lassen hengen Gegeben nach Christi gebort unsers Hern vierzehen hundert darnach in dem neun undt achtzigesten Jare des Sontags fur Gregorii

dieser briefff ist in diesem 76 Jare 87 Jar olt

11.4. Die Synopse

Im Folgenden wird die Predigt, die der Haller Superintendent Jacob Jovius im Zuge der Sterbebegleitung im Oktober 1580 für seinen Freund Hartung Hake[68] in seinem retrospektiven Bericht festhielt, den entsprechenden Stellen aus dem *Kurtzen Bericht* gegenübergestellt. Die Unterschiede werden durch Unterstreichungen kenntlich gemacht.

Jovius' Predigt Auszug aus HS 2, fol. 358v–360r [Reg.-Nr. 469].	Sehling, Ev. KO, Bd. VI/1, S. 121 (*Von der Beichte und Absolution*); S. 129f. (*Von dem Abendtmal des Herrn*)
[...] Man Jo alle durch den Glauben was erworben hatt den das helt Jo unser lieber Catechimus, wer den worten gleubt der hatt, was sie sagten und lauten, nemlich Vergebung der Sünden wo nhun v(ergebung) d(er) S(ünden) ist, da ist auch das Leben und die ewige Gerechtigkeit und Seligkeit. [*fol. 359r*] Sagt Er nhun einem armen betrubten gewissen in der absolution Vergebunge der Sünde zu wie Matth: 18, 16, Johan am 20 geschrieben stehet, Und sodannes von dem diener Gödtlichs Worts wird gehört und im glauben mit dem hertzen angenommen so will Er Itzund durch sölch sein Predigtampt eben so mechtigk, krefftigk sein, und es halten, als ers mit seinen lieben Aposteln und Jüngern und allen anderen stieff unnd feste gehalten, unnd gewircket hatt,	
Unnd weil ein armes schwaches gewissen seinen glauben uss der Predigt nicht offt gnugsam kan getrosten, unnd stercken, den es gleubt woll, das Godtes verheisunge waer sein, Unnd allen gleubigen gegeben werde, Aber davon disputirts, wer weiss ob der liebe God dir armen grossen unwirdigen Sünder sölche hohe himlische schetze, und güter auch geben wolle: du wüntschest, begerest, gleubest, trawers ja woll aber wer weiß was God Im Himmel, von dir dencket, und von deiner Person beschlossen hatt.	[*S. 121*] [...] Es kan aber ein armes gewissen seinen schwachen glauben auß der gemeinen predigt oft nicht gnugsam sterken; denn es gleubt woll, dass Gottes verheissung wahr sey und allen gleubigen gegeben werde, aber davon disputieret es: Wer weiß, ob der liebe Gott dir armen, grossen, unwirdigen sünder solche hohe, himlische schetze und güter auch geben wölle; du wündschest, begerest, gleubest, trauest ja woll, aber wer weiß, was Gott im himel gedenkt und von deiner person beschlossen habe etc.

68 Vgl. zu der Sterbebegleitung das Kapitel 5.2.

Hier hatt nhun der Sohn Godtes den schwachen glauben zu stercken unnd die arme betrubte gewissen zu troisten, nicht allein in gemein das Evangelium gepredigt: Sondern auch privatim Insonderheit Mir und euch unserm armen gewissen vergebunge der Sünde verkundigt das ist das Uns der Vater umb seins lieben Sohns gehorsam, und leiden zu gnaden uff und annimpt, wie kleerlich zusehen am Gichtbrüchigen Matth am 9. An der Offenbaren sunderinnen Luce am Vii. An dem Zacheo uf dem Feigenbaum Luc 19. Luc 23 An dem Schacher am Creutz Ja an Davide Manasse.	Hie hat nun der Sohn Gottes, den schwachen glauben zu sterken und die arme gewissen zu trösten, nicht allein in gemein das evangelium geprediget, sondern auch privatim und insonderheit armen gewissen vergebung ihrer sünde verkündiget, Matth. 9[,6] dem gichtbrüchigen, Lu. 7[,48] der offenbaren sünderin, Lu. 19[,10] dem Zacheo, Lu. 23[,43] dem mörder am kreuze
Unnd obwoll die Pharisäer und Schriftgelerten sich daruber ergerten und es für ein godteslesterung hielten, wan der Herr die Sünde vergabe, wie zusehen Matth, am 9, Lucae am 7, am gichtb(rüchigen), Sprachen etzliche bei sich selbst als Er Im sein Sünde daheer alle Jammer und Creutze kumpt, hatte vergeben, und sprachen dieser lestert Godt	und do die phariseer allein die gemeine annunciationem haben wolten, aber die privatam absolutionem für gotteslesterung schalten, Matth. 9[3]; Lu. 7[39],
So verteidigt der Herr Christus dagegegen sein Wort und ampt, und bestetigts mit Wunderwercken das Im die macht gegeben seÿ, vergebunge der Sünden nicht allein zu verkündigen, Sondern dieselbigen auch einem jeden gleubigem der es suchet, und von hertzen begeret insonderheit sei zu treiben zu zueignen, unnd zu versicheren, mit der vertröstunge Mein Son dir seind deine Sünde vergeben	vertheidiget der Herr Christus dieselbige und bestettigts mit wunderwerken, das ihm die macht gegeben sey, vergebung der sünden nicht allein in gemein zu verkündigen, sondern auch dieselbige einem jedem gleubigem, der es sucht und begeret, insonderheit zu reichen, zueignen und versichern mit der vertröstung: Sey getrost, mein sohn, deine sünde seind dir vergeben, Matth. 9[2]. Gehe hin im frieden, dein glaube hat dir geholfen, Lu. 7[,50].
diess bedenck ein Jeder welch einen lieblichen Trost Ein betrübt hertz daruss fassen wans höret das God zu Im spricht, Mein Sohn Mein liebe Tochter, Von hohen grossen eltern geborn sein, ist etwas grosses: aber Godtes kindt sein ist viel höher und grosser, darnach lest ers nicht allein darbeÿ sondern spricht deine Sünde seind dir Vor Meinem himlischen Vater umb Meinet willen vergeben, du hast nhun Gnade bei God gefunden gehe nhun hin dein glaub hatt dir geholffen.	

[*fol. 359v*] Sölliche gewalt aber hatt der Sohn Godtes nicht allein gebraucht, da er Personlich ohn Mittel uff erden, vergebunge der Sünden geprediget hatt, Sondern dieselbigen Schlüssel des himmelreichs verheisen, und gegeben seinen Apostelenn, Und allenn so sein Wort lauter unnd reine furen,	Solche gewalt aber hat der Sohn Gottes nicht allein gebraucht, do er persönlich ohn mittel auf erden vergebung der sünden gepredigет hat, sondern hat dieselbige schlüssel des himelreichs verheissen und gegeben seinen aposteln und allen, so sein wort lauter und rein führen:
Alles was Ihr werden lösen uff erden das soll Im himmel loss sein Mathhei am 16 und am 18 Unnd Johannis am 20.	Quicquid solveritis in terra, etc. Matth. 16[,19] et 18[,18]. Quorumcumque remiseritis etc. Johan. 20[23].
Nicht aber also, das einig Mensch für seine Person macht habe, für God die Sünde zu vergeben, den das gehört allein godte zu Esa: 43 Unnd die Macht ist allein des menschen Sohn gegeben, Matth. 9.	Nicht aber also, das einig mensch für sein person macht habe, für Gott sünde zu vergeben; denn das gehöret allein Gott, Jsai. 43[,25], und die macht ist allein des menschen Sohne gegeben, Matth. 9[,6],
Sondern das Christus sölche seine macht Sünde zu vergeben, itzund alhier uf erden brauchen und erzeigen will durch das mittel des Predigamptes und des heiligen Ministerii Ja so gewiss, und warhafftigk als Matth am 9. Lucæ am 7: den er ist selbst dabeÿ wie Er verheissen hatt Matth: 28, Unnd will mit seinem geist dadurch krefftig sein, wie Er darumb sag Johan: 20 Nempt hin den heiligen geist.	sondern das Christus solche seine macht, sünde zu vergeben, jetzund alhie auf erden brauchen und erzeigen will durch das mittel des ministerii, ja, so gewiß und warhaftig als Matth. 9[,6]; Luc. 7[,50]; denn er ist selbs dabey, wie er verheissen hat Matth. 28[,20], und will dardurch mit seinem Geist kreftig sein, wie er darumb saget Johan. 20[,22f.]: Accipite Spiritum sanctum, quorum remiseritis etc.
Derhalben so muss man auch nicht sehen in der absolution odder administration sacram: Uf des dieners Person söndern uff diesen grund, das der Sohn Godtes daselbst gegenwertig durch seinen diener dier die vergebunge deiner Sünden reichet zueignet vergewisset unnd versichert das es soll heissen, was also uff erden geloset wird, das soll auch im himel loss	Derhalben muß man in der absolution nicht sehen auf des dieners person, sondern auf diesen grund, das der Sohne Gottes, selbs do gegenwertig, durch seinen diener dir vergebung deiner sünde reichen, zueignen, vergwissen und versichern will, das es heissen soll: Was also auf erden gelöset wird, soll auch im himel loß und vergeben sein. Matt. 16 [,19]; 18 [,18]; Johan. 20 [,23].
das ist wo also durchs predigampt die Sünde uf erden vergeben werden, die sollen auch gewiss und warhafftig Im himmel vergeben sein. Wo nun sodanne Vergebunge der Sünden ist, da ist auch das leben und die Seligkeit. Derwegen sollen wir gern unnd offte zum tische des herren Uns finden, Unnd die heilsame speise unserer Seelen suchen und begeren, unnd wan wir das thun	

sö sollenn wir stets in warem glauben gedenckenn, was Christus an Uns gewendet hatt, und seine grosse wunderthat gar tewer hatt Er uns erworben, sollen also seins Todes nummer Vergessenn. Es befindet sich aber das solchs wir leider alzuviel vergessen, unnd solch gedechtnus in Uns schwach, kalt, unnd faul ist, Da ruffet nhun Unser lieber heilandt Christus in seinem Abendmael Nemet hin und esset das ist Mein leib Nemmet hin Unnd trincket das ist Mein blut das thut zu Meinem gedechtnusse.	[*S. 129*] [...] Wir sollen stets im wahrem glauben gedenken,was Christus an uns gewendet hat und seines todts nimmer vergessen. Wir befinden aber, das wirs leider allzuviel vergessen und solch gedechtniß in uns schwach, kalt und faul ist. Do rufft nun unser lieber heiland Christus in seinem abendmal [Mt 26,26–28; 1. K 11,25]: Nemet, esset, trinket, das ist mein Leib, mein blut, solches thut zu meinem gedechtniß.
Item Wir seind durch Christum in den gnadenbund des Newen testaments In der heiligen taufe eingesetzet, aber denselbigen bundt halten wir leider auch nicht so steiff unnd feste, wie wir woll thun solten tretten offt drauss, unnd brechen denselbigen. [*fol. 360r*] dass wir nhun mögen gewiss sein das Christus, so wir in warer busse und glauben tzu Im kerenn, Uns widderumb in denselbigen bund des Newen Testamnets ein, und annheme, und das wir ein gewisses pfand und seigel mögen haben, das wir in dem bunde alzeit mögen gefunden sein, bleiben und erhalten werdenn. So spricht der Sohne Godtes im abendmael Trincket alle daraus dieser kelch ist das Newe Testament in Meinem blut, das für euch vergossen wirdt. [Lk. 20.22]	Item wir sind durch Christum in den gnadenbund des neuen testaments in der heiligen taufe eingesetzt, aber denselben bund halten wir leider so steif und fest nicht, wie wir solten, tretten oft darauß und brechen denselben, das wir nun gewiß mögen sein, das Christus, so wir in wahrer buß durch den glauben uns zu ihm kehren, uns widerumb in denselben bund des neuen testaments einnehme, und das wir ein gewisses pfand und siegel mögen haben, das wir in dem bunde allzeit mügen gefunden sein, bleiben und erhalten werden. So spricht der Son Gottes im abendmal: Trinket alle darauß, dieser kelch ist das neue testament etc.

Item Christi leib ist für Uns alle gegeben, Unnd sein blut für Uns alle vergossen.	Item Christi Leib ist für alle gegeben und sein blut für alle [*S. 130*] vergossen.
Wen einer aber gerne wolt gewiss und versichert sein, Ob god auch Ihnen für seine Person insonderheit damit Meine? Ob Er auch teilhafftigk seÿ, unnd für Godtes gestrengen gerichte zu seiner Seelen seligkeit zu geniessen und sich zu troisten sölle haben, Was Christus mit seiner uffopferunge seins leibs, unnd mit vergiessunge seins bluts verdienet unnd erworbenn hatt, so spricht dir Christus solchs nicht allein in den gemeinen verheisungen des Evangelii, auch nicht allein durchs blosse Wort in der Absolution insonderheit, sondern bestetiget versiglet und vergewisset dir solchs mit dem allern hoichsten Pfande, Nemlich eben mit dem leibe der für dich gegeben unnd mit dem blute das für dich vergossenn ist. Und handelt da im abendmael mit dir und Mir insonderheit nicht ein schlechter Mensch Sondern Christus dein heiland selbern durch seinen diener, unnd spricht nim hin und Iss, das ist Mein leib, der für dich gegebenn ist, Nim hin und trinck das ist Mein blut, das für euch vergossen ist zu vergebunge der Sunde.	Wenn du aber gern woltest gewiß und versichert sein, ob Gott auch dich für deine person insonderheit damit meine, ob du auch teilhaftig seist und für Gotts gericht zu deiner seligkeit zu genissen und dich zu trösten sollst haben, was Christus mit aufopferung seines leibs und mit vergiessung seines bluts verdienet und erworben hat, so verspricht dir Christus solches nicht allein in der gemeinen verheissung des evangelii, auch nicht allein durchs blosse wort in der absolution insonderheit, sondern bestettigt, versigelt und vergwisset dir solches mit dem allerhöchsten pfand, nemlich eben mit dem leibe, der für dich gegeben und eben mit dem blute, das für dich vergossen ist, da im abendmal mit dir insonderheit handelt nicht ein schlechter mensch, sonder Christus, dein heiland selber, durch seinen diener und spricht: Nim hin und iß, das ist mein leib, der für dich gegeben wird; nim und drink, das ist mein blutt, das für dich zu vergebung deiner sünde vergossen ist etc.
Also auch In unserem fleisch wonet nichts gutes sondern die Sünde welche viel boser luste in Uns erreget das gute hindert, Unnd offt uns zu falle bringet, Christus aber in seinem Abendmael machet mit uns den selbigen wechsel, das Er durch sein heiliges fleisch und blut sich mit Uns vereiniget, das Er also durch seine kraft den Alten Adam Jummer meher, und meher creutzigen und tödten möge Unnd also werden wir all ein leib in Christo Ephes 5 Do ein gleidmass das ander lieben fördern, unnd ehren soll.	Also auch in unserm fleische wohnet nichts guts, sondern die sünde, welche viel böser lüste in uns erreget, das gute hindert und oft uns zu falle bringet; Christus aber in seinem abendmal macht mit uns den seligen wechssel, das er durch sein heiliges fleisch und blutt sich mit uns vereiniget, das er also durch seine kraft den alten Adam immer mehr und mehr kreuzigen und tödten möge, und also werden wir alle ein Leib in Christo, do ein gliedmaß das andere lieben, ehren und fürderen soll.

11.5. Tabellen

Tabelle 1 – Liste und Diagramm der Hauptschuldner und der Schuldensummen

Die Tabelle verzeichnet nur die Hauptschuldner, die mehr als dreimal in den entsprechenden Schuldenlisten erwähnt wurden. Alle Personen, die lediglich ein- oder zweimal genannt wurden, werden jeweils in den entsprechenden Fußnoten aufgeführt.

Name	Anzahl der Schuldenjahre (wenn angegeben) Schuldenhöhe (Alle Angaben beziehen sich auf Roggen, sofern nicht anders verzeichnet)						
	1572	**1572**	**1577**	**1580**	**Mai 1582**	**August 1582**	**Oktober 1582**	**April 1583**
Linser Gograf Claus Kopper	3 Jahre 1 Malter	1 Malter 2 Himpten	8 Jahre $2\frac{1}{2}$ Malter 1 Himpten	11 Jahre $3\frac{1}{2}$ Malter 1 Himpten	12 Jahre 4 Malter	13 Jahre 4 Malter 2 Himpten	4 Malter 2 Himpten	13 Jahre 4 Malter 2 Himpten
Kreipker Meier Curd	4 Jahre $2\frac{1}{2}$ Malter	4 Jahre 4 Malter 1 Metzen	8 Jahre 6 Malter 1 Himpten 2 Metzen		12 Jahre $14\frac{1}{2}$ Malter	$14\frac{1}{2}$ Malter	13 Jahren 15 Malter 5 Himpten 1 Metzen 6 Taler 4 Groschen	13 Jahren 15 Malter 5 Himpten 1 Metzen 7 Taler 8 Groschen
Heyener Vogt Clawes Schaper	3 Jahre $\frac{1}{2}$ Malter	1 Malter 1 Malter Hafer	8 Jahre $\frac{1}{2}$ Malter	12 Jahre $2\frac{1}{2}$ Malter $2\frac{1}{2}$ Malter Hafer	$1\frac{1}{2}$ Malter $1\frac{1}{2}$ Malter Hafer	2 Malter $1\frac{1}{2}$ Malter Hafer	$2\frac{1}{2}$ Malter 2 Malter Hafer	$2\frac{1}{2}$ Malter 2 Malter Hafer
Haller Meier Curd Lohes	$\frac{1}{2}$ Malter	4 Jahre 1 Himpten	1 Malter 2 Himpten	2 Malter 1 Himpten				1 Malter 4 Himpten

((Fortsetzung))

Name	**Anzahl der Schuldenjahre (wenn angegeben)** **Schuldenhöhe (Alle Angaben beziehen sich auf Roggen, sofern nicht anders verzeichnet)**							
	1572	1572	1577	1580	**Mai 1582**	**August 1582**	**Oktober 1582**	**April 1583**
Tile Spiegel aus Linse		4 Jahre 1 Malter 2 Himpten	8 Jahre $2\frac{1}{2}$ Malter 1 Himpten	$3\frac{1}{2}$ Malter 1 Himpten	4 Malter	4 Malter 2 Himpten	13 Jahre 4 Malter 2 Himpten	13 Jahre 4 Malter 2 Himpten
Karsten Arends	2 Jahre 2 Himpten			$3\frac{1}{2}$ Malter 1 Himpten	3 Malter		4 Malter 2 Himpten	13 Jahre 4 Malter 2 Himpten
Gesamtsumme	**4 Malter** **5 Himpten**	**7 Malter** **5 Himpten** **1 Metzen** **1 Malter Hafer**	**13 Malter** **2 Himpten** **2 Metzen**	**15 Malter** **3 Himpten** **$2\frac{1}{2}$ Malter Hafer**	**27 Malter** **$1\frac{1}{2}$ Malter Hafer**	**26 Malter** **4 Himpten** **$1\frac{1}{2}$ Malter Hafer**	**31 Malter** **2 Himpten** **1 Metzen** **2 Malter Hafer** **6 Taler** **4 Groschen**	**33 Malter** **1 Metzen** **2 Malter Hafer** **7 Taler** **8 Groschen**

Quellen: Pfarrarchiv der ev. luth. Petrus-Gemeinde, Halle, HS 2, fol. 38v [Reg.-Nr. 56], fol. 65r [Reg.-Nr. 90], fol. 289r–290r [Reg.-Nr. 378], fol. 353r [Reg.-Nr. 468]. HS 3, fol. 64v–66r [Reg.-Nr. 558], fol. 77r–79r [Reg.-Nr. 574], fol. 83r [Reg.-Nr. 580], fol. 104v [Reg.-Nr. 612].
Umrechnung: 1 Scheffel = 10 Himpten, 1 Malter = 6 Himpten, 1 Himpten = 4 Metzen (Verdenhalven, Maße und Gewicht, S. 72).

Darstellung A zu Tabelle 1 – Schuldenanstieg der Hauptschuldner

Hauptschuldner und ihr Schuldenanstieg

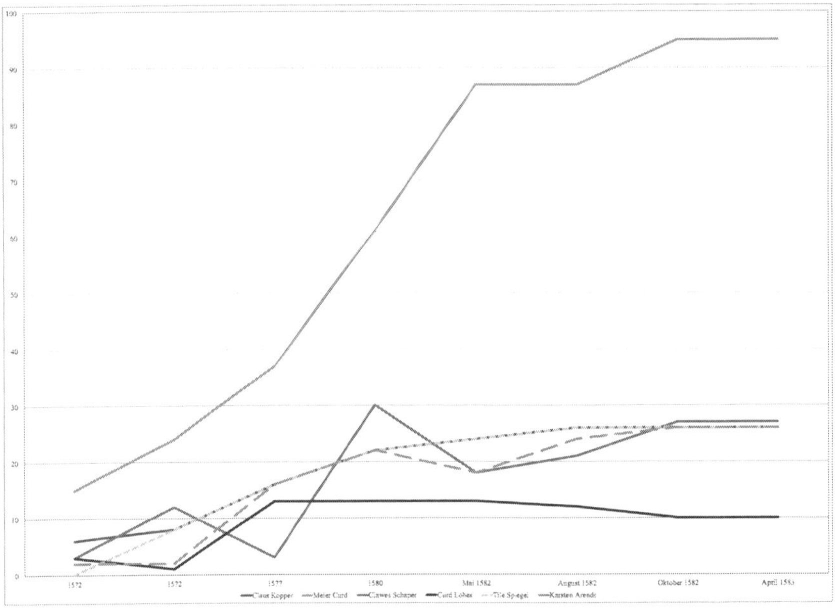

Tabelle 2 – Die Einnahmen des Pfarrmeierhofs

Einkünfte aus	**Jahr**			
	1568	**1568**	**November 1571**	**1580**
Roggen	6 Scheffel	6 Scheffel	9 Malter	4 Scheffel 8 Himpten
Weizen	9 Himpten	9 Himpten	1½ Malter	9 Himpten
Gerste	1 Scheffel 2 Himpten	3 Scheffel	1½ Malter	9 Himpten
Hafer	3 Scheffel	3 Scheffel	6 Malter	3½ Scheffel
Gesamt:	**18½ Malter**	**21½ Malter**	**18 Malter**	**16 Malter 5 Himpten**
Geld	3 Groschen 2 Denar	3 Groschen 2 Denar		
Hühner	8	8	-	8
Eier	160	160	-	160

Quelle: LAW V448, fol. 109v; V299, fol. 265r f., Nr. 13. Pfarrarchiv der ev. luth. Petrus-Gemeinde, Halle, HS 2, fol. 24r [Reg.-Nr. 37]; NLA WF 19 Alt Nr. 215, fol. 44r.

Tabelle 3 – Die Schulden des Pfarrmeiers bis zum 23. November 1583

Abgaben von	**Umfang**	**Summe pro**	**Summe gesamt**
Roggen	19 Malter 3 Himpten	4 Gulden 10 Groschen pro Malter	87 Gulden 15 Groschen
Hafer	7 Malter	3 Gulden10 Groschen pro Malter	24 Gulden 10 Groschen
Landfuhren	8	3 Gulden pro Landfuhre	24 Gulden
Strohbündel	15 Fuder	4 Groschen pro Fuder	3 Gulden
Hofzins	14 Jahre	8 Körtlinge Jährlich	1 Gulden 17 Groschen 4 Pfennige
Eier	2 Stiege		8 Groschen
Hühner	2		
Gras	-	-	1 Gulden
Stroh	-	-	10 Groschen
Weizen	4 Himpten		4 Gulden
Summe			147 Gulden 4 Pfennige

Quelle: Pfarrarchiv der ev. luth. Petrus-Gemeinde, Halle, HS 3, fol. 115r [Reg.-Nr. 631].

11.6. Diagramme

Die folgenden Diagramme werten die Konzeptbücher statistisch aus. Allen Diagrammen liegen die 668 Konzepte der Konzeptbücher HS 2 und HS 3 zu Grunde.

Diagramm 1 – Verteilung der Schreiben nach Empfänger

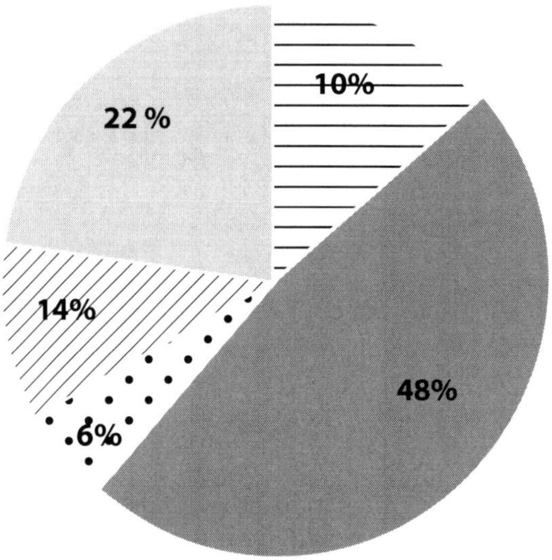

Familie (92 Schreiben) — Freunde (69 Schreiben)

Geistliche Amtsinhaber (319 Schreiben) — Weltliche Amtsinhaber (151 Schreiben)

• Sonstiges (38 Schreiben)

Unter der Rubrik ›Sonstiges‹ werden neben Notizen, die teilweise keinen konkreten Adressaten hatten, auch Abschriften von Schreiben gefasst, die weder Jovius als Adressaten noch Empfänger hatten.

Diagramm 2 – Verteilung der Schreiben an ausgewählte geistliche Amtsinhaber

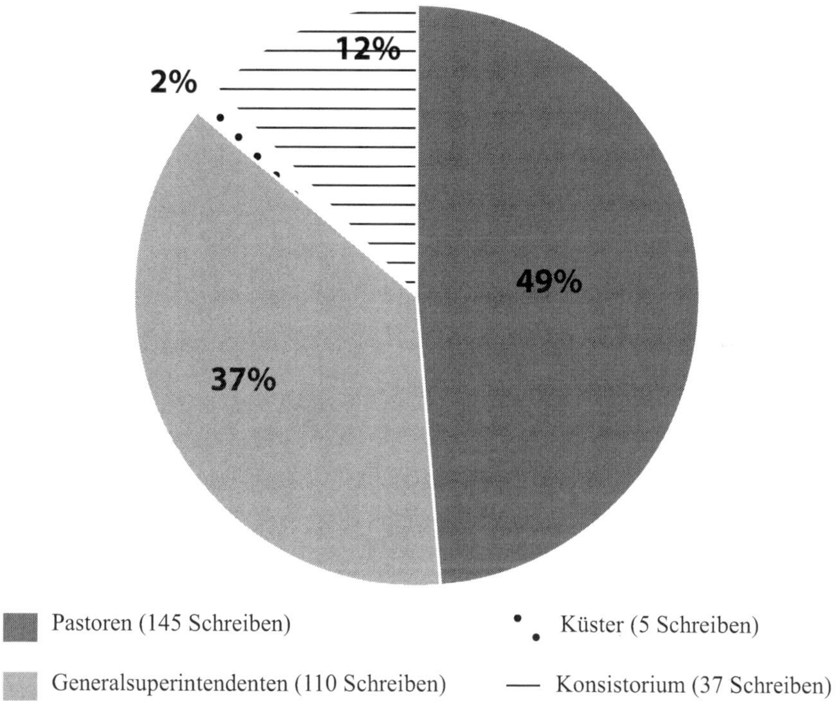

Diagramm 3 – Verteilung der Schreiben an die einzelnen Alfelder Generalsuperintendenten

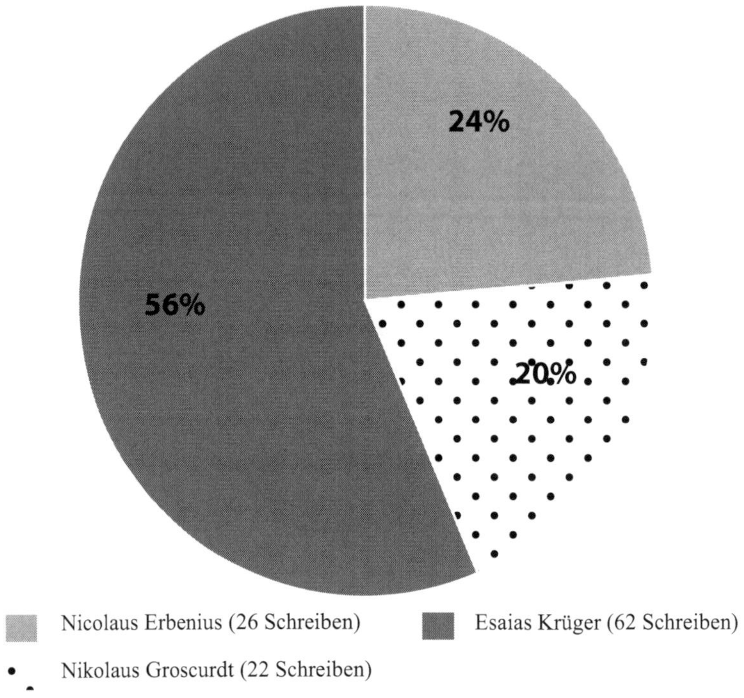

Diagramm 4 – Verteilung der Schreiben an die Wickensener Amtmänner

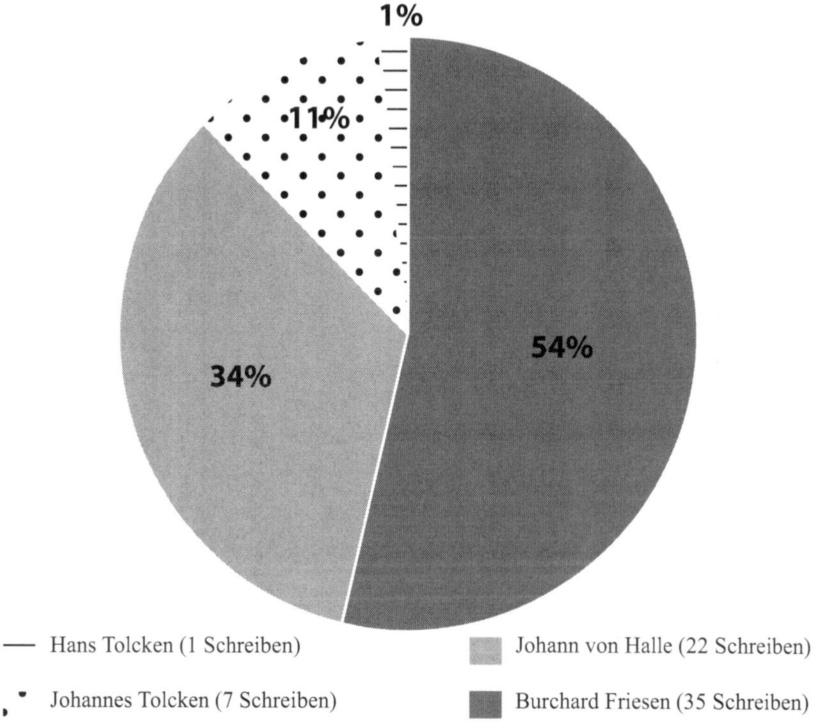

11.7. Überblick über die Pastoren, Alfelder Generalsuperintendenten und die Wickensener Amtmänner, die während Jovius' Amtszeit als Superintendent in der Inspektion tätig waren (1569–1585)

Die Liste bietet einen Überblick über die Amtsträger, die während der Amtszeit des Superintendenten Jacob Jovius (1568–1585) ein Amt innehatten.[69]

Pastoren

Ort	**Amtsträger**	**Amtszeit**
Bisperode/Bessingen	Christoph Gervinus	1551–6. März 1592
Dielmissen/Hunzen	Johannes Denecke	bis 1568
	Johann Ostercamp	13. Februar 1571–13. August 1575
	Hildebrand Schmidt	1576–23. Januar 1578
	Curd Vrithoff	1578–10. Juni 1604
Eschershausen	Johannes Plumbius	1567–4. Februar 1579
	Johannes Moller	2. Juni 1579–1608
Eschershausen (Diakonat)	Tilemann Kesen	19. Juli 1569–14. September 1598
Harderode	Casper Densking	1562–1569
	Justus Hartung	1571–August 1607
Hehlen	Henning Hennecke	1566–30. Dezember 1592
Heyen	Johannes Bolenius	1570–1589
Kemnade	Rudolph Vogt	1570–1590
Kirchbrak	Caspar Hasenjäger	18. April 1567–14. Juli 1597
Stadtoldendorf	Heinrich Hartmann	1551–1570
	Johannes Nexius	1570–1572
	Engelbert Bigenius	1572–25. September 1581
	Reinhold Trost	April 1582–1622
Stadtoldendorf (Diakonat)	Matthäus Wedding	1557–Oktober 1591
Vorwohle	Adam Mercator	1568–1571
	Unbekannt	1571–157[2]
	Valentin Schlegel	1572–8. Dezember 1612
Wangelnstedt	Vitus van der Lohe	bis 1569
	Franz Koch	Dezember 1571–1609

69 Quellenbasis: Meyer, Pastoren; Freist/Seebaß, Pastoren; Lippelt, Hoheitsträger; Pfarrarchiv der ev. luth. Petrus-Gemeinde, Halle, Konzeptbücher HS 2 und HS 3. Vgl. zu den einzelnen Nachweisen die Angaben zu den jeweiligen Personen im Anhang 11.8.

Alfelder Generalsuperintendenten

Nicolaus Erbenius	17. Dezember 1568–29. August 1573
Esaias Krüger	15. November 1574–April 1581
Nikolaus Groscurdt	April 1581–19. Februar 1596

Wickensener Amtmänner

Hans Tolcken	20. Februar 1570–Juni 1571
Johann von Halle	13. Juni 1571–24. Januar 1575 (Amtmann)
	18. Februar 1579–14. Juli 1596 (Oberamtmann)
Johannes Tolcken	18. Juli 1576–ca. 24. Dezember 1578
Burchard Friesen	28. September 1578–20. April 1584 (Amtmann)
	1586–20. Januar 1599 (Oberamtmann)

12. Personen- und Ortsregister

Auf die Belegangaben für das Fürstentum Braunschweig-Wolfenbüttel, Herzog Julius von Braunschweig-Lüneburg, Jacob Jovius, das Konsistorium, die Gemeinde Halle sowie die Ortsnamen Halle, Alfeld und Wickensen wurde auf Grund der Vielzahl der Nennungen verzichtet. Darüber hinaus ist ein weiteres Register, das die Empfänger aller Konzepte ausweist, im Kapitel 11.9. zu finden.

Die Belegstellen im alphabetisch geordneten Register der Personen und Orte sind wie folgt angeordnet: Zunächst wird auf die Seitenzahl im Haupttext verwiesen; nach dem Zusatz »Reg.-Nr.« werden die Belegstellen innerhalb der Regesten (Kapitel 11.9) mit der Nummer des Regests angegeben.

Einen vollständigen Überblick über die wichtigsten Funktionsträger der Haller Superintendentur von 1569–1585 (die Pastoren, die Alfelder Generalsuperintendenten sowie die Wickensener Amtmänner) einschließlich ihrer Amtssitze, Namen und Amtszeiten bietet darüber hinaus die Auflistung im Kapitel 11.7.

Nicht explizit personenbezogene Nennungen sowie allgemeine Erwähnungen der geistlichen oder weltlichen Amtsträger (z. B. Wickensener Amtmänner) sind nicht gesondert ausgewiesen. Funktionsträger, deren Namen nicht bekannt sind, werden unter ihrem jeweiligen Amtsort verzeichnet.

Alle Personen, zu denen ein Biogramm im Kapitel 11.8. existiert, werden mit einem Sternchen »*« an ihrem Namen gekennzeichnet.